ANTROPOFAGIA HOJE?
 **OSWALD DE ANDRADE EM CENA**

Impresso no Brasil, junho de 2011
Copyright © 2011 by Jorge Ruffinelli e
João Cezar de Castro Rocha

Editor |
Edson Manoel de Oliveira Filho

Tradução dos artigos |
Carlos Nougué (*espanhol*)
Davi Pessoa C. Barbosa (*italiano*)
Margarita Maria Garcia Lamelo (*inglês*)

Tradução de textos literários |
Érico Nogueira
Ivo Barbieri
João Cezar de Castro Rocha
María Teresa Atrián Pineda

Preparação |
Luciane Helena Gomide

Gerente editorial |
Bete Abreu

Revisão |
Gabriela Trevisan
Giovanna Matte
Liliana Cruz

Capa e projeto gráfico |
Mauricio Nisi Gonçalves / Estúdio É

Diagramação |
André C. Gimenez / Estúdio É

Pré-impressão e impressão |
Prol Editora Gráfica

Os direitos desta edição pertencem a
É Realizações Editora, Livraria e Distribuidora Ltda.
Caixa Postal: 45321 · 04010 970 · São Paulo SP ·
Telefax: (5511) 5572 5363
e@erealizacoes.com.br · www.erealizacoes.com.br

Reservados todos os direitos desta obra. Proibida toda e qualquer reprodução desta edição por qualquer meio ou forma, seja ela eletrônica ou mecânica, fotocópia, gravação ou qualquer outro meio de reprodução, sem permissão expressa do editor.

ANTROPOFAGIA HOJE?
OSWALD DE ANDRADE EM CENA

ORGANIZADORES JORGE RUFFINELLI E JOÃO CEZAR DE CASTRO ROCHA

Francis Picabia Oswald de Andrade Marília de Andrade Gabriel García Márquez Sergio Paulo Rouanet João Almino Daniel Piza Michel Melamed Lara Valentina Pozzobon da Costa Álvares de Azevedo José de Alencar Machado de Assis Alexander Search Ana Miranda Evando Nascimento María Teresa Atrián Pineda Mário Araújo Victoria Saramago Bluma Waddington Vilar Carlos Fausto Maria Helena Rouanet Carmen Nocentelli-Truet Roland Greene Raúl Antelo Guillermo Giucci Jorge Schwartz Eduardo Subirats Karl Erik Schøllhammer Gonzalo Aguilar Hans Ulrich Gumbrecht Luís Madureira Roberto Fernández Retamar Luiz Costa Lima Ivo Barbieri Benedito Nunes Vera Follain de Figueiredo Jeffrey Schnapp Heloisa Toller Gomes Emanuelle Oliveira K. David Jackson Eduardo Sterzi Alexandre Nodari Remo Ceserani Pierpaolo Antonello Marco Berisso Mario J. Valdés Carlos Rincón Jorge Ruffinelli Rodrigo Petronio Veronica Stigger Eugênio Bucci Francisco Inácio Bastos Manuel da Costa Pinto João Cezar de Castro Rocha

Realizações Editora

Só a antropofagia nos une.
Socialmente.
Economicamente.
Filosoficamente.

Théodore de Bry

SUMÁRIO

INTRODUÇÃO

João Cezar de Castro Rocha | *Oswald em Cena: O Pau-Brasil, o Brasileiro e o Antropófago* — 11

PARTE I - MANIFESTOS E MANIFESTAÇÕES

Francis Picabia | *Manifesto Canibal Dadá* — 19

Oswald de Andrade | *Manifesto da Poesia Pau-Brasil* — 21

Oswald de Andrade | *Manifesto Antropófago* — 27

Marília de Andrade | *Oswald e Maria Antonieta - Fragmentos Memórias e Fantasia* — 33

Gabriel García Márquez | *Possibilidades da Antropofagia* — 47

Sergio Paulo Rouanet | *Manifesto Antropófago II. Oswald de Andrade* — 49

João Almino | *Por um Universalismo Descentrado* — 55

Daniel Piza | *Digesto Antropófago* — 63

Michel Melamed | *Regurgitofagia* — 65

Lara Valentina Pozzobon da Costa | *Na Boca do Estômago. Conversa com José Celso Martinez Corrêa* — 71

PARTE II - ANTECIPAÇÕES E RUMINAÇÕES

Álvares de Azevedo | *Bertram* — 87

José de Alencar | *O Suplício* — 99

Machado de Assis | *No Alto* — 103

Alexander Search (Fernando Pessoa) | *Um Jantar Muito Original* — 105

Ana Miranda | *Jantar* — 123

Evando Nascimento | *Comer ou Não Comer* — 125

María Teresa Atrián Pineda | *Uma Visita* — 131

Mário Araújo | *Dois Meninos* — 135

Victoria Saramago | *Nada a Perder* — 137

PARTE III - GENEALOGIAS

Bluma Waddington Vilar | *Ulisses Antropófago* — 151

Carlos Fausto | *Cinco Séculos de Carne de Vaca: Antropofagia Literal e Antropofagia Literária* — 161

Maria Helena Rouanet | *Quando os Bárbaros Somos Nós* — 171

Carmen Nocentelli-Truet | *Canibais Devorados: Léry, Montaigne e Identidades Coletivas na França do Século XVI* — 181

Roland Greene | *Antropofagia, Invenção e Objetificação do Brasil* — 203

Raúl Antelo | *Canibalismo e Diferença* — 217

Guillermo Giucci | *O Bonde da Modernização* — 229

Jorge Schwartz | *De Símios e Antropófagos – Os Macacos de Lugones, Vallejo e Kafka* — 243

Eduardo Subirats | *Surrealistas, Canibais e Outros Bárbaros* — 257

Karl Erik Schøllhammer | *A Imagem Canibalizada: A Antropofagia na Pintura de Tarsila do Amaral* — 267

Gonzalo Aguilar | *O Abaporu, de Tarsila do Amaral: Saberes do Pé* — 281

Hans Ulrich Gumbrecht | *Mordendo Você Suavemente – Um Comentário sobre o Manifesto Antropófago* — 289

Luís Madureira | *"Intenção Carnavalesca de Ser Canibal," ou: Como (Não) Ler o Manifesto Antropófago* — 299

PARTE IV - RELEITURAS

Roberto Fernández Retamar | *Calíbã Diante da Antropofagia* — 321

Evando Nascimento | *A Antropofagia em Questão* — 331

Luiz Costa Lima | *A Vanguarda Antropófaga* — 363

Ivo Barbieri | *Viagem Antropofágica* — 373

Benedito Nunes | *O Retorno à Antropofagia* — 383

Vera Follain de Figueiredo | *Antropofagia: Uma Releitura do Paradigma da Razão Moderna* — 389

Jeffrey Schnapp | *Morder a Mão Que Alimenta (Sobre o Manifesto Antropófago)* — 399

Heloisa Toller Gomes | *A Questão Racial na Gestação da Antropofagia Oswaldiana* — 405

Emanuelle Oliveira | *O Falocentrismo e Seus Descontentes. Por uma Leitura Feminista da Antropofagia* — 417

K. David Jackson | *Novas Receitas da Cozinha Canibal. O Manifesto Antropófago Hoje* — 429

Eduardo Sterzi | *Dialética da Devoração e Devoração da Dialética* — 437

Alexandre Nodari | *A Única Lei do Mundo* — 455

PARTE V - REPERCUSSÕES

Remo Ceserani | *Entre Vegetarianos e Canibais. O Jornalismo, a Literatura, o Mundo dos Mass-Media e a Representação da Violência Sexual* — 487

Pierpaolo Antonello | *Histórias do Ventre – O Canibal à Mesa* — 503

Marco Berisso | *Devorar os Livros (em Versos e em Prosa)* — 521

Mario J. Valdés | *A Autoconquista da América Latina. O Projeto de História das Culturas Literárias* — 535

Carlos Rincón | *Antropofagia, Reciclagem, Hibridação, Tradução ou: Como Apropriar-se da Apropriação* — 545

Jorge Ruffinelli | *O Arrieiro dos Andes* — 561

Rodrigo Petronio | *Entre o Antropofágico e o Aórgico: Meditação em Torno de Oswald de Andrade e Vicente Ferreira da Silva* — 571

Veronica Stigger | *A Vacina Antropofágica* — 601

Eugênio Bucci | *A Antropofagia Patriarcal da Televisão* — 611

Francisco Inácio Bastos | *O Dom e a Danação: Antropofagia e Doenças (Supostamente) Emergentes* — 623

Manuel da Costa Pinto | *A Pedra Antropofágica: Albert Camus e Oswald de Andrade* — 633

João Cezar de Castro Rocha | *Uma Teoria de Exportação? Ou: "Antropofagia como Visão do Mundo"* — 647

Índice Onomástico — 669

Índice Analítico — 677

Oswald em Cena: o Pau-Brasil, o Brasileiro e o Antropófago

João Cezar de Castro Rocha

Fora do Brasil

Em *O Trato dos Viventes*, Luiz Felipe de Alencastro propôs uma hipótese instigante: "o Brasil se formou fora do Brasil". Para o historiador, a sociedade brasileira estruturou-se num espaço sem território, nas águas do Atlântico Sul, autêntico oceano-ponte entre a monocultura escravista, montada no Nordeste brasileiro, e a zona de reprodução de escravos, localizada em Angola, insinuando uma complexa triangulação, cujo vértice encontrava-se na Europa, ou seja, no Império português. Numa descrição forte: "Desde o final do século XVI, surge um espaço aterritorial, um arquipélago lusófono composto dos enclaves da América portuguesa e das feitorias de Angola. É daí que emerge o Brasil no século XVIII".[1] Um país que se constituiu através de uma exterioridade que se transformou na estrutura mesma da nação. Um país cujo primeiro mapa se esboçou nas fronteiras incertas do Oceano Atlântico.

(Tudo se passa como se o Brasil estivesse sempre à deriva, numa inesperada atualização da "jangada de pedra", de José Saramago.)

A afirmação do historiador tem consequências fundas na forma de pensar a própria cultura brasileira, como se o descentramento constituísse, por assim dizer, o eixo mesmo a partir do qual o país pôde (e ainda hoje pode) pensar-se. De imediato, é como se um traço determinante do pensamento social brasileiro conhecesse seu fundamento oculto. Claro, pensamos na célebre tirada de Paulo Prado: "Oswald de Andrade, numa viagem a Paris, do alto de um ateliê da Place Clichy – umbigo do mundo – descobriu, deslumbrado, a sua própria terra. A volta à pátria confirmou, no encantamento das descobertas manuelinas, a revelação surpreendente de que o Brasil existia".[2]

---

[1] Luiz Felipe de Alencastro, *O Trato dos Viventes. Formação do Brasil no Atlântico Sul. Séculos XVI e XVII*. São Paulo, Companhia das Letras, 2000, p. 9.

[2] Paulo Prado, "Poesia Pau-Brasil". In: Oswald de Andrade, *Pau-Brasil*. São Paulo, Globo, 1990, p. 57.

O *Manifesto da Poesia Pau-Brasil* (1924), o poemário *Pau-Brasil* (1925) e o *Manifesto Antropófago* (1928) expressam momentos fundamentais da "descoberta" oswaldiana, formando um núcleo incontornável para o exame da complexidade da cultura brasileira. Por isso, pretendemos estimular novas abordagens da obra de Oswald de Andrade, buscando entender a antropofagia como um exercício de pensamento cada dia mais necessário nas circunstâncias do mundo globalizado, pois a antropofagia permite que se desenvolva um modelo teórico de apropriação da alteridade.

A afirmação de Luiz Felipe de Alencastro, portanto, tem desdobramentos sérios e talvez seja possível radicalizar suas premissas a partir da inteligência-relâmpago de Oswald de Andrade. Afinal, não é verdade que, antes mesmo da montagem da empresa açucareira, o "brasileiro" era apenas o traficante do pau-brasil? Da extração da madeira à monocultura da cana-de-açúcar, o "brasileiro" designava todo aquele que se beneficiava do comércio nas terras do Novo Mundo. Ser "brasileiro" representava um negócio, isto é, antes uma função ou atividade que a promessa de uma identidade estável;

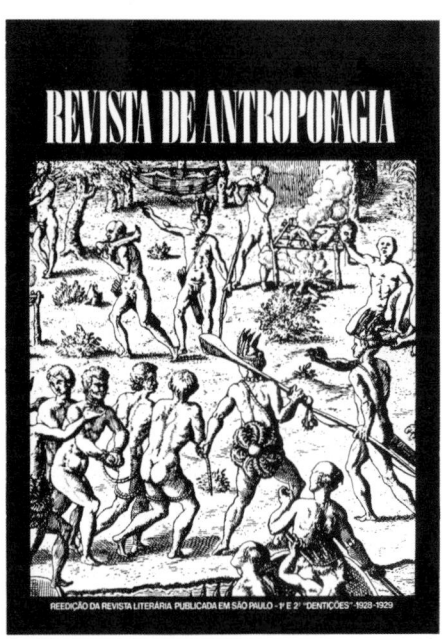

Reedição da revista literária publicada em São Paulo - 1ª e 2ª "dentições" (1928-1929). São Paulo: Abril Cultural/Metal Leve S. A., 1975

circunstância, aliás, indicada pelo sufixo *eiro*: porteiro, relojoeiro, carpinteiro e – por que não? – *brasileiro*. Esse era o sentido pejorativo usado para estigmatizar o emigrado, geralmente rico, que retornava do Brasil a Portugal, enriquecido pelos negócios na ex-colônia: *brasileiro*, como o primo Basílio, do romance de Eça de Queirós. Em outras palavras, e mesmo literalmente, desde a difusão do vocábulo, é como se o brasileiro fosse uma espécie de estrangeiro para si próprio: um hóspede do alheio. Como poucos na história intelectual brasileira, Oswald de Andrade soube transformar essa condição dilacerante em estímulo para a reflexão: "Só me interessa o que não é meu. Lei do homem. Lei do antropófago".[3]

Por isso, é possível associar a pesquisa de Luiz Felipe de Alencastro à antropofagia oswaldiana. Pois, no tocante à sua autodefinição, os brasileiros também não se formaram, por assim dizer, fora do Brasil? Afinal, aprendemos a pintar a luz e a paisagem tropicais com os mestres da Missão Artística Francesa. Ferdinand Denis criou a receita para a literatura romântica brasileira. Karl Friedrich Philipp von Martius imaginou como se deveria escrever a história do Brasil. No século XX, o fenômeno se repetiu inúmeras vezes. Em 1924, por exemplo, na companhia de Blaise Cendrars, os modernistas redescobriram o passado colonial das cidades mineiras. Na década seguinte, uma nova Missão Francesa ajudou a fundar a Universidade de São Paulo. Exemplo recente e nada erudito: precisamos do aval de David Byrne para finalmente voltar a admirar Tom Zé. E não se trata de um fenômeno intrinsecamente brasileiro, mas da condição de países de passado colonial recente. Os argentinos também não precisaram esperar o êxito francês de Jorge Luis Borges e Astor Piazzolla antes de reconhecer-lhes o gênio?

Em última instância, esse é o significado mais instigante da antropofagia, já vislumbrado visionariamente pelo antropófago-mor Arthur Rimbaud: "*Je est un autre*". E é apenas *através* do outro que podemos conhecer (um pouco) de nós mesmos. A teoria oswaldiana exige uma releitura antropológica da antropofagia. Releitura que, pela própria dinâmica do olhar antropológico, ultrapassa fronteiras nacionais, oferecendo um modelo fecundo para refletir sobre a transmissão de valores em situações culturais assimétricas.

Por fim, com o *Manifesto Antropófago*, Oswald deu sentido teórico à irônica proposta de uma "poesia de exportação" na forma de uma experiência de pensamento cada dia mais atual nas circunstâncias do mundo globalizado. Ora, se o grande dilema contemporâneo é inventar uma imaginação teórica capaz de processar a verti-

[3] Oswald de Andrade, *Manifesto Antropófago*. In: *A Utopia Antropofágica*. 2. ed. São Paulo, Globo, 1995, p. 47.

gem de dados recebidos ininterruptamente, então, a antropofagia oswaldiana pode tornar-se uma alternativa relevante para a redefinição da cultura contemporânea.

Este volume

Uma primeira versão do presente volume foi publicada, em 1999, como um número especial da revista *Nuevo Texto Crítico*, graças ao apoio de seu editor, Jorge Ruffinelli. O volume pretendia celebrar os 70 anos do *Manifesto Antropófago*, cumpridos no ano anterior. Para tanto, 30 ensaístas colaboraram para o festim. Além disso, tivemos o privilégio de receber um belo conto de Ana Miranda, especialmente escrito para a ocasião.

Contudo, mais do que uma simples reedição, apresentamos ao público leitor brasileiro praticamente um novo livro.

De um lado, contamos agora com 43 colaboradores, cujos ensaios críticos compõem uma constelação inédita de releituras da obra de Oswald de Andrade.

De outro lado, adicionamos ao belo conto de Ana Miranda uma pequena antologia de textos direta ou livremente inspirados na antropofagia. Desnecessário dizer que se trata apenas de um primeiro esforço, sem nenhuma pretensão de esgotar a ideia de uma "Bibliotequinha Antropofágica"[4] de textos exclusivamente literários.

O principal objetivo do presente volume é estimular debates e reflexões acerca da antropofagia oswaldiana. Nesse sentido, a organização dos índices analítico e onomástico pretende estimular novas pesquisas. Ou seja, a publicação de *Antropofagia Hoje?* é também um convite para que o leitor venha a escrever seus próprios textos acerca da obra oswaldiana.

Agradecimentos

O coeditor do volume nos Estados Unidos, Jorge Ruffinelli, editor da prestigiosa revista *Nuevo Texto Crítico*, editada pela Universidade Stanford, generosamente cedeu os direitos para a publicação deste livro no Brasil.

Alunas e alunos do Instituto de Letras da Universidade do Estado do Rio de Janeiro auxiliaram na elaboração do índice analítico.

Em *A Crise da Filosofia Messiânica* (1950), Oswald não se esqueceu de elogiar "o esporte, o recordismo".[5] É como se Oswald tivesse antecipado o ritmo de trabalho que permitiu a pronta publicação deste livro... Por isso mesmo, um agradecimento especial deve ser reservado tanto ao editor Edson Manoel de Oliveira Filho quanto à equipe da Editora É pelo entusiasmo com que acolheram a ideia de lançar o presente volume no Brasil.

---

[4] Ver, de Raul Bopp, "Bibliotequinha Antropofágica". In: *Vida e Morte da Antropofagia*. Rio de Janeiro, Civilização Brasileira, 1977, p. 48-49.

[5] Oswald de Andrade, *A Crise da Filosofia Messiânica*. In: *A Utopia Antropofágica*. 2. ed. São Paulo, Globo, 1995, p. 145.

PARTE I

Manifestos e Manifestações

Manifesto Canibal Dadá[1]

Francis Picabia

Todos vocês são acusados; levantem-se. O orador só pode falar se vocês estiverem de pé.

De pé como para a Marseillaise,
de pé como para o hino russo,
de pé como para God save the king,
De pé como diante da bandeira,
Enfim de pé diante de DADÁ que representa a vida e que acusa a todos vocês de amar por esnobismo, no momento em que isso custa caro.

Vocês sentaram todos de novo? Tanto melhor, assim irão me escutar com mais atenção.

Que é que vocês fazem aqui, fechados como ostras sérias – pois vocês são sérios – não é verdade?

Sérios, sérios, sérios até a morte.

A morte é uma coisa séria, não é?

Morre-se como herói ou idiota, o que é a mesma coisa. A única palavra que não é efêmera é a palavra morte. Vocês amam a morte para os outros.

À morte, à morte, à morte.

Somente o dinheiro é que não morre, ele apenas sai de viagem. Ele é Deus, aquele que se respeita, personagem sério o dinheiro – respeito das famílias. Honra, honra ao dinheiro; o homem que possui dinheiro é um homem honrado.

A honra se compra e se vende como o rabo. O rabo, o rabo representa a vida como as batatas fritas, e todos vocês que são sérios, vocês fedem mais que bosta de vaca.

DADÁ, este não cheira a nada ele é nada, nada, nada.

Como as esperanças de vocês ele é: nada
como os paraísos de vocês: nada
como os ídolos de vocês: nada
como os políticos de vocês: nada
como os artistas de vocês: nada
como os heróis de vocês: nada
como as religiões de vocês: nada

[1] Originalmente publicado em *Dadaphone*, Paris, n. 7, mar. 1920.

Vaiem, gritem, torçam o meu pescoço, e depois, e depois? Eu direi ainda que todos vocês são peras. Dentro de três meses, meus amigos e eu venderemos nossos quadros a vocês por alguns francos.*

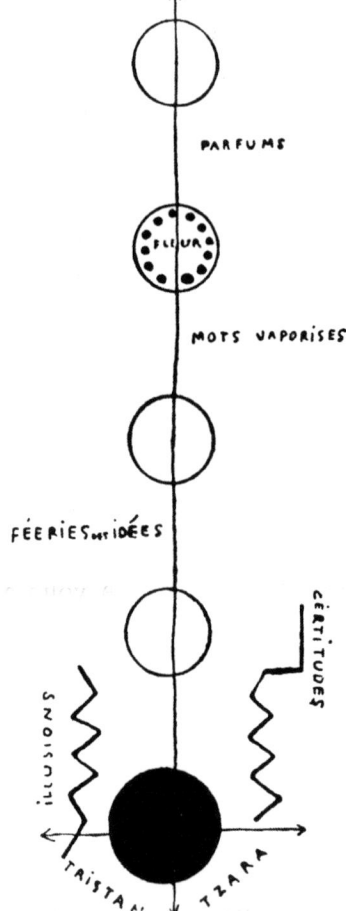

* Tradução de Ivo Barbieri.

Manifesto da Poesia Pau-brasil

Oswald de Andrade

A Poesia existe nos fatos. Os casebres de açafrão e de ocre nos verdes da Favela, sob o azul cabralino, são fatos estéticos.

O Carnaval no Rio é o acontecimento religioso da raça. Pau-Brasil. Wagner submerge ante os cordões de Botafogo. Bárbaro e nosso. A formação étnica rica. Riqueza vegetal. O minério. A cozinha. O vatapá, o ouro e a dança.

Toda a história bandeirante e a história comercial do Brasil. O lado doutor, o lado citações, o lado autores conhecidos. Comovente. Rui Barbosa: uma cartola na Senegâmbia. Tudo revertendo em riqueza. A riqueza dos bailes e das frases feitas. Negras de jockey. Odaliscas no Catumbi. Falar difícil.

O lado doutor. Fatalidade do primeiro branco aportado e dominando politicamente as selvas selvagens. O bacharel. Não podemos deixar de ser doutos. Doutores. País de dores anônimas, de doutores anônimos. O Império foi assim. Eruditamos tudo. Esquecemos o gavião de penacho.

A nunca exportação de poesia. A poesia anda oculta nos cipós maliciosos da sabedoria. Nas lianas da saudade universitária.

Mas houve um estouro nos aprendimentos. Os homens que sabiam tudo se deformaram como borrachas sopradas. Rebentaram.

A volta à especialização. Filósofos fazendo filosofia, críticos, crítica, donas de casa tratando de cozinha.

A Poesia para os poetas. Alegria dos que não sabem e descobrem.

Tinha havido a inversão de tudo, a invasão de tudo: o teatro de tese e a luta no palco entre morais e imorais. A tese deve ser decidida em guerra de sociólogos, de homens de lei, gordos e dourados como Corpus Juris.

Ágil o teatro, filho do saltimbanco. Ágil e ilógico. Ágil o romance, nascido da invenção. Ágil a poesia.

A Poesia Pau-Brasil. Ágil e cândida. Como uma criança.

Uma sugestão de Blaise Cendrars: – Tendes as locomotivas cheias, ides partir. Um negro gira a manivela do desvio rotativo em que estais. O menor descuido vos fará partir na direção oposta ao vosso destino.

Contra o gabinetismo, a prática culta da vida. Engenheiros em vez de jurisconsultos, perdidos como chineses na genealogia das ideias.

A língua sem arcaísmos, sem erudição. Natural e neológica. A contribuição milionária de todos os erros. Como falamos. Como somos.

Não há luta na terra de vocações acadêmicas. Há só fardas. Os futuristas e os outros.

Uma única luta – a luta pelo caminho. Dividamos: Poesia de importação. E a Poesia Pau-Brasil, de exportação.

Houve um fenômeno de democratização estética nas cinco partes sábias do mundo. Instituíra-se o naturalismo. Copiar. Quadro de carneiros que não fosse lã mesmo não prestava. A interpretação no dicionário oral das Escolas de Belas-Artes queria dizer reproduzir igualzinho... Veio a pirogravura. As meninas de todos os lares ficaram artistas. Apareceu a máquina fotográfica. E com todas as prerrogativas do cabelo grande, da caspa e da misteriosa genialidade de olho virado – o artista fotógrafo.

Na música, o piano invadiu as saletas nuas, de folhinha na parede. Todas as meninas ficaram pianistas. Surgiu o piano de manivela, o piano de patas. A pleyela. E a ironia eslava compôs para a pleyela. Stravinski.

A estatuária andou atrás. As procissões saíram novinhas das fábricas.

Só não se inventou uma máquina de fazer versos – havia o poeta parnasiano.

Ora, a revolução indicou apenas que a arte voltava para as elites. E as elites começaram desmanchando. Duas fases: 1ª) A deformação através do impressionismo, a fragmentação, o caos voluntário. De Cézanne e Mallarmé, Rodin e Debussy até agora. 2ª) O lirismo, a apresentação no templo, os materiais, a inocência construtiva.

O Brasil profiteur. O Brasil doutor. E a coincidência da primeira construção

Pau-Brasil, 1925

brasileira no movimento de reconstrução geral. Poesia Pau-Brasil.

Como a época é miraculosa, as leis nasceram do próprio rotamento dinâmico dos fatores destrutivos.

A síntese
O equilíbrio
O acabamento de carrosserie
A invenção
A surpresa
Uma nova perspectiva
Uma nova escala.

Qualquer esforço natural nesse sentido será bom. Poesia Pau-Brasil.

O trabalho contra o detalhe naturalista – pela *síntese*; contra a morbidez romântica – pelo *equilíbrio* geômetra e pelo *acabamento* técnico; contra a cópia, pela *invenção* e pela *surpresa*.

Uma nova perspectiva.

A outra, a de Paolo Uccello, criou o naturalismo de apogeu. Era uma ilusão ótica. Os objetos distantes não diminuíam. Era uma lei de aparência. Ora, o momento é de reação à aparência. Reação à cópia. Substituir a perspectiva visual e naturalista por uma perspectiva de outra ordem: sentimental, intelectual, irônica, ingênua.

Uma nova escala:

A outra, a de um mundo proporcionado e catalogado com letras nos livros, crianças nos colos. O reclame produzindo letras maiores que torres. E as novas formas da indústria, da viação, da aviação. Postes. Gasômetros Rails. Laboratórios e oficinas técnicas. Vozes e tics de fios e ondas e fulgurações. Estrelas familiarizadas com negativos fotográficos. O correspondente da surpresa física em arte.

A reação contra o assunto invasor, diverso da finalidade. A peça de tese era um arranjo monstruoso. O romance de ideias, uma mistura. O quadro histórico, uma aberração. A escultura eloquente, um pavor sem sentido.

Nossa época anuncia a volta ao *sentido puro*.

Um quadro são linhas e cores. A estatuária são volumes sob a luz.

A Poesia Pau-Brasil é uma sala de jantar domingueira, com passarinhos cantando na mata resumida das gaiolas, um sujeito magro compondo uma valsa para flauta e a Maricota lendo o jornal. No jornal anda todo o presente.

Nenhuma fórmula para a contemporânea expressão do mundo. *Ver com olhos livres.*

Temos a base dupla e presente – a floresta e a escola. A raça crédula e dualista e a geometria, a álgebra e a química logo depois da mamadeira e do chá de erva-doce. Um misto de "dorme nenê que o bicho vem pegá" e de equações.

Uma visão que bata nos cilindros dos moinhos, nas turbinas elétricas, nas usinas produtoras, nas questões cambiais, sem perder de vista o Museu Nacional. Pau-Brasil.

Obuses de elevadores, cubos de arranha-céus e a sábia preguiça solar. A reza. O carnaval. A energia íntima. O sabiá. A hospitalidade um pouco sensual, amorosa. A saudade dos pajés e os campos de aviação militar. Pau-Brasil.

O trabalho da geração futurista foi ciclópico. Acertar o relógio império da literatura nacional.

Realizada essa etapa, o problema é outro. Ser regional e puro em sua época.

O estado de inocência substituindo o estado de graça que pode ser uma atitude do espírito.

O contrapeso da originalidade nativa para inutilizar a adesão acadêmica.

A reação contra todas as indigestões de sabedoria. O melhor de nossa tradição lírica. O melhor de nossa demonstração moderna.

Apenas brasileiros de nossa época. O necessário de química, de mecânica, de economia e de balística. Tudo digerido. Sem meeting cultural. Práticos. Experimentais. Poetas. Sem reminiscências livrescas. Sem comparações de apoio. Sem pesquisa etimológica. Sem ontologia.

Bárbaros, crédulos, pitorescos e meigos. Leitores de jornais. Pau-Brasil. A floresta e a escola. O Museu Nacional. A cozinha, o minério e a dança. A vegetação. Pau-Brasil.

OSWALD DE ANDRADE
Correio da Manhã, 18 de março de 1924.

MANIFESTO ANTROPOFAGO

Só a antropofagia nos une. Socialmente. Economicamente. Philosophicamente.

Unica lei do mundo. Expressão mascarada de todos os individualismos, de todos os collectivismo. De todas as religiões. De todos os tratados de paz.

Tupy, or not tupy that is the question.

Contra toda as cathecheses. E contra a mãe dos Gracchos.

Só me interessa o que não é meu. Lei do homem. Lei do antropofago.

Estamos fatigados de todos os maridos catholicos suspeitosos postos em drama. Freud acabou com o enigma mulher e com outros sustos da psychologia impressa.

O que atropelava a verdade era a roupa, o impermeavel entre o mundo interior e o mundo exterior. A reacção contra o homem vestido. O cinema americano informará.

Filhos do sol, mãe dos viventes. Encontrados e amados ferozmente, com toda a hypocrisia da saudade, pelos immigrados, pelos traficados e pelos touristes. No paiz da cobra grande.

Foi porque nunca tivemos grammaticas, nem collecções de velhos vegetaes. E nunca soubemos o que era urbano, suburbano, fronteiriço e continental. Preguiçosos no mappa mundi do Brasil.

Uma consciencia participante, uma rythmica religiosa.

Contra todos os importadores de consciencia enlatada. A existencia palpavel da vida. E a mentalidade prelogica para o Sr. Levy Bruhl estudar.

Queremos a revolução Carahiba. Maior que a revolução Francesa. A unificação de todas as revoltas efficazes na direcção do homem. Sem nós a Europa não teria siquer a sua pobre declaração dos direitos do homem.

A edade de ouro annunciada pela America. A edade de ouro. E todas as girls.

Filiação. O contacto com o Brasil Carahiba. **Oú Villeganhon print terre**. Montaigne. O homem natural. Rousseau. Da Revolução Francesa ao Romantismo, á Revolução Bolchevista, á Revolução surrealista e ao barbaro technizado de Keyserling. Caminhamos.

Nunca fomos cathechisados. Vivemos atravez de um direito sonambulo. Fizemos Christo nascer na Bahia. Ou em Belem do Pará.

Mas nunca admittimos o nascimento da logica entre nós.

Desenho de Tarsila 1928. De um quadro que figurará na sua proxima exposição de Junho na galeria Percier, em Paris.

Contra o Padre Vieira. Autor do nosso primeiro emprestimo, para ganhar commissão. O rei analphabeto dissera-lhe: ponha isso no papel mas sem muita labia. Fez-se o emprestimo. Gravou-se o assucar brasileiro. Vieira deixou o dinheiro em Portugal e nos trouxe a labia.

O espirito recusa-se a conceber o espirito sem corpo. O antropomorfismo. Necessidade da vaccina antropofagica. Para o equilibrio contra as religiões de meridiano. E as inquisições exteriores.

Só podemos attender ao mundo orecular.

Tinhamos a justiça codificação da vingança A sciencia codificação da Magia. Antropofagia. A transformação permanente do Tabú em totem.

Contra o mundo reversivel e as idéas objectivadas. Cadaverizadas. O stop do pensamento que é dynamico. O individuo victima do systema. Fonte das injustiças classicas. Das injustiças romanticas. E o esquecimento das conquistas interiores.

Roteiros. Roteiros. Roteiros. Roteiros. Roteiros. Roteiros. Roteiros.

O instincto Carahiba.

Morte e vida das hypotheses. Da equação **eu** parte do **Kosmos** ao axioma **Kosmos** parte do **eu**. Subsistencia. Conhecimento. Antropofagia.

Contra as elites vegetaes. Em communicação com o sólo.

Nunca fomos cathechisados. Fizemos foi Carnaval. O indio vestido de senador do Imperio. Fingindo de Pitt. Ou figurando nas operas de Alencar cheio de bons sentimentos portuguezes.

Já tinhamos o communismo. Já tinhamos a lingua surrealista. A edade de ouro.
Catiti Catiti
Imara Notiá
Notiá Imara
Ipejú

A magia e a vida. Tinhamos a relação e a distribuição dos bens physicos, dos bens moraes, dos bens dignarios. E sabiamos transpor o mysterio e a morte com o auxilio de algumas formas grammaticaes.

Perguntei a um homem o que era o Direito. Elle me respondeu que era a garantia do exercicio da possibilidade. Esse homem chamava-se Galli Mathias. Comi-o

Só não ha determinismo - onde ha misterio. Mas que temos nós com isso?

Continua na Pagina 7

Manifesto Antropófago[1]

Oswald de Andrade

Só a antropofagia nos une. Socialmente. Economicamente. Filosoficamente.

Única lei do mundo. Expressão mascarada de todos os individualismos, de todos os coletivismos. De todas as religiões. De todos os tratados de paz.

Tupy or not tupy that is the question.

Contra todas as catequeses. E contra a mãe dos Gracos.

Só me interessa o que não é meu. Lei do homem. Lei do antropófago.

Estamos fatigados de todos os maridos católicos suspeitosos postos em drama. Freud acabou com o enigma mulher e com outros sustos da psicologia impressa.

O que atropelava a verdade era a roupa, o impermeável entre o mundo interior e o mundo exterior. A reação contra o homem vestido. O cinema americano informará.

Filhos do sol, mãe dos viventes. Encontrados e amados ferozmente, com toda a hipocrisia da saudade, pelos imigrados, pelos traficados e pelos touristes. No país da cobra grande.

Foi porque nunca tivemos gramáticas, nem coleções de velhos vegetais. E nunca soubemos o que era urbano, suburbano, fronteiriço e continental. Preguiçosos no mapa-múndi do Brasil.

Uma consciência participante, uma rítmica religiosa.

Contra todos os importadores de consciência enlatada. A existência palpável da vida. E a mentalidade pré-lógica para o Sr. Lévy-Bruhl estudar.

[1] Originalmente publicado em *Revista de Antropofagia*, ano I, n. 1, maio 1928.

Queremos a Revolução Caraíba. Maior que a Revolução Francesa. A unificação de todas as revoltas eficazes na direção do homem. Sem nós a Europa não teria sequer a sua pobre declaração dos direitos do homem.

A idade de ouro anunciada pela América. A idade de ouro. E todas as girls.

———

Filiação. O contato com o Brasil Caraíba. **Où Villegaignon print terre.** Montaigne. O homem natural. Rousseau. Da Revolução Francesa ao Romantismo, à Revolução Bolchevista, à Revolução Surrealista e ao bárbaro tecnizado de Keyserling. Caminhamos.

———

Nunca fomos catequizados. Vivemos através de um direito sonâmbulo. Fizemos Cristo nascer na Bahia. Ou em Belém do Pará.

———

Mas nunca admitimos o nascimento da lógica entre nós.

———

Contra o Padre Vieira. Autor do nosso primeiro empréstimo, para ganhar comissão. O rei analfabeto dissera-lhe: ponha isso no papel mas sem muita lábia. Fez-se o empréstimo. Gravou-se o açúcar brasileiro. Vieira deixou o dinheiro em Portugal e nos trouxe a lábia.

———

O espírito recusa-se a conceber o espírito sem corpo. O antropomorfismo. Necessidade da vacina antropofágica. Para o equilíbrio contra as religiões de meridiano. E as inquisições exteriores.

———

Só podemos atender ao mundo orecular.

———

Tínhamos a justiça codificação da vingança. A ciência codificação da Magia. Antropofagia. A transformação permanente do Tabu em totem.

———

Contra o mundo reversível e as ideias objetivadas. Cadaverizadas. O stop do pensamento que é dinâmico. O indivíduo vítima do sistema. Fonte das injustiças clássicas. Das injustiças românticas. E o esquecimento das conquistas interiores.

———

Roteiros. Roteiros. Roteiros. Roteiros. Roteiros. Roteiros. Roteiros.

———

O instinto Caraíba.

———

Morte e vida das hipóteses. Da equação **eu** parte do **Kosmos** ao axioma **Kosmos** parte do **eu**. Subsistência. Conhecimento. Antropofagia.

———

Contra as elites vegetais. Em comunicação com o solo.

———

Nunca fomos catequizados. Fizemos foi Carnaval. O índio vestido de senador do Império. Fingindo de Pitt. Ou figurando nas óperas de Alencar cheio de bons sentimentos portugueses.

———

Já tínhamos o comunismo. Já tínhamos a língua surrealista. A idade de ouro.
Catiti Catiti
Imara Notiá
Notiá Imara
Ipeju.[1]

———

A magia e a vida. Tínhamos a relação e a distribuição dos bens físicos, dos bens morais, dos bens dignários. E sabíamos transpor o mistério e a morte com o auxílio de algumas formas gramaticais.

———

Perguntei a um homem o que era o Direito. Ele me respondeu que era a garantia do exercício da possibilidade. Esse homem chamava-se Galli Mathias. Comi-o.

———

Só não há determinismo – onde há mistério. Mas que temos nós com isso?

———

Contra as histórias do homem, que começam no Cabo Finisterra. O mundo não datado. Não rubricado. Sem Napoleão. Sem César.

———

A fixação do progresso por meio de catálogos e aparelhos de televisão. Só a maquinaria. E os transfusores de sangue.

———

Contra as sublimações antagônicas. Trazidas nas caravelas.

———

Contra a verdade dos povos missionários, definida pela sagacidade de um antropófago, o Visconde de Cairu: – É a mentira muitas vezes repetida.

———

Mas não foram cruzados que vieram. Foram fugitivos de uma civilização que estamos comendo, porque somos fortes e vingativos como o Jabuti.

———

Se Deus é a consciência do Universo Incriado, Guaraci é a mãe dos viventes. Jaci é a mãe dos vegetais.

———

Não tivemos especulação. Mas tínhamos adivinhação. Tínhamos Política que é a ciência da distribuição. E um sistema social planetário.

———

As migrações. A fuga dos estados tediosos. Contra as escleroses urbanas. Contra os Conservatórios, e o tédio especulativo.

———

De William James a Voronoff. A transfiguração do Tabu em totem. Antropofagia.

———

[1] "Lua Nova, ó Lua Nova, assopra em Fulano lembranças de mim". In: Couto Magalhães, *O Selvagem*.

O pater familias e a criação da Moral da Cegonha: Ignorância real das coisas+falta de imaginação+sentimento de autoridade ante a prole curiosa.

———

É preciso partir de um profundo ateísmo para se chegar à ideia de Deus. Mas o caraíba não precisava. Porque tinha Guaraci.

———

O objetivo criado reage como os Anjos da Queda. Depois Moisés divaga. Que temos nós com isso?

———

Antes dos portugueses descobrirem o Brasil, o Brasil tinha descoberto a felicidade.

———

Contra o índio de tocheiro. O índio filho de Maria, afilhado de Catarina de Médicis e genro de D. Antônio de Mariz.

———

A alegria é a prova dos nove.

———

No matriarcado de Pindorama.

———

Contra a Memória fonte do costume. A experiência pessoal renovada.

———

Somos concretistas. As ideias tomam conta, reagem, queimam gente nas praças públicas. Suprimamos as ideias e as outras paralisias. Pelos roteiros. Acreditar nos sinais, acreditar nos instrumentos e nas estrelas.

———

Contra Goethe, a mãe dos Gracos, e a Corte de D. João VI.

———

A alegria é a prova dos nove.

———

A luta entre o que se chamaria Incriado e a Criatura–ilustrada pela contradição permanente do homem e o seu Tabu. O amor quotidiano e o modus-vivendi capitalista. Antropofagia. Absorção do inimigo sacro. Para transformá-lo em totem. A humana aventura. A terrena finalidade. Porém, só as puras elites conseguiram realizar a antropofagia carnal, que traz em si o mais alto sentido da vida e evita todos os males identificados por Freud, males catequistas. O que se dá não é uma sublimação do instinto sexual. É a escala termométrica do instinto antropofágico. De carnal, ele se torna eletivo e cria a amizade. Afetivo, o amor. Especulativo, a ciência. Desvia-se e transfere-se. Chegamos ao aviltamento. A baixa antropofagia aglomerada nos pecados de catecismo – a inveja, a usura, a calúnia, o assassinato. Peste dos chamados povos cultos e cristianizados, é contra ela que estamos agindo. Antropófagos.

———

Contra Anchieta cantando as onze mil virgens do céu, na terra de Iracema – o patriarca João Ramalho fundador de São Paulo.

A nossa independência ainda não foi proclamada. Frase típica de D. João VI: – Meu filho, põe essa coroa na tua cabeça, antes que algum aventureiro o faça! Expulsamos a dinastia. É preciso expulsar o espírito bragantino, as ordenações e o rapé de Maria da Fonte.

Contra a realidade social, vestida e opressora, cadastrada por Freud – a realidade sem complexos, sem loucura, sem prostituições e sem penitenciárias do matriarcado de Pindorama.

OSWALD DE ANDRADE
Em Piratininga
Ano 374 da Deglutição do Bispo Sardinha.

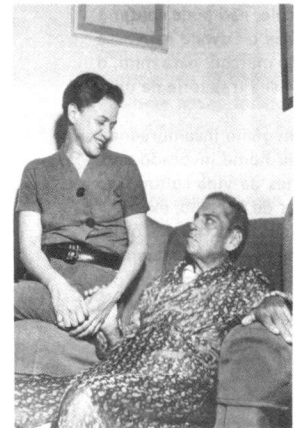
(1)

(2)

(3)

(4)

(5)

(6)

(7)

Oswald e Maria Antonieta – Fragmentos Memórias e Fantasia

Marília de Andrade
Universidade Estadual de Campinas

Oswald definhava aceleradamente, vítima das complicações da diabete, em seu último ano de vida. Não consigo apagar da memória a dolorosa imagem de sua fragilidade: corpo magro, pele sem brilho, pés inchados, olheiras fundas em torno dos olhos verdes-azuis aguados, antrazes na nuca... Meu pai morrendo aos poucos.

Eu chorava pelos cantos, pressentindo a proximidade da sua morte, mas não tinha parceiros para compartilhar minhas angústias. Paulo Marcos era muito pequeno para dar-se conta da tragédia e Maria Antonieta, num enorme esforço de autodefesa, negava o óbvio: anunciava, animadamente, nossa próxima mudança para Upsala (na Suécia), onde ele iria lecionar.

As rezas sempre foram lá em casa recurso supremo nos momentos de aflição. Todas as noites eu repetia as que me haviam ensinado, pedindo fervorosamente pela saúde de meu pai, sem resultado. Na visão onipotente dos meus oito anos, não aceitava que meu desejo intenso fosse incapaz de interromper magicamente o curso inexorável daquela doença. Por esta época duvidei de Deus, mas, perseguida pela culpa e pelo medo do castigo, logo voltei atrás.

Ficava na espreita, observando, esperando. Nos últimos meses Oswald passava o dia todo de chinelos e "robe de chambre", sentado na poltrona, lendo ou conversando com Maria Antonieta (foto 1). A fotografia registra bem o contraste entre os dois nesta época: ele, aos 64 anos, muito doente, sem nenhuma vitalidade, ela, aos 34, cheia de energia. Costumava sentar-se assim mesmo, no braço da poltrona, tentando reanimá-lo: segurava sua mão, chamava-o de "filhão", acusava-o carinhosamente de estar "fingindo" fraqueza apenas para receber mais atenção. Ele frequentemente se irritava ou se deixava invadir pela depressão.

A debilidade física o exasperava e, além disso, enfrentava dificuldades financeiras em consequência da administração desatinada de toda a fortuna que herdara do pai. As dívidas, no último ano, incluíam as contas de farmácias e hospitais. Após a morte de Oswald, lembro-me de Maria Antonieta devolvendo à farmácia do bairro os remédios que comprara e ainda não pudera pagar.

Ouvi-o muitas vezes queixar-se, desencorajado, de que suas ideias não eram aceitas, sua obra não era lida e talvez seu valor nunca chegasse a ser reconhecido. Sentia-se abandonado e sem grandes esperanças. Os amigos de festa já haviam se afastado. Maria Antonieta se ressentia muito deste fato e mostrava-se agradecida àqueles poucos que continuavam a visitá-los. Quase nenhum intelectual fazia-lhe companhia, às vésperas de sua morte. Antonio Candido e Mário da Silva Brito eram seus fiéis amigos e admiradores. Havia alguns outros, de quem não me lembro, mas de qualquer forma era um círculo muito restrito, em contraposição ao desprezo que lhe dedicava o mundo literário "oficial". Vítima da inveja e da hipocrisia, no final da vida Oswald foi punido com desdém pelo seu brilhantismo, pela sua franqueza, suas ideias avançadas e extraordinária capacidade para satirizar. Seus principais livros permaneciam inéditos há várias décadas pois os editores não os consideravam vendáveis.

O otimismo de Maria Antonieta contrabalançava em parte este quadro desalentador. Contou-me o Antonio Candido que tem ainda viva na memória a imagem do Oswald doente, semi-imobilizado em sua poltrona de onde gritava "Antonieta!", com seu vozeirão autoritário, para solicitar absolutamente tudo: o caderno de anotações, os remédios, um copo d'água. Ela passava os dias zelosamente a seu lado com a atitude de uma filha que cuida do velho pai doente. Supervisionava seu regime, aplicava-lhe as injeções, fazia curativos e colaborava diretamente em seu trabalho, discutindo ideias, revendo textos, anotando ditados, datilografando, organizando o arquivo e a biblioteca. Gravitava sua existência em torno à dele e recusava-se a admitir que ele pudesse morrer.

A vida familiar, entretanto, era um verdadeiro caos. Mudávamos frequentemente de residência em função da instabilidade financeira ou para estarmos mais perto do socorro médico. Antes do terceiro ano primário eu já havia mudado quatro vezes de colégio. Para nós, crianças, a insegurança era total; nunca podíamos contar com a presença ou a atenção de Maria Antonieta, que vivia prioritariamente para cuidar do Oswald. Ela recorria frequentemente à ajuda da família e às fortes presenças de suas duas irmãs, velhas: Carmen (Nane) e Ida (Idinha), que se revezavam com ela nas tarefas de enfermagem ou nos cuidados da casa. Era comum que fôssemos enviados por vários dias à casa da vovó, enquanto ela permanecia cuidando dele no hospital.

O último desejo

Carta ao Oswald, trinta anos depois

Babo,

Naquela manhã de sexta-feira, 22 de outubro, eu tentava seguir minha rotina indo para a escola, onde costumava ocupar minha cabeça, tentando distrair-me da dor no peito, que era o pressentimento da sua morte.

Você me parecia, naqueles últimos dias, um velhinho combalido, com pouco fôlego, muito irritável, o dia todo de pijamas sentado na mesma poltrona, depondo tristemente as armas contra a doença. Eu tentava desesperadamente convencer-me do contrário, tinha pavor de enfrentar o fato de que ia perder você, que era justamente a pessoa de quem eu mais gostava.

Agarrada à minha pasta escolar, passei correndo pela porta do seu quarto, na esperança de não ser percebida. Não estava querendo nem olhar para dentro, sabia que você estava mal. Mas não deu certo e ao me ver passar correndo você ordenou (sempre ordenava) que eu voltasse para lhe dar um beijo.

Quando me aproximei de você estava com medo, assustada com um ronco estranho que saía do seu peito. Se estivesse mais tranquila poderia ter entendido melhor o seu último desejo, sussurrado em meu ouvido enquanto eu o abraçava. Não tenho certeza do que você me pediu e como nunca mais pude vê-lo, para esclarecer suas palavras, fui inventando um sentido para elas, ao longo da vida, com a série de acontecimentos trágicos que sobrevieram. Como separar aquilo que você realmente disse daquilo que foi por mim intuído ou adivinhado? Separar a realidade objetiva dos meus medos e desejos, da minha compreensão infantil do mundo, de minhas fantasias. Eu me lembro que você me pediu, emocionado, para eu "tomar conta da Maria Antonieta". Ou, se não falou exatamente isso, deixou este pedido implícito na confissão do medo de deixá-la só.

Seu pedido aumentou meu pânico. Por isso procurei desvencilhar-me rapidamente daquele abraço, dei um beijo relutante no seu rosto e saí correndo.

Tidinha me contou, muitos anos depois, que você morreu tranquilo, sentado na poltrona e conversando com ela, por volta do meio-dia, enquanto a mamãe preparava algo na cozinha; apertava forte em suas mãos aquelas medalhinhas de santos que carregava no pescoço desde o início da doença. Não fui ao seu enterro. Fiquei na casa da vovó sem suspeitar de nada e só soube da sua morte no domingo, dois dias depois. A partir daí, cumprir seu último desejo impôs-se como um dever torturante, imperioso e inexequível. Destino complicado ser filha de Musa e Poeta!

Queria lhe dizer hoje que, no confuso emaranhado das nossas relações emocionais, eu nunca entendi, afinal, quem tomava conta de quem: Ela de Você? Você Dela? Eu de Vocês? Eu Dela? E quem, meu pai, tomava conta de mim? Bayla.

A musa e o poeta

Impossível lembrar-me de Maria Antonieta, escutar o eco de seu riso solto, cristalino, cheio de vida, ressoando pela casa. Era filha de um administrador de fazenda do interior de São Paulo. Estudara em colégio interno de freiras. Seus quatro irmãos homens cursaram a Universidade, mas ela, como as duas irmãs mais velhas, cursou apenas a Escola Normal. Conheceu-o em Piracicaba, na casa de sua amiga Adelaide Guerrini, que era noiva do Nonê, filho mais velho do Oswald. Ele, nesta época, ainda estava casado com Julieta Bárbara, irmã de Adelaide, de quem foi, ao mesmo tempo, cunhado e sogro. Julieta afirma que seu casamento já estava de fato acabado quando Maria Antonieta foi apresentada ao Oswald e convidada para trabalhar como sua secretária na elaboração do romance *Marco Zero*. O fato é que se apaixonaram, ela com 23 anos, ele com 54. Um poema fantástico, "Cântico dos Cânticos para Flauta e Violão", serviu como pedido de casamento. A família dela reagiu abertamente, pois o passado de Oswald, que alimentava os mexericos da pequena cidade do interior (onde também moravam familiares de Tarsila), em nada o recomendava: ele certamente iria abandoná-la, como já fizera com as outras mulheres. Ela impôs sua vontade, ameaçando fugir de casa para ir morar com ele. Oficializaram o casamento em julho de 1943, com ela vestida de noiva e Inês, filha de Nonê e Adelaide, fazendo as vezes de dama de honra do casal (foto 2). Viveram felizes por onze anos. Revezavam papéis. Ela, a Grande Mãe generosa: "Toma conta do céu / Toma conta do mar / Toma conta da terra / Toma conta de mim / Maria Antonieta d'Alkmin". Ele, o Velho Pai protetor: "E se ele vier / Defenderei / E se ela vier / Defenderei / E se eles vierem / Defenderei / E se elas vierem todas / Numa guirlanda de flechas

/ Defenderei / Defenderei / Defenderei". Vivendo o mito do amor eterno: "Viveremos / O corsário e o porto / Eu para você / Você para mim".

As mulheres do passado foram esquecidas. Oswald anunciava em seu poema a chegada da "Mulher vinda da China", a amante definitiva, o cais do porto, bonança. "Não quero mais / Crucificadas em meus cabelos / Quero você". E prometia: "Nada te sucederá / Porque inerme deste o teu afeto / No soco do coração te levarei / Nas quatro sacadas fechadas / Do coração".

Promessa não cumprida. Ele morreu, ela sentiu-se abandonada. Buscou algumas vezes o suicídio, como solução, antes de reencontrar forças para sobreviver sozinha. Iniciou penosamente uma nova vida, enfrentando grandes dificuldades financeiras, até conseguir reafirmar-se. Desenvolveu uma carreira de sucesso como orientadora pedagógica; casou-se novamente e descasou. No entanto, a imagem do poeta nunca deixou de acompanhá-la (o retrato dele, pintado por Tarsila, sempre pendurado em nossa sala de jantar). Um profundo sentimento de orfandade vez por outra a prostrava deprimida; nestas horas sentia-se insegura e desenraizada, tinha verdadeiro pânico da solidão.

Outra grande perda sobreveio em 1968, com a morte de Paulo Marcos, em um acidente de automóvel, dois dias depois de ele haver completado vinte anos. Meses depois, Maria Antonieta buscou alívio para sua angústia em um grande salto para a morte. Algumas horas antes de morrer conversara comigo sobre o Oswald e confessara que ainda sentia muito a sua falta.

DEDICATÓRIA

Quando Maria Antonieta engravidou pela primeira vez, Oswald cruzou na rua com o pintor Clovis Graciano (dono das Edições Gaveta) que lhe confidenciou a posse de um troféu: a primeira edição do poema *Marilia de Dirceu*, restaurada e encadernada. Oswald não conseguiu comprar o livro de Clovis, cioso colecionador, apesar de dizer-lhe que se tratava de um documento valiosíssimo para a tese que estava escrevendo, "A Arcádia e a Inconfidência". Conseguiu, finalmente, tomá-lo emprestado. Só que nunca o devolveu.

Maria Antonieta contou-me que ele chegou em casa entusiasmado, dizendo que adquirira o livro, que dedicou a ela: "Para Maria Antonieta d'Alkmin / minha Marilia realizada / Oswald / 19.03.45".

Desta dedicatória compuseram o nome: Antonieta Marilia de Oswald de Andrade, com o qual me batizaram oito meses depois.

Vida em família

Antes que Oswald fosse prostrado pela doença, nossa vida oscilava entre um clima de festa e fartura e a constante ameaça de falta de dinheiro. A sombra da preocupação reaparecia todas as vezes que ele, aflito, saía de casa para tratar dos "negócios". Palavra-chave. O futuro, de repente, tornava a ameaçar. Podia ser que ele voltasse da rua irritado e deprimido sem ter conseguido renovar uma promissória, ou que voltasse exuberante com ótimas perspectivas de arrumar dinheiro, depois de passar pela melhor mercearia da cidade, trazendo quitutes e uma garrafa de champanhe para comemorarmos.

Nunca entendi direito como administrava esses "negócios". Soube mais tarde que ele herdara do pai um valiosíssimo trecho de terra na cidade de São Paulo, correspondente hoje a grande parte do bairro de Cerqueira César. Entre os vinte e os sessenta anos, Oswald, no entanto, conseguira dilapidar esta fortuna, em parte devido à sua incompetência e descaso na administração, em parte devido à ingenuidade, que o levou a ser enganado por advogados corruptos e outros espertalhões de todo tipo. Lembro-me de sair de carro com a família, nos fins de semana, para rodar pelas ruas daquele bairro em busca de algum lote vazio. Quando encontrávamos algum, Oswald anotava animadamente o endereço e iniciava uma cuidadosa pesquisa pelos cartórios de registro de imóveis da cidade para descobrir se, por acaso, este ainda seria seu. Muitos terrenos foram-lhe tomados (através do usucapião) por moradores que haviam construído clandestinamente. Fui algumas vezes testemunha da disputa que ele mantinha com os padres da Igreja do Calvário, localizada na Praça Benedito Calixto, alegando que ela fora construída sobre terreno de seu pai, sem qualquer tipo de autorização. Outros terrenos haviam sido tomados pelos bancos como garantia de hipotecas não quitadas. Mas, numa memorável tarde de domingo, localizamos um enorme terreno baldio na esquina da Rua Lisboa, que era seu. Fizemos uma grande festa para comemorar o achado e, com a venda deste terreno, garantimos a fartura familiar por mais algum tempo.

Na época em que a vida era um "mar de rosas", morávamos em um apartamento na Rua Ricardo Batista, perto do Viaduto Maria Paula. Ele nos denominara de "família goiabada" (por causa do doce em lata: 4 em 1, recém-lançado pela Cica) e às vezes nos extasiávamos juntos, brincando de rolar na cama do casal (foto 3). Viajávamos quase todos os fins de semana para o Sítio da Boa Sorte, em Ribeirão Pires, um paraíso com mansão em estilo inglês. Férias e feriados passávamos em Santos, no Hotel Parque Balneário, ou em Águas de São Pedro, cujo imponente Grande Hotel é um dos marcos mais fortes da minha infância com meus pais.

Vivíamos cercados pelas empregadas (eram três, num apartamento relativamente pequeno), a babá nos acompanhava a todos os lugares e tínhamos sempre excelentes cozinheiros. Oswald adorava comer bem e rebelava-se sistematicamente contra as limitações impostas pelo regime dos diabéticos. Maria Antonieta tentava controlá-lo e as poucas vezes que os vi brigarem era por causa da desobediência aos médicos. Ele chegava ao extremo de levantar-se de madrugada para comer um pote de baba de moça guardado na geladeira e quando ela descobria tratava-o como se fosse uma criança incontrolável. Gostava também de beber, principalmente vinhos italianos e franceses, durante as refeições. Não frequentava bares, no entanto. Bebia requintadamente em casa, como parte de seus rituais de "bon-vivant".

As paredes do apartamento eram cobertas de telas pintadas pelos maiores artistas deste século: Miró, De Chirico, Picabia, Tarsila, Di Cavalcanti. Oswald acumulara, através da vida, um excelente acervo de obras de arte. Algumas telas foram vendidas enquanto ainda estava vivo, para custear os gastos com sua doença, mas grande parte do que restou (inclusive algumas gravuras de Picasso), foi vendida posteriormente, por Maria Antonieta, a um "marchand" francês oportunista que costumava visitá-la: vinha da Europa de tempos em tempos, para insistir na transação. Aproveitou-se de sua ingenuidade para desvalorizar as obras, atribuindo-lhes ao final um valor muito abaixo do mercado. Restou apenas o retrato de Oswald, pintado por Tarsila em 1923 (quando ainda eram casados), que permaneceu como relíquia.

Oswald mantinha uma relação pessoal muito intensa com certos objetos da casa. Quando certa vez um jornalista lhe pediu para posar para uma foto, com os seus objetos prediletos, ele não se lembrou dos quadros mais valiosos, mas de outras coisas, que tinham para ele profundo significado pessoal: um insólito conjunto de cadeiras, vasos de cerâmica e esculturas de madeira, o retrato de Maria Antonieta pintado por Nonê e um quadro representando uma família, pintado por Rudá, que a insensibilidade do fotógrafo acabou cortando ao meio (foto 4).

Desta mesma época, lembro-me das grandes festas, gente bem vestida e sofisticada. Na cama eu permanecia acordada ouvindo os ruídos de conversa e o tilintar de copos e talheres. As taças eram de cristal, as bebidas, importadas, e, em ocasiões especiais, vinha um mestre-cuca, o Arthur, preparar o jantar.

Muita gente frequentava a nossa casa. Ficaram em minha memória: a Dulce Carneiro, a cronista Cristina, Carmen Prudente, Bárbara Heliodora, Edgard Braga, Helena Silveira, Jamil Amansur Haddad, Dona Lili Penteado, os casais Lima Figueiredo, Lucas Nogueira Garcês, a Pola Rezende, o Péricles Eugênio da Silva Ramos, o Samuel Ribeiro (meu padrinho), Tavares de Miranda, os casais Geraldo Santos, Ricardo Ramos, Luiz Lopes Coelho, Paulo Mendes de Almeida e Antonio Olavo Pereira e, evidentemente, o Mário da Silva Brito, a Gilda e o Antonio Candido, que eram muito assíduos.

Um dia Villa-Lobos veio para o almoço. Pude sentar-me à mesa com eles, enquanto era servido o café, e lembro-me ainda da forte impressão que me causou o enorme charuto do "seu Lobo". Papai contou-me que ele era um importante compositor e colocou um disco na vitrola, pedindo minha opinião. Achei a música insuportável (muito barulhenta) e disse-lhe que não era música boa para dançar. Deram risada.

Oswald não gostava mais de dirigir automóveis nesta época, acho que nem tinha carteira de motorista. Adorava andar de táxi e mantinha uma espécie de conta corrente com os motoristas do ponto mais próximo. Ao centro da cidade, que ia a trabalho ou para visitar as livrarias, gostava de ir a pé. Lembro-me de acompanhá-lo em caminhadas na região da Rua Direita, Praça da Sé e Largo São Francisco. Sentia-se totalmente identificado com o centro da cidade por onde andava sempre muito à vontade, como se estivesse num bairro de interior. Nas lojas que frequentava, particularmente nas principais mercearias da cidade, era tratado com intimidade pelos vendedores que o chamavam de doutor Oswald. Conversava com os livreiros, jornaleiros, motoristas de táxi e gostava de parar nas bancas de sebo para descobrir raridades. Comprava sempre muitos livros que devorava em casa, por horas a fio, sentado na poltrona.

Raramente saíam, a não ser para jantares e festas. Nessas ocasiões ela costumava usar roupas maravilhosas, geralmente importadas. Oswald adorava vesti-la bem. Dera-lhe um vestido francês de tafetá cinza-chumbo, com uma enorme capa que se prendia nos punhos, forrada de vermelho-sangue, que me ofuscava particularmente. Senti um total deslumbramento quando os vi um dia, prontos para sair, ela com aquele vestido de princesa, ele de casaca. Para mim, a relação entre meus pais concretizava todas as fantasias da Cinderela. Literalmente nossa vida em família às vezes se passava longe do resto do mundo, em um fantástico castelo de ilusões.

Idílio infantil

Eu invejava, como a invejava! Queria viver sua vida, vestir seus vestidos, ser a companheira do Oswald. E até consegui assumir este papel, em raras ocasiões inesquecíveis. Como, por exemplo, na noite em que fui solenemente designada para representá-la, sentando-me ao lado dele, que estava sendo homenageado em um grande jantar no Rotary Club. Ou, ainda, quando viajamos só os dois, em direção a Santos, onde Maria Antonieta e Paulo Marcos já veraneavam. Que prazer imenso o de encontrá-lo na porta da escola, esperando em pé pela minha saída! No trajeto da Viação Cometa, que durou, neste dia, uma eternidade, eu ia certa de estar seduzindo meu pai com as minhas histórias de criança.

Em outras ocasiões esta sensação se repetiu. Numa noite muito fria, no jardim de inverno do Sítio da Boa Sorte, enquanto trocávamos ideias sobre a vida. Ele (tão grande!) sentado em sua poltrona, eu (pequenininha!) em uma cadeirinha de vime, o nariz batendo na altura de seus joelhos, onde ele descansava um livro francês de filosofia. Em outra noite, junina, quando sozinhos na sacada do apartamento, ele me ensinando a acender cuidadosamente os fósforos de artifício. E nos vários momentos em que ele me alçou, através de sua imensa barriga, para me aninhar em seu peito largo, onde eu me sentia protegida de todo o mal (foto 5).

Era grande e gordo, sua voz ecoava como um trovão (foto 6). Eu reagia violentamente às suas investidas autoritárias. Com cinco anos, ameacei fugir de casa pois achava insuportável a frequência com que ele me requisitava a seu lado, impedindo-me de ir brincar na rua. Por conta desta briga, ele passou uma semana inteira sem me dirigir a palavra, sentindo-se pessoalmente ofendido pelo meu desejo de ir morar na casa da vizinha. Era um pai muito complicado.

Foi ele quem estimulou a minha vontade de dançar, afirmando, em suas visões grandiosas, que eu iria reencarnar Isadora Duncan. Seu "affair" com Isadora era às vezes invocado nas conversas de família sempre com enorme respeito e admiração por ela. Minha primeira professora de dança foi Carmem Brandão (foto 7), na verdade a dançarina Landa, por quem ele fora, na juventude, perdidamente apaixonado e cujo talento Isadora ironicamente desdenhara no primeiro encontro que tiveram. Nunca, na verdade, recebi qualquer tipo de orientação em dança que se assemelhasse aos princípios propostos por

Isadora. Embora admirada em casa, sua imagem não norteava minha carreira de dançarina até o dia, muitos e muitos anos mais tarde, em que comecei, sozinha, a pesquisar sua vida, para escrever um livro encomendado. Apaixonei-me então, finalmente, pela dança de Isadora Duncan, respondendo, em parte, ao desejo de meu pai. Mas isto já emenda com outra história, que faz parte do meu percurso pessoal...

Pai e herói

Em casa, depois da morte do Oswald, lembro-me de ter passado vários dias sentada no chão frio da garagem, onde todos os seus livros estavam empilhados. Oswald possuía uma imensa biblioteca que havia sido cuidadosamente organizada por Maria Antonieta nas estantes do seu escritório, no apartamento da Rua Dr. Ricardo Batista. Quando começamos a mudar sistematicamente de casa, os livros foram acondicionados em grandes caixotes de madeira alugados, de onde só foram retirados para serem empilhados no chão da garagem da casa da Rua Caravelas. Ocupada com a doença do Oswald, Maria Antonieta não tinha tempo nem energia para reorganizar aqueles três mil volumes. E as caixas de madeira, que pelo menos serviam para protegê-los, haviam sido devolvidas à transportadora.

Antes disso, no início de 1954, morávamos em um casarão imponente, no bairro do Brooklin Paulista, que Oswald comprara num ato temerário. Moramos lá alguns meses, mas, como sua doença se agravasse, tivemos que voltar para o centro da cidade, alugando a casa da Rua Caravelas, bairro do Paraíso, bem próxima à casa de minha avó. Foi aí que o Oswald morreu.

Sentada na garagem, eu então folheava alguns de seus livros (tínhamos vários volumes das primeiras edições, nunca esgotadas) tentando entender as coisas que escrevera. Aos nove anos de idade, achava que peças como *A Morta* ou *O Rei da Vela* eram incompreensíveis e que meu pai era, no mínimo, um escritor hermético.

Foi por esta época que tive que me confrontar penosamente com a realidade do mundo de fora. Tendo crescido protegida em um ambiente onde aprendera a expressar minhas opiniões e a analisar criticamente o mundo, nunca fui aceita nos grupos pré-adolescentes e, principalmente, não conseguia me adaptar às meninas, que só gostavam de brincar de bonecas e que desdenhavam meu interesse pela leitura, meus modos de moleque e meu desprezo pelos vestidinhos de babados. Eu sonhava em ser uma desbravadora e gostava de explorar novos territórios, mesmo que para isso tivesse que enfiar os pés na lama e me machucar nos espinhos.

Esse era o lado impulsivo que eu herdara do Oswald e que ele reforçara e protegera enquanto vivo. Mas, depois que ele morreu, vivi um enorme conflito entre assumir esta tendência à aventura ou ser aceita e amada como uma menina "bem comportada".

Esta ambiguidade era ainda maior porque eu não tinha a menor certeza do valor das ideias defendidas por meu pai. Por muitos anos, escondia em minha mente infantil a dúvida sobre as suas qualidades literárias. Não compreendia e nem gostava dos seus livros. Na verdade, nem podia lê-los direito pois, logo na segunda página, minha mente se embaralhava e eu tinha que voltar à mesma frase diversas vezes, antes que pudesse compreendê-la. Fora do restrito círculo familiar e dos poucos amigos (que depois da morte do Oswald ficaram ainda mais escassos), ninguém das minhas relações conhecia o escritor Oswald de Andrade. Os pais de minhas amigas, mesmo os mais intelectualizados, nunca haviam lido nenhum de seus livros, não havia exemplares deles na biblioteca da escola e depois que eu entrei para o ginásio constatei, desoladamente, que seu nome sequer constava das antologias de literatura brasileira, no capítulo sobre o Modernismo.

Maria Antonieta tentava nos convencer de que Oswald era um dos maiores escritores brasileiros de todos os tempos, apesar de os editores continuarem desinteressados em publicar sua obra. Frequentemente ela nos relatava fatos de sua vida, enfatizando admirada as grandes bravatas de sua juventude. Oswald era seu grande herói. Eu ouvia aquelas histórias comovida, mas cautelosa, atribuindo-lhes um certo exagero, por conta da paixão.

Lembro-me claramente de uma noite de chuva fria, em São Paulo, em que ela nos vestiu com a melhor roupa para irmos ao teatro assistir a uma apresentação de *Os Jograis*, que incluía algumas poesias de Oswald. O teatro era longíssimo e havia poucas pessoas na plateia. Para mim, parecia um espetáculo muito triste. Mas eu percebia que Maria Antonieta se emocionara profundamente, apertando nossas mãos, enquanto ouvia os versos de "Soidão": "– Ouçam, ouçam que versos maravilhosos! Que grande poeta que ele foi!".

Um dia resolvi tirar a prova. No segundo ano do curso colegial-clássico, do Colégio Mackenzie, cheguei timidamente para meu professor de literatura brasileira, ao fim da aula, e lhe disse que meu pai havia sido um dos expoentes do Movimento Modernista. Ele perguntou meu sobrenome. "Oswald de Andrade" respondi, orgulhosa. Ao que ele revidou: "Ah, então você é a filha do Mário?".

Guardei por muito tempo a sensação de ridículo que me invadiu neste episódio e por muito tempo desisti de falar com os outros sobre meu pai. Aos poucos, também, sua presença deixou de ser tão marcante em nossas vidas. Grande parte de sua biblioteca foi doada por Maria Antonieta para a Biblioteca Municipal de São Paulo. Ela conservou apenas os livros que tinham um valor pessoal, algumas preciosidades. Os manuscritos, cartas, recortes de jornal e outros documentos pessoais foram encaixotados e, com a instabilidade da nova vida conjugal de Maria Antonieta, levados de lá para cá até ficarem por muito tempo extraviados nos porões de uma transportadora. Quando, com muita sorte, consegui recuperá-los, os encarregados do transporte admiraram-se de que alguém pudesse se preocupar tanto com aquele monte de papéis velhos...

Em 1967, finalmente, treze anos após a morte do Oswald, o Paulo Marcos chegou em casa excitado com a notícia de que o José Celso resolvera montar O *Rei da Vela*. Todas as vezes em que assisti ao espetáculo, não pude conter a emoção ao perceber o entusiasmo do público. Queria que o Oswald estivesse vivo para ver seu texto aplaudido de pé. Esta encenação marcou, para mim, o primeiro reconhecimento público do Oswald, o início de sua trajetória de mito e de herói popular.

Já convencida de que meu pai seria para sempre um gênio incompreendido, foi difícil acostumar-me a ouvir, de repente, o seu nome invocado com tanta frequência e associado a tantos eventos diferentes da vida cultural do país. Virou moda, pegou. Pai do tropicalismo, inspirador de Caetano, exemplo dos críticos literários, objeto de estudo das teses de doutoramento, herói incondicional dos jovens inconformados, modelo para os escritores iniciantes, autor preferido dos grupos de teatro amador. Oswald subiu de repente ao patamar dos mitos. Levei um susto, por volta de 1974, na cidade de São Carlos, interior de São Paulo, quando um caixa de banco, ao ler o meu nome no cheque, disse que era admirador das obras do Oswald, das quais sabia vários trechos de cor. Sei que ele haveria de gostar disso.

Eu, no entanto, não consigo esquecer a mágoa por ele haver morrido tão triste, pela aflição de Maria Antonieta na tentativa de republicar as suas obras e ver seu nome reconhecido, pela humilhação que sofri diante do meu professor de literatura...

Tento olhar distanciadamente para a grande festa que se faz em torno do seu nome. Fico perplexa diante de algumas histórias sobre suas excentricidades que já viraram lendas, como aquela do nome dos filhos, que ele teria registrado como "Rodo Metálico" ou "Rolando Escada Abaixo", boato que teve origem em um artigo maldoso de Guilherme de Almeida. Ou ainda a errônea imagem que às vezes fazem do Oswald jovem, às vezes dândi, às vezes beberrão, a partir de uma visão muito superficial de sua personalidade.

Mais que tudo, no entanto, surpreende-me o acento que inventaram para o próprio nome de Oswald, de origem francesa, que virou Ôswald de uma hora para outra. Às vezes penso que esse anglicismo, com o qual consagraram meu pai, se deve em parte à popularização do nome de Lee Oswald, assassino de John Kennedy, nos anos 60. Acho engraçado. Até então, eu nunca ouvira qualquer pessoa usar o nome com este acento, agora generalizado. Tento, às vezes, insistir: "– Ele não é Ôswald, é Oswáld". Mas sinto, cada vez mais, que a cristalização do novo nome é irreversível. Oswald foi rebatizado quando iniciou sua carreira de herói popular, quando seus livros começaram a ser finalmente digeridos pela massa. Acho que ele não gostaria que eu tentasse evitá-lo. O trajeto do mito, afinal, não me pertence.

Possibilidades da Antropofagia[1]

Gabriel García Márquez

Não é exagerado pensar que os homens de hoje devem estar preparados para a possível eventualidade da antropofagia. Depois das coisas que se estão vendo, não seria estranho que um dia destes, esgotadas todas as existências de víveres, se regularize a oferta de sacrifícios mortais.

Sempre tive a impressão de que a carne humana, antes de ser o prato predileto dos povos primitivos, o é e de maneira especial dos refinados. Depois de ter passado por todas as experiências alimentares, desde a insossa dieta vegetariana até o empanzinamento suculento da gastronomia desorganizada, é simplesmente humano que se sintam desejos incontroláveis de preparar um grande bife com os órgãos mais tenros da vizinha adolescente.

Os caricaturistas ingleses manifestam especial preferência pelos chistes protagonizados por canibais, os quais sempre têm algum comentário a fazer enquanto na panela central ferve pacientemente o corpo esquartejado de um missionário ou de um explorador. Os caricaturistas ingleses podem ser os primeiros a dar os passos iniciais para o inevitável advento da antropofagia. Eles, que encontram tantos aspectos humorísticos na cerimônia de preparação de uma refeição com base num caçador de tigres, não poderiam negar que, em suas longas noites de insônia, enquanto cozinham a próxima caricatura, sentiram no paladar a urgência dessa carne de sabor desconhecido, porém sem dúvida tentador e que praticamente foi o alimento que garantiu o êxito e a subsistência de seus personagens.

Esteticamente, o futuro da antropofagia está assegurado. O espetáculo de uma vaca maternal e saudável, pastando paciente[2] junto à cerca de um estábulo bem cuidado, pode ser o mais provocativo que se deseje, mas sem dúvida é consideravelmente inferior ao de uma banhista na

[1] Texto originalmente publicado como artigo no jornal *El Heraldo*, de Barranquilla, nov. 1950. Republicado em *Obra Periodística 1. Textos Costeños* (1948-1952). 1. ed.: fev. 2003. Edição consultada: *Diana*. Planeta, 2010, p. 399-400.
[2] García Márquez joga com os dois sentidos da palavra paciente em espanhol. Paciente também se refere ao animal que pasta – em espanhol *pacer*.

iminência de ser sacrificada por um carniceiro experiente e afortunado.

Quantas vezes não se sente repugnância ao ver esses carros do açougue jorrando o molho desagradável que no dia seguinte será o adorno de nossa mesa, ao passo que em todas as estradas do mundo há um cartaz que diz: "A pausa que refresca", no idioma correspondente, e no qual se oferece, além da clássica garrafa, um sorriso que poderia servir de alimento espiritual e físico, bastando para isso inverter a mentalidade da civilização.

A antropofagia daria origem a um novo conceito da vida. Seria o princípio de uma nova filosofia, de um novo e fecundo rumo das artes, e muitos de seus cultivadores não hesitariam em compor a grande sinfonia da infanta sacrificada num banquete político, ou o quadro, bonito e comovente, do jovem conduzido ao matadouro por uma fileira dupla de cavalheiros bem alimentados.

Tudo isto pode ser não mais do que um pesadelo. Contudo, não se pode negar que, como perspectiva, é um dos costumes humanos cuja proximidade já se sente com a passada de animal grande.*

* Tradução de João Cezar de Castro Rocha e María Teresa Atrián Pineda.

ASSUMPTO RESOLVIDO

Não comprehendo porque é que muita gente tem a mania de esconder que a antropofagia é uma instituição tradicional entre os indios americanos.

E' uma cousa tola e que recommenda mal os que vivem gritando que o indio brasileiro não comia gente. Comia e muito bem comido.

Não bastassem os depoimentos de Hans Staden e Jean de Léry e teriamos ainda mais mil e um indicios seguros.

Outro dia eu conversando com o dr. Juan Francisco Recalde, que na minha opinião é um dos mais entendidos indianistas modernos, ouvi delle esta monstruosidade: "que no territorio actualmente occupado pelo Brasil, Paraguay e Uruguay, nunca houve indios antropofagos".

Agora é um senhor Luis Bueno Horta Barbosa que escreve ao "Diario da Noite" para rebater a affirmação de que existam selvicolas brasileiros antopofagos.

É que existam... Que tem isso?

Acaso a antropofagia não é uma instituição elevada e praticada em quasi todas as religiões?

Muito bem andou Oswald de Andrade quando disse que a antropofagia no catholicismo estava acovardada no pão e no vinho — representantes da carne e do sangue —

Está provado e é geralmente aceita a antropofagia como sendo a communhão da carne valorosa.

Os indios não comem a carne de seus inimigos ou chefes com intenção gastronomica.

Comem porque pensam mastigar tambem o valor do comido — comidos voluntarios, quasi todos —

Por isso o sr. Horta Barbosa deixe de querer roubar do pobre e já tão expoliado indio o seu maior e melhor patrimonio:

O bom gosto de comer carne humana — carne valorosa.

CHINA

Revista de Antropofagia, Ano I – número 9

Manifesto Antropófago II

Oswald de Andrade
Psicografado por Sergio Paulo Rouanet
Filósofo e diplomata

Contra a antropofagia caeté, pela antropofagia tupinambá. Os caetés nunca saíram de Pindorama. Os tupinambás viajaram muito. Por isso a antropofagia dos caetés é provinciana. A antropofagia dos tupinambás é cosmopolita. Os caetés se gabam de terem comido um bispo português. Coisa de nada. Foi uma pequena fome, uma anêmica fome anticlerical, que gerou um canibalismo chauvinista, incapaz de alterar os rumos da história mundial. Antropofagia periférica. Os tupinambás têm uma grande fome, que não recua diante da própria cultura tupinambá. Antropofagia autofágica, heterofágica, panfágica: antropofagia da grande taba do mundo. Ecumênica. Os caetés são filhos de sua tribo. Comem e absorvem, comem e expelem, mas só absorvem o que for útil para a tribo, só expelem o que não for bom para a tribo. Os tupinambás, não. Sabem ser nativos, mas também sabem ser exilados, e enquanto exilados veem tudo de fora, julgam tudo de fora, e decidem absorver ou expelir segundo critérios diferentes dos critérios tribais. Os caetés querem ter raízes. Os tupinambás querem ter asas. Diz que teve um francês que gostava tanto de raízes que escreveu um livro muito besta xingando os "desenraizados". Não sei se ele acabou virando o que ele merecia, comida para planta carnívora, no Jardim Botânico. Sei que teve um austríaco que gostou muito desse livro e inventou uma coisa cheia de raízes, cheia de sangue, cheia de solo, e que acho que não acabou muito bem não. Os caetés querem ter raízes. Os tupinambás querem ter asas. Agora o esquisito é que os tupinambás se pelam pelas raízes dos caetés. Descem do céu que nem passarinhos e comem todas as raízes dos caetés. Não sobra nem um inhame para contar a história. Mas não querem ser inhame não. Nem mandioca. Querem mesmo é ser periquito. Ter asas. Ou guelras. Peixe também serve. Gostam demais de sair do Xingu, desovar no Sena e hibernar no Volga. Nomadismo. Uma sala de jantar domingueira, um inglês magro lendo um tabloide e Maricota tecendo uma tapeçaria prá quando Ulisses voltar. Universalização. Um papa vai ao Paraná e faz discurso em polonês para japonesas da Alta Silésia dançando uma mazurca composta por Catulo da Paixão Cearense. Sincretismo. O que interessa na Pomba Gira é que ela é também Maria Padilha, amante de um rei de Castela, D. Pedro o Cruel. O que dá água em boca de tupinambá não é Iansã não, é aquela santa da Ásia Menor, Santa Bárbara, que um dia se transformou em Iansã. Ah, Santa Bárbara sim, é que é cunhã prá tupinambá. Sol, mãe dos viventes: de todos os viventes, e não só de alguns. A Cobra Grande ficou grande demais para caber num rio só. Contra todas as catequeses, principalmente a feita pelos missionários patriotas. Contra certas gramáticas, principalmente a compilada pelos puristas da língua brasileira. Perguntei a um homem o que era a identidade brasileira. Ele me respondeu que era a síntese de Deus e da família. Comi-o. Fiz a mesma pergunta a outro homem e ele me disse que era o resultado do casamento de um pajé com uma mãe de santo. Comi-o. Perguntei a um terceiro e ele me disse que era uma broa de milho. Não pude comer ele não, porque a carne era muito dura, mas comi a broa. Gostei. Depois comi um bolinho chamado madeleine e também gostei. Um senhor grisalho disse que a família era a célula-mater da sociedade: tirei-lhe um naco do pescoço. Um divulgador de Derrida explicou a gramatologia: desconstruí-o a dentadas. Só ficou o esqueleto, todo branquinho, uma beleza. Saudades do bacharelismo. Bacharel era um homem que tomava rapé, dizia coisas solenes e citava o *Corpus Juris Civilis* em latim. Os rábulas de hoje continuam dizendo coisas solenes mas não sabem mais latim. Bem feito para eles. Foi porque o Bacharel de Cananeia citava Virgílio em latim que conseguiu dormir com todas as índias da vizinhança. Índia adora ser chamada de ninfa ou de pastora. Quando homem branco chama índia de Amarilis, e diz que ensinou a floresta a repetir o nome dela – *formosam resonare doces Amaryllida silvas* – ela gosta que se enrosca e dá uns gritinhos de gata do mato do fundo de sua rede. Os caetés fizeram muito mal em expelir, sem aproveitar nada, os manuais de lógica que os jesuítas lhes deram. Com isso fica muito difícil conversar com seus descendentes, os brasileiros de hoje. Eles não sabem defender racionalmente as virtudes do irracionalismo. Eles querem ser bárbaros, mas não é bárbaro quem quer. Só é bárbaro quem consegue convencer disso os outros, usando aquele tipo de silogismo que os escolásticos chamavam *bárbara*. Vou explicar direitinho. *Bárbara* é um silogismo em que as três proposições são afirmativas e universais. Por exemplo: todos os bárbaros são meigos e imaginativos; ora, todos os brasileiros são meigos e imaginativos; logo, todos os brasileiros são bárbaros. Entendeu? Sem *bárbara* não tem bárbaro, e quem não gostar do trocadilho tacape nele. Assim é a lógica tupinambá, que ficou igualzinha à lógica universal, depois de muito jesuíta devorado. A lógica dos caetés é só deles. Eles passam a limpo a lógica dos brancos antes que ela possa valer em Pindorama. A ciência, a moral, a estética, todos essas coisas têm que ser filtradas à luz da realidade de Pindorama. A mentalidade caeté continua viva em seus tataranetos, conforme percebeu o caeté Graciliano Ramos. Todo mundo no Brasil virou caeté. Caetés os românticos, que para se livrarem dos natchez inventaram os tamoios. Caetés os modernistas de direita, que puseram a anta no lugar da raposa, e os modernistas de esquerda, que puseram o pau-brasil no lugar da faia. Caetés os sociólogos do Brasil patriarcal, que mandaram as mucamas costurar vestidos no próprio engenho, em vez de importarem roupas do Reino. Caetés os apologistas do Estado Novo, para os quais a democracia era um transplante europeu. Caetés os intelectuais de ISEB, que inventaram uma antropofagia chamada "redução sociológica", para a qual as ideias estrangeiras só podiam valer no Brasil depois de transformadas pelos sucos gástricos nacionais. Caetés os militares, que recusavam o marxismo por ser uma doutrina exótica. Caetés os populistas de hoje, que soluçam de emoção quando veem um espetáculo de bumba meu boi, sem perguntarem se os espectadores locais talvez preferissem uma dança bávara. (Credo! Dessa vez exagerei na dose. Mas tupinambá é assim: no calor da refrega, às vezes fica dando tacapadas malucas.) Em suma, os caetés tomaram conta do país. Os mais ortodoxos continuam até hoje roendo o fêmur do bispo Sardinha. Mas depois de quatro séculos e meio, quase todo o tutano acabou. Por isso a maioria prefere iguarias mais finas: gordas ideias europeias, nédias como frades, roliços filmes americanos, nutritivos como um Big Mac. Na hora do brinde, os convivas repetem o grito de guerra dos caetés: morte aos modelos estrangeiros. Mas no resto são diferentes dos caetés do século XVI. São deputados, videntes, artistas de novela, desembargadores, gente distintíssima. A antropofagia que eles praticam virou gastronomia oficial, com lugares marcados na mesa, talheres de prata e copos de cristal. É uma antropofagia muito esquisita. Ou os alimentos saem tais como entraram, sem nenhuma transformação. A passagem pelo tubo digestivo não altera nada, e o que era americano continua americano. Ou há uma pequena confusão na hora de sair.

Em vez de guardar as proteínas da cultura estrangeira, devolvendo o resto, os caetés de hoje fazem o contrário. Eles rejeitam o que a cultura gringa tem de suculento e só absorvem o que ela tem de indigesto. Os caetés primitivos, ao menos, comeram a carne e a gordura do bispo, e não suas partes coriáceas, como os calos do pé. Os antropófagos de hoje só gostam dos calos. É preciso acabar com esses canibais incompetentes. Tá na hora de soar o boré para acordar os guerreiros tupinambás. Queremos oferecer a nossos curumins uma comida abundante e cheia de vitaminas. Para nós, comida não falta, porque devoramos mais coisas que os caetés. Comemos gente que os caetés também comem, como os acadêmicos e os comendadores, mas comemos também os próprios caetés. Se comemos tantas coisas, é porque quase tudo nos dá apetite, desde as sinfonias até as epopeias, sistemas filosóficos e teorias científicas, contanto que essas coisas sejam saborosas, porque nosso paladar é mais delicado que o dos caetés. Não temos nenhum medo de com isso comprometer nossa identidade, primeiro porque identidade é coisa de antropólogo, e costumamos comer todos os antropólogos, e segundo porque nossa identidade, na medida em que existe, é constituída precisamente pelo que não é nosso, pelo que vem de fora, pelo que recebemos. Há muitas e muitas luas, eu escrevi assim: "Só me interessa o que não é meu. Lei do homem. Lei do antropófago". Está certo. Mas hoje eu completo: só me interessa o que não sou eu. *Je est un autre*. Assim falou um tupinambá honorário, Rimbaud, quando foi estudar antropofagia na África. Somos o Outro. O que somos é alimentado pelo que não somos. Por isso nossa identidade é sempre negativa. Aberta, nômade, inacabada, provisória. Nossa antropofagia é artigo do bom e do melhor. Devoramos Hegel, e por isso nossa dialética é produto fino, com certificado de qualidade assinado pelos melhores peritos alemães: comer, para nós, significa *aufheben*, isto é, negar, preservar e transcender, o que equivale, em língua de antropófago, a mastigar o alimento, recebê-lo no estômago e transformá-lo. Graças a essa dialética, somos os verdadeiros agentes do processo de universalização. Nossa antropofagia consiste em negar todas as particularidades, em preservá-las e em integrá-las, dialeticamente, num universalismo concreto que conserva e transcende as diferenças. Caetés precisam de raízes. Tupinambás precisam de asas. Ou de guelras. De preferência as duas coisas, como aqueles peixes voadores que Hans Staden viu quando embarcava para o Brasil, onde quase virou comida de índio. Seres voadores e nadadores, os tupinambás visitaram várias vezes a Europa. Com isso se desprenderam de sua cultura de origem. E não entraram na cultura nova. Uma vez três deles tiveram um encontro com um morubixaba francês, Carlos IX. Eram expatriados e por isso mais lúcidos. Vendo a França de fora, viram o que os franceses não podiam ver. Perceberam a irracionalidade do sistema político na França. A injustiça de suas instituições sociais. Prepararam com isso um novo paradigma, que só em nossos dias pode se tornar hegemônico. Exterioridade. Epistemologia do saber excêntrico: visão mais clara, porque vinda de um olhar estrangeiro. Filosofia da moral excêntrica: descentramento, descontextualização, capacidade de distanciar-se das normas e valores vigentes em qualquer sociedade. Excentricidade. Superação do relativismo. Acesso à verdade objetiva, à moralidade universal, sem deformações sociocêntricas, etnocêntricas. Novo calendário. Ano zero da nova era: o encontro com Michel de Montaigne. Através de Montaigne, que conversou longamente com os tupinambás, as opiniões dos canibais desterrados chegaram até Rousseau e dele à Revolução Francesa.

Independentemente dessas opiniões, Montaigne fixou a própria forma genérica do descentramento, como condição para aceder à objetividade, tanto em questões cognitivas como morais. Usbek, Micromégas, E.T. Só pode conhecer quem vem de fora, só pode julgar quem vem de fora. De Sírius. Do Brasil. Tupinambá, modelo de uma humanidade nova. *Homo excentricus*. Em casa no mundo todo, estrangeiro em toda parte. Seu terreno de caça é a cosmópole, a cibérpole, a *urbs* da democracia universal, da sociedade civil universal, em que todas as identidades serão múltiplas, em que todas as cidadanias se interpenetrarão. Exílio. Nesse mundo inventado à imagem do tupinambá, não há nem matriarcado nem patriarcado. Igualdade na diferença. Nem totem nem tabu. O tabu é a tirania do pai morto, o festim totêmico é a tirania da comunidade. Em vez disso, a organização democrática do clã dos irmãos. Desterritorializado, esse clã vai ocupar em breve o mundo inteiro. Rui Barbosa, uma cartola na Senegâmbia. Ou na Europa, França ou Bahia. Mas há forças contrárias. Há os falsos tupinambás, que só fingem ser cidadãos do mundo. Eles vendem coisas no Tibete, com matérias-primas compradas em

Nairóbi e gerentes formados em Vitória de Santo Antão. Mas não são cidadãos do mundo. São nacionais de um país só. Os falsos tupinambás só sabem globalizar. Globalização não é a mesma coisa que universalização. Globalização é a união dos conglomerados. Universalização é a união dos povos. Globalização é decidida pelos gerentes. Universalização é decidida pelos governos democráticos, pelos Parlamentos, pelas organizações não governamentais, pelos intelectuais. Tem também outra força contrária, muito assanhada. É gringo se comportando como caeté. Os caetés nunca saíram de Pindorama, mas muita gente foi a Pindorama estudar as ideias caetés. Elas foram adotadas em muitos lugares. Há muito sérvio-caeté querendo matar bósnio, muito irlandês-caeté explodindo inglês, muito iraniano-caeté declarando guerra santa. Caeté tem raízes. As minorias étnicas também querem ter. Raiz é um perigo. O perigo da raiz é a pessoa virar raiz e não poder mais sair do lugar para lutar pela coisa mais desenraizada que tem no mundo, a justiça. Tem também muitos professores universitários que ficam elogiando raiz. Não são botânicos, não, são filósofos de uma tribo neocaeté com uma religião chamada comunitarismo. Tem muito caeté dentro e fora de Pindorama. Mas os tupinambás são mais fortes. Porque sua fome é grande demais. É uma fome transcultural, transtribal. Catiti catiti, imara notiá, notiá imara, ipejú-tupinambá tá com fome, tupinambá quer comer executivo de multinacional que vende *fast-food* na Bahia, general que dá golpe, fundamentalista que massacra mulheres, fuzileiro naval que invade terra dos outros. Meninos, eu vi. Vi o estrago que os brasileiros fizeram com meu manifesto de 1928. Engoli o manifesto. Chegando a este lado, vim parar numa taba cheinha de tupinambás falecidos. Comi tanta alma de tupinambá que virei tupinambá. Decidi expor minhas novas ideias e ajustar contas com os caetés, agora meus inimigos. Espero que o branco que escolhi para dizer o que penso escreva tudo bem certinho, tintim por tintim. Senão ele vira churrasco para alma do outro mundo. Antropofagia. Caeté tem raízes. O sertão virou mar. *Mare nostrum*. Tupinambá tem guelras. Nadamos.

Ano 449 do encontro de Montaigne com os tupinambás.

Por um Universalismo Descentrado
Considerações sobre a Metáfora Antropófaga

João Almino
Escritor e diplomata

Não há no *Manifesto Antropófago*, escrito e lançado por Oswald de Andrade, um corpo coerente de ideias a que possamos nos referir para uma análise de seu significado e alcance. Existiu – ou existe ainda –, contudo, uma rica metáfora, presente tanto no *Manifesto* quanto na *Revista de Antropofagia*, que serviu para animar parte do debate cultural no Brasil e teve grande repercussão para o modernismo brasileiro. O *Manifesto* é de maio de 1928 e a revista teve duas "dentições", uma com dez números, entre maio de 1928 e fevereiro de 1929, e a outra, com quinze, entre 17 de março de 1929 e 1º de agosto de 1929. Quero oferecer uma interpretação – certamente não a única possível – sobre a ideologia desta metáfora.

A antropofagia está obcecada pelo tema da identidade cultural nacional, a partir de um "nós", cujas fronteiras são nacionais e multiétnicas, a primeira pessoa do plural, sujeito e objeto de todo o *Manifesto*. Ao procurar responder à questão básica sobre "o que somos" ou "o que nos une", a metáfora antropófaga indica que o que nos une é o outro, é o fato de ele existir, de termos interesse por ele e sobretudo de querermos devorá-lo. Já em seu início, o *Manifesto* deixa isto claro: "Só a antropofagia nos une. Socialmente. Economicamente. Filosoficamente". E ainda: "só me interessa o que não é meu".

Conclui-se que a cultura brasileira não é, portanto, insular e voltada unicamente para suas raízes, para o solo nacional, como a leitura superficial de outras passagens do *Manifesto* poderia deixar entender, nem, por outro lado, se insere, de forma secundária ou subordinada, numa civilização universal centrada na Europa. Está não apenas aberta ao outro, mas preparada para devorá-lo.

No "Prefácio Interessantíssimo" à *Pauliceia Desvairada*, Mário de Andrade diria já em 1922: "Não tenho forças bastantes para me universalizar? Paciência. Com o vário alaúde que construí, me parto por essa selva selvagem da cidade. Como o homem primitivo cantarei a princípio só". E com o seguinte verso termina seu poema "O Trovador", incluído naquele livro: "sou um tupi tangendo um alaúde".

Esta imagem não é, contudo, suficiente para representar a radicalidade da proposta antropófaga, pois não se trata de dizer apenas que somos uma mistura de culturas, nem uma conjugação entre o primitivo e o civilizado. Nossa abertura é feita através de bons dentes e de um grande estômago. Somos capazes de devorar o outro e, com isso, de regenerar nosso próprio tecido, produzindo o novo. A *démarche* antropófaga é radical: "Tupy or not tupy that is the question", diz Oswald no *Manifesto*.

Existe, assim, uma descida antropofágica e vertical sobre o Brasil, facilitada pelas viagens dos modernistas à Europa e a Minas Gerais. "Se alguma coisa eu trouxe das minhas viagens à Europa dentre as duas guerras foi o Brasil mesmo", afirmaria Oswald mais tarde. A ênfase no primitivismo, típica das vanguardas da época – presente, por exemplo, no cubismo e no surrealismo – não significa, porém, a meu ver, uma opção pelo primitivo contra o civilizado. Livre para ver pela primeira vez e partir de outra história, a antropofagia parece querer fundar, sobre suas próprias bases, uma nova civilização. Para construir essa civilização, "o que se dá não é uma sublimação do instinto sexual", como em Freud. "É a escala termométrica do instinto antropófago. De carnal, ele se torna eletivo e cria a amizade. Afetivo, o amor. Especulativo, a ciência."

Se são patentes as semelhanças entre certas ideias do *Manifesto* e as de Breton (recuperação do primitivismo) e de Freud, ele também se inspira em Marx sobretudo ao postular a fundação de uma nova sociedade através da revolução. Afirma que o Brasil já tivera uma sociedade sem classes, em que havia uma propriedade comum do solo e em que predominava o matriarcado. É a descoberta do Brasil que vai acabar com essa situação. Diz textualmente: "Já tínhamos o comunismo. (...) A idade de ouro (...). Tínhamos Política que é a ciência da distribuição. E um sistema social planetário". No quinto número da *Revista de Antropofagia*, Oswald de Andrade vai propor: "Festejar o dia 11 de outubro, o último dia da América livre, pura, descolombisada, encantada e bravia". A revolução caraíba proposta pelo *Manifesto* visa restabelecer, entre outras coisas, o matriarcado de Pindorama, "país das palmeiras", que era como se denominava o Brasil em língua nheengatu.

O *Manifesto* exprime uma utopia simultaneamente de volta ao passado, pois, "antes dos portugueses descobrirem o Brasil, o Brasil tinha descoberto a felicidade", e de salto para o futuro, através do domínio da ciência e da técnica. De fato, a revolução que propõe se volta também para a modernização, e esta não existe sem as conquistas da ciência e da técnica e sem o progresso material. "A fixação do progresso por meio de catálogos e aparelhos de televisão. Só a maquinaria. E os transfusores de sangue", afirma, fazendo ecoar ideias já apregoadas em 1924 pelo *Manifesto da Poesia Pau-Brasil*, quando dizia: "Apenas brasileiros de nossa época. O necessário de química, de mecânica, de economia e de balística. Tudo digerido". Dirá depois Oswald de Andrade, em "Ordem e Progresso", publicado em *O Homem do Povo* 1, em 27 de março de 1931, que "queremos a revolução nacional como etapa da harmonia planetária que nos promete a era da máquina". Ele revelava ali uma admiração pelos progressos técnicos e materiais tanto da Rússia quanto dos Estados Unidos: "Queremos a revolução técnica e portanto a eficiência americana". Em contraste, "dum país que possui a maior reserva de ferro e o mais alto potencial hidráulico [leia-se: com grande possibilidade de fabricar aço], fizeram um país de sobremesa. Café, açúcar, fumo, bananas".

Mediante essa junção de passado e futuro, de primitivo e de civilizado ou mais bem da subversão dos termos da barbárie e da civilização, a vara de condão da antropofagia torna o Brasil contemporâneo dele mesmo. A revolução caraíba é o processo através do qual a utopia é a transformação brasileira em sua própria essência, em seu passado anterior ao contato com o europeu, mas um passado enriquecido pela assimilação da técnica e da ciência contemporâneas e de tudo o mais que o estômago nacional puder devorar e digerir.

Assim como não se faz, apesar das aparências, uma opção pelo primitivo contra o civilizado, porque o primitivo é, pela subversão empreendida, moderno e civilizado, assim também com a crítica às correntes ditas cosmopolitas – apêndices da Europa nos trópicos, cegas às realidades e contribuições mestiças, indígenas e negras locais – não se faz uma opção pelo nacional em detrimento do cosmopolita.

É bem verdade que a antropofagia se diferencia das tendências de cunho universalizante. Critica o cosmopolitismo eurocêntrico que predominava na cultura de elite brasileira no século XIX e início do século XX, e que, na poesia, se exprimia através do parnasianismo. Recusa a ideia de um avanço da civilização sobre a barbárie, assentada sobre a superioridade dos valores ocidentais. No Brasil, Joaquim Nabuco, um dos artífices desse pensamento, já admitira que a Europa não corresponderia sempre necessariamente ao centro do espírito civilizador. Dizia ele no capítulo intitulado "Atração do Mundo", no seu livro *Minha Formação*: "Não quero dizer que haja duas humanidades, a alta e a baixa, e que nós sejamos desta última; talvez a humanidade se renove um dia pelos seus galhos americanos". Logo em seguida, porém, afirmava que "no século em que vivemos, o *espírito humano*, que é um só e terrivelmente centralista, está do outro lado do Atlântico".

A antropofagia não apenas se insurge contra essa visão centralista do espírito humano que vem do século XIX, mas também se diferencia de outro tipo de universalismo, este marcadamente marxista, que, na literatura, vai prevalecer nos anos 1930 com o romance regionalista nordestino, cujo maior expoente é Graciliano Ramos. Este importante escritor nordestino marcaria, aliás, sua distância do modernismo. Num artigo publicado em 1946, intitulado "A Decadência do Romance Brasileiro", explicou, por exemplo, que o modernismo contribuiu para a emergência da nova literatura regional dos anos 1930, somente no sentido de que abriu novos caminhos e libertou a literatura de suas velhas amarras. Afirmou ali também que os modernistas não construíram, usaram suas picaretas para destruir – algo que o próprio modernista Mário de Andrade já antecipara, em 1942, em seu ensaio "O Movimento Modernista" –, e, por volta de 1930, o terreno estava limpo para a emergência da nova literatura.

A distância não estava apenas na forma. A estética antropofágica, embora tendo igualmente recebido a influência marxista, é incompatível com a convicção de que a marcha avassaladora do capital, ao dominar progressivamente todos os quadrantes do globo, eliminará a possibilidade de expressões nacionais próprias na periferia do sistema, provocando formações nacionais capengas e, como se dirá mais tarde, dependentes. O antropófago surge na periferia para alimentar-se do colonizador e, dessa forma, dar sua contribuição local à diversidade das culturas. A antropofagia pressupõe, assim, um sistema mundial de contribuições nacionais singulares.

Apesar dessa distância em relação às correntes universalizantes, o ideário estético da Semana de 22 é de configuração cosmopolita, só que esse cosmopolitismo é de base local. A metáfora antropófaga pretende resolver o dilema nacional/cosmopolita, já que o antropófago digere o estrangeiro, assimilando-o, assim, no seu corpo e eliminando a distância e a diferença que inicialmente os separava. Como diz Jorge Schwartz em seu já clássico livro *Vanguardas Latino-americanas: Polêmicas, Manifestos e Textos Críticos*, Oswald transforma o bom selvagem rousseauniano num mau selvagem, devorador do europeu, capaz de assimilar o outro para inverter a tradicional relação colonizador/colonizado.

Existe, na antropofagia, uma abertura para o mundo, não apenas porque os valores nacionais são afirmados através de uma linguagem moderna e de uma vanguarda de linhagem cosmopolita, mas também porque é considerada fundamental essa assimilação dos outros. Não se é brasileiro por oposição ao cosmopolita, mas, ao contrário, se é brasileiro porque cosmopolita.

Essa concepção pressupõe, de um lado, uma confiança na vitalidade e na força da cultura autóctone. Evita, de outro lado, a visão de um Brasil pitoresco, pois este, no fundo, é Brasil para europeu ver. Nesse sentido, as idealizações românticas do autóctone são criticadas. A antropofagia manifesta-se contra o indigenismo de Alencar e a ideia do índio com sentimentos europeus: "Contra o índio de tocheiro. O índio filho de Maria, afilhado de Catarina de Médicis e genro de D. Antônio de Mariz". O canibal tecnizado do *Manifesto* é distinto, portanto, tanto do bom selvagem rousseauniano quanto do primitivo romântico de Alencar.

Antropofagia hoje

Não faria sentido hoje em dia tentar ressuscitar o que o *Manifesto Antropófago* enterrou. Caberia, sim, analisar suas limitações e atualizar sua crítica. Para isso, reelaboro aqui partes de alguns de meus ensaios anteriores que tratam de temas afins, em especial "Identidade: Um Falso Problema", publicado pelo *Folhetim* n. 603, da *Folha de S.Paulo*, em 6 de agosto de 1988, e "A Guerra do 'Cânone Ocidental', Ponto Crítico", da *Folha de S.Paulo*, em 13 de agosto de 1995.[1] Quanto a suas limitações, o próprio modernismo se institucionalizou e se transformou num cânone estético, perdendo seu poder crítico e revolucionário. Envelheceram a ideia de manifesto e a metáfora militar de vanguarda, já que a vanguarda que se quer vanguarda, com a ilusão de poder estar à frente de seu próprio tempo, frequentemente apenas copia um passado velho de muitas décadas. O próprio dilema nacional/cosmopolita é provinciano. A necessidade de afirmação nacional e independentista ou de aspiração cosmopolita denota já uma condição periférica e marginal.

---

[1] Também tratei de questões relevantes para esta discussão nos seguintes outros ensaios: "Novas Aventuras para o Romance Moderno", caderno Mais!, *Folha de S.Paulo*, 23/06/1996; "A Extinção do Americano Típico", caderno Mais!, *Folha de S.Paulo*, 25/08/1996, e "Mestiçagem e Ação Afirmativa", *Estado de S. Paulo*, 13/02/1997.

Finalmente, o *Manifesto* era demasiado otimista quanto à capacidade de assimilação do estômago nacional. O verdadeiro antropófago será sempre aquele com mais poder, por sua maior capacidade econômica e técnica de absorção e, sobretudo, de exportação cultural. Na selva global, as assimilações culturais são recíprocas e também assimétricas, pois a desigualdade de poder é real. Para fazer face a essa desigualdade, não adianta ter a ilusão de que a cena está comandada a partir daqui, idealizando a capacidade do estômago nacional.

Mas não é melhor, por outro lado, numa atitude antimodernista, fazer greve de fome, fechando-se culturalmente com a ilusão de preservar a originalidade local. Neste último caso, os riscos são maiores: a assimilação local da influência alienígena continua existindo, só que em pior qualidade; e se reproduz localmente uma cultura protegida, confinada a um espaço como de museu, artificial, portanto, e que não pode ser recriada livremente.

Apesar de suas limitações, é possível, contudo, hoje em dia recuperar o espírito original do modernismo e de sua metáfora antropófaga para criticar não apenas o globalismo alienado, mas também o multiculturalismo relativista.

É inegável o fato da globalização crescente, que convive, através da recuperação e conservação de tradições, com suas reações locais e regionais. Não existe, por outro lado, globalização sem partes, sem as especificidades que se deseja levar ao plano global, sem os centros (locais, portanto) que se imagina terem poder irradiador.

Universalistas de plantão e ardorosos defensores de *uma* cultura ocidental são, às vezes, tão particularistas que não enxergam além do próprio umbigo. Outras vezes são provincianos ao ponto de acreditarem que a universalidade é exclusiva de uma cultura imutável, além de étnica e geograficamente centrada. Certamente, o provincianismo não é exclusivo das culturas não europeias, assim como os valores universais não são necessariamente ocidentais. É contestável a universalidade de valores totalitária e centralmente *ditados* por quem quer que seja. É certamente criticável a concepção do universal como discurso localmente europeu, às vezes destituído de substância – ou seja, esgotando-se num discurso sobre o universal –, mas ao mesmo tempo implicando um monopólio da verdade.

Por outro lado, o multiculturalismo tem ficado frequentemente refém do relativismo e se exprimido através de um multiprovincianismo, ou seja, da defesa tacanha dos particularismos, sejam eles geográficos, raciais, étnicos ou de gênero, quando poderia também – dentro do que é possível, como creio ter mostrado, interpretar como sendo o espírito do modernismo – ser resultado de uma maior abertura e cosmopolitanismo e reconhecer, além das diferenças culturais, suas misturas, a possibilidade do transculturalismo e dos valores comuns e universais.

As ideias do multiculturalismo têm servido para articular movimentos sociais locais, por exemplo, políticas de emancipação dos negros, das mulheres, dos homossexuais, relacionadas com os meninos de rua ou com os direitos indígenas. Mas o objetivo precípuo dessas políticas não é o de incitar guerras culturais, mas o de elevar a consciência da cidadania; não é o de reforçar ou criar guetos, mas promover a valorização social e os direitos humanos, civis e sociais, e lutar contra a discriminação.

Uma sociedade diversificada deve tentar entender suas várias tradições. Mas é importante pensar também o hibridismo cultural, deixar que ele se manifeste, estimular mesmo as trocas entre as culturas e deixar espaço para que exista, entre as identidades, a da mistura. O confronto e o diálogo são fundamentais, mesmo para reforçar as tradições e as culturas locais.

É fundamental sobretudo aceitar como universais os valores democráticos e o princípio do direito. Até os índios de Chiapas se rebelam defendendo direitos e falando em democracia, utilizando, portanto, como fundamento, valores da cultura ocidental precisamente para preservar suas próprias tradições. É que, na democracia, aceita-se a existência do outro e se compõem as diferenças. Nela pode se dar o diálogo de culturas, com respeito mútuo. Nela, permite-se o dissenso e existe a possibilidade da crítica e da própria mudança das regras de convivência.

Para além, portanto, da ideia de que as culturas são igualmente valiosas ou de que elas são hierarquizáveis, deve-se permitir a mudança autônoma, a troca de experiências e de ideias, o direito à associação, à expressão e à crítica.

O fim dos grandes relatos e da confiança cega no progresso, que têm implicado uma fragmentação da história, contribui para que o chamado grande teatro da humanidade já não seja erigido num patamar europeu fixo. A relativa indeterminação da história não significa que estejamos vendo menos, mas, ao contrário, que algumas ilusões quanto a seu curso foram finalmente abandonadas, tornando os sujeitos individuais ou nacionais mais responsáveis pelo destino histórico.

Mas, pelo menos para o criador, o pensamento, a arte ou a literatura nacionais não existem como ponto de partida, e sim como ponto de chegada. É na visão retrospectiva que se descobrem as características (boas ou más) da cultura nacional, cuja originalidade não precisa ser proposta nem defendida, mas pode ser constatada e criticada. A liberdade de criação será tanto maior se o artista, o escritor ou o pensador não tiverem de criar uma literatura ou um pensamento supostamente nacionais.

O *Manifesto Antropófago*, ao dar precedência às raízes e ao estômago locais e primitivos, contrasta com a visão de Machado de Assis, em seu famoso ensaio "Instinto de Nacionalidade", de 1873, de ver "a civilização brasileira", em formação, como expressão europeia. Mas poderia concordar com a perspectiva mais geral do texto de Machado, quando este, ao criticar o indigenismo, dispensa os ingredientes pitorescos da caracterização nacional, defende que "o que se deve exigir do escritor antes de tudo é certo sentimento íntimo, que o torne homem de seu tempo e do seu país" e que é errôneo "só reconhecer espírito nacional nas obras que tratam de assunto local", dando o exemplo de Shakespeare: "e perguntarei (...) se o *Hamlet*, o *Otelo*, o *Júlio César*, a *Julieta e Romeu* têm alguma coisa com a história inglesa, nem com o território britânico, e se, entretanto, Shakespeare não é, além de um gênio universal, um poeta essencialmente inglês".

De fato, se exigíssemos a cor, o espírito e os temas locais para a definição da brasilidade, seríamos obrigados a considerar pouco brasileiras algumas das principais expressões artísticas brasileiras deste século, como a bossa-nova, que assimilou a influência do jazz, ou o tropicalismo, que incorporou as guitarras elétricas do *rock*, resultando, contudo, em algo marcadamente original. O mesmo poderia ser dito, na pintura, do concretismo de Mira Schendel, Lygia Clark ou mesmo Hélio Oiticica. Em qualquer desses exemplos, a força maior dessas expressões estéticas não advém, porém, da influência recebida, mas da capacidade criativa local.

Uma tal perspectiva, de abertura, não significa abdicar do nacional em detrimento do universal, do local em detrimento do global, pois, se o universalismo pode ser visto como uma invenção eurocêntrica, a universalidade não tem centro. Embora desigual e assimetricamente, valores, ideias, expressões culturais e costumes – nacionais e locais – migram, farão isso mais frequentemente com a maior facilidade das comunicações e sempre terão o potencial de universalizar-se.

Digesto antropófago

Daniel Piza
Escritor e jornalista

A antropofagia não nos uniu. Nem socialmente, nem economicamente, nem filosoficamente.

Contra a ideia de "uma única lei do mundo". Contra individualismos e coletivismos.

Tupy and not tupy, that is the question now.

O que é meu e o que não é meu me interessam.

Freud já não explica tudo. O cinema americano já não informa muito.

O mito da sexualidade continua na mão dos oligarcas. No país da bunda exposta, sem topless.

A rítmica religiosa é cada vez mais a ladainha com catarse evangélica. Que não assimila Darwin nem a genética.

Chega do desrecalque do colonizado. Contra a aliança da violência velada com a violência urbana.

Terminou a idade de ouro americana. O selvagem e o civilizado só se encontram na barbárie.

Temos capacidade da lógica. É preciso exercê-la melhor.

Contra os desequilíbrios e as inquisições interiores.

Não queremos tabus nem totens. Objetividade ajuda. Precisamos aprofundar o realismo.

Roteiros. E consistências.

Fizemos carnaval. Mas isso não se transformou em capacidade real de abraçar as diferenças. Contra o tapinha nas costas. Contra o machismo de homens e mulheres.

A favor da alegria, informalidade e sensualidade. Mas sem comer o trabalho, o direito e a cidadania.

Sublimar é preciso. Sim ao exagero como arma de humor crítico, não como explosão de carência infantil.

O ufanismo e o hibridismo mentem. O brasileiro esquece a tolerância sob a cordialidade e faz da fusão confusão.

Chega da saudade da felicidade que teríamos tido. A alegria não é só nossa e não é prova de nada. Não temos nem um "a mais" nem um "a menos". Contra a esquizofrenia subdesenvolvida.

Contra a mania de fugir do concreto e se esconder na fé. Pela ciência. Pela tecnologia. Pelo saber fazer de Machado, Tom Jobim e Pelé.

A nossa independência agora tem de ser em relação aos nossos mitos convenientes. O futuro como obra, até onde nos pertence.

Pindorama também castra e discrimina. E muito. Chegou a hora de digeri-la.

REGURGITOFAGIA

Michel Melamed
Ator e escritor

antes de mais nada, tudo.

Porque – diferentemente dos ávidos antropófagos – já deglutimos coisas demais.

Por isso, se me falam 'ponto',

não sei se é final, g, nevrálgico, de encontro, de macumba, facultativo, de crochê, de ônibus, pacífico, de equilíbrio, aquele cara que soprava o texto pros atores, de exclamação, interrogação, ebulição, morto, zero, picada produzida com a agulha que se enfia no tecido, couro, plástico, etc., para passar o fio de costura, bordado, etc., porção de linha compreendida entre dois furos, cada uma das laçadas de linha ou de lã feitas no tricô ou no crochê, designação comum aos diversos tipos de nós ou laçadas feitas com agulha ou sem ela em renda, macramé, etc., cerzidura em meia ou em tecido, pequeno sinal semelhante ao que a ponta de um lápis imprime no papel, sinal idêntico usado em abreviaturas [ponto abreviativo] e sobre o i e o j, manchazinha arredondada, lugar fixo e determinado, ponto de parada, livro, cartão, folha, onde se registra a entrada e saída diária do trabalho, cada um dos espaços em que está dividida a craveira do sapateiro ou a do luveiro, grau pelo qual se mede algum valor por acréscimo ou diminuição, grau de consistência que se dá ao açúcar em calda, cada um dos pontos ou pintas marcadas nos dados, peças de dominó, etc., e que lhes indicam o valor, unidade de valor relativa a cartas de baralho ou a outros elementos de certos jogos, cada uma das unidades que, numa competição, se obtêm como vantagem sobre o adversário, cada uma das unidades de um número variável que se convenciona tomar como objetivo em certos jogos de azar, como, p. ex., a loto, o bingo, a loteria esportiva, cada uma das unidades marcadas pelo jogador, segundo normas fixadas para atingir um total preestabelecido, sem o qual não é possível vencer, em certos jogos de azar, como o bacará, o grupo de pessoas que jogam contra a banca, ou as cartas tiradas contra esta, sinal que se dá para marcar o tempo, unidade que, nas bolsas de valores, exprime a variação dos índices, grau de merecimento (em lição, exame, comportamento, etc.), parte de um assunto, de uma ciência, arte, etc., em exames ou concursos, a matéria tirada à sorte para sobre ela responder ou discorrer o aluno ou o candidato, assunto, matéria, grau de adiantamento, altura em que se acha algum trabalho, empreendimento, etc., lance, momento, caso, problema ou questão importante, em que se tem vivo empenho, termo, fim, parada, suspensão, porção de fio firmada por um nó, deixada numa estrutura ou num órgão depois de se efetuar a introdução e retirada da agulha que a conduzia, a fim de promover a união dos tecidos [pode ser ou não removido, conforme a natureza ou a situação do material empregado], configuração geométrica sem dimensão, e que se caracteriza por sua posição, ponto geométrico, elemento com que se definem axiomaticamente as propriedades dum espaço, cada um dos modos por que se entretece um fio ou uma linha para coser lona ou outro tecido utilizando agulha de coser, a célula primária da notação neumática, régua de madeira escura, que acompanha a forma e o comprimento do braço dos instrumentos de cordas, e sobre a qual os dedos do executante comprimem as cordas, a posição, na carta náutica, de uma embarcação que está navegando, pequena mancha de cor [cf. pontilhismo], unidade tipométrica básica (a sexta parte da linha) equivalente a 0,3759 mm no sistema didot e a 0,351 mm no sistema anglo-norte-americano, recurso utilizado para passar a ator, apresentador, locutor, etc. durante a apresentação de espetáculo ou de programa de tv deixa, orientação, texto de script, etc., lugar, geralmente nas vias públicas, onde artigos ou serviços estão à disposição do freguês, cantado, riscado, aberto, abreviativo, ponto alto, americano, anfidrômico, anglo-norte-americano, anguloso, cardeal, cego, central, cheio, colateral, crítico, culminante, cuspidal, de acumulação, de admiração, de afloramento, de apoio, de areia, de aumento, de autoignição, de bainha, de bala, de bolha, de cadeia, de canutilho, de cedência, de condensação, de condição, de congelação, de contato, de cristalização, de solidificação, de cruz, de descontinuidade, de diminuição, de espadana, de espinha, russo, de estrangulamento, de fase, de festonê, de fluidez, de fuga, de fulgor, de fusão, de gota, de haste, de honra, de ignição, de impacto, de inflexão, de libra, de luz, de marca, de meia, de meia potência, de mira, de nó, de orvalho, de osculação, de palomba, de parada, de paris, de passagem, de ramificação, de referência, de reparo, de repouso, quiescente, de reversão, de seção, de sela, de simetria, de solidificação, de sombra, de telhado, de tomada, de transição, de tricô, de universo, de vaporização, de vista, do telhado, duplo, eletrônico, estacionário, exterior, fixo, fraco, gama, geométrico, ideal, imagem, impróprio, infinito, interior, inverso, isoelétrico, isolado, material, múltiplo, negro, neutro, nodal, objeto, obrigado, ordinário, ponto por ponto, principal, regular, riscado, russo, antinodais, antiprincipais, conjugados, de acompanhamento, de carreira, de condução, de reticência, reticências, de suspensão, simples, singular, nodais, solsticial, triplo, umbilical, vernal, ao ponto, a ponto de, a ponto que, assinar o ponto, de ponto em branco, de ponto fixo, dormir no ponto, em ponto, em ponto de bala, entregar os pontos, fazer ponto, ir ao ponto, não dar ponto sem nó, pôr ponto a, pôr os pontos nos is, subir de ponto

Por isso, se me falam "dando", pode ser dando zebra, dando de ombros, as costas, mancada, a volta por cima, mole, a bunda, certo, na vista, bandeira, show, o braço a torcer, no couro, dando tudo, dando certo, errado, pro gasto, adoidado, a mínima, conta do recado .® .© .™

Essa é a história da borboleta que se apaixonou por um soco.

O amor, platônico, de uma borboleta por um soco...

... e esta eterna sensação de estar
comprando dinheiro ✓
fritando frigideira ✓
cavando pá ✓
fotografando foto... ✓
trocando o que já se tem pelo que ainda se tem...

jáinda.

Não se fazem mais antigamente como futuramente,

porque as três marias + os sete mares são os dez mandamentos
e as 7 maravilhas do mundo menos os 3 porquinhos
são as 4 estações

ou os 4 cavaleiros do apocalipse ou os 4 mosqueteiros.
porque
os três patetas ou o tamba trio
+ os sete pecados capitais ou os 7 gatinhos capitus ou os sete anões,
dariam dez,
bateria nota 10! 10!
mas que menos a lua ou a vida,
dariam nove irmãos para nove irmãs
e que não passam dos 12 – trabalhos de hércules ou contos peregrinos
menos 1 four de ás menos dois perdidos numa noite suja...
porque os trezentos e sessenta e cinco dias do ano,
menos os jackson five
menos 3 vezes sem juros

Desenho de Maria Clemencia. *Revista de Antropofagia*, Ano I – número 2

menos 26 poetas hoje
os 40 ladrões, a nona sinfonia e as 500 milhas de indianápolis
nos levariam
– mesmo que alterando a ordem dos fatores ou futuros –
a lutar
para que todo OBS tenha um W.C.
e não para que todo W.O. tenha um OK
mas para que todo QG tenha HQ
toda PM: PF
BG: THC
LSD: CBF
OB: RJ
FMI: PCB
MPB: SKI
COI: MST
CIC: BUT CUT: VIC BIC: UNE VIP: SOS
TODO ZAP: CEP
BUG: TPM GLS: IFP ONU: DNA PV: FDP
RAP: RAM IT: ALÁ CPC: VJ MST: NBA
TOP: TAB CAT: FAB PUC: SET ZEN: JET BEM: BIG POP: ONG DOG: CVV
todo GOL seja AÇO
todo BIP: BUM
todo FIM: PAZ
que todo PT tenha SAUDAÇÕES
e toda PROPAROXÍTONA: PARALELEPÍPEDO
e que todo INCONSTITUCIONALISSIMAMENTE
tenha
OTORRINOLARINGOLOGISTA.

PALAVROLOGIA
Exemplo:

Regurgitofagia =
Re – de novo
Gu – do dialeto dos bebês, "gugu dadá"
RG – identidade
It – charme
O – interjeição para espanto: "oh..."
Fa – nota musical
G – ponto g, prazer
Ia – verbo ir no pretérito imperfeito do indicativo

Regurgitofagia = novamente a identidade da linguagem seduz e espanta a musicalidade do prazer que fica.

Regurgitar: expelir, fazer sair (o que em uma cavidade está em excesso, principalmente do estômago).

Fagia: comer.

Oswald de Andrade, no *Manifesto Antropófago* de 1928, aludia à deglutição do bispo Sardinha pelos índios antropófagos, para propor que, inspirados neles, deglutíssemos as vanguardas europeias a fim de criarmos uma arte genuinamente brasileira. E hoje? Continuamos a "deglutir vanguardas" ou tem-nos sido empurrada goela abaixo toda a sorte de informações? Conceitos? Produtos? Em suma, o que fazer com a impossibilidade de assimilação, o estado de aceleração, a síndrome do excesso de informação (*dataholics*), os milhões de estímulos visuais, auditivos, diários, que crescem em ritmo diametralmente oposto à reflexão? Regurgitofagia: "vomitar" os excessos a fim de avaliarmos o que de fato queremos redeglutir. A "descoisificação" do homem através da consciência crítica, a "'ignorância programada". Como quando como quanto quero: "extra! extra! a mídia acabou!" pra você que não desapareceu em 1968 só porque não era nascido: ...oxímoros pleonásticos, caosmos, eletroconvulsoterapia... o pavlov usava de artifícios químicos pra estimular o vômito a fim de causar um reflexo condicionado. O ser humano usa no máximo 10% do seu cérebro, enxerga 1% das luzes e ouve sons até 20 mil ciclos por segundo... ...nós somos o que comemos, chicletes carnívoros... ...uma fitinha do senhor do bonfim remixada com exclusividade para o mercado japonês para se romper em três dias: envelhecida artificialmente... ...o complexo de lego:

se você é um legocentrado, um legoico, tudo se encaixa... ...enfim, uma cura que os cientistas levarão anos para encontrar a doença. por isso se acredito no futuro da humanidade é porque sempre haverá uma canção inédita dos beatles. amanhecido não faço parte do final do mundo, contudo me identifico com a maioria das coxas, amo tudo que é estranho, só confio em exceções... ... nas saunas do monte líbano e da hebraica, o calor das discussões será devido única e exclusivamente ao bom funcionamento da maquinaria. ondas não testadas, repito, ondas danificadas se dirigem à praia. antenasa, asantena. quase o tim maia e a dercy gonçalves apresentando o jornal nacional... ...esta frase eu levaria para uma ilha deserta. essa, essa frase. uma arma na mão e nada na cabeça: jáinda. padrão globo ocular de qualidade. o estresse é a prova dos novos. mataram um estudante, podia ser seu torturador. mulhomem. ilha é uma pessoa cercada de mágoas por todos os lados... ...ABUSE E UZI. o antônimo de maxilar é miniexílio. SOS (sale our souls). fui tomado por uma sensação de déjà-vu geral: olhava a latinha de cerveja rosebudweisernegger, ouvia billie holiday on ice ou joão gilberto gil gomes lendo a insustentável leveza do ser ou não ser aos 45 do segundo tempo é dinheiro não traz felicidade foi-se embora:

Na Boca do Estômago
Conversa com José Celso Martinez Corrêa

Lara Valentina Pozzobon da Costa
Doutora em Literatura Comparada (UERJ)

Sempre irreverente, quase sempre insolente, ou, no mínimo, extravagante, o diretor, ator e encenador de teatro brasileiro Zé Celso, como normalmente é chamado, mostra ter plena consciência e convicção dos pressupostos teóricos que têm embasado sua obra. De atuação excêntrica e abertamente provocadora em debates de TV sobre o teatro, o diretor da histórica encenação de *O Rei da Vela* mantém, em seus últimos trabalhos, a mesma assinatura do início da carreira. E a assinatura de Zé Celso está ligada à carnavalização, à inversão de valores, à exposição dos elementos escamoteados nas relações sociais e ao questionamento da legitimidade das instituições. E o modo como ele seleciona os textos a serem montados e concebe a criação cênica parece nunca perder de vista a antropofagia de Oswald de Andrade.

Zé Celso conheceu os textos teóricos do modernista em 1967, quando resolveu montar *O Rei da Vela* com o grupo do Teatro Oficina. O impacto dessa leitura foi tão forte que modificou sua compreensão de certos textos clássicos, como *As Bacantes*, de Eurípides. E fez com que tomasse a Antropofagia como ponto de referência para pensar a construção de uma identidade brasileira.

Zé Celso confessa grande alegria com a nova edição do filme *O Rei da Vela*, que reúne cenas da peça, remontada em 1971, mescladas com encenações na praia, trechos de documentários históricos e outros filmes.

A primeira temporada de *O Rei da Vela* realizou-se no Teatro Oficina, em São Paulo, em 1967, trinta anos após sua publicação. A alegoria modernista de Oswald de Andrade permaneceu esquecida até que encontrou ressonância num contexto de ditadura militar, cuja censura levou muitos artistas de teatro, músicos e escritores a escolherem a forma da alegoria, da fábula, em sua criação. A opção pela alegoria permitia driblar a censura, que liberava as obras sem compreender sua relação com a situação política do país. Assim, abria para os artistas a possibilidade de continuar um diálogo com seu público, ainda que sob essa roupagem alegórica. O lançamento do filme da peça gerou grande expectativa, não só pelo registro histórico, mas também pela sua alta carga de invenção estética, com a presença de signos que proporcionaram outras leituras no contexto atual.

A entrevista com Zé Celso ocorreu em dezembro de 1997, nos camarins do Teatro Oficina. Atencioso, calmo e doce, o diretor confirmou a lenda de sua verborragia, esquecendo um cansaço aparente logo no início da entrevista, quando, para começar a falar, entoou a música tema de *O Rei da Vela*. O texto da entrevista foi dividido em subtítulos, seguindo a lógica da conversa com Zé Celso.

Um cirandeiro do Nordeste

A música tema e seu compositor
A minha tribo quando entra na aldeia
Índio não faz cara feia nem deixa a flecha cair
Tupy, tupy, or not tupy
Não sei se vou, não sei se estou, não sei se fico
Nada disso ainda explico nessa frase or not tupy

Tupy, tupy or not tupy

"Ser ou não ser tupy": essa é uma ciranda que foi composta por um cirandeiro do Nordeste, falecido no dia 18 de dezembro de 1991, acho, mas que fez essa ciranda para o filme *O Rei da Vela*. Um cirandeiro de uma cidade chamada Surubim, do interior de Pernambuco; um índio mesmo, um caboclo. Ele compôs essa ciranda porque houve uma troca muito grande entre a sua arte e a do Oswald de Andrade. Ele seria uma espécie de Picasso popular: é cantor, compositor. Aliás, gravou um disco com essa música, que ele mesmo produziu. Ele morava no teatro, era zelador e na mesma época tinha um grupo de ciranda; e ele também pintava, no estilo da pintura tradicional do Nordeste, da região de Pernambuco, de Mestre Vitalino, onde é comum aquela arte primitiva. Então, quando nós ensaiávamos *Mistérios Gozosos*, de Oswald de Andrade, que foi numa época em que a concentração era feita numa orgia, numa suruba, ele era casto, ele não participava, mas ele sentia todo o erotismo do trabalho. Aí ele se trancava de noite no quartinho dele e ficava pintando, pintando, e amanhecia com uns quadros absolutamente deflagradores daquele imaginário do Nordeste. E erotizando tudo, fazendo tudo transar com tudo, plantas, bichos, homens, mulheres, céu, astros, tudo. Fez quadros belíssimos – aliás agora estou enviando os *slides* desses quadros para o Museu de Arte Moderna do Recife. Eles vão fazer uma exposição e eu tenho a impressão de que vai ser uma obra muito provocadora, muito deflagradora no atual momento de Pernambuco.

A singularidade do momento de Pernambuco

Pernambuco está vivendo, depois da morte do Chico Science,[1] uma espécie de revolução tropicalista. Quer dizer, o que aconteceu aqui em São Paulo, no Rio, no mundo todo no fim dos anos 1960, e que teria acontecido antes em Pernambuco, que tem uma cultura muito rica, não houve porque foi impedido pelo Golpe de 64. Finalmente Pernambuco está vivendo esse momento. Foi por isso que eu comecei essa entrevista com um pernambucano, e falando exatamente da influência que ele sofreu de um homem da aristocracia rural de São Paulo, da burguesia industrial de São Paulo. Claro, refiro-me ao Oswald de Andrade, riquíssimo, que torrou todo dinheiro na sua vida e na sua obra, numa fidelidade, numa descoberta muito grande da origem tupi da cultura brasileira. Então, de repente, um índio recebe a própria influência do Oswald e a transmuta na ciranda, como está acontecendo também nesse momento em Pernambuco, com o maracatu, o frevo. O Chico Science fez, musicalmente, mais ou menos o que o Oswald tinha feito em 1922 aqui em São Paulo. Uma mistura do arcaico, do primitivo, plugados com o contemporâneo. E isso é uma coisa que se dá muito com o contemporâneo: os elementos mais bárbaros, primitivos, arcaicos, como dizia Oswald de Andrade, combinam-se muito bem com o tecnizado. O bárbaro se dá muito melhor com a alta tecnologia. E Oswald foi esse homem que investiu toda a sua grana em viagens, na sua obra, no luxo de escrever.

A mudança de eixo na compreensão da cultura brasileira

Oswald de Andrade mudou o eixo da compreensão da cultura brasileira para o momento em que o primeiro bispo português, o bispo Sardinha, foi comido pelos índios, exatamente há 441 anos, pelos índios caetés.[2] Ainda existem lá essa igrejinha e essa praia maravilhosa, e essa data é a data que Oswald inventa como a data da existência do Brasil: primeiro, o Brasil foi descoberto há 497 anos por Pedro Álvares Cabral, que vestiu os índios e tal, até o momento da devoração do bispo Sardinha. Aí começa a história do Brasil, começa essa

[1] Compositor e cantor pernambucano – morto precocemente em 1997 –, cuja música, o "mangue beat", mescla ritmos tradicionais do Nordeste, como o maracatu, com *rock* pesado.
[2] Recorde-se que a entrevista foi realizada em 1997.

cultura de devoração. E Oswald, no fim da vida, nos seus últimos garranchos – os manuscritos estão na Unicamp –, escreveu uma carta e enviou para o Congresso dos Escritores, pedindo que dessem muita atenção para a antropofagia, pois a antropofagia era uma forma de civilização muito sofisticada, ainda não estudada, que merecia um exame mais cuidadoso por parte de antropólogos, artistas e cientistas, porque era a chave para a compreensão do Brasil. Então, ele dizia que para a vida não há salvação, não há messias, não, o que existe é o advento de um dia: a vida é devoração permanente. E essa alta sabedoria está na antropofagia. Há um livro, muito curioso, da Betty Mindlin, sobre esse assunto; ela foi fundo no tema.[3] A antropofagia está no atávico da espécie humana. E é o medo dessa condição que impõe a visão do messias, do salvador, do capital financeiro, da pureza, do bem. Aliás, Oswald deveria ser traduzido, especialmente os textos sobre a *A Crise da Filosofia Messiânica* e *A Marcha das Utopias*.

Oswald deslocou a história do Brasil e isso era o que os jesuítas portugueses mais temiam. A catequização veio sob o pretexto de os selvagens comerem carne humana – e comiam especialmente a carne de um inimigo forte, para adquirir as suas virtudes –, e esse era um ponto fundamental da catequização. E o teatro brasileiro praticamente foi criado pelo Padre Anchieta, que, catequizando os índios, criou um teatro didático, um teatro de má qualidade, um teatro de feitura de cabeças, de catecismo. Isso é estudado como a origem do teatro brasileiro. Oswald chama nossa atenção para a cerimônia do ritual antropofágico, que, por sua vez, é muito interessante porque remete também ao ritual dionisíaco, remete às bacantes, que devoravam carne crua – inclusive, na peça que nós montamos aqui também havia devoração. As bacantes devoravam a carne de Penteu, o tirano que impede a realização do rito de Dioniso. Quer dizer, esse rito da antropofagia não é um rito apenas brasileiro, mas é um rito de civilizações muito antigas, um rito que inclusive Oswald me fez descobrir: o rito da origem do teatro. Ele me levou a entender o texto de Eurípides, que, por sua vez, é uma transcrição documental do ritual da origem do teatro, é um texto antropológico, ou de valor antropológico, é o único evangelho sobre a cerimônia antropológica original do teatro, que é a devoração de Penteu. Oswald vislumbrou o relacionamento dessa cultura indígena brasileira com a cultura dionisíaca. Hoje vemos uma vitalidade crescente desse tipo de cultura no mundo. Eu acho que nós vivemos sob o "Império Americano", mas esse império já está sendo devorado por todas as suas

---

[3] Betty Mindlin, *Moqueca de Maridos*. Rio de Janeiro, Rosa dos Tempos, 1997. Nesse livro, a antropóloga faz uma coletânea de mitos eróticos milenares, recolhidos em várias aldeias indígenas do extremo norte do Brasil.

bordas, das mais diferentes maneiras. E eu sinto que Oswald, nesse sentido, funciona como uma grande antena, não só em relação à cultura brasileira, mas uma antena em relação à cultura ocidental. Ele era um homem culto, tinha uma formação europeia, uma cultura europeia, especialmente francesa, pois esteve na França e entrou em contado com os artistas dos movimentos futurista e modernista do começo do século, quer dizer, era um homem que conhecia o Ocidente, um homem com uma formação ocidental. Ora, esse homem de formação ocidental, esse homem gordo, bom comedor – dizem até que em certa época ele mandou trocar seus dentes por dentes mais afiados, para poder devorar melhor –, esse homem foi muito parecido com Rimbaud, com Artaud, que também veio para o México e foi descobrir com os índios, fumando peyote, toda uma visão exatamente antropofágica. Eu acho a antena do Oswald muito ampla e, nesse momento, já se passaram trinta anos do que se chamou aqui tropicalismo, e o tropicalismo aqui no Brasil foi um movimento consequente ao golpe militar de 1964.

Formação cultural e golpe militar

Em 1964, o Brasil tinha um caminho original, tinha um governo e uma classe dirigente, uma elite que tentava encaminhar o país para reformas de base; e o país sofreu um golpe, um golpe patrocinado pelo "Império Americano", pela CIA, com navios americanos, com a presença militar americana e com a intervenção de brasileiros formados nos Estados Unidos. E esse golpe impôs ao Brasil, através do acordo MEC/USAID, uma formação anglo-saxã de caráter americano. Como reação a isso, a minha geração, que não tinha sido tocada pelo golpe ainda, pois a geração perseguida foi a que nos preparou – a geração de Celso Furtado, Oscar Niemeyer, Lina Bo Bardi, Darcy Ribeiro, as pessoas que começaram a pensar o Brasil como uma possibilidade. Não a possibilidade de um império, porque na antropofagia não se trata da criação de um "Império Brasileiro", ao contrário, os índios brasileiros jamais conseguiram, nem mesmo quiseram se organizar como um império. Sempre que uma tribo se constituía numa organização mais fortificada, acontecia alguma coisa no seio dessas tribos que fazia com que se desmontassem. Pierre Clastres, um antropólogo francês, faz uma análise muito interessante disso, da não vocação ao imperialismo do índio brasileiro.[4] Portanto, tudo isso que eu estou dizendo, quando eu falo do Brasil como uma potência imperial, é no sentido de possuir uma cultura, um caminho

[4] Alusão ao importante livro de Pierre Clastres, *A Sociedade Contra o Estado*.

próprio, diferente dos caminhos imperialistas conhecidos até agora, romano, americano, alemão ou japonês.

O que aconteceu depois do golpe? A reação veio dessa formação brasileira, vira-lata, dessa mistura de índio com escravos africanos e com imigrantes europeus – como o Darcy Ribeiro analisou muito bem, o dado colonialista de querer ser igual ao pai, porque geralmente o pai ganhava as índias; e o pai era o colonizador, o pai era o Ocidente, o pai era a Verdade, o pai era Roma, o pai era Portugal, o pai era os Estados Unidos, enfim. Mas a geração de Darcy já começou a libertar o brasileiro desse tremendo preconceito, dessa rejeição à sua origem, e a aceitar sua origem mestiça, cafuza, mulata, mesclada, e até a se vangloriar disso e gozar das qualidades desse ser e dos defeitos atribuídos a esse indivíduo, esse indivíduo preguiçoso, cafajeste, gozador, esculhambador. De repente, esses pecados da catequese passaram a ser nossas virtudes e o próprio Oswald descobre no carnaval a religião da raça. Então esses conceitos já começavam a ser mudados no povo brasileiro. Aqui, a Rádio Nacional, que tinha uma direção muito futurista, muito interessante, desempenhou um papel importante. A Rádio Nacional iniciou a explosão desse fenômeno de massa que existe até hoje que é a música popular brasileira, com a qualidade não só estética, mas a qualidade de informação que ela tem. Isso sem mencionar sua qualidade política. A música popular brasileira tem em si uma política, ela não é como a música de protesto, por exemplo, chilena, cubana, que fala sobre algum acontecimento, a música popular brasileira em si é política porque fala de uma política do povo, da libidinagem, uma política libertária, libertina e anarquista. O Brasil tem uma formação popular anarquista muito forte em guerra contra uma formação inquisitorial, puritana – atualmente americana – muito violenta. Ora, depois do golpe a minha geração achou que tinha que reformular as coisas. Esse golpe foi muito violento, pegou a gente de surpresa e nós não fomos de imediato perseguidos como foram os anteriores, que foram exilados, deportados. Sem dúvida, fomos presos, mas logo fomos postos em liberdade, éramos ainda mais jovens, não tínhamos ainda muita coisa para explicar.

Antes do golpe nós fazíamos aqui, por exemplo, *Os Pequenos Burgueses*, de Gorki, uma versão muito bonita, nós tínhamos um ator russo conosco, e nós trabalhávamos num realismo muito influenciado pelo *Actor's Studio*, estudávamos muito Stanislavsky. No entanto, ao mesmo tempo, já tínhamos uma coisa brasileira, porque tentávamos quebrar nossas formas já estabelecidas, nossos clichês, que eram clichês dos anos 1950, que eram os clichês difundidos pelo cinema americano. Nós tínhamos nossas festas, nossas roupas, nossos gestos, nossas imitações eram imitação da figura americana dos anos 1950. E no teatro a emoção estourava esses clichês. E nós tínhamos um trabalho de agitação política muito grande, havia uma busca de consciência política, havia uma grande ruptura com a família, havia um conflito de gerações muito grande, mas nós estávamos nos exprimindo ainda através de formas que nos foram legadas, que foram aprendidas, que estudamos, que recebemos, que não tínhamos deglutido ainda.

Depois do golpe, quando o Brasil passou a ser uma ditadura militar e se colocava na Guerra Fria totalmente ao lado dos americanos, e o campo da liberdade estava extremamente reduzido, nossos corpos eram um sintoma do desejo de um desconhecido, que se manifestava fisicamente. Tanto era assim, que muitos foram para a luta armada porque achavam que através do corpo era possível uma ruptura no Brasil. E, de repente, começamos a sentir que tinha que acontecer alguma coisa, que tínhamos que dar uma resposta que, além de política, devia ser uma resposta sobre nossa maneira de ser, que estava no corpo da gente, mas que era desconhecida – nesse contexto, vale a pena recordar que nosso teatro havia sido incendiado e que nós fizemos uma retrospectiva de nossas peças, mas não estávamos satisfeitos com a maneira como as representávamos.

O Rei da Vela nos anos 1960

No nosso caso, descobrimos o que queríamos ouvindo uma leitura que o Renato Borghi fez de O Rei da Vela. Nós tínhamos feito um concurso pedindo para várias pessoas mandarem impressões – figurinistas, fotógrafos, repórteres, dramaturgos, poetas – sobre o que tinha no ar, que ninguém sabia definir. Mas de repente essa leitura de uma peça antiga, que nos foi apresentada pelo Luiz Carlos Maciel – peça que eu já tinha lido e não tinha gostado –, virou nossa cabeça. Estávamos reconstruindo o teatro, a reconstrução durou oito meses, sendo que o espaço foi concebido por Flávio Império para encenar Brecht, já que havia uma influência muito grande de Brecht nesse período. No entanto, descobri Oswald! Lembro que fui pra casa do Nonê, filho dele, que tinha um baú com toda obra dele e mergulhei: li tudo; li Oswald, virei Oswald. E em um mês e meio nós montamos a peça. O Hélio Eichbauer tinha vindo de Praga, de uma formação com Svoboda, que é um cenógrafo que trabalha com a luz numa tradição modernista. Quer dizer uma luz que nada tinha a ver com o que iria acontecer em O Rei da Vela. Não se imaginava que um aluno de Svoboda, aliás, o aluno mais brilhante, apresentaria um cenário que iria desenterrar o teatro de revista, a ópera, o teatro de costumes, que iria trazer o cubismo, que iria vomitar uma série de coisas: na trilha sonora, a Rádio Nacional; vomitar o Chacrinha, coisas que eu adorava, mas que eram consideradas de mau gosto, cafona, o que hoje se diz brega. E de repente houve aquela libertação do brega, atingindo o coração do gosto nosso do momento e o da multidão. Estávamos sendo cavalos de alguma coisa que em um mês e meio estava de pé. Estávamos abertos para devorar todas as influências, positivas ou negativas, devorar o fato de ter sido integralista, comunista, ter sido ouvinte da Rádio Nacional, amante de fita em série, de gostar de sacanagem, enfim, tudo o que era e o que não era arte. Havia um jorro de liberdade e não fidelidade ao estilo e, ao mesmo tempo, o Oswald, através das suas peças, não só liberava todo esse lado infernal, esse lado brega, cafona, mas liberava também a ligação com a pintura, com a arquitetura, com o urbanismo, com a ciência, com a política, com a tecnologia, com a história, com os futuristas, com Maiakovski, tirando a arte do motivo exclusivamente edipiano. Ele era um grande desconstrutor da família patriarcal, acabava com a família patriarcal, acabava com o Édipo, era um anti-Édipo total. Aliás, o teatro oficina tem essa forma de passarela para permitir passar os desfiles todos de O Homem e o Cavalo; tem o teto aberto para entrar o balão de São Pedro. Se houvesse no Brasil algo como a Royal Shakespeare, para mim seria o Oswald a ser montado inteiro, suas poucas peças, pois cada peça é um ritual contemporâneo, dessa era, da *midiosfera*, que faz uma mistura de tudo.

O Rei da Vela ficou pronto ao mesmo tempo que o *Terra em Transe*, do Glauber Rocha, o *Tropicália*, do Caetano Veloso, o trabalho do Hélio Oiticica. Na mesma época, começa a luta armada. O *Macunaíma*, do Joaquim Pedro de Andrade, por outro lado, foi muito influenciado pelo O Rei da Vela, especialmente pela cenografia do Hélio Eichbauer. Aliás, ele é tão importante como o Hélio Oiticica e não é tão lembrado, e acho que valeria a pena remontar a sua cenografia com manequins, figurinos: seria uma coisa extraordinária, uma espécie de museu da origem da *Tropicália*, uma espécie de *Guernica*, dessa não guerra que foi o tropicalismo.

Movimentos coincidentes

Eram movimentos de coincidência, não eram combinados e também não eram movimentos exclusivos do mundo artístico. O AI-5 foi um ato de repressão muito violento que, esse sim, recaiu sobre nós. Recaiu sobre a área cultural; no AI-5 há muitas vezes citada a palavra cultura. Zuenir Ventura diz que esse ato foi em cima do *Roda Viva*[5] e da classe teatral, que adquiriu muito poder nessa época – desde que Marighella deu um tiro num cinema quando foi preso, e falou: "Não estou atirando para me defender, estou começando a luta armada no Brasil". Dizia-se que o Brasil tinha uma tradição pacifista e, nesse momento, sentimos que aí teria que haver uma ruptura. Não podíamos acreditar mais em uma solução de contemplação, como foi antes do golpe, ou de submissão, como foi com o próprio golpe. Tinha que haver um corte. Essa noção de corte atingiu toda a sociedade. Atingiu os marinheiros, a classe operária, os estudantes; atingiu a classe média que queria se suicidar como classe, que queria se destruir como classe, que queria se dissolver como pequena burguesia, e então sonhou com uma revolução brasileira. E o tropicalismo e a própria antropofagia são muito claros nesse contexto. Sem esses movimentos, não se percebe com toda a intensidade nem o programa do Chacrinha, nem a música do Caetano ou do Gil, nem o afoxé na Bahia, o desfile de escola de samba, a Passeata dos Cem Mil, assaltos a um banco, a ocupação de uma universidade. De todo esse contexto anárquico, eu acho que, depois do AI-5, só a música conseguiu persistir. De um lado, porque é uma música muito boa e, de outro, as multinacionais a compraram, logo ela teve canais para continuar. Mas só a música no espetáculo do mundo, no seu território de música, ou o teatro no seu território de teatro, ou a universidade no seu, não podem transmitir a ideia da antropofagia ou do tropicalismo. Eu não acho, por exemplo, que o tropicalismo é o movimento dos baianos: do Caetano, do Gil, da Bethânia. Eles são extraordinários, mas fazem parte de um movimento que pegou o Brasil todo em várias áreas. Tanto que eles fazem samba sobre o cinema brasileiro, sobre cientistas, sobre os blocos de carnaval, estão se remetendo sempre para fora deles mesmos, para não ficarem aprisionados no território particular da música popular brasileira. Território que parece fazer parte dessa dominação, mas que pode servir pra minar essa dominação quando se desterritorializa e se contata com esse movimento geral que pega toda a sociedade. Hoje, por exemplo, os balanços que são feitos têm a tendência de ignorar esse aspecto de corpo sem órgãos da *Tropicália*.

O tropicalismo vem da antropofagia, que apareceu no modernismo e se

[5] Peça encenada por José Celso em 1968.

confirmou no *Manifesto Antropófago*, no quadro da Tarsila do Amaral; mas depois houve certo eclipse desse movimento, pelo Naturalismo, pelo Realismo, pelo romance regionalista... Oswald dizia para a geração que veio depois dele – a geração dos chato-boys[6] – que a bola que ele jogou passaria por cima da cabeça deles e outros iriam pegar. E nós pegamos a bola do Oswald. O tropicalismo retoma a antropofagia, que retoma o Renascimento, que retoma o Dionisismo. São movimentos muito amplos. Não são movimentos de um subúrbio da cultura. Seja o cinema, o teatro, a música, a literatura ou a poesia, eles precisam de um ar maior para serem entendidos e, principalmente, precisam da prática cultural, como no marxismo, que você só entende se está lutando, na práxis. Você só sabe da antropofagia se está comendo, se está devorando – e é uma noção muito sofisticada, muito difícil.

Devoração X angústia da influência

Eu vejo hoje, na luta que o Caetano trava, com seu belíssimo livro,[7] com seus críticos, com os paulistas, aqueles que são os representantes do "Império Americano" aqui, que têm a Lei de Moisés, a lei do não carisma, a lei da objetividade e que não entendem que nós não temos a angústia da influência. Nós adoramos, nós comemos nossos ídolos. Nós somos, além de idólatras, devoradores dos nossos ídolos. Não fazemos questão de ter uma personalidade própria, um caráter, uma imagem única, ao contrário, o que interessa é o movimento de devoração permanente. Eu acho que quem tem uma característica muito parecida com o tropicalismo, que não conhece a antropofagia, o Oswald, o nosso trabalho, mas se conhecesse iria ficar muito espelhada, é a Camille Paglia. Eu acho, inclusive, que o hemisfério Norte não conhece a antropofagia, mas a está vivendo. Porque qualquer cidade-Estado do primeiro mundo (Nova York, Paris) tem um aglomerado de bárbaros, sejam eles hispânicos, negros, marroquinos, árabes – que estão devorando aquela cultura e que estão renovando a própria cultura ocidental. O Oriente do Ocidente é o Ocidente do Oriente. Isso tudo que está acontecendo na Europa começa a acontecer aqui em São Paulo, aqui no Brasil. Pois São Paulo é uma cidade típica de periferia, São Paulo parece a periferia de Paris. Nas músicas de Pernambuco, de compositores como Chico Science, como Querosene e Jacaré, de toda uma série de bandas novas, há uma devoração do lixo ocidental. Nessa devoração, há toda uma reciclagem desse

---

[6] Segundo Antonio Candido, um dos designados como tal: "Oswald nos tratava bem e ao mesmo tempo fazia troça de nós, como era seu hábito, inventando diversas piadas e nos pondo o apelido de chato-boys, que pegou. 'Chato-boys' porque, segundo ele, estudiosos, bem-comportados, sérios antes do tempo".

[7] Caetano Veloso, *Verdade Tropical*. São Paulo, Companhia das Letras, 1997. Em relação ao tema desta entrevista, vale destacar o capítulo "Antropofagia", p. 241-62, no qual Caetano Veloso revela a importância das ideias de Oswald de Andrade para sua geração. Caetano relata como seu encontro afetivo [com Oswald de Andrade] se deu através da montagem de uma peça sua (p. 241). A peça em questão foi *O Rei da Vela*, na montagem de Zé Celso. Na avaliação de Caetano "Zé Celso se tornou, aos meus olhos, um artista grande como Glauber" (p. 242).

lixo e criação de uma cultura nova e vitoriosa em relação à cultura hegemônica, imperial, oficial e central.

Sobre o teatro

O teatro tem uma tal autonomia que é uma religião em si. Ele tem contato com o candomblé, com o espiritismo, com a Igreja Católica, com tudo. Mas quem faz teatro, faz como um rito – teatro é rito de uma tribo. A repercussão que o teatro tem é muitas vezes ínfima, é quase que só para quem está fazendo. Mas o fato de isso começar a ser feito e repetido cria alguns oásis, algumas tramas que tendem a contaminar e a proliferar. Nós conseguimos uma proeza que foi conseguir encenar de novo *As Bacantes*, com uma tribo que havia perdido seu rito, e nós refizemos o rito. Com isso, apesar da falta de dinheiro e das dificuldades, começamos a captar pessoas e mais pessoas. E mesmo quando nos apresentamos em lugares grandes, conseguimos tocar multidões, porque conseguimos sentir que, no Brasil, o teatro está próximo do carnaval, do futebol: é uma coisa para multidões. Vemos que as pessoas ficam mais satisfeitas do que, por exemplo, num show de *rock*. O teatro é algo em que ainda se mantém a relação da missa, em que as pessoas ficam dançando para o palco, porque nós representamos por todos os lados, criamos coisas por toda a sala, coisas que envolvam, criamos algo como um terreiro vivo mesmo. Porém, é um tipo de teatro ainda muito cerceado institucionalmente, pela censura do marketing, de órgãos públicos. E é alguma coisa que está começando a ser retomada agora. Ela explodiu em 1968, com *Roda Viva* e *O Rei da Vela*, principalmente *Roda Viva*, por ser coral, foi algo que nunca houve no teatro, multidões iam ver. Houve um ataque físico e continuaram assistindo; houve um programa de televisão para debater a peça, que teve quase 100% de audiência, quer dizer, há uma necessidade de um lugar onde se cultive a orgia livremente, onde reine o anarquista coroado. Mas *Roda Viva* foi vítima de dois ataques do Comando de Caça aos Comunistas e, depois, vítima do AI-5. Eu fui preso, fui torturado, fui exilado. Agora, eu estou retomando meu trabalho, reencontrando meu trabalho de ator. Nós temos todo um repertório vivo. Nunca demos sorte de fazer porque é caro. *As Bacantes*, por exemplo, é uma peça que exige trinta pessoas. As pessoas adoram fazer, fazem até só pelo prazer; mas é um espetáculo caro. A gente começa bebendo vinho branco, vai para o vinho rosé, para o tinto, para o champanhe, para a cerveja, e tem carne e tem frutas... é uma festa! E nós temos tudo isso vivo, inclusive, para exportar para o mundo, mas é uma conjuntura muito difícil do ponto de vista desse eclipse que é a cultura do economicismo. Então, nós estamos tentando descobrir de que maneira comer essa situação. Estamos fazendo peças com um número menor de pessoas e, cada vez mais, estamos tentando fazer o teatro se aproximar de uma coisa brega, cardíaca, necessária, apaixonante, porque eu acho que o Brasil vai dar para o mundo um teatro com gosto de teatro grego, de multidão, prazer, carnaval... E eu tenho experimentado isso. Você sente, quando vai para lugares grandes, que a coisa explode. Eu acho que é inevitável. O problema é que existe uma dominação imperial muito grande, embora exista uma cultura bárbara que não tem, como ocorreu nos anos 1960, a chance de se interligar.

Mesmo com esse domínio da ditadura da televisão, da teledependência, mesmo com esse estado governado por esses bandeirantes paulistas, agentes do "Império Americano", mesmo assim nós conseguimos fazer teatro. O teatro, mesmo muito pobre economicamente, está muito vivo no nosso corpo e está vivendo uma expansão. Mas os fios de ligação ainda não foram encontrados. E agora, trinta anos depois, que nós vivemos essas coisas, sabe-se que elas têm uma lógica – a palavra é até absurda –, elas têm uma verdade. Pode ser demagogia, ideologia, delírio, loucura, mas a gente nota que tem um caminho que pode ser percebido universalmente.

O Teatro Oficina tem 36 anos. Um teatro que recusou o palco italiano. Numa época em que o pós-moderno, nos anos 1980, voltou a enfeitar a vitrine do palco, ele abriu uma nova estrada. Ele abriu o teto móvel, botou terra, botou água, quer botar computador, quer botar vídeo – não tem ainda porque não tem dinheiro –, quer se colocar na *midiosfera*. E ele está vivo porque o teatro é fundador da civilização. Ele não depende da civilização, não é reflexo da civilização. O Teatro Oficina não é um reflexo desse eclipse. O teatral comercial, sim, é um reflexo desse eclipse. A novela de televisão também.

O teatro é uma semente, um fóssil vivo, que, dependendo das condições e histórias, pluga de novo as coisas. Ele repluga, de repente, a ciência, o cinema, já que o teatro é o ritual que está sendo feito ao vivo. Os xavantes vieram aqui no ano passado. A roda deles é perfeita, eles fazem aquilo há milênios. Você chega perto deles, vê que são perfeitos, lindos, têm os pés bonitos, a pele bonita, têm todos os dentes... Através daquele ritual eles mantiveram a cultura. Agora eles estão interessados em comer a cultura que os fechou. E eles vão crescer e têm muita coisa a ensinar.

Veja que na Europa, hoje, eles querem as formas pré-teatrais. Querem o maracatu, o bumba meu boi, querem os índios. O teatro que vai surgir da antropofagia, do tropicalismo, aqui do Teatro Oficina, é parecido com isso. Um teatro midiático, é a mídia desse pré-teatro. Quanto mais na minha atuação eu me aproximo do meu coração, do meu inconsciente, do que é mais igual a todo mundo em mim mesmo, do que é mais atávico, do que é mais bárbaro, dos meus piores defeitos, mais eu estou chegando próximo do que eu quero. E quanto mais eu me distancio daquele teatro, eu me coloco como objeto de vitrine, de exposição, de pura contemplação.

O teatro europeu é muito chato. O francês, o inglês... O teatro americano também. Mesmo as formas tradicionais de teatro são muito chatas. São formas que se congelaram, que não se antropofagizaram. Há um espaço vazio para que aconteça um ressurgimento do teatro, desde que os grupos busquem essa lição oswaldiana: o bárbaro tecnizado. O nosso Hamlet, por exemplo, é super-oswaldiano, é um Hamlet solar, um Hamlet sem dúvidas, um Hamlet *tupy or not tupy*? Não! Tupy. Com cabelo cortado como índio e que responde de outra maneira. Que recebe a herança do fantasma e luta contra Fortimbrás. E nós gostaríamos de filmá-lo e levar para o resto do mundo. Eu tenho certeza de que as peças do nosso repertório seriam muito bem recebidas em lugares nos quais peças como essas talvez não existam, porque talvez os circuitos de teatro mundial sejam muito caretas. E eu acho que e necessário criar outros circuitos, para que esse teatro seja mostrado.

Oswald e Nietzsche

Mesmo Artaud, quem me fez entendê-lo foi Oswald de Andrade. Oswald ainda é um desconhecido para o mundo, mas eu tenho a impressão de que o tempo fará justiça com ele. Cada geração que entra em contato com a obra dele se alimenta. Ele é uma espécie de Nietzsche brasileiro. Aliás, nós conseguimos realizar no Brasil, no tropicalismo, o que Nietzsche sonhou fazer e não conseguiu: a ópera de carnaval, o que ele queria fazer com Wagner, tanto que ele adorava *Carmen*, e queria realmente uma ópera solar. E isso nós conseguimos.

PARTE II

Antecipações e Ruminações

Bertram[1]

Álvares de Azevedo

> *But why should I for others groan,*
> *When none will sigh for me?*
> Childe Harold, I

•

Um outro conviva se levantou.

Era uma cabeça ruiva, uma tez branca, uma daquelas criaturas fleumáticas que não hesitaram ao tropeçar num cadáver para ter mão de um fim.

Esvaziou o copo cheio de vinho, e com a barba nas mãos alvas, com os olhos de verde-mar fixos, falou:

– Sabeis, uma mulher levou-me a perdição. Foi ela quem me queimou a fronte nas orgias, e desbotou-me os lábios no ardor dos vinhos e na moleza de seus beijos: quem me fez devassar pálido as longas noites de insônia nas mesas do jogo, e na doidice dos abraços convulsos com que ela me apertava o seio! Foi ela, vós o sabeis, quem fez-me num dia ter três duelos com meus três melhores amigos, abrir três túmulos àqueles que mais me amavam na vida – e depois, depois sentir-me só e abandonado no mundo, como a infanticida que matou o seu filho, ou aquele Mouro infeliz junto a sua Desdêmona pálida!

Pois bem, vou contar-vos uma história que começa pela lembrança desta mulher.

Havia em Cadiz uma donzela – linda daquele moreno das Andaluzas que não há vê-las sob as franjas da mantilha acetinada, com as plantas mimosas, as mãos de alabastro, os olhos que brilham e os lábios de rosa d'Alexandria – sem delirar sonhos delas por longas noites ardentes!

Andaluzas! sois muito belas! se o vinho, se as noites de vossa terra, o luar de vossas noites, vossas flores, vossos perfumes são doces, são puros, são embriagadores – vos ainda o sois mais! Oh! por esse eivar a eito de gozos de uma existência fogosa nunca pude esquecer-vos!

Senhores! aí temos vinho de Espanha, enchei os copos – à saúde das Espanholas!

•

[1] Terceira história de *Noite na Taverna*.

Amei muito essa moça, chamava-se Ângela. Quando eu estava decidido a casar-me com ela, quando após das longas noites perdidas ao relento a espreitar-lhe da sombra um aceno, um adeus, uma flor – quando após tanto desejo e tanta esperança eu sorvi-lhe o primeiro beijo – tive de partir da Espanha para Dinamarca onde me chamava meu pai.

Foi uma noite de soluços e lágrimas, de choros e de esperanças, de beijos e promessas, de amor, de voluptuosidade no presente e de sonhos no futuro... Parti. Dois anos depois foi que voltei: quando entrei na casa de meu pai, ele estava moribundo: ajoelhou-se no seu leito e agradeceu a Deus ainda ver-me: pôs as mãos na minha cabeça, banhou-me a fronte de lágrimas – eram as últimas – depois deixou-se cair, pôs as mãos no peito, e com os olhos em mim murmurou – Deus!

A voz sufocou-se-lhe na garganta: todos choravam.

Eu também chorava – mas era de saudades de Ângela...

Logo que pude reduzir minha fortuna a dinheiro pu-la no banco de Hamburgo, e parti para a Espanha.

Quando voltei. Ângela estava casada e tinha um filho...

Contudo meu amor não morreu! Nem o dela!

Muito ardentes foram aquelas horas de amor e de lágrimas, de saudades e beijos, de sonhos e maldições para nos esquecermos um do outro.

•

Uma noite, dois vultos alvejavam nas sombras de um jardim, as folhas tremiam ao ondear de um vestido, as brisas soluçavam aos soluços de dois amantes, e o perfume das violetas que eles pisavam, das rosas e madressilvas que abriam em torno dele era ainda mais doce perdido no perfume dos cabelos soltos de uma mulher...

Essa noite – foi uma loucura! foram poucas horas de sonhos de fogo! e quão breve passaram! Depois a essa noite seguiu-se outra, outra... e muitas noites as folhas sussurraram ao roçar de um passo misterioso, e o vento se embriagou de deleite nas nossas frontes pálidas...

Mas um dia o marido soube tudo: quis representar de Otelo com ela. Doido...

Era alta noite: eu esperava ver passar nas cortinas brancas a sombra do anjo. Quando passei, uma voz chamou-me. Entrei – Ângela com os pés nus, o vestido solto, o cabelo desgrenhado e os olhos ardentes tomou-me pela mão... Senti-lhe a mão úmida... Era escura a escada que subimos: passei a minha mão molhada pela dela por meus lábios. – Tinha saibo de sangue.

– Sangue, Ângela! De quem é esse sangue?

A Espanhola sacudiu seus longos cabelos negros e riu-se.

Entramos numa sala. Ela foi buscar uma luz, e deixou-me no escuro.

Procurei, tateando, um lugar para assentar-me: toquei numa mesa. Mas ao passar-lhe a mão senti-a banhada de umidade: além senti uma cabeça fria como neve e molhada de um líquido espesso e meio coagulado. Era sangue...

Quando Ângela veio com a luz, eu vi... Era horrível. O marido estava degolado.

Era uma estátua de gesso lavada em sangue... Sobre o peito do assassinado estava uma criança de bruços. Ela ergueu-a pelos cabelos. Estava morta também: o sangue que corria das veias rotas de seu peito se misturava com o do pai!

– Vês, Bertram, esse era o meu presente: agora será, negro embora, um sonho do meu passado. Sou tua e tua só. Foi por ti que tive força bastante para tanto crime... Vem, tudo está pronto, fujamos. A nós o futuro!

•

Foi uma vida insana a minha com aquela mulher! Era um viajar sem fim. Ângela vestia-se de homem: era um formoso mancebo assim. No demais ela era como todos os moços libertinos que nas mesas da orgia batiam com a taça na taça dela. Bebia já como uma inglesa, fumava como uma sultana, montava a cavalo como um árabe, e atirava as armas como um espanhol.

Quando o vapor dos licores me ardia a fronte ela m'a repousava em seus joelhos, tomava um bandolim e me cantava as modas de sua terra...

Nossos dias eram lançados ao sono como pérolas ao amor: nossas noites sim eram belas!

•

Um dia ela partiu: partiu, mas me deixou os lábios ainda queimados dos seus, e o coração cheio de gérmen de vícios que ela aí lançara. Partiu. Mas sua lembrança ficou como o fantasma de um mau anjo perto de meu leito.

Quis esquecê-la no jogo, nas bebidas, na paixão dos duelos. Tornei-me um ladrão nas cartas, um homem perdido por mulheres e orgias, um espadachim terrível e sem coração.

•

Uma noite eu caíra ébrio as portas de um palácio: os cavalos de uma carruagem pisaram-me ao passar e partiram-me a cabeça de encontro a lájea. Acudiram-me desse palácio. Depois amaram-me: a família era um nobre velho viúvo e uma beleza peregrina de dezoito anos. Não era amor de certo o que eu sentia por ela – não sei o que foi – era uma fatalidade infernal.

A pobre inocente amou-me; e eu recebido como o hóspede de Deus sob o teto do velho fidalgo, desonrei-lhe a filha, roubei-a, fugi com ela... E o velho teve de chorar suas cãs manchadas na desonra de sua filha, sem poder vingar-se.

Depois enjoei-me dessa mulher. – A saciedade é um tédio terrível: – uma noite que eu jogava com Siegfried – o pirata, depois de perder as últimas joias dela, vendi-a.

A moça envenenou Siegfried logo na primeira noite, e afogou-se...

•

Eis aí quem eu sou: se quisesse contar-vos longas histórias do meu viver, vossas vigílias correriam breves demais...

Um dia – era na Itália – saciado de vinho e mulheres eu ia suicidar-me A noite era escura e eu chegara só na praia. Subi num rochedo: daí minha última voz foi uma blasfêmia, meu último adeus uma maldição... *meu último* digo mal; porque senti-me erguido nas águas pelo cabelo.

Então na vertigem do afogo o anelo da vida acordou-se em mim. A princípio tinha sido uma cegueira – uma nuvem ante meus olhos, como aos daquele que labuta nas trevas. A sede da vida veio ardente: apertei aquele que me socorria: fiz tanto, em uma palavra, que, sem querê-lo, matei-o. Cansado do esforço desmaiei...

Quando recobrei os sentidos estava num escaler de marinheiros que remavam mar em fora. Aí soube eu que meu salvador tinha morrido afogado por minha culpa. Era uma sina, e negra; e por isso ri-me; ri-me, enquanto os filhos do mar choravam.

Chegamos a uma corveta que estava erguendo âncora.

O comandante era um belo homem. Pelas faces vermelhas caíam-lhe os crespos cabelos loiros onde a velhice alvejava algumas cãs.

Ele perguntou-me:

– Quem és?

– Um desgraçado que não pode viver na terra, e não deixaram morrer no mar.

– Queres pois vir a bordo?

– A menos que não prefirais atirar-me ao mar.

– Não o faria: tens uma bela figura. Levar-te-ei comigo. Servirás...

– Servir! – e ri-me: depois respondi-lhe frio: deixai que me atire ao mar...

– Não queres servir? queres então viajar de braços cruzados?

– Não: quando for a hora da manobra dormirei: mas quando vier a hora do combate ninguém será mais valente do que eu...

– Muito bem: gosto de ti, disse o velho lobo do mar. Agora que estamos conhecidos dize-me teu nome e tua história.

– Meu nome é Bertram. Minha história? escutai: O passado e um túmulo! Perguntai ao sepulcro a história do cadáver! guarda o segredo... ele dir-vos-á apenas que tem no seio um corpo que se corrompe! tereis sobre a lousa um nome – e não mais!

O comandante franziu as sobrancelhas, e passou adiante para comandar a manobra.

O comandante trazia a bordo uma bela moça. Criatura pálida, parecera a um poeta o anjo da esperança adormecendo esquecido entre as ondas. Os marinheiros a respeitavam: quando pelas noites de lua ela repousava o braço na amurada e a face na mão aqueles que passavam junto dela se descobriam respeitosos. Nunca ninguém lhe vira olhares de orgulho, nem lhe ouvira palavras de cólera: era uma santa.

Era a mulher do comandante.

Entre aquele homem brutal e valente, rei bravio ao alto-mar, esposado, como os Doges de Veneza ao Adriático, à sua garrida corveta – entre aquele homem pois e aquela madona havia um amor de homem como palpita o peito que longas noites abriu-se às luas do oceano solitário, que adormeceu pensando nela ao frio das vagas e ao calor dos trópicos, que suspirou nas horas de quarto, alta noite na amurada do navio, lembrando-a nos nevoeiros da cerração, nas nuvens da tarde... Pobres doidos! parece que esses homens amam muito! A bordo ouvi a muitos marinheiros seus amores singelos: eram moças loiras da Bretanha e da Normandia, ou alguma Espanhola de cabelos negros vista ao passar – sentada na praia com sua cesta de flores – ou adormecida entre os laranjais cheirosos – ou dançando o fandango lascivo nos bailes ao relento! Houve junto a mim muitas faces ásperas e tostadas ao sol do mar que se banharam de lágrimas...

Voltemos à história. – O comandante a estremecia como um louco – um pouco menos que a sua honra, um pouco mais que sua corveta.

E ela – ela no meio de sua melancolia, de sua tristeza e sua palidez – ela sorria às vezes quando cismava sozinha – mas era um sorrir tão triste que doía. Coitada!

Um poeta a amaria de joelhos. Uma noite – de certo eu estava ébrio – fiz-lhe uns versos. Na lânguida poesia, eu derramara uma essência preciosa e límpida que ainda não se poluíra no mundo...

Bofé que chorei quando fiz esses versos. Um dia, meses depois – li-os, ri-me deles e de mim e atirei-os ao mar.... Era a última folha da minha virgindade que lançava ao esquecimento...

Agora, enchei os copos: o que vou dizer-vos é negro: é uma lembrança horrível, como os pesadelos no Oceano.

Com suas lágrimas, com seus sorrisos, com seus olhos úmidos, e os seios intumescidos de suspiro – aquela mulher me enlouquecia as noites. Era como uma vida nova que nascia cheia de desejos, quando eu cria que todos eles eram mortos como crianças afogadas em sangue ao nascer.

Amei-a: por que dizer-vos mais? Ela amou-me também. Uma vez a luz ia límpida e serena sobre as águas – as nuvens eram brancas como um véu recamado de pérolas da noite – o vento cantava nas cordas. Bebi-lhe na pureza desse luar, ao fresco dessa noite, mil beijos nas faces molhadas de lágrimas, como se bebe o orvalho de um lírio cheio. Aquele seio palpitante, o contorno acetinado, apertei-os sobre mim...

O comandante dormia.

•

Uma vez ao madrugar o gajeiro assinalou um navio. Meia hora depois desconfiou que era um pirata...

Chegávamos cada vez mais perto. Um tiro de pólvora seca da corveta reclamou a bandeira. Não responderam. Deu-se segundo – nada. Então um tiro de bala foi cair nas águas do barco desconhecido como uma luva de duelo. O barco que até então tinha seguido rumo oposto ao nosso e vinha proa contra nossa proa virou de bordo e apresentou-nos seu flanco enfumaçado: um relâmpago correu nas baterias do pirata – um estrondo seguiu-se – e uma nuvem de balas veio morrer perto da corveta.

Ela não dormia, virou de bordo: os navios ficaram lado a lado. À descarga do navio de guerra o pirata estremeceu como se quisesse ir a pique.

•

O pirata fugia: a corveta deu-lhe caça: as descargas trocaram-se então mais fortes de ambos os lados.

Enfim o pirata pareceu ceder. Atracaram-se os dois navios como para uma luta. A corveta vomitou sua gente a bordo do inimigo. O combate tornou-se sangrento – era um matadouro: o chão do navio escorregava de tanto sangue: o mar ansiava cheio de escumas ao boiar de tantos cadáveres. Nesta ocasião sentiu-se uma fumaça que subia do porão. O pirata dera fogo às pólvoras... Apenas a corveta por uma manobra atrevida pôde afastar-se do perigo. Mas a explosão fez-lhe grandes estragos. Alguns minutos depois o barco do pirata voou pelos ares. Era uma cena pavorosa ver entre aquela fogueira de chamas, ao estrondo da pólvora, ao reverberar deslumbrador do fogo nas águas, os homens arrojados ao ar irem cair no oceano.

Uns meio queimados se atiravam à água, outros com os membros esfolados e a pele a despegar-se-lhes do corpo nadavam ainda entre dores horríveis e morriam torcendo-se em maldições.

A uma légua da cena do combate havia uma praia bravia, cortada de rochedos... Aí se salvaram os piratas que puderam fugir.

E nesse tempo enquanto o comandante se batia como um bravo, eu o desonrava como um covarde.

Não sei como se passou o tempo todo que decorreu depois. Foi uma visão de gozos malditos – eram os amores de Satan e de Eloá, da morte e da vida, no leito do mar.

Quando acordei um dia desse sonho, o navio tinha encalhado num banco de areia: o ranger da quilha a morder na areia gelou a todos... Meu despertar foi a um grito de agonia...

– Olá, mulher! taverneira maldita, não vês que o vinho acabou-se?

Depois foi um quadro horrível! Éramos nós numa jangada no meio do mar. Vós que lestes o *Don Juan*, que fizestes talvez daquele veneno a vossa Bíblia, que dormistes as noites da saciedade como eu, com a face sobre ele – e com os olhos ainda fitos nele vistes tanta vez amanhecer – sabeis quanto se cora de horror ante aqueles homens atirados ao mar, num mar sem horizonte, ao balouço das águas, que parecem sufocar seu escárnio na mudez fria de uma fatalidade!

Uma noite – a tempestade veio – apenas houve tempo de amarrar nossas munições... Fora mister ver o Oceano bramindo no escuro como um bando de leões com fome, pare saber o que é a borrasca – fora mister vê-la de uma jangada à luz da tempestade, as blasfêmias dos que não creem e maldizem, às lágrimas dos que esperam e desesperam, aos soluços dos que tremem e tiritam de susto como aquele que bate à porta do nada... E eu, eu ria: era como o gênio do ceticismo naquele deserto. Cada vaga que varria nossas tábuas descosidas arrastava um homem – mas cada vaga que me rugia aos pés parecia respeitar-me. Era um Oceano como aquele de fogo onde caíram os anjos perdidos de Milton – o cego: quando eles passavam cortando-as a nado, as águas do pântano de lava se apertavam: a morte era para os filhos de Deus – não para o bastardo do mal!

Toda aquela noite passei-a com a mulher do comandante nos braços. Era um himeneu terrível aquele que se consumava entre um descrido e uma mulher pálida que enlouquecia: o tálamo era o Oceano, a escuma das vagas era a seda que nos alcatifava o leito. Em meio daquele concerto de uivos que nos ia ao pé, os gemidos nos sufocavam: e nós rolávamos abraçados – atados a um cabo da jangada – por sobre as tábuas...

Quando a aurora veio, restávamos cinco: eu, a mulher do comandante, ele e dois marinheiros –...

Alguns dias comemos umas bolachas repassadas da salsugem da água do mar. Depois tudo o que houve de mais horrível se passou...

– Por que empalideces, Solfieri? a vida e assim. Tu o sabes como eu o sei. O que é o homem? é a escuma que ferve hoje na torrente e amanhã desmaia: alguma coisa de louco e movediço como a vaga, de fatal como o sepulcro! O que é a existência? Na mocidade é o caleidoscópio das ilusões: vive-se então da seiva do futuro. Depois envelhecemos: quando chegamos aos trinta anos e o suor das agonias nos grisalhou os cabelos antes do tempo, e murcharam como nossas faces as nossas esperanças, oscilamos entre o passado visionário, e este *amanhã* do velho, gelado e ermo – despido como um cadáver que se banha antes de dar a sepultura! Miséria! loucura!

– Muito bem! miséria e loucura! – interrompeu uma voz.

O homem que falara era um velho. A fronte se lhe descalvara, e longas e fundas rugas a sulcavam – eram ondas que o vento da velhice lhe cavava no mar da vida... Sob espessas sobrancelhas grisalhas lampejavam-lhe os olhos pardos e um espesso bigode lhe cobria parte dos lábios. Trazia um gibão negro e roto, e um manto desbotado, da mesma cor lhe caía dos ombros.

– Quem és, velho? – perguntou o narrador.

– Passava lá fora: a chuva caía a cântaros: a tempestade era medonha: entrei. Boa noite, senhores! se houver mais uma taça na vossa mesa, enchei-a até as bordas e beberei convosco.

– Quem és?

– Quem eu sou? na verdade fora difícil dizê-lo: corri muito mundo, a cada instante mudando de nome e de vida. – Fui poeta – e como poeta cantei. Fui soldado, e banhei minha fronte juvenil nos últimos raios de sol da águia de Waterloo. – Apertei ao fogo da batalha a mão do homem do século. Bebi numa taverna com Bocage – o português, ajoelhei-me na Itália sobre o túmulo de Dante – e fui à Grécia para sonhar como Byron naquele túmulo das glórias do passado. – Quem eu sou? Fui um poeta aos vinte anos, um libertino aos trinta – sou um vagabundo sem pátria e sem crenças aos quarenta. Sentei-me à sombra de todos os sóis – beijei lábios de mulheres de todos os países – e de todo esse peregrinar só trouxe duas lembranças – um amor de mulher que morreu nos meus braços na primeira noite de embriaguez e de febre – e uma agonia de poeta... Dela, tenho uma rosa murcha e a fita que prendia seus cabelos. – Dele – olhai...

O velho tirou do bolso um embrulho: era um lenço vermelho o invólucro: desataram-no: dentro estava uma caveira.

— Uma caveira! — gritaram em torno: és um profanador de sepulturas?

— Olha, moço, se entendes a ciência de Gall e Spurzheim, dize-me pela protuberância dessa fronte, e pelas bossas dessa cabeça quem podia ser esse homem?

— Talvez um poeta — talvez um louco.

— Muito bem! adivinhaste. Só erraste não dizendo que talvez ambas as coisas a um tempo. Sêneca o disse — a poesia é a insânia. Talvez o gênio seja uma alucinação, e o entusiasmo precise da embriaguez para escrever o hino sanguinário e fervoroso de Rouget de l'Isle, ou para, na criação do painel medonho do Cristo morto de Holbein, estudar a corrupção no cadáver. Na vida misteriosa de Dante, nas orgias de Marlowe, no peregrinar de Byron havia uma sombra da doença de Hamlet: quem sabe?

— Mas a que vem tudo isso?

— Não bradastes — miséria e loucura! vós, almas onde talvez borbulhava o sopro de Deus, cérebros que a luz divina de gênio esclarecia, e que o vinho enchia de vapores e a saciedade de escárnios? Enchei as taças até a borda! enchei-as e bebei; bebei à lembrança do cérebro que ardeu nesse crânio, da alma que aí habitou, do poeta louco — Werner! e eu bradarei ainda uma vez: — miséria e loucura!

O velho esvaziou o copo, embuçou-se e saiu. Bertram continuou a sua história.

Nonê e Oswald em 1924

– Eu vos dizia que ia passar-se uma coisa horrível: não havia mais alimentos, e no homem despertava a voz do instinto, das entranhas que tinham fome, que pediam seu cevo como o cão do matadouro, fosse embora sangue.

A fome! a sede! tudo quanto há de mais horrível...

Na verdade, senhores, o homem é uma criatura perfeita! Estatuário sublime, Deus esgotou no talhar desse mármore todo o seu esmero. Prometeu divino, encheu-lhe o crânio protuberante da luz do gênio. Ergueu-o pela mão, mostrou-lhe o mundo do alto da montanha, como Satan quatro séculos depois o fez a Cristo, e disse-lhe: Vê, tudo isso é belo – vales e montes, águas do mar que espumam, folhas das florestas que tremem e sussurram como as asas dos meus anjos – tudo isso é teu. Fiz-te o mundo belo no véu purpúreo do crepúsculo, dourei-t'o aos raios de minha face. Fiz-te rei da terra! banha a fronte olímpica nessas brisas, nesse orvalho, na escuma dessas cataratas. Sonha como a noite, canta como os anjos, dorme entre as flores! Olha! entre as folhas floridas do vale dorme uma criatura branca como o véu das minhas virgens, loira como o reflexo das minhas nuvens, harmoniosa como as aragens do céu nos arvoredos da terra. – É tua: acorda-a: ama-a, e ela te amará; no seio dela, nas ondas daquele cabelo, afoga-te como o sol entre vapores. – Rei no peito dela, rei na terra, vive de amor e crença, de poesia e de beleza, levanta-te, vai, e serás feliz!

Tudo isso é belo, sim – mas é a ironia mais amarga, a decepção mais árida de todas as ironias e de todas as decepções. Tudo isso se apaga diante de dois fatos muito prosaicos – a fome e a sede.

O gênio, a águia altiva que se perde nas nuvens, que se aquenta no eflúvio da luz mais ardente do sol – cair assim com as asas torpes e verminosas no lodo das charnecas? Poeta! porque no meio do arroubo mais sublime do espírito, uma voz sarcástica e mefistofélica te brada – meu Faust, ilusões! a realidade é a matéria: Deus escreveu *Aváyxn*[2] na fronte de sua criatura! – Don Juan! por que choras a esse beijo morno de Haidea que desmaia-te nos braços? a prostituta vender-t'os-á amanhã mais queimadores! Miséria! E dizer que tudo o que há de mais divino no homem, de mais santo e perfumado na alma se infunde no lodo da realidade, se revolve no charco e acha ainda uma convulsão infame para dizer – sou feliz!..

Isso tudo, senhores, para dizer-vos uma coisa muito simples... um fato velho e batido – uma prática do mar, uma lei do naufrágio – a antropofagia.

[2] Fatalidade, destino.

Dois dias depois de acabados os alimentos, restavam três pessoas: eu, o comandante e ela – eram três figuras macilentas como o cadáver, cujos peitos nus arquejavam como a agonia, cujos olhares fundos e sombrios se injetavam de sangue como a loucura.

O uso do mar – não quero dizer a voz da natureza física, o brado do egoísmo do homem – manda a morte de um para a vida de todos. – Tiramos a sorte – o comandante teve por lei morrer.

Então o instinto de vida se lhe despertou ainda. Por um dia mais, de existência, mais um dia de fome e sede, de leito úmido e varrido pelos ventos frios do norte, mais umas horas mortas de blasfêmia e de agonia, de esperança e desespero – de orações e descrenças – de febre e de ânsia – o homem ajoelhou-se, chorou, gemeu a meus pés...

– Olhai, dizia o miserável, esperemos até amanhã... Deus terá compaixão de nós... Por vossa mãe, pelas entranhas de vossa mãe! por Deus se ele existe! deixai, deixai-me ainda viver!

Oh! a esperança é pois como uma parasita que morde e despedaça o tronco, mas quando ele cai, quando morre e apodrece, ainda o aperta em seus convulsos braços! Esperar! quando o vento do mar açouta as ondas, quando a escuma do oceano vos lava o corpo lívido e nu, quando o horizonte é deserto e sem termo, e as velas que branqueiam ao longe parecem fugir! Pobre louco!

Eu ri-me do velho. – Tinha as entranhas em fogo. – Morrer hoje, amanhã, ou depois – tudo me era indiferente, mas hoje eu tinha fome, e ri-me porque tinha fome.

O velho lembrou-me que me acolhera a seu bordo, por piedade de mim – lembrou-me que me amava – e uma torrente de soluços e lágrimas afogava o bravo que nunca empalidecera diante da morte.

Parece que a morte no oceano é terrível para os outros homens: quando o sangue lhes salpica as faces, lhes ensopa as mãos, correm a morte como um rio ao mar – como a cascavel ao fogo. Mas assim – no deserto – nas águas – eles temem-na, tremem diante dessa caveira fria da morte!

Eu ri-me porque tinha fome.

Então o homem ergueu-se. A fúria levantou nele – com a última agonia. Cambaleava, e um suor frio lhe corria no peito descarnado. – Apertou-me nos seus braços amarelentos e lutamos ambos corpo a corpo, peito a peito, pé por pé – por um dia de miséria!

A lua amarelada erguia sua face desbotada, como uma meretriz cansada de uma noite de devassidão – do céu escuro parecia zombar desses dois moribundos que lutavam por uma hora de agonia...

O valente do combate desfalecia – caiu: pus-lhe o pé na garganta – sufoquei-o – e expirou...

Não cubrais o rosto com as mãos – faríeis o mesmo... Aquele cadáver foi nosso alimento dois dias...

Depois, as aves do mar já baixavam para partilhar minha presa; e às minhas noites fastientas uma sombra vinha reclamar sua ração de carne humana...

Lancei os restos ao mar...

Eu e a mulher do comandante passamos – um dia, dois – sem comer nem beber...

Então ela propôs-me morrer comigo. – Eu disse-lhe que sim. Esse dia foi a última agonia do amor que nos queimava: gastamo-lo em convulsões para sentir ainda o mel fresco da voluptuosidade banhar-nos os lábios... Era o gozo febril que podem ter duas criaturas em delírio de morte. Quando soltei-me dos braços dela a fraqueza a fazia desvairar. O delírio tornava-se mais longo, mais longo: debruçava-se nas ondas e bebia a água salgada, e oferecia-m'a nas mãos pálidas, dizendo que era vinho. As gargalhadas frias vinham mais de entuviada...

Estava louca.

Não dormi – não podia dormir: uma modorra ardente me fervia as pálpebras: o hálito de meu peito parecia fogo: meus lábios secos e estalados apenas se orvalham de sangue.

Tinha febre no cérebro – e meu estômago tinha fome. Tinha fome como a fera.

Apertei-a nos meus braços, oprimi-lhe nos beiços a minha boca em fogo: apertei-a convulsivo – sufoquei-a. Ela era ainda tão bela!

Não sei que delírio estranho se apoderou de mim. Uma vertigem me rodeava. O mar parecia rir de mim, e rodava em torno, escumante e esverdeado, como um sorvedoiro. As nuvens pairavam correndo e pareciam filtrar sangue negro. O vento que me passava nos cabelos murmurava uma lembrança.

De repente senti-me só. Uma onda me arrebatara o cadáver. Eu a vi boiar pálida como suas roupas brancas, seminua, com os cabelos banhados de água: eu via-a erguer-se na escuma das vagas, desaparecer, e boiar de novo: depois não a distingui mais – era como a escuma das vagas, como um lençol lançado nas águas...

Quantas horas, quantos dias passei naquela modorra nem o sei... Quando acordei desse pesadelo de homem desperto, estava a bordo de um navio.

Era o brigue inglês *Swallow*, que me salvara...

Olá, taverneira, bastarda de Satan, não vês que tenho sede, e as garrafas estão secas, secas como tua face e como nossas gargantas?

O Suplício[1]

José de Alencar

Outro ponto em que assopra-se a ridícula indignação dos cronistas é acerca da antropofagia dos selvagens americanos.

Ninguém pode seguramente abster-se de um sentimento de horror ante essa ideia do homem devorado pelo homem. Ao nosso espírito civilizado, ela repugna não só à moral, como ao decoro que deve revestir os costumes de uma sociedade cristã.

Mas antes de tudo cumpre investigar a causa que produziu entre algumas, não entre todas as nações indígenas, o costume da antropofagia.

Disso é que não curaram os cronistas. Alguns atribuem o costume à ferocidade, que transformava os selvagens em verdadeiros carniceiros, e tornava-os como a tigres sedentos de sangue. A ser assim não faziam mais do que reproduzir os costumes citas, que sugavam o sangue do inimigo ferido, – *quem primum interemerunt, ipsis e vulneribus ebibere.* – Pomponus Mœla. Descrip. da Terra. Liv. 2º, cap. 1º.

Outros lançam a antropofagia dos americanos à conta da gula, pintando-os iguais à horda bretã das Gálias, os aticotes, dos quais diz São Jerônimo que se nutriam de carne humana, regalando-se com o úbere das mulheres e a févera dos pastores. (*S. Hieronimo IV* – pág. 201, *adv. Jovin.* – Liv. 2º).

O canibalismo americano não era produzido, nem por uma nem por outra dessas causas.

É ponto averiguado, pela geral conformidade dos autores mais dignos de crédito, que o selvagem americano só devorava ao inimigo, vencido e cativo na guerra. Era esse ato um perfeito sacrifício, celebrado com pompa, e precedido por um combate real ou simulado que punha termo à existência do prisioneiro.

Simão de Vasconcelos, *Crônica da Companhia*, I parágrafo 49, alude a uma velha que sentia entojos por não ter a mãozinha de um rapaz tapuia para chupar-lhe

[1] Nota extraída de José de Alencar, *Ubirajara* (1874). Rio de Janeiro, José Olympio, 1951.

os ossinhos; e Hans Staden, pág. 4, cap. 43 e seg., conta a história de dois indivíduos moqueados pelos tupinambás, e guardados para um banquete.

Não exageremos porém esses fatos isolados, alguns dos quais podem não passar de caraminholas, impingidas ao pio leitor. Os costumes de um povo não se aferem por acidentes, mas pela prática uniforme que ele observa em seus atos.

Se os tupis fossem excitados pelo apetite da carne humana, eles aproveitariam os corpos dos inimigos mortos no combate, e que ficavam no campo da batalha. A guerra se tornaria em caçada; e em vez de montear as antas e os veados, os selvagens se devorariam entre si.

Não há porém escritor sério que deixasse notícia de fatos daquela natureza; e não me recordo de nenhum que referisse exemplo de serem devorados mulheres e meninos; salvo quanto aos últimos, o filho do prisioneiro de guerra (*Not. do Brasil*, II, 69), do que tenho razão para duvidar.

Parece-nos pois que a ideia da gula deve ser repelida sem hesitação. Se em algumas tribos ou malocas se propagou o apetite depravado, essa degeneração foi por ventura devida ao contágio dos aimorés, cuja invasão é posterior ao descobrimento. Em todo caso é uma exceção que não pode preterir o rito da religião túpica.

Também pela contraprova, havemos de excluir a ferocidade como razão do canibalismo americano.

Se o instinto carniceiro dominasse o tupi, ele se lançaria sobre o inimigo como o cita, ou o sarraceno de que fala Amiano Marcelino, para sugar-lhe o sangue da ferida; e trincar-lhe as carnes ainda vivas e palpitantes.

Mas ao contrário vemos que o guerreiro tupi tinha por maior bizarria cativar seu inimigo no combate e trazê-lo prisioneiro, do que matá-lo. Chegado à taba, em vez de o torturar dava-lhe por esposa uma das virgens mais formosas, a qual tinha a seu cargo nutri-lo e tornar-lhe agradável o cativeiro.

Releva notar que a ideia da antropofagia já era comum na Europa, antes do descobrimento da América; não só pelas tradições dos bárbaros, como pelas crendices da média idade, nas quais figuravam gigantes e bruxas, papões de meninos. Que tema inesgotável para a imaginação popular não veio a ser a primeira notícia, senão conjetura, sobre o canibalismo do selvagem brasileiro?

Cronista há que nesse costume, onde se está revelando a força tradicional de um rito, não enxergou senão o zelo do glutão, que engorda a presa para saboreá-la. Mas essa ridícula suposição nem ao menos se conforma com o teor da vida selvagem, a qual desconhecia a indústria da criação.

O selvagem comia a caça como a encontrava no mato, gorda logo depois do inverno; magra na força da seca. Não se dava ao trabalho de a engordar. Por que motivo se havia de afastar desse uso acerca do homem, se o homem fosse para ele uma espécie de caça?

E porventura faria parte do processo da engorda do bípede o acessório de uma companheira formosa e na flor da idade, qual invariavelmente a davam ao prisioneiro?

É óbvio que esse uso tinha outra razão mui diversa. Não se tratava de engordar o prisioneiro, mas de fortalecê-lo, para que ele morresse com honra no dia do sacrifício, que devia ser o seu último combate.

Ainda nessa ocasião, os vencedores ostentavam sua gravidade, deixando que o prisioneiro exaltasse o próprio valor e os afrontasse com seu desprezo. Só chegado o momento depois de celebrada a cerimônia, o abatiam com um golpe de tacape.

A ferocidade não se coaduna com a calma e comedimento desse proceder. Pode-se explicar o sacrifício humano dos tupis por um intenso e profundo sentimento de vingança; mas não por sanha brutal.

Ferdinand Saint-Denis (*Univers, Brésil*, pág. 30) diz com muito critério: "*En accomplissant ces sacrifices, les tupinambás n'obéissaient pas, comme pourraient le croire quelques personnes, à un goût dépravé qui leur aurait fait préférer la chair humaine à toutes les autres; ils étaient mus avant tout par un esprit de vengeance qui se transmettait de génération en génération, et dont notre civilisation nous empêche de comprendre la violence*".

Não era porém a vingança a verdadeira razão da antropofagia. O selvagem não comia o corpo do matador de seu pai ou filho, se acontecia matá-lo em combate. Abandonava o cadáver no campo, e apenas cortava-lhe a cabeça para espetá-la em um poste à entrada da taba, e arrancava-lhe o dente para troféu.

A vingança pois esgotava-se com a morte. O sacrifício humano significava uma glória insigne reservada aos guerreiros ilustres ou varões egrégios quando caíam prisioneiros. Para honrá-los, os matavam no meio da festa guerreira; e comiam sua carne que devia transmitir-lhes a pujança e valor do herói inimigo.

Este pensamento ressalta dos mesmos pormenores com que os cronistas exageraram o cruento sacrifício.

Morto o inimigo, não era devorado; antes as mulheres tratavam o corpo e o curavam moqueando as carnes. Essas eram guardadas; e distribuídas por todas as tribos, incumbindo-se os que tinham vindo assistir à cerimônia de levá-las às tabas remotas.

Os restos do inimigo tornavam-se pois como uma hóstia sagrada que fortalecia os guerreiros; pois às mulheres e aos mancebos cabia apenas uma tênue porção. Não era a vingança; mas uma espécie de comunhão da carne; pela qual se operava a transfusão do heroísmo.

Por isso dizia o prisioneiro: – "Esta carne que vedes não é minha; porém vossa; ela é feita da carne dos guerreiros que eu sacrifiquei, vossos pais, filhos e parentes. Comei-a; pois comereis vossa própria carne". Deste modo retribuía o vencido a glória de que os vencedores o cercavam. O heroísmo que lhe reconheciam, ele o referia à sua raça de quem o recebera por igual comunhão.

Algumas nações tinham outra comunhão, inspirada no mesmo pensamento. Era a dos ossos dos progenitores que reduziam a pó, e que bebiam dissolvidos no cauim em festas de comemoração. Este fato, assim como o sacrifício tremendo da mãe, que devia absorver em si o filho que lhe nascera morto, bem mostram que por modo algum nasceu do espírito de vingança o chamado canibalismo.

Transportemo-nos agora, não como homens e cristãos mas como artistas ao seio das florestas seculares, às tabas dos povos guerreiros que dominavam a pátria selvagem; e quem haverá tão severo que negue a fera nobreza desse bárbaro e tremendo sacrifício?

A ideia repugna; mas o banquete selvagem tem uma grandeza que não se encontra no festim dos átridas; e está bem longe de inspirar o horror dessa atrocidade, que entretanto não foi desdenhada pela musa clássica.

No Brasil é que se tem desenvolvido da parte de certa gente uma aversão para o elemento indígena de nossa literatura, a ponto de o eliminarem absolutamente. Contra essa extravagante pretensão lavra mais um protesto o presente livro.

Para concluir com este ponto, observaremos que nem todas as nações selvagens eram antropófagas; e que em minha opinião esse costume, bem longe de ser introduzido pela raça tupi, foi por ela recebido dos aimorés e outros povos da mesma origem, que ao tempo do descobrimento apareceram no Brasil.

No Alto[1]

Machado de Assis

O poeta chegara ao alto da montanha,
E quando ia a descer a vertente do oeste,
Viu uma cousa estranha,
Uma figura má.

Então, volvendo o olhar ao sutil, ao celeste,
Ao gracioso Ariel, que de baixo o acompanha,
Num tom medroso e agreste
Pergunta o que será.

Como se perde no ar um som festivo e doce,
Ou bem como se fosse
Um pensamento vão,

Ariel se desfez sem lhe dar mais resposta.
Para descer a encosta
O outro lhe deu[2] a mão.

---

[1] Machado de Assis, "No Alto". In: *Ocidentais. Toda Poesia de Machado de Assis*. Org. Claudio Murilo Leal. Rio de Janeiro, Record, 2008, p. 347.

[2] Na *Obra Completa*, vol. III, organizada por Afrânio Coutinho, este último verso aparece como "O outro estendeu-lhe a mão". Rio de Janeiro, Aguilar, 1986, p. 179. A mesma lição se encontra em Péricles Eugênio da Silva Ramos (org.), *Machado de Assis. Poesia*. Rio de Janeiro, Agir, 1964, p. 79. De igual modo, em Alexei Bueno (org.), *Machado de Assis. Melhores Poemas*. São Paulo, Global, 2000, p. 116.

Um Jantar Muito Original

Alexander Search[1]

Foi durante a 15ª sessão anual da Sociedade Gastronômica de Berlim que Herr Prosit, o presidente, fez o famoso convite aos associados. A sessão era na verdade um banquete. Servia-se a sobremesa quando surgiu uma calorosa discussão sobre a originalidade na arte culinária. O tempo era ruim para todas as artes.

A originalidade estava em decadência. Em gastronomia, além de decadência havia a tibieza. Todas as chamadas "inovações" gastronômicas não eram senão variações de pratos já conhecidos. Um molho diferente, um modo ligeiramente distinto de temperar ou de preparar – eis em que consistia a novidade do último prato em relação ao que o precedera. Lamentavam em uníssono um tal estado de coisas durante o banquete, e cada voz diferia da outra somente na entonação e na veemência com que o lamentava.

Enquanto a discussão prosseguia, acalorada e alimentada pela concordância dos pareceres, havia entre nós um homem que, embora não fosse o único a guardar silêncio, era o único cujo silêncio se notava, porquanto esperávamos que precisamente dele viesse a maior parte das intervenções. Tratava-se evidentemente de Herr Prosit, presidente da sociedade e chefe da reunião. Herr Prosit fora o único a não dar bola para a discussão – mas estava quieto, não propriamente desatento. Faltava ali a voz da sua autoridade. Ele, Prosit, estava pensativo, ele, Prosit, estava em silêncio, ele, Wilhelm Prosit, presidente da Sociedade Gastronômica –, ele estava sério.

Para a maioria, ao menos, o seu silêncio era coisa rara. Ele era sempre (permitam-me um símile) como um furacão. O silêncio não estava na sua essência. A mudez não lhe era natural. E, como um furacão (insistamos no símile), se por acaso estivesse em silêncio, ou era um resquício, ou um prelúdio de ataque ainda maior. Tal era a sua fama.

[1] O presente conto foi escrito por Fernando Pessoa originalmente em inglês, em junho de 1907, sob o heterônimo de Alexander Search. (N. T.)

O presidente era um homem notável em muitos sentidos. Jovial e sociável, sim, mas com uma inquietação incomum, e tão estrepitoso a ponto de parecer anormal. Parecia patologicamente sociável; os seus chistes e senso de humor, se não propriamente forçados, pareciam dirigidos por uma faculdade que senso de humor não era. Era humor falsamente verdadeiro – e naturalmente postiça inquietude.

Na companhia dos amigos – e ele os tinha às pencas –, era continuamente hilariante. Pura alegria e pura risada. Sem embargo, era curioso notar que um sujeito assim tão peculiar não ostentasse um semblante, nem alegre, hilariante muito menos. Quando parava de gargalhar, quando se esquecia de sorrir, o contraste do seu rosto parecia mergulhá-lo na mais anormal seriedade, num estado, dir-se-ia, muito próximo da dor.

Se o fato se devesse a um caráter fundamentalmente infeliz, ou a sofrimentos da vida pregressa, ou a qualquer outra enfermidade do espírito, eu, o narrador, simplesmente não saberia dizer. Tanto mais que essa contradição no seu caráter, ou, ao menos, nas manifestações desse caráter, só era percebida pelo observador atento, os demais nem sequer a viam, tampouco precisavam vê-la.

Assim como a testemunha, digamos, de uma noite de tempestade quase contínua, a não ser por uns raros intervalos, chama-lhe simplesmente noite de tempestade, esquecendo os momentos de calmaria – e o faz porque toma por todo a parte que mais o impressionou –, assim também, seguindo a mesma humana inclinação, os homens chamavam Prosit de sujeito jovial, pois o que mais impressionava nele era um como estrépito hilariante, uma alegria alvoroçada. Na tempestade, a testemunha esquecia o profundo silêncio dos intervalos. Nesse homem de riso selvagem, esquecia-se facilmente o silêncio triste, o soturno peso das suspensões, sempre temporárias, da sua natural sociabilidade.

Não que o semblante do presidente – repito – não traísse tal contradição. Quando gargalhava, faltava-lhe vivacidade. Nenhum sorriso contínuo, porém, poderia parecer o esgar grotesco de quem se expõe a forte luz solar, devido, nesse caso, à natural contração dos músculos da face; o que havia nele era outra expressão contínua e grotesca, algo superlativamente anormal.

Costumava-se dizer (entre os que sabiam como ele era) que escolhera uma vida jovial para fugir a um rumor de neurastenia congênita, de família, ou, se não isso, ao menos de congênita morbidez, pois era filho de um epiléptico e contava entre os antepassados, para nada dizer de muitos e extravagantes libertinos, alguns neuróticos irreprimíveis. Ele próprio deve ter sofrido dos nervos. Mas não posso afiançá-lo com toda a certeza.

O que posso afirmar como verdade inconteste é que Prosit ingressara na sociedade em questão por mão de um jovem oficial, sujeito alegre e também amigo meu, que o encontrara não sei onde e ficara extasiado com as peças que pregava.

Tal sociedade era, a bem dizer, uma daquelas ambíguas – e não de todo incomuns – sociedades paralelas, constituídas de elementos graduados e ordinários, numa síntese curiosa, como a da reação química –, pois elas costumam ter um caráter distinto do dos elementos que as compõem. Tratava-se, pois, de uma sociedade cujas artes – sim, artes – eram as da comida, da bebida e do sexo. Coisa artística, sem dúvida. Abjeta, sem dúvida nenhuma. E ela os unia – sexo, bebida e comida – harmoniosamente, sem o menor desacordo entre as partes.

Eis o grupo de pessoas – socialmente inúteis, humanamente podres – cujo chefe era Prosit, e o era, numa palavra, por ser o pior de todos eles. Não posso, obviamente, esmiuçar a psicologia do caso em apreço, por mais simples (mas intrincada) que seja. Não posso explicar aqui por que o chefe de tal sociedade foi escolhido entre suas hostes inferiores. No domínio da literatura, já se gastou muita sutileza e muita intuição em casos desse tipo. Os quais são manifestamente patológicos. Acreditando que se tratava de um só, Poe chamou de depravação os muitos e complexos sentimentos aí envolvidos. Mas atenhamo-nos aos fatos, e nada mais. O elemento feminino da sociedade vinha, digamos assim, por convenção, de baixo, e o elemento masculino de cima. O pilar desse capitel, o hífen dessa composição – ou melhor: o agente catalisador dessa reação química – foi o meu amigo Prosit. Havia dois centros, dois pontos de encontro da sociedade – certo restaurante, ou então o respeitável hotel X –, conforme se tratasse de uma festa sem pretensões filosóficas, ou antes de uma casta, masculina, artística sessão da Sociedade Gastronômica de Berlim. Quanto à primeira, o melhor é calar; nem a menor alusão possível escaparia à indecência. Pois Prosit não era normalmente abjeto, mas anormalmente; sua influência rebaixava o escopo dos mais baixos instintos dos amigos. Quanto à Sociedade Gastronômica, era algo melhor; representava o lado espiritual das aspirações materiais do grupo.

Acabo de me referir à abjeção de Prosit. Sim, ele era abjeto. Sua exuberância era abjeta, seu humor manifestava-se abjetamente. Mas refiro tudo isso zelosamente. O que escrevo não é louvor, nem tampouco vitupério. Trata-se do esboço de um caráter, tão fiel quanto possível. E, na medida das minhas forças, o que sigo é a senda da verdade.

Mas Prosit era abjeto, disso não há dúvida. E mesmo na sociedade em que vez por outra era forçado a viver, estando, como estava, em contato com elementos socialmente importantes, ele não perdia muito da sua brutalidade natural, mas entregava-se a ela quase conscientemente. Suas piadas, por exemplo, não eram sempre inofensivas e agradáveis; eram, sim, quase inteiramente abjetas, conquanto parecessem suficientemente engraçadas, agudas e bem boladas a quem soubesse apreciar o ponto em exibição.

O melhor aspecto de tal vileza era a sua impulsividade – ou melhor: o seu entusiasmo. Pois o presidente realizava toda empresa com entusiasmo, especialmente no domínio da culinária e no das relações amorosas. No primeiro, era um poeta da degustação, mais e mais inspirado a cada novo dia; no segundo, sua baixeza de caráter estava sempre (e terrivelmente) no ponto mais alto. Assim como o caráter impulsivo da sua alegria, tampouco o seu entusiasmo podia colocar-se em dúvida. Ele arrastava os outros consigo por meio da violência da sua energia, transmitindo-lhes o próprio entusiasmo e animando-lhes o impulso sem qualquer consciência de que o fizesse. Mas tal entusiasmo era só por ele, para ele só, era como uma necessidade orgânica; não se destinava à sua relação com o mundo exterior. Não podia mantê-lo por longo tempo, é bem verdade; mas, enquanto durasse, a sua influência era enorme – embora inconsciente –, tanto ele servia de exemplo para os demais.

Note-se, porém, que, embora o presidente fosse entusiasmado, impulsivo, um ser, no fundo, rude e abjeto, a sua presença jamais constituía um martírio. Jamais. Ninguém conseguia tirá-lo do sério. Demais, estava sempre disposto a agradar, a evitar uma briga. Parecia desejar que todos estivessem bem à sua volta. Era curioso observar como domava a própria ira, como a controlava com uma firmeza que ninguém poderia imaginar, num homem como ele, muito menos quem o sabia assim impulsivo e entusiasmado – isto é, os seus mais amigos mais íntimos.

Eis, penso eu, por que Prosit era assim tão adorado. Ou, pensando bem, a afabilidade que inspirava em nós talvez se devesse atribuir, um pouco inconscientemente, à circunstância de jamais exprimir com brutalidade a sua cólera, de nunca ser impulsivo em sua ira – a despeito da abjeção, da brutalidade do seu impulso. Demais, havia outra circunstância, a saber: ele estava sempre pronto a agradar, a ser agradável. E também a ser rude com gente sem importância, claro, pois o presidente era um bom camarada.

Era, portanto, óbvio que a atração (chamemo-lo assim) de Prosit estava nisto: em não ser susceptível à ira e estar sempre disposto a agradar, no particular fascínio da sua abjeta exuberância e mesmo, em última análise, na intuição inconsciente de que o seu caráter era algo como um enigma.

Chega! A minha análise desse caráter, embora excessivamente detalhada, deixa, sem embargo, a desejar, porque suponho não haja explicitado os elementos que possibilitam uma síntese final. Aventurei-me além de minhas capacidades. A clareza do meu desejo não corresponde à minha compreensão. Pelo que devo abster-me de ulteriores considerações.

De tudo quanto disse, porém, ao menos uma coisa parece evidente, isto é, a eterna opinião sobre o seu caráter. É claro que, para todos os propósitos concebíveis, para todos os fins imagináveis, Herr Prosit era um homem alegre, – um sujeito estranho, habitualmente alegre, e que impressionava os demais com a sua jovialidade; um homem proeminente no seu meio, e que contava muitos amigos. Suas tendências abjetas, na medida em que caracterizavam a sociedade em que vivia – isto é, na medida em que criavam o meio daqueles homens –, desapareciam por excesso de obviedade, afluíam pouco a pouco ao domínio do inconsciente, e, imperceptíveis, passavam despercebidas.

O jantar já estava no final. Crescera o número dos que falavam, e o barulho somado das suas vozes, discordantes e sobrepostas. Prosit permanecia em silêncio. O capitão Grecive, até então o principal interventor, discursava poeticamente. Insistia na falta de imaginação (assim dizia ele) dos pratos modernos, que os tornava assim tão insossos. Ficou entusiasmado. A arte da gastronomia, observou, carecia de novos pratos. Sua inteligência era estreita, restrita ao que já conhecia. Enfaticamente dava a entender que apenas em gastronomia a novidade era um valor de primeira grandeza – o que é evidentemente falso. Mas talvez se tratasse apenas de um modo de sugerir, com toda a sutileza, que ela, a gastronomia, era única ciência e a única arte. "Bendita arte", gritou o capitão, "cuja conservação é uma revolução contínua!". E continuou: "da qual poderíamos dizer o que do mesmo mundo Schopenhauer diz: que se preserva a si própria pela autodestruição".

"Herr Prosit", disse um dos membros da ponta da mesa, ao notar o silêncio do presidente, "por que o senhor não se pronunciou até agora? Diga alguma coisa, homem! Onde é que está com a cabeça? O senhor está triste? O senhor está doente?".

Todos os olhos se voltaram para ele. Respondeu-lhes com um sorriso – o seu sorriso habitual, malicioso, misterioso, quase sem graça. Sorriso, porém, que tinha um significado; que prenunciava, talvez, de modo meio obscuro, a estranheza do que diria.

E quebrou o silêncio.

"Eu tenho uma proposta, um convite a fazer-vos", falou. "Conto com a vossa atenção? Posso falar?"

Ao dizê-lo, o silêncio ficou mais profundo. Os olhos mais curiosos. Os gestos imóveis: todos estavam atentos.

"Senhores, convido-vos para um jantar como nenhum de vós jamais presenciou, segundo penso. Meu convite é ao mesmo tempo um desafio, como vereis."

Parou por um breve instante. Ninguém, exceto ele, se movia. Terminou a taça de vinho, e prosseguiu.

"Senhores", repetiu, eloquentemente direto, "desafio-vos todos a comparecer, daqui a dez dias, a um novo tipo de jantar oferecido por mim, *um jantar muito original*. Consideraí-vos todos convidados".

Em toda a parte ouviram-se perguntas, e desejos de maiores explicações. Por que um tal convite? O que queria dizer? Que proposta era essa? Por que tanta obscuridade? Em que consistia esse desafio?

"O jantar será oferecido em minha casa, aqui mesmo neste bairro."

"Muito bem."

"O senhor por acaso vai transferir a sede da sociedade para a sua casa?", perguntou um associado.

"Não, não, apenas desta vez."

"Trata-se de algo realmente muito original, Prosit?", perguntou outro membro que adorava perguntas.

"Muito original, com efeito. Uma completa novidade."

"Bravo!"

"A originalidade do jantar", disse o presidente, como quem refletisse ou se lembrasse de dizer, "não está no que oferece ou aparenta, mas no que significa ou contém. Desde já, desafio qualquer um dos presentes – e qualquer um dos não presentes também – a dizer em que consiste essa originalidade, depois de terminado o jantar. Ninguém acertará, tenho certeza. Eis o meu desafio. Talvez tivésseis pensado que homem algum poderia oferecer um banquete mais original que o meu. Não, isso não, não foi isso o que eu disse. Trata-se de coisa ainda mais original. Original além da vossa expectativa."

"Acaso poderíamos saber", falou um outro, "o motivo do seu convite?"

"Sou levado a tanto", explicou, com uma firmeza que não excluía o sarcasmo, "por uma discussão que tive hoje mesmo antes do jantar. Alguns de vós talvez a tenhais presenciado, e podeis informar os que eventualmente queiram saber. O convite, porém, está feito. Resta saber se aceitais ou não".

"Claro, claro", gritaram em coro.

Ele balançou levemente a cabeça, em sinal de aprovação, e sorriu. Deleitando-se com alguma visão interior, voltou a cair em silêncio.

Depois que Herr Prosit fez o desconcertante desafio – ou o surpreendente convite –, surgiu um rumor sobre suas verdadeiras intenções. Alguns sustentavam que tudo não passasse de uma das já costumeiras piadas do senhor presidente, outros que ele desejasse dar nova prova da sua habilidade culinária – embora, neste último caso, tal desejo fosse de todo gratuito, já que ninguém lha questionara jamais, mas ainda assim agradável ao artista cioso da sua arte. Um terceiro grupo, por fim, assegurava que o desafio se devesse basicamente a uma querela gastronômica do referido presidente com certo grupo de Frankfurt. Tal foi, de fato, o efeito do desafio, como os leitores poderão verificar; – efeito imediato, quero dizer, pois o presidente, como ser humano (e um ser humano muito original), emprestava ao seu convite os traços psicológicos de todas as três intenções que lhe atribuíam.

O motivo por que a querela não foi imediatamente tomada como a razão principal do seu convite foi (nas suas próprias palavras) a excessiva vagueza do desafio, muito misterioso para ser apenas resposta a uma provocação, para ser vingança e nada mais. Mas vingança e resposta ele se mostraria, afinal.

Segundo as testemunhas, a dita querela se dera entre Prosit e cinco rapazes de Frankfurt. Esses rapazes não tinham nada de especial, a não ser o fato de serem gastrônomos – o que, com efeito, poderia chamar a nossa atenção. A discussão fora longa. Pretendiam, creio, que um prato inventado por eles, ou um jantar que ofereceram, fosse superior a certa performance gastronômica de Prosit. Eis o tema da disputa. Eis o centro ao redor do qual a aranha da controvérsia (com o perdão da imagem) armara a sua teia.

A discussão fora acalorada, da parte dos rapazes – mas leve e moderadamente conduzida, da de Prosit, já que, como de costume, ele jamais se entregasse a acessos de raiva. Nessa ocasião, contudo, embora quase houvesse perdido a paciência com o ardor dos oponentes, mantivera-se calmo. Assim que se soube da discussão e do quanto fora acirrada, pensou-se que ele tramasse uma grande piada para todos os cinco, a fim de vingar-se deles do seu modo habitual. Foi grande a expectativa gerada pela possível desforra; corriam rumores de uma fantástica piada, histórias de uma vingança inaudita, absolutamente original. Haja vista o homem e a ocasião, os rumores (dir-se-ia) surgiam por si mesmos, e ainda assim não passavam de glosas – pálidas, canhestras – da bem mais vigorosa verdade. Logo os contaram a Prosit; mas, enquanto os ouvia, só balançava a cabeça, e, embora parecesse corroborar-lhes a intenção, lamentava-lhes, e muito, a rudeza. Ninguém acertara, ele dizia. Era impossível que alguém acertasse. Era pura surpresa. Conjectura, estimativa, hipótese – era tudo ridículo e inútil.

Tudo isso, porém, foi posterior. Voltemos ao fim do jantar em que se fez o convite. Acabáramos de comer, e nos dirigíamos ao fumadouro, quando passamos por cinco rapazes de aparência muito refinada, que saudaram o presidente com certa frieza.

"Ah, meus amigos", disse ele, voltando-se para nós, "eis aí os cinco rapazes de Frankfurt que outrora eu derrotei num concurso de gastronomia…"

"Creio que não seja bem esse o caso, como o senhor deve saber", retorquiu um deles, com um sorriso.

"Bem, as coisas são o que são – ou antes o que foram. Como quer que seja, caros colegas, o desafio que acabo de fazer diante desta ilustríssima Sociedade Gastronômica" (e aqui fez um belo arabesco com uma das mãos, designando-nos) "é coisa muito mais importante e muito mais artística". E explicou-lho a todos os cinco, que o ouviram com a maior descortesia de que foram capazes.

"Quando, ainda há pouco, eu fiz esse desafio, cavalheiros, pensava precisamente em vós."

"Oh, verdade? E o que temos nós que ver com isso?"

"Oh, os senhores logo verão. O jantar é daqui a dez dias, no dia 17."

"Não queremos saber a data – não precisamos saber a data."

"Não, é bem verdade que não", respondeu, com um riso seco entre os dentes, quase um soluço. "Os senhores não precisam, com efeito. Não será necessário. Não obstante", acrescentou, "estareis todos presentes no jantar".

"O quê?" Gritou um deles. Um outro sorria e um terceiro se assustava. Prosit sorriu-lhes de volta.

"Sim, e contribuireis materialmente para o meu sucesso."

O esgar de desprezo foi geral. Não estavam interessados no assunto.

"Vinde, por favor, não deixeis de vir", disse o presidente, quando eles saíam. "Quando eu digo que será assim, assim será, e digo e repito que comparecereis ao jantar, que contribuireis com o deleite de todos."

O seu tom era de tamanho e tão óbvio desdém que os rapazes se aborreceram e se enfiaram escada abaixo.

O último voltou-se e disparou: "Sim, estaremos presentes em espírito, pensando no seu fracasso".

"Não, não, estareis lá – e de corpo, de corpo presente, como se diz. Eu vo-lo asseguro. Não vos preocupeis. Deixai tudo comigo."

Quinze minutos depois de todas as cerimônias, alcancei o presidente no meio da escada. "O senhor realmente acha que conseguirá trazê-los, Prosit?", perguntei-lhe, enquanto ele enfiava o capote.

Saímos juntos, despedindo-nos à porta do hotel.

"Sem dúvida alguma", respondeu. "Disso eu tenho certeza."

II

O grande dia logo chegou. Era na casa de Prosit, às seis e meia da tarde.

A casa – que Prosit dissera ser ali mesmo no bairro – não era, tecnicamente, a *sua* casa, senão a de um velho amigo seu que vivia fora de Berlim, e que costumava emprestar-lha quando quer que ele desejasse. Estava sempre à sua disposição. Mas raramente precisava dela.

Com efeito, a casa sediara os primeiros banquetes da Sociedade Gastronômica, até que o superior conforto do hotel – conveniência, fausto, localização – viesse a substituí-la. Prosit era um grande conhecido do hotel, os pratos, lá, eram preparados segundo as suas próprias diretrizes. Suas iniciativas eram tão bem acolhidas no hotel quanto em sua mesma casa; empregavam até os seus cozinheiros – ou os de algum associado, ou os de algum restaurante, contanto que fossem indicados por ele. Não só o tratavam como se estivesse em casa, como também a própria execução das suas ordens era ainda mais pronta e melhor do que se em casa estivesse – e mais clara e mais exata.

Quanto à casa em que vivia, ninguém ali a conhecia, na verdade, nem sequer se preocupavam em conhecê-la. Para alguns banquetes, usava a casa do seu amigo, que acabamos de mencionar, e um quarto, sala e casa de banho, para encontros amorosos. Era dono de um clube – não, de dois clubes –, e costumava ser visto no hotel.

A casa dele, como disse, ninguém conhecia. Que possuía, porém, uma casa, além dos lugares já mencionados, era matéria do senso comum. Ninguém suspeitava onde fosse. As pessoas com quem por acaso vivesse também nos eram desconhecidas. Nunca nos dissera com quem, afinal, compartilhava o seu retiro. Tampouco mencionara tais pessoas. Mas isso era uma conclusão inevitável, em tão íntima e trivial matéria. Sabíamos todos, não me lembra agora por meio de quem, que Prosit estivera nas colônias – África, Índia ou ainda alhures –, e lá fizera fortuna, donde tirava o seu sustento. Sabido isso, o resto é especulação preguiçosa. Sigamos adiante.

Estando suficientemente a par do estado de coisas, o leitor pode agora dispensar minhas ulteriores observações, tanto em relação ao presidente quanto à sua casa. Passemos, pois, à cena do banquete.

A sala em que se pusera a mesa do banquete era comprida e larga, sem, contudo, parecer imponente. Não tinha janelas laterais, mas apenas portas, que a ligavam a outras salas. A única janela – alta, ampla e esplêndida – dava para a rua, e, com o seu enorme caixilho tridividido, valia por três janelas comuns. Era, no entanto, mais do que suficiente para arejar e iluminar aquele interior, o qual, a despeito de muito espaçoso, não se via privado de ar e luz, os maiores dons da natureza.

Como disse, foi ali que puseram uma longa mesa para o banquete. Na cabeceira estava Prosit, de costas para a janela. À sua direita estava este escriba, o mais velho dos associados. Os outros detalhes são supérfluos. Os convivas eram 52. Havia três candelabros sobre a mesa, os quais, àquela hora, respondiam pela luz ambiente. Engenhosamente dispostos, concentravam na mesa a sua luz, deixando o espaço entre ela e as paredes estranhamente no escuro. Parecia a iluminação de uma mesa de bilhar. Diferentemente dela, porém, no caso do banquete o efeito não se devia a um aparelho construído para esse fim, o que causava uma sensação de estranheza ao claro-escuro da sala. Houvesse outras mesas, o escuro seria um empecilho. Como havia uma só, tal não se deu. Eu mesmo só me dei conta da luz um pouco depois, como o leitor logo verá. Ao entrar, todos os que lá fomos procurávamos por algo estranho; e ainda assim a iluminação passou despercebida.

Como a mesa estava posta, arrumada, ornamentada – disso eu não me lembro, nem preciso lembrar. A possível diferença entre aquela e outras mesas de jantar estava dentro da normalidade, da originalidade não. Descrevê-la, pois, além de estéril, seria inútil.

Os membros da Sociedade Gastronômica – 52, como disse – começaram a aparecer às 5h45. Lembro que três chegaram a apenas um minuto da hora do jantar. Um, o último, quando já nos sentávamos à mesa. Nisso, aliás, – como, de resto, seria de esperar, em se tratando de artistas –

dispensavam-se maiores cerimônias. Ninguém se ofendeu com esse atraso.

Sentamo-nos. Tentávamos conter a expectativa, a especulação, a desconfiança intelectual. Pois, como todos sabíamos, tratava-se de *um jantar muito original*. Todos fôramos desafiados – quando mais não fosse, a descobrir em que, afinal, consistia essa originalidade. E a dificuldade era precisamente essa. Estaria ela em algo não aparente, ou seria óbvia? Num prato, num molho, na apresentação – num mero detalhe? Ou no caráter geral do banquete?

Estando, como estávamos, num tal estado de espírito, era natural que tudo – o possível, o vagamente provável, o racionalmente inverossímil, e o impossível em absoluto – fosse causa de desconfiança, de autoanálise, de estupefação. A originalidade estava nisso? Era esse o chiste, afinal?

Então todos os curiosos convivas, uma vez acomodados, começaram minuciosa e detalhadamente a esquadrinhar os ornamentos e as flores sobre a mesa – não, não apenas isso, mas também a forma dos pratos, a disposição dos talheres, as taças, as garrafas de vinho. Alguns examinaram as cadeiras. Não poucos, afetando despreocupação, perambularam à volta da mesa, pela sala. Um olhara debaixo da mesa. Outro, cuidadoso e furtivo, sentira com os dedos a sua face posterior. Um terceiro derrubara o guardanapo, só para trazê-lo de volta, com fingida dificuldade; segundo me afiançou depois, quisera verificar se havia ou não um cadafalso ali, o qual, a certa altura do banquete, poderia engolir a mesa, ou os convivas, ou os convivas e a mesa.

Não recordo muito bem quais fossem as minhas hipóteses, as minhas conjecturas. Lembro, porém, distintamente que eram tão ridículas quanto as que descrevi, a propósito dos demais. Noções insólitas e fantásticas sucediam-se umas às outras, por mera e mecânica associação de ideias. Tudo muito sugestivo e muito insatisfatório. Bem considerado, tudo muito singular (como tudo em toda parte). Mas nada que se apresentasse clara, distinta e indubitavelmente como a chave do problema, ou a solução do enigma.

Prosit nos desafiara a descobrir qual fosse a originalidade do jantar. Diante desse desafio, e do seu renomado talento para piadas, ninguém saberia dizer até onde ia a brincadeira, se a originalidade era ridícula e propositadamente insignificante, ou importunamente abstrusa, ou, ainda, o que era uma possibilidade real, se estava precisamente em não haver originalidade alguma. Tal era o estado de espírito em que todos os convidados – e digo "todos" não por força da expressão, mas literalmente – se sentaram à mesa para fruir *um jantar muito original*.

Tudo era atenção.

A primeira coisa realmente digna de nota foi o serviço: estava a cargo de cinco criados negros. Suas feições não eram lá muito discerníveis, não só devido à extravagante indumentária que endossavam (a qual incluía um turbante), senão também ao arranjo da luz, que, como se disse, lembrando um salão de bilhar que se valesse de outro expediente, se concentrava na mesa, deixando o resto no escuro.

Os cinco negros eram bem treinados; talvez não fossem excelentes, mas sem dúvida eram bons. Demonstravam-no de inúmeros modos, que nós, a quem as vicissitudes da arte colocavam diária e inexoravelmente em contato com esse tipo de gente, de bom grado percebíamos. Pareciam ter sido muito bem treinados, alhures, para este primeiro jantar em que trabalhavam. Foi essa a impressão que tive do seu serviço – eu, um homem experiente no assunto –, mas nisso eu não vi nada de extraordinário. Criados não são fáceis de achar. Quem sabe se então pensei que Prosit os trouxera consigo, da sua temporada no estrangeiro. Como quer que fosse, o fato de não conhecê-los não era motivo para descreditá-los, pois, como disse, o presidente mantinha em sigilo, à sombra de todos, a sua vida mais íntima e o local de sua residência, por motivos que só lhe diziam respeito a ele próprio e que não nos cabia inquirir nem julgar. Eis o que pensei dos cinco pretos, quando os vi.

O jantar começara: e a perplexidade aumentou. Suas particularidades eram tão manifestamente insignificantes que debalde as tentaríamos interpretar. As bem-humoradas observações de um conviva, já no fim do jantar, exprimiram à perfeição o sentimento coletivo.

"A única coisa original que minha aguda atenção é capaz de perceber", disse um sócio graduado, caprichando, de propósito, na afetação, "é que os nossos criados são pretos, e tudo é mais ou menos preto – mas, na verdade, se está preto para alguém, não é senão para nós próprios. Demais, se isso tem um sentido, certamente é não fazer sentido algum. Não vejo nada por trás das escamas, como se diz, – a não ser o peixe, é claro".

A aprovação foi geral, ainda que o humor de tão espirituosos ditos nem mesmo pobre chegasse a ser. Sem embargo, todos notaram a mesma coisa. Mas ninguém queria crer – embora muitos hesitassem – que o chiste de Prosit parasse por aí. Todos olhavam para o presidente, a ver se o seu vulto risonho deixava escapar o que quer que fosse – um sentimento, uma dica, qualquer coisa –, mas nada viam além do sorriso, tão constante e inexpressivo como sempre. Talvez estivesse um pouco mais largo, ou um pouco mais malicioso; talvez tenha até acentuado uma ruga, quando o graduado fez as referidas observações; talvez – bem, o sorriso estava lá, e tudo é muito incerto.

"A mim me agrada muito", disse Prosit, por fim, ao dito associado, "ver nas suas palavras o reconhecimento inconsciente do meu poder de ocultar, de mascarar uma coisa, a fim de que pareça o que não é. Pois, segundo vejo, o senhor foi enganado pelas aparências, e ainda está longe de reconhecer a verdade, o gracejo – e de adivinhar a originalidade deste jantar. Devo acrescentar que, se há algo por trás das escamas – o que não posso negar –, certamente não será o peixe, a esta altura. Não obstante, agradeço-lhe o elogio". E o presidente se curvou, zombeteiramente.

"Meu elogio?"

"Seu elogio – porque o senhor não adivinhou. E, em não adivinhando, o senhor proclama a minha habilidade. Muito obrigado!"

Uma estrondosa gargalhada pôs fim ao episódio.

Durante esse meio-tempo, contudo, eu, que estivera refletindo, cheguei subitamente a uma estranha conclusão. Pois, à medida que pensava nos motivos do jantar, rememorando a ocasião e o discurso do convite, ocorreu-me que todos, então, o considerássemos como efeito da querela entre Prosit e os cinco gastrônomos de Frankfurt. Lembrei as expressões que usara. Ele lhes dissera que estariam presentes no seu jantar, que contribuiriam materialmente para o seu êxito. Sim, foram essas as suas palavras.

Mas os cinco rapazes não estavam entre os convidados. Foi quando, ao avistar um dos pretos, pus-me logo a levá-los em consideração, reparando que também eles, os criados, eram em número de cinco. A descoberta surpreendeu-me. Olhei para o lugar onde estavam, a ver se ao menos os seus rostos revelavam o que quer que fosse. Mas esses rostos, negros, estavam no negrume. Então percebi a extrema habilidade com que o arranjo da luz a concentrava toda na mesa, deixando o resto mais ou menos no escuro – especialmente acima de nós, no alto do pé-direito, onde pairavam os rostos dos criados. Era estranho, era desconcertante, mas eu estava absolutamente certo de que os cinco rapazes de Frankfurt, naquele momento, eram os cinco criados pretos que nos serviam. A total incredibilidade da coisa me deteve um pouco, mas minhas conclusões eram irrepreensíveis, eram óbvias. Só podia ser assim.

Logo lembrei que, uns cinco minutos antes, ali no mesmo banquete, haja vista a atenção que os pretos naturalmente chamaram sobre si, um dos associados, dito Herr Kleist, o qual era antropólogo, perguntara a Prosit qual fosse a sua raça, já que não podia ver-lhes as feições, e donde, afinal, os tivesse trazido. A contrariedade com que Prosit recebeu tais perguntas talvez não tenha sido absolutamente manifesta, mas eu a percebi clara e perfeitamente, conquanto a minha atenção, àquela altura, ainda não estivesse estimulada pela descoberta que viria a fazer. Mas eu vira o desconcerto de Prosit, e pusera-me a pensar. Alguns instantes depois – como subconscientemente, talvez, fui capaz de notar então –, enquanto um dos criados segurava a baixela do lado de Prosit, este disse-lhe alguma coisa, em voz baixa e quase inaudível. Donde os cinco pretos mergulharam na treva, com o fito, quiçá, de aumentar a distância entre eles, de um lado, e, do outro, alguém atento a artimanhas.

De resto, o receio do presidente era mais que natural. Um antropólogo como Herr Kleist, um sujeito familiarizado com as raças humanas, os seus tipos, os seus característicos faciais, descobriria no ato a impostura, caso visse aqueles rostos. Eis por que Prosit ficou agitado, ao ouvir as perguntas; eis por que ordenou aos criados que ficassem na treva. Não lembro como ele fugiu da questão. Suspeito, no entanto, tenha dito que não eram seus, e que tanto ignorava a sua raça quanto o modo como chegaram à Europa. Ao dizê-lo, porém, segundo pude perceber, ele não estava nada à vontade, e isso porque temia que Herr Kleist, com o intuito preciso de identificar-lhes a raça, quisesse, por fim, dar uma olhada nos pretos. Era óbvio que não podia dizer "esta raça" ou "estoutra" sem negar que lhe pertencessem, porquanto, sendo, como era, ignorante no assunto, poderia chutar uma raça cujos característicos estivessem em flagrante contradição, digamos, com a estatura dos cinco pretos. Recordo vagamente que, depois de responder, tentou ofuscar a resposta com algo momentoso, chamando a atenção de todos para o jantar, para a gastronomia, ou para sei lá mais o quê, contanto que não fosse a criadagem.

O que considerei como truques para desviar a atenção geral, tal a mesquinha absurdidade, a espantosa pequenez – a forçada estranheza, enfim, dos assuntos que aventou.

O fato em si mesmo, a bem da verdade, era excessiva e indizivelmente estranho, – tanto maior a razão, pois que a originalidade de Prosit se encontrasse exatamente aí. Numa palavra, era simplesmente desconcertante que se tivesse realizado. Como fora possível? Como cinco rapazes absolutamente hostis ao presidente foram levados, treinados, obrigados a bancar os serviçais, algo repugnante a qualquer homem de alguma condição? Era algo que já começava grotesco, como a mulher com calda de peixe do poema.² Era o mundo que pisava nos próprios calcanhares.

Quanto à pele negra que ostentavam, não havia mistério algum. Era óbvio que Prosit não podia apresentá-los de cara limpa diante dos membros da sociedade. Era natural que se valesse do fato de vagamente saber que sabíamos da sua temporada nas colônias para encobrir o seu chiste com aquela pele. A pergunta que se não calava era: como o fizera, afinal? Somente ele o poderia revelar. Eu podia até compreender – embora não muito bem – que um homem bancasse o serviçal no chiste de um grande amigo, que lhe fizesse esse grande favor. Mas – num caso como este? Algo não se encaixava.

Quanto mais eu refletia, mais o fato me parecia extraordinário, mas, ao mesmo tempo, diante das provas que expunha e do caráter do nosso Prosit, igualmente mais apto a conter a sua piada. Ele que nos desafiasse a descobrir a originalidade do banquete! Pois a originalidade, segundo percebi, não estava propriamente no jantar, – senão nos criados, que, não sendo o jantar, decerto se relacionavam com ele. Ora, como é que eu não pudera perceber que um banquete ocasionado por cinco rapazes (como se sabia) girava precisamente em torno deles, a título de vingança, e, ao fazê-lo, não poderia empregá-los em algo mais diretamente relacionado com o jantar do que o serviço?

Esses argumentos, esses raciocínios, que levei alguns parágrafos para expor, levaram alguns minutos para passar por minha cabeça. Eu estava convencido, estupefato, satisfeito. A clareza da razão afastara o extraordinário da minha mente. Eu via, de maneira lúcida e exata, que vencera o desafio proposto por Prosit.

O jantar estava quase no fim, logo viria a sobremesa.

Resolvi contar tudo a Prosit, a fim de que reconhecesse o meu poder de decifração. E não podia errar, não podia falhar, – embora a estranheza da coisa, tal como a concebia, pusesse uma pulga na minha certeza. Ao fim e ao cabo, porém, virei-me e disse-lhe, em voz baixa:

"Prosit, meu caro, eu tenho o segredo. Esses cinco pretos e os cinco rapazes de Frankfurt..."

"Ah, o senhor bem adivinhou que há uma relação entre eles." Disse, entre o menoscabo e a dúvida, conquanto absolutamente não me escapasse que se sentia descoberto, e apenas com muita raiva, diante da inesperada agudeza do meu raciocínio. Não estava nada à vontade, e me olhava com atenção. "Sem dúvida eu o peguei", refleti.

"Evidentemente", continuei, "eles *são* aqueles cinco. Disso eu estou totalmente

---

² Referência aos primeiros versos da *Arte Poética* de Horácio, em que o poeta romano, comparando-a com a pintura, censura a poesia sem pé nem cabeça: "Se um pintor quisesse juntar a uma cabeça humana um pescoço de cavalo e a membros de animais de toda a ordem aplicar plumas variegadas, de forma que terminasse em torpe e negro peixe a mulher de bela face, conteríeis vós o riso, ó meus amigos, se a ver tal espetáculo vos levassem?". Cf. R. M. Rosado Fernandes (ed.), *Horácio: Arte Poética*, 1984. (N. T.)

certo. Mas, por Deus, como é que o senhor o fez?"

"Caramba, meu caro! Mas não diga nada aos demais."

"Claro que não. Mas, digníssimo Prosit, caramba – como?"

"Bem, isso é segredo. Não posso revelá-lo. É segredo de morte."

"Mas como o senhor conseguiu mantê-los assim tão quietos? Estou pasmo. Eles não vão embora, não vão revoltar-se?"

Eu sabia que, no íntimo, o presidente morria de rir. "Não há o que temer", respondeu, com uma piscadela mais do que significativa. "Eles não se irão embora – não eles. Isso é completamente impossível." E olhou-me quieta, ardilosa e misteriosamente.

Quando finalmente chegamos ao fim do jantar – não, não era o fim do jantar: era outra particularidade, imposta, aparentemente, para causar sensação –, Prosit propôs um brinde. Todos ficaram surpresos com esse brinde, logo após o último prato e antes da sobremesa. Todos se espantaram – menos eu, que nisso não via nada além de outra excentricidade, absolutamente sem sentido, cujo único intuito era desviar a atenção. Encheram-se as taças – e o comportamento de Prosit parecia muito alterado. Não parava quieto na cadeira, com aquela excitação e aquele afã de quem *vai* discursar, e precisa compartilhar um enorme acontecimento, e está para fazer uma grande revelação.

Tal conduta foi logo percebida. "Prosit tem um chiste para revelar – 'o' chiste. Eis aí o velho Prosit! Vamos, Prosit, vamos logo com isso!"

Ele parecia enlouquecido de tanta agitação; dançava, contorcia-se, esgazeava na cadeira, fazendo caras e bocas, sorrindo, guinchando sem quê nem por quê.

As taças estavam cheias. A expectativa era geral. Todos faziam silêncio. A tensão era tanta que me lembro de ouvir dois passos na rua, e de ficar possesso com duas vozes – uma de homem, outra de mulher – que conversavam na esquina, lá embaixo na rua. Não lhes dei mais ouvido – Prosit ficara de pé; não, ele saltara, e foi por muito pouco que não quebrou a cadeira.

"Senhores", disse, "vou revelar-vos o meu segredo, o trote, o desafio. É realmente muito divertido. Ora, não lembrais que no jantar anterior eu disse aos cinco rapazes de Frankfurt que compareceriam a este banquete, que contribuiriam materialmente para o meu sucesso? O segredo está aí – ou antes nisso, quero dizer".

Sua fala era apressada, incoerente, desesperada para atingir o final.

"Senhores, isso é tudo o que tenho a dizer. Agora o primeiro brinde, o grande brinde. Aos meus cinco pobres rivais!

Porque ninguém atinou com a verdade, nem mesmo Meyer" (ou seja, eu próprio) "nem ele sequer!"

Parou, tomou fôlego. "Eu bebo", disse então aos berros, "à memória dos cinco cavalheiros de Frankfurt, que estiveram aqui *de corpo presente*, e contribuíram *materialmente* para o meu sucesso".

E intratável, selvagem, completamente louco, ele apontou, tremendo, para os restos de um prato de carne que deixara sobre a mesa.

Então um terror histérico, dos que às vezes levam a rir, e um frio incomum se apossaram de todos, simplesmente esmagados pela inimaginável revelação. Parecia até que ninguém tivesse ouvido ou compreendido o que dissera, tal a solenidade do silêncio que se fez. Era loucura além da imaginação – mas era real. Foi apenas um átimo de silêncio, mas, diante do sentido e do sentimento geral – diante do horror generalizado –, um átimo que durou por séculos. E um silêncio impensável, inimaginável. E a expressão de cada um – indescritível. Creio que ninguém jamais terá nem sequer sonhado com aqueles rostos.

Só um instante: duradouro, profundo.

Não se pode conceber o meu terror, a minha estupefação. Todas as expressões bem-humoradas, as insinuações ligeiras que natural e inocentemente eu ligara à hipótese dos cinco pretos adquiriram então o mais grave, o mais terrível dos sentidos. Agora, sim, se explicava o tom insinuante, a malícia na voz de Prosit – e a explicação me fazia tremer, me punha um medo simplesmente indizível. A própria intensidade do meu terror parecia impedir-me de desmaiar. Então me reclinei na cadeira e, como os outros – embora, quem sabe, com mais medo e mais razão –, fiquei um átimo a olhar para Prosit, absoluta e embasbacadamente sem palavras.

Mas isso um átimo apenas, nada mais. Eis senão que os convivas (com a exceção dos cardíacos, que já haviam desmaiado), possessos de justa e incontrolável cólera, acometeram contra o canibal, contra o desvairado autor da horribilíssima façanha. Para um mero espectador, suponho que a cena fosse terrível: cavalheiros bem-educados e bem trajados – e quase artísticos na sua *finesse* –, subitamente furibundos, a comportarem-se qual bestas feras. Prosit estava louco, sem dúvida – mas naquele instante nós também estávamos. Ele não tinha chance contra nós. Nenhuma chance. Na verdade, talvez estivéssemos mais loucos que ele, naquele momento. Tanto que só um de nós, haja a vista a raiva de todos, quero crer tivesse bastado para puni-lo – e puni-lo terrivelmente.

Eu fui o primeiro a bater no ofensor. Eu estava possesso – segundo pareceu então a alguém e me parece agora, pois o recordo como uma cena infernal, uma visão demoníaca. Tomei o vaso de decantar, que estava perto de mim, e, completamente alterado, atirei-o na cabeça de Prosit. Acertei-o em cheio na cara, e o vinho misturou-se com sangue. Sou muito sensível a sangue, aliás. Pensando nisso, e nos meus padrões habituais de conduta, não imagino como tenha podido agir com tamanha crueldade; pois a minha atitude, conquanto justamente motivada, foi cruel, absolutamente cruel. Que ira, que loucura me acometeu então! Que loucura, que ira acometeu os demais!

"Pela janela!", gritou alguém. "Pela janela!", ecoamos em coro. Foi simplesmente conforme à brutalidade do momento que se tenha aberto a janela fazendo-a em pedaços. Alguém investiu contra ela com o ombro. E, das partes que a compunham, quebrou a central, embaixo.

Mais de uma dezena de mãos ansiosas, animalescas, disputavam o corpo de Prosit, cujo medo inaudito aumentava a loucura. Ele se contorcia. E foi arremessado pela janela – mas não passou, porquanto conseguira se segurar, numa das divisões do caixilho.

Ainda mais selvagem, brutal e avidamente as mãos voaram sobre ele. E juntas – com uma força hercúlea, com ordem, e com uma divisão perfeitamente diabólica das tarefas – o arremessaram por fim,

violentíssimas. O estrondo, que abalaria até o mais insensível dos homens, acalmou-nos a ansiedade, a perturbação. O presidente jazia estatelado lá embaixo, a poucos metros da calçada.

Então, sem nada dizer, sem nem mesmo um aceno, todos saímos da casa, horrorizados com a própria atitude. Uma vez lá fora, livres da fúria e do terror que a assemelhava a um sonho, voltamos, terrificados, à inenarrável realidade. Todos passavam mal, e muitos, cedo ou tarde, desmaiaram. Eu desmaiei logo à porta.

Os cinco criados pretos eram mesmo pretos – velhos piratas do Índico, de uma tribo assassina e abominável. Assim que entenderam o que se passara, fugiram. Foram todos capturados, com a exceção de um único. Parece que, para a realização do seu grande chiste, e com uma destreza perfeitamente diabólica, Prosit despertara neles, pouco a pouco, certos instintos brutais que a civilização deixa hibernando. Receberam ordens de ficar o mais longe possível da mesa, no escuro, pois o ignorante e criminoso Prosit temia que Kleist, o antropólogo, cuja ciência ele conhecia, pudesse ler em seus rostos o estigma do crime. Os quatro capturados foram punidos exemplarmente.*

* Tradução de Érico Nogueira.

Jantar

Ana Miranda
Escritora

A mesa estava posta, eu mesma dispusera os pratos, as taças, os talheres, os guardanapos para os lábios puros, resignada a fazer parte de um mundo verdadeiro, eu o esperava para jantar havia anos, o desejo de jantar com ele crescera, fora tomando meu peito, pois tinha agora vontade de gritar, O que vais comer? logo saberás o prato principal desta noite, perfumada desamparada solitária palpitante, vestido negro, luva negra apenas na mão esquerda, colar de pérolas, minhas almas se debatiam dentro de mim e se arrastavam atrás de mim como um rabo peludo, eu ia à janela, olhava a rua, acendia um cigarro, fumava, Tudo está à tua espera, fumaça, cabelos presos, andava arrastando na cauda meu coração inconsciente, úmido, a campainha tocou, oito horas, abri a porta, seus olhos marítimos eram o corpo mostrando o espírito, um espelho surpreendente e atrás dele um homem, os dois levemente embriagados de algo que não sei, Trouxe um amigo, ao fechar a porta senti uma faca destrinçando meu corpo, aquele amigo atrás dele como sua sombra e salvação, um pedaço de mim em cada parte e eu tão desamparada, um gesto qualquer, Encontro-me estranhamente distanciada, eles beberam uísque, pareciam fazer parte do mundo real, aos poucos seus corpos e seus rostos se iluminavam para mim, mas ainda havia sombras, nove horas, corpos vivos e verdadeiros de homens, por que ele trouxe alguém, terá medo de mim? suas palavras, seus sorrisos, seus olhares furtivos para as paredes da casa, tudo era tão profundo, um reflexo da lua acende o mar e o torna de um negro submerso, eles não queriam perder os detalhes de mim como se eu fosse uma caçadora e eles duas presas afundadas no sofá, belos e nervosos, agora embriagados de mim, onze horas, Isto é o mundo, isto sou eu, Gosto de olhar pela janela de mim mesma, Vou vestir um agasalho, eles sussurraram na sala, pararam de falar quando retornei, vencida, Sinto muito frio nos cabelos, Acenda meu cigarro, meia-noite, eles olhavam o relógio, olhavam a mesa, os pratos limpos, garfos, dois cálices, duas da manhã, duas taças fêmeas bêbadas de vinho do corpo da mulher, eles se foram achando que não houve nenhum jantar, esqueci de dizer que o jantar era eu.

Revista de Antropofagia   5

POESIA

(Especial, para a "**Revista de Antropofagia**")

FOME

Em jejum, na mesa do "Café Guarany",
O poeta antropofago rima e metrifica o amorzi-
　　　　　　　　　　　　　　[nho de sua vida.
Elle tem saudades de ti.
Elle quer chamar "ti" de: estranha — voluptuo-
　　　　　　　　　　　　　　[sa — linda querida.
Elle chama "ti" de: gostosa — quente — bôa
　　　　　　　　　　　　　　[— comida.

Guilherme de Almeida.

Revista de Antropofagia, Ano I – número 1

Comer ou Não Comer

Evando Nascimento
Escritor e professor da Universidade Federal de Juiz de Fora

> *Só a antropofagia nos une.*
> *Socialmente. Economicamente. Filosoficamente.*
>
> *Tupy or not tupy, that is the question.*
>
> Oswald de Andrade,
> *Manifesto Antropófago*

•

— E se comêssemos o piloto?

Não sei de quem partiu a ideia, que me atordoou durante horas. O que será que nos aconteceu, a que ponto chegamos e o que nos aguardava, para que um de nós enunciasse tal abominação? Nem o frio laminar, nem a cada vez maior ausência de esperança, nem sobretudo a agudíssima fome justificavam aquela decisão brotada não sei bem de onde, mas que parecia resultar de um concílio, durante o qual eu dormira e só despertara com o veredicto, *E se comêssemos o piloto?* Logo ele, que tinha sido nosso instrutor ao longo dos dias, e cujos conselhos seguíamos ainda sem hesitar, a fim de prolongar indefinidamente a existência...

Preciso multiplicar as reticências na ponta desse toco de lápis, o diário mal costurado sobre folhas rotas não dá conta nem de um terço do que atravessamos nesses dias infernais. Lembro claramente a origem de nosso mal atual, o átimo da coisa, depois vem um hiato enorme; com dificuldade distingo rostos e vozes, em seguida névoa, até o instante em que a sentença penetrou os ouvidos. Tudo o mais vinha suportando como pude, as necessidades e os riscos, entretanto um projeto desses, para simplesmente continuar a existir, não vale nem de longe a pena, nem mesmo a improvisada que me permite por enquanto rabiscar a fim de não enlouquecer, a demência é o que talvez me aguarde, e a todos nós, na ponta da linha, no extremo da rota. Os fatos se atropelam e emaranham, como rinha de galos numa tela de Picasso. Sim, acho que é isso, minha memória é como dois galos cubistas em fúria, tudo se estilhaça, desfoca...

Escrever foi o modo que, por acaso, encontrei de reunir esses fragmentos, procurando lhes dar coerência; tive muita sorte em achar essa ponta de lápis e essa caderneta quase destruída entre tantos escombros, agora tenho como legar os últimos dias, narrados por alguém que esteve a ponto de sobreviver, mas cujo fim... Vem-me de jato a memória do momento crucial: tínhamos pegado um voo em Lima, com direção a Buenos Aires, como tantas vezes fizemos, pois formamos um grupo de três arqueólogos da universidade, especialistas em civilização pré-colombiana, além de uma antropóloga (eu mesma) e um professor de história da arte. Somos pesquisadores entusiasmados com a chance de desenvolver projetos arqueológicos de alto nível, em colaboração com o governo peruano, e estávamos retornando para as férias de Natal, depois de meses de produtivo labor. Ríamos e fazíamos brincadeiras um tanto infantis, o que sempre foi o modo de quebrar a frieza profissional – alguns de nós até começaram a namorar nos últimos meses por causa dessa descontração.

(...) Após algum tempo de viagem, sobrevoávamos os Andes, admirando as encostas esbranquiçadas até sabe-se lá quando, com o degelo progressivo de todas as geleiras do planeta. Eis que anunciaram uma pequena pane, mas que não entrássemos em pânico, pois possivelmente conseguiríamos prosseguir, seria preciso somente calma. Mal o piloto acabou de falar e ouvimos explosão curta e seca, o avião começou a perder altura vertiginosamente, as máscaras de oxigênio caíram, cada um tentou pegar a sua, mas o desespero se generalizou, fomos caindo, caindo, caindo, vejo tudo como um filme em retrospecto, as minúcias, os gestos de desespero de que o ser humano é capaz em situações-limite.

Uns riam de nervosismo, outros gritavam de pavor, alguns ainda se mantinham relativamente tranquilos, tentando ajudar quem estivesse em dificuldade. Com os outros passageiros e a tripulação, éramos trinta pessoas no total, em livre queda. Continuamos despencando, até que veio a sensação de choque com as eternas neves, não foi propriamente um baque, mas algo que tinha consistência jamais registrada, seria preciso passar por aquilo para saber. Muitos gritaram, levantaram-se como náufragos do ar, havia decerto o fantasma de outra explosão. (...) A aeronave tinha rachado em duas partes e uma delas começava a se separar deslizando; finalmente se desligou da outra, que permanecia firme no solo, e percebemos que ia em direção ao abismo. Nós, os sobreviventes, tínhamos ficado presos entre duas rochas elevadas, a neve como apoio e cimento, os outros que sucumbiram já desapareciam da vista.

Desatamos os cintos e fomos saindo aos poucos pelas portas disponíveis, uma parte da tripulação ficara e ajudava os outros. Alguns se encontravam em estado de choque, outros buscavam equilíbrio emocional mas sobretudo físico, já que o risco de desabamento de nossa ala era enorme. Fomos saindo todos com alguns pertences e mantimentos da própria companhia, não dava para levar muita coisa, estávamos estressados pelo acidente, com medo do pior e sem saber ainda onde se localizava exatamente aquele ponto perdido da cordilheira. Depois de meia hora que tínhamos escapado dos destroços, o resto do avião começou a oscilar, até se desprender do frágil apoio e deslizar para o vácuo sombrio. Demos um grito em coro. Era um mundo que ali findava, sem esperanças de ressurreição.

(...) Nem sabíamos se continuávamos vivos, ou se aquilo já era o começo do sonho pós-morte. Sentia-me horrível, as vestes um pouco rasgadas, a pele arranhada, e uma dor como se houvesse um machucado interno, sem que conseguisse localizar o ponto nevrálgico – eu toda doía, de mim para comigo. Eu era a dor materializada. Caminhamos até um pequeno platô nevado, no fundo do qual se dispunha uma concavidade, nossa residência até hoje, toca e refúgio. Felizmente o piloto escapou do desastre e, como trabalhava havia já alguns anos na aeronáutica, conhecia todas as técnicas de sobrevivência. Com a queda, estava muito machucado, ninguém sabia qual era o grau das lesões, nem se havia graves sequelas internas. Aprendemos com ele a economizar comida, a utilizar melhor as roupas e os cobertores disponíveis, a nos aquecermos mutuamente para evitar o fatal congelamento. (...)

Já não sei quanto tempo estamos aqui, tudo para mim é um amálgama de carnes, ferimentos, vestes rotas, tempestades de neve, vento frio, fim do fogo e muita fome. Faz dois dias o piloto morreu, certamente de suas lesões internas, pois externamente nada demonstrava de terrível, foi o sexto falecimento ao longo desta longa semana. Somos agora apenas dez e, se continuamos a viver, devemos tudo a ele, foi professor raro, nas palavras, nos atos, um homem com grande coragem; aprendemos por osmose com uma inteligência genial e sempre bem-humorada, até o fim: era como se seu corpo dissesse que a vida só vale se for bem vivida até no extremo, o maior testemunho que um vivente pode prestar a outro. Se estivesse vivo, sorriria da última decisão do grupo: *E se comêssemos o piloto?*

Tenho dúvida de se aprovaria, se consideraria esse gesto à altura de quem somos. Afinal, dizem que a antropofagia nunca existiu, não passou de mito inventado pelo colonizador, para reforçar a imagem do silvícola selvagem. Discuti muito isso com colegas antropólogos e eles consideram que pode ter havido, sim, algum exagero, mas que a antropofagia ritual com efeito existiu; as gravuras brasileiras no livro de Hans Staden seriam expressão de uma realidade não incomum por tais latitudes.

Além de ótimo técnico em sobrevivência, o piloto era excelente contador de histórias. Narrou inúmeras, reais e inventadas, frequentemente misturando realidade e ficção, para nos distrair, talvez isso fizesse parte do treinamento recebido. Essas novelas deram vasto alento nas primeiras noites glaciais, sinto saudades dele, também por ser um lindo homem de seus cinquenta e tantos, mas aparentando dez menos. Já decidi, prefiro morrer a comer seu cadáver, nem o dele nem o de mais ninguém...

(*A partir deste ponto, a letra de Mirna, minha querida irmã, já difícil no início, foi se tornando quase ilegível, pelo cansaço. Foram poucos os rabiscos finais, mais *um auxiliar de memória, caso sobrevivesse, do que a continuação do diário, mal esboçado e muito descosido. O que vem em seguida é a tentativa de preencher as lacunas entre as palavras, acrescentando verbos e conectivos, como última homenagem, para restituir os derradeiros pensamentos de sua mensagem de náufraga.*)

(...) Comê-lo me repugna, mas me indago se esse não poderia ser um ato de coragem, o último que ele legou? *Este é o meu corpo, este é o meu sangue*, posso ouvir sua voz espectral, oferecendo repasto, porém rejeito; deve ser mais uma dessas miragens que visitam quem se encontra no limiar entre vida e morte, já me sinto do outro lado da fronteira. Preferia ser comida por ele, em vez de torná-lo refeição, questão de ordem e mérito. Dizem que carne humana tem um gosto *esquisito*,[1] mas não sinto vontade de experimentar, até porque não sou carnívora. O último e involuntário plano de salvação do piloto, ao ofertar-se para banquete, não será por mim endossado, prefiro a morte, antropofagia só na liturgia cristã ou na de qualquer outra cultura, ao vivo (ao morto...) é imperdoável pecado, sem remissão.

(...) Não, em definitivo não me apraz deglutir um homem, seria inverter a ordem natural das coisas, os vivos não se alimentam dos mortos, uma mulher não

---

[1] *Exquisito* em espanhol, como o *exquis* francês, quer dizer delicado, delicioso, muito agradável. Esse sentido também existe em português, mas no registro erudito. (N. T.)

come um homem, ou será que estou sendo conservadora em demasia? Nasci em plena revolução sexual, tenho agora 45 anos, mas nunca consegui sair da posição passiva, talvez por isso tenha tanta dificuldade de gozar, verbalmente e na cama. Minhas amigas, sobretudo as que estudaram na França no período da ditadura, tomam a iniciativa, algumas até dominam os machos, mas fiquei travada com a educação que recebi. Minha mãe é líder de liga religiosa pela moral cristã; mesmo tendo me rebelado, guardo muitos dos entraves que me inculcou, a coitada nunca deve ter tido um orgasmo; quando o pai morreu descobrimos que ele tivera várias amantes e pelo menos um filho fora do casamento, era com as outras que se divertia. Nutro graves conflitos com a mãe, tento me desprender, porém sinto que ainda consegue me controlar a distância; fico dividida entre me afirmar sexualmente e coibir os mais fortes impulsos, sou uma força desmesurada e contida, um dique prestes a rebentar. Terrível condição feminina, mas isso ainda existe?

No fundo, queria tanto comê-lo, mas falta coragem! Que bestialidade – a falta de coragem... quando me liberarei de vez? Já não sou mocinha, esta pode ser a grande chance. (...) É isso um homem: uma estrutura de carne, sangue, esqueleto, hormônios, que serve apenas para dormir, beber, sonhar, caminhar... comer? E uma mulher, ainda haverá um fosso abissal entre esses dois gêneros inventados no Gênesis? Não esquecer que no livro bíblico há duas versões para o surgimento da espécie: numa, homem e mulher nascem juntos, noutra, nasce primeiro o macho, depois a fêmea, a partir de sua costela. Acho que hoje estamos mais próximos da primeira versão, porém eu mesma ainda não consegui dar o salto em direção à igualdade.

Seremos, todavia, jamais iguais? Se nem os homens são iguais entre si... Mas a pergunta insiste: o que é um homem, que há sob o nome, uma cosmologia ou uma catástrofe? (...) Não, não consigo, vejo que os outros estão se preparando para o ritual nefando, instrumentos cortantes em mãos, não os acompanharei nunca, sou mulher de princípios, oh *mater* escabrosa, sinto-me sua eterna escrava! Odeio você, querida megera, tanto mais porque nunca deixei de amar, você me deu tudo, principalmente depois que papai se foi, dez anos de análise e ainda não saí do labirinto em que me meteu, em que nos metemos, apesar da redemocratização do país; entre mim e o mundo está você, a Irreparável, torturadora de meus pesadelos, quanto sofrimento em nome do amor materno, só as mães são felizes, não há nenhuma ironia nesses versos, a felicidade delas depende da tormenta da prole; se vamos mal, elas estão bem, poderosas que são, umas pestes, ai.

Ódio e amor, como esses sentimentos se misturam em meu peito, arremessos de ondas sobre cais vazio, nele poucos homens aportaram, por sua culpa, sua máxima culpa, ditadora impenitente. Por que digo essas coisas contra quem me pariu, se posso morrer a qualquer momento de frio, fome, medo, a trilogia do horror? (...) Comê-lo seria sacrificá-lo uma derradeira vez, não posso, ele era o homem de minha vida, mal o conheci, sempre o amei, estou certa disso, como os raios não caem duas vezes no mesmo lugar, a não ser quando ali há para-raios; raios que o partam, sinto tanta fome que nem seu corpo portentoso poderia saciar, devoraria um batalhão de homens se me deparasse com um, de todas as formas, ah, eu que nunca assumi a devassa, mas que sonho tantas torpezas que nem um milhão de penitências resolveria, flagelo, flagelo, flagelo.

Infelizmente não sou uma devoradora de homens como gostaria, a mulher fatal, uma antropóloga antropófaga, onde já se viu? Séculos de civilização, para acabar nesse rito bárbaro; não é a primeira vez na história da humanidade que isso acontece, mas no século XXI o choque é maior. Eu era criança quando um desastre aéreo semelhante aconteceu não longe daqui, porém repetir a farsa para mim é insuportável, prefiro a inanição. Mas preciso ser tão cordial? A violência, afinal, é um dado da natureza, e não só da natureza humana, de que sou especialista. Queria tanto superar os limites da frágil matéria de que sou constituída, e não consigo, ela não deixa, a bruxa má, vampira que destruiu minha vida. Quando me libertarei? Haverá anistia para um corpo extenuado?...

(Aqui o relato se interrompe. Muito depois, uma arqueóloga testemunhou a respeito das últimas horas de Mirna, mas não vale a pena transcrever. Somente sinalizo a colega ter afirmado que ela tresvariava de dúvidas, mas se recusava a ingerir o pedaço de carne do piloto, que insistentemente lhe ofereciam. Outros também vieram a perecer, só resistiram os que se dispuseram à devoração. O reduzido grupo foi resgatado quando o tempo na região melhorou e a pequena mancha que faziam na neve pôde ser avistada. Creio que, se Mirna continuasse viva, não se arrependeria de nada, apesar do suplício. Ademais, como ela própria salientou, era vegetariana. Não sei se isso diminui ou engrandece a recusa.)

Uma Visita

María Teresa Atrián Pineda
Escritora e cientista política

O helicóptero começou a descida. O que parecia uma mancha acinzentada foi-se aclarando: montes de cadáveres e escombros. Ao aterrissar, as hélices levantaram uma grossa camada de poeira que alimentou a dureza da paisagem. Nem bem se estava abrindo a porta, já uma pequena multidão correu para o aparelho estendendo as mãos e abrindo a boca sem dizer palavra. Antoine sentiu vertigem, quase medo. O terremoto fora mais devastador do que mostravam as imagens da televisão. Tudo quanto a vista alcançava era um enorme campo de refugiados, um acampamento sob o sol, onde a fome competia com a morte. Enquanto seus assistentes entregavam alimentos, o ator começou a tirar fotos do ambiente, como um ato reflexo defensivo que o afastasse do drama. Coberto pela lente, foi-se aproximando de um dos hospitais improvisados ao relento: ao lado dos cadáveres inchados, havia corpos queimados, mutilados, envoltos em lençóis informes e sangue seco. Surpreendeu-o o duro silêncio dos sobreviventes, como se padecessem de uma velha doença, incômoda, mas já sem merecer nenhuma queixa. Imóveis, esperando, sem pedir nada. Ninguém chorava.

Jogou-se ao chão instintivamente: tudo se remexeu sob seus pés, e um estrondo distante se seguiu ao movimento. Uma réplica. Ao levantar os olhos, percebeu que fora o único a reagir ante o novo tremor. Um homem com um pedaço de cadeira na mão continuou a olhar impassível. A mulher que fazia arroz num fogão ao ar livre só ergueu as mãos para o céu sem dizer nada.

"Dizem que comendo a gente tem mais fome", disse inesperadamente uma voz a suas costas. Era a dra. Marquer, uma velha amiga que havia mais de duas décadas vivia no Haiti. "Talvez seja essa a explicação: esse grupo de pacientes não quis comer nada por mais de três dias, só bebe água", acrescentou, sem deixá-lo recuperar-se de todo. "Não falam e não comem." "Não importa quanto tempo eu continue a viver nesta terra, nunca vou entendê-los."

Entraram numa barraca de campanha, onde a médica lhe entregou algumas fotografias e documentos sobre os primeiros números de atingidos. Esses dados permitiriam a Antoine convencer outros atores e personalidades a enviar ajuda.

De tarde saiu para caminhar na praia de Porto Príncipe. Sentiu vergonha: como podia ter pensado que ali as coisas seriam diferentes? Em lugar da areia havia pilhas de cadáveres, e o cheiro de mortandade era insuportável. Surpreendeu-o algo que ele não havia notado ao chegar: as pessoas paravam para ver os mortos, não para encontrar os seus mortos, mas talvez para comprovar, num gesto inexplicável, que eles próprios estavam vivos. Voltou-se para os abrigos em busca do conhecido. O caminho era uma mistura de poças e cascalho.

Chegou quase ao anoitecer, e já o esperava sua amiga. "Venha, quero que conheça Marie, com certeza você soube deste caso. É uma avó de quase setenta anos que conseguiu sobreviver dez dias sem comer nem beber. Espantoso, não?" A anciã estava deitada de costas ainda com restos de poeira no rosto, o que lhe dava um ar de farsa e contrastava com a negrura do corpo. A princípio, ela não os notou. Depois começou a olhá-los com avidez, mas sem raiva. Antoine teria jurado que o queria comer com os olhos. "Também não fala", interrompeu a dra. Marquer. "Os bombeiros que a resgataram dizem que ela ficou rezando o tempo todo e por isso conseguiu resistir." Segundos depois, como os outros pacientes, a velha voltou a ter um ar de indiferença, como que esperando outra visita.

Antoine retornou no ano seguinte. Já não havia escombros nas ruas, mas os acampamentos continuavam ali. Notava-se o esforço dos moradores para retomar a vida de antes. Nessa ocasião, estava ali como diretor de uma organização não governamental que contava com apoio de diferentes fontes. O custo, no entanto, fora alto: muitos de seus colaboradores pereceram, não com o tremor, mas por causa da epidemia de cólera que fustigara os habitantes. Doía-lhe, sobretudo, a morte de Marcelle, que se tinha dedicado de corpo e alma aos doentes. Chegou ao pavilhão que estivera a cargo da médica. O pessoal tinha mudado todo. Apenas para ter certeza, perguntou o que tinha acontecido com o restante dos voluntários que conhecera. Um enfermeiro muito jovem, quase um adolescente, disse-lhe que a maioria deles tinha morrido de diarreia e desidratação. "E os doentes?", indagou. Um bom número tinha sucumbido ao contágio. De fato, só o grupo que se negara a comer durante os primeiros meses do terremoto tinha sobrevivido. "Uma segunda vez", pensou. Pediu para vê-los, e indicaram-lhe uma ala distante do acampamento.

O estupor foi enorme: ali estavam os olhares que ele recordava. Idênticos, ciclópicos: branco sobre negro. Como então, mantinham-se em silêncio. No meio do espaço insalubre, destacava-se a anciã resgatada. Inesperadamente, a velha fez-lhe um sinal com a mão, chamando-o com uma familiaridade incômoda. Ele se aproximou, e, como se esperasse sua visita, a mulher o olhou mais firmemente que na primeira vez, com mais fome que nunca.

Ali estava ela.

De fato, só o grupo que se negara a comer durante os primeiros meses do terremoto tinha sobrevivido.*

* Tradução de Carlos Nougué.

Dois Meninos

Mário Araújo
Escritor e diplomata

Assim que a luz da televisão se apagou, Janaína começou a sonhar. Dali a quatro anos, no estádio de futebol que se ergueria perto da sua casa, ela começaria uma nova vida. Levou o sonho para o quarto, interrompeu a luz que emanava da lâmpada nua no teto e aconchegou-se com ele debaixo das cobertas. Ficou ali se apalpando, assegurando-se da rigidez de seios e coxas, que logo libertou da camisola para o contato direto com o tecido ondulante.

Naquela mesma hora, uma janela escurecia também na casa de Fábio, em outro ponto da cidade. Se vendesse no brechó as roupas que não lhe serviam mais, pouparia dinheiro para ir de ônibus até o Rio de Janeiro. Crescer, crescer, pensou flexionando os braços no chão, ao lado da cama, tudo de que precisava era crescer, pois assim estaria mais forte quando chegasse o grande dia.

Janaína ainda estava impressionada com o que acabara de assistir via satélite e sabia que a competição iria ser dura, muitas vezes desleal. Mesmo sua vizinha e umas duas ou três colegas de escola não perderiam a chance de tentar. E havia ainda as meninas dos outros bairros, das outras cidades, do país inteiro. Mas dali a quatro anos só uma teria vez. Janaína segurou com as mãos a base dos seios, cujo desenvolvimento cultivaria como mãe amorosa.

Em seis anos dá para fortalecer muito estas pernas, pensou Fábio, indo a pé para o colégio todo dia, ou quem sabe arranjando um emprego que lhe permitisse se exercitar, como carteiro ou *office boy*. Era só um menino de sete anos quando tudo aconteceu. Naquele momento, talvez não tenha entendido bem o significado da cena ocorrida tão longe dali, vista na TV, mas sua repetição constante acabou por definir seus planos para o futuro.

Funciona como uma grande peneira, de furos bem pequenos, intuiu Janaína, tornando a vestir a camisola ao sentir que o sono a cercava. É preciso muita sorte, além, é claro, de beleza e sensualidade.

Não será difícil manter o anonimato em meio à multidão de torcedores acotovelada no meio-fio. O mais importante é escolher bem o local, numa altura em que o líder da prova já esteja bem destacado do segundo pelotão.

E só uma, uma só aparecerá para as câmeras no estádio. A musa da Copa do Mundo. E depois da fama, o dinheiro, os contratos publicitários e as revistas. Os seios vistos de relance pelas câmeras serão enfim eternizados sobre o papel brilhante.

E as câmeras do mundo todo registrarão: mais um maluco que invade a rua para abraçar o líder da maratona. Antes que venham me tirar de lá, algemado, minha cara já terá ido parar em todos os jornais, computadores e nos aparelhos que os gringos irão inventar nos próximos seis anos.

S. O. S.

A REVISTA DA ANTROPOFAGIA já tem para publicar em seus próximos números nada mais nada menos do que 37 poesias: não possue um único trechinho em prosa.

Ela dirige assim aos novos do Brasil êste radiograma desesperado. :

S. O. S. SOCORRO. ESTAMOS NAUFRAGANDO NO AMAZONAS DA POESIA. MANDEM URGENTE PROSA SALVADORA.

A. DE A. M.
R. B.

Revista de Antropofagia, Ano I – número 2

Nada a Perder

Victoria Saramago
Escritora e doutoranda em Literatura (Universidade Stanford)

"Ninguém é tão pobre que não tenha nada a perder nem tão rico que não tenha nada a abocanhar", teria digitado Artur quando, já com o copo de cerveja próximo à boca, percebeu diante de si a mulher alta e pálida, os olhos intermitentes como se pudessem se espatifar a qualquer momento.

"Você precisa me ajudar", disse ela.

Artur piscou forte duas vezes e quase engasgou. Era uma mulher dos seus 50 anos – talvez 60 ou até 70, se fosse na verdade apenas bem conservada. Falava um português relativamente tenebroso e parecia incapaz de esboçar vírgulas.

"Ajudar?", respondeu ele, enquanto fechava o laptop e esvaziava o copo. "Mas em quê?"

Olhando para um lado e para outro, à maneira dos que se imaginam perseguidos, a mulher se sentou na frente de Artur para murmurar:

"É um antiquário ali perto, aqui na rua Lavradio. Preciso comprar uma xícara. Preciso isso. Você me ajuda, por favor."

"Você não pode comprar sozinha?", perguntou só para ganhar tempo, embora o laptop estivesse desligado e a conta já pedida.

"Meu português. Ele não gosta. É muito rude. É aí perto. Saí infeliz porque quero a xícara. Ele me não entende. É tan rude."

Artur olhou o relógio, não havia pressa. E por que não ajudá-la? Saíram do bar e o antiquário ficava na rua da esquina. Era inclusive bonita, reparando bem. Roberta poderia telefonar a qualquer momento. Não custa ajudar uma senhora divertida. Costumava apreciar as senhoras divertidas da sua família – mais senhoras e mais divertidas do que esta, de fato. E, enquanto Roberta não ligasse para falar do cinema ou do que quer que fosse, Artur estava decidido a não se chatear com mais nada. A mulher ao seu lado, ao contrário, movia-se empertigada e inclusive bastante incomodada. Artur não saberia dizer se pelo fato de não ter conseguido ainda comprar a xícara ou pela chuva fina que começava a cair, ou mesmo pelo pequeno transtorno que o pedido talvez lhe estivesse causando. Pois não é todo dia que uma gringa o aborda no segundo andar vazio de um bar ainda vazio no início da noite da Lapa para lhe quase suplicar que a ajude a comprar uma xícara no antiquário ali perto. Nesse sentido a mulher era até mais divertida do que as senhoras da sua família, apesar de seguramente não tão velha.

"Por que você não fala inglês com o cara do antiquário?"

"Cara?"

"É. Digamos, guy, man."

"Não fala inglés conmigo, por favor. Quero aprender português. Sólo posso falar portugués. Só isso. Por favor."

Sua voz soava tão nervosa por detrás daquele rosto acabrunhado que Artur não teve alternativa senão ceder à curiosidade e lhe perguntar por quê. Um trabalho, um namorado, uma filha morando no Brasil?

A mulher não respondeu. "Meu nome é Virginia", disse em troca. "Venho da Inglaterra. De Newcastle. Muito prazer."

Artur teria achado muito solene o aperto de mãos entre os dois se nesse momento já não estivessem passando pela porta do antiquário. O antiquário, porém, não tinha nada de solene. Parecia antes um daqueles velhos brechós de Copacabana, e não seria difícil imaginar as senhoras da sua família frequentando-o assíduas e cheias de gritinhos. O cheiro de mofo desencadeava espirros alérgicos em Artur, e o velhote roliço no balcão ao fundo despertava os seus desejos mais sinceros de nunca mais ajudar ninguém.

"É uma xícara vitoriana como aquellas que as senhoras de minha família usaram", esclareceu Virginia, o que a Artur pareceu muito informativo e até mesmo interessante, mesmo que não conseguisse entender o que leva uma pessoa a sair da Inglaterra para ir buscar uma xícara inglesa no Rio de Janeiro. Foi quando o velho das sobrancelhas franzidas completou:

"As senhoras da sua família que fiquem com as xícaras, dona, que a senhora de mim não compra nada não. A senhora cansa a paciência de qualquer um, sabia?"

Ainda que o velho parecesse cansado há décadas por todos os móveis e mulheres e quinquilharias que lhe tivessem cruzado a vida, ainda assim (ou talvez precisamente por isso) Artur decidiu arriscar. Pediu a Virginia que se afastasse, checou o celular e Roberta de fato não ligara, abriu os ombros e ergueu levemente os braços como se tentasse amedrontar um animal feroz, e se dirigiu ao balcão.

Cerca de quinze minutos depois Virginia o via chegar à calçada, ofegante, sorridente, e a xícara desembrulhada na mão. "Ele se negou a embrulhar", disse apenas, e recebeu o silêncio satisfeito da mulher como uma prova de qualquer coisa que no fundo não valia quase nada.

"Você conseguiu", ela observou por fim. Manuseava a xícara atentamente, talvez em busca de partes lascadas que o vendedor de birra tivesse produzido para desvalorizar o produto. "Você conseguiu", repetia mais com surpresa do que com alegria ao embrulhar cuidadosa o objeto num xale para enfiá-lo dentro da bolsa. Artur não estava muito certo de que gostaria de lhe vender uma xícara vitoriana ou qualquer outro objeto, caso ele mesmo estivesse atrás do balcão. Clientes chatos e exigentes, pensou, ainda que a mulher devesse pensar o exato oposto, a julgar pela maneira com que lhe fez o convite:

"Vamos ter jantar. Eu posso pagar. ¿Te gostaría? Agora não tenho más que cartão, não posso pagarte pela xícara. O homen rude disse que posso usar cartão."

Era um convite insólito. Na verdade, ter sido abordado por ela, ter aceitado seu pedido de ajuda, ter negociado com o antiquário e até pagado do seu bolso pela xícara, tudo muito fora do script. Antes de decidir olhou o celular: sem sinal de Roberta. Poderia ter se esquecido. Prometera ligar antes das seis da noite. Já eram quase oito. Mas por que não, afinal? Não tinha nada mais marcado ou marcável com ninguém e, sobretudo, Roberta merecia um gelo. Não vou ficar correndo atrás de você o resto da vida, ele lhe dissera certa vez. Ela sorrira e prometera distraidamente ligar mais tarde.

"Gosta de peixe?", perguntou a Virginia.

"Sim."

"Vamos a um restaurante aqui em frente, então. É bom."

•

Seus cálculos diziam que a janta não devia demorar muito. Uma cerveja, uma casquinha de siri, uma moqueca qualquer, uma dose de cachaça para acabar e se Roberta não tiver ligado até lá é porque tinha de acabar.

Sentaram-se perto da entrada, frente a frente. Uma voz roendo Artur por dentro o obrigava a insistir:

"Por que você está no Brasil?"

"É que eu já tenho estudado português há bastante tempo."

"Por que você quer falar português?"

"Aprendi espanhol em escola. Já falei un poquito de francés. Tudo ajuda."

"Por que você está no Brasil?"

O garçom chegou com uma garrafa grande de cerveja e bolinhos de aipim com carne seca. Virginia aproveitou a movimentação na mesa para não abrir a boca.

"Por que você está no Brasil?", repetiu.

"Ah, como explico coisas." E lhe sorriu à maneira de um brinde. Com uma mão segurava o copo de cerveja, com a outra pudicamente abocanhava um bolinho. É possível que não soubesse se explicar em português. Mas provavelmente não queria, esse era o ponto. Seu português podia ser ruim o suficiente para exasperar o antiquário, mas não lhe impediria de transmitir qualquer indício de uma palavra-chave que resolvesse tudo. Até com mímica, disse Artur para si mesmo, até com mímica. Férias, marido, trabalho, praia.

"Você chegou há muito tempo, Virginia?"

"Como decir um mês. Quase não falava nada. Agora é melhor."

Artur acabou com a cerveja e pediu outra.

"E tem feito o que aqui? Estudado português?"

"Um pouco, sí, un poco. Estudando na vida, conhecendo as pessoas. É a maneira melhor."

O garçom trouxe novos pratos, novos talheres, o arroz, a pimenta, a moqueca. Roberta não telefonava.

"Você tem família na Inglaterra? Tem marido e filhos?"

"É tudo muito longe. ¿Cómo servir a pimenta?"

Destramente Artur puxou para si o prato de Virginia e pingou três gotas na borda.

"Prova primeiro. Se gostar você põe mais."

Virginia gostou a ponto de encher o prato de gotas amareladas. Suas bochechas se avermelharam e seus olhos voltaram àquela tonalidade azul intermitente. Se ela gostasse a esse ponto, pensou Artur, se ela gostasse de mim. E se mal via as lágrimas de agonia e apetite saindo pelos cantos dos olhos de Virginia, era porque já começava a ser tarde demais. Pediram duas doses de cachaça e a conta em seguida.

"Você já conoce este lugar aqui em frente, Arthur, onde os sambistas tocam samba e há várias antiguidades? É famoso."

"Sim, claro que conheço."

"Você gosta de ir lá então." E como Artur não concordava nem discordava mas parecia tender a concordar, Virginia respirou fundo e prosseguiu: "Vamos agora? ¿Tem alguma cosa que fazer agora? Posso pagar".

"A princípio tenho, sim, mas..."

"Estou sozinha hoje. Vamos ter divertido. Vamos."

É, pensou Artur, também estou sozinho hoje. Seria divertido? E por que não? Não é como se tivesse algo a perder, e por isso concordou ao mesmo tempo que a conta chegava, Virginia sacava da carteira o cartão de crédito e o garçom num muxoxo respondia:

"Esse cartão a máquina parou de passar agora há pouco, dona. Não tem outro cartão, não?" Por não ter outro cartão, Virginia encarou Artur com o mesmo tom de súplica com que se apresentara não muito tempo antes. A Artur não sobrava alternativa.

"Ok, eu tenho outro."

E se pagava de tão boa vontade quanto aparentava estar, era antes porque no fundo já nada lhe importava depois de Roberta do que porque Virginia, cheia de vergonha, se desculpasse intermitentemente e lhe desse seu telefone no Rio e o endereço de seu hotel e lhe pedisse o telefone dele para combinar de lhe reembolsar o dinheiro mais tarde. Por que diabos ela não pede logo o número da minha conta, perguntava-se. E por via das dúvidas lhe deu o telefone errado. Depois ligo para ela e cobro. Pode ser que seja louca. Só o que faltava. Canso de perseguir a Roberta, e me aparece uma senhora de Newcastle me perseguindo.

O ar da rua lhe fez bem. Virginia caminhava olhando para baixo, segurando firme a bolsa como que para conter uma xícara vitoriana prestes a se desfazer do xale e pular cheia de lascas para o meio da calçada. Do restaurante à casa de samba eram só alguns passos. Para entrar na casa de samba eram muitos reais. E mesmo com Artur se dispondo tranquilamente a pagar, Virginia, ao prever o quanto ele desembolsaria na saída, pendia para a rua como se também ela quisesse saltar cheia de lascas para fora do samba.

•

"Por que você está no Brasil?", Artur arriscou uma última vez. Já era tarde demais. A música enterrava-se estridente em seus ouvidos e as dezenas de estátuas e parafernálias penduradas nas paredes lhe pareciam nada além de boas companhias para uma xícara vitoriana. Virginia se balançava silenciosa de um lado para o outro como mais uma estátua – e talvez por isso mesmo como uma boa companhia. Se Roberta ligasse ao menos. O samba agitado dava lugar a algo mais tranquilo. Canção conhecida mas não muito. "Iracema voou / para a América. Não domina o idioma inglês / Lava chão numa casa de chá." Adoniran Barbosa? Chico Buarque, era provável. Ou outra pessoa. Artur destestava confundir as coisas, sobretudo as que não existiam. Porque Virginia talvez se confundisse quando se aproximava mais dele, balançando-se e balançando-se como quem esbarra sem querer – e talvez de fato esbarrase sem querer nada, uma voz lhe sugeria de dentro da garganta.

"É desajeitada", sugeriu Artur à mulher, ainda que com a música tão alta a sugestão fosse só para si e ainda que ela, percebendo-o apenas mover os lábios, imaginasse ter ouvido algo de muito lisonjeador, pela maneira com que se balançava mais e mais até quase fingir que de fato sambava. Deveria ter sido linda quarenta anos atrás, julgou Artur. Agora teria cerca de sessenta e muitos, provavelmente setenta anos. Obviamente parecia mais nova, embora parecesse na verdade uma pessoa mais velha aparentando ser mais nova. E quando tivesse sido de fato nova. Ou nem tão nova – da idade dele, digamos. O volume da música aumentava, se é que isso seria possível. Tentou se balançar também, cansava-se de sambar. Virginia à sua frente simulava um sorriso, e ele quase podia enumerar os tantos homens caídos de amores por seu sorriso sincero décadas antes, tantos a ponto de ela se dar o direito de acreditar que décadas depois um sujeito qualquer lhe faria a corte pagando-lhe uma xícara, um jantar e um par de ingressos. Escolha melhor com quem sambar, chegou a sussurrar a ninguém, e era de fato a ninguém, pois nem mesmo Virginia estava lá.

Olhou para um lado e para o outro. Uma garota insossa olhava de um canto só para um lado, o dele. Virginia não olhava para lado nenhum porque não estava em lugar nenhum. A garota ao perceber o olhar de Artur tangente a si resolveu arriscar. Abriu os ombros e ergueu levemente os braços como se sambasse diante de um animal feroz, e dirigiu-se àquele desconhecido.

Artur olhando para um lado e para outro não percebeu nada. Só queria achar Virginia. Porque estou responsável por ela e só por isso, repetia-se, porque trouxe ela aqui e é uma estrangeira incapaz até de comprar uma xícara. A garota insossa se aproximava, e Artur sem perceber se afastava pois talvez Virginia estivesse em outro salão. Era de fato um edifício gigantesco e se a garota quisesse algo era melhor ter pressa para alcançar o desconhecido antes de que, como agora ocorria, ele se deparasse com uma tia muito bonita e, como costuma acontecer com as tias, lhe convidasse para uma coca-cola. Desamparada, a garota deu meia-volta para a pista de dança e não desejou nada além de uma boa dose de cachaça. Nesse sentido era também uma azarada, pois o desconhecido convidava a tia não para uma coca-cola com gelo e limão, mas para uma caipirinha de gelo e limão.

"E cachaça", perguntou Virginia, "qual escolho?"

"Se você quer mesmo saber," respondeu Artur, "vamos embora daqui. Ficamos pouco, a doorwoman sabe quem eu sou, não vai cobrar ingresso nenhum." Virginia parecia mais confusa do que encantada.

"Mas vamos embora? Da noite toda?", murmurava.

"Vamos a um bar aqui do lado. Você quer cachaça, não quer? Pois é, é lá que tem de ir."

Virginia sem dúvida parecia mais confusa do que encantada, ou mesmo desamparada. Talvez não tivesse entendido direito, considerou Artur. E assim continuaria quando, sob os olhos da insossa e sob a música acachapante, a jovem senhora fosse intermitentemente guiada para a saída, e de lá para a rua, e da rua para uma esquina e outra esquina, até se ver sentada numa mesa de plástico na calçada, Artur distraído à sua frente e as duas doses de cachaça entre os dois, pagas adiantado. Nesse momento estava claramente satisfeita.

•

Artur não tinha o que dizer. Por que perco o meu tempo, se perguntava apenas. Por que não espanto essas pessoas insólitas da minha vida, por que não encontro uma garota insossa em algum lugar qualquer e passo os dias tranquilos? E se a cara obtusa de Virginia após uma dose não oferecia respostas, talvez a dose não tivesse sido suficiente. Artur pagou mais uma para cada. Virginia era uma estátua. Nunca revelaria por que o Brasil, nunca revelaria por que ele o escolhido. À sua volta a Lapa era a mesma, as pessoas de todos os cantos se espremendo entre os bares e os carros pelo meio-fio, os vendedores de amendoim distribuindo amostras grátis em quadradinhos de papel pelas mesas, todos os fregueses cheirando a urina no ar e outros tantos cheirando nos banheiros, e a Lapa dava a Artur algo como a segurança que o olhar desconjuntado de Virginia teimava em colocar em questão. Talvez fosse esse o motivo pelo qual inventasse conversas gratuitas que, ao contrário da cachaça, lhe custavam tanto esforço para processar e no fim das contas não levavam a lugar algum. Pois não era sem incômodo que evocava a previsão do tempo, e as belezas do Rio, e a visita do presidente dos EUA – colocá-lo na Cinelândia! falta de respeito! e Artur clamava em vão a uma Virginia que jamais reagiria como os grupinhos dos movimentos estudantis de que participara na vida. Provavelmente por não compreender as palavras todas juntas, ou apenas por não se importar, a mulher recebia a batelada de informações inerte, e se o mirava com olhos doces, é porque já teria feito o mesmo muitas vezes ao longo dos anos.

"Tomara que chova na visita dele. Você vai ver. Temporal tropical", e, o pobre homem não sabia mais o que acrescentar quando o vendedor de amendoim retornou à sua mesa.

"Virginia, você comeu tudo", foi exclamação de Artur ao perceber o quadradinho de papel vazio sobre a mesa. "Você acabou com o amendoim", e ela parecia tão consternada quanto ele, já não tinha mais paciência ou vontade de comprar os amendoins do sujeito e assim fazer jus aos que sua companheira de mesa desavisadamente consumira.

"Vai embora, amigo, ninguém quer amendoim aqui não", afirmou Artur. Por não parecer muito seguro disso, o vendedor permanecia postado diante da mesa. "Um é três, dois é cinco", repetia. "É baratinho, compra."

"Não quero." E o vendedor ali. "Compra, companheiro, vai fazer a dona feliz."

Oswald e Tarsila a bordo do Massília

"Não quero", repetiu Artur. O vendedor, sem paciência com clientes chatos nem vontade de ser educado, ficara inconsolável e na verdade não tinha nada a perder:

"Não vai comer o amendoin, é, doutor? Vai comer o que então? A coroa? Vai comer a coroa aí, é, companheiro?"

E se afastava resmungando à medida que o rosto de Virginia se aproximava muito pálido:

"Ele disse comer? ¿Comer qué? Comer coroa? Você come coroa?"

Artur não segurou a risada antes de responder.

"¿Comer por qué? Não entiendo. Comer assim, com o garfo e a faca?"

"Mais ou menos. Quer dizer, não. Comer no sentido sexual, sabe?"

Ela não respondeu. O copo de cachaça vazio à frente. Não teria entendido.

"Comer alguém, sabe? É uma expressão. Fazer sexo, sabe?"

Ela prosseguia imóvel, os olhos vidrados em algum ponto próximo a ele mas não exatamente no seu rosto. Mulher inviável, pensou. Nem para dizer que entendeu. Isso é que dá. E enfrentava o cansaço de quem perde muito e abocanha pouco. Que diabo, não entende.

"*To fuck, you know. Fornication Under the Consent of the King.*"

Virginia balançou de leve a cabeça para frente e para trás. É claro que entendia. É por que entendia tão bem que se negava a responder, ou que respondia com o olhar tangente dos que não precisam mais falar, e Artur amargo se lamentou por ter quebrado o pacto de não falar inglês. Quando as pessoas entendem o que falamos, afinal, é sempre uma indecência julgar que já não as temos de alguma forma dentro de nós. Entretanto é tão raro entenderem. Por isso Artur tossiu e expeliu a saliva pastosa da cachaça com um fundo de amendoim, e por isso aceitou quase confortável aquela mulher quase sem respostas e quase só pedidos. E porque algo precisasse ser dito logo, disse:

"Vamos embora?"

Virginia ainda alerta e sobretudo em silêncio se levantou pronta da cadeira.

"E coroa, o que é?", perguntou ainda. Artur não encontrava mais boa vontade para segurar as pontas.

"Você é inglesa, ora. Você que entende de coroa." Ela sorriu de leve.

•

Por estar escuro e já tarde, o taxista não prestou muita atenção no que parecia não um casal mas bem podia ser algo do gênero. Recebeu a direção – Hotel Novo Mundo, Praia do Flamengo, desculpe, é uma corrida bem curta –, e agarrou mecanicamente o volante. Os dois clientes não falavam nada, embora o espelho retrovisor não sugerisse que se beijassem. Mas o taxista não queria saber dos pontos cegos do retrovisor e, após receber a gorjeta polpuda pela corrida curta demais, foi embora sem verificar o que se passava com aquelas duas pessoas de pé uma diante da outra na entrada do Novo Mundo na Praia do Flamengo.

"Nos falamos amanhã para eu devolver o dinheiro a você", disse Virginia sem firmeza.

"Ok, me liga amanhã, você tem o meu número."

A Artur não lhe desagradava de todo a possibilidade de perder o dinheiro só para imaginar Virginia tentando sem sucesso telefonar ao número errado no dia seguinte.

"Foi ótima", disse ela. Devia estar se referindo à noite. Artur respondeu que claro, que se divertira tanto. "Você vai em casa agora?" Artur ia. "Você consegue ir a casa? Se que ficar aqui no hotel, ninguém vê problema. O quarto tem espaço." Artur fingiu a ela e a si mesmo hesitar. Não, não queria. Sem ter mais o que dizer e sem mais oportunidade de estender os minutos, Virginia apertou solene a mão oferecida pelo homem e entrou com os olhos insólitos saguão adentro. Sem vontade de hesitar, Artur prosseguiu em seu caminho a pé.

Até que era bonita. Ou tinha sido. Quem foi rei nunca perderá a majestade, disseram-lhe certa vez. E quem foi coroa?

Mas até que não era feia. Nunca teria sido feia. Um pouco estranha, talvez, com esse misto de espanto congênito e ar de eterna dívida. Com a corda no pescoço o tempo inteiro. É assim que vivem. Pela hora da morte.

O que no entanto não a impedira de aproveitar. Sim senhor. Xícara, jantar, samba, cachaça, acompanhante e professor de português. Tudo cortesia da casa. Amanhã tentaria lhe telefonar, não conseguiria e esqueceria o caso em um par de horas. Ou nem telefonaria: ele que venha me cobrar se quiser. Cortesia da casa. Assim é fácil viver neste país, ponderou. Assim até eu. E a coleção de xícaras e parafenálias que a mulher teria acumulado se viesse pedindo ajuda a estranhos há semanas lhe provocava uma risada gostosa. Ela sabe viver. Se faz de desentendida, abocanha tudo. E acha que o mundo é cheio de cavalheiros que lhe resolvam a vida.

Eu tenho o direito moral de comer essa mulher, constatou. Eu fiz tudo por ela, agradei de todos os modos, um verdadeiro *gentleman*, e para ela é tão fácil. Finge que me queria no seu quarto, sabe que não me terá, entra pelo saguão satisfeita e deita feliz a cabeça no travesseiro. Assim é fácil. Nem a Roberta consegue tanto dando tão pouco.

A Roberta não merece mais nada. A ideia lhe aliviava alguma coisa no mais fundo de si. Livre, livre. Não merece o aperto de mão que eu acabei de dar à Virginia. O aperto de mão que ela por pouco não recusou. A Virginia não tinha o direito de recusar. Nem a Roberta, mas especialmente não a Virginia. Por que não volto lá e como essa mulher de uma vez?, pensou novamente. Ela não iria se opor – na verdade pedira por aquilo a noite toda. E como quem não raciocina mais puxou o celular e procurou na agenda o número da inglesa. Ao menos alguma coisa, uma pequena vantagem depois dessa noite toda.

"Este número de telefone não existe", informou a voz da máquina, e apitou, e a ligação caiu levando consigo o fiapo de confiança que Artur momentaneamente conseguira conjurar. Sou um tapado, pensou. Um fracasso, um imbecil. Elas aparecem, sugam tudo e vão embora. Eu fico aqui desamparado – de repente o vazio e o escuro da noite lhe pareciam aterradores. Porque nem pagando xícara vitoriana, nem pagando cachaça, e o gosto de cachaça ainda amargava de leve na sua língua, nem com telefonemas e lições de português e cartões de crédito, nem assim: sanguessugas. Aproveitam o que dá e depois vão embora.

Foi já prestes a dobrar o quarteirão que Artur encontrou por acaso uma janela acesa no hotel. Fez as contas dos andares com as das janelas. Provavelmente a de Virginia. Preparando-se para dormir, escovando os dentes, quem sabe falando no skype com algum parente em Newcastle. Tenho o direito moral, martelou novamente a voz na cabeça de Artur. E por que não? Não tinha nada a perder – na verdade, tinha era crédito. Pouco importava que o telefone nem sequer existisse. Ela pedira. Comer a coroa, está dito. E tentou rastrear um resto de amendoim na saliva enquanto dava meia-volta na direção do hotel, enquanto tentava pela última vez esquecer tudo de tudo porque era o seu direito e porque Virginia afinal não desejaria nada mais do que isso. Ela deseja, é claro que sim, é claro que calculou desde o início, e lhe dava uma alegria insuspeita por as coisas serem assim fáceis de abocanhar, ao mesmo tempo que ainda mais se alegrava por perceber que o Novo Mundo, efetivamente, não estava longe.

PARTE III

Genealogias

Ulisses Antropófago

Bluma Waddington Vilar
Escritora e pesquisadora independente

Só me interessa o que não é meu. Lei do homem. Lei do antropófago.[1]

•

A intenção deste texto é mostrar que a ideia de antropofagia proposta por Oswald de Andrade pode oferecer uma chave interpretativa interessante para a compreensão das estratégias e ações do herói errante e astucioso por excelência: o Ulisses homérico. Tentarei evidenciar a possibilidade de se caracterizar como antropofágicas a percepção e a atitude de Ulisses, em dois dos mais conhecidos episódios da *Odisseia*, o do ciclope Polifemo e o das sereias, recorrendo à análise de Adorno e Horkheimer, "Ulisses ou Mito e Esclarecimento" (*Dialética do Esclarecimento*, 1947), nos pontos em que ela se mostrar útil à argumentação a ser desenvolvida aqui.

Antes, porém, de tratar da antropofagia que teria sido praticada por Ulisses, convém lembrar algumas observações feitas por Luiz Costa Lima no ensaio "Antropofagia e Controle do Imaginário" (*Pensando nos Trópicos*, 1991), nas quais explicita de que modo entende o *Manifesto Antropófago* (1928), entendimento este que servirá de base à minha reflexão. Costa Lima assinala o equívoco de se considerar o *Manifesto* "uma espécie de utopia rousseauista regressiva" em função de certas afirmações nele contidas, como a de que "nunca fomos catequizados", por exemplo:

> Oswald não era a tal ponto ingênuo que acreditasse em uma entidade primitiva, estável e indomável que teimosamente teria sobrevivido a séculos de colonização. Em vez de uma arqueologia assim estática, com uma camada primitiva e indelével e outra mais superficial, formada pela herança do branco, Oswald enfatiza uma força primitiva de resistência à doutrinação promovida pelo colonizador. Essa capacidade de resistência seria antes um traço cultural do que o produto

[1] Oswald de Andrade, *Manifesto Antropófago*. In: *A Utopia Antropofágica*. 2. ed. São Paulo, Globo, 1995, p. 47.

de algum estoque étnico. E, por isso, identificada apenas pelo modo como opera; pelo canibalismo simbólico. Em poucas palavras, a doutrinação cristã europeia não teria superado o poder de resistência da sociedade colonial, que se manifestaria na manutenção de *nossa capacidade de devorar e ser alimentado pelos corpos e valores consumidos*.²

Como sublinha o mesmo crítico, há um aproveitamento, não um simples repúdio ou uma anulação desses valores. Tal aproveitamento não elimina contudo uma dimensão conflituosa, antes a pressupõe:

> (...) a *negação do inimigo*, sua *condenação ao esquecimento* representa *o avesso* do que postula o *Manifesto*. (...) convém destacar que a antropofagia, tanto no sentido literal como no metafórico, *não recusa a existência do conflito*, senão que implica *a necessidade da luta*. Recusa sim confundir o inimigo com puro ato de vingança. A antropofagia é uma experiência cujo oposto significaria a crença em um limpo e mítico conjunto de traços, do qual a vida presente de um povo haveria de ser construída. De sua parte, o *Manifesto* se origina da busca dessa *"experiência pessoal renovada"*, que se fundaria na *incorporação da alteridade*. De acordo com as metas do *Manifesto*, essa incorporação agiria ao mesmo tempo *nos planos pessoal e social*.³

Como anota Benedito Nunes em "Antropofagia ao Alcance de Todos", Oswald extraiu sua ideia de vida primitiva dos *Essais* de Montaigne, cujo capítulo "*Des Cannibales*" apresenta uma descrição dos costumes, da organização comunitária, dos valores e virtudes dos selvagens. O escritor privilegiou, acrescenta Nunes, a antropofagia ritual que promove a "transformação permanente do tabu em totem",⁴ segundo a visão defendida por Freud em *Totem e Tabu* (1913), ou seja, o rito antropofágico como forma de expiação do crime que teria posto fim à horda patriarcal primitiva e marcado o início "da organização social, das restrições morais e da religião"⁵ – o assassinato e a devoração do pai tirânico pelos filhos rebelados. Nesse ato de devoraçao, além de se identificarem ao pai, os filhos adquiririam uma parte de sua força.⁶ Isso porque a prática do canibalismo entre povos primitivos se baseia na crença de que, "ao ingerir partes do corpo de uma pessoa no ato de comer, são também adquiridas as qualidades que ela possuía".⁷ Embora Nietzsche, um dos pensadores que mais impressionaram o jovem Oswald, não seja citado no *Manifesto*, Nunes aponta a ligação que o seu autor estabelece entre aquela "purgação do primitivo" e a "origem da saúde moral do *Raubentier* nietzschiano, do homem como animal

---

² Luiz Costa Lima, "Antropofagia e Controle do Imaginário". In: *Pensando nos Trópicos*. Rio de Janeiro, Rocco, 1991, p. 26-27 (grifos meus).
³ Idem, p. 27 (grifos meus).
⁴ Oswald de Andrade, *Manifesto Antropófago*, op. cit., p. 48.
⁵ Sigmund Freud, *Totem and Taboo*. Traduzido por James Strachey da edição original de 1913. Nova York/Londres, Norton, 1950, p. 176.
⁶ Ibidem.
⁷ Ibidem, p. 102.

de presa que, segundo a imagem digestiva empregada (...) em *A Genealogia da Moral*, assimila e digere, sem resquício de ressentimento ou de consciência culposa espúria, os conflitos interiores e as resistências do mundo exterior".[8] Em 1929, o líder da corrente antropófaga do nosso modernismo escreveria em *O Jornal*: "O homem por uma fatalidade que eu chamo de 'lei de constância antropofágica' sempre foi o animal devorante. (...) o ciclo primitivista é invencível. Nós, brasileiros, oferecemos a chave que o mundo cegamente procura: a Antropofagia".[9]

No canto XII da *Odisseia* (35-60, 155-200), a conselho de Circe, que o alertara do perigo que correria ao passar pela ilha das sereias antropófagas, cuja orla se embranquecia de ossos e despojos humanos em putrefação, Ulisses tampa com cera os ouvidos de seus companheiros, após o quê, seguindo as determinações do herói, estes lhe amarram braços e pernas, fixam-no ao mastro, devendo apertar ainda mais os nós, caso os mandasse soltá-lo para atender ao convite das vozes extraordinárias que escutaria.

Aqui se fazem necessárias algumas observações sobre as sereias. Em seu *Dicionário Mítico-Etimológico* (1991), Junito Brandão registra a etimologia provável da palavra sereia, em grego *seirén*: "Segundo Carnoy, talvez o elemento primeiro seja o indoeuropeu *twer*, 'encadear', presente na palavra grega *seirá*, *liame*, *corda*, *laço*, *armadilha*, donde *Sereia* seria aquela que *encandeia*, *atrai* os homens, sobretudo no mar". Como informa o mesmo dicionário, uma variante do mito das sereias "relata que Afrodite lhes tirou a esfuziante beleza e as metamorfoseou pelo fato de as mesmas desprezarem os prazeres do amor. Essa variante explica, de certa forma, uma dentre outras características das filhas do rio Aqueloo: com a cabeça e o tronco de mulher, mas em forma de pássaro e também de *peixe* da cintura para baixo, eram frígidas por serem peixes. Desejavam o prazer, mas, não podendo usufruí-lo, atraíam e prendiam os homens para devorá-los, o que, aliás, está de acordo (...) com a etimologia proposta por Carnoy".[10]

Mimeticamente, Ulisses põe a si mesmo em situação análoga à das sereias. Ao ordenar que seus companheiros o *amarrassem* ao mastro do navio e não o soltassem em hipótese alguma, ele pôde ouvir o canto irresistível das sereias, sentir o desejo de ir ao seu encontro, sem, no entanto, dispor dos meios para realizar tal desejo, do mesmo modo que as próprias sereias podiam sentir o impulso libidinoso sem ter como satisfazê-lo, a não ser vingativa ou compensatoriamente pela devoração de suas vítimas. *Preso* ao mastro, Ulisses teria estabelecido um laço mimético com

---

[8] Benedito Nunes, "Antropofagia ao Alcance de Todos". In: *A Utopia Antropofágica*. 2. ed. São Paulo, Globo, 1995, p. 20.
[9] Oswald de Andrade. *Os Dentes do Dragão*. Entrevistas, organização e notas de Maria Eugenia Boaventura. São Paulo, Globo, 1990, p. 176.
[10] Junito de Souza Brandão. *Dicionário Mítico-Etimológico da Mitologia Grega* (1991). Vol. II, 2. ed. Petrópolis, Vozes, 1997, p. 375-76.

as suas sedutoras e mortais inimigas, experimentando situação equivalente à condição que as define e incorporando nessa equivalência a alteridade que o ameaça e que assim é derrotada. O estratagema de Ulisses consistiria, portanto, em identificar-se à alteridade hostil, num ato de antropofagia simbólica que lhe permite vencer o inimigo, aprendendo com ele. Esse conhecimento antropofágico do outro se traduz na possibilidade de resistir à sua dominação e subjugá-lo; o que sucede, nesse episódio como no do ciclope, mediante uma dupla identificação à alteridade ou uma identificação em dois níveis. Primeiramente, Ulisses se identifica ao outro num traço ou estado determinante e, com isso, também se torna um devorador: eis o segundo nível de identificação. Mas, ao contrário do canibalismo praticado por povos primitivos, no qual a identificação com o inimigo, a aquisição de qualidades suas, depende do ato da devoração, aqui, a devoração é que supõe a identificação. Em mais uma inversão, Ulisses passa de vítima a algoz e se salva segundo o que se poderia chamar de "princípio homeopático", uma espécie de *similia similibus curantur*, que implica um saber, uma experiência da alteridade, de tudo o que é (ou parece ser) exterior e até hostil ao eu, mas que, incorporado e digerido, termina por beneficiá-lo.

É possível, entretanto, formular outra hipótese que engloba a já apresentada, à qual acrescenta um nível propriamente vinculado à magia. "Um dos procedimentos mágicos mais difundidos para ferir um inimigo", escreve Freud, "é a confecção de uma efígie deste, utilizando-se qualquer material adequado. Pouco importa se a efígie se parece ou não com o inimigo: qualquer objeto pode 'ser convertido' numa efígie dele. O que quer que se faça à efígie acontece também ao odiado original".[11] A nova hipótese considera então que, ao encenar uma situação de impotência análoga à condição constitutiva das sereias, Ulisses está atuando em dois planos. Num plano, como já se disse, Ulisses se identifica à alteridade e a incorpora ao seu próprio eu. No outro, o herói se converte em efígie das inimigas e inflige a si mesmo o que pretende que lhes sobrevenha: a frustração de um desejo, o fracasso de um intento que, nesse plano, é o de devorá-lo.

Passando agora aos pontos de convergência entre a argumentação de Adorno e Horkheimer e a que se vem expondo até aqui, vejamos, por exemplo, a passagem a seguir:

> As aventuras de que Ulisses sai vitorioso são todas elas perigosas seduções que desviam o eu da trajetória de sua lógica.

[11] Sigmund Freud, op. cit., p. 99.

Ele cede sempre a cada nova sedução, experimenta-a como um aprendiz incorrigível (...). Mas onde há perigo, cresce também o que salva: o saber em que consiste sua identidade e que lhe possibilita sobreviver tira sua substância da experiência de tudo aquilo que é múltiplo, que desvia, que dissolve, e o sobrevivente sábio é ao mesmo tempo aquele que se expõe mais audaciosamente à ameaça da morte (...) o eu não constitui o oposto rígido da aventura, mas só vem a se formar em sua rigidez através dessa oposição, unidade que é tão somente na multiplicidade de tudo aquilo que é negado por essa unidade. Como os heróis de todos os romances posteriores, Ulisses por assim dizer *se perde a fim de se ganhar*. Para alienar-se da natureza ele se abandona à natureza, com a qual se mede em toda aventura (...).

O recurso do eu para sair vencedor das aventuras: perder-se para se conservar, é a astúcia.[12]

Nessa passagem, evidencia-se uma dimensão pedagógica, de formação e fortalecimento da unidade de "um eu fisicamente muito fraco em face das forças da natureza e que só vem a se formar na consciência de si".[13] Trata-se de um aprendizado, de um saber que só se alcança mediante uma experiência da alteridade. Ao perder-se na identificação ao outro, o que Ulisses ganha é a própria identidade, fortalecida, consciente de si pelo confronto com essa alteridade que passou a incorporar. Nesse sentido, o caminho necessário para que o herói retorne a Ítaca renovado é ceder às seduções, expor-se ao risco da dissolução de um eu uno no que é outro e múltiplo. Segundo a hipótese aqui apresentada, se Ulisses se abandona à natureza ou à alteridade, ele o faz por meio de uma identificação simbólica, de uma *representação* disso que ele não é, mas que termina dessa forma por conhecer e assimilar.[14] Esse processo antropofágico de síntese constituiria, portanto, não apenas um importante "recurso do eu para sair vencedor das aventuras" e se autoafirmar, mas também um modo de conhecimento que implica igualmente um autoconhecimento. Cabe ressaltar que o canto aliciante das sereias contém uma promessa de saber:

> Vem até aqui! Vem até nós, Ulisses tão ilustre, glória dos aqueus! Detém o navio: vem escutar nossas vozes! Nunca uma nau escura dobrou este cabo, sem ouvir as doces melodias que saem de nossos lábios, em seguida, parte-se feliz e mais rico em saber, pois sabemos os males, todos os males que os deuses inflingiram aos argivos e aos troianos nos campos de Troia, e

[12] Theodor W. Adorno e Max Horkheimer, *Dialética do Esclarecimento: Fragmentos Filosóficos*. Tradução de Guido de Almeida da edição alemã de 1969. Rio de Janeiro, Jorge Zahar, 1985, p. 56-57 (grifos meus).
[13] Ibidem, p. 56.
[14] No caso de Ulisses, a devoção simbólica, a incorporação antropofágica da alteridade hostil, se efetua mediante uma identificação; esta, por sua vez, envolve uma representação: o herói encena e experimenta situações que remetem a uma outra circunstância, que evocam uma realidade análoga ao que nelas se concretiza.

sabemos também tudo quanto acontece na terra fecunda.[15]

Sobre essa passagem, o *Dicionário Mítico-etimológico* já citado observa que as sereias prometem revelar ao herói qual a reputação dele ao morrer, "como se se tratasse de um *éidolon*" – isto é, da imagem de alguém falecido tal como era quando morreu –, "ávido de conhecer o que se comentava acerca de seus feitos passados". As sereias atuariam então como necromantes, buscando adivinhar o que se deseja saber por invocação aos mortos. O consulente, porém, estaria transgredindo "uma lei básica: primeiro, a morte; depois, o renome... Fazer-se ao mar a fim de saber mais do que se sabe é um delicado eufemismo para traduzir a morte".[16] Mas, se se quiser adotar o modelo de um "movimento dialético circularizado",[17] característico do pensamento oswaldiano, como evidencia o ensaio *A Crise da Filosofia Messiânica*,[18] pode-se considerar que o saber alcançado por Ulisses é aquele que uma dialética antropofágica lhe propicia e no qual a morte se resume a uma mediação necessária para chegar-se à síntese que supera as etapas anteriores. Metade humanas, metade animais, as sereias alegorizariam a ambivalência do próprio Ulisses, dividido entre o imediatismo da natureza, a urgência da necessidade natural, e a mediação própria da cultura. Seria também nesse sentido que o confronto com as sereias, isto é, a identificação mimética e antropofágica a esses seres bipartidos, dá a Ulisses a oportunidade de um retorno a si mesmo, no qual se forjam uma consciência de si e um autoconhecimento ou, para usar a expressão de Oswald, uma "experiência pessoal renovada".

Horkheimer e Adorno observam que Ulisses só aparece realizando trocas quando se dão e se recebem os presentes da hospitalidade", um tipo de presente que, em Homero, "está a meio caminho entre a troca e o sacrifício". "Como ato sacrificial", explicitam os mesmos autores, o que se oferece "deve pagar pelo sangue derramado, seja do estrangeiro, seja do residente vencido pelos piratas, e selar a paz". Mas, segundo aqueles autores, o presente só atesta "o princípio do equivalente", quando "o hospedeiro recebe real ou simbolicamente o equivalente de sua prestação, [e] o hóspede um viático que, basicamente, deve capacitá-lo a chegar em casa".[19] No caso referido antes, também parece haver, contudo, uma equivalência simbólica entre a perda sofrida e o presente ganho.

No episódio que se passa na caverna do ciclope Polifemo, Ulisses, contrariando o pedido de seus companheiros para que fugissem logo dali com mantimentos e

---

[15] *L'Odissée*. Texto estabelecido e traduzido por Victor Bérard. 9. reimp. de 2. ed. (1933). Paris, Les Belles Lettres, 1974, tomo II e XII, 84-191.

[16] Junito de Souza Brandão, op. cit., p. 377.

[17] Benedito Nunes, op. cit., p. 31.

[18] Oswald de Andrade. *A Utopia Antropofágica*, op. cit., p. 146. Entre as treze afirmações finais que integram a "tese" defendida nesse ensaio, vejam-se especialmente as três primeiras e a antepenúltima.

[19] Theodor W. Adorno e Max Horkheimer, op. cit., p. 57 (grifos meus).

parte do rebanho, resolve esperar pelo gigante: "eu queria vê-lo e saber que presentes nos daria esse hospedeiro!" (*Odisseia*, IX, 228-229). Ao dirigir as primeiras palavras ao ciclope, o herói conclui dizendo que espera receber dele a hospitalidade e algum presente como costumam fazer aqueles que temem aos deuses e sobretudo a Zeus. Vejamos então os presentes trocados entre Ulisses e seu monstruoso anfitrião, que declara não temer nem respeitar nenhum deus e só agir segundo os ditames de seu próprio coração.

Na primeira noite, Polifemo devora dois dos companheiros de Ulisses, na manhã seguinte, mais dois. Na ausência do gigante, o herói começa a preparar sua vingança, talhando com seus homens um tronco de oliveira, para transformá-lo na estaca que cravariam no único olho do inimigo – aliás, a palavra *ciclope*, do grego *kyklops*, significa "o que tem um grande olho redondo", segundo o *Dicionário Mítico-etimológico* já referido. Polifemo retorna, devora dois outros homens, e Ulisses lhe oferece um vinho extremamente concentrado, deleitando-o com a extraordinária bebida que havia trazido. A pretexto de lhe retribuir o presente, o ciclope pergunta o nome do herói. Exigindo o presente anunciado, Ulisses lhe diz que é conhecido como Ninguém, este o nome que lhe deram "seu pai, sua mãe e todos os seus companheiros" (*Odisseia*, IX, 363-367). Polifemo revela então que se trata não de presente, mas de morte anunciada: "comerei Ninguém por último (...), eis o presente que te ofereço, meu hóspede!" (*Odisseia*, IX, 368-370).

Voltando à análise de Adorno e Horkheimer, é interessante citar a passagem em que se discute precisamente a "astúcia do nome", recurso que, segundo os autores, conclui a "assimilação da *ratio* ao seu contrário", isto é, a esse "estado de consciência" que ainda não permite a cristalização de "uma identidade estável":[20]

> O cálculo que Ulisses faz de que Polifemo, indagado por sua tribo quanto ao nome do culpado, responderia dizendo: "Ninguém" e assim ajudaria a ocultar o acontecido e a subtrair o culpado à perseguição, dá a impressão de ser uma transparente *racionalização*. Na verdade, o sujeito Ulisses renega a própria identidade que o transforma em sujeito e preserva a vida por uma imitação mimética do amorfo. Ele se denomina Ninguém porque Polifemo não é um eu, e a confusão do nome e da coisa impede ao bárbaro logrado escapar à armadilha: seu grito, na medida em que é um grito por vingança, permanece magicamente ligado ao nome daquele de quem quer se vingar, e esse nome condena o grito à impotência. Pois ao introduzir no nome a

[20] Ibidem, p. 70.

intenção, Ulisses o *subtraiu ao domínio da magia*. Mas sua autoafirmação é, como na epopeia inteira, como em toda civilização, uma autodenegação. Desse modo, o eu cai precisamente no círculo compulsivo da necessidade natural ao qual tentava escapar pela assimilação. Quem, para se salvar, se denomina Ninguém e manipula os processos de assimilação ao estado natural como meio de dominar a natureza sucumbe à *hybris*. O astucioso Ulisses não pode agir de outro modo: ao fugir, ainda ao alcance das pedras arremessadas pelo gigante, não se contenta em zombar dele, mas revela seu verdadeiro nome e sua origem, como se o mundo primitivo, ao qual sempre acaba por escapar, ainda tivesse sobre ele um tal poder que, por ter-se chamado de Ninguém, devesse temer voltar a ser Ninguém, se não restaurasse sua própria identidade graças à palavra mágica, que a identidade radical acabara de substituir.[21]

Na passagem anterior, Horkheimer e Adorno apontam o fato de a autoconservação demandar uma "imitação mimética" daquilo que se opõe à própria identidade, e, no episódio do ciclope em particular, essa identificação do eu ao seu oposto equivaleria à autodenegação instituidora do eu civilizado. Com essa citação, penso ter ficado claro o que procurei fazer ao analisar o episódio das sereias:

[21] Ibidem, p. 71 (grifos meus).

estender àquela aventura o mesmo mecanismo mimético.

Todavia, cabe sublinhar algumas divergências entre a análise dos dois autores e a leitura que venho propondo até aqui. Longe de apenas se oporem, o "domínio da magia" e o da racionalidade civilizada se associam mais frequentemente e em relações mais intrincadas do que parece sugerir a análise de Horkheimer e Adorno. Como procurei mostrar, a tensão entre o plano mágico e o racional civilizado não exclui superposições, compondo-se, nos episódios em questão, um quadro ambivalente, híbrido, em que ambas as dimensões convivem, muitas vezes de forma estreita. Se, por um lado, se pode entender que, "ao introduzir no nome a intenção, Ulisses o subtraiu ao domínio da magia"; por outro, também é possível admitir que o herói mais uma vez se converte em efígie do inimigo, causando neste um efeito semelhante ao do ato praticado contra si mesmo, isto é, contra tal efígie. Ao dizer que seu nome é Ninguém, Ulisses anula a própria identidade, identificando-se ao ciclope e tornando-se ao mesmo tempo uma efígie ou imagem deste. Tanto nesse episódio quanto no das sereias, a peculiaridade em relação à magia que James G. Frazer qualificava de "imitativa" ou "homeopática" reside na seguinte coincidência: o ato que produz a imagem do inimigo é o mesmo que se pratica contra essa imagem. Mediante seu ato de autoanulação, Ulisses não só se faz imagem do inimigo, mas também faz a si mesmo o que deseja que ocorra a ele, ou seja, uma anulação que isola Polifemo de seus pares. O gigante se anula, quando pede ajuda aos ciclopes vizinhos seus e lhes diz que, pela astúcia, Ninguém o mata. Assim, não seriam apenas o pedido de socorro e o desejo de vingança de Polifemo que se situariam no "domínio da magia". A *hybris* em que incorre Ulisses indica justamente que assimilar-se à natureza significa estimulá-la em si mesmo. A verdadeira desmedida residiria antes em julgar-se livre do risco de dissolução na natureza, a salvo de perder-se na alteridade, arriscando-se, portanto, a mais do que um desejado contágio. A assimilação aqui não teria apenas vigência estratégica. Isso a que Ulisses se assimila fica permanentemente incorporado, sobretudo quando se trata de algo que sempre fez parte do que se é, como a natureza e seu "círculo compulsório" de necessidades e instintos, como o "mundo primitivo" e sua magia. Tal território pode estar sob controle, mas não desapareceu do mapa, ignorá-lo é desconhecer os próprios limites.

Como o que se pretendeu enfatizar ao longo deste texto foi a oposição identidade/alteridade, o termo *antropofagia* aqui pode designar tanto a devoração do civilizado pelo primitivo quanto o contrário. Nessa perspectiva, a antropofagia supõe um princípio de não exclusão, definindo-se como um processo e um *modo de relação* orientados para uma síntese, qualquer que seja o ponto de partida.

Perfeito antropófago, ao trocar presentes com seu ciclópico anfitrião, Ulisses não deixou de respeitar o princípio do equivalente salientado por Horkheimer e Adorno: teve metade de seus companheiros devorada por Polifemo e devorou simbolicamente a este.

O primeiro verso da *Odisseia* descreve Ulisses com o adjetivo *polytropos*, cujo sentido básico, segundo Anatole Bailly, é de "que se volta em muitas direções". Por extensão, obtém-se o segundo sentido arrolado, sentido em que o termo estaria sendo usado naquele verso inicial: "que erra de uma parte a outra, que percorre mil lugares diversos". Bailly aponta ainda como sentidos figurados positivos "maleável, hábil, industrioso" e como negativos "velhaco, astucioso".[22] Todos estes epítetos se aplicam bem a um herói que erra, atraído pelo diverso, e torna antropofagicamente familiares os lugares estranhos por onde passa – eis a sua maleabilidade, a sua astúcia.

[22] Anatole Bailly, *Dictionnarie Grec-Français*. Revisto por L. Séchan e P. Chantraine. 26. ed. (1963). Paris, Hachette, 1985.

Cinco Séculos de Carne de Vaca:
Antropofagia Literal e Antropofagia Literária

Carlos Fausto

Pós-graduação em Antropologia Social do Museu Nacional/UFRJ

Imagino ter sido convidado a participar deste livro para falar sobre antropofagia literal e não literária; a antropofagia como fato e não como tropo. É o que farei, atendo-me a alguns dados etnográficos referentes às sociedades indígenas da América do Sul, em particular aos grupos tupi-guarani que ocupavam a costa atlântica no momento da conquista e que serviram de inspiração aos modernistas.

Não me limitarei, porém, à descrição dos fatos, pois a antropofagia, mais do que fato institucional ou prática cultural historicamente datada, é um esquema relacional básico nas cosmologias indígenas: um esquema que não se limita à relação de predação entre humanos, mas se aplica à predação de todos os entes dotados de capacidades subjetivas. E no caso indígena, como em outros sistemas anímicos, não só os humanos possuem verbo e intenção: os animais em especial, mas não só eles, são também concebidos como sujeitos, dotados de um ponto de vista próprio sobre o mundo, associado a uma forma específica de viver e agir. Por isso, prefiro falar em esquema de relação canibal, mais do que em esquema antropofágico.

Se definirmos, assim, o canibalismo como apropriação violenta de capacidades subjetivas de entes dotados de perspectiva própria, a antropofagia deve ser tida como uma subespécie de canibalismo, embora seja sua expressão prototípica, pois, dentre todos os seres, os humanos são aqueles que mais claramente possuem, por assim dizer, os atributos da humanidade: ação, intenção e perspectiva próprias. Redefino, aqui, a distinção entre canibalismo e antropofagia, sugerida por Oswald de Andrade em *A Crise da Filosofia Messiânica*. Distinção entre um comer gente para fins alimentares e comer gente por motivação ritual ou religiosa; diferença que remonta à oposição, ademais equivocada, entre a antropofagia tupi e o canibalismo de outros grupos indígenas, como o dos karib – designação da qual o termo canibal é, possivelmente, uma corruptela.¹

Seja como for, é a antropofagia dos grupos tupi-guarani da costa brasileira quinhentista que serve de mote à *Revista de Antropofagia* em suas duas dentições, assim como servira, sob outra roupagem, ao indianismo romântico do Gonçalves Dias de "Y-Juca-Pirama". O índio que inspirou nossos movimentos literários é aquele distante no tempo, figura do passado moldada conforme os intuitos da elite literária nacional. É bom lembrar que seja em meados do século XIX, tempo dos românticos, seja no segundo quartel deste século (século XX), tempo dos modernos antropófagos, havia inúmeros grupos indígenas, distantes no espaço, mas próximos no tempo. Estes, porém, haviam desaparecido da consciência das elites urbanas, ainda que o processo colonial interno não tivesse terminado. Se não me engano, a única referência a índios contemporâneos encontra-se na última edição da *Revista de Antropofagia*: um comentário crítico ao contato de um grupo tupi do Maranhão pelo Serviço de Proteção aos Índios. No mais, fala-se de personagens consagrados pelos cronistas quinhentistas e seiscentistas como Cunhambebe e Japuaçu, citando-se mais autores franceses como Léry e Abbeville (isso sem falar no onipresente Montaigne) do que os ibéricos, como Anchieta, Gandavo e Soares de Souza.

Índios do passado lidos por uma mescla de urbanidade modernizante, com um internacionalismo provincianamente gaulês e um nativismo radicalmente selvático, seria a metáfora oswaldiana tão distante da realidade indígena quanto o indianismo medievalista de Gonçalves Dias?

O outro Oswaldo, o Costa, queria crer que não:

> A antropofagia nada tem que ver com o romantismo indianista. Ao filho índio de Maria, ao índio irmão do Santíssimo, ao índio degradado pela catequese de que nos fala Couto de Magalhães, opomos o canibal que devorou o catecismo e disse para Hans Staden que não o amolasse, porque era gostoso. O índio nu.²

Ao índio missionarizado e aculturado, os modernistas opuseram um índio nu, pré- e contracatequese, antecipando uma mudança no modo de a sociedade brasileira conceber sua relação com os primeiros habitantes do país. Mudança que ganharia ímpeto a partir dos anos 1950, quando o discurso assimilacionista então predominante começou a ceder terreno à ideia de preservação das culturas nativas.

---

¹ Cristóvão Colombo, *Diários da Descoberta da América* (1492). Porto Alegre, L&PM, 1986, p. 65.
² Oswaldo Costa, "De Antropofagia". In: *Revista de Antropofagia. Diário de São Paulo*, 12/06/1929.

Ainda assim, o índio nu oswaldiano continua sendo uma figuração distante das realidades indígenas efetivas. A antropofagia como metáfora, no entanto, parece-me expressar uma compreensão profunda do canibalismo como operação prático-conceitual. Para entendermos em que sentido isso é verdade, é preciso aproximar-se dos fatos etnográficos. Começo, pois, por uma descrição do caso clássico de antropofagia que serviu de *tópos* aos modernistas, aquele dos tupi-guarani que viviam na costa atlântica no momento da conquista.

O FESTIM CANIBAL TUPINAMBÁ

Tupi-guarani é a designação de uma família linguística e dos grupos que falam línguas dessa família. No século XVI, eles dominavam toda a faixa litorânea, a bacia dos rios Paraná-Paraguai e, provavelmente, outras áreas do interior. Na costa, vivia uma numerosa população, que embora bastante homogênea linguística e culturalmente, estava dividida, para usar os termos dos cronistas, em várias nações, castas ou gerações inimigas. Tamoio, tupiniquim, tabajara, caeté, temomino, tupinambá foram alguns dos termos pelos quais ficaram conhecidas essas diferentes castas de gentios, cuja realidade sociológica precisa é, hoje, difícil de se determinar.

A unidade política mínima era a aldeia, enquanto a máxima era o conjunto de aldeias ligadas por laços de consanguinidade e aliança, que mantinham relações pacíficas entre si, opondo-se a outros conjuntos de mesma estrutura. Tais conjuntos não estavam sujeitos a uma autoridade comum nem possuíam fronteiras rígidas, que se redefiniam constantemente em função da própria lógica guerreira.

A guerra endêmica entre os tupi surpreendeu os cronistas por duas razões: primeiro, porque parecia não envolver qualquer razão material, tendo como única motivação explícita a honra e, como dizia Thevet, esse absurdo e gratuito sentimento de vingança.[3] A vingança e a honra estavam inextricavelmente ligadas à antropofagia: o segundo motivo de surpresa para os conquistadores, pois, nas palavras de um missionário jesuíta, "não se têm por vingados com os matar senão com os comer".[4] O principal objetivo das expedições guerreiras era fazer cativos para serem executados e comidos em praça pública. "Se reduzem ao cativeiro quatro ou cinco dos inimigos", escreve Anchieta, "voltam sem mais outro motivo e os comem em grandes festas de cantares e copiosíssima libação de vinhos (...)".[5]

A execução ritual dos prisioneiros, contudo, poderia demorar vários meses.

[3] André Thevet, *As Singularidades da França Antártica* (1576). Belo Horizonte, Itatiaia/Edusp, 1978, p. 135.
[4] Aspicuelta Navarro et al., "Carta de Antônio Blasquez de 1557". In: *Cartas Avulsas* (1550-1568). Belo Horizonte, Itatiaia/Edusp, 1988, p. 198.
[5] José de Anchieta, *Cartas: Informações, Fragmentos Históricos e Sermões* (1554-1594). Belo Horizonte, Itatiaia/Edusp, 1988, p. 55.

O cativo passava a viver na residência de seu captor, que lhe cedia uma irmã ou filha como esposa. Ele tinha um papel importante nas relações interaldeãs, devendo ser mostrado aos parentes e amigos de aldeias vizinhas, e executado em um grande festim, para o qual se convidavam os aliados. Sua morte ritual era, assim, um momento privilegiado de articulação de aldeias em nexos sociais maiores.

A festa começava alguns dias antes da execução propriamente dita, com a chegada dos convidados e o início das danças e cauinagens. Durante esse período, o cativo era preparado para a execução em um crescente processo de reinimização: no dia que antecedia o massacre, encenavam uma tentativa de fuga do prisioneiro e sua captura. Era-lhe dado o direito de vingar antecipadamente a própria morte: amarrado pelo ventre por uma grossa corda, recebia pedras, frutos, cacos de cerâmica, que deveria lançar contra a audiência mostrando sua ferocidade e coragem.

A derradeira manhã chegava com o fim da cauinagem. Levado ao terreiro, pintado e decorado, preso por uma corda, o cativo esperava o carrasco que, portando um diadema rubro e o manto de penas de íbis vermelha, aproximava-se de sua presa, imitando uma ave de rapina. Das mãos de um velho matador, o algoz recebia a borduna. Tinha início, então, o célebre diálogo ritual com a vítima, imortalizado pelos cronistas.

Após o breve colóquio, em que cada parte reafirmava vinganças passadas e anunciava vinganças futuras, um golpe concreto e presente, desferido contra a nuca do cativo, rompia-lhe o crânio e lançava-o ao chão. As velhas acudiam com cabaças para recolher o sangue que se espalhava. Nada deveria ser perdido, tudo precisava ser consumido e todos deviam fazê-lo: as mães besuntavam seus seios de sangue, para que seus bebês também pudessem provar do inimigo. Se a comida era pouca e muitos os convivas, desfrutava-se o caldo de pés e mãos cozidas; se, ao contrário, o repasto era farto, os hóspedes levavam consigo partes moqueadas.[6]

O único que não comia era o matador, que iniciava um longo período de resguardo, no qual deveria se abster de uma série de alimentos e atividades. Recluso, despossuído de seus bens pessoais, escarificado e tatuado, o homicida tomava um novo nome, que, segundo alguns cronistas, só revelaria durante uma cauinagem no final do resguardo. A renominação, o tomar nomes na cabeça de seus contrários, permitia ganhar fama e renome: os grandes guerreiros acumulavam cento e mais apelidos, para serem cantados e contados.[7] Era também promessa de imortalidade futura, de um

[6] Carlos Fausto, "Fragmentos de História e Cultura Tupinambá: da Etnologia como Instrumento Crítico de Conhecimento Etno-histórico". In: M. Carneiro da Cunha (ed.), *História dos Índios no Brasil*. São Paulo, Fapesp/Cia. das Letras/SMC, 1992, p. 381-96.

[7] Jácome Monteiro, "Relação da Província do Brasil, 1610". In: Serafim Leite, *História da Companhia de Jesus*. Vol. VIII (apêndice). Rio de Janeiro, Imprensa Nacional, 1949, p. 409.

destino póstumo ao qual só os matadores tinham acesso.

DE INIMIGOS E CATIVOS

A explicação mais difundida sobre a antropofagia tupi é a de que, por meio da devoração, buscava-se incorporar as qualidades do inimigo. Recordemos "Y-Juca-Pirama":

> Mentiste, que um tupi não chora nunca,
> E tu choraste!... parte; não queremos
> com carne vil enfraquecer os fortes.

Ou Oliveira Martins, citado na edição de 8 de maio de 1929, da *Revista de Antropofagia*:

> Devorar o seu semelhante é um ato que provém da noção de imanência da capacidade do homem nos seus tecidos; e da transferência dessa capacidade com a absorção deles.

A ideia da absorção de qualidades através da devoração, ainda que não de todo incorreta, deixa sem resposta dois problemas básicos: por um lado, não dá conta do complexo ritual. Caso se tratasse apenas de ingurgitar a carne, por que tanto rodeio e tanta demora? Por que tanto artifício? Por outro lado, caso se tratasse de simples incorporação de uma substância, como explicar que o matador era o único a abster-se do repasto?

Permitam-me começar pela segunda questão. A chave para sua compreensão é atentar para as duas relações, contraditórias entre si, que se estabeleciam com o cativo. Capturado na guerra, ele era adotado pela família de seu futuro algoz, que o alimentava e protegia. Hans Staden conta que, na viagem de retorno após sua captura, os guerreiros diziam-lhe justamente: *xe remimbaba in dé*, "tu és meu xerimbabo".[8] A condição social do cativo alterava-se, no entanto, às vésperas da execução, quando era reinimizado. Prendiam-no, separavam-no de sua família de adoção, faziam-no assumir novamente a posição de inimigo e o submetiam a um rito de captura. Por fim, era morto e devorado.

Todo o complexo jogava, portanto, com uma oscilação entre a familiarização do inimigo e sua predação, a qual ocorria após a reinimização. Para compreendermos essa sequência é preciso recorrer a outros exemplos etnográficos, para os quais possuímos maior riqueza de detalhes. Tomemos o caso dos araweté, um grupo tupi-guarani do Pará, estudado por Viveiros de Castro,[9] entre os quais não há canibalismo de fato. Que tipo de relação eles creem se estabelecer entre o guerreiro

[8] Hans Staden. *Duas Viagens ao Brasil* (1557). Belo Horizonte, Itatiaia, 1974, p. 84.
[9] Eduardo Viveiros de Castro, *From the Enemy's Point of View: Humanity and Divinity in an Amazonian Society*. Chicago, Chicago University Press, 1992.

e sua vítima? Para os araweté, o homicídio é uma forma de devoração, digamos, ontológica: o matador captura o espírito do inimigo e aprende a controlá-lo ao longo do resguardo. A operação é delicada, pois, de início, o matador é tomado pela subjetividade do morto: assume sua perspectiva, perde o controle sobre si mesmo, quer matar os próprios parentes, mas acaba domesticando-o e pondo-o a serviço da comunidade. Dele ouvirá novos cantos que moverão a maquinaria ritual e novos nomes que permitirão singularizar seus parentes.

A transformação da presa em xerimbabo, da vítima em espírito-auxiliar é um fenômeno recorrente nas representações ameríndias sobre a guerra. Entre os nivacle do Chaco,[10] encontramos o mesmo processo de domesticação de um princípio ontológico da vítima, cuja relação com o matador é equiparada a de um animal cativo sob o controle de seu dono. Como no caso anterior, o processo de captura e apaziguamento do espírito do inimigo se davam ao longo do resguardo e dos rituais ligados ao escalpo, comportando o mesmo perigo: o do matador assumir definitivamente a perspectiva do outro e, ao invés de alienar sua vítima, alienar-se a si mesmo.

À primeira vista, a antropofagia ritual tupi invertia a ordem dos fatores: o cativo aprisionado fazia, em vida, as vezes da alma-xerimbabo e precisava ser reinimizado antes de ser morto; ou seja, era feito primeiro um animal familiar e posteriormente predado. É possível, no entanto, que a execução também fosse pensada como predação ontológica, e que o inimi-

[10] Adriana Sterpin, "La Chasse aux Scalps chez les Nivacle du Gran Chaco". *Journal de La Société des Américanistes*, 1993, LXXIX, p. 33-66.

Homenagem a Oswald de Andrade, nos seus 60 anos

go, depois de morto, voltasse à condição de cativo sob o controle de seu matador. Os cronistas, porém, não nos esclarecem sobre esse ponto.

De qualquer modo, a dissociação entre os que comiam e prosseguiam sua vida cotidiana e o executor que não comia e devia entrar em resguardo leva-nos a pensar que o fundamental na operação canibal não era comer de fato, mas fazê-lo simbolicamente, como se a forma mais produtiva do canibalismo fosse aquela mais pura, mais abstrata, menos contaminada pela passagem ao ato. Já tendo devorado simbolicamente a vítima, o matador não devia e não podia comer suas carnes.

A MAQUINARIA RITUAL

Resta-nos, agora, compreender melhor o sentido do complexo ritual. Por que afinal tanto artifício? A resposta encontra-se na ligação entre dois momentos afastados no tempo: aquele da predação na guerra e aquele da execução ritual. Nesse intervalo, processava-se uma multiplicação dos efeitos da predação, uma socialização do homicídio. O ato isolado no campo de batalha era transferido para a esfera coletiva, para a praça pública, tornando-se um elemento central da vida sociopolítica.

Sabemos que não eram só os executores que adquiriam novos nomes. Suas mulheres, segundo Staden,[11] também o faziam, assim como aqueles que sujeitavam o inimigo no calor do combate ou aqueles que os capturavam na encenação pré-massacre.[12] Toda a lógica da guerra estava voltada para ampliar os efeitos da destruição de cada inimigo, para extrair muito de poucas mortes, e o rito ocupava um lugar privilegiado nessa operação.

A maquinaria ritual visava, enfim, tornar público e socializar o homicídio. Mas para quê? Pelo que sabemos dos cronistas, a execução ligava-se à nominação, ao casamento e ao destino póstumo; ou seja, à singularização de pessoas, sua reprodução e permanência. Estes são aspectos recorrentes dos sistemas guerreiros ameríndios e vinculam-se a um tema, que, embora pouco desenvolvido na antropofagia tupi-guarani, não deve ser esquecido: o poder genésico do homicídio, sua função fertilizadora.

Vários dos rituais guerreiros sul-americanos, envolvendo ou não antropofagia e caça de troféus, são generativos em sentido amplo, ou seja, são *life-giving*, à maneira dos ritos para garantir a abundância da caça ou o crescimento das plantas cultivadas. Seu objeto, porém, não é a produção de alimentos, mas de pessoas. Esse caráter genésico expressa-se, assim, como desenvolvimento das capacidades criativas dos matadores, como produção

[11] Hans Staden, op. cit., p. 170.
[12] Claude d'Abbeville, *História da Missão dos Padres Capuchinhos na Ilha do Maranhão e Terras Circunvizinhas* (1614). São Paulo, Itatiaia/Edusp, 1975, p. 231.

de novos sujeitos por meio da nominação, ou mesmo como reprodução física, pois alguns desses ritos são supostos a atuar diretamente sobre a fertilidade feminina.

O canibalismo é, pois, um modo de produção de pessoas por meio da destruição de pessoas. E aqui o complexo ritual possui um papel estratégico, pois permite não apenas que os atos homicidas adquiram máxima produtividade, "socializando-os e multiplicando-os", mas, sobretudo, que deixem de ser uma série justaposta de atos isolados, de ações individuais, para se tornarem um modo de reprodução social generalizado, fundado na predação e familiarização de subjetividades alheias.

Conclusão

Mas, afinal, que tipo de sociedade é essa na qual a constituição de sujeitos plenos passa pela apropriação violenta de princípios de subjetivação, que são, por necessidade, exteriores? Seja no plano da constituição da pessoa, seja do grupo social, estamos diante de um modo *centrífugo* de reprodução sociocultural, que não se funda na acumulação e transmissão interna de capacidades e riquezas simbólicas, mas em sua apropriação no exterior. Apropriação de capacidades e perspectivas que, para se tornarem próprias, devem ser consumidas e familiarizadas.

Os nivacle do Chaco, aos quais me referi anteriormente, expressam com clareza tal ideia, ao afirmarem que o matador deve tornar o espírito de sua vítima *nitôiya*:

> O termo *nitôiya*, traduzido em espanhol por "manso", é o negativo de *tôiyi*: bom (pessoas), correto, feroz, selvagem (animal) (...). Essas glosas aparentemente contraditórias se esclarecem desde que consideremos que *tôiyi* deriva de *tôi*: ter consciência, saber, poder, dar-se conta, lembrar-se. Assim, um animal correto é aquele que tem consciência daquilo que ele é: ele se mostra *tôiyi*, selvagem e feroz. Um animal *nitôiya*, cativo, é um animal.[13]

O objetivo do matador é, pois, tornar sua presa inconsciente, fazer com que perca consciência de si. Seu desejo é apropriar-se da perspectiva do outro e colocá-la sobre seu controle, torná-la outra consciência-de-si. A relação modelar de controle nessas cosmologias não é, porém, aquela entre senhor e escravo – pois o sistema não se baseia na apropriação de trabalho para produzir bens –, mas aquela entre senhor e xerimbabo, expressa na familiarização do princípio vital da vítima na guerra e de espíritos de animais no xamanismo.[14] Eis por que o cativo tupi, tratado e concebido como

[13] Adriana Sterpin, op. cit., p. 59-60.
[14] Carlos Fausto, "Of Enemies and Pets: Warfare and Shamanism in Amazonia". *American Ethnologist*, 1999, 26(4).

animal familiar, precisava ser reinimizado às vésperas da execução; era necessário que assumisse novamente seu ponto de vista, que se mostrasse outro e autônomo, feroz e consciente daquilo que era: um inimigo, enfim. Só assim, haveria algo de que se apropriar e familiarizar.

Esse movimento de conversão da relação de predação em familiarização, esse esquema relacional contraditório, é o que me parece melhor descrever a operação canibal. E é nesse sentido que disse, no início deste ensaio, que a metáfora antropofágica modernista era congruente com as representações indígenas. Em ambos os casos, e me permitam aqui resgatar a velha e boa dialética, o movimento não deve ser entendido como mera identificação ao outro nem como simples negação do outro. O canibal nega sua presa ao mesmo tempo que a afirma, pois emerge da relação como novo sujeito afetado pelas capacidades subjetivas da vítima. Ele busca mobilizar a perspectiva do outro em proveito da reprodução de si, exprimindo a contradição entre um desejo centrífugo, heteronômico, e uma necessidade de autoconstituição enquanto sujeito autônomo. O risco da alienação, contudo, permanece sempre presente, pois se o canibal controla subjetividades outras que tornam possível a reprodução da vida, ele está definitivamente marcado por elas. "Só me interessa o que não é meu. Lei do homem. Lei do antropófago."

Ao buscar navegar entre o nacionalismo regressivista e o mimetismo europeizante para construir uma literatura nacional internacional, ao visar um nacional por adição, a antropofagia modernista talvez tenha sido, de fato, fiel ao espírito do canibalismo tupi. Não obstante, no 455º aniversário da deglutinação do bispo Sardinha, ainda não pudemos devorar o velho slogan: "Quase cinco séculos de carne de vaca! Que horror!".

Quando os Bárbaros Somos Nós

Maria Helena Rouanet
Tradutora e ensaísta

> *Enfim, é coisa bestial, e é certo que deles me confessou ter comido da carne de mais de 200 corpos, e isto tenho por certo, e baste.*
> Américo Vespúcio, "Carte a Lorenzo di Pierfrancesco di Médici" (1502)

> *Mentiste, que um tupi não chora nunca*
> *E tu choraste!... parte, não queremos*
> *Com carne vil enfraquecer os fortes.*
> Gonçalves Dias, "Y-Juca_Pirama", V.

•

Não é de hoje que o antropófago circula com alguma constância pelos textos ocidentais. Quase sempre, porém, metaforicamente. Ao passo que o canibalismo efetivo – cuja existência histórica vem sendo até questionada nos dias de hoje[1] – deve ficar bem afastado do leitor, por medida de precaução. Esses povos e seus costumes bárbaros podem frequentar, com relativa liberdade, os relatos daqueles viajantes *tão pouco evoluídos* dos primeiros tempos dos descobrimentos, ou as referências enciclopédicas da Europa iluminista e pós-iluminista, ou mesmo, em tempos mais recentes, a patologia das personagens hollywoodianas. Contanto que se mantenham as devidas distâncias pois, afinal, como escreve Pierre Chaunu, em seu prefácio a *Le Cannibale*, de Frank Lestringant, essa prática "transgride (literalmente) o mais absoluto dos interditos. (...) Não comerás a ti mesmo (...), não comerás o teu semelhante".[2]

Nesse sentido, seria quase de se esperar que antropófagos e canibais tivessem presença marcante em manifestos de vanguarda, uma vez que faz parte das regras do jogo dos grupos aos quais se atribui tal designação provocar o choque em seus leitores ou espectadores. Como ocorre com outros tantos interditos, este será um tema privilegiado por aqueles que pretendem *esbofetear o gosto do público*[3] ou, como escreve Benedito Nunes, um excelente "meio de agressão verbal" em termos da "retórica de choque do futurismo e do dadaísmo".[4]

---

[1] Como na "reavaliação" dessa "quase obsessão", que Anthony Pagden vem propor em seu *The Fall of Natural Man*, esp. cap. 4, p. 57-108 (os termos entre aspas encontram-se às páginas 8 e 80, resp.). Veja-se também a referência de Frank Lestringant a esta obra, em *Le Cannibale*, p. 31, nota 16.
[2] Pierre Chaunu, "Préface" a Frank Lestringant, *Le Cannibale: Grandeur et Décadence*. Paris, Perrin, 1994, p. 19.
[3] Evidentemente, faço referência ao *Manifesto* lançado, na Moscou de 1912, pelo grupo dito cubofuturista.
[4] Benedito Nunes, *Oswald Canibal*. São Paulo, Perspectiva, 1979, p. 14. (Col. Elos)

O que se tem aí seria uma funcionalidade cultural da antropofagia; mas tal funcionalidade, longe de se limitar à proposta de choque das vanguardas, tem acompanhado as referências a essa prática desde que ela despontou como tema nos textos ocidentais. No entanto, para refletir a seu respeito, deve-se, por um lado, desvincular a noção de retórica da conotação de verbosidade geralmente desprovida de sentido efetivo, conotação esta que lhe é atribuída, de forma dominante, pelo pensamento da modernidade. E, por outro lado, deve-se recuperar a relação necessária entre essa *techné* e a noção básica de estratégia que visa a uma eficácia discursiva.

Não se pode, por certo, esquecer que as funções emprestadas à figura emblemática do canibal passaram por diversas variações ao longo dos cinco séculos que se seguiram ao descobrimento da América. No entanto, pode-se apontar, aí, uma invariante, presente desde o diário de viagens de Cristóvão Colombo até a formulação adotada por Chaunu para definir as razões do tabu que cerca a antropofagia em nossa cultura. Trata-se da delimitação das fronteiras entre a semelhança e a diferença, ou seja: a figuração do outro. Nas palavras de Anthony Pagden, "os antropófagos (...) têm desempenhado o seu papel na *descrição das culturas não* *europeias*, desde que o primeiro grego se aventurou pelo lado ocidental do Mediterrâneo".[5]

É assim que o canibal vai servir à estratégia discursiva de Montaigne para instaurar a relatividade das diferenças percebidas pelo ponto de vista do eu. Como teria feito Pirro diante da impecável organização do exército romano com que se defrontava, o autor dos *Essais* afirma, sem qualquer hesitação, "que não há nada de bárbaro ou de selvagem (nesses indígenas da América do Sul)", "a não ser o fato de que chamamos barbárie tudo o que não faz parte de nossos costumes".[6]

Pelo prisma do absoluto da verdade revelada, o mesmo canibal serviria à estratégia de dois contemporâneos de Montaigne que conheceram de perto esses povos da América e deles lançaram mão para configurar o discurso exemplar da divulgação da Palavra de Deus: o protestante Jean de Léry e o católico André Thevet. Um e outro, a despeito das divergências das fileiras religiosas em que se alinhavam, trataram de fornecer a seus leitores o relato "De como os americanos tratam os prisioneiros de guerra e das cerimônias observadas ao matá-los e devorá-los" ou "De como esses bárbaros matam e devoram seus prisioneiros de guerra".[7] Mas é no texto de Thevet que a funcionalidade de tal recurso se explicita,

---

[5] Anthony Pagden, *The Fall of Natural Man: The American Indian and the Origins of Comparative Ethnology*. Edição brochura com correções e acréscimos. Cambridge, Cambridge University Press, 1986, p. 80-81 (grifos meus).
[6] Montaigne, "Essais" (1580). In: *Ouevres Complètes*. Livro I, Cap. 31. Paris, Éditions du Seuil, 1967.
[7] Trata-se do título do cap. XV do livro *Viagem à Terra do Brasil*, de Léry, e do cap. XL de *As Singularidades da França Antártica*, de Thevet, respectivamente.

em trecho do Cap. XLI, que discorre sobre o sentimento da vingança:

> Não é muito de se admirar (escreve o frade franciscano) que este povo, que vive nas trevas porque ignora a verdade, não se dê por satisfeito em somente desejar a vingança, mas efetivamente dispenda todos os esforços possíveis para levá-la a cabo. *Digo isto porque* os próprios cristãos, a quem tal sentimento é expressamente proibido pelas Escrituras, nem sempre conseguem evitá-lo (...).[8]

Em época bem mais recente, a antropofagia estaria ainda a serviço da estratégia do pensamento positivista que, como assinala Lestringant, alimentou "a ideologia colonial da *grande époque*".[9] Em representações do canibalismo como a que se encontra em *Les Enfant du Capitaine Grant*, de Júlio Verne (1868), "descobrimos (...), sem qualquer surpresa, que (a) cena delirante (que aí se descreve) é vista (...) pelo olho dos europeus". E a eficácia de tal discurso está em convencer o europeu de que ele "det(ém) com exclusividade o privilégio da humanidade".[10]

Foi exatamente a percepção de que a visão ocidental dita civilizada está moldada, acima de tudo, no "desconhecimento do outro" que levou Lestringant a se debruçar sobre essa questão.[11] Aí residiria, segundo Chaunu, um dos grandes interesses do livro desse autor: no fato de ele permitir – ou até mesmo provocar – uma releitura das nossas certezas e das nossas verdades ao deixar falar o canibal, pois este "só fala de nós, *o canibal somos nós*".[12]

Mas o que fazer quando tal identificação ultrapassa os limites da metáfora? Já nas primeiras décadas do século XVI, "bem antes de Montaigne", escreve Lestringant, "na França, os canibais tornaram-se (...) sinônimo de 'brasileiros'"[13] e esta realidade se instala com todas as letras no título de seu Cap. 4 "Le Brésil, Terre *Des Cannibales*".[14] Ora, quando o outro somos nós mesmos, e na medida em que os padrões culturais internalizados haviam sido fornecidos pelo europeu, a postura adotada com mais frequência foi a tentativa de se enquadrar, a todo custo, nos contornos de tais padrões.

Esta é a atitude que marca a produção romântica, por exemplo, em que se minimizam, na medida do possível, as referências aos costumes *bárbaros* dos selvagens enquanto se destacam suas qualidades positivamente conotadas aos olhos da sociedade *branca civilizada*. Fundiam-se, assim, de certa maneira, os dois caminhos paralelos que a imagem do selvagem trilhava em textos quinhentistas como os referidos relatos de Léry e de Thevet: por

---

[8] André Thevet, *As Singularidades da França Antártica* (1558). Trad. Eugenio Amado. Belo Horizonte/São Paulo, Itatiaia/Edusp, 1978, p. 135 (grifos meus).
[9] Frank Lestringant, *Le Cannibale: Grandeur et Décadence*. Paris, Perrin, 1994, p. 280.
[10] Ibidem, p. 277 (grifo dele).
[11] Ibidem, p. 32.
[12] Ibidem, p. 19 (grifos meus).
[13] Ibidem, p. 69 (grifo meu).
[14] Ibidem, p. 84. Essa generalização é patente no trecho do *Premier Livre de la Description de Tous les Ports de mer de l'Univers* (sic), de Jehan Mallart (cerca de 1546-1547), citado por Lestringant, p. 73-74, e que se refere à província de Pernambuco: "*La gente icy est rustique et saulvaige (...). La nation est de gent Cannibale / Et celles gens mengent leurs ennemys*".

um lado, havia a descrição pormenorizada dos hábitos culturais que marcavam a sua diferença relativamente ao europeu; por outro lado, havia o destaque de qualidades como a honra, a honestidade, a coragem, em suma, aspectos que permitiriam – e efetivamente o permitiram – que o setecentos elegesse esses personagens para fazer a crítica do homem civilizado e que o oitocentos os transformasse em típicos heróis românticos.[15]

Com o movimento modernista de 1922 – que, em diversos pontos, toca de perto as propostas românticas –, surge a atitude oposta e, na contramão da definição formulada por Montaigne, Oswald de Andrade passará a ostentar aquilo que é "Bárbaro e nosso".[16] Tratar-se-ia, então, de postar-se como *diferente* diante dessa civilização e "com(ê-la) porque somos fortes e vingativos como o jabuti".[17] Ainda uma vez, o caminho se faz na contramão; só que, desta feita, inverte-se a perspectiva freudiana da introjeção do princípio paterno que estaria na base da formação da sociedade civilizada. "A transformação permanente do tabu em totem".[18]

À primeira vista, poder-se-ia pensar em mera inversão dos valores atribuídos aos termos da equação, o que não alteraria absolutamente a relação existente entre eles. Em outras palavras: o positivo passaria a ser encarado como negativo, e vice-versa. Tanto mais que a vingança – como se vê no trecho de Thevet citado anteriormente – era já o motivo apontado para os rituais antropofágicos por todos aqueles que tencionaram desmentir as histórias que corriam pela Europa do século XVI acerca do canibalismo como mera preferência alimentar dos selvagens americanos. Ou, para usar as palavras de Léry, todos os que escreviam visando "refutar o erro daqueles que", embora tenham escrito sobre os selvagens do Brasil, eram "pessoa(s) ignorante(s)] do assunto de que tratava(m)".[19]

No entanto, considerar a antropofagia oswaldiana sob esse prisma equivale a perder boa parte do que ela pode ter de instigante e de produtivo. Muito embora a figura do canibal tenha se reduzido, progressivamente, à imagem de "um ser devorador, um predador sem consciência e sem ideal, que, nos casos de extrema penúria, volta o seu apetite contra seus semelhantes";[20] muito embora os dicionários sejam a prova mesma de tal redução geralmente limitando a definição desse termo ao ato de comer carne humana; não se deve perder de vista o aspecto ritual dessa prática. Na verdade, a antropofagia se caracteriza por ser um processo de *assimilação crítica do outro*, e é por essa perspectiva que a funcionalidade discursiva de sua valorização deve ser pensada.

---

[15] Observe-se que, no relato de Léry, o capítulo relativo ao canibalismo é precedido por outro intitulado "Da Guerra, Combate e Bravura dos Selvagens". Assim também em Thevet, o capítulo que antecede a descrição dos hábitos antropófagos dos indígenas da América relata "De Como os Selvagens Combatem tanto na Água quanto em Guerra".
[16] Oswald de Andrade, *Manifesto da Poesia Pau-Brasil* (1924). In: G.M. Teles (org.), *Vanguarda Europeia e Modernismo Brasileiro*. 9. ed. Petrópolis, Vozes, 1986, p. 326 (grifo meu).
[17] Ibidem, *Manifesto Antropófago* (1928). In: op. cit., p. 357.
[18] Ibidem, p. 355.
[19] Jean de Léry, op. cit., p. 199.
[20] Frank Lestringant, op. cit., p. 30.

Curiosamente, foi outro autor quinhentista que me forneceu a pista para a leitura que proponho aqui: Joachim Du Bellay, "o doce angevino",[21] cujo nome, nas histórias da literatura francesa, quase sempre se limita a secundar o de Pierre de Ronsard como integrante da plêiade.[22] Mas o que há de curioso nessa aproximação é que tal autor nada tem a ver com antropófagos ou canibais, a não ser – o que talvez já seja bastante – o fato de ter sido um poeta da corte de Henrique II, o monarca em cuja homenagem foi realizada a tal "Festa Brasileira celebrada em Rouen em 1550", na qual se buscou representar a vida no Novo Mundo, através da presença de índios, aves e outros espécimes igualmente exóticos.[23]

À primeira vista, nada mais insólito do que a impressionante semelhança entre o programa traçado por Du Bellay em sua *Deffence et Illustration de la Langue Francoyse*, publicada em 1549, e a antropofagia de Oswald de Andrade, formulada no *Manifesto Antropófago* de 1928. E, no entanto, certas passagens do texto do primeiro bem poderiam servir para definir a proposta deste último, e vice-versa.

De início, deve-se destacar um dado histórico: antes de se tornar a plêiade braço poético da monarquia francesa, que então lutava contra o protestantismo nascente, o grupo integrado por Ronsard e Du Bellay era denominado *La Brigade*. E, segundo consta, a *Deffence* teria sido proposta como uma espécie de manifesto, tendo por objetivo "fabricar em sua pátria uma literatura igual às obras-primas que ele(s) admira(vam)".[24] Em segundo lugar, é preciso frisar também o aspecto fragmentário de ambos os textos. Segundo Henri Chamard, o autor da edição crítica do texto de Du Bellay, "a *Deffence* é (...) um mosaico, ou, se preferirem, uma marchetaria feita de pedaços de origens diversas, reunidos ao acaso".[25]

Entretanto, ao contrário do que afirma Chamard, a *Deffence*[26] apresenta uma estrutura bem articulada que parte de uma premissa básica, qual seja, de que "as línguas não nasceram por si mesmas à maneira de gramíneas, raízes e árvores: umas deficientes e frágeis em suas espécies; outras sadias e robustas, mais aptas a carregar o fardo das concepções humanas".[27] Assim, se a *langue francoyse*, que apenas começava a se constituir enquanto tal, era considerada inferior ao grego e ao latim, isso não se devia a fatores inerentes à sua própria natureza. O que daria especialmente àquela última um estatuto diferenciado era o fato de os romanos terem sabido fazer nascer "na língua latina essas flores e esses frutos coloridos desta grande eloquência".[28]

Feita assim a "defesa" do vulgar, Du Bellay vem propor um programa para a

---

[21] Gustave Lanson, *Histoire de la Littérature Française* (1894). Paris, Hachette, 1938, p. 277.
[22] Destaque-se, porém, que em sua *Historie de la Littérature Française*, Gustave Lanson vai-se referir à *Deffence* como sendo, "a um só tempo, um panfleto, um discurso de defesa e uma arte poética (...), a primeira obra enfim de crítica literária que importa em nossa literatura, e a mais considerável até Boileau" (op. cit., p. 278).
[23] Três séculos depois de sua realização, Ferdinand Denis editou, em Paris, um relato contemporâneo dessa festa organizada pela cidade de Rouen para receber a visita de Henrique II. Trata-se de *Une Fête Brésilienne Célébrée à Rouen en 1550* (Paris, J. Techner, 1850).
[24] Gustave Lanson, op. cit., p. 277.
[25] Henri Chamard, "Avertissement". In: Joachim Du Bellay, *Deffence et Illustration de la Langue Francoyse*. Edição crítica. Paris, Librairie Marcel Didier, 1948, p. VI.
[26] Para uma leitura mais detalhada desta questão, remeto ao meu "Joachim Du Bellay: E, no Entanto, é Novo", in: L. Vassallo (org.), *Poéticas e Manifestos que Abalaram o Mundo*, op. cit., p. 79-90.
[27] Joachim Du Bellay (1549), op. cit., p. 12.
[28] Ibidem, p. 16.

sua "ilustração", e o sistema a ser adotado para realizar o seu intento seria *imitar* os melhores autores gregos e latinos, assim como estes souberam *imitar* aqueles e fazer com que a sua língua viesse a ocupar o lugar privilegiado que então lhe cabia em todo o mundo ocidental. Nesse sentido, a tradução não poderia ser de grande valia e o que Du Bellay vai preconizar será o que ele denomina *translação*, tarefa que se define pela assimilação de tudo o que, no latim, pudesse ser aproveitado para "ilustrar" a língua francesa. Os franceses não deveriam pois reproduzir os textos latinos pois não é essa a noção de "imitação" que norteia o pensamento de Du Bellay; deveriam, sim, adotar a mesma atitude assumida pelo povo romano diante da língua grega, qual seja, a de "tomar dela tudo o que aí houvesse de bom, ao menos quanto às ciências e ilustração de sua própria língua".[29]

Já se pode ter, com isso, uma ideia da semelhança entre esse "transladar" pregado por Du Bellay e a devoração antropofágica do outro que constitui o núcleo do pensamento de Oswald de Andrade. No entanto, uma pequena passagem da *Deffence*, espécie de síntese do programa de seu autor, torna patente o fundo comum existente entre essas duas propostas. Os romanos – e, repito, este era o exemplo a ser seguido pelos franceses – teriam conseguido fazer com que a sua língua se tornasse forte e rica "imitando os melhores autores gregos, transformando-se neles, *devorando-os e, depois de havê-los bem digerido, convertendo-os em sangue e alimento*".[30]

Ora, com uma pequena adaptação de seu trecho inicial, essa passagem bem poderia ser um dos fragmentos do *Manifesto Antropófago*, de Oswald de Andrade. Como se vê, trata-se da antropofagia pensada em seu aspecto ritual, ou seja, a apropriação daquilo que nos falta e que podemos adquirir através da *devoração crítica do outro*. Seria portanto possível acrescentar mais um elo à corrente proposta por Benedito Nunes quando busca negar qualquer rendimento à observação da antropofagia através da perspectiva das "fontes" e "influências". A esse respeito, escreve ele, não sem ironia: "De recuo em recuo, tudo se embaralha e confunde. Onde, pois, devemos parar? Provavelmente em Sade, se não for em Charles Perrault (...)".[31]

Descartando-se, pois, essa procura de uma origem primeira, e descartando-se também – e principalmente – a possibilidade da mera coincidência, uma questão acaba se impondo: o que haveria de comum entre Du Bellay e Oswald de Andrade? Ou melhor, a partir de que solo comum esses dois indivíduos, separados por

[29] Ibidem, p. 21.
[30] Ibidem, p. 42 (grifos meus).
[31] Benedito Nunes, op. cit., p. 17.

um lapso de tempo de quase quatrocentos anos e por condições socioculturais a princípio bastante diferentes, teriam chegado a formular uma reflexão tão semelhante?

Num primeiro passo, é possível identificar alguns pontos de contato entre o momento histórico que configura o renascimento e esse começo do século XX em que Oswald de Andrade está produzindo a sua obra. Em ambos os casos, o observador contemporâneo vai deparar com "as audácias assumidas (por intelectuais) que assimilam prontamente saberes heteróclitos, fora dos caminhos balizados e batidos dentro dos limites das instituições tradicionais".[32] Se Robert Mandrou está-se referindo aos chamados humanistas, nada impede que a mesma formulação seja empregada para designar aqueles que designamos comumente como vanguardistas.

Além disso, importa sublinhar aqui "o alargamento brutal do mundo conhecido que se efetuou em cerca de trinta anos" durante o século XVI.[33] Com a crescente velocidade imprimida aos meios de transporte e, principalmente, aos meios de comunicação, o início do século XX também vai-se ver a braços com uma diminuição das distâncias que permite – e até instiga – um contato maior e mais frequente com o que se produz em lugares geograficamente bem afastados uns dos outros. Não seria, pois, nada surpreendente que, a exemplo do que fizeram aqueles pensadores do século XVI, os intelectuais das primeiras décadas deste século (século XX) explorassem, em seus textos, "o tema básico do encontro cultural".[34]

No entanto, tal encontro cultural não é jamais anódino, uma vez que a proximidade do diverso acarreta necessariamente a comparação entre os termos que se veem, assim, em presença. E, se no século XVI, tem-se a configuração de um nacionalismo ainda incipiente, o século XX traz já toda a carga dessa noção constituída e consolidada ao longo dos séculos XVIII e XIX. O próprio Du Bellay fornece um bom exemplo dessa perspectiva "nacionalista" num poema que traça um retrato do cortesão romano a partir da figuração das aparências que escondem a verdadeira face daquele que é observado. E o último terceto encaminha o leitor para o fim da viagem que se revela, então, ao menos desnecessária, ou, pelo menos, efetivamente digna de ser incluída numa coletânea de sonetos intitulada *Les Regrets*:

Voila de ceste Court la plus grande vertu
Dont souvent mal monté, mal sain, et mal vestu,
Sans barbe et sans argent on s'en retourne en France.[35]

[32] Robert Mandrou, *Des Humanistes aux Hommes de Science: XVIe. et XVIIe. Siècles*. Vol. 3. Paris, Éditions du Seuil, 1973, p. 14. (Coleção Histoire de la Pensée Européenne)
[33] Ibidem, p. 25.
[34] Antonio Candido, "Digressão Sentimental sobre Oswald de Andrade" (1970). In: *Vários Escritos*. 2. ed. São Paulo, Duas Cidades, 1977, p. 85.
[35] Joachim Du Bellay, "Les Regrets" (1558). In: *Poésies Françaises et Latines de Joachim Du Bellay*. T. II. Paris, Librairie Garnier Frères, 1919, p. LXXXVI.

Com este fecho, a palavra "França", sucedida apenas pelo ponto final, adquire o privilégio da efetiva realidade, o lugar para além das aparências, positivamente conotado em relação àquele outro espaço, a Itália, cuja "maior virtude" consistiria em "ocultar" os seus defeitos por detrás de uma "*brave apparence*".[36] Ora, através dessa perspectiva, a tematização da *diferença* pode revelar todo o potencial de sua funcionalidade cultural: por meio dela, visa-se (quase) sempre, e acima de tudo, delinear os contornos da *semelhança* e, com isso, constituir a unidade e a coesão dos grupos de iguais. E este é precisamente o enfoque que se instala desde a abertura do *Manifesto Antropófago*: "Só a antropofagia *nos une*".[37]

No entanto, é pela retomada daquela questão da vingança que se pode chegar ao ponto de contato mais definitivo entre o lugar da *Deffence*, de Du Bellay, e do *Manifesto*, de Oswald de Andrade. Afinal, o ritual antropofágico limita-se, efetivamente, à devoração do inimigo e o tom revanchista também está presente no texto do poeta quinhentista, embora não relacionado ao povo romano, e sim ao grego, que, aos olhos de Du Bellay, nem sequer mereceria ser *devorado*. Já no Capítulo II do Livro I, destinado a provar "*que la Langue Francoyse ne doit estre nommée barbare*", o poeta vai criticar de forma incisiva "essa arrogância grega, admiradora unicamente de suas invenções" e que chama "todas as nações, fora da Grécia, de bárbaras".[38] Assim também Oswald de Andrade, no fragmento referido anteriormente, vai voltar suas baterias de ataque contra "uma civilização que estamos comendo, porque somos fortes e vingativos como o Jabuti".[39]

Aí está precisamente o que mais aproxima esses dois autores, a despeito dos séculos que os separam. E não se trata da vingança em si, mas do que se pode detectar por detrás dela. Afinal, para usar ainda uma vez as palavras de Lestringant, "uma alegoria sempre pode esconder uma outra".[40] Tematizando a situação do *encontro de culturas*, Du Bellay e Oswald de Andrade viam-se em situação praticamente idêntica, qual seja, a de se perceberem como representantes de uma cultura menor, desvalorizada pela comparação com outra que, por ser dominante, determina os parâmetros a partir dos quais se deveria efetuar a própria avaliação. Nesse sentido, tanto o *Manifesto da Poesia Pau-Brasil* quanto o *Manifesto Antropófago* vêm propor, a seu modo e a seu tempo, a "defesa" e a "ilustração" da cultura brasileira, cultura feita de "enxertos", para usar a expressão de Du Bellay,[41] que se constitui pela relação com outras tantas. Mas, e este é o dado fundamental, "Tudo digerido".[42]

---

[36] Ibidem.
[37] Op. cit., p. 353 (grifos meus).
[38] Joachim Du Bellay (1549), op. cit., p. 15, 17 e 16, respectivamente.
[39] Oswald de Andrade (1928), op. cit., p. 357.
[40] Frank Lestringant, op. cit., p. 34.
[41] Joachim Du Bellay (1549), op. cit., p. 25.
[42] Oswald de Andrade (1924), op. cit., p. 331.

Como Du Bellay, Oswald de Andrade não escapa à alternativa de desmerecer a cultura que se impõe àquela de que ele seria um representante. Chega mesmo, por vezes, a radicalizar velhos orgulhos nacionais – ou continentais –, em tiradas categóricas como a afirmação de que "Sem nós a Europa não teria sequer a sua pobre declaração dos direitos do homem".[43] Também como Du Bellay – que atribuía "àqueles que a tiveram sob seus cuidados e não a cultivaram suficientemente" "a culpa" pelo fato de a língua francesa "não (ser) tão copiosa e rica quanto a grega ou a latina"–,[44] Oswald de Andrade se volta criticamente para todos aqueles que, no passado, com "o lado doutor, o lado citações, o lado autores conhecidos", enfim com "todas as indigestões de sabedoria", teriam contribuído para reforçar a desvalorização da cultura brasileira.[45]

No entanto, nem um nem outro apenas se limita a essa espécie de vingança. Tampouco se contentam em simplesmente apontar para um futuro, mais ou menos distante, quando a sua própria cultura poderia enfim atingir o mesmo estatuto daquela outra que então se valoriza. Não creio que se possa dizer que a *Deffence* e o *Manifesto Antropófago* – bem como o *Manifesto da Poesia Pau-Brasil* – tematizem o "encontro de culturas", como quer Antonio Candido. Na verdade – e esta é, a meu ver, toda a riqueza desses textos –, eles vêm tomar posição num "confronto entre identidades culturais de poder desigual".[46] E, lançando mão da perspectiva antropofágica, com tudo o que ela representa em termos de *discernimento, criticidade, discriminação*, buscam agenciar as diferenças que se destacam a partir de tal confronto, não pela mera alternância valorativa de polaridades antagônicas, mas sim pela tentativa de realizar uma efetiva síntese.

[43] Oswald de Andrade (1928), op. cit., p. 354. Acerca desse orgulho, veja-se, por exemplo, *O Índio Brasileiro e a Revolução Francesa*, de Afonso Arinos de Melo Franco (1935).
[44] Joachim Du Bellay (1549), op. cit., p. 24 e 23, respectivamente.
[45] Oswald de Andrade (1924), op. cit., p. 330.
[46] Renata R. M. Wasserman, *Exotic Nations: Literature and Cultural Identity in the United States and Brazil, 1830-1930*. Ithaca, The Cornell University Press, 1994, p. 259.

Canibais Devorados:
Léry, Montaigne e Identidades Coletivas na França do Século XVI

Carmen Nocentelli-Truet
Universidade Stanford

A anotação do dia 23 de novembro de 1492 no diário de Cristóvão Colombo marca o primeiro aparecimento da palavra "canibal" no discurso europeu. Nessa data, Colombo e a sua tripulação se aproximaram de uma ilha habitada por um povo conhecido como "Canibales" com "um só olho e cara de cachorro". A respeito deles, o diário relata que os guias nativos "demonstravam muito medo, e quando viram que aquela direção estava sendo tomada, ficaram sem falar porque aquelas pessoas os comiam, e eram muito belicosos".[1] A partir do relato de Colombo, Peter Martyr descreveu os caribes como lobos famintos que viviam de carne humana, e descreveu o hábito de engravidar prisioneiras para garantir seu suprimento constante. Por sua vez, Francisco López de Gómara – cujo livro *Historia General de las Indias* foi uma fonte fundamental sobre o Novo Mundo para muitos europeus, inclusive para Jean de Léry e Michel de Montaigne – concluiu o seu relato da vida do caribe com uma apologia sobre o efeito "civilizador" da colonização europeia. "A grandeza e glória dos nossos reis e homens da Espanha fizeram os índios aceitarem um Deus, uma fé, e um batismo", ele escreveu, "e o fato de tê-los livrado da idolatria, do sacrifício humano, de comer carne humana, da sodomia, e de outros grandes pecados, que o nosso Senhor abomina e pune profundamente".[2]

Enquanto o peso acumulativo dessas acusações colocou os caribes no degrau inferior da sociedade humana, um destino mais complicado foi reservado aos tupinambás do Brasil, um grupo antropófago que logo teve notoriedade depois da publicação das cartas de Américo Vespúcio. Vespúcio não descrevera esses indígenas de maneira muito favorável; sua famosa carta para Lorenzo di Pierfrancesco de Médici, por exemplo, enfatizava a nudez nativa, os costumes poligâmicos, e práticas

[1] Cristóvão Colombo, *The Journal of Christopher Columbus*. Londres, Anthony Blond, 1968, p. 68-69, 73-74.
[2] Francisco López de Gómara, *Historia General de la Indias*, II. Madri, Espasa-Calpe, 1932, p. 258.

canibais.³ Durand de Villegagnon, que conduziu em 1556 a expedição colonial francesa ao que viria a se tornar o Rio de Janeiro, deixou uma avaliação ainda mais negativa sobre a vida dos tupis, perguntando-se se o seu grupo não havia caído no meio de animais com forma humana. E o frei franciscano e cosmógrafo André Thevet, que havia brevemente se juntado no Brasil a Villegagnon, comparou os tupinambás a "leões famintos" (*"lions ravissans"*) que fizeram da carne humana a sua comida diária.⁴ Essa visão estereotipada dos canibais como seres monstruosos, entregando-se a comportamentos anormais, foi contrabalançada na França por um retrato relativamente positivo dos selvagens nativos brasileiros.⁵ Na sua *Ode Contra a Fortuna*, o poeta Pierre de Ronsard descreveu os tupis como um povo da "idade de ouro" que só poderia ser corrompido pelo contato com os europeus, enquanto Jean de Léry adotou uma visão mais solidária sobre o seu modo de vida em *História de uma Viagem Feita à Terra do Brasil*, aclamado por Claude Lévi-Strauss como "uma obra-prima da literatura antropológica", e amplamente conhecida hoje como um relato etnográfico valioso da vida e dos costumes do americano nativo.⁶ Por sua vez, Michel de Montaigne contribuiu com um relato influente da virtude primitiva na América em seu ensaio de 1580 "Dos Canibais", visto tradicionalmente como um relato imparcial, factual, das culturas do Novo Mundo. Embora revisionistas tenham recentemente contestado essa leitura, muitos estudiosos ainda felicitam Montaigne por ser livre de preconceito etnocêntrico, e por sua "admiração de modos não europeus de realização do potencial humano".⁷

Avaliar as obras de Léry e de Montaigne simplesmente baseando-se na sua proximidade relativa a uma sensibilidade contemporânea para com a alteridade significa, entretanto, ignorar o contexto discursivo específico em que tanto a *História de uma Viagem* quanto "Dos Canibais" foram produzidos. É minha intenção, neste ensaio, mostrar que os termos das representações de Léry e de Montaigne da cultura brasileira estão menos enraizados em algum tipo de sensibilidade protoantropológica do que em uma preocupação profunda com a política francesa contemporânea.⁸ Desejo sugerir, em particular, que a popularidade dos tupinambás na França do século XVI foi o resultado de uma fetichização do canibalismo que transformou a prática material do consumo da carne humana em uma metáfora utilizada para lidar com noções de identidade em transformação. Reconhecer esse processo de fetichização significa, portanto, reconhecer que, mesmo em descrições

---

³ Américo Vespúcio, "Mundus Novus: Amerigo Vespucci to Lorenzo di Pierfrancesco de Médici, with Many Salutations". In: *Letters from a New World: Amerigo Vespucci's Discovery of America*. Nova York, Marsilio, 1992, p. 45-46.

⁴ "Teneur de la Lettre de Villegagnon Envoyée de l'Amérique à Calvin". In: Jean de Léry, *Histoire d'un Voyage Faict en la Terre du Brésil*. Edição reproduzida por Jean Claude Morisot. Genebra, Librairie Droz, 1975, p. 8r-10r; e André Thevet, *Singularités de la France Anctartique*. Paris, Maisonneuve et C., 1878, p. 317-18.

⁵ Imperativos comerciais e militares desempenharam um papel na promoção de uma imagem relativamente positiva dos aborígenes brasileiros. No século XVI, a França manteve um comércio intenso com o Brasil, e navios mercantes transitavam todos os anos para trocar mercadorias européias pelo famoso pau-brasil, uma fonte apreciada de corante escarlate. Ver Philip P. Boucher, *Cannibal Encounters: Europeans and Island Caribs, 1492-1763*. Baltimore, Johns Hopkins University Press, 1992, p. 23; e Janet Whatley, "Une Révérence Réciproque: Huguenot Writing on the New World". *University of Toronto Quarterly* 57 (2), p. 270-89.

⁶ Pierre Ronsard, "Discours contre Fortune". In: *Oeuvres Completes*. Vol. II. Editado por Jean Céard, Daniel Ménager e Michel Simonin. Paris, Gallimard, 1994, p. 778; Claude Lévi-Strauss, *Tristes Tropiques*. Nova York, Atheneum, 1975, p. 85.

⁷ William M. Hamlin, *The Image of America in Montaigne, Spenseri, and Shakespeare: Renaissance Ethnography and Literary Reflection*. Nova York, St. Martin's Press, 1995, p. 45. ▶

bem solidárias, os nativos brasileiros foram progressivamente reduzidos a meros objetos a serem usados, transformados, e consumidos de acordo com as necessidades e os desejos dos europeus, um processo que imitou e completou num plano discursivo a prática da desapropriação e alienação colonial. Reformadores protestantes iniciaram esse processo agarrando-se à figura do canibal brasileiro como um meio de articular uma crítica à Igreja Católica Romana, enquanto produziam e sustentavam uma identidade protestante separada. Atos literais de canibalismo perpetrados por católicos, ou ritualisticamente na hóstia, ou esporadicamente contra vítimas protestantes, constituíam um aspecto da alegoria. O outro aspecto incluía críticas metafóricas e metonímicas à Igreja Católica como uma instituição decadente. No plano metafórico, o escândalo da venda de indulgências foi descrito como uma forma de canibalismo econômico que explorava os membros mais fracos da sociedade. No plano metonímico, o discurso de martirologias protestantes associava o fogo do *boucan*, ou seja, a grelha onde os tupinambás assavam a sua carne, ao fogo reservado aos hereges. A *História Memorável da Cidade de Sancerre* (1574) e a *História de uma Viagem Feita à Terra do Brasil* (1578) de Jean de Léry constituem exemplos decisivos desse processo de fetichização, que colocou a antropofagia no centro das controvérsias religiosas que dilaceraram a França entre 1562 e 1598.

Embora os próprios protestantes não ficassem a salvo de acusações ocasionais de canibalismo pelos católicos, foi somente na publicação dos *Ensaios* de Montaigne, em 1580, que vimos uma tentativa católica significativa de apropriar-se da alegoria, visto que se formara e desenvolvera pela propaganda da Reforma. Apropriando-se dessa alegoria – ou melhor, *canibalizando-a* – Montaigne transformou o que era um instrumento de crítica religiosa em um dispositivo ideológico a serviço da ideia emergente de Estado-Nação secular. Durante séculos, como a religião apoiou e legitimou a ideia de unidade nacional, o catolicismo foi parte integrante da identidade coletiva francesa, tanto é assim que *le bon français* se equiparava a *le bon catholique*. Todavia, a propagação do protestantismo desafiou radicalmente essa equação, produzindo uma crise profunda que logo tomou dimensões de conflitos de mútua aniquilação. A dimensão espetacular da violência atingida pelas assim chamadas "guerras de religião" na França, durante o fim do século XVI, tornou urgente a tarefa de imaginar novas formas de identidade coletiva. Em função da aceitação e do poder da alegoria do canibal, a figura

Para leituras revisionistas de "Dos Canibais", ver Bernard Sheehan, *Savagism and Civility: Indians and Englishmen in Colonial Virginia*. Cambridge, Cambridge University Press, 1980, p. 29; Gérard Defaux, "Un Cannibale et Haut de Chausses: Montaigne, la Différence et la Logique de l'Identité". *Modern Language Quarterly*, 97 (4), p. 919-57; e David Quint, "A Reconsideration of Montaigne's 'Des Cannibales'". *Modern Language Quarterly*, 51(4): p. 459-89.
[8] David Quint faz uma declaração similar sobre Montaigne em seu ensaio "A Reconsideration of Montaigne's 'Des Cannibales'", p. 461.

do tupinambá brasileiro deu a Montaigne uma ferramenta valiosa no sentido de promover um conceito novo de nacionalidade no qual a religião deixou de desempenhar um papel preponderante. Esse novo uso transformaria o banquete canibal de um conflito violento de opostos em uma fonte de *uniformidade*, um componente fundamental no "efeito de unidade em virtude do qual o povo se mostrará, aos olhos de todos, 'como um povo'".[9] Por causa da mudança, Montaigne também completaria o processo de desencarnação iniciado pelo discurso da Reforma, reduzindo a riqueza de detalhes que caracterizara os tratamentos anteriores dos canibais, e transformando os próprios "canibais" em seres curiosos que, como Frank Lestringant observou com muita perspicácia, parecem "falar mais do que comem, e dar mais do que pegam".[10]

A doutrina da transubstanciação da hóstia – segundo a qual as substâncias do pão e do vinho se tornaram a substância do corpo e do sangue de Cristo, enquanto os acidentes permaneceram inalterados – constituiu o ponto crucial da disputa religiosa que perseguiu a França no fim do século XVI. Formulada pelo Quarto Conselho Luterano em 1215 como um acordo entre a posição literalista (na qual a pessoa que comunga come o verdadeiro corpo e sangue de Jesus Cristo) e a espiritualista (que vê o rito como puramente simbólico), a noção de transubstanciação fora atacada em 1520 por Martinho Lutero.[11] O que estava em jogo na controvérsia era a interpretação de "*hoc*" nas palavras "*hoc est corpus meum*" ("este é o meu corpo") que os Evangelhos atribuem a Jesus na Última Ceia. Essa ansiedade interpretativa, por sua vez, foi o sintoma de uma transformação mais profunda, ou seja, a emergência de uma nova forma de apreender o mundo, em que uma "simultaneidade de passado e futuro em um presente instantâneo" pré-moderno dava lugar a uma homogeneidade e um vazio do tempo do calendário. Se essa mudança fundamental fez surgir uma cultura que, como Benedict Anderson sugeriu, "permitiu 'considerar' a nação", também tornou a crença na "verdadeira presença" de Cristo na missa altamente problemática.[12] Reformadores religiosos aprimoraram, portanto, o rito da comunhão em um *convivio*, que dava graças a Deus, mas não renovou ativamente a paixão, de tal forma que o ato físico da incorporação se tornou uma vergonha desnecessária, aceitável somente como uma analogia formal.[13]

Como parte de um esforço maior de se diferenciarem, a si mesmos e a sua comunidade dos católicos, os reformadores protestantes definiram-se como aqueles que comiam Deus espiritualmente em oposição

---

[9] Étienne Balibar, "The Nation Form: History and Ideology". In: Etienne Balibar e Immanuel Wallerstein, *Race, Nation, Class: Ambiguous Identities*. Nova York, Verso, 1991, p. 93-94.

[10] Frank Lestringant, *Cannibals: The Discovery and Representation of the Cannibal from Columbus to Jules Verne*. Berkeley, University of California Press, 1997, p.103.

[11] Maggie Kilgour, *From Communion to Cannibalism: An Anatomy of Metaphors of Incorporation*. Princeton, Princeton University Press, 1990, p. 81-82.

[12] Benedict Anderson, *Imagined Communities: Reflection on the Origins and Spread of Nationalism*. Londres, Verso, 1991, p. 24 e 22. Em relação ao problema da "verdadeira presença" de Cristo na Missa, ver Hans Ulrich Gumbrecht, "Form without Matter vs. Form as Event". *Modern Language Notes*, 111(3), p. 578-92.

[13] Kilgour, *From Communion to Cannibalism*, p. 80-83.

àqueles que O comiam literalmente. A partir da perspectiva protestante, os católicos, que se recusavam a considerar a comunhão como uma mera analogia de um processo espiritual, praticavam o canibalismo. Em muitos tratados protestantes, a missa católica se transformou em um rito sangrento no qual a degradação da antropofagia se juntou ao horror da teofagia. O ritual católico se mostrou para seus detratores como inquietantemente bárbaro, pois invertia a evolução culinária costumeira que conduz o vivo ao morto e o cru ao cozido. Com a transubstanciação da hóstia, os protestantes afirmavam que os católicos passavam do pão assado da hóstia para a carne crua de Deus vivo.[14] Críticas de Calvino, Théodore de Bèze e de Pierre Viret contra a missa católica provocaram o que foi apropriadamente definido como uma "hermenêutica canibal", de tal forma que se tornou comum se referir aos católicos como canibais e à Igreja Católica Romana como um lugar de canibalismo ritual.[15]

O debate relativo à interpretação correta de "*hoc*" foi somente uma das questões em que a alegoria do canibal foi empregada; com a infâmia do canibalismo literal ritualizado ligado à transubstanciação da hóstia, pregadores protestantes expuseram o canibalismo metafórico de uma Igreja Católica Romana que explorava os pobres e crédulos extorquindo dízimos e vendendo indulgências. A essas acusações devemos acrescentar alegações de canibalismo metonímico, cuja prática de queimar os heréticos na fogueira era considerada equivalente à prática culinária perversa, de tal forma que "a panela" ("*la marmite*") ou "a cozinha" ("*la cuisine*") se tornaram termos corriqueiros utilizados para referir-se a Roma ou ao papado. Dessa maneira, por exemplo, o pastor calvinista Jean de Léry se referiu a Matthieu de Launay denegrindo-o como um mendigo na cozinha do Papa, e descreveu o católico Durand de Villegagnon como um selvagem do Novo Mundo, em pé, "nu e em cima de uma panela virada" ("*tout nud, au dessus du renversement de la grande marmite*").[16]

A elaboração de uma hermenêutica canibal também foi um meio para o protestantismo de projetar o seu próprio medo de regressão e perda de uma identidade recentemente adquirida, de tal forma que se tornou apropriado representar os católicos como canibais que ameaçavam tragar tanto Cristo quanto a verdadeira religião.[17] Essa ansiedade relativa à perda da identidade religiosa encontra uma expressão figurativa no prefácio de Léry em *História de uma Viagem*, em que descreve seu adversário católico André Thevet num gesto sugestivamente canibal de supressão: "ao ver que revelei alguns de seus truques,

[14] Frank Lestringant, "Catholiques et Cannibales. Le Thème du Cannibalisme dans le Discours Protestant au Temps des Guerres de Religion". In: *Pratiques et Discours Alimentaires à la Renaissance*. Paris, Maisonneuve et Larose, 1982, p. 234.
[15] Kilgour, *From Communion to Cannibalism*, p. 80-83.
[16] Léry, *History of a Voyage to the Land of Brazil*. Trad. Janet Whatley. Berkeley, University of California Press, 1990, p. 47; *Histoire d'un Voyage Faict en la Terre du Brésil*. Ed. Jean Claude Morisot. Genebra, Librairie Droz, 1975, p. 79. Todas as citações desse texto serão extraídas dessas duas edições.
[17] Kilgour, op. cit., p. 85.

não tenho dúvida de que *ele vai abrir bem a boca e me engolir*, e empregando os cânones do papa, me destruirá assim como o meu pequeno trabalho" ("*ie ne doute point quand il verra que ie luy ay un peu icy descouvert sa mercerie, que* baaillant pour m'engloutir, *mesme employant les Canons du Pape, il ne fulmine à l'encontre de moy et de mon petit labeur*").[18]

O massacre do dia de São Bartolomeu de 24 de agosto de 1572 ofereceu com seus excessos novo alimento para o discurso "canibal" dos huguenotes. Com a bênção do governo, nesse dia, os católicos de Paris começaram um massacre sistemático dos protestantes. Na violência que se seguiu, partes dos cadáveres dos huguenotes eram vendidas publicamente em Paris e Lyon; e em Auxerre um coração humano arrancado de uma vítima protestante foi exposto, assado, e comido publicamente pela multidão.[19] Relatos de canibalismo literal e metonímico logo chegaram às martirologias protestantes, assim como à produção de uma literatura protestante "heroica", da qual a obra *História Memorável da Cidade de Sancerre* de Jean de Léry é um dos exemplos mais importantes. Os horrores do massacre do Dia de São Bartolomeu foram recuperados por Léry em Charité-sur-Loire, onde 22 huguenotes foram mortos. O pastor calvinista conseguiu escapar e se refugiou em Sancerre, uma pequena cidade no vale do Loire. Em janeiro de 1573, Sancerre foi atacada pelo exército real, e quando os ataques frontais falharam, as tropas do rei cercaram a cidade para rendê-la pela fome. Os eventos que ocorreram dentro das muralhas da cidade desde o ataque até a rendição final de Sancerre, em agosto de 1573, são o tema da crônica apaixonada de Léry. Sua publicação deu à resistência da cidade uma aura quase mítica, em grande parte pela associação das tentativas e tribulações dos huguenotes com as do povo eleito de Israel.

Dois modelos arquetípicos se mostraram particularmente aptos e rapidamente convenientes para esse propósito: o sítio de Jerusalém, como foi relatado pelo historiador judeu Flávio Josefo, cujo *Bellum Judaicum* fora traduzido para o francês em 1562, e o episódio bíblico do bloqueio de Samaria, ambos explicitamente rememorados em *História Memorável*. Do episódio bíblico do sítio de Samaria, em particular, Léry extraiu a origem gastronômica de Sancerre. Segundo a Bíblia, a fome que os samaritanos suportaram durante o sítio foi tão grande que "um asno chegou a custar oitocentos gramas de prata, e trinta gramas de ervilha custavam cinquenta gramas de prata" (2 Reis 6,25). Em Sancerre, como o suprimento de alimentos

[18] Léry, *Histoire d'un Voyage*, lvii; página sem número (grifo meu).
[19] Ibidem, p. 228-29.

ficou cada vez mais escasso, os habitantes famintos recorreram primeiramente ao abate de seus burros e cavalos, depois ao massacre de seus animais de estimação, e finalmente ao consumo de seus próprios excrementos. Os exemplos de Jerusalém e de Samaria também serviam porque incluíam episódios de canibalismo motivados pelo cerco à cidade. Durante o sítio de Samaria, uma mulher confessou publicamente ter matado e devorado o seu próprio filho, e Josefo dá muitos detalhes sobre a história de Maria, que assou o seu filho e comeu o seu corpo.[20] Os dois episódios constituem representações literais da maldição bíblica "E comerás o fruto do teu próprio ventre, a carne de teus filhos e de tuas filhas, que te der o Senhor teu Deus" que o Deuteronômio (28,53) lança sobre aqueles que não obedecem ao mandamento de Deus.

O episódio desse tipo de canibalismo, testemunhado por Léry em Sancerre, e narrado em *História Memorável*, é surpreendentemente semelhante às primeiras narrativas. No dia 21 de julho, depois de aproximadamente seis meses de sítio, um certo Simon Potard, a sua esposa, Eugene, e uma senhora idosa chamada Philippes de la Feüille foram surpreendidos comendo o cadáver de sua filha de três anos que havia morrido de fome. Num parágrafo horrível, Léry descreve em detalhes a cena do banquete canibal: a cabeça da criança comida pela metade, sua língua cozida, partes do seu corpo marinadas e preparadas para ir ao fogo. Sua reação física ao espetáculo é uma externalização da rejeição; o seu estômago fica revirado, como se fosse vomitar a comida proibida:

> ao me aproximar da casa, e ao ver o osso e a parte superior do crânio de sua pobre filha limpo e consumido, e as orelhas comidas, ao ver a língua cozida, tão espessa quanto um dedo, que estavam prestes a comer quando foram surpreendidos; as duas coxas, pernas, e pés num caldeirão com vinagre, temperos, sal, prontos para serem cozidos e colocados no fogo; os dois ombros, braços, e mãos colocados juntos, com o peito talhado e aberto, também preparados para serem comidos, fiquei tão aterrorizado e perdido que o meu estômago ficou revirado.
>
> [m'estant acheminé prés le lieu de leur demeurance, et ayant veu l'os, et le test de la teste de ceste pauvre fille, curé, et rongé, et les oreilles mangées, ayant veu aussi la langue cuite, espesse d'un doigt, qu'ils estoyent prests à manger, quand ils furent surpris: les deux cuisses, jambes et pieds dans une chaudiere avec vinaigre, espices et sel, prests à cuire et mettre sur le feu: les deux espaules, bras et mains tenans ensemble, avec la poitrine fendue et ouverte, apareillez aussi

[20] Flávio Josefo, *The Great Roman-Jewish War A.D. 66-70*. Ed. William R. Farmer. Gloucester, MA, Peter Smith, 1970, p. 235-36.

por manger, je fus si effroyé et esperdu, que toutes mes entrailles en furent esmeues.]

Embora os três tenham alegado que a criança morrera de causas naturais, foram rapidamente julgados e condenados. Sua reputação e lealdade religiosa duvidosa, que incluíam uma mudança utilitária ao papado depois que a igreja reformada recusou-se a casá-los, provavelmente foram importantes no veredicto. No fim, Simon Potard foi queimado vivo, uma forma de punição capital que, por sua referência à "comida papal", traz implicações deliciosamente irônicas nesse contexto. A sua esposa Eugene foi estrangulada, e o seu corpo queimado publicamente junto do de seu marido e do da velha Philippes, que morrera na prisão. Léry reconhece que as punições infligidas aos culpados podem parecer duras considerando as circunstâncias especiais, porém, ele as defende como exemplos necessários. O potencial de alívio propiciado pelo canibalismo, de fato, deve ter sido grande a ponto de afetar a sua situação de tabu: em junho, um homem se aproximou de Léry para perguntar se comer as nádegas de um cadáver seria considerado uma ofensa a Deus. Queimar os Portard na fogueira teve, portanto, o objetivo importante de evitar o contágio, através do qual os "soldados e o povo seriam não somente levados a comer os cadáveres daqueles que morreram de causas naturais, e daqueles que morreram durante a guerra ou de outra maneira, mas também teriam matado uns aos outros para comer" (*"les soldats et le peuple ne se fussent pas seulement addonnez à manger les corps morts de mort naturelle, et ceux qui eussent esté tuez à la guerre ou autrement, mais qu'on se fust tué l'un l'autre pour se manger"*).[21]

Mesmo sendo importantes, os precedentes fornecidos pela Bíblia e o *Bellum Judaicum* não são os únicos que Léry usa para articular a experiência histórica do sítio de Sancerre. Na narrativa da vertiginosa escassez de comida na cidade, de fato, é a América que se mostra progressivamente mais evidente à medida que o desespero da população sitiada aumenta. Redes, uma novidade do Novo Mundo importada do Brasil, são bastante utilizadas pelas tropas, e quando a população começa a amaciar e a cozinhar o couro e as peles dos animais para comida, Léry compara o procedimento ao adotado anos antes por ele mesmo e pelos colonizadores para tornar a pele de uma anta brasileira comestível. O último estágio desse processo de *aproximação* entre o Brasil e a França é visto no Capítulo X, no qual a direção autocanibalista do consumo da cidade, prenunciada por casos de coprogafia, culmina em antropofagia.

[21] Léry, "Histoire Mémorable de la Ville de Sancerre". In: Geralde Nakam (org.), *Au Lendemain de la Saint-Barthélemy: Guerre Civile et Famine*. Paris, Anthropos, 1975, p. 293.

A descoberta do cadáver massacrado da filha dos Potard literalmente *transfere* Sancerre do Velho para o Novo Mundo, suscitando imediatamente em Léry a lembrança de práticas canibais observadas durante a sua estadia entre os tupinambás. Ele conclui fazendo uma comparação explícita entre o canibalismo brasileiro e a antropofagia francesa:

> embora eu tenha vivido dez meses entre os selvagens americanos no Brasil, e os tenha visto comer frequentemente carne humana (visto que comem os prisioneiros que capturam na guerra), nunca senti tamanho terror quanto o que senti ao ver o espetáculo deplorável, que todavia (...) jamais haviam sido vistos em cidades sitiadas na nossa França.
> [*combien que j'aye demeuré dix mois entre les Sauvages Ameriquains en la terre du Bresil, leur ayant veu souvent manger de la chair humaine, (d'autant qu'ils mangent les prisonniers qu'ils prennent en guerre) si n'en ay-je jamais eu telle terreur que j'eus frayeur de voir ce piteux spectacle, lequel n'avoit encores (...) jamais esté veu en ville assiegée en nostre France.*]²²

Tendo colocado o Brasil em evidência, Léry faz uma longa digressão sobre o canibalismo tupinambá, comparando a velha Philippes às mulheres tupinambás idosas, e reflete sobre seu gosto incontrolado por carne humana. Contudo, apesar da repulsa que essa descrição detalhada de gordura humana gotejando da *boucan* desperta, é evidente que Léry vê o canibalismo tupinambá como muito menos problemático do que o dos Potard, sugerindo que essa repulsa em relação ao canibalismo dependia menos do consumo material da carne humana do que do significado que se poderia atribuir a isso. O canibalismo do Novo Mundo era mais aceitável porque podia ser interpretado como algo voltado para fora e não para dentro. A frase entre parênteses "visto que comem os prisioneiros que capturam na guerra", na realidade, tem o peso de um contraste implícito: o ato de canibalismo testemunhado em Sancerre ocorre na mesma família. Já entre os tupinambás somente os prisioneiros de guerra são considerados comestíveis, uma *condição* que mantém uma clara distinção entre amigos e inimigos, gente de casa e de fora. A *aproximação* progressiva da França e do Brasil em *História Memorável* serve, então, para ressaltar a sua diferença; e é a consciência dessa diferença que causa um sentimento de terror no coração de Léry: para ele, endocanibalismo é, de longe, pior do que exocanibalismo.

O episódio de endocanibalismo resultante do cerco testemunhado em Sancerre

²² Ibidem, p. 291.

constitui uma estrutura narrativa fundamental para a *História de uma Viagem Feita à Terra do Brasil*. Léry rememora a experiência do cerco no prefácio e depois novamente no último capítulo do livro, em que compara a fome de Sancerre com a que ele mesmo e seus companheiros suportaram durante a viagem de volta do Brasil para a França em 1558. Num poema laudatório de Pierre Melet, dedicado a Léry e abrindo *História de uma Viagem,* os sítios de Judá, Jerusalém e Sancerre compõem o triângulo da narrativa americana. Melet lamenta seus correligionários pela dificuldade vivida no mar, porém, conclui que nem a fome que passaram nem a dos povos de Judá e Jerusalém "em que a mãe cometeu o ato colossal e cruel" (*"Ou la mere commit l'acte enorme et cruels"*) se comparam em acritude àquela sofrida pelo povo de Sancerre.[23] A contextualização é reveladora, pois se a referência a Sancerre serve como uma lembrança da *História Memorável,* reforçando assim a autoridade de Léry como historiador, também evoca a lembrança das guerras de religião. A alusão ao "ato atroz e cruel" da mãe também evoca por associação o espectro do canibalismo endogênico. A presença desse espectro perseguindo o *incipit* do livro está longe de ser acidental: a publicação de *História de uma Viagem* surgiu, de fato, de uma fase particularmente virulenta da disputa católica e protestante. Em 1555, uma colônia de dois credos fora estabelecida na costa brasileira, com a esperança de assegurar uma base francesa no continente. Contudo, assaltada por dissensões internas, a colônia teve uma existência breve e conturbada, até ser abandonada em 1558. Enquanto os verdadeiros eventos que levaram a esse *fiasco* ficam abertos à discussão, é certo que uma série de erros de comunicação minou a tolerância religiosa que caracterizara os primórdios da colônia, mergulhando-a finalmente em conflitos civis.[24] Desacordos sobre a questão da transubstanciação precipitaram a situação: quando Villegagnon, que recusou a interpretação da igreja reformada da Ceia do Senhor, baniu os serviços calvinistas na colônia, os membros calvinistas da expedição pararam de trabalhar e se recusaram a executar as suas ordens, estabelecendo *de facto* uma comunidade independente dentro da colônia. Para punir a insubordinação, Villegagnon os expulsou do assentamento até que um navio pudesse levá-los para casa. Contudo, achando as condições da viagem de volta intoleráveis, cinco homens decidiram voltar. Na sua chegada, Villegagnon os interrogou extensamente, e condenou três deles à morte.

[23] "P. Melet à M. De Léry, Son Singulier Amy". In: Léry, *Histoire d'un Voyage.* 4a.
[24] Ver Silvia Shannon, "Villegagnon, Polyphemous, and Cain of America: Religion and Polemics in the French New World". In: Michael Wolfe (org.), *Changing Identities in Early Modern France.* Durham e Londres, Duke University Press, 1997, p. 325-44.

Tanto os calvinistas quanto os católicos concordaram que o fracasso do experimento colonial foi tanto espiritual quanto militar e comercial: não somente os seus ganhos foram pequenos, como também os seus esforços modestos na conversão dos nativos quase não produziram resultados. As histórias contadas das duas partes, entretanto, eram radicalmente diferentes: os protestantes acusaram Villegagnon de tê-los traído por razões religiosas, enquanto Villegagnon os acusou de terem conspirado contra ele. A publicação da *Cosmografia Universal* de André Thevet em 1575 colocou mais lenha na fogueira. O frei franciscano, que estivera brevemente no Brasil, acusou os calvinistas de cupidez e insubmissão, culpando-os pelo fracasso da experiência. Essas acusações instigaram Léry a se defender e a defender os seus correligionários, fazendo um relato por escrito dos eventos que testemunhara pessoalmente no Brasil. Os seus leitores podem ficar surpresos com o fato de ele "ter feito a viagem para a América havia dezoito anos", ele começa no prefácio: "esperei tanto tempo para revelar esta história" ("*apres dixhuit ans passez que i'ay faict le voyage en l'Amerique, i'aye tant attendu de mettre ceste histoire en lumiere*").[25] E podemos perguntar, de fato, se, sem o catalisador da *Cosmografia*, a *História de uma Viagem* teria sido publicada, visto que o objetivo imediato do livro era contradizer Thevet, minando sua credibilidade. Léry atacou o seu oponente com bases etnográficas e historiográficas, refutando, por exemplo, a alegação de Thevet de ter testemunhado os eventos que ele descrevera, e assinalando os grandes erros etnográficos contidos na *Cosmografia*. Contudo, Thevet e Villegagnon não são o único alvo do ataque de Léry. A disputa teológica sobre os sacramentos, a corrupção e o materialismo das instituições católicas, as dissensões religiosas na França também pesam muito na narrativa, demonstrando que o livro ganhou forma no contexto de uma dupla crise: a violência que se testemunhou na França, trazendo o espectro do canibalismo endógeno, e o cisma dentro da colônia brasileira, que, como um tipo de *mise en abîme*, fora precipitado pela controvérsia sobre o dogma da transubstanciação.

Considerando o contexto, é pouco surpreendente que para Léry os canibais do Brasil, que constituíam uma verdadeira ameaça, não fossem os tupinambás, mas sim Villegagnon e os católicos que "queriam não somente comer a carne de Jesus Cristo mais grosseiramente do que espiritualmente, mas, o que era pior, como os selvagens *Ouetaca* (...) eles queriam mastigar e engolir a carne crua" ("*ils vouloyent neantmoins non seulement gros-*

[25] Léry, *Histoire d'un Voyage*, 5r, xlv.

sierement, plustost que spriritellement, manger la chair de Iesus Christ, mais qui pis estoit, à la maniere des sauvages nommez Ou-ëtacas ... ils la vouloyent mascher & avaler toute crue").[26] O paralelo entre católicos e nativos brasileiros evita os tupinambás, elegendo como termo de comparação os ouetacas, um grupo canibal que Léry visivelmente deixa de incluir na sua suposta sensibilidade protoantropológica. Ele atribuiu a esse povo todos os traços estereotipados do homem selvagem medieval que tradicionalmente haviam sido legados aos "canibais" da América: falta de leis e de ordem, guerras internas e externas constantes, excessiva pilosidade e força física superior. "Esses ouetacas demoníacos", Léry comenta, "como cães e lobos, comem carne crua, e dado que até a sua língua não é compreendida por seus vizinhos, são vistos como pertencentes ao grupo de nações mais bárbaras, cruéis e temidas encontradas nas Índias Ocidentais" ("*ces diablotins d'Ou-ëtacas... comme chiens & loups, mangeans la chair crue, mesme leur langage n'estant point entendu de leurs voisins, doyuent estre tenus & mis au rang des nations les plus barbares, cruelles & redoutees qui se puissent trouver en toute l'Inde Occidentale*").[27] A "alteridade" linguística como uma marca do caráter selvagem era um tema tradicional: os gregos chamavam aqueles que não falavam grego de "bárbaros".

Aqui, entretanto, o clássico logocentrismo satisfaz a hierarquia da comida: os ouetacas são de fato "as nações [mais] bárbaras, cruéis e temidas" das Índias Ocidentais, pois, além de comerem carne humana – como muitos dos seus vizinhos –, também a comem crua. A sua omofagia faz com que sejam associados aos católicos, que também comem a carne "crua" e o sangue de Jesus Cristo. Os tupinambás, que cozinham a sua comida e assam a carne dos seus prisioneiros, são portanto superiores tanto aos ouetacas quanto aos católicos, apesar de se entregarem a atos de canibalismo como uma forma de vingança de seus inimigos. Ao mostrar a vingança como uma motivação para o canibalismo, Léry prepara o terreno para um novo ataque contra os católicos. Isso se dá através de um movimento retórico que mistura o canibalismo metafórico e literal. Depois de ter feito um relato das práticas canibais, ele faz uma comparação entre o Brasil e a França. Ele se refere primeiramente a certos "agiotas" que sugam o sangue e a medula das viúvas, órfãos, e outras pessoas pobres, comendo-os vivos. Ele conclui então a passagem com uma citação bíblica: "E é por isso que o profeta diz que aqueles que comeram a carne de meu povo, arrancaram-lhe a pele, que-

[26] Ibidem, p. 41 e 68.
[27] Ibidem, p. 29 e 46.

braram-lhe os ossos, cortaram-no como carne na panela e como vianda dentro do caldeirão". ("*Voila aussi pourquoi le Prophete dit, que telles gens escorchent la peau, mangent la chair, rompent et brisent les os du peuple de Dieu, comme s'ils les faisoyent bouillir dans une chaudiere*").[28] Deve-se notar, entretanto, que na passagem bíblica à qual a citação se refere (Miqueias 3,3) o alvo específico da invectiva não são os agiotas, mas antes os falsos profetas que se aproveitam do povo de Deus. A superposição das duas imagens – agiotas e falsos profetas – sugere que o alvo de Léry é mais uma vez a Igreja Católica. De fato, umas páginas adiante, ele compara os pajés tupis, que ele chama de "falsos profetas", com os portadores de indulgência da Igreja Católica Romana.[29] Passando nesse ponto do nível metafórico ao literal, ele conclui o seu rápido *tour de force* assinalando que, durante as guerras de religião, os franceses haviam se lançado em atos mais ferozes do que os dos tupinambás, e lembra os horrores do dia de São Bartolomeu:

> Além disso, se quisermos falar da ação brutal de realmente (como se diz) mastigar e devorar a carne humana, não encontramos pessoas nestas regiões daqui, mesmo entre aqueles que recebem o nome de cristãos (...) que, não contentes de terem feito morrer cruelmente os seus inimigos, não foram capazes de saciar sua sede de sangue a não ser comendo os seus fígados e corações? Eu me refiro a fatos. E sem ir muito longe, na França! (Sou francês e fico triste em dizê-lo.) Durante a tragédia sangrenta que começou em Paris no dia 24 de agosto de 1572 – pela qual não acuso aqueles que não foram responsáveis – entre outros atos horríveis para se contar, que foram perpetrados naquele momento por todo o reino, a gordura de corpos humanos (que, de maneira mais bárbara do que a dos selvagens, foram massacrados em Lyon depois de terem sido tirados do rio Saône) não foi vendida pelo melhor preço? Os fígados, corações e outras partes desses corpos – não foram comidos pelos furiosos assassinos, que causam horror ao inferno?"

> [*Davantage, si on veut venit à l'action brutale de mascher et manger reellement (comme on parle) la chair humaine, ne s'en est-il point trouvé en ces regions de par deça, voire mesmes entre ceux qui portent le titre de Chrestiens... lesquels ne s'estans pas contentez d'auvoir fait cruellement mourir leurs ennemis, n'ont peu rassasier leur courage, sinon en mangeans de lour foye & de leur coeur? Ie m'en rapporte aux histoires. Et sans aller plus loin, en la France quoy? (Ie suis Françoise, & me fasche de le dire) durant la sanglante tragedie qui commença à Paris le 24 d'Aoust 1572 dont ie n'accuse*

[28] Ibidem, p. 132 e 228.
[29] Ibidem, p. 140 e 240.

point ceux qui n'en sont pas cause: entre autres actes horribles à raconter, qui se perpetrerent lors par tout le Royaume, la graisse des corps humains (qui d'une façon plus barbare & cruelle que celles des sauvages, furent massacrez dans Lyon, apres estre retirez de la riviere de Saone) ne fut-elle pas publiquement vendue au plus offrant & dernier encherisseur? Les foyes, couers, & autres parties des corps de quelques uns ne furent-ils pas mangez par les furieux meurtriers, dont les enfers ont horreur?][30]

Léry conclui o artigo exortando os franceses a não detestar a crueldade dos "selvagens" americanos, pois há pessoas entre eles próprios que são até piores do que os tupinambás. Esses nativos brasileiros de fato recorrem ao canibalismo, porém suas práticas são estritamente exógenas e extremamente ritualizadas. Em contrapartida, os franceses perderam toda compostura e desorganizaram a ordem natural, derramando o sangue "de seus parentes, vizinhos e compatriotas" (*"de leur parens, voisins, et compatriotes"*).[31] A presença sequencial desses três termos serve para estender a ligação de parentesco familiar ao de clã ou de comunidade vizinha, e transpô-lo finalmente à fronteira da nacionalidade, unindo perfeitos estranhos sob o horizonte de uma fronteira única. A presença do termo composto "compatriotas" (*"compatriotes"*), derivado do vernáculo recentemente introduzido "pátria" é particularmente revelador; invocando uma comunidade à qual as pessoas automaticamente pertencem por "serem francesas". Desse modo, Léry enfatiza a contradição escandalosa representada pela existência de identidades religiosas diferentes dentro das fronteiras de um único estado-nação.[32] Deve-se observar, entretanto, que essa contradição somente serve para enfatizar a degeneração da facção católica. O pastor calvinista deixa isso claro, de fato, dizendo que *alguns* franceses são mais culpados do que outros, e, enquanto os católicos são, por causa de seu suposto canibalismo, como os tupinambás, ao mesmo tempo são piores que eles, porque seus esforços repressivos contra o protestantismo abrem um abismo vergonhoso entre a identidade nacional e religiosa.

Os protestantes não foram os únicos a usar a metáfora canibal. Católicos, de fato, frequentemente dirigiram acusações de canibalismo contra os seus oponentes, como fez o poeta Pierre Ronsard quando, em sua obra *Continuation du Discours des Misères de ce Temps*, fazia rimar a palavra "canibais" (*"Canibales"*) com "virtudes calvinistas" (*"vertus Calvinales"*).[33] Era comum também acusar os protestantes de práticas antropofágicas realizadas

---

[30] Ibidem, p. 132 e 229.
[31] Ibidem, p. 133 e 230.
[32] Embora a palavra do latim, *patria*, da qual deriva *patrie* do francês, tenha sido usada na França desde o século XII, o seu equivalente vernacular só foi usado a partir de 1530-40. Entretanto, o uso permaneceu pedante até perto de 1550. Ver Colette Beaune, *The Birth of an Ideology: Myth and Symbols of Nation in Late-Medieval France*. Trad. Susan Ross Huston, ed. Fredric L. Cheyette. Berkeley, University of California Press, 1991, p. 5.
[33] *"Il n'est plus question, ce dites vous, d'en faire, / La foy est approuvée: Allez aux regions, / Au Perou, Canada, Callicuth, Canibales, / Là montrez par effect vos vertus Calvinales."* Pierre de Ronsard, *Discours des Misères de ce Temps*. Paris, Société les Belles Lettres, 1949, p. 81.

tanto de forma literal quanto metonímica contra os católicos e seus símbolos religiosos. Em um ato bizarro de assassinato ritual, o corpo de São Fulcran milagrosamente preservado em Lodève, pelo que dizem, foi ritualmente morto, desmembrado, e comido num banquete por protestantes locais. E houve rumores de que durante as Michelades de 1556 em Nice, protestantes massacraram e devoraram suas vítimas católicas.[34] No entanto, essas tentativas católicas do uso do canibalismo a serviço da propaganda antiprotestante não parecem completamente articuladas – de alguma forma, por assim dizer, não digerida – em comparação com as estratégias discursivas da igreja reformada. Foi somente com a publicação dos *Ensaios* de Montaigne, em 1580, que a metáfora do canibal foi verdadeiramente apropriada a partir de uma perspectiva católica diferente, embora moderada, e que um novo capítulo da história se abriu.

Embora em "Dos canibais" Montaigne alegasse ter reunido informação de primeira mão sobre o Novo Mundo dos nativos brasileiros visitando Rouen e de um "homem simples e grosseiro" (*"homme simple et grossier"*) que passara vários anos na América, muitos dos detalhes colocados no ensaio podem ser identificados em fontes literárias anteriores. Montaigne certamente lera, ou pelo menos dera uma olhada, nas obras de Sebastian Münster, François Belleforest, Durand de Villegagnon, Francisco López de Gómara, Bartolomé de Las Casas, e Manuel da Nóbrega. O ensaio de Montaigne traz distintos ecos de textos anteriores, como, por exemplo, a *Historia del Mondo Novo* de Girolamo Benzoni, *Singularitez de la France Antarctique* e *Cosmografia Universal*, de André Thevet, e *História de uma Viagem* de Jean de Léry.[35] Da tradução de 1579 de Urbain Chauveton de Benzoni, Montaigne tirou *literalmente* sua passagem sobre as genealogias do Novo Mundo, que identificavam os povos americanos nativos como os descendentes dos colonos cartagineses ou dos habitantes da mítica Atlantis. Várias passagens do ensaio, incluindo a descrição da execução que precedia o banquete canibal, são tiradas de *História de uma Viagem* de Léry, enquanto Thevet deu a ideia da música com a qual a vítima designada desafiava com orgulho os seus devoradores.

Nessa perspectiva, "Dos Canibais" pode ser considerado um exercício em *imitatio*, um ato mental de identificação através do qual conhecimentos preexistentes são "digeridos" ou consumidos. As conotações canibais implícitas nessa operação intelectual não se perderiam de forma alguma para Montaigne e seus contemporâneos. Ora, em sua obra de 1549 *Defesa e Ilustração*

[34] Anthony Pagden, "Canibalismo e Contagio". *Quaderni Storici*, 17 (2) p. 544.
[35] Para as leituras de Montaigne, ver B. Weinberg, "Montaigne's Readings for 'Des Cannibales'". In: *Renaissance and Other Studies in Honor of William Leon Wiley*. Chapel Hill, University of North Carolina Press, 1968, p. 264-79.

da *Língua Francesa*, por exemplo, Joachim du Bellay deu uma definição de imitação peculiarmente canibal. Assumindo a tarefa de enriquecer o vernáculo francês, que só recentemente havia se tornado a língua oficial do estado, Du Bellay propôs o exemplo dos romanos, que haviam enriquecido a sua língua "imitando os melhores autores gregos, transformando-se neles, *devorando-os e, depois de havê-los bem digerido, convertendo-os em sangue e alimento*" (immitant les meilleurs Aucteurs Grecz, se transformant en eux, *les devorant, & apres les avoir bien digerez, les convertissant en sang & nouriture*).³⁶ Esse tipo de operação intelectual obviamente exigia mais do que simplesmente regurgitar modelos prévios, visto que implicava um ato de *incorporação* que dotaria palavras e imagens preexistentes de significados e conteúdos. Montaigne seguiu um procedimento semelhante em "Dos Canibais", tirando muito dos instrumentos tropológicos do ensaio diretamente dos discursos da igreja reformada:

Estimo que é mais bárbaro comer um homem vivo do que o comer depois de morto; e é pior esquartejar um homem entre suplícios e tormentos e o queimar aos poucos, ou entregá-lo a cães e porcos, a pretexto de devoção e fé, como não somente o lemos mas vimos ocorrer entre vizinhos menos conterrâneos; e isso em verdade é bem mais grave do que assar e comer um homem previamente executado.

[*Je pense qu'il y a plus de barbarie à manger um homme vivant qu'à le manger mort, à deschirer, par tourments et par geénes, un corps encore plein de sentiment, le faire rostir par le menu, le faire mordre et meurtrir aux chiens et aux pourceaux (comme nous l'avons non seulement leu, mais veu de fresche memoire, non entre des ennemis anciens, mais entre de voisins et concitoyens, et, qui pis est, sous pretexte de pieté et de religion), que de le rostir et manger apres qu'il est trespassé.*]³⁷

Essa passagem complexa emprega vários *topoi* da igreja reformada numa fusão de usos literais, metafóricos e metonímicos. Passa habilmente do canibalismo ritualizado perpetrado pelos católicos em relação ao corpo do *Christ vivant* ("*il y a plus de barbarie à manger un homme vivant qu'à le manger mort*") a um ato metonímico de canibalismo representado pelo gesto de queimar hereges na fogueira ("*le fair rostir par le menu*"), e finalmente aos dois casos de canibalismo literal e metafórico que ocorreram durante as guerras de religião ("*le faire mordre et meurtrir*"). Os parênteses "à parte" ("*comme nous l'avons non seulement leu, mais veu de fresche memoire, non entre des ennemis anciens, mais entre de voisins et con-*

³⁶ Joachim du Bellay, *The Defence and Illustration of the French Language*. Londres, J. M. Dent and Sons, 1939, p. 37. A citação em francês foi extraída de uma edição reproduzida de *La Deffence et Illustration de la Langue Françoyse*, 1549, Genebra, Slatkine Reprints, 1971, 4b (grifo meu).
³⁷ Montaigne, *Ensaios*. Trad. Sérgio Milliet. São Paulo, Abril Cultural, 1980, II, cap. 31, p. 103.

citoyens") complementam a abstração do *incipit* da frase com a vivacidade da particularidade histórica, e, ao contrastar "vizinhos" e "conterrâneos" com "antigos inimigos", coloca em primeiro plano a dicotomia entre canibalismo exógeno e endógeno, explorada de forma tão minuciosa por Léry em *História Memorável* e *História de uma Viagem*. Ao mesmo tempo, entretanto, ficou impossível identificar os católicos ou os protestantes como o alvo da crítica; a única interpretação que a passagem parece permitir é uma censura generalizada da violência que caracterizou as guerras de religião.

Em outra parte de "Dos Canibais", Montaigne usa elementos discursivos da igreja reformada para que as acusações tradicionais contra o papado caótico se transformem em crítica da liderança protestante. Ele começa, por exemplo, o seu relato do banquete canibal com uma consideração sobre os selvagens religiosos brasileiros, assinalando admiravelmente como os tupis punem severamente o abuso da autoridade espiritual. A função de sacerdotes e profetas tupinambás, ele explica, é inculcar valores éticos, dando conselhos sábios sobre se deveriam lutar contra os seus inimigos ou evitar o confronto. Enquanto são capazes de predizer com precisão se haverá vitórias ou advertir para evitar desastres, são honrados e respeitados. Se errarem em seus prognósticos, entretanto, são impiedosamente cortados em pedaços:

> O profeta fala-lhes em público, exortando-os à virtude e ao dever. Sua moral resume-se em dois pontos: valentia na guerra e afeição por suas mulheres. Prediz também o futuro e o que devem esperar de seus empreendimentos, incitando à guerra ou a desaconselhando. Mas importa que diga certo, pois do contrário, se o pegam, é condenado como falso profeta e esquartejado.
>
> [*Ce prophete parle à eux en public, les exhortant à la vertu et à leur devoir; mais toute leur science ethique ne contient que ce deux articles, de la resolution à la guerre et affection à leurs femmes. Cettuy-cy leur prognostique les choses à venir et les evenemens qu'ils doivent esperer de leurs entreprinses, les achemine ou destourne de la guerre; mais c'est par tel si que, où il fait à bien deviner, et s'il leur advient autrement qu'il ne leur a predit, il est haché en mille pieces s'ils l'attrapent, et condamné pour faux prophete.*][38]

A figura do "falso profeta" com a qual a passagem termina é ainda outro *topos* que vem diretamente de críticas anticatólicas da igreja reformada; Léry a usara em *História de uma Viagem* para referir-se aos portadores de indulgências católicos e

[38] Ibidem, I, cap. 31, p. 103.

ressaltar o materialismo bruto do papado. Todavia, em "Dos Canibais", não é a Igreja Católica que está insinuada na figura do falso profeta, mas os líderes da igreja reformada que provocaram conflito civil e guerra interna devido a uma noção equivocada de "virtude e dever". Montaigne não faz nenhum mistério sobre a sua crença de que a melhor e a mais segura posição política é a que está alinhada com "a antiga religião e o antigo governo do país" ("*la religion et la police ancienne du pays*"), criticando abertamente os protestantes por sua presunção:[39]

> E direi francamente que me parece sinal de excessivo amor-próprio e grande presunção valorizar alguém sua opinião a ponto de tentar, a fim de vê-la triunfante, subverter a paz pública em seu próprio país, facilitando o advento dos males inevitáveis inerentes à guerra civil, sem falar na horrível corrupção da moral e nas mutações políticas que podem ocorrer.
>
> [*Si me semble-il, à le dire franchement, qu'il y a gran amour de soy et presomption, d'estimer ses opinions jusque-là que, pour les estabilir, il faille revenser une paix publique, et introduire tant de maux inevitables et une si horrible corruption de meurs que les guerres civiles apportent, et les mutations d'estat, en chose de les pois; et les introduire en son pays propre.*][40]

Essa mudança de responsabilidade, transferindo a culpa ao lado protestante, não é um movimento surpreendente por parte de um católico. É significativo, entretanto, que Montaigne acuse os protestantes não por causa de suas convicções religiosas, sobre as quais só Deus pode julgar, mas porque são uma fonte de desordem civil. Ele conclui a sua reflexão com uma questão retórica: "Não será mal calcular ir ao encontro de tantas desgraças certas e esperadas para combater erros contestáveis e discutíveis? Haverá vício pior do que esse que choca a própria consciência e o conhecimento natural?" ("*Est ce pas mal mesnage, d'advancer tant de vices certains et cognus, pour combattre des erreurs contestées et debatables? Est-il quelque pire espece de vices, que ceux qui choquent la propre conscience et naturelle cognoissance?*").[41] Os *Ensaios* não dão uma definição específica desse "conhecimento natural" supostamente destruído pelas guerras de religião, e até traem certa desconfiança em relação ao conceito de "naturalidade".[42] "Dos Canibais" define, entretanto, o povo do Brasil como "muito próximo de sua natureza original" ("*fort voisines de leur naifveté originelle*"). Muito pouco modelados pela mente humana, os canibais seguem as "leis da natureza", de tal forma que, entre eles,

---

[39] Ibidem, II, cap. 19, p. 306.
[40] Ibidem, I, cap. 23, p. 63.
[41] Ibidem, I, cap. 23, p. 63.
[42] Ver, por exemplo, "De La Coustume", em que Montaigne escreve: "Porque o costume é efetivamente um pérfido e tirânico professor". *Ensaios*, I, cap. 23, p. 57.

não há comércio de qualquer natureza, nem literatura, nem matemática; onde não se conhece sequer de nome um magistrado; onde não existe hierarquia política, nem domesticidade, nem ricos e pobres. Contratos, sucessão, partilhas aí são desconhecidos; em matéria de trabalho só sabem da ociosidade; o respeito aos parentes é o mesmo que dedicam a todos; o vestuário, a agricultura, o trabalho dos metais aí se ignoram; não se usam vinho nem trigo (...). [*n'y a aucune espece de trafique; nulle cognoissance de lettres; nulle science de nombres; nul nom de magistrat, ni de superiorité politique; nul usage de service; de richesse ou de pauvreté; nuls contrats; nulles successions; nuls partages; nulles occupations qu'oysives; nul respect de parenté que commun; nuls vestements; nulle agriculture; nul metal; nul usage de vin ou de bled.*]⁴³

Não há nada de particularmente surpreendente na cadeia de negações que compõem essa passagem. Descrever a dicotomia natureza/cultura em termos do que falta no primeiro em relação ao último é, de fato, um artifício comum. Aqui, entretanto, um "somente" ("*que*") ocasional chama a atenção para o que realmente *descreve* a sociedade canibal no ensaio: os brasileiros podem de fato não ter cartas, números, e magistrados, mas estão livres da lei do lucro, e reconhecem um parentesco comum. Montaigne retoma o parentesco comum tupinambá algumas páginas depois, acrescentando que os tupinambás chamam uns aos outros de "irmão", "pai" ou "filho" de acordo com a idade; a sua sociedade como um todo é uma família, na qual ligações de carne e sangue associam cada membro a todos os outros.⁴⁴ Nenhuma noção de comunidade podia ser mais familiar para os leitores "civilizados" de Montaigne, pois a metáfora familiar tinha não somente uma longa história, mas fora amplamente popularizada pela publicação de *Seis Livros da República* de Jean Bodin em 1576. Nesse trabalho robusto, o teórico político do século XVI propôs a família como "o verdadeiro modelo para o governo de um estado" ("*le vray modelle du gouvernement de la Republique*") e descreveu o próprio estado como um conjunto de famílias.⁴⁵ Mesmo diante de guerras internas e no calor das controvérsias religiosas, os laços de família que uniam parentes, vizinhos e compatriotas franceses ("*parens, voisins, et compatriotes*") juntos em uma mesma comunidade não haviam sido esquecidos.⁴⁶

Longe de constituir uma contrapartida "exótica" para a sociedade europeia civilizada, a imagem de uma comunidade "natural" como uma única família expandida estabelece um paralelo entre a sociedade francesa e brasileira. Essa analogia permite

⁴³ Ibidem, I, cap. 31, p. 102.
⁴⁴ Ibidem, I, cap. 31, p. 102.
⁴⁵ Jean Bodin, *Les Six Livres de la République*, I. Paris, Fayard, 1986, p. 40.
⁴⁶ Léry, *Histoire d'un Voyage*, p. 133, 230.

que Montaigne enfrente o problema da radicalização das linhas confessionais dentro das fronteiras da França através da mediação dos selvagens tupinambás. Ele dá o primeiro passo nessa direção evidenciando a identidade espelhada entre os tupinambás e seus inimigos inveterados. O ponto fundamental que existe em "Dos Canibais" é, de fato, que não há muito o que distinguir entre um e outro; ambos compartilham as mesmas crenças, têm as mesmas práticas, e participam de uma economia canibal única que coloca a fogueira do *boucan* como centro constitutivo da identidade da comunidade. De fato, haveria pouca coisa ou seria impossível distinguir os dois grupos se não fossem as guerras que constantemente travam. É a guerra, constantemente alimentada e perpetuada pela obsessão por vingança dos canibais, que produz e mantém a linha injustificada entre amigo e inimigo, evitando que surja a uniformidade dos valores canibais e selvagens. Ao indagar sobre as fronteiras da identidade comunitária do tupinambá, Montaigne questiona primeiramente a oposição que tanto protestantes quanto católicos percebem que existe entre as duas confissões. Ao mesmo tempo, ele prepara a base para uma inovação final e mais significativa do tropo canibal.

As fontes de Montaigne haviam descrito os rituais antropofágicos brasileiros como atos de vingança, nos quais o derrotado era submetido a uma última infâmia de digestão e a humilhação da completa extinção. "Para satisfazer a sua ferocidade", lê-se, por exemplo, em *História de uma Viagem*, "tudo que se pode encontrar nos corpos desses prisioneiros, das pontas dos pés ao nariz, orelhas, e couro cabeludo, é completamente comido por eles" (*"pour assouvir leurs courages felons, tout ce qui se peut trouver és corps de tels prisonniers, depuis les extremitez des orteils, iusques an nez, oreilles & sommet de la teste, est entirement mangé par eux"*).[47] Montaigne concorda com seus contemporâneos que dizem que a antropofagia tupinambá é motivada por vingança, porém "Dos Canibais" transforma a prática de exógena em endógena e, por assim dizer, autocanibal. Léry mencionara, por exemplo, que cativos, mesmo quando estavam prestes a serem mortos, desafiavam os seus algozes vangloriando-se de seus feitos e proezas passados, e profetizando retaliações canibais, dizendo: "De vocês, tupinambás, que capturei na guerra, comi tantos homens e mulheres e até crianças que são incontáveis; e não duvido de que, para vingar a minha morte, Margaia, a nação à qual pertenço, doravante comerá tantas pessoas da sua comunidade quanto capturar" (*"I'ay en general tant mangé d'hommes & de femmes, voire des*

[47] Ibidem, p. 127, 220.

enfans de vous autres Toüoupinambaoults, les quels i'ay prins en guerre, que ie n'en sçaurois dire le nombre: & au reste ne doutez pas que pour venger ma mort, sçaurois dire le nombre: & au reste ne doutez pas que pour venger ma mort, les Margaias de la nation dont ie fuis, n'en mangent encores cy apres autant q'ils en pourront attrapper").[48] Um ponto semelhante foi explicado por Thevet em *Singularitez*, que incluía o texto de uma música que prisioneiros cantavam para desafiar os seus capturadores:

> Nossos amigos margageas são valentes, fortes e poderosos na guerra, capturaram e comeram muitos dos nossos inimigos, da mesma forma que nossos inimigos me comerão um dia quando quiserem fazê-lo: porém, quanto a mim, matei e comi os parentes e amigos daquele que me mantém prisioneiro: com muitas palavras semelhantes.
>
> [*Les margageas noz amis sont gens de bien, fort & pouissans en guerre, ils ont pris & mangé grand nombre de noz ennemis, aussi me mangeront ils quelque iour quand il leur plaira: mais de moy, j'ay tué & mangé des parens et amis de celuy qui me tient prisonnier: avec plusieurs semblables paroles.*][49]

A partir dos relatos tanto de Léry quanto de Thevet, Montaigne descreve, em alguns traços audaciosos, a cena do banquete canibal: uma grande assembleia é chamada, dois homens conduzem a vítima ao lugar indicado, despachando-o rapidamente. O corpo é então assado e alegremente consumido. A vítima, por sua vez, desempenha completamente o seu papel no ritual: ele faz uma aclamação ruidosa, e até compõe canções para cantar para os seus capturadores. Como Thevet, Montaigne inclui em seu relato o texto de uma música na qual as vítimas convidam os seus devoradores para acabar com ele e dividir o seu corpo. Na sua versão da música, porém, a troca canibal atinge uma nova conclusão paradoxal:

> Tenho em meu poder o canto de um desses prisioneiros. Eis o que diz: "Que se aproximem todos com coragem e se juntem para comê-lo; em o fazendo comerão seus pais e seus avós que já serviram de alimento a ele próprio e deles seu corpo se constituiu. Estes músculos, esta carne, estas veias, diz-lhes, são vossos, pobres loucos. Não reconheceis a substância dos membros dos vossos antepassados que no entanto ainda se encontram em mim. Saboreai-os atentamente, sentireis o gosto de vossa própria carne".
>
> [*J'ay une chanson faicte par un prisonnier, où il y a ce traict: qu'ils viennent hardiment trétous et s'assemblent pour disner de luy: car ils mangeront quant et quant leurs*

[48] Ibidem, p. 123, 213.
[49] André Thevet, *Les Singularitez de la France Antarctique*. Paris, Maisonneuve et C., 1878, p. 199-200. Sou grata particularmente à discussão de Quint sobre a música canibal em "A Reconsideration of Montaigne's 'Des Cannibales'". Também extraí desse artigo a tradução em inglês da música presente em *Singularitez* de Thevet.

peres et leurs ayeux, qui ont servy d'aliment et de nourriture à son corps. "Ces muscles", dit-il, "cette cher et ces veins, ce sont les vostres, pauvres fols que vous estes; vous ne recognoissez pas que la substance des membres de vos ancestres s'y tient encore: savourez les bien, vous y trouverez le goust de vostre propre chair."]⁵⁰

Esse desfecho dado à música canibal – a própria invenção e contribuição de Montaigne – transforma completamente o entendimento aceito da antropofagia tupinambá como uma prática exógena: ao comer a carne do inimigo, de fato, o canibal come ao mesmo tempo a carne dos seus irmãos e ancestrais, devorado por seu inimigo. Dessa maneira, Montaigne estreita a distância entre o canibalismo endógeno e exógeno, ou, mais exatamente, demonstra como os dois de fato coincidem. O que é mais interessante sobre a mudança na música canibal é que ela postula a noção de consumo em que a vítima não é destruída ao ser incorporada na carne do inimigo, mas ela se torna antes parte dela, mudando dessa maneira a substância de quem a consome. Esse modelo de consumo veio, é claro, diretamente da tradição patrística: nos Evangelhos, a instituição de Jesus da Ceia do Senhor conclui com as seguintes palavras: "Quem come minha carne e bebe meu sangue permanece em mim, e eu nele" (João 6,56). E em *Confessionum Libri Tredecim*, o livro que conhecemos hoje como suas *Confissões*, Santo Agostinho lembra como Deus o chamou identificando-Se nos seguintes termos: "Sou o pão dos fortes; cresce e comer-Me-ás. Não Me transformarás em ti como ao alimento da tua carne, mas mudar-te-ás em Mim".⁵¹

Associando o canibalismo à comunhão, Montaigne de fato livra o canibalismo do Novo Mundo das implicações ideológicas que adquirira nos textos da igreja reformada, transformando uma metáfora de absoluta oposição em reconciliação e sublimação através da qual novas identidades poderiam ser criadas. Pois "Dos Canibais" sugere, com convicção perversa mas impecável, que a prática do canibalismo reafirma os elos da comunidade, dividida por ódio, guerra e vingança. Na França, no fim do século XVI, a nação secular já proporcionava um modelo para tal ligação; a questão era reconhecê-lo como um valor, tanto em si quanto para si, de tal forma que o país e a religião trilhassem caminhos separados. Quanto aos canibais americanos – joguetes na confrontação discursiva da qual provavelmente nem suspeitavam –, apareciam repetidas vezes nos discursos europeus, usados a serviço de ideologias emergentes. Sem dúvida, contanto que se encarregassem da maior parte da conversa, e nada da comida.*

---

⁵⁰ Montaigne, *Ensaios*, I, cap. 31, p. 105 (grifo meu).
⁵¹ Santo Agostinho, *Confessions*. Trad. F. J. Sheed. Introd. Peter Brown. Indianápolis, Hackett Publishing Company, 1992, Livro VII, 10, p. 118. [Tradução para o português de J. Oliveira Santos, S.J., e A. Ambrósio de Pina, S.J. São Paulo, Nova Cultural, 1996. (Coleção Os Pensadores)]
* Tradução de Margarita Maria Garcia Lamelo.

Antropofagia, Invenção e a Objetificação do Brasil

Roland Greene
Universidade Stanford

Antropofagia – invenção – objetificação. Em sua relação, em grande parte inexplorada, esses termos estão entre os elementos da revolução decisiva da literatura brasileira que começou em 1922 com a Semana de Arte Moderna. A partir desse evento e com sua continuação no *Manifesto da Poesia Pau-Brasil* (1924) e no *Manifesto Antropófago* (1928) de Oswald de Andrade, e seus antítipos no movimento de poesia concreta dos anos 1950 e o tropicalismo dos anos 1960, sem falar das renovações mais recentes, os dois primeiros termos são evocados, explorados e persistentemente mistificados. De fato, a sua eficácia em criar *slogans* pode depender de sua mistificação. Considerados em seu contexto, entretanto, esses três termos estão ligados numa relação metonímica em que cada um dá sentido e oferece uma perspectiva crítica aos outros. A objetificação, o mais expressivo, é a condição ideológica que estrutura uma grande parte do discurso e experiência brasileira desde o período colonial. A invenção é um conceito do primeiro humanismo moderno, e tem uma importância específica na criação do Brasil devido ao passado da objetificação, e, em geral, emerge como um termo poderoso através de um tropo pouco estudado no pensamento brasileiro; e a antropofagia, é claro, representa a tentativa de Oswald de resignificar os outros dois termos com propósitos modernistas. A invenção está atrás da antropofagia, eu argumentaria, como um termo anterior e encorajador; a objetificação, por sua vez, encontra-se atrás da invenção – cada um deles aponta para os outros e se reflete neles. Juntos, esses termos fazem parte não somente do léxico do modernismo brasileiro, mas também de um contexto histórico muito mais amplo, que vai até as origens da identidade brasileira e reconhece o modernismo como somente um dentre muitos episódios decisivos.[1]

[1] Para uma visão geral do movimento antropofágico no contexto histórico, ver Benedito Nunes, "Antropofagia ao Alcance de Todos". In: Oswald de Andrade, *Do Pau-Brasil à Antropofagia e às Utopias, Obras Completas*. 11 vols. Rio de Janeiro, Civilização Brasileira, 1970-79, p. 6: xi-liii; Randal Johnson, "Tupy or not Tupy: Cannibalism and Nationalism in Contemporary Brazilian Literature and Culture". In: *Modern Latin American Fiction: A Survey*. Ed. John King. Londres, Faber and Faber, 1987, p. 41-59; mais amplamente, Randal Johnson, "The Dynamics of the Brazilian Literary Field, 1930-1945". *Luso-Brazilian Review* 31, n. 2, 1994, p. 5-22; e de forma ainda mais abrangente, Richard M. Morse, "The Multiverse of Latin American Identity, c.1920-c.1970". In: *The Cambridge History of Latin America*. Ed. Leslie Bethell. 11 vols. Cambridge, Cambridge University Press, 1984-, 10, p. 1-127.

A seguir, proponho situar esses termos esquematicamente nesse contexto mais amplo. Se *Pau-Brasil*, *Antropófago*, e outros manifestos do começo do século XX ainda são determinados pela objetificação, eles também se interessam em manter implícita essa condição, visto que seu reconhecimento faz com que pareçam ser movimentos mais epígonos do que autônomos, fazendo talvez com que a cultura brasileira pareça ainda mais contida por sua história colonial passada do que os agentes da independência cultural gostariam que estivesse.

Dois dos mais importantes manifestos de Oswald são capítulos em concordância com as primeiras bases modernas da sociedade brasileira, revelando estágios na sua tomada de posição em relação à história colonial. Eles dificilmente podem ser compreendidos fora de seu primeiro léxico moderno, pois representam tanto o final de um evento do renascimento de construção cultural quanto o começo da independência cultural. Devem ser vistos, creio, a partir dessas duas perspectivas.

Começarei propondo brevemente o que desenvolverei em outra parte de forma mais extensa: a premissa de que a cultura brasileira é formada num drama de objetificação em que a anedota colonial, que em outras partes destaca Colombo, Cortés, e seus pares, adapta-se a um mundo de coisas, e em que objetos como o pau-brasil e outros produtos originais da colônia brasileira são os protagonistas.[2] O que é objetificação, e como ela prepara o caminho para o modernismo? Todos os imperialismos euroamericanos, é claro, se envolveram profundamente com objetos de uma forma ou de outra.[3] No caso do Brasil, porém, vários fatores se conjugam para que os objetos se tornem figuras fundamentais no episódio colonial. Esses fatores incluem o que foi descrito desde 1500 como o caráter coletivo, não heroico da descoberta brasileira:[4] a experiência da classe comercial portuguesa com a noção emergente de fetichismo, que William Pietz identificou no comércio luso-africano na costa superior da Guiné nos anos que antecederam imediatamente a descoberta do Brasil;[5] a base mercantil da empresa brasileira;[6] a reserva narrativa do semianônimo Pero Vaz de Caminha;[7] e a história recebida do próprio pau-brasil, que reúne os motivos lendários, supersticiosos e comerciais em um único produto que veicula mais significado do que qualquer agente histórico.[8] O drama da objetificação é a história da evolução de como objetos como o pau-brasil chegaram a ser investidos de significado, como esses objetos dão corpo ao lugar Brasil, e como um humanismo imperialista fica gravado nesse mundo de coisas. O resultado dessa

---

[2] Apresentei esse argumento brevemente no ensaio "Petrarchism among the Discourses of Imperialism". In: *America in European Consciousness, 1493-1750*. Ed. Karen Ordahl Kupperman. Chapel Hill, University of North Carolina Press, 1995, p. 130-65, e mais detalhadamente em meu livro *Unrequited Conquests: Love and Empire in the Colonial Americas*, 2000.

[3] Muitos trabalhos recentes desenvolvem esse ponto: ver, por exemplo, Peter Hulme, *Colonial Encounters: Europe and the Native Caribbean, 1492-1797*. Londres, Methuen, 1986; e Anthony Pagden, *European Encounters with the New World: From Renaissance to Romanticism*. New Haven, Yale University Press, 1993.

[4] Essa caracterização vem através de muitos dos ensaios reunidos em Carlos Malheiro Dias (org.), *História da Colonização Portuguesa do Brasil*. 3 vols. Porto, Litografia Nacional, 1921-24.

[5] William Pietz, "The Problem of the Fetish, I". *Res* 9, 1985, p. 5-17; "The Problem of the Fetish, II". *Res* 13, 1987, p. 23-45; "The Problem of the Fetish, IIIa". *Res* 16, 1988, p. 105-23; e "The Spirit of Civilization: Blood Sacrifice and Monetary Debt". *Res* 26, 1995, p. 23-28.

[6] Bailey W. Diffie e George D. Winius, *Foundations of the Portuguese Empire, 1415-1580, Europe and the World in the Age of Expansion 1*. Mineápolis, University of Minnesota Press, 1977.

[7] Inúmeros leitores observaram a limitação narrativa de Vaz de Caminha: um dos primeiros foi Carlos Malheiro Dias em seu ensaio na *História da Colonização Portuguesa do Brasil*, vol. 2, op. cit., p. 75-111.

formação colonial é que, depois do pau-brasil, objetos têm uma condição específica na cultura brasileira: até mais do que em outro lugar, vivem suas próprias situações, estão presentes entre sujeitos, e algumas vezes assumem as propriedades dos próprios sujeitos.[9] A objetificação adquire muitas formas e admite muitas matizes, porém, em geral faz com que as interações que contribuem para a cultura frequentemente ocorram entre objetos (independentemente de como sejam constituídos) em vez de entre sujeitos, e que narrativas de identidade e fim nacional, como Gregory Jusdanis recentemente reconstruiu para a Grécia moderna,[10] possam ser mais bem desenvolvidos através de objetos do que com qualquer outra coisa. Uma variedade de fenômenos próprios do Brasil – de Carmen Miranda[11] ao movimento do tropicalismo na música popular[12] à poesia concreta[13] – deve ser compreendida entre os produtos de uma sociedade de objetificação, que, de um lado, transforma pessoas em pilhas artificiais de exotismo como Carmen Miranda, e, de outro, torna a subjetividade poética supérflua diante das organizações higiênicas do texto pelas quais os *concretistas* eram festejados e notáveis.

Para o modernismo que chega ao seu apogeu no *Manifesto da Poesia Pau-Brasil* e no *Manifesto Antropófago*, a objetificação é um fator a ser negociado no processo de declaração da independência cultural. Ao mesmo tempo que está presente amplamente em alguns dos problemas que Oswald critica, a objetificação é dificilmente dispensável como um meio de autoentendimento coletivo de seus leitores. Em vez de se recusar a tratar do tema, Oswald faz com que seja um dos seus propósitos, e, à medida que os seus manifestos se expressam claramente, esse artigo fundador da ideologia brasileira também ganha força. De fato, os conceitos dos dois manifestos abordam diretamente o legado da objetificação: *Pau-Brasil*, por pretender falar do ponto de vista da troca original, objeto silenciado do comércio português; *Antropófago*, pois torna essa posição dinâmica, agressiva, até criativa – na pessoa do canibal objetificado (e objetificante). Contudo, como já indiquei, os investimentos de objetificação nessas vanguardas modernistas são mediados por um terceiro termo que funciona tanto no vocabulário inicialmente moderno quanto modernista, e que transita entre eles exercendo a sua influência: a invenção.

A invenção moderna inicial sempre depende de matéria, lugares, objetos. Desde a fundação do humanismo, a invenção é uma metáfora que propõe uma relação produtiva entre as coisas e o pensamento. O alcance do conceito é visível em suas

---

[8] Sobre o próprio produto, ver Warren Dean, *With Broadax and Firebrand: The Destruction of the Brazilian Atlantic Forest*. Berkeley e Los Angeles, University of California Press, 1995; Bernardino José de Sousa, *O Pau-brasil na História Nacional*. 2. ed. Brasiliana 162. São Paulo, Editora Nacional, 1978; Frédéric Mauro, *Le Portugal et l'Atlantique au XVIIe Siècle*. Paris, Sevpen, 1960, p. 115-45; e A. L. Pereira Ferraz, *Terra da Ibirapitanga*. Rio de Janeiro, Imprensa Nacional, 1939.
[9] Sobre a subjetificação de objetos, ver os ensaios em Arjun Appadurai (org.), *The Social Life of Things: Commodities in Cultural Perspective*. Cambridge, Cambridge University Press, 1986.
[10] Gregory Jusdanis, *Belated Modernity and Aesthetic Culture: Inventing National Literature, Theory and History of Literature* 81. Mineápolis, University of Minnesota, Press, 1991.
[11] Sobre a objetificação de Carmen Miranda, ver Caetano Veloso, "Caricature and Conqueror, Pride and Shame". Trad. Robert Myers. *The New York Times*, 20/10/1991, seções 2, 34, 41; e Christopher Dunn, "The Tropicalista Rebellion: A Conversation with Caetano Veloso". *Transition 70*, 1996, p. 116-38.
[12] O mais extenso tratamento recente do tropicalismo no contexto mais amplo da música popular é Charles A. Perrone, *Masters of Contemporary Brazilian Song: MPB 1965-1985*. Austin, University of Texas Press, 1989.
[13] Sobre poesia concretista brasileira à luz da objetificação, ver "Material Poetry of the Renaissance/The Renaissance of Material Poetry". Ed. Roland Greene. *Harvard Library Bulletin* new series 3, n. 2., 1992.

várias aplicações nas primeiras literaturas modernas – e, como exemplo, o seu envolvimento com a descoberta e fundação do Brasil. Em certo sentido, "invenção" e "descoberta" são alternativas nesse período, e às vezes são intercambiáveis.[14] Os dois termos estão ligados na tradição da Invenção da Cruz, por Santa Helena, e a descoberta e invenção de Santa Cruz (mais tarde, Brasil) que coincide com a celebração do primeiro:

> O dia que o capitão-mór Pedro Alvares Cabral levantou a cruz... era 3 de maio, quando se celebra a invenção da santa cruz em que Christo Nosso Redemptor morreu por nós, e por esta causa poz nome á terra que havia descoberto de Santa-Cruz e por este nome foi conhecida muitos annos.[15]

De fato, o conceito de invenção pede aqui um significado tipológico, em que a descoberta do país responde ao encontro no século IV de Helena com a Cruz Verdadeira, portanto, situa a invenção de Cabral como um evento na história providencial.[16] A questão de saber se essa alegação está revestida de piedade ou de blasfêmia instaura uma relação extremamente precisa com o cristianismo na fundação do Brasil, mesmo em aproximações seculares do evento. Além disso, a aplicação do conceito de invenção para o Brasil torna literal uma das preocupações humanistas da época, pois *inventio* como produção ou fabricação intelectual se impõe a partir de material preexistente, encontrado como *topoi* ou tópicos, ou seja, lugares.[17] Dessa forma, cada leitor e autor é um verdadeiro Cabral, um descobridor. Juan Luis Vives expõe esse pressuposto em sua exortação ao estudo sistemático da língua:

> *Compones tibi librum chartae purae justae magnitudinis, quem in certos locos ac velut nidos partieris; in uno eorum annotabis vocabula usus quotidiani, velut animi, corporis, actionum nostrarum, ludorum, vestium, temporum, habitaculorum, ciborum: in altero vocabula rara, exquisita: in alio idiomata et formulas loquendi, vel quas pauci intelligunt, vel quibus crebro est utendum: in alio sententias: in alio festive, in alio argute dicta: in alio proverbia: in alio scriptorum difficiles locos, et quae alia tibi aut institutori tuo videbuntur.*[18]

> [Faz um livro de folhas brancas do tamanho certo, que dividirás em alguns espaços ou ninhos; em um, anota os nomes dos termos de uso diário, como mente, corpo, nossas ações, jogos, roupas, horas, habitações, alimentos; em outro, palavras raras, refinadas; em outro, expressões e formas

---

[14] Ettore Finazzi-Agrò, "A Invenção da Ilha: Tópica Literária e Topologia Imaginária na Descoberta do Brasil". *Remate de Males 13*, 1993, p. 93-103.

[15] Frei Vicente do Salvador, *História do Brasil*. Ed. Capistrano de Abreu e Rodolpho Garcia. 3. ed. São Paulo, Melhoramentos, 1931, p. 15 (mantive a ortografia da época).

[16] Ver artigo informativo de Orazio Marucchi sobre a Invenção da Cruz. In: *The Catholic Encyclopedia*. Ed. Charles G. Herbermann et al. 15 vols. Nova York, Robert Appleton Company, 1907-12, 4, p. 523-24.

[17] Relatos úteis desse procedimento humanista incluem Ernst Robert Curtius, *European Literature and the Latin Middle Ages*. Trad. Williard R. Trask. Bollingen Series 36. Nova York, Pantheon Books, 1953, esp. p. 79-105; R. R. Bolgar, *The Classical Heritage and its Beneficiaries*. Cambridge, Cambridge University Press, 1954, p. 265-82; e Mary Thomas Crane, *Framing Authority: Sayings, Self, and Society in Sixteenth-Century England*. Princeton, Princeton University Press, 1993.

[18] Juan Luis Vives, *Opera Omnia*. Ed. Gregorio Mayans y Siscar. 8 vols. Monfort, 1782; reimp. Londres, Gregg Press, 1964, 1, p. 272.

de discurso que poucos entendem ou que deveriam ser usadas com frequência; em outro, *sententiae*; em outro, palavras festivas; em outro, dizeres inteligentes; em outro, provérbios; em outro, passagens difíceis de escritores, e outras questões que pareçam valer a pena para teu professor ou a ti mesmo.]

Com o material colocado como uma exploração voltada para si mesmo mais do que para o outro, o escritor humanista impõe a sua invenção, estabelecendo e naturalizando um *tópos* recebido, tornando-o mais uma vez novo. Além disso, a invenção adquire o seu gênero nesse período, o que se torna claro na forma como as primeiras mulheres modernas raramente reivindicam a posição de inventoras poéticas, recorrendo frequentemente a outros modos de criação – como tradução, paródia, ou dilação – ou são elas mesmas objetos de invenção. Nem todos podem exercer a invenção, podemos observar, porém, que o termo ofusca a sua própria política insistindo no seu lado – muito através de sua eventualidade codificada em *venire*, no sentido de "vir" ou "acontecer" – que designa não uma capacidade socialmente mantida, mas de certa forma intrínseca. Consequentemente, "invenção" é um dos termos em que as primeiras relações modernas de autoridade – o movimento de poder através das divisões de gênero, sociedade e cultura – estão contidas por um traço aparentemente neutro. O termo dificilmente pode ser utilizado de forma inocente. Trata-se, antes, de uma utilização de "invenção" diferente dos contextos humanistas (e, com isso, talvez imperialista ou privilegiando o dado masculino) que depende das valências do traço que são reveladas e esvaziadas no uso e pelo próprio uso. No Brasil, o termo *invenção* possui uma história significativa porque permite que autores e outros "inventores" se diferenciem, assim como as suas obras, da cultura de objetificação sem finalmente desafiá-la, avaliando a instrumentalidade contra a matéria – ou melhor, através da matéria. A *invenção* brasileira é uma formação de consenso que permite uma margem de autonomia aos autores como produtores culturais. Como muitos consensos, não se pode examinar de muito perto sem neutralizar a sua eficácia. O termo está em todas as partes na literatura brasileira.

Nesse espírito, o *Manifesto da Poesia Pau-Brasil* documenta um primeiro capítulo, incompleto, na reação moderna contra essa primeira construção moderna da invenção. O *Manifesto* empenha-se muito no confronto com a ideia moderna de invenção vista como descoberta e fabricação. No momento em que desenvolve seu projeto, Oswald redefine *invenção* como fabricação sem o ônus da descoberta, um ato secular e anacrônico, livre da história divina e imperial. Invenção, ele supõe, é a capacidade que, ao ser exercida contra a ordem recebida do imperialismo cultural, inverte a balança do poder:

> A poesia anda oculta nos cipós maliciosos da sabedoria. Nas lianas da saudade universitária.
>
> Mas houve um estouro nos aprendimentos. Os homens que sabiam tudo se deformaram como borrachas sopradas. Rebentaram.
> A volta à especialização. Filósofos fazendo filosofia, críticos, crítica, donas de casa tratando de cozinha.
> A poesia para os poetas. Alegria dos que não sabem e descobrem.
>
> Tinha havido a inversão de tudo, a invasão de tudo: o teatro de tese e a luta no palco entre morais e imorais. A tese deve ser decidida em guerra de sociólogos, de homens de lei, gordos e dourados como Corpus Juris.
> Ágil o teatro, filho do saltimbanco. Ágil e ilógico. Ágil o romance, nascido da invenção. Ágil a poesia.
> A poesia Pau-Brasil. Ágil e cândida. Como uma criança.[19]

"Invenção" assombra essa passagem como em todo o *Manifesto*: "inversão" e "invasão" a antecipam, e abrem um espaço para ela, como se Oswald supersticiosamente se recusasse a falar de "invenção" até estabelecer um contexto ("ágil", "ilógico"), para não titubear no controle do termo e conduzir a sua nova ordem de volta ao período colonial. Finalmente "invenção" emerge no penúltimo parágrafo acima, quase acidentalmente, como a origem do romance modernista. Conceitualmente, entretanto, a invenção é indispensável para o programa modernista. Dirigida para fora por brasileiros mais do que para eles, com suas propriedades humanistas omitidas, invenção é a capacidade que ancora a nova ordem projetada por Oswald. Quando volta a aparecer, em uma lista de fatores que produzirá uma poesia de exportação, "invenção" é novamente protegida – e supostamente controlada por termos com um toque mais contemporâneo:

> A síntese
> O equilíbrio
> A acabamento de carroseria
> A invenção
> A surpresa
> Uma nova perspectiva
> Uma nova escala.[20]

[19] Oswald de Andrade, *Manifesto da Poesia Pau-Brasil*. In: *Do Pau-Brasil à Antropofagia e às Utopias, Obras Completas*. 11. vol. Rio de Janeiro, Civilização Brasileira, 1970-79, 6, p. 6.

[20] Oswald de Andrade, *Manifesto da Poesia Pau-Brasil*, 6, op. cit., p. 7-8.

Mas o que o termo significa nesses contextos? Em que medida Oswald está repensando o termo com propósitos modernistas? É difícil não ver a invenção levando uma carga muito mais pesada do que os termos futuristas que Oswald expõe a esse respeito – e uma história apesar dele. De fato, Oswald usa "invenção" como uma referência, inquestionável, e o termo o manipula tanto quanto ele o emprega. Portanto, *Pau-Brasil* é tudo menos o que deseja ser, ou seja, um exemplo de manifesto caracteristicamente modernista, que Marjorie Perloff definiu como sendo, ao mesmo tempo, arte conceitual, teatro e intervenção política.[21] Mais do que isso, e apesar de todos os seus apelos abertos à mudança acelerada e inovadora, *Pau-Brasil* está mais próximo de ser um testemunho inconsciente dos manuais humanistas como *Adagia* (1500-36) de Erasmo e *Introductio ad Sapientiam* (1524) de Vives, nos quais sabedoria e virtude são objetos a serem alcançados através da aplicação de *ingenium* ou invenção. O Brasil, é claro, um dia foi tal aplicação. Afirmações contínuas desse manifesto sobre sua própria novidade, sua necessidade constante de "surpresa", implica algo de conflitante no seu cerne – um comprometimento com o humanismo que neutraliza todo o projeto.

Algo da maneira como os primeiros valores modernos falam através desse texto modernista, a partir de seu poder incontestado, aparece nas explicações mais sinceras, inequívocas de Oswald:

Qualquer esforço natural nesse sentido será bom. Poesia Pau-Brasil.

O trabalho contra o detalhe naturalista – pela *síntese*; contra a morbidez romântica – pelo *equilíbrio* geômetra e pelo *acabamento* técnico; contra a cópia, pela *invenção* e pela *surpresa*.[22]

Evidentemente, a tensão entre "invenção" e "cópia" é o palco da luta entre a fabulação modernista e o naturalismo, representada, por exemplo, nas diferenças entre o *Macunaíma* (1928), de Mário de Andrade, e o romance do século XIX. Contudo, esses termos também têm uma implicação um no outro que dificulta as tentativas de Oswald de estabelecer uma distinção clara entre o seu modernismo e seus antecedentes imediatos. Especialmente em oposição à "invenção", "cópia" não é somente uma cópia mas *copia*, o princípio de profusão que torna a invenção necessária e urgente, a "matéria" através da qual (e contra a qual) a invenção resiste. *Copia* nesse primeiro sentido moderno antecede e segue a invenção. Na

[21] Marjorie Perloff, *The Futurist Moment: Avant-Garde, Avant Guerre, and the Language of Rupture*. Chicago, University of Chicago Press, 1986, p. 80-115.
[22] Oswald de Andrade, *Manifesto da Poesia Pau-Brasil*, 6, op. cit., p. 8.

fórmula sugestiva de Terence Cave, *copia* "reconquistou o terreno da *inventio*, enfatizando os materiais a serem produzidos mais do que as restrições rigorosas do sistema que as produz".[23] A invenção conquista a *copia*, que por sua vez conquista novamente a invenção: dessa forma defender a ideia de que a invenção é simplesmente "contra" a *copia*, ou que a última evita a surpresa, é saber menos do que o que os próprios termos dizem. Visto dessa forma, o fato de que o termo "cópia" emerge ligado à utilização de Oswald de "invenção" é revelador, traindo uma ambivalência que o *Pau-Brasil* mal resolve. *Copia* sempre expressa um discurso de abundância e prosperidade, especialmente em vista das Américas. Ora, em todo o *Manifesto*, Oswald abraça esse discurso por seu ponto de vista nativista – na verdade, o título do movimento e o seu *Manifesto* fazem parte dessa alegação. Na poética delineada por Oswald, *copia*, em seu primeiro sentido moderno

[23] Terence Cave, *The Cornucopian Text: Problems of Writing in the French Renaissance*. Oxford, Clarendon Press, 1979, p. 19-20.

Théodore de Bry, *Historia Americae sive novi, Tertia Pars*

residual tem enfaticamente o seu lugar como um princípio de representação da heterogeneidade da experiência modernista: "Uma visão que bata nos cilindros dos moinhos, nas turbinas elétricas, nas usinas produtoras, nas questões cambiais, sem perder de vista o Museu Nacional Pau-Brasil".[24] Como o fordismo para os modernistas, de fato, *copia* associa matéria e invenção.[25] Não se pode contradizer facilmente, mas está presente às vezes, estranhamente, onde Oswald evoca a versão modernista de plenitude. Seu apoio implícito a um sentido de *copia* – o da produção de exportação da poesia brasileira, juntamente de suas tentativas de liberá-la de outro significado, ou seja, a cópia inalterada dos modelos europeus – é sintomático como o *Pau-Brasil* finalmente se recusa a enfrentar a semântica histórica de seus próprios termos, e, com isso, as maiores visões políticas que codificam. Contrastando com sua demolição dos programas estéticos do Brasil colonial e imperial e sua afirmação de uma poesia de exportação, esses termos reconstituem uma versão da visão de mundo que está ostensivamente desmontando. Da mesma forma que Oswald defende o seu lugar no movimento modernista internacional dos anos 1920, eles o situam num contexto moderno posterior à eclosão do movimento.

Somente quatro anos mais tarde, porém, Oswald produziu o *Manifesto Antropófago*, e um dos contrastes mais importantes entre *Pau-Brasil* e o seu sucessor é que no último ele procura restaurar as diferenças na sua assimilação crítica da primeira ideologia humanista moderna. Tendo como base a declaração de abertura do *Manifesto* – "Só a antropofagia nos une. Socialmente. Economicamente. Filosoficamente"[26] –, Oswald indica o ponto de partida das suposições que guiaram o *Manifesto Pau-Brasil*: que uma nova poesia pode ser o resultado de olhar para "fatos" diversos, como "os casebres de açafrão e de ocre nos verdes da Favela, sob o azul cabralino";[27] que as relações de sujeito e objeto convencional para a poesia ocidental permitirão essa poética transformadora; e que os objetos podem ser feitos para falar para sua condição, ausente um reexame ainda mais inquisitivo dos princípios dos quais a poesia é o resultado. Quando o primeiro *Manifesto* é caracterizado por esse fato, o segundo descreve um processo, antropofagia, que interrompe o humanismo na sua fundação. Todo o programa intelectual que determina o que é possível imaginar para o *Pau-Brasil* foi drasticamente desestabilizado, e a voz do *Manifesto Antropófago* comparativamente liberou-se. Se o *Pau-Brasil* implicitamente segue a lógica de

[24] Oswald de Andrade, *Manifesto da Poesia Pau-Brasil*, 6, op. cit., p. 9.
[25] Fordismo como um "modo de vida total" que inclui a versão estética modernista de *copia* ("funcionalidade e eficiência") é tratado em David Harvey, *The Condition of Postmodernity*, Oxford, Blackwell, 1990, p. 135-36, e mais diretamente em Lisa M. Steinman, *Made in America: Science, Technology, and American Modernist Poets*, New Haven, Yale University Press, 1987.
[26] Oswald de Andrade, *Manifesto Antropófago*. In: *Do Pau-Brasil à Antropofagia e às Utopias, Obras Completas*. 11 vols. Rio de Janeiro, Civilização Brasileira, 1970-79, 6, p. 13.
[27] Oswald de Andrade, *Manifesto da Poesia Pau-Brasil*, 6, op. cit., p. 5.

um manual renascentista como *Adagia* ou *Introductio ad Sapientiam*, *Antropófago* anuncia continuamente a sua própria opinião, deliberadamente indireta e perturbadora em relação a esses modelos – uma posição cuja pergunta "tupy, or not tupy that is the question"[28] é o exemplo mais famoso. Colocando-se um ou dois passos à frente da realização da primeira cultura moderna e da cultura colonial, esse documento insiste não na ideia de que "devemos fazer isso", como os breviários humanistas aconselhavam, mas que "nós já tivemos isso" ou "já fizemos isso", antes mesmo da chegada do humanismo. Em outras palavras, o que é dado no *Pau-Brasil* é revisto como atrasado e contingente em *Antropófago*, e aquilo por que a sociedade projetada do *Pau-Brasil* luta, a sociedade antropofágica já realizou.

Além disso, o *Manifesto Antropófago* permite que Oswald e seus contemporâneos intervenham imaginativamente em quaisquer situações modernas iniciais, despindo-as de sua cor idealista e revelando-as como esforços coloniais brutos. Distribuídas por gênero, essas intervenções descrevem o mundo dos primeiros encontros modernistas com as Américas coloniais como uma derivação, vista aqui a partir da perspectiva daquilo pelo que os antropófagos lutam. Por exemplo, Oswald faz a narrativa da descoberta em um único parágrafo, de uma mesma palavra, em sete repetições:

Roteiros. Roteiros. Roteiros. Roteiros. Roteiros. Roteiros. Roteiros.[29]

Como a repetição rematerializa o substantivo e distancia o sinal verbal do seu significado convencional, fatos como a descoberta do Brasil são reinvestidos com a contingência que está onipresente em um documento como a *Carta a Dom Manuel* (1500) de Pero Vaz de Caminha, mas essa história subsequente foi escrita a partir dela – aqui, na implicação de que as descobertas são os resultados de roteiros percorridos e não percorridos, a eventualidade é literalmente comunicada novamente. Ao mesmo tempo, o significado de "roteiro" como "agenda" ou "script" é diminuído com cada repetição: com sete alternativas, a força preditiva de qualquer agenda diminui até que a palavra se mostre como um invólucro vazio, prevendo ordem, mas oferecendo casualidade. O *Manifesto* implica que devemos ver as primeiras narrativas da descoberta e *relações* da mesma maneira, como veículos de acidente na forma de inevitabilidade. Visto dessa forma, o seu poder preditivo é neutralizado e um espaço crítico abre na historiografia de colônias como o Brasil – um espaço a ser preenchido, e

[28] Andrade, *Manifesto Antropófago*, 6, op. cit., p. 13.
[29] Ibidem, p. 15.

ampliado, por esse *Manifesto* e produções associadas.

A lírica erótica é outro gênero do período modernista recuperado ou explodido – dependendo da perspectiva – pela antropofagia. De fato, tanto o *Pau-Brasil* e as fases antropofágicas, "lírica" é um dos epítetos preferidos de Oswald para o tipo de escrita pujante, não cultivada, que ele demonstra e promove. Desvelar "nossa tradição lírica",[30] portanto, é essencial para os dois manifestos, e o programa antropofágico o faz encorajando poemas artificialmente elaborados que adquirem as propriedades da lírica convencional, tipicamente renascentista, e o faz apenas para destruí-las diante dos nossos olhos. No primeiro número da *Revista de Antropofagia*, aparece um poema intitulado "Fome":

> Em jejum, na mesa do "Café Guarany",
> O poeta Antropófago rima e metrifica o amorzinho de sua vida.
> Ele tem saudades de ti.
> Eler quer chamar "ti" de: estranha – voluptuosa – linda querida.
> Ele chama "ti" de: gostosa-quente-boa-comida.[31]

Na terceira linha, o poema respeita as convenções da poesia de Petrarca e o verso romântico na veia erótica, imitando as "empadinhas poéticas"[32] que Menotti del Picchia e muitos outros observadores modernistas ridicularizaram e contestaram – e viram como instrumentos de uma cultura colonial que ainda oferecia "consciência enlatada" nos anos 1920. Na linha 4, entretanto, a lírica subitamente se transforma em poesia convencional com honestidade selvagem, revelando a diferença entre idealismo e realidade material, entre convenções de quatrocentos anos e os apetites que as fundamentam. No poema antropófago, essa diferença é fechada: o poema fala de apetites. Como se fosse mesclar todos os tipos de fome que a poesia amorosa torna abstratos, o registro da última linha refere-se tanto à culinária quanto ao sexo, evocando o sentido de gíria de "comida" como foder ou ir para a cama. Essa é a relevância do mote frequentemente citado do *Manifesto Antropófago*, "somos concretistas": Oswald promete uma interpretação materializada da história recebida – destruir as sombras e mentiras de sua superfície – e uma reaculturação do Brasil e dos brasileiros como consequência. Ele continua:

> As ideias tomam conta, reagem, queimam gente nas praças públicas. Suprimamos as ideias e as outras paralisias. Pelos roteiros. Acreditar nos sinais, acreditar nos instrumentos e nas estrelas.

[30] Oswald de Andrade, *Manifesto da Poesia Pau-Brasil*, 6, op. cit., p. 9.
[31] Guilherme de Almeida, "Poesia". *Revista de Antropofagia* 1, n. 1, maio 1928, p. 5. Uma edição reproduzida foi publicada em 1975 (São Paulo, abril).
[32] Menotti del Picchia, in: *Correio Paulistano*, 17/02/1922, p. 2, reimp. in: *O Gedeão do Modernismo: 1920-22*. Ed. Yoshie Sakiyama Barreirinhas. Rio de Janeiro, Civilização Brasileira e Secretaria de Estado de Cultura de São Paulo, 1983, p. 330.

Contra Goethe, a mãe dos Gracos, e a Corte de D. João VI.

A alegria é a prova dos nove.³³

Se aprender significa tradicionalmente um processo de nomear sentidos para signos – um tipo de aculturação personificada na figura de Cornelia, cuja educação de seus filhos é um exemplo paradigmático da transmissão de cultura humanista –, Oswald propõe desinverter o que ficara invertido com a chegada do português, deixar os sinais falarem abertamente e sem o aparato da aprendizagem. As nove musas podem ser deduzidas pela felicidade de expressão – não o contrário. Como o poeta antropófago no Café Guarany, Oswald começa com gratificação e raciocina retroativamente com abstrações.

Um terceiro exemplo da reação antropofágica à primeira cultura humanista moderna é a seguinte revelação poderosa, na metade do *Manifesto*:

> Perguntei a um homem o que era o Direito. Ele me respondeu que era a garantia do exercício da possibilidade. Esse homem chamava-se Galli Mathias. Comi-o.³⁴

A resposta, certamente, contém uma dose de piedade humana: o seu locutor é um daqueles homens em tratados humanistas que sai não se sabe de onde – como Raphael Hythlodaeus em *Utopia* de Thomas More, cujo nome contém o grego *huthlos* ou "disparate", muito parecido com o Galli Mathias de Oswald (*galimatias*, "disparate") – trazendo mensagens de possibilidade ilimitada que os autores do mundo real, por serem muitas vezes demasiadamente irônicos, não ousavam colocar em suas próprias vozes. O disparate que esse estranho oferece é o tipo mais difícil a enfrentar, porque mascara o jogo de soma zero do humanismo do renascimento em que alguns pontos de vista (inclusive, por exemplo, muitos colonos sob o imperialismo moderno inicial, sem falar dos escravos e de outras castas baixas) devem negar sua realização de possibilidade para que cidadãos metropolitanos exerçam a sua. Se a utopia como construção envolve a neutralização de contradições em um texto ficcional e sua sociedade, Louis Marin e Fredric Jameson observaram com persuasão³⁵ que essa construção depende de um ponto de vista do leitor a alguma distância das contradições. Mas, por que o Brasil modernista deseja participar do jogo da utopia, especialmente quando a ficção de More é construída com a mesma transformação do Brasil – a matéria-prima de Vespúcio, "fines postremae nauigationis" ("o ponto mais distante da última viagem")³⁶ – que

---

³³ Oswald de Andrade, *Manifesto Antropófago*, 6, op. cit., p. 18.
³⁴ Ibidem, p. 16.
³⁵ Louis Marin, *Utopics: The Semiological Play of Textual Spaces*. Trad. Robert A. Vollrath. Atlantic Highlands, New Jersey, Humanities Press International, 1984; e Fredric Jameson, "Of Islands and Trenches: Neutralization and the Production of Utopian Discourse". In: *The Ideologies of Theory: Essays 1971-1986, Theory and History of Literature* 48-49. 2. vols. Mineápolis, University of Minnesota Press, 1988, 2, p. 75-101.
³⁶ Thomas More, *Utopia*. Ed. Edward Surtz, S.J., e J. H. Hexter. In: *Complete Works*. Ed. Richard S. Sylvester. 15 vols. New Haven, Yale University Press, 1963-97, 4, p. 50.

Oswald rejeita em outros humanistas? Para um brasileiro modernista primitivo, objetificação iminente aproxima-se das abstrações utópicas de Galli Mathias: de alguma forma a subjetificação presente no "exercício da possibilidade" será modificada pela história sobre o Brasil, e os brasileiros serão transformados em objetos novamente. No *Manifesto Antropófago*, a posição característica em relação à formação da objetificação é aceitá-la agressivamente, acelerá-la e conduzi-la a propósitos modernistas – se há um ajuste ideológico entre um manifesto e outro, é este. Por conseguinte, o locutor do *Manifesto* sai do aparato da utopia, impossibilitando a conservação humanista com uma intervenção direta: "Comi-o". Na medida em que utopia é uma ordem social em que apetites são regulados, esse gesto marca uma recusa de participação; na medida em que é um tipo de discurso em que humanistas trocam fantasias de sua própria civilização e primitivismo diante de um outro imaginado, o locutor move-se de forma inequívoca para resistir a essa convenção. Sua antipatia relativa a um modernismo posterior à eclosão do movimento torna-se abrupta e silenciosamente clara.

Entre os dois *Manifestos*, Oswald de Andrade recoloca, então, o seu projeto modernista em relação às ideologias fundadoras da sociedade brasileira, decidindo que é menos dependente do ponto de vista intelectual e mais crítico. Talvez ele veja o *continuum* metonímico que envolve a antropofagia na invenção, e a invenção, por sua vez, em objetificação; certamente ele se move para quebrar essa cadeia. Mesmo não sendo inteiramente bem sucedido, o *Manifesto Antropófago* ensaia várias afirmações perturbadoras, que serão necessárias para uma condição de autonomia cultural que simplesmente se nega a trocar sinais recebidos do renascimento. Como acontece, essa nova posição não é totalmente assumida por expoentes do modernismo brasileiro, nem por contemporâneos de Oswald, nem por seus sucessores dos anos 1950 e depois. Em vez disso, a invenção, enquanto metáfora que permite aos autores uma margem conceitual para chamar a atenção sobre si mesmos contra o fundamento, e, ao mesmo tempo, como cúmplices, da condição de objetificação, permanece a sério sem ser estudada e livre. O episódio seguinte na literatura e no pensamento brasileiro, no começo de um novo século, pode depender daqueles escritores que, em vez de repetir os modernismos primeiros *indigestos* contra os quais Oswald lutou e que finalmente (embora implicitamente) dominou, trarão uma visão crítica para a ideologia e semântica da antropofagia.*

* Tradução de Margarita Maria Garcia Lamelo.

Canibalismo e Diferença

Raúl Antelo
Universidade Federal de Santa Catarina

I

Je suis, moi, de plusieurs nationalités et Dada est comme moi.
Francis Picabia, revista *Cannibale*

Georges Ribemont-Dessaignes entendia que "*le plus pur moyen de témoigner de l'amour à son prochain est bien de le manger*".[1] Com essas palavras definia seu conceito canibal de civilização, que não se limitava à disjunção ("*posséder par le coeur ou posséder par le stomac?*"), mas aventava uma saída no excesso, já que, "*en cas de contre-ordre, il y a toujours la nausée*", prefiguração daquilo que o antropófago da França antártica, o brasileiro Oswald de Andrade, acharia naturalíssimo, articular transformação e exaustão, Marx e Nietzsche, Freud e Sartre.[2] Entre a neurose moderna e a histeria pós-moderna, a civilização latino-americana tem recorrentemente basculado entre a apatia e a paralisia, revelando, entretanto, uma peculiar disposição melancólica, de luto e elaboração, tanto da modernidade quanto da sua própria história. Mas antes disso, porém, Michel Leiris retomaria essa mesma concepção ao tentar, novamente, definir a civilização nas páginas de *Documents* com a metáfora canibal. A civilização era, a seu ver, limo, misto de magma vivente e detritos variados, *a letter from the litter*, a partir da qual, e não por acaso, Octavio Paz interpretará os modernos latino-americanos como autênticos filhos do barro, impondo-nos a obrigação não só de nos distanciarmos de nós mesmos, mas de nos valermos de inúmeros bodes expiatórios para realizarmos aquilo que nos repugna.[3]

Na opinião de Leiris identificam-se, portanto, civilização e esgotamento. Nessa linha de análise, Deleuze irá opor o esgotamento ao simples cansaço. Cansamo-nos de alguma coisa particular, porém o

[1] G. Ribemont-Dessaigens, *Civilisation*. 391. Zurique, n. 3, 1/03/1917, p. 2.
[2] Oswald de Andrade, "Mensagem ao Antropófago Desconhecido (Da França Antártica)". In: *Estética e Política*. São Paulo, Globo, 1991, p. 285-6.
[3] "*It would be a mistake to characterize us as blasé, but the fact is we were sick of plots that are always the same, derived form of our living habits, every day more discredited; and it is no longer adequate for us to act in ways that are identical, for example, to the behaviour of certain savages who think the best possible use for a telegraph pole is to turn it into a poison arrow (because is that not, more or less, what we do when we transform a mask or a statue – originally made for complicated and precise ritual purposes – into a vulgar art object: an infinitely deadlier insult than that paid to European inventions by the aforementioned savages, since it attacks a fateful and serious mystical theology and not just mere telegraphy, fruit of a science that can never receive too much scorn?).*" Nessa linha de raciocínio, a própria literatura transforma-se em ▶

instituição e sua dimensão cultural se traduz enquanto *uso*. A emergência do relato policial como metarrelato da modernidade talvez se deva, a critério de Leiris, o taurômaco, à atração singular do crime como *dom*: "*a beautiful crime is no doubt terrible, but at the same time it is unconsciously satisfying to everyone, and the murderer becomes a kind of sorcerer who has ritually performed the most horrific of sacrifices*". Cf. Michel Leiris, "Civilisation". In: Georges Bataille et al. *Encyclopaedia Acephalica*. Trad. Iain White. Londres, Atlas Press, 1995, p. 93-96.

indefinido, o nada, nos exaure. *L'epuisé* provoca a náusea, conjunto de variáveis de uma situação dada que renuncia a todo significado, a toda organização ou à hierarquização de metas e projetos, sem, no entanto, lançar-nos na simples indiferença. A exaustão produz a distância, inseparável de si, do puro acontecimento enquanto a possibilidade sustenta o acontecimento: ele denega o nada, mas ao mesmo tempo abole aquilo a que aspira. No acontecimento, a disjunção ("*posséder par le coeur ou posséder par le stomac?*"; "*tupy or not tupy?*") torna-se inclusiva: tudo no acontecimento se divide, porém, em seu próprio interior e até mesmo o absoluto, o conjunto dos possíveis, confunde-se com o nada, de que cada objeto é uma mera variação. A civilização não é portanto apenas acontecimento mas, certamente, exaustão.

Como esgotamento, como puro acontecimento, enfim, a civilização é prenhe de práticas canibais. Em outras palavras, o canibalismo é a tradução mais acabada daquilo que entendemos como civilização. Diante dele nossas disciplinas têm ensaiado duas respostas extremas, simétricas e contraditórias, a versão redutora e a versão negadora. Sob o ponto de vista da primeira, o canibalismo explica-se, em chave materialista, como luta pela construção do capitalismo, a consolidação do estado, a expansão da guerra e a dominação de gênero. É a linha de raciocínio de Marvin Harris em *Cannibals and Kings*. De outro lado, porém, visando desmaterializar evidências da literatura antropofágica, textos como *The Man-eating Myth* de William Arens, concluem pela inexistência do canibalismo, baseados na insuficiência de provas materiais e atribuindo a recorrência desse relato à intenção etnográfica de justificar o domínio das culturas metropolitanas sobre as culturas coloniais. Alguns críticos dessa posição, como Marshall Sahlins ou Pierre Vidal-Naquet, salientam o absurdo empirista-formal dessa linha de análise: de fato, nunca teremos os testemunhos diretos das vítimas para afirmar que Auschwitz existiu. Mas, mesmo assim, os poderes da abjeção retornam porque nunca saíram. Dá-se outro tanto com o canibalismo.

Na verdade, ora na vertente redutora, ora na negadora, o canibalismo é um desafio à razão e, como tal, tentou ser afastado ou ao menos impugnado. Distanciamo-nos dele toda vez que o associamos a práticas primitivas, recuadas no tempo ou no espaço, sem percebermos, por exemplo, que antropofágicos eram os rituais calusa, caddo, attacapa, tonkawa, karankawa e pomo; as culturas algonquin, como os losmicmaques, maines, iroqueses, chippewas, miamis, illinois, menominis, kickapos, foxes, kiowas, ou a família atabasca, os haidas, os nutkas, os tsimshianos, os matkas, maantgilas, todas elas da América do Norte. Se os relatos de Thevet, Staden, Jean de Léry, Yves d'Evréux, Claude d'Abbéville, Fernão Cardim ou Manuel da Nóbrega popularizaram, entretanto, a noção de uma antropofagia ritual tupi-guarani, o fato explica-se pela relação agônica que o racionalismo europeu passou a estabelecer com a própria diferença latino-americana. Montaigne, primeiro etnógrafo relativista; o geógrafo Jean Bodin e sua cartografia da crueldade, ligando os canibais a Drácula, Duque da Transilvânia; o império da necessidade que decorre da obra de Girolamo Cardano, *De rerum varietate*; a paranoia canibofóbica de Robinson Crusoé, autêntica origem do romance ocidental; a dócil submissão apregoada por Voltaire; o canibalismo reivindicado como sistema econômico e político em Sade, mera contracara do imperativo revolucionário de Kant ou, enfim, o relato colonialista de Verne, a transplantar uma cidade flutuante em pleno coração da floresta, assinalando a deriva desses pequenos barcos ébrios, dirigindo-se ao fundo do desconhecido, ao coração mesmo das trevas, para descobrir o novo, pela mão de antropófagos cujo único prêmio, como se verá com Cortázar, é a viagem à Europa, ou seja, o retorno ao lar e à lei. Contra essa homogeneidade da metáfora canibal, operada em nome da modernização, poder-se-ia propor outro percurso, o da exaustão, interessado em disseminar retornos diferidos de certas representações, retorno esse que assim retoma, prolifera e condensa a labilidade territorial do acontecimento. Uma inesperada dobra dessa metáfora nos aguarda, assim, em Francisco de Villalta, cronista da viagem de Pedro de Mendoza ao Prata, quem descreve sua chegada a uma terra chamada Cabo Branco, onde fundam Buenos Aires, local habitado apenas pelos carios (os guaranis) *"que se llaman en otras Indias caribes; éstos comen carne humana, son enemigos de Cristianos i lo han sido todos de la parte"*, definição que não só enlaça tupis e caribes em sua comum antropofagia, mas prefigura, como divisão interna ao puro acontecimento, uma dobra histórica, a da exaustão pós-modernista, com que Néstor Perlongher ensaiaria sua poética do *neobarroso*, chegando a propor uma territorialidade virtual e inclusiva, a do *Caribe transplatino*,[4] sorte de museu terminal da modernidade dilemática, onde Lezama Lima impera como centro deslocado e proliferante de dicções mistas, de razão e pulsão, através das quais a arte se

[4] Néstor Perlongher, *Caribe Transplatino. Poesia Neobarroca Cubana e Rioplatense*. Trad. Josely V. Baptista. São Paulo, Iluminuras, 1991.

impõe sobre a moral. Caribe, canibal, Caliban. O Caribe transplatino é em suma a cena trilemática da simulação e da disseminação textuais. Colombo falara de *"hombres de un ojo e otros com hocicos de perro que comían los hombres"*, ciclopes e cinocéfalos (dois motivos, aliás, bem cervantinos, resgatáveis no *Quixote* e em *El Coloquio de los Perros*) que ora se transmudam em operadores do dialogismo cínico. Não mais *eu sou*, porém, *eu duvido*. Ascético, cosmopolita, itinerante, o canibalismo cínico inaugura as teorias radicais da alienação; não teme o fim nem se submete à opinião; desdenha acumulações; não quer ver-se como coisa nem valorizar-se como mercadoria. Pratica, enfim, um protoniilismo e um ultraexistencialismo radicais por meio dos quais rechaça tanto os semblantes quanto os conteúdos recalcados, perseguindo a emergência recíproca, ou seja, o acontecer de uns nos outros. É essa sua felicidade, seu dom, seu nome.

II

Sólo unos pocos tienen nombre. Para llamarse, lo hacen arrojándose fango. He visto asimismo a Yahoos que, para llamar a un amigo, se tiraban por el suelo y se revolcaban. Físicamente no difieren de los Kroo, salvo por la frente más baja y por cierto tinte cobrizo que amengua su negrura. Se alimentan de frutos, de raíces y de reptiles; beben leche de gato y de murciélago y pescan con la mano. Se ocultan para comer o cierran los ojos; lo demás lo hacen a la vista de todos, como los filósofos cínicos. Devoran los cadáveres crudos de los hechiceros y de los reyes para asimilar su virtud. Les eché en cara esa costumbre; se tocaron la boca y la barriga, tal vez para indicar que los muertos también son alimento o – pero esto acaso es demasiado sutil – para que yo entendiera que todo lo que comemos es, a la larga, carne humana.

Jorge Luis Borges –
"El Informe de Brodie"

Vemos, em consequência, que o evento da inclusão do outro, a incorporação no circuito econômico das trocas, orienta-se segundo a reapropriação de um excesso em relação ao sistema da necessidade natural e, além do mais, um princípio de equivalência circular ou ambivalência simbólica ruiu a necessidade dita natural e o trabalho, ou produção cultural. Longe de configurar uma negação do sistema econômico, esse acontecimento, como diria Derrida, é o símbolo do simbólico, uma aliança das alianças por meio da qual as duas partes se penhoram, entregam, trocam e contraem obrigações recíprocas. O acontecimento canibal simula assim ser um ato abjeto no qual nada resta do humano. Porém, o fato de nele não subsistir nada do humano não quer dizer que inexista o simbólico: o limo, os restos ou as cinzas, antes, pelo contrário, testemunham uma troca, assemelham-se a um pacto e realizam um ato de memória. O acontecimento canibal é, assim, infinito porque, como desejo de um desejo, propõe uma ruptura imanente.

Derrida argumenta que não há dom sem a ocorrência de um acontecimento, assim como não há acontecimento sem a surpresa de um dom porque o movimento da obra de arte moderna é justamente esse, o de especular sobre uma especulação. "É preciso que haja acontecimento – em consequência, chamada de relato e acontecimento de relato – para que haja dom ou fenômeno de dom, para que haja relato e história", com a ressalva de que esse dom seja, *sem ressalvas*, imprevisível e inesgotável.[5] O acontecimento e o dom (um enquanto outro, um agindo sobre o outro) devem, ao mesmo tempo, ser desinteressados, irruptivos e imotivados, estabelecendo, de um lance, entre si, a aliança mútua de acaso, fortuna, *tukhé* e jogo, que é inerente à própria arte moderna. Um exemplo célebre pode esclarecer essa lógica.

No primeiro número de *Cannibale* (25 de abril de 1920), Marcel Duchamp estampa um *Dessin Dada*, que longe da objetividade valeriana de *Degas Danse Dessin*, nos propõe um sutil acontecimento, o "Dassein Dada", o desígnio ou destino de um dom. Trata-se da réplica de um cheque de 115 dólares com que Duchamp pagara a seu dentista, Daniel Tzanck, pelo tratamento recebido. A rigor, o cheque Tzanck funciona como símbolo de um símbolo, porque o objeto em questão era, na verdade, a ampliação de um cheque ordinário, cujo valor nada tinha de humorístico ou incidental. Ao contrário, tendo mais tarde recuperado esse documento por uma quantia superior à dívida, Duchamp ressaltaria, através desse acontecimento, que o próprio da arte moderna deriva da assinatura do artista ou, em última análise, de uma concepção nominalista da arte.[6] Tal como o acontecimento, a arte é *causa sui*. Porém, essa sua autorreferência não é pura. Nela, o outro está sempre aí por algum motivo e, nesse percurso da doação (o cheque) e da obrigação (*thanks to Tzanck*), o outro é sempre elusivo. Não se deixa pegar ou fisgar facilmente porque, no tocante ao dom, tudo passa, na verdade, pela surpresa: prender, surpreender.

Surpreender o outro, mesmo que em função da generosidade e dando demais, já supõe prendê-lo, a partir do momento em que aceita o dom. O outro cai na armadilha.

[5] Jacques Derrida, *Dar (el) Tiempo. A la Moneda Falsa*. Trad. C. de Peretti. Barcelona, Paidós, 1995, p. 109-69.
[6] Thierry de Duve, *Au nom de l'Art. Pour une Archéologie de la Modernité*. Paris, Minuit, 1989.

Não pôde prever e, em consequência, entrega-se à mercê, à(s) graça(s) de quem dá. Cai na armadilha e é surpreeendido; torna-se refém, é mesmo envenenado por aquilo mesmo que lhe acontece, algo que, não tendo podido prever, deixa-o indefeso, aberto, exposto. Torna-se presa do outro, deu a ele algo de que se agarrar. Tamanha violência pode ser considerada a condição mesma do dom, sua impureza constitutiva, já que o dom está inscrito em um processo de circulação, voltado ao conhecimento, à guarda, ao endividamento, ao crédito, mas também porque, para além do próprio círculo, deve a si próprio o fato de ser excessivo e, portanto, surpreendente. A violência parece irredutível, no círculo e fora dele, para repeti-lo ou para interrompê-lo.[7]

Ao permanecer pura e sem reapropriação possível, a *tukhé* ou surpresa aponta um *plus* que paira acima da linguagem como loucura desdobrada em seu interior a fim de dilacerar o tempo e interromper toda deliberação.

III

La paralysie est le commencement de la sagesse.
Francis Picabia, revista *Cannibale*

Em uma resenha à obra de De Quincey sobre o ópio, Baudelaire fala da memória como de um palimpsesto que, à diferença dos pergaminhos complicados até a exaustão pelo caos grotesco e a insuportável heterogeneidade da história, teria o dom de organizar os dados mais dissonantes do vivido em um compasso absoluto, permitindo assim acumular experiências que não deixam de ser a singular unidade significativa de fragmentos incoerentes entre si. Como ordem no movimento, a memória é, então, ritmo. Na mesma época, Claude Bernard, dedicado a investigar as faculdades do curare (que conhecera em 1844 pela intermediação, em parte, de "*un jeune Brésilien qui suivait mes cours, le docteur Edwards*"), ele constata uma peculiaridade funcional dessa droga. É que,

> *loin de produire une altération toxique définitive qui détruise pour toujours l'element organique, ainsi que le font beaucoup de poisons, le curare ne détermine qu'une sorte d'inertie ou d'engourdissement de l'élément nerveux moteur. Il en résulte une paralysie de cet élément qui dure tant que le curare reste dans le sang en contact avec lui, mais qui peut cesser quand le poison est éliminé. De là il résulte cette conséquence importante, que la mort par le curare nest point sans appel et quil est possible de faire revenir à la vie un animal ou un homme qui aurait été empoisonné par cet agent toxique.*[8]

---

[7] Jacques Derrida, op. cit., p. 144-45. Como argumenta mais adiante, é essa a definição da literatura, ou, antes, do segredo da literatura: "a (não) verdade da literatura, o segredo, digamos, *da* literatura é aquilo que a ficção literária nos diz do segredo, da (não) verdade do segredo mas também um segredo cuja possibilidade garante a própria possibilidade da literatura. Do segredo guardado, ao mesmo tempo, como *coisa* e como *ser*, como *coisa pesada* e *como técnica* e, em consequência, do segredo além da reserva dessas três dimensões da própria verdade dessas verdades" (ibidem, p. 151).

[8] Charles Baudelaire, "Les Paradis Artificieles". In: *Oeuvres Completes*. Paris, Gallimard, 1961, p. 451-53; e Claude Bernard, "Études Physiologiques sur Quelques Poisons Américains". *Revue des Deux Mondes*. a. 34, n. 53, Paris, set.-out. 1864, em que retoma suas *Leçons sur les Effects de Substances Toxiques et Medicamenteuses*. Paris, Ballière, 1857.

Dessa relativa autonomia dos circuitos – o sistema nervoso sensitivo, o sistema motor e o sistema muscular – Bernard conclui que, dosando o curare, isto é, controlando seus ritmos, se poderia passar do veneno ao medicamento. Não é por acaso que o Ocidente e, em particular, a ciência tenham ouvido essa palavra de ordem, *curar*, ao entrar em contato com a substância tropical. De Walter Raleigh, que o descobre em 1595, passando por Humboldt, que o descreve com detalhe, o nome confirma um sutil palimpsesto de possibilidades (*woorara, voorara, wourari, wouraru, uourali, urari, ourari, ourary*), isto é, uma galáxia significante que congela a escritura em favor da *phoné* e assim decide a significação de uma substância indecidível, não idêntica a si mesma, anterior à diferenciação e por isso mesmo conservando os diferentes e os diferendos em estado de espera.

A experiência com o curare é relevante porque graças a ela Bernard avança em seu conceito de *milieu intérieur*, que o levará a propor a unidade do mundo vivo. Avança tanto do ponto de vista da *experiência* científica quanto da *experiência* de vida do próprio Bernard, pois esse princípio lhe confirma a utilidade bem como a fragilidade das teorias, ou seja, seu papel guia nas experiências mas, ao mesmo tempo, a necessidade de elas serem substituídas por outras quando não dão conta dos fatos, o que se resume em um duplo imperativo aporético: nem ditadura do fato concreto, nem dogmatismo teórico. Esse imperativo teórico de mão dupla, em que não custa reconhecer o traço antropofágico de partida, é o princípio da nutrição como base da fisiologia e unidade de funcionamento do mundo animado, que leva Bernard a acreditar que toda teoria destaca um fato e que todo fato novo, por sua vez, alimenta novas teorias.

Defrontamo-nos, portanto, nessas reflexões com um princípio genético, de criação teórica, que muito satisfaria a Valéry. A ciência que, para Bernard, interpreta e explica os fenômenos da vida é a fisiologia, ressalvando, porém, a existência de alguns fenômenos que escapam de seu domínio e constituem um saber futuro que ele próprio, Bernard, não afiança, mesmo que o intua. Trata-se, pois, da questão genética ou da ética da produção e proliferação que se resume em um dos axiomas que, de Bernard a Deleuze, incluindo Bergson, articula certa tradição francesa: "*la vie e'est la création*".

Mas, por outro lado, Claude Bernard tem uma concepção da alimentação e da ingestão de drogas que está longe de ser apenas energética, o que supõe um reducionismo químico de entradas e saídas de substâncias estranhas ao indivíduo. Para

[9] Alain Prochiantz, *Claude Bernard. La Révolution Physiologique*. Paris, PUF, 1990, p. 106. Transcreve o autor uma passagem das derradeiras *Leçons sur lês Phénomènes de la vie Communs aux Végétaux et aux Animaux* (1878-79), em que Bernard esquematiza os dois princípios vitais, criação e morte: "Si, au point de vue de la matière inorganique, on admet avec raison que rien ne se perd et que rien ne se crée; au point de vue de l'organisme, il n'en est pas de même. Chez un être vivant, tout se crée morphologiquement, s'organise et tout meurt se détruit. Dans l'uf en développement, les muscles, les os, les nerfs apparaissent et prennent leur place en répétant une forme antérieure à l'uf est sorti. La matière ambiante s'assimile aux tissus, soit comme principe nutritif, soit comme élément essentiel. L'organe est crée, il l'est au point de vue de sa structure, de sa forme, des propriétés qu'il manifeste. D'autre part, les organes se détruisent, se désorganisent – à chaque moment et par leur jeu même; cette désorganisation consistitue la seconde phase du grand acte vital. Le premier de ces deux ordres de phénomènes est seul sans analogues directs; il est particulier, spécial à l'être vivant: cette synthèse évolutive est ce quil y a de véritablement vital. Je rappellerai à ce sujet la formule que j'ai exprimée dès longtemps: la vie c'est la création. La second, au contraire, la destruction vitale, est physio-chimique, le plus souvent le résultat d'une combustion, d'une fermentation, d'une putréfaction, d'une action, en un mot, comparable à un grand nombre de faits ▶

Bernard, com efeito, o *milieu intérieur* está em constante transformação; ele fornece os materiais de construção segundo um plano imanente ao organismo, donde toda ingestão, como a do curare, é, ao mesmo tempo, síntese orgânica, no duplo sentido de ser *síntese* de moléculas orgânicas e de ser síntese dos *órgãos* ativos. O curare é portanto criação orgânica segundo o aforismo de que a vida é criação. Porém, como nenhuma ingestão se reduz à incorporação acrítica de materiais externos senão que supõe transformação e reserva, ativadas ambas conforme as respectivas solicitações e dosadas ainda segundo uma autonomia relativa, disso decorre que os organismos da vida não são máquinas reguladoras, porém, máquinas históricas em que a ingestão repara a destruição que domina a vida. Chegamos, assim, ao oposto do princípio genético indefinido, ou, em outras palavras, à ideia paradoxal de que a vida é morte. Contudo, é necessário frisar a diferença de Bernard em relação aos critérios entrópicos de outros fisiologistas da época, como Bichat. A vida para Bernard não está no organismo mas na relação que une o organismo ao meio. Ou, em palavras de Alain Prochiantz, "le vivant de Claude Bernard ne vit en opposition avec le milieu, il vil dans et par le milieu".[9] E se é verdade que a vida não está no organismo mas na relação que o vincula ao meio, não é menos verdadeiro que o *milieu intérieur* de Bernard depende, como ele diz, de *la solidarité des parties elementaires* de todo organismo, solidariedade que ele próprio compara à vida autônoma dos indivíduos em sociedade e que não nos custaria estender aos antropófagos brasileiros porque, se eles vivem em liberdade, não o fazem, porém, *exactement comme en societé*.[10] Mas seria, além do mais, difícil não aplicar o mesmo princípio àqueles que, integrados na sociedade, como os discípulos também não vivem em liberdade. Uma anedota do próprio processo de Bernard com o curare ilustra esse pormenor. Em seu *Rapport sur le Progrès et la Marche de la Physiologique Générale en France* (1867), Bernard simplesmente esquece de nomear Edmé Vulpian que foi quem, de fato, descobriu a ação do curare no nível da placa motora, o que faz com que o curare "rompa as comunicações fisiológicas entre a fibra nervosa e a fibra muscular". E esquece, tal como antes esquecera de nomear o dr. Edwards, *le jeune brésilien* que lhe forneceu o primeiro *curare*. Há, em resumo, entre saber e poder, mais silêncios e nuances do que uma teoria dicotômica (uma antropofagia *naïve*, por exemplo) poderia chegar a admitir, o que não retira o fato de que uma antropofagia diferida, imanente e reinscrita, simultaneamente homogênea e heterogênea, seja capaz de ativar prosopopeias. Mas voltemos à teoria de Bernard para melhor interpretarmos sua ética.

Com suas pesquisas, Claude Bernard não pretende tão somente descrever as faculdades do curare mas, através dele, descer *"dans cette machine vivante qui va devenir le théâtre des actions délétères que vous proposons de définir et d'expliquer"*,[11] definição que nos mostra sua insatisfação com o modelo físico-químico do homem máquina e seus ensaios em direção a um modelo orgânico e dramático. Um modelo moderno. Com efeito, espontâneo, adaptável e autorregulado, o *milieu intérieur* surge, nos estudos de Bernard, não como um dispositivo absoluto mas como uma associação de sistemas relativamente interdependentes, um sistema de diferenças. Mais ainda, os incipientes estudos psicológicos da época já mostravam que o aparato psíquico também não funciona como um mecanismo, mas como um sistema orgânico específico, cujas reações são originais e irredutíveis aos estímulos que as suscitam, configurando uma sutil combinação de energia material e energia espiritual que sobrecarrega o objeto. Nessa linha de análise, a ciência buscava isolar estados liminares e limítrofes, marcos absolutos ou diferenciais da sensibilidade, para então fixar o grau de compromisso psíquico no orgânico, bem como as relações recíprocas entre prazer e dor ou sensibilidade e anestesia. Esse processo de diferenciação tenta, em suma, dissociar o saber do preconceito natural, abdicar da intolerância cultural e compreender que a orientação não é apenas fluxo ou força que circula, mas significação que se arma. Como sabemos, modernização e intolerância caminham infelizmente juntas, não devendo nos surpreender, portanto, que a anestesia cultural do século XX tenha construído um paulatino processo de diferenciação e esquecimento que fez abortar a linhagem de saúde e iluminismo anunciada pelo século XIX, afirmando a salvação comum ao preço de excluir os que a ela não se adaptam (salve!), sem cessar de produzir, em consequência, infinitos *outros* que retornam como metáforas cruéis de uma digestão incompleta.

Em mãos da ciência, o curare funcionou, consequente e simultaneamente, como dom e como veneno. Como dom, impôs à cultura indígena o controle de forças físicas antagônicas a partir do uso do fogo. Como veneno, porém, o curare (como, aliás, a borracha) foi condição de possibilidade de saberes que deslocam espaços e desapropriam territórios. Paracelso dizia que *sola dosis facit venenum*, portanto, Derrida não inova quando, em

chimiques de décomposition ou de dédoublement. Ce sont lês véritables phénomènes se mort quand ils s'appliquent à l'être organisé.
Et, chose digne de remarque, nous sommes ici victimes d'une illusion habituelle, et quand nous voulons désigner lês phénomènes de la vie, nous indiquons en réalité de phénomènes de mort...
De sorte que toute manifestation d'um phénomènes dans l'être vivant est nécessairement liée à une destruction organique; et cest ce que j'ai voulu exprimer lorsque, sous une forme paradoxale, j'ai dit ailleurs: la vie c'est la mort."
[10] Claude Bernard, *Leçons sur lês Phénomènes de la vie Communs aux Végétaux et aux Animaux.* Paris, Vrin, 1966.

[11] Ibidem, p. 173.

Psyché, analisa que o curare é *Gift* porque embora, de início, não possa, como a língua, ser recebido, por outra parte, também não pode ser rechaçado, na medida em que o dom, essa lei imperiosa da cultura, está envenenado pela possibilidade irrefreável de traduções e intercâmbios. Em outras palavras, o estudo científico do veneno a que se dedica Bernard já é veneno, assim como, muito mais tarde, a análise da antropofagia ritual realizada por etnógrafos, seja também devoração do outro, na medida em que toda metalinguagem, como a da ciência experimental, sempre pode ser traduzida à condição de mito. Obtusa, quer dizer, nem exterior nem inferior à ciência, *a fábula é ciência* tanto quanto o curare é vida; porém, esse saber da ficção, sempre de sentido alegórico, ainda era insuspeitado para Bernard, cujo objetivo, como Orfeu da sensibilidade, era descer aos arcanos da máquina viva, o *pharmakon*, um autêntico teatro de ações deletérias, para ali resgatar um saber neutro e vivo, o da ciência.

Nesse debate entre ser e dever ser estão implicados não apenas o domínio da razão e do mito, da ciência ou da magia mas sobretudo as políticas que são políticas da diferença. É em função dessa proliferação de zonas híbridas e intermédias, que o relato do saber opera sobre a discursividade dos letrados periféricos, provocando radicais batalhas discursivas, que se traduzem como políticas em torno dos sentidos de ciência e loucura, de lei e desvio, disputas que acompanham a emergência dos relatos de emancipação e nacionalidade.

Tanto Humboldt, em *Viagem às Regiões Equinociais do Novo Continente*, como Koch-Grünberg, em *Dois Anos entre os Índios. Viagens pelo Noroeste Brasileiro (1903-1905)*, destacam a vinculação do curare com o saber e o poder. Ao preparar, a propósito e a pedido de dom Pedro II, uma obra que figurasse na Exposição Universal de Filadélfia de 1876, o general Couto de Magalhães destacava que, junto a conservas de pescado, gomas e alquitrães, os índios brasileiros "preparam também por sublimação um veneno acre com que hervam as pontas de flechas para conseguir com prontidão a morte dos animais que atacam",[12] o que implicava um saber diferencial positivo em relação a outros índios sul-americanos. Disso decorre que, tanto quanto o curare, os efeitos do dom e do veneno não são *sans appel*, já que na produção simbólica sempre podemos *revenir à la vie* onde outros dons, camuflados, entram em cena. Os selvagens de *O Selvagem* apenas preservam a diferença em estado de alerta (guardam-na, salvam-na) até a chegada de Ribemont-Dessaignes e a economia acefálica.

---

[12] Couto de Magalhães, *O Selvagem*. São Paulo, Magalhães, 1913, p. 53.

IV

Le choix de ces ready-mades ne me fut jamais dicté par quelque délectation esthétique. Ce choix était fondé sur une réaction d'indifférence visuelle, assortie du même moment à une abscence totale de bon ou mauvais goût... en fait une anesthésie complète.
Marcel Duchamp, "A propos des ready-mades"

Pensar seria contemplar de perto, com extrema atenção, dominado até perder-se nela, a estupidez; e o cansaço, a imobilidade, um mutismo obstinado, a inércia, formam a outra face do pensamento – ou melhor, o seu acompanhamento, o exercício ingrato e que o prepara e de súbito o dissipa (...) a catatonia representa o teatro do pensamento, uma vez que o paradoxo transformou por completo o quadro da representação.
Michel Foucault, *Theatrum Philosophicum*

Como se relaciona, portanto, esse processo, o do saber da anestesia, com a anestesia cultural contemporânea que não quer saber? Em tempos que declinam, diríamos que a batalha não se trava mais em torno a corpos biológicos, mas sobre corpos erógenos. Não se trata de um simples questionamento da positividade do trabalho mas uma analítica do discurso em ato. É menos do que uma filosofia da história, mas essa crítica da linguagem nos propõe uma história efetiva e não monumental, mesmo que aporética, paradoxal e irredutível. É, certamente, discutível o nominalismo dessa concepção mas vale a pena, contudo, relembrar que, a partir de Dada, a recíproca remissão (cínica e eventual) entre práticas e teorias obedece a certa indiferença sensível como queria Duchamp,[13] capaz de nos libertar de certo retorno positivista facilmente reconhecível no pluralismo contemporâneo.

Definida como diferença e esvaziada de materialidade, a identidade desconstruída não é inócua, porém estimula uma certa apatia da diferença, pois o pluralismo *tout court* conota, como sabemos, um rebaixamento da sensibilidade. É possível, entretanto, arbitrar uma regulação à falta de regras (esse esquecimento ou anistia da modernidade em relação a si própria) que permita uma saída ao excludente binarismo de vazio e plenitude. Teríamos, assim, para retornarmos às categorias de Zygmunt Bauman, duas estratégias combinadas em relação ao outro, a proteofobia, orientando o espaço cognitivo, e a proteofilia, estruturando o espaço estético.[14] Nesse particular, a ideia da literatura como instituição flutuante, situada no limiar de toda legalidade, ajuda-nos a postulá-la. Esse limiar, lançado para além de todo limite, marca o momento em que se esgotam as reservas e se diminui a percepção, porém, aponta também em direção a uma irrupção, sem nome nem norma, um surto que emerge com a virulência de toda transgressão.[15]

O rebaixamento e até mesmo a supressão de toda tensão ou diferença, longe de representar perda total de vitalidade,

[13] Marcel Duchamp, *Duchamp du Signe*. Paris, Flammarion, 1994.
[14] Zygmunt Bauman, *Postmodern Ethics*. Oxford, Blackwell, 1993. A partir das ideias de Lévi-Strauss em *Tristes Trópicos*, Bauman diferencia as estratégias antropoêmicas, do mundo civilizado, e as antropofágicas dos primitivos.
"Theirs is the anthropophagic strategy: they eat up, devour and digest (biologically incorporate and assimilate) such strangers as master powerful, mysterious forces, perhaps hoping in this way to avail themselves of those forces, absorb them, make them their own. Our is an anthropoemic strategy (from Greek emein, to vomit). We throw the carriers of danger up – and away from where the orderly life is conducted; we keep them off societies bounds – either in exile or in guarded enclosed where they can be safely incarcerated without hope of escaping." Isso posto, Bauman conclui que a ética pós-moderna combina, simultânea e equivalentemente, ambas as estratégias. "Phagic *and* emic *strategies are applied in parallel, in each society and on every level of social organization. They are both indispensable mechanisms of social spacing, but they are precisely effective because of their coexistence, only as a pair. Alone, each strategy would spawn too much waste to be able to secure a more or less stable social space. Together, however, the two strategies, disposing each other's waste, may make their respective costs and inadequacies somewhat less prohibitive or more bearable. The phagic strategy is inclusivist, the emic strategy is "exclusivist". The first* ▶

assimilates the strangers to the neighbors, the second merges them with the aliens. Together, they polarize the strangers and attempt to clear up the most vexing and disturbing middle-ground between the neighborhood and alienness poles (p. 163). É claro que essa coexistência pode ser interpretada como neoconservadorismo liberal se a lermos em chave harmoniosa. Prefiro, porém, ver nessa descrição a multiplicação infinita do evento da alteridade, que obriga os cidadãos a uma atitude neocínica e compreensiva, *teórica*, em que os estrangeiros, os radicalmente diferentes, são, ao mesmo tempo, condição indispensável da vida moderna e o mais resitente obstáculo à totalização operativa.

15 Segundo Derrida, *"the space of literature is not only that of an instituted fiction but also a fictive institution which in principle allows one to say everything (...). The law of literature tends, in principle, to defy or lift the law. It therefore allows one to think the essence of the law in the experience of this (everything to say). It is an institution which tends to overflow the institution". Acts of Literature.* Derek Attridge (ed.). Nova York, Routledge, 1992, p. 36. Em "Drogen und Rausch", ensaio sobre a droga e o torpor, Ernst Jünger problematiza o sentido questionador do limite de toda droga, partindo de uma ideia de Mircea Eliade, em *Le Culte de la Mandragore em Roumanie* (1938), qual seja, a de que a droga está, nietzscheanamente, para além do Bem e do Mal, *"la mandragore est l'herbe de la vie et de la mort"*. Superpõem-se aqui, como em uma palimpsesto, Maquiavel, Nietzsche e Baudelaire confirmando que a droga é indício do belo moderno.

ativam pelo contrário a produção, porque protegem a vida. Nesse poder da ficção reside o autêntico saber pois, afinal, o saber pouco tem a ver com a verdade, já que ele se identifica sempre com a criação de espaços, sejam eles cognitivos ou estéticos, mas nunca com a vontade de verdade *per se*. Nessa imensa e imemorial cadeia de heranças, recebidas, negociadas e recusadas, cadeia essa incorporada ou denegada, mas articulada também à cena Ur-histórica de doação, delegação e denegação, aquilo que se pretendia afastar, o cinismo canibal, retorna porque a rigor nunca abandonou o lugar que já ocupava e, ao organizar uma teleologia capaz de resgatá-lo, nosso saber só constatou a indissolúvel aliança entre a proteofilia e a proteofobia, entre a pulsão de vida e a pulsão de morte, entre a antropofagia e o antropoêmico. Tamanha disseminação nos permite postular apenas um progresso relativo: o de um enigma de dois extremos, voltado tanto ao espaço estético, que define a arte como nome próprio, quanto ao espaço cognitivo, que define a modernidade como aquele período regulado pela noção de arte como nome próprio, alternativa essa que nos prende e surpreende, em toda sua ironia e felicidade, como um avatar desacreditado, ou, antes, tornado relativo em seu crédito indispensável.

Inferno, Anônimo (1530)

O Bonde da Modernização

Guillermo Giucci
Universidade do Estado do Rio de Janeiro

O maravilhoso moderno

Começo meu diálogo com o passado num espaço social e técnico relativamente novo na América Latina no início do século XX: o bonde elétrico. O primeiro bonde elétrico na América do Sul aparece na cidade de Rio de Janeiro, em 1892. Naquela época eram claras as limitações da tração animal. Os burros morriam em média com três anos de trabalho. Puxavam bondes repletos, às vezes subindo ladeiras. Por outro lado, a alimentação consistia em alfafa importada, procedente do rio da Prata. O baixo rendimento no trabalho e o alto custo de manutenção dos animais obrigaram a que se buscassem formas alternativas de transporte coletivo. No final da década de 1880, a "Companhia Ferro-Carril do Jardim Botânico" adquiriu os aparelhos elétricos do engenheiro belga Edmond Julien. Tais acumuladores de luz e de força motriz haviam sido altamente elogiados no relatório do Júri Internacional da Exposição Universal da Antuérpia (1885).

À inauguração do bonde movido por acumuladores elétricos, na noite de 2 de julho de 1887, como parte da abertura da Exposição das Estradas de Ferro Brasileiras, compareceu a princesa imperial regente, junto dos ministros do Império, de Justiça, da Marinha e da Agricultura. A pompa da ocasião correspondia à primeira demonstração pública da modernização da cidade por meio do bonde. No dia seguinte, um jornal carioca se expressa em termos de "uma das maiores conquistas do século". A descoberta do sistema Julien se projeta de maneira indiscriminada para a indústria, a higiene, o progresso, a economia pública e particular, o engrandecimento das empresas de locomoção, e, com isso, para o desenvolvimento das cidades e melhoria dos transportes urbanos.

O que havia sido posto em prática nas principais cidades da América do Norte e da Europa chega agora ao Brasil. Trata-se, segundo o comentário da imprensa, de uma mudança de proporções mundiais: "A revolução que os acumuladores Julien vêm operar é extraordinária e o papel que eles representarão no futuro social e econômico do mundo civilizado não poderá ser previsto, dadas as suas múltiplas e complexas aplicações".[1] Estamos diante da promessa popular da tecnologia. As periferias se modernizam antes de estar técnica e socialmente equipadas para a modernidade. Mas poucos anos depois se constrói a usina elétrica, se assentam postes de madeira, se requer licença para colocar cabos aéreos transmissores de energia elétrica, se importam três carros dos Estados Unidos e finalmente, em 8 de outubro de 1892, se inaugura a tração elétrica da linha do Flamengo.

À reinauguração comparece o presidente da República em exercício, o vice-presidente Marechal Floriano Peixoto, e seu Estado-maior. E, outra vez, a inauguração técnica se apresenta como um acontecimento extraordinário. Que a tecnologia interage com o mundo político não é nenhuma novidade. Mas o artefato tecnológico, independentemente de seu vínculo com os representantes do poder oficial, é produtor do senso do maravilhoso moderno. O objeto da modernização emociona o público, assim como ficam fascinados os visitantes diante do espectáculo técnico das exposições nacionais e internacionais. Mais que a representação cultural que justapõe os elementos característicos do período colonial e burguês – traço marcante da cultura latino-americana no século XX –, o bonde elétrico aparece como um signo definitivo da modernidade. A virtude do objeto mecânico reside na promessa, na futuridade, na dimensão coletiva, na visibilidade pública, na apropriação, no consumo.

Transportes e socialização

O impacto do objeto tecnológico explica o porquê de um personagem secundário – o condutor de bonde elétrico – ser tão visível nas crônicas da época e estar tão presente na música popular (assim como sucede com a figura do chofer de automóvel). Em sua crônica semanal para a *Gazeta de Notícias*, Machado de Assis conta que viajava num bonde "comum" pela praia da Lapa, quando deparou com um elétrico que descia. Não foi a eletricidade o que mais o impressionou, mas sim a expressão do condutor. "Os olhos do homem passavam por cima da gente que ia no meu bonde, com um grande ar de superioridade. Posto não fosse feio, não

[1] Citado em C. J. Dunlop, *Subsídios para a História do Rio de Janeiro*. Rio de Janeiro, Rio Antigo Ltda., 1957, p. 117. A informação anterior constitui uma síntese de diversos textos de Dunlop sobre a origem do bonde elétrico no Rio de Janeiro.

eram as prendas físicas que lhe davam aquele aspecto. Sentia-se nele a convicção de que inventara, não só o bonde elétrico, mas a própria eletricidade".[2] E, na recensão feita por José Ramos Tinhorão, pelas canções de carnaval que tomaram como motivo os bondes, a Light ou a figura do condutor, fica claro que os carnavalescos cantaram o "bonde" e seus funcionários em dezenas de músicas.[3]

Com a transição da visão vigente, registram-se mudanças nos espaços público e privado. Muito mais que o rádio, o telefone e o fonógrafo, o bonde elétrico – semelhantemente ao cinematógrafo – induz a novas modalidades de proximidade corporal.

Um dos textos mais curiosos com respeito à observação dos espaços urbanos como formas de sociabilidade e centros de ordem/desordem se processa de dentro do próprio bonde. Refiro-me a *De Bond*, do português João Chagas. Publicado em Lisboa em 1897, *De Bond* narra as aventuras de um viajante português no Rio de Janeiro da *Belle Époque*. Capital federal da recente república brasileira, o Rio de Janeiro do fim do século XIX apresentava, como na atualidade, um majestoso cenário natural. Mas são os espaços urbanos centrais, incluindo os subúrbios, o que verdadeiramente chama a atenção do viajante lusitano.

O bonde aparece como a referência inevitável do espaço urbano. Detalhe característico da vida brasileira, constitui um laço permanente entre a existência do cidadão e a da rua, e, ao mesmo tempo, um elemento constante de união entre a coletividade e a família. Chagas não deixa de sublinhar a dependência da população carioca com respeito a esse meio de transporte, seja de tração animal ou elétrico. O objeto adquire vida social e se transforma em artigo de primeira necessidade. O bonde nunca está cheio. Comenta Chagas que, quando não há lugares dentro do *bond*, vai-se nas plataformas, e, quando estas estão ocupadas, as pessoas se penduram nos estribos.

A música popular registra o tema do caráter ilimitado do bonde: "Amor eu sei você não tem... não / Mas isso não faz mal algum / Seu coraçãozinho é um estribo de bonde / Que tem sempre lugar pra um".[4] E não faltavam, naturalmente, os "bolinas" – os "mãos-bobas" –, que segundo José Ramos Tinhorão constituem a figura real de um tipo social novo (em contraposição à figura inventada do "mineiro" ingênuo) e que seria cantado por Eduardo das Neves em "Os Bolinas": "Anda a gente pelos bondes / Sem poder se virar / Porque logo grita um anjo: / Este homem quer bolinar".[5]

[2] Charles J. Dunlop, *Apontamentos para a História dos Bondes no Rio de Janeiro*. Rio de Janeiro, Gráfica Laemmert, 1953, p. 194.
[3] J. Ramos Tinhorão, "50 Anos de Bondes na Música Popular". *O Cruzeiro*, Rio de Janeiro, nov. 1965, p. 67-70.
[4] Paulo de Carvalho, "Endereço Errado", 1938.
[5] J. Ramos Tinhorão, op. cit., p. 69; Charles J. Dunlop, *Chronicas. Fatos, Gente e Coisas da Nossa História*. Rio de Janeiro, CEA, 1973, p. 173-75.

Os diferentes bairros se ligam com o centro por meio do trem e do *tramway* elétrico. Laranjeiras, Botafogo, Gávea, Catete são subúrbios que se integram à cidade mediante o bonde. Sem dúvida, o bonde puxado por burros já havia iniciado a revolução nos costumes urbanos. Como aponta Dunlop, ele contribuiu para sanear a cidade, permitindo o deslocamento dos habitantes do centro para os arrabaldes.[6] Enquanto os bairros distantes são urbanamente possíveis a partir do surgimento e do uso dos novos meios terrestres, o deslocamento geográfico implica o funcionamento estável dos serviços. De horários rigorosos, tão importantes para o trabalhador e para sua família. Porque, embora o objeto técnico afete diretamente o usuário, estende-se de maneira indireta a toda uma rede de pessoas que não parece fazer parte do complexo da circulação. O sistema de transporte organiza o cotidiano da cidade, detecta João Chagas, razão pela qual no dia em que faltasse o bonde se daria uma revolução. Não só na rua, mas também nas casas, "porque toda a gente, atônita, ficaria em casa a perguntar a razão por que ele não havia passado, e, por um momento, suprimido esse indispensável traço de união entre a população e os seus hábitos, a vida fluminense ressentir-se-ia da falta do *bond* como de uma verdadeira crise social".[7]

De fato, houve situações de crise em torno dos bondes elétricos. Como o chamado "quebra-quebra" que ocorreu no Rio de Janeiro no dia 15 de abril de 1902. Charles J. Dunlop conta o episódio numa de suas crônicas. Comenta que o distúrbio deixou a população carioca em sobressalto. Às cinco e meia da tarde, no momento de maior demanda de bondes para a zona sul, rompeu-se um cabo da rede aérea numa rua do centro. Isso produziu um curto-circuito que ocasionou a paralisação absoluta do tráfego da "Companhia Ferro-Carril do Jardim Botânico". Todos os carros da companhia ficaram de repente imóveis, repletos de passageiros, enquanto às estações continuavam chegando pessoas desejosas de retornar ao lar. Inicialmente se imaginou que a interrupção seria breve. Mas a noite foi chegando. Muitos passageiros optaram por voltar para casa a pé, em tílburis ou em carruagens; outros continuaram aguardando o restabelecimento dos serviços. À impaciência se sucederam as reclamações e os protestos. Até que se ouviu o "quebra". Bondes foram retirados dos trilhos e despedaçados. Um foi posto de rodas para cima, já sem cortinas nem vidros; outro, queimado. Às sete da noite se restabeleceu a energia elétrica, e duas horas depois, com algumas detenções,

[6] Charles Dunlop J., *Subsídios para a História do Rio de Janeiro*, p. 77.
[7] Ibidem, p. 114.

terminava o "quebra-quebra".[8] Trata-se de incidentes sociais, no âmbito do transporte público, que o antropólogo Roberto DaMatta interpreta como uma expressão de cidadania. Diariamente reprimida, finalmente ela aflora em situações de crise reclamando seus direitos.

Mas tais distúrbios urbanos foram, em definitivo, menos importantes que o processo inverso gerado pelos transportes coletivos: a mistura de classes e o diálogo nos espaços públicos. Não se trata aqui dos supermodernos "não lugares", como denomina Marc Augé os aeroportos, supermercados e hotéis; tampouco da vitória da privacidade nos contextos públicos estudada por Richard Sennett; mas de espaços urbanos ambulantes que fomentam a socialização. Daí precisamente algumas reações iniciais de desconfiança manifestadas com relação ao bonde. Desde antes de sua implantação efetiva, junto ao projeto da estrutura dos carros em meados do século XIX, o bonde aparece para determinados segmentos sociais como um instrumento da perversão, pois tende a aglomerar as diferentes classes num único vagão. Em parte se desconfia do êxito comercial desse moderno sistema de transporte – o que se reflete na falta inicial de interesse pelas ações da Companhia Jardim Botânico –, porque nos veículos projetados seria inevitável a mistura de pessoas de hábitos educados com gente do povo.[9]

De outra perspectiva, que comemora o advento da modernidade como uma expressão da incipiente igualação das classes sociais nos espaços públicos, o bonde aparece como o instrumento privilegiado das mudanças. No final de 1903, o poeta parnasiano e cronista Olavo Bilac, escrevendo para o jornal *Gazeta de Notícias*, do Rio de Janeiro (11/10/1903), diz que o bonde é o "veículo da democracia, igualador das castas, nivelador de fortunas, o apóstolo do socialismo".[10] O que chama a atenção é a curiosa identificação entre a dimensão tecnológica e a esfera social, a ponto de o bonde se transformar no representante material e concreto das reivindicações sociais de igualdade contidas nos projetos políticos de Marx e Malan. "Tu és o Karl Marx dos veículos, o Benoit Malan dos transportes." O bonde, escreve Bilac, suprime distâncias, fornece temas aos poetas, destrói os preconceitos de raça e de cor, cria amizades, incluindo relações de amor; é o terreno neutro e ambulante onde se misturam diariamente todas as classes da sociedade. Com isso alcançamos um polo dos objetivos da modernização: a prefiguração de uma sociedade justa.

[8] Dunlop, *Chronicas*, p. 155-58.
[9] Charles J. Dunlop, *Os Meios de Transporte do Rio Antigo*. Rio de Janeiro, Ministério dos Transportes, 1972, p. 35.
[10] Olavo Bilac, *Vossa Insolência*. São Paulo, Companhia das Letras, 1996, p. 318.

Modernidade/modernização

Outros escritores reconhecem a função socializadora do bonde, embora apresentem uma versão mais matizada. Gilberto Freyre sublinha que estimulou conversas, discussões e debates entre os passageiros. O bonde da *belle époque* seria uma escola de tolerância social e de conversação. Retornando do trabalho, discutir-se-iam as preocupações do cotidiano, a paixão pela loteria e o "jogo do bicho".[11] No entanto, muitos anos antes, na década de 1920, o jovem Gilberto Freyre assinalava mudanças na sensibilidade urbana que despontavam em Recife com o surgimento do bonde elétrico e notava discrepâncias entre a modernização e a modernidade. Em artigo jornalístico (numerado "50"), publicado no *Diário de Pernambuco* em 30 de março de 1924, Freyre reclama da falta de cortesia dos funcionários para com o público. Com a vida moderna, sem dúvida se produz a obsolescência da carruagem e do bonde puxado a burro. Mas a denúncia de Freyre desmonta o artifício da invenção de identidades: os funcionários e as pessoas "*up-to-the-minute*" constroem a ficção da velocidade da vida urbana e tendem a exagerar a modernidade na periferia. Pois o ritmo comercial e cultural de Recife não era ainda tão intenso que não permitisse a delicadeza antiga.

Também no centro da modernização brasileira nos anos 1920 e 1930 – São Paulo –, o bonde ocupa seu espaço cultural. A primeira composição poética de Oswald de Andrade se chamava "O Último Passeio de um Tuberculoso, pela Cidade, de Bonde".[12] *Postes da Light* (*Poesias Reunidas*, 1945) tematiza essa complexa relação entre a modernização, o moderno e a modernidade. Em particular o poema "Pobre Alimária", de acordo com o cuidadoso estudo de Roberto Schwarz, faz parte de um horizonte comum de pensamento no qual as perspectivas radicalmente democráticas e antitradicionalistas abertas pelo progresso industrial convivem com a crise geral da ordem burguesa. Vários elementos centrais da modernidade se encontram presentes nos trabalhos de Oswald. A relação homem-máquina-animal, a emoção do espaço urbano, o encanto da circulação, o fascínio da velocidade, a consciência da transição, o objeto mecânico como foco estético.

As memórias de Oswald constituem uma nítida representação da profundidade das mudanças urbanas e psicológicas que se operam nos centros urbanos da América Latina do início do século XX. As ruas da pequena cidade de São Paulo de 1900 se enchem de fios e postes. Uma grande empresa canadense, a Light,

[11] Gilberto Freyre, *Ordem e Progresso*. Rio de Janeiro, José Olympio, 1959, p. CXXIV.
[12] Jorge Schwartz, *Vanguarda e Cosmopolitismo na Década de 20. Oliverio Girondo e Oswald de Andrade*. São Paulo, Perspectiva, 1983, p. 159.

se estabelece na cidade e anuncia a chegada dos bondes elétricos. De fato, no dia 7 de maio de 1900 circula o primeiro bonde elétrico em São Paulo (Barra Funda-Largo de São Bento). Assim como sucederia com a chegada dos primeiros aviões, os objetos mecânicos atraem a atenção pública e despertam a curiosidade. São geradores de boatos e de expectativas. Esse aspecto do boato diante da novidade técnica é fundamental na construção de um imaginário popular que se transmite de modo oral e funciona como um efetivo difusor cultural. Oswald testemunha como o negrinho Lázaro, filho da cozinheira de sua tia, advertiu sobre os perigos da eletricidade, alegando que quem pusesse os pés nos trilhos ficaria ali colado e seria fatalmente atropelado pelo bonde. Longe de ser um detalhe irrelevante, e sem perder nada de seu humor, o incidente anuncia toda uma modalidade de expressão do senso comum diante do desconhecido.

A eletricidade introduz mudanças definitivas. Desde a transformação dos mitos rurais próprios da tradição oral até as práticas urbanas do ócio, da higiene e da leitura. Por outro lado, o objeto mecânico gera reações de curiosidade semelhantes nos diversos centros urbanos da América Latina. A irônica descrição de Oswald de Andrade – recordando sua experiência, aos cinco anos e acompanhado da "babá", da viagem inaugural do bonde elétrico em São Paulo – é sintomática a esse respeito. Diante do anúncio, certa manhã, de que apareceria o primeiro bonde elétrico na avenida São João, deflagra-se uma série de informações contraditórias. Um amigo de sua casa informa que o bonde pode andar até a velocidade de nove pontos. Então se dá uma disparada dos diabos. Ninguém aguenta. O bonde é capaz de saltar dos trilhos e matar todo mundo. Humor que concomitantemente manifesta o desconcerto e a aproximação aos objetos da modernização sem a necessidade do correspondente conhecimento técnico. O boato funciona uma vez mais como estímulo, contribuindo para a aglomeração nos espaços públicos. Oswald recorda que a cidade tomou um aspecto de revolução e que ninguém queria perder a visão do "espantoso veículo". Os mais temerários até pretendiam entrar e andar no bonde elétrico!

Tais referências à transformação comercial, cultural e sentimental da cidade, produto dos meios de transporte públicos, expressam a consciência da modernização. Em *Pauliceia Desvairada* (1922), Mário de Andrade refere-se à transformação das imagens vistas da janela do bonde em movimento: "Na trajetória rápida do bonde de Sant'Ana à cidade / Da Terra à Lua / Atravessei o núcleo dum cometa / Me sinto vestido de luzes estranhas / E da inquietação fulgurante da felicidade". É precisamente o bonde quem salva Macunaíma, o herói sem caráter da novela *Macunaíma* (1928), da turba que o persegue para matá-lo no centro de São Paulo. Desejada ou não, questionada e elogiada, a modernização aparece materializada no bonde elétrico, na circulação, no movimento, na energia, na multidão, na velocidade, na emoção da vida urbana. E seriam muitos os intelectuais e artistas latino-americanos que, na década de 1920 e em diversos lugares do mundo ocidental, tematizariam o surgimento de uma cultura técnica que confirmava a realidade da época moderna.

Na década de 1920, o político, ensaísta e poeta uruguaio Emilio Frugoni dedica dois livros à cidade de Montevidéu (*Poemas Montevideanos*, 1923; *La Epopeya de la Ciudad*, 1927). A cidade se torna o foco poético por excelência, dando continuidade ao mito urbano inaugurado pelos poetas franceses em meados do século XIX. Frugoni canta até os motores terrestres. Ônibus cruzam as ruas com um brilho de vidros e de vernizes exaltados; aparecem bondes "arquejantes"; uma motocicleta estrepitosa perfura o trânsito; o aeroplano é o pulso do infinito, uma locomotiva histérica que se lança ao espaço. Mas aqui se impõe uma das polêmicas que marcam de modo fundamental a disputa modernização/modernidade: foco temático *versus* procedimento formal. Embora cante o bonde elétrico ("El Paseo en Tranvía"), Frugoni o faz do ângulo do discurso poético que prolonga o parnasianismo. "O bonde elétrico tem algo de navio / com seu vasto ventre e seu impetuoso andar. / Eu embarco em um e na borda tomo / assento e me assomo / a olhar lá fora com o gesto grave / de um lobo-do-mar..." Final "lobo-do-mar" que se vincula de maneira inequívoca com o repertório parnasiano.

Ao comentar em abril de 1909 o "Manifesto do Futurismo" de Marinetti, Rubén Darío subordina a cultura da máquina ao mundo natural. O heroico automóvel marinettiano se transforma num "pobre escaravelho sonhado".[13] Assim como Darío, Amado Nervo, de modo explícito, declara absurda a ideia de ruptura proposta por Marinetti. Nervo o condensou da seguinte maneira:

> Cantarão as locomotivas (não faça caso das emaranhadas imagens com que as nomeiam). Mas já não as cantaram, senhores futuristas, mais de cem poetas modernos? (...) Cantarão as fábricas, as multidões que trabalham, desfrutam e se

[13] Nelson T. Osorio, *Manifiestos, Proclamas y Polémicas de la Vanguardia Literaria Hispanoamericana*. Caracas, Biblioteca Ayacucho, 1988, p. 5.

revoltam. Bela novidade! Que outra coisa fiz eu?!, diria, ao ler isso, um Émile Zola, por exemplo. Cantarão as fábricas, as pontes, os navios a vapor. Novíssimo! E cantarão, por fim, os aeroplanos. Bem, já os cantaremos todos a seu tempo, *futuristas* ou *presentistas*.[14]

É inegável que, na luta de gerações, o foco temático não constituía uma ruptura com relação ao passado. O panorama, no entanto, transforma-se radicalmente quando nos transladamos para o campo dos procedimentos formais. Pelo menos nesse aspecto da expressividade moderna, a partir do caráter experimental das formas textuais, coincidem escritores latino-americanos de procedências geográficas e ideológicas diversas. Vicente Huidobro, conhecido como o fundador das vanguardas latino-americanas, dirá que o poeta deve dizer aquelas coisas que nunca seriam ditas sem ele ("El Creacionismo"). *Criar* é a palavra-chave. A criação transforma-se num dever artístico que marca a nova época. Mas não há temas antigos ou modernos, e sim formas de sensibilidade contemporâneas ou passadistas. A rosa – emblema poético milenar – constitui na sensibilidade da nova época um fragmento da autonomia da arte antimimética, racional, inventiva e criativa. Embora ao comentar a relação entre o futurismo e o maquinismo, Huidobro retome ideias previamente esboçadas pelos modernistas hispano-americanos, chega a conclusões diferentes. Como anteriormente Amado Nervo, Huidobro refere-se a futuristas e presentistas; também a falsas rupturas. O futurismo seria uma arte de novo aspecto, conquanto nada substancialmente novo.[15] O apoio inicial é o argumento temático. Nos motivos poéticos do futurismo – canto à guerra, boxeadores, violência, atletas – não encontra o poeta chileno nenhuma ruptura significativa com a tradição. Ao contrário, as continuidades começam com Píndaro e são claramente visíveis no simbolismo. Mas precisamente com relação ao maquinismo interessa destacar as palavras de Huidobro. Porque aqui se recorta a temática da exterioridade da máquina *vis-à-vis* à produção poética.

Acerca do maquinismo, é preciso dizer algumas palavras. Não é o tema, mas a maneira de produzi-lo, o que o faz ser uma novidade. Os poetas que creem que, por serem modernas as máquinas, também eles serão modernos ao cantá-las, equivocam-se absolutamente. Se canto o avião com a estética de Victor Hugo, serei tão velho quanto ele; e, se canto o amor com uma estética nova, serei novo ("Futurismo e Maquinismo").

[14] Ibidem, p. 9-10.
[15] Vicente Huidobro, *Obras Completas.* Santiago, Zig-Zag, 1964, p. 684.

Um escritor muito diferente de Huidobro, César Vallejo, poderá argumentar em linha análoga. Cronista em Paris na década de 1920, Vallejo reage diante da modernolatria. Em sua breve crônica "Poesía Nueva",[16] ele reitera a distinção entre tema moderno e sensibilidade poética contemporânea.

> Deu-se de chamar de poesia nova os versos cujo léxico é formado pelas palavras "cinema, motor, cavalos de força, avião, jazz-band, telegrafia sem fio", e, em geral, por todos os termos das ciências e indústrias contemporâneas, e não importa que o léxico corresponda ou não a uma sensibilidade autenticamente nova. O importante são as palavras. Mas não se deve esquecer que isso não é poesia nova nem antiga, nem nada. Os materiais artísticos oferecidos pela vida moderna hão de ser assimilados pelo espírito e convertidos em sensibilidade.[17]

Posição semelhante adota Mário de Andrade no Brasil. Embora seja evidente a sedução da cidade e dos novos meios de comunicação na poética de Mário, a arte moderna supõe uma deformação subjetiva da natureza. A ideia de exterioridade da máquina reaparece a partir da dicotomia tema/procedimento textual. A arte moderna não constitui para Mário a representação exterior da atualidade da vida. Se palavras como "automóveis", "cinema" e "asfalto" frequentam seu livro, afirma ele no "Prefácio Interessantíssimo" de *Pauliceia Desvairada*, não é por pensar que com elas ele escreve moderno, senão que é pelo fato de seu livro ser moderno que elas têm razão de ser. Atitude diferente da de Graça Aranha, para o qual o movimento de Marinetti impunha o valor estético do novo ("Marinetti e o Futurismo"). E a combinação "temas atuais + material novo" representava o fim da tirania acadêmica, adquirindo dignidade poética a representação do aço e do concreto armado, das fábricas, estações ferroviárias e aeródromos.

Diante das exigências da nova sensibilidade, são comuns as oscilações. O conturbado contexto histórico-político em parte explica a politização da figura do bonde. Para o jovem Borges – futuro "construtor" cultural dos bairros portenhos –, "com o fuzil no ombro os bondes / patrulham as avenidas";[18] o mexicano Manuel Maples Arce se refere a "escoltas de bondes / que percorrem as ruas subversivas" ("Urbe"); Serafín Delmar escreve "Poema Bolchevique", no qual "os bondes / pelas ruas escoltando os edifícios / levam nossa esperança". Mas também se deve sublinhar, como ineludível tema de fundo, a tensão entre a

[16] *Favorables Paris Poema*, n. 1, Paris, jul. 1926.
[17] Vallejo, 1984, p. 332-33.
[18] "Tranvías", "Ultra". In: H. Wentzlaff-Eggebert (orgs.), *Europäische Avantgarde im Lateinamerikanischen Kontext*. Berlim, Vervuert Verlag, 1991, p. 189.

modernização e a tradição. Em "Santiago, Cidade", de Winétt de Rokha, "repercutem os bondes pelas pontes velhas da Recoleta". Tensão modernização/tradição que desemboca em formas histriônicas de expressar a relação econômica entre o homem, a máquina e a natureza. Assim, Alberto Hidalgo escreve "Bonde elétrico que se lança ao campo. / Eloquente maneira / de adquirir dez centavos de paisagem" ("Haikai Simplista").

É sintomático que o manifesto *Martín Fierro* (15/5/24) herde uma fórmula marinettiana – valorização dos espaços e objetos do presente – sem descartar o álbum de retratos. Ruptura e tradição não aparecem como opostos, mas em tensão. A renovação das linguagens poéticas se recorta como um caminho mais produtivo que a eliminação de um acervo cultural imaginário. Em todo caso, o problema se situa no plano da nova compreensão. Os objetos constituem a plataforma da imaginação poética. Locomotivas ou quarteirões: o importante reside na atualidade do olhar. Girondo não deixa de chamar a atenção para esse ponto. Em seus aforismos literários, intitulados *Membretes*, assinala o perigo das "novas receitas" e dos "novos boticários". Entre os cuidados que se devem ter, está o "cuidado com os anacronismos que se disfarçam de aviador".[19]

Novos espaços imaginativos e construção de diferenças

O passeio de bonde abre novos espaços imaginativos. Ao entrar no bonde, comenta Ortega y Gasset, o espanhol não pode deixar de dirigir um olhar de especialista para as mulheres ("Estética en el Tranvía"). O filósofo tece suas considerações sobre a natureza da estética e da ética a partir dessa constatação. No bonde, pensa Ortega o problema da unidade. O uno como modelo único e geral de beleza feminina não resiste à variedade humana. Tampouco se trata de uma pluralidade de arquétipos, mas de uma verdadeira abertura ao rosto individual. O olhar, nos espaços fechados, se concentra nos detalhes, na promessa da beleza singular. Ver pela primeira vez equivale à esperança de uma revelação, que raramente se concretiza. Mas que gera a consciência da multiplicidade. "Eis como eu", escreve Ortega, "deste humilde bonde que roda para Fuencarral, envio uma objeção ao radiante jardim de Academos".[20] O pensamento é generalizado, mas as circunstâncias são sempre particulares. E, nas circunstâncias singulares do passeio de bonde, tanto a estética quanto a ética se abrem à multiplicidade da vida.

Os objetos mecânicos são convertidos em expressão poética da sensibilidade

[19] Oliverio Girondo, *Obras*. Buenos Aires, Losada, 1996, p. 144.
[20] José Ortega y Gasset, *Obras Completas*. Madri, Revista de Occidente, 1966, p. 37.

contemporânea. Eles ampliam o horizonte da representação artística: servem de pré-texto para a criação literária. Pelo menos desde o final do século XIX na América Latina, o bonde movido a tração animal se concretiza como motivo literário. Encontramo-lo nos *Cuentos Frágiles* (1883) do escritor e poeta mexicano Manuel Gutiérrez Nájera. Considerado geralmente um precursor do modernismo hispano-americano, em "La Novela del Tranvía" Gutiérrez Nájera desenvolve o antirrealismo e a expressão dos sentimentos subjetivos. Tecnologia e imaginação se confundem. O personagem que aborda o bonde na Cidade do México percebe inicialmente o exterior. A cidade, sua complexidade e variedade: a tecnologia do transporte funciona como produtora de diferenças. Mas de modo fundamental o escritor imagina quadros possíveis a partir de situações ficcionalmente reais. Interiorização do relato que também contribui para a produção de diferenças. "Quem Será Meu Vizinho?" é o ponto de partida de uma silenciosa interação humana. Os personagens literários, tanto masculinos como femininos, se ampliam, adquirem singularidade – têm família, filhas necessitadas, amantes, maridos ingênuos – só para desaparecer minutos depois quando descem. Trata-se de diálogos imaginários, que, apoiados nos modernos meios de transporte, discutem criativamente as novas modalidades de interação humana.

Um escritor que, admitindo o valor da tradição local, rapidamente assimilou a dimensão cosmopolita da experiência técnica foi o guatemalteco Miguel Ángel Asturias. Em "Motivos del Tranvía",[21] breve crônica que em parte parece basear-se em "La novela del Tranvía" de Gutiérrez Nájera, Asturias condensa o vínculo entre meios de transporte urbanos, olhares e diálogos imaginários. Não se trata, no entanto, como no caso de Ortega y Gasset, do olhar do espectador filósofo. Asturias aproveita o humor típico da crônica para examinar os novos espaços de socialização. No bonde, dão-se os diálogos imaginários. Mandam as aparências, a dúvida, o desejo reprimido. Pretende-se adivinhar a relação entre uma senhora e o senhor que sobe atrás dela. Casamento, namorados, mais que namorados, desconhecidos?

O que chama a atenção nesta breve crônica é a nitidez da projeção das categorias masculinas. O bonde é um encanto para os amigos da mulher alheia, mas um incômodo para os maridos e os solteirões. O jogo de sedução supõe a circulação e repressão dos desejos: o cronista simultaneamente deseja o diálogo com a dama e teme o olhar do cavalheiro. Parte da viagem se sucede nesse processo de diálogos imaginários com o "terceiro simbólico".

[21] *Billetes de París*, 29/09/1927.

Opera-se inclusive, durante o percurso, a construção de uma curiosa identificação entre proximidade física e desejo/direito de posse. Se por um lado a proximidade física parece dar direitos, por outro os códigos sociais obrigam a respeitar a privacidade da pessoa. Privacidade nos espaços públicos: não é esta uma noção plenamente aceitável para os códigos masculinos (especialmente latino-americanos, com relação à mulher). Se não diretamente por meio do diálogo, ao menos por intermédio do olhar. De olhares amiúde ostensivos, quando não firmes. O bonde de Asturias funciona, assim, como um receptáculo das projeções masculinas. Olha-se para confirmar a virilidade, para seduzir; ensaiam-se diversos diálogos mentais, imaginam-se diversas situações de encontro ou de amores proibidos. Tudo isso com o humor de um estudante pobre que, traído em suas pretensões de sedutor, jura nunca mais voltar a andar de bonde e clama por um automóvel.

Modernidade, acidente, loucura

Veinte Poemas para Ser Leídos en el Tranvía (1922) é o título do primeiro livro de Oliverio Girondo. A comparação com poetas que utilizam motivos técnicos, mas que procedem de um contexto modernista, revela o escritor não só viajante-cosmopolita, mas, como indica Enrique Molina, o poeta à frente da vanguarda artística do idioma.[22] Embora de fato o bonde possua pouco relevo na poética de Girondo, aparece insolitamente identificado com "um colégio sobre rodas" ("Pedestre"). E a sombra do poeta, ao chegar a uma esquina, separa-se dele e de repente se joga debaixo das rodas de um bonde ("Apunte Callejero").

Com a imagem da morte da sombra do poeta entre as rodas de um bonde, alcançamos outra dimensão da experiência técnica da modernidade: o acidente. Este outro aspecto – o desastre – é fundamental para contrabalançar o tom de otimismo gerado pelo sistema dos objetos. Nenhum progresso é simplesmente linear, e a trajetória técnica é marcada não só por avanços e retrocessos, mas também por inclusões e exclusões. O próprio Walter Benjamin, que em seu ensaio sobre a obra de arte na época da reprodução técnica exalta a potencial função libertadora do cinematógrafo, em geral se mostra crítico diante das versões do progresso como evolução linear.

Consequentemente, de modo paralelo ao discurso ficcional do otimismo tecnológico, observa-se a produção de uma imaginação crítica. Tal discurso de tom crítico não se instala no interior de

[22] Girondo, op. cit., p. 42.

formas narrativas que deverão ser superadas por intermédio do próprio avanço tecnológico, mas em franca oposição a elas. O tema privilegiado por essa vertente crítica da modernidade é a loucura, ou melhor, as possibilidades ficcionais de destruição geradas pelo alucinante mundo das máquinas. A narrativa de Roberto Arlt se constrói ao redor de tais temas, assim como uma parte significativa da contística de Horacio Quiroga. Fervoroso adepto da experimentação e do conhecimento técnico, Quiroga tematizou a relação modernização/loucura. A alienação pela máquina – tópico que proliferou em livros, filmes e pinturas da primeira metade do século XX – é tratada por Quiroga como um conflito entre a razão e o dever. Em "El Conductor del Rápido", publicado em *La Nación* em 21 de novembro de 1926, a máquina aparece como uma força superior subordinada a um indivíduo inferior.[23] O mundo técnico, em mãos humanas, é sempre potencialmente explosivo. Constantemente precário. Por outro lado, obriga ao autocontrole: só o controle diário da razão evita o desastre. Embora o ser humano exerça domínio sobre máquinas mortíferas, não o faz plenamente sobre si mesmo.

Visão da permanente precariedade da razão que está na base narrativa de "El Gerente", publicado em *Caras y Caretas* em 6 de janeiro de 1906. Embora a vingança, apoiada na falta de reconhecimento (em sentido hegeliano), funcione como motivação explícita do desastre no bonde, por trás se desenha o conflito entre a razão e o maquinismo. O mundo técnico como condição de possibilidade da destruição irracional; o crime e o castigo, já não do indivíduo contra o indivíduo, mas do cidadão alienado contra a comunidade.*

---

[23] Horacio Quiroga, *Todos los Cuentos*. Madri, Allca XX/Edusp, 1996, p. 738.
* Tradução de Carlos Nougué.

De Símios e Antropófagos
Os Macacos de Lugones, Vallejo e Kafka[1]

Jorge Schwartz
Universidade de São Paulo

Para Valeria De Marco

Lembrei-me de que se diz entre os etíopes que os macacos deliberadamente não falam para que não os obriguem a trabalhar...
Jorge Luis Borges, *"O Imortal"*.

•

As manifestações triunfalistas das comemorações do V Centenário, assim como a proximidade dos quinhentos anos do descobrimento do Brasil, que se cumpriram no ano 2000, estimularam a leitura comparada dos três contos de que tratarei: "Yzur", de Leopoldo Lugones (1906), "Los Caynas", de César Vallejo (1921), e "Um Relatório para uma Academia", de Franz Kafka (1920), contos compostos a poucos anos de distância um do outro. E, apesar da diferença intrínseca entre os três escritores, seus contos têm uma matriz temática comum, capaz de nos convidar a refletir sobre os processos de percepção, descoberta e colonização de outros seres e até de outras espécies, como a dos macacos. Nos três contos mencionados, o simiesco ocupa um lugar central: no conto de Lugones, o protagonista é um chimpanzé chamado Yzur; no relato breve de Kafka, Pedro Vermelho é um ex-macaco; finalmente, no conto de Vallejo, trata-se de seres humanos vítimas de um processo regressivo de retorno à condição simiesca.

Alguns críticos já chamaram a atenção para a analogia temática destes textos, em especial para a evidente relação entre Lugones e Kafka, mas sem desenvolver necessariamente uma leitura.[2] Também encontramos sugestões que aproximam Vallejo de Kafka, aproximação que tampouco foi levada adiante.[3] Ninguém, que eu saiba, estudou a relação triádica que empreendemos.

Meu ponto de partida é, inesperadamente, o trabalho de Ernst Robert Curtius.

---

[1] Texto apresentado no seminário "Contracorrientes", no Centro Rey Juan Carlos I de España da Universidade de Nova York, abril de 1997. Agradeço a Inés Azar pela leitura final do manuscrito. Também a Francisco José López Alfonso e a Marta Teresa Celada agradeço pelas sugestivas leituras.
[2] Cf. Angel Flores, "Antecedentes de Yzur". In: *El Realismo Mágico*. México, Premiá Editora, 1985, p. 56.
[3] Francisco José López Alfonso, "César Vallejo, las Trazas del Narrador". *Cuadernos de Filologia* XI. Valência, Universidad de Valencia, 1995, p. 94.

Num dos excursos de *Literatura Europeia e Idade Média Latina*, intitulado "O Macaco como Metáfora",[4] Curtius explica a trajetória semântica da palavra latina *simia*. Como o masculino *simius*, o termo *simia* significava originariamente macaco. Mas, no interior da tradição retórica, *simia* perdeu com o tempo sua referência concreta e adquiriu o significado de "pessoas, ideias abstratas e também artefatos que simulam algo". Em outras palavras, a partir do século XII, o termo *simia* articula a noção geral de simulacro, de imitação do que ostensivamente não se é. O macaco real (*simius*) se transforma em *simia* quando imita o homem,[5] afirma Curtius, e passa a examinar um tesouro de exemplos medievais que têm como denominador comum a imitação, a versão de segundo grau, e, em certo sentido, a falsificação. O gesto imitativo do macaco se vincula em todos os casos à noção de superioridade do homem, ratificada ou legitimada posteriormente pelas teorias darwinistas sobre a origem das espécies. Com exceção do uso muito espanhol dos termos *mono*, *mona* e *monada* ["macaco" ou (adj.) "lindo"; "bebedeira"; "macaquice", (adj.) "gracinha", etc.], a pluralidade de conceitos sugeridos por tudo o que alude ao simiesco tem um sentido essencialmente pejorativo. E, se nos deslocamos para a esfera do Mercosul, vale a pena notar que, até muito pouco tempo atrás, a imprensa brasileira deplorava o mau hábito dos argentinos de chamar de "*macaquitos*" seus vizinhos do Brasil.

O livro de Curtius foi publicado em 1948, em pleno franquismo, e é quase inevitável associar "O Macaco como Metáfora" com o excurso que se segue imediatamente a ele e que se intitula "O 'Atraso' Cultural da Espanha". Esse excurso examina a entrada tardia da cultura latina na Espanha medieval. Não existe nenhum vínculo temático entre os dois excursos, a não ser a minha própria leitura irônica de sua sequência no texto de Curtius, porque nessa sequência vejo, de algum modo, o emblema da análise cultural que me proponho a fazer dos três contos e de sua projeção, em última instância, no processo de descobrimento e colonização da América.

Voltando a nossas ficções, existe uma interessante progressão nos três relatos que me interessam: no conto de Lugones, o macaco protagonista aprende a linguagem humana; no de Kafka, o macaco protagonista aprende a linguagem humana e, além disso, termina transformando-se em homem que recorda seu passado de símio. *Last but not least*, em Vallejo é difícil encontrar uma categoria que defina o grupo de homens que terminam transformando-se em macacos e

[4] Ernst Robert Curtius, *Literatura Europeia e Idade Média Latina*. São Paulo, Edusp, 1996.
[5] Ibidem, p. 656.

perdendo progressivamente a linguagem que originariamente possuíam.

"Yzur",[6] o título do conto de Leopoldo Lugones, publicado em *Las Fuerzas Extrañas* em 1906, é o nome do chimpanzé adquirido pelo narrador num leilão de circo. O narrador recorda que os naturais de Java creem que os macacos são perfeitamente capazes de falar, mas que não falam para que não os façam trabalhar. Dessa crença, que ele mesmo reconhece como trivial, o narrador deriva o pressuposto de que os macacos eram originariamente homens que, em algum momento, fizeram um pacto de silêncio e emudeceram para sempre. Essa teoria é suficiente para que o narrador se imponha como objetivo científico fazer que o macaco recupere a fala que, supostamente, perdeu. Esse processo de recuperação ou aprendizagem constitui a fábula do conto. A função narrativa do dono do macaco é descrever, em primeira pessoa, o processo de aprendizagem de Yzur.

Durante cinco anos, essa espécie de domador-cientista tenta, mediante diversos artifícios, fazer o macaco pronunciar palavras dotadas de sentido. Apesar de todas as suas teorias pseudocientíficas, nas quais equipara a educação de Yzur à das crianças ou à dos surdos-mudos, tudo o que consegue como resultado são alguns sons inarticulados. O contínuo fracasso da experiência conduz a um duplo caminho: a animalização do mentor, cada vez mais violento em seus métodos pedagógicos, e a humanização de Yzur, que cai em estado de prostração, enfermo de inteligência e de dor. A inesperada e impressionante peripécia do final revela a total humanização do macaco precisamente no momento em que articula sua primeira e última frase:

"Amo, água. Amo, meu amo..."

Vitória ou derrota do conquistador que tem por meta civilizar o bárbaro? O fato de Yzur finalmente falar não deixa de coroar de certo êxito a empresa de adestramento. Mas, por outro lado, a morte imediata de Yzur constitui o definitivo fracasso da empresa civilizadora do narrador. As palavras de Yzur confirmam uma vez mais a relação de sujeição diante da brutal presença dominadora do dono. Mas, ao mesmo tempo, por serem derradeiras, suas palavras significam um imprevisto retorno ao pacto ancestral de silêncio ou, como sugere Julio Ramos, uma última estratégia de resistência.[7] Vitória passageira do narrador/domador, vitória moral do subalterno através de uma resistência que culmina na morte. A frase final do macaco comprova que sua mudez não significou em nenhum

[6] Leopoldo Lugones, "Yzur". In: *Las Fuerzas Extrañas. Cuenntos Fatales*. Introdução de Noé Jitrik. Buenos Aires, Espasa Calpe, 1993. Doravante cito por esta edição.
[7] Julio Ramos, "El Don de la Lengua". *Casa de las Américas* 193, dez. 1993, p. 14.

momento que não possuísse linguagem.⁸ As palavras finais de Yzur são cinco no total, três das quais repetem o sema *amo* [dono]. O termo se desdobra e se duplica em seus dois sentidos – posse e amor –, nos quais verbo (primeira pessoa do presente) e substantivo, poder e paixão se combinam num único significante. O desdobramento do significante é resultado de uma espécie de contaminação, na qual se diluem as fronteiras entre o humano e o simiesco, entre amor e poder.

As últimas palavras de Yzur são precedidas de um comentário do narrador que identifica o enunciado do macaco como "palavras cuja humanidade reconciliava as espécies".⁹ É evidente que a edênica ideia de reconciliação das espécies traz implícita, para o fiel representante da espécie humana, a noção de vassalagem, de subordinação, de aceitação tácita da servidão, que confirma sua imposta superioridade. Não é por acaso que, ao escolher o chimpanzé como objeto de sua doutrinação, o narrador observa, no começo do conto, que "entre os macacos [o chimpanzé] é o mais bem provido de cérebro e um dos *mais dóceis*".¹⁰ Essa perspectiva de "docilidade" é o que o anima a criar, à sua semelhança, uma espécie de Golem que, em vez de ameaçar destruir o dono, tem vontade própria para autodestruir-se.

Esse cruzamento de fronteiras também aparece antecipado no princípio do conto: "Cada vez que o via avançar em dois pés, com as mãos às costas para manter o equilíbrio, e seu aspecto de marinheiro bêbado, a convicção de *sua humanidade detida* se robustecia em mim".¹¹

A citação revela que o domador, ao fazer uma projeção de seu próprio desejo, dilui as fronteiras entre o humano e o animal e só consegue ver a si mesmo no macaco, numa dimensão simiesca dotada de certa humanidade. Há uma percepção oblíqua, um espelho deformado de si mesmo. Em vez de notar o simiesco no macaco, seus esforços estão concentrados em ver-se replicado no outro. Incapacidade de conviver com a alteridade, com o estrangeiro. Lacan, em seu clássico ensaio em que compara a criança com o chimpanzé, conclui que este último, à diferença da primeira, NÃO se reconhece diante do espelho.¹² O conto de Lugones nos oferece ironicamente uma situação totalmente invertida: o chimpanzé, sim, reconhece o Outro ao chamá-lo de dono, mas este não tolera a diferença entre o símio e ele, insistindo em forçá-lo a converter-se em seu semelhante, em seu igual. Uma espécie de leitura lacaniana a contrapelo: aquele que não pode ver a si mesmo no espelho (o chimpanzé) é aquele que pode ver os outros, e justamente o que se reconhece

---

⁸ Embora não queiramos remeter ao paralelismo de experimentação científica crianças/chimpanzé, é inevitável referir esta afirmação de Octave Mannoni, autor do clássico *Psychologie de la Colonisation:* "As crianças mudas, que não pronunciam nenhuma palavra, possuem a linguagem". In: *Un Comienzo que No Termina.* Buenos Aires, Paidós, 1982, p. 78.
⁹ Ibidem, p. 166.
¹⁰ Ibidem, p. 156 (grifo meu).
¹¹ Ibidem.
¹² Jacques Lacan, "Le Stade du Miroir comme Formateur de la Fonction du Je telle Qu'Elle Nous Est Révélée dans l'Expérience Psychanalytique". In: *Écrits I.* Paris, Seuil, 1966.

diante do espelho é incapaz de perceber o outro, buscando sempre sua própria imagem, seu reflexo e duplicação.

Essa falta de reconhecimento do outro por parte do dono se torna evidente durante o processo de aprendizagem:

> Quando lhe dizia uma frase habitual, como o "eu sou teu amo" com que começava todas as minhas lições, ou o "tu és meu macaco" com que completava minha afirmação anterior, para levar a seu espírito a certeza de uma verdade total, ele assentia fechando as pálpebras.[13]

O dogma aristotélico da escravidão natural renasce potencializado nas frases paralelas "eu sou teu amo"/ "tu és meu macaco" que o domador inculca no macaco como relação de poder e de propriedade inalienáveis. Octave Mannoni, ao comparar procedimentos pedagógicos utilizados no famoso caso do Dr. Jean Itard, que tentou reeducar o "selvagem" Victor de Aveyron, diz:

> Essa concepção é herdada [pelo Dr. Itard] não só da velha medicina humoral, mas sobretudo de uma tradição pedagógica, que é também a tradição dos domadores de animais. Eu te farei fazer o que eu quiser, porque sou o dono de tua necessidade.[14]

Nas lúcidas reflexões de Todorov em *La Conquête de l'Amérique* (1982), de Julia Kristeva em *Étrangers à Nous-mêmes* (1988) e de Said em *Orientalism* (1978), fica absolutamente clara a intolerância humana à diferença e ao "outro", plasmada no conceito de bárbaro que os gregos impuseram a todos os povos cuja língua nativa não fosse o grego. Entre as muitas reflexões do domador, encontramos uma surpreendente afirmação: "Infortúnios do antropoide atrasado na evolução cuja dianteira foi tomada pelo humano com um despotismo de sombria barbárie".[15]

Esse raro momento de lucidez do dono com respeito à sua própria barbárie representa um cruzamento entre sua própria voz e a voz autoral de Lugones. Também topamos com momentos de racismo no conto, que deixam a descoberto a conhecida postura ideológica de Lugones: no começo, quando o narrador compara o chimpanzé à raça negra ("a juventude constitui a época mais intelectual do macaco, parecido nisso com o negro"[16]) e, mais para o final, quando Yzur, profundamente abatido pelo sofrimento, é retratado com "sua cara de velho mulato triste".[17]

Ao contrário do conto de Lugones, no qual há um macaco a quem se tenta aproximar da condição humana, em

[13] Ibidem, p. 163.
[14] Octave Mannoni, "Itard y su Salvaje". In: *La Otra Escena. Claves del Imaginario*. Buenos Aires, Amarrortu, 1990, p. 143.
[15] Ibidem, p. 164.
[16] Ibidem, p. 157.
[17] Ibidem, p. 165.

"Los Caynas", de César Vallejo, vemo-nos diante do processo inverso: seres humanos que imitam o comportamento de símios. Um exemplo:

> A mãe dos alienados, apenas nos viu, gritou agudamente, franziu as sobrancelhas com força e com certa ferocidade, continuou a fazê-las vibrar de baixo para cima várias vezes, atirou depois com mecânico gesto a folha de papel que estava manuseando; e, encolhendo-se na cadeira, com rapidez infantil de escolar que fica sério diante do professor, recolheu os pés, dobrou os joelhos até a altura do início do pescoço e, desta forçada postura, parecida com a das múmias, esperou que entrássemos na casa, cravando-nos, bruxuleantes, móveis, inexpressivos, selváticos, seus olhos como que cheios de teias de aranha que aquela noite suplantavam espantosamente os olhos de um mico.[18]

Sumariamente, o conto narra a história dos habitantes da cidade peruana de Cayna e seu processo coletivo de retorno à condição simiesca. O narrador descobre e registra esse processo, descrevendo inicialmente o que sucedeu ao seu primo Luis Urquizo e à sua tia. O narrador regressa a Cayna, depois de 23 anos de ausência, e encontra a todos os habitantes do povoado, incluindo a sua própria família, transformados numa espécie de macacos. No fragmento final, surge outro narrador extemporâneo que termina o conto narrando o mesmo fenômeno ocorrido com o primeiro narrador.

A conquista da palavra em "Yzur" significa a vitória do que o homem considera como seu poder civilizador. O conto de Vallejo representa exatamente o oposto: a perda progressiva da capacidade de falar. Escutemos, por exemplo, o pai do narrador: "A estrela... balbuciou, com surdo esgotamento. E outra vez lançou acres berros",[19] e novamente "Luz! Luz!... Uma estrela!".[20] O retorno às origens simiescas em Vallejo é comparável ao acordo de silêncio milenar feito pelos antepassados de Yzur. A mesma trajetória para o silêncio é a forma que em ambos os contos é assumida pela resistência ao desejo, supostamente civilizador, do homem.

Em "Los Caynas", o personagem-narrador detém o poder da palavra, interpretando o processo regressivo de seus semelhantes como algo pertencente ao universo da loucura. Desde o começo, o conto é inundado de adjetivos como "irracional", "desequilibrado", "demente", "enfermo", "louco", "alienado", "perda de parafusos", "doente da cabeça", e a casa dos familiares do narrador é identificada como um "manicômio".

[18] César Vallejo, "Los Caynas". In: *Escalas Melografiadas, Obras Completas*. Vol. 2. Barcelona, Laia, 1976, p. 62. Doravante cito por esta edição.
[19] Ibidem, p. 66.
[20] Ibidem, p. 68.

Numa perspectiva que pode duplicar-se ao infinito, para cada "eu", o louco é sempre o "outro". No primeiro encontro do narrador com seu primo Luis Urquizo, surgem, com violência, mútuas acusações de loucura: "Urquizo protestou colérico: 'Bah! O senhor está louco? A exclamação sarcástica do alienado', comenta o narrador, 'me fez rir'". Um pouco adiante, o mesmo narrador acrescenta: "Por que essa forma de indução para atribuir-me um parafuso de menos que só nele havia? (...) desse ponto de vista seu, era eu, por ter-lhe batido sem motivo, o verdadeiro louco".

O narrador qualifica de "loucura" o processo regressivo simiesco de sua tia (a mãe de Urquizo) e, posteriormente, interpreta a transformação de seu próprio pai como metonímia de toda uma comunidade que se transforma num grupo de macacos: "Não só em meu lar estavam todos loucos. O mesmo ocorria no povoado inteiro, assim como em seus arredores". Por seu lado, a família do narrador, e, com ela, o povoado inteiro, termina por

A Cia. dos Atores
apresenta

A Morta

De Oswald de Andrade

Direção: Enrique Diaz
Realização: Débora Guimarães

Válido para duas pessoas

acusar o narrador de estar louco: "'Coitado!', exclamaram todos. 'Está completamente louco!...'". Como uma espécie de coda, surge abruptamente um fragmento final, separado na página por três estrelinhas que marcam a fronteira entre a cordura e a loucura: nesse texto, um novo narrador qualifica o anterior de louco ("E o louco narrador daquela história"). A palavra, nesse conto, é como a tocha de uma civilização que se apaga e que passa de narrador para narrador à medida que o anterior "enlouquece". Enlouquecer significa aqui transformar-se em macaco, perder progressivamente a capacidade de falar. O último narrador surge com toda a força do outro lado das estrelinhas para garantir, apenas precariamente, seu lugar e sua identidade no espaço da cordura, da palavra civilizadora. Com isso, repete-se o tradicional esquema em que macaco, bárbaro, estrangeiro e iletrado são sempre os "outros". Por isso, o contagiante processo de *mise en abîme* força Vallejo a criar um inesperado e último narrador, capaz de contar o conto do outro.[21] Mais ainda, nesse fragmento final a descrição inclui um enfermeiro que acompanha o narrador louco e o leva à "cela" que ocupa no manicômio. A presença do enfermeiro e do asilo de loucos no final do conto sugere que a única solução para o "escândalo" de Cayna, para a "outridade" de seus habitantes, é a intervenção institucional com sua dupla estratégia de marginalização e confinamento.

Poderíamos ainda interpretar esse conto como uma paródia do tradicional binômio "civilização/barbárie". Tal como aparece no conto de Vallejo, a cidade de Cayna se contrapõe a qualquer projeto civilizacional. O narrador não só regressa, depois de 23 anos de ausência, mas regressa de Lima, a capital civilizadora, oposta à barbárie incrustada no interior do Peru. Cayna não tem nem um "só transeunte"[22] nem "mais luz que a natural dos astros",[23] e carece de todo e qualquer contato com a cultura e a civilização:

> Desta lúgubre cena fazia 23 anos exatos quando, depois de ter vivido separado dos meus por todo aquele espaço de tempo, em razão de meus estudos em Lima, tornava eu uma tarde a Cayna, aldeia que, por solitária e distante, era como uma ilha para além das montanhas. Velho povoado de humildes agricultores, separado dos grandes focos civilizados do país por imensas e quase inacessíveis cordilheiras, vivia amiúde longos período de esquecimento e de absoluta incomunicação com as demais cidades do Peru.[24]

No final do conto, aparece a segunda menção à ausência de civilização: "Pelo

---

[21] Duvido que Vallejo tivesse lido Machado de Assis, mas as coincidências com o magistral "O Alienista" (publicado originalmente em *Papéis Avulsos*, 1881) são evidentes: o Dr. Simão Bacamarte, definido como "o maior dos médicos do Brasil, de Portugal e das Espanhas", é o médico que pouco a pouco encerra todos os habitantes de uma cidade na Casa Verde, nome do manicômio local, para finalmente encerrar a si mesmo quando suspeita de sua própria loucura.
[22] César Vallejo, op. cit., p. 63.
[23] Ibidem, p. 67.
[24] Ibidem, p. 63.

visto, havia desaparecido ali todo e qualquer indício de civilidade".²⁵

Como se fosse um filme rebobinado, Vallejo sugere uma leitura alegórica que inverte o processo civilizacional, talvez para escarnecer dele, propondo, em contrapartida, um retorno às origens darwinistas.

Esse retorno ao primitivo também pode ser visto como uma ironia ao primitivismo importado da Europa, repleto de exotismo e no apogeu no momento da escrita do conto (início de 1921). É como se Vallejo dissesse que, para encontrar o primitivo, não é preciso ir ao Taiti, como Gauguin, ou buscar inspiração nas máscaras da África ou da Polinésia, como Picasso ou Klee. Vallejo tinha o primitivo perto de casa, no interior do Peru. Reação semelhante teve Oswald de Andrade quando, em 1923, numa conferência dada na Sorbonne, afirmou, como resposta à moda europeia do exotismo, que o negro no Brasil "é um elemento realista".²⁶

Se em "Yzur" a pedagogia do dono tem um sentido progressivo (passar de macaco a homem), em "Los Caynas", de Vallejo, se produz o caminho inverso (passar de homem a macaco). O primeiro conto trata, como diriam Deleuze e Guattari, do doloroso processo de "se tornar homem"; o segundo, do processo de "se tornar macaco".²⁷ No conto de Kafka, "Um Relatório para uma Academia",²⁸ ser macaco já faz parte de uma experiência acabada, que pertence e se recupera através da memória. Nessa metamorfose invertida, o conto se abre com um discurso formal dirigido à Academia por um ilustre orador que relata sua vida anterior de macaco e sua passagem à condição humana: "já faz cinco anos que abandonei a vida simiesca", informa o ex-macaco, com aprumo, serenidade e polida sintaxe.

Batizado com o nome de Pedro Vermelho, no momento de sua captura, o macaco inicia uma reflexão sobre a liberdade e suas possibilidades futuras de sobrevivência no meio humano. Diante do dilema: entrar para um circo e continuar escravo e motivo de riso pelo resto da vida, ou ser sujeito de sua própria história no teatro de variedades, o personagem opta pela última possibilidade. É assim que Pedro Vermelho narra suas experiências como aprendiz de "homem" e seu processo de aquisição da linguagem. Em sua nova vida, autêntica síntese da teoria darwinista, Pedro Vermelho, é livre para exercer sua vontade: o dom da fala o catapulta ao pináculo da sociedade capitalista e burguesa. Do alto de sua nova posição, Pedro exerce seu prestígio e posição social através da palavra.

"Tornar-se homem" é o grande desafio do macaco. E para isso Pedro Vermelho

²⁵ Ibidem, p. 67.
²⁶ Oswald de Andrade, "O Esforço Intelectual do Brasil Contemporâneo". In: *Estética e Política*. São Paulo, Globo, 1991, p. 32.
²⁷ Gilles Deleuze e Félix Guattari, *Kakfa. Pour une Littérature Mineur*. Paris, Éd. de Minuit, 1975.
²⁸ Franz Kafka, "Um Relatório para uma Academia". In: *Um Médico Rural. Pequenas Narrativas*. Trad. Modesto Carone. São Paulo, Brasiliense, 1991. Doravante, usaremos essa edição para fins de citação. Aproveito também para reproduzir a erudita nota de Ángel Flores: "Franz Kafka escreveu o conto 'Ein Bericht für eine Akademie' ('Informe a uma Academia') em abril de 1917 e o publicou em volume desse ano na revista mensal *Der Jude*, que Martin Buber editava em Berlim e Viena. Recolheu-o em 1919 em sua coleção *Ein Landarzt, Kleine Erzählunger*, o que significa que foi de sua predilecção", art. cit., p. 56-57.

se dá conta de que a pura imitação não é condição suficiente para ser um perfeito simulacro. Para passar de *simius* a *simia*, como recorda Curtius, imitar é uma etapa importante. Mas, para passar de *simia* a *homo*, além de imitar, é importante aprender. A fina ironia de Kafka faz que o macaco manifeste, desde o princípio, certo sentimento de superioridade: "Ora, naqueles homens não havia nada em si mesmo que se atraísse",[29] e confessa, para concluir: "Era tão fácil imitar as pessoas!".[30] Em que consiste a imitação do ser humano para Pedro Vermelho? A princípio, consiste em cuspir, fumar e beber. O imitado serve como gestualidade indireta que põe em evidência o ser humano com atributos viciosos e degradados.

A origem do nome "Pedro Vermelho" surge como traço distintivo da espécie animal. Para o ser humano, o outro não passa de uma massa amorfa, indistinta, em que a diferença aparece como uma mancha difusa. No começo do conto, o orador nos explica a origem de seu nome:

> Um [tiro] na maçã do rosto: esse foi leve, mas deixou uma cicatriz vermelha de pelos raspados que me valeu o apelido repelente de Pedro Vermelho, absolutamente descabido e que só podia ter sido inventado por um macaco, como se eu me diferenciasse do macaco amestrado Pedro – morto não faz muito tempo e conhecido em um ou outro lugar – somente pela mancha vermelha na maçã da cara. Mas digo isso apenas de passagem.[31]

Que significado tem essa observação marginal? Para os homens, os macacos são todos iguais, são todos "Peters" ou "Pedros". A singularidade de Pedro Vermelho é precisamente o adjetivo agregado ao nome. Do mesmo modo, a "cicatriz", referida pelo adjetivo vermelho, constitui uma forma de escrita no corpo do macaco, uma tatuagem que o distingue de todos os outros. O ferimento, como o "Vermelho" que se converteu no sobrenome de Pedro, transforma-se numa marca de identidade singular. Kafka sublinha e ironiza a incapacidade humana de perceber a singularidade do "outro" ao inverter o gesto a partir do olhar do macaco: "Não fazia cálculos, mas sem dúvida observava com toda a calma", comenta o símio, e acrescenta: "Sempre os mesmos rostos, os mesmos movimentos, muitas vezes parecendo que eram apenas um".[32]

A incapacidade de registrar diferenças aparece aqui, na figura do macaco, duplicada e invertida pelo artifício da imitação.

O momento crucial do conto é o da passagem do simiesco ao humano: "eu bradei sem mais 'alô!', prorrompi num

[29] Ibidem, p. 63.
[30] Ibidem, p. 63.
[31] Ibidem, p. 58-59.
[32] Ibidem, p. 63.

som humano, soltei com esse brado dentro da comunidade humana e senti, como um beijo em todo o meu corpo que pingou de suor, o eco – 'Ouçam, ele fala!'".[33]

O "alô" de Pedro Vermelho tem valor genesíaco, como o Verbo que abre o *Antigo Testamento* ou a primeira palavra, anterior ao homem, que dá início ao *Popol Vuh*. Esse "alô" representa um giro narrativo que equivale à anagnorisis do chimpanzé no filme *2001, uma Odisseia no Espaço*. Quando descobre que o osso que tem na mão lhe serve de extensão de seu próprio corpo, o macaco se transfigura e a imagem passa vertiginosamente do mundo da pré-história ao da cultura tecnológica contemporânea. De forma análoga, Pedro Vermelho dá um salto sísmico, do discurso do outro ao discurso do eu, do território concebido como próprio e natural a uma reterritorialização. De repente, dilui-se a condição de inimigo, de estrangeiro, de outro. E da condição de escravo, Pedro Vermelho passa à condição de senhor. Com a posse da palavra, Pedro Vermelho também toma posse do poder e passa a exercê-lo. Esse é fruto da aprendizagem e não simplesmente da imitação. Por isso a necessidade de reiterá-lo: "E eu aprendi, senhores. Ah, aprende-se o que é preciso que se aprenda; aprende-se quando se quer uma saída; aprende-se a qualquer custo".[34]

Em seguida, Pedro Vermelho acrescenta:

> Mas eu consumi muitos professores, alguns até ao mesmo tempo. Quando já me havia tornado mais seguro das minhas aptidões e o público acompanhava meus progressos, começou a luzir o meu futuro: contratei pessoalmente os professores, mandei-os sentarem em cinco aposentos enfileirados e aprendi com todos eles, simultaneamente, à medida que saltava de modo ininterrupto de um aposento a outro.[35]

A aprendizagem é vertiginosa: Pedro Vermelho "consome" o outro como a um objeto, como a uma mercadoria ou capital. *Coup de grâce* de Kafka, até as funções de submissão e obediência, próprias do macaco, passam agora a ser executadas pelo empresário por ele contratado, o qual responde, dócil e pavlovianamente, com os reflexos típicos do amestrado: "Meu empresário está sentado na antessala: se toco a campainha, ele vem e ouve o que tenho a dizer".[36]

Mas de onde fala agora Pedro Vermelho? Não é por acaso que o novo lugar, o novo centro, é a Academia, instituição máxima de onde emana a lei, a tradição, a ordem; em suma, a linguagem.

E o que resta, se resta algo, de sua identidade de macaco? Os homens, seus novos semelhantes, não perdoam precisamente

[33] Ibidem, p. 65.
[34] Ibidem, p. 66.
[35] Ibidem, p. 66.
[36] Ibidem, p. 67.

que mostre sua antiga identidade, pois, para fazê-lo, precisa expor seu corpo nu:

> Li recentemente, num artigo de algum dos dez mil cabeças-de-vento que se manifestam sobre mim nos jornais, que minha natureza de símio ainda não está totalmente reprimida; a prova disso é que, quando chegam visitas, eu tenho predileção em despir as calças para mostrar onde aquele tiro entrou.[37]

A Pedro Vermelho o que resta de macaco é a cicatriz nas nádegas, a marca da captura que o tirou para sempre da selva. O conto termina com um momento de reflexão de Pedro Vermelho sobre seu próprio passado:

> Se chego em casa tarde da noite, vindo de banquetes, sociedades científicas, reuniões agradáveis, está me esperando uma pequena chimpanzé semiamestrada e eu me permito passar bem com ela à maneira dos macacos. Durante o dia não quero vê-la, pois ela tem no olhar a loucura do perturbado animal amestrado; isso só eu reconheço e não consigo suportá-lo.[38]

A macaca, cuja visão Pedro Vermelho não consegue suportar, funciona como a antiga cicatriz; mas agora o processo se inverte. Se a cicatriz serviu de elemento distintivo para que os homens pudessem ver no símio seu próprio reflexo amestrado, a macaca recupera um doloroso fragmento de identidade, a consciência momentânea e noturna de um passado, puramente animal, que encontrou saída no meio humano.

Em 1928, poucos anos depois de nossos três escritores publicarem esses contos, Oswald de Andrade publica o *Manifesto Antropófago*,[39] uma das estratégias mais originais elaboradas na América Latina para resistir aos inevitáveis processos de colonização. O novo manifesto revela os ancestrais que o inspiraram. O maior deles, Michel de Montaigne, em seu ensaio "Dos Canibais", critica e inverte, com extraordinária inteligência, a tradicional concepção de bárbaro. Ao canibal de Montaigne se juntam o bom selvagem de Rousseau (transformado agora em mau selvagem), as forças do inconsciente teorizadas por Freud e, sem dúvida, os preceitos do surrealismo bretoniano. Oswald de Andrade reconhece explicitamente seus antecessores na árvore genealógica da antropofagia: "Filiação. O contato com o Brasil Caraíba. *Où Villegaignon print terre*. Montaigne. O homem natural. Rosseau. Da Revolução Francesa ao Romantismo, à Revolução Bolchevista, à Revolução Surrealista e ao bárbaro tecnizado de Keyserling. Caminhamos".

[37] Ibidem, p. 59.
[38] Ibidem, p. 22.
[39] Oswald de Andrade, *Revista de Antropofagia*, ano 1, n. 1, 1/05/1928.

A revolução caraíba (termo de que derivam canibal e nosso conhecido Calibã),[40] propugnada por Oswald de Andrade, implica a síntese e a superação de todas as revoluções anteriores. É preciso um homem para inaugurar um novo ciclo histórico. O *Manifesto Antropófago* é datado no ano 374 da deglutição do bispo Sardinha (devorado pelos índios caetés no Ceará); essa data alude então ao primeiro ato canibalesco registrado no Brasil, que Andrade propõe como ato fundador da nova era. Em algum momento, Oswald de Andrade indica o 11 de outubro de 1492 como o último dia da América livre:[41] "Precisamos desvespuciar e descolombizar a América e descabralizar o Brasil (a grande data dos antropófagos: 11 de outubro, isto é, o último dia da América sem Colombo)".

Oswald de Andrade propõe uma Idade do Ouro que abolirá o sistema patriarcal, baseado na herança, detentora do poder, para chegar ao matriarcado de Pindorama (nome tupi para a terra das palmeiras). O retorno ao matriarcado significa a oposição total ao sistema de poder capitalista. É uma nova idade do ouro que abolirá o senso da propriedade. A vitória da tecnologia permitirá ao novo homem uma superação social que o libertará para o exercício do ócio, da espontaneidade e da alegria primitivas: "Contra o Sacerdócio, que é o ócio sagrado, surge, na sua virulência, o negócio que é a negação do ócio", afirma Oswald de Andrade.

No momento em que já não tem sentido retroceder na história para produzir modelos de superação, porque existem e funcionam em outros países, a ideia primordial é incorporá-los por meio de um ato simbólico de antropofagia. Desse modo, o ato primitivo de comer o inimigo adquire novo significado: já não se trata de saciar uma necessidade elementar como a fome, mas de incorporar, num ato ritual, os atributos do outro. Por analogia, a nova palavra de ordem é incorporar o outro para fazer uma síntese capaz de gerar a superação e libertação do jugo externo. Segundo Oswald de Andrade, o movimento dialético da revolução caraíba é: 1) Tese: homem natural; 2) Antítese: homem civilizado; 3) Síntese: homem natural tecnizado. Em vez de consagrar as forças estranhas e superiores, convertendo-as em tabu, devemos totemizar tudo aquilo que é considerado tabu. Uma evidente inversão do *Totem e Tabu* de Freud.

O mau selvagem de Oswald é uma espécie de Calibã revolucionário: "Só me interessa o que não é meu. Lei do homem. Lei do antropófago", e o grande lema do manifesto: "Tupy or not tupy, that is the question", é em si um ato de canibalização que reapresenta a dúvida shakespeariana

[40] Roberto Fernández Retamar, "Calibán. Apuntes sobre la Cultura de Nuestra América". *Casa de las Américas* 68, 1971, p. 124-151. Foi Emir Rodríguez Monegal, em "The Metamorphoses of Caliban", quem comentou o texto anterior e introduziu a antropofagia de Oswald de Andrade, *Diacritics*, set. 1977, p. 78-83 (republicado em *Vuelta*). Ver também o número especial de *Nuevo Texto Crítico*, vol. V, n. 9/10, *Caliban en Sassari. Por una Redefinición de la Imagen de América Latina en Vísperas de 1992*.
[41] "Entrevista a Milton Carneiro", 10/09/1950, em Oswald de Andrade. *Os Dentes do Dragão*. Org. Maria Eugenia Boaventura. São Paulo, Globo, 1990, p. 182.

no plano de um sujeito antropófago, que é agora dono de sua própria história.⁴²

Cabe então, uma última interpretação de nossos símios, sob essa luz canibalesca.

Em "Yzur", podemos ver na figura do Amo um Próspero que se apropria de um Calibã e o doutrina. Mas seu Calibã não consegue sobreviver ao desenraizamento, ao processo de colonização, à negação e abandono de sua própria identidade. Nunca saberemos se Yzur morre vítima de seu dono ou se escolhe, heroicamente, a morte como resposta à imposição de uma palavra alheia. A morte e o silêncio final de Yzur têm o poder de rejeitar e negar o pacto colonial, a relação senhor/escravo, para deixar em seu lugar um signo vazio, uma ausência.

Em Vallejo a leitura é mais simples: os Caynas decidem recuperar a ancestral identidade perdida. No caso dos Caynas, Calibã volta a suas raízes, antagônicas à ideia de uma América colonizada, civilizada.⁴³

Kafka nos apresenta a situação mais delicada. Seu macaco é quem mais rapidamente aprende a lição do dono e depois o subjuga e, em última instância, o coloniza. De certa forma, de todos os símios, Pedro Vermelho é o melhor aprendiz de Próspero: "nenhum mestre de homem encontra em toda a volta da terra um aprendiz de homem assim", afirma o próprio Pedro Vermelho.⁴⁴ Mais ainda, uma sensação de "raça superior" começa a emergir em sua consciência símia: "já então não os superestimava [os homens], muito menos hoje".⁴⁵ A ironia que se projeta sobre o binômio civilização/barbárie aparece quando o macaco, além de afirmar o descrédito da raça humana, se reconhece como o primeiro macaco na história da humanidade que "chegou à formação média de um europeu". No conto de Kafka, a questão não se limita a imitar um indivíduo, mas a toda uma cultura que parece deixar-se imitar com enorme facilidade.

No entanto, é obvio que Pedro Vermelho não teve como mestre Oswald de Andrade. Em seu discurso de abertura, por exemplo, Pedro Vermelho nega suas próprias origens quando afirma: "falando francamente, sua origem de macaco, meus senhores, não pode estar tão distante dos senhores como a minha está de mim".⁴⁶

E, ao atravessar a fronteira da linguagem, a grande fronteira, Pedro Vermelho fala da posição oposta à de Calibã: "[Meu instrutor] não estava bravo comigo, percebia que lutávamos do mesmo lado contra a natureza do macaco e que a parte mais pesada ficava comigo".⁴⁷

Em última instância, o ato canibalesco só serve a Pedro Vermelho para repetir a todo custo o modelo colonialista, não para superá-lo.*

---

⁴² Para mais informações, ver Oswald de Andrade, *Do Pau-Brasil à Antropofagia e às Utopias*, Rio de Janeiro, Civilização Brasileira, 1970; e Benedito Nunes, *Oswald Canibal*, São Paulo, Perspectiva, 1977.

⁴³ O antropônimo "Cayna" parece corresponder ao nome de um povo andino. Também é um peruanismo que se traduz como "desabrido". Devo essa informação a Mercedes Yazmín López Lenci.

⁴⁴ Franz Kafka, op. cit., p. 64.

⁴⁵ Ibidem, p. 66.

⁴⁶ Ibidem, p. 12.

⁴⁷ Ibidem, p. 20.

* Tradução de Carlos Nougué.

Surrealistas, Canibais e Outros Bárbaros
(Sobre a Estética dos Simulacros)

Eduardo Subirats
Universidade de Nova York

Wir selber alle (...) müssen Barbaren sein...
(Nós mesmos temos que nos tornar bárbaros...)
Hermann Bahr

•

I

A *Révolution Surréaliste* compreendeu um grande número de intenções e projetos. Breton concebeu-a como um ataque contra a estética funcionalista e como uma subversão dos valores da racionalização industrial. O surrealismo surgiu para redescobrir o mundo do inconsciente, dos sonhos e da loucura, de antigas mitologias e de culturas remotas. Segundo Walter Benjamin, a necessidade de liberdade artística que suscitou não se ouvia na Europa desde a época de Bakunin. Herbert Read, inspirado pela crítica cultural de Nietzsche, chamou de surrealismo uma "reavaliação de todos os valores estéticos".[1] A nova estética abrangeu a experiência reveladora de uma realidade irreprimida. Contudo, o surrealismo foi concebido para ser outra coisa.

Quando Breton, em seu *Segundo Manifesto Surrealista*, sugeriu ir para as ruas com algumas armas e matar pessoas como um ato supremo de subversão surrealista, ele estava propondo algo que ia muito além dos limites da representação artística tradicional. Walter Benjamin tentou expressar a dimensão revolucionária da estética surrealista com o conceito de *"profane Erleuchtung"*, uma "iluminação profana" evocadora tanto da experiência religiosa quanto da crítica iluminista. Foi precisamente esse caráter religioso mas anticatólico e materialista da experiência surrealista que tanto o atraiu. "Iluminação profana" foi uma experiência que beirava o êxtase ou a alucinação, não diferente das experiências produzidas por drogas ou visões místicas. Porém, essa iluminação era mais do que uma experiência estética. Uma "iluminação profana" podia transformar um

[1] Herbert Read, *Surrealism*. Londres, Faber, 1937, p. 45.

domingo suburbano monótono em uma experiência reveladora da natureza interna das coisas. "*Sie bringen die gewaltigen Kräfte der 'Stimmung' zur Explosion (...)*", escreveu Benjamin: a iluminação profana prepara a explosão das vozes mais íntimas e secretas da realidade com uma força particularmente violenta.²

Nadja de Breton é um exemplo de êxtase erótico. A transformação do eu através de uma experiência erótica irreprimida era o objetivo de Bataille. As visões trágicas da cidade de Nova York como um inferno dominado por poderes satânicos resultaram em uma visão profética, uma epifania apocalíptica de forças naturais: "(...) *veremos la resurrección de las mariposas disecadas* (...) *y manar rosas de nuestra lengua*" ["veremos a ressurreição de borboletas dissecadas (...) e rosas brotarem de nossas línguas (...)"].³ Esse aspecto revelador da poética surrealista foi também de importância capital para Artaud. Sua redescoberta de rituais e deuses antigos tinha exatamente a mesma dimensão espiritual e quase profética.

Depois da Segunda Guerra Mundial, contudo, a recepção do surrealismo perdeu seu tom libertário e otimista. A paisagem de medo, irracionalidade e destruição nos últimos anos do fascismo europeu marcou um momento decisivo. A síntese de Bataille do *Übermensch* nietzscheano e o *libertin* de Sade se aproximavam muito da linguagem e da conduta bombástica dos nazistas e dos assassinatos em massa dos campos de concentração. Em *Dialektik der Aufklärung* (1947), Horkheimer e Adorno demonstraram que a irracionalidade e a violência eram a face oculta da racionalização industrial. Da mesma forma, o filme negligenciado de Pasolini, *Saló*, apresentou a tortura, o estupro e os assassinatos em massa fascistas como a contrapartida da produção em massa racional e a lógica do consumo de massa.

Êxtases e alucinações em massa, paranoia política, destruição por atacado, fragmentação da realidade, pesadelos e loucura: eis a imagem da vida cotidiana real durante muitos anos na Europa. Todo mundo já havia presenciado pessoalmente o significado de "*le besoin social du toxique*" (a necessidade social do tóxico), os prazeres da intoxicação em massa, propostos por Artaud em 1926.⁴ O dito surrealista de uma mobilização geral da irracionalidade formulada por Dalí tornou-se um lugar-comum da propaganda fascista.⁵ Dalí havia previsto em 1929 que logo viria um dia em que a confusão geral e sistemática entre realidade e alucinação seria possível através da chamada criação "ativa e paranoica". Segundo as próprias palavras de Dalí: "*(il) est proche le moment où (...) il sera possible de systématiser la confusion*"

---

² Walter Benjamin, *Gesammelte Schriften*. Ed. R. Tiedemann e H. Schweppenhauser. Frankfurt a. m., Suhrkamp Verlag, 1972, vol. II-1, p. 300.
³ Federico García Lorca, *Obras Completas, 1, Poesia*. Madri, Círculo de Lectores, 1996, p. 533.
⁴ A. Artaud, *Oeuvres Complètes*. Paris, Gallimard, 1970, vol. 1, p. 323.
⁵ *Salvador Dalí – Rétrospective 1920-1980*. Paris, Centre Georges Pompidou, Musée National d'Art Moderne, 1979, p. 277.

[Aproxima-se o momento em que (...) será possível sistematizar a confusão]. Esse dia se tornou uma realidade dolorosa.

Em ensaio de 1950, "Looking Back on Surrealism", Adorno denunciou a emancipação surrealista como uma ilusão. A sua crítica visava diretamente ao princípio estético do surrealismo de automatismo psíquico. Nenhuma comparação é possível entre sonhos e escrita automática, Adorno afirmava. O que consumiu todas as energias do poeta surrealista para afrouxar os freios da consciência, a dinâmica do sonho o faz sem esforço e de forma muito mais eficaz. Em vez de libertar o inconsciente, a técnica do automatismo criou substitutos para isso.[6]

II

A estética surrealista cancela a experiência de uma realidade objetiva e, ao fazê-lo, derruba tanto a regra de uma consciência soberana e racional quanto a moral repressora e os valores estéticos a ela associados. Essa superação do Ego tornaria possível a experiência de uma nova realidade poética. Breton chamou isso de maravilhoso, vinculando-a, portanto, à tradição romântica. "*Le mervelleux est toujours beau*" (O maravilhoso é sempre belo), escreveu Breton em seu primeiro *Manifesto Surrealista*.[7]

Porém, o *Manifesto* não considerou somente a experiência surrealista como a descoberta de uma realidade irreprimida. Também definiu a estética surrealista com uma "crença" na "realidade superior" de seus mundos maravilhosos de sonhos, alucinações e rituais. O surrealismo em seu sentido mais estrito tinha como intuito um reino ontológico verdadeiramente novo. De acordo com Breton, o surrealismo foi "*un sorte de réalité absolue*" (uma espécie de realidade absoluta), a síntese de sonho e de realidade objetiva em um reino novo e absoluto.[8]

A intenção ontológica do surrealismo cristalizada em uma série de produtos artísticos diferentes: primeiro na liberação metonímica do inconsciente através da escrita automática, depois, em objetos surrealistas, também definidos como "desejos solidificados". Nesse artigo "*Introduction au discours sur le peu de réalité*" ("Introdução ao discurso sobre o pouco de realidade"), publicado em 1924, Breton pedia a materialização da estética surrealista através da produção desses objetos irracionais ou surreais. Ele escreveu: "Recentemente propus fabricar (...) alguns desses objetos que encontramos somente em sonhos e que parecem tão indefensáveis tanto a partir de uma perspectiva utilitária quanto sob o ponto de vista do prazer". ("*Je proposais récemment de fabriquer, dans la mesure du possible, certains de ces objets que'on n'approche qu'en rêve et qui paraissent*

[6] Theodor W. Adorno, *Gesammelte Schriften (Noten zur Literatur)*. Frankfurt a.m., Suhrkamp Verlag, 1974, vol. II, p. 106.
[7] André Breton, *Oeuvres Complètes*. Paris, Gallimard, 1988, vol. I, p. 319.
[8] Ibidem.

aussi peu defendables sous le rapport de l'utilité que sous celui de l'agréement").⁹ O resultado final da produção em massa desses objetos mágicos ou fetichistas seria de fato uma revolução surrealista.

III

No contexto dessa transição entre a experiência do surrealismo de uma realidade irreprimida e seu projeto de um novo mundo objetivo e irracional, o revisionismo surrealista de Salvador Dalí assume uma importância que nunca foi reconhecida. Mas é precisamente a partir dessa perspectiva ontológica e cultural que os programas surrealistas de Dalí, e particularmente seu manifesto de 1929, *l'Âne Pourri*, sobre a chamada "paranoia crítica" são extremamente interessantes. Inspirada nos primeiros ensaios de Lacan sobre a paranoia e sua relação com a criação artística, a proposta de Dalí desenvolveu o objetivo surrealista da produção de uma nova realidade. Ele a chamou antecipadamente de "reino dos simulacros".

A proposta de Dalí incluía várias etapas. A primeira é a emergência de simulacros tanto de uma confusão geral de normas quanto de uma violência difusa contra valores estabelecidos. Como na teoria da escrita automática de Breton, a condição negativa da chamada produção paranoico-crítica de simulacros foi o desengajamento de uma experiência racional e consciente da realidade. Porém, Dalí deu um passo além. O seu objetivo era destruir completamente toda confiança subjetiva na realidade normal cotidiana e objetiva. Artaud, em suas palestras mexicanas de 1936, definiu o *Zeitgeist* numa veia semelhante a um "*esprit suicidaire*" (espírito suicida). O seu objetivo era, como o de Dalí, a desvalorização e destruição da realidade cotidiana: "*L'idée est de briser le réel, d'egarer les sens, de démoraliser si possible les apparences*" ["A ideia é destruir o real, perder os sentidos, desmoralizar, se possível, as aparências"], disse Artaud.¹⁰

Ao alcançar a destruição da realidade objetiva, um novo mundo de simulacros irracionais sistematicamente produzidos surgiria do inconsciente. Esses simulacros seriam ao mesmo tempo irracionais e intencionais, antilógicos e sistemáticos. A realidade superior do novo reino de objetos irracionais compartilharia o caráter estético de uma visão sublime ou estática. Finalmente, o poder esmagador dessas visões deslocaria todas as outras realidades, e todas as outras formas de experiência e comunicação humana.

Dalí comparou essa transformação surrealista de uma vida cotidiana apagada, ou mesmo putrefata, em alucinações sublimes ou maravilhosas com a tran-

⁹ André Breton, op. cit., vol. II, p. 277.
¹⁰ Antonin Artaud, *Oeuvres Complètes*. Paris, Gallimard, 1971, vol. VIII, p. 175.

substanciação, típica do misticismo espanhol barroco, da miséria humana e do sofrimento em visões extáticas de alegria absoluta. No manifesto, *L'Âne Pourri*, Dalí declara que mesmo que um desses simulacros "tivesse que assumir a aparência de um asno putrefato, e mesmo que esse asno fosse de fato extremamente putrefato, coberto por milhares de moscas e formigas (...) nada poderia me convencer de que essa putrefação cruel não passava do reflexo ofuscante e duro de novas pedras preciosas" [*"rien ne peut me convaincre que cette cruelle putréfaction de l'âne soit autre chose que le reflet aveuglant et dur de nouvelles pierres précieuses"*].[11]

A contribuição de Dalí para a estética surrealista é mais importante do que se reconhece. Sem dúvida, Dalí pode ser visto como um caso especial entre artistas surrealistas. De alguma maneira, a sua obra carrega o estigma de mera excentricidade. Ele não era francês; pior, ele era espanhol. A sua carreira e produção artística brincavam explicitamente com as tradições católicas do misticismo e do grotesco. Dalí identificava-se com a fascinação do barroco pelos aspectos teatrais da vida. Em seus quadros e escândalos, Dalí expressou com intensidade tanto os valores de uma cultura histórica espanhola marcada pelo autoritarismo e repressão, quanto seus contrastes e conflitos dramáticos. Seus desempenhos artísticos sempre foram provocadores, irritantes, enganosos e espetaculares.

Todas essas coisas fizeram com que Dalí se tornasse um constrangimento para o movimento surrealista, com seus sonhos de liberdade e sua defesa da revolução radical. Todavia, os manifestos, filmes, pinturas e romances de Dalí são o ápice na trajetória do surrealismo moderno até o espetáculo pós-moderno. O seu objetivo de produzir uma nova realidade irracional através do método da paranoia crítica era, como o próprio Dalí expressou, a consequência final da liberação metonímica de Breton do inconsciente.

Em 1958, o primeiro número da *Internationale Situationiste*, uma vanguarda francesa de intelectuais e artistas ligeiramente ligada aos surrealistas do pós-guerra, publicou um artigo intitulado "Amère Victoire du Surréalisme" (Amarga Vitória do Surrealismo). Esse artigo chegou à seguinte conclusão: o surrealismo triunfou em um mundo que permaneceu basicamente inalterado. O próprio surrealismo foi vítima de seu sucesso, observaram os situacionistas. Uma cultura estagnada "mantém o surrealismo presente, encorajando a multiplicação de suas repetições deterioradas".[12]

A crítica situacionista do surrealismo fez surgir novas questões: o confronto com a sociedade de consumo e um mundo de

[11] *Salvador Dalí – Rétrospective 1920-1980*, loc. cit.
[12] *Internationale Situationiste*, 1. Paris, jul. 1958, p. 3.

valores e objetos mercantilizados, a crítica dos simulacros, a teoria do espetáculo. Adorno já havia sugerido uma relação entre o surrealismo e a estética da mercantilização em sua análise de pós-guerra da revolução surrealista. Indicando a ligação entre a colagem técnica de Max Ernst e os materiais da comunicação de massa, Adorno alertou sobre as semelhanças entre a fragmentação surrealista do corpo e as técnicas visuais da pornografia. Alguns anos mais tarde, e com um objetivo crítico em mente, Pasolini fez os torturadores em seu filme *Saló* citarem a idealização do libertino de Pierre Klossowski e o elogio ao irracionalismo de Bataille, colocando as suas palavras num ambiente luxuoso decorado com pinturas futuristas e surrealistas. Ao fazer isso, ele ligou o irracionalismo surrealista tanto aos assassinatos em massa na era fascista quanto à destruição consumista pós-moderna da vida e da cultura.

Mais uma vez, Dalí nos oferece uma chave para entender o significado cultural do surrealismo numa era pós-moderna. Em um de seus ensaios mais sugestivos, "La Conquête de l'Irrationnel" [A Conquista do Irracional], escrito em 1935, Dalí revela uma ligação, geralmente oculta, entre a estética surrealista e um conflito radical na cultura industrial. A cultura contemporânea tem sido "sistematicamente estupidificada pelo maquinismo e uma arquitetura penosa", Dalí escreveu criticando tanto a arquitetura funcionalista quanto a estética de vanguarda da máquina.

A burocratização e racionalização da cultura andam de mãos dadas com uma "inanição da imaginação", Dalí disse, consoante com a rejeição de Breton relativa ao racionalismo industrial moderno. Todavia, Dalí introduz um novo elemento. Por um lado, a cultura funcionalista moderna é caracterizada tanto pela frustração irracional quanto pelo que ele chama de "apetite por afetos paternos e outros". Por outro, as culturas modernas racionalizadas não oferecem mais o consolo e compensação formulados por Dalí em termos brutais como "a hóstia totêmica sagrada, o alimento espiritual e simbólico que o catolicismo ofereceu ao longo de séculos para calar o canibal frenético da fome moral e irracional".

Um dos tópicos principais do ensaio de Dalí, "A Conquista do Irracional", é o fascismo europeu. O homem moderno busca inutilmente "a doçura triunfal e libertina do dorso gorducho, atávico, tenro, militarista e territorial, de uma ama hitleriana qualquer", Dalí escreveu [*"La douceur gâteuse et triomphale du dos dodu, ataviaque, tendre, militariste et territorial, d'une nourrice hitlérienne quelconque"*].[13] Como Freud, Ferenczi ou Reich, Dalí viu no fascismo uma expressão de impulsos

[13] Salvador Dalí, *La Conquête de l'Irrationnel*. Paris, Editions Surréalistes, 1935, p. 8.

irracionais insatisfeitos e de traumas reprimidos. Mas ao contrário deles, o enfoque de Dalí relativo aos modernos movimentos de massa fascistas não buscava esclarecimento ou conhecimento do inconsciente. Em vez disso, ele propunha substituir o engano de massa do fascismo pelo consumo de massa surrealista.

O nome que Dalí deu a esse momento decisivo da estética surrealista foi canibalismo. O termo já era correntemente usado pela vanguarda parisiense. Picabia já havia publicado uma revista chamada *Le Cannibale* no início dos anos 1920. Contudo, Dalí interpretou o que era para os seus companheiros surrealistas um mero gesto provocador e o transformou em um programa sistemático. O seu objetivo não era mais a realização de sonhos, ou uma nova poética revolucionária, mas, segundo suas próprias palavras, a transformação de um surrealismo estético em um comestível.

Em seu jargão particularmente descuidado e turbulento, Dalí escreveu:

> Nessas circunstâncias, Salvador Dalí propõe (...) comer surrealidades visto que nós surrealistas somos um alimento excelente, decadente, estimulante, extravagante e ambivalente (...). Somos caviar, e caviar, acreditem, é a extravagância e inteligência do gosto, particularmente em um momento como o presente, quando a fome irracional sobre a qual já falei, aquela fome infinita, impaciente e imperialista, fica cada vez mais desesperada (...) Nenhuma refeição é mais adequada ao clima de confusão ideológica e moral em que temos a honra e prazer de viver.[14]

O programa do canibalismo envolve uma dupla subversão estética. Primeiramente, substitui o automatismo psíquico com uma produção ativa de um novo reino de objetos irracionais. Em segundo lugar, transforma a experiência artística em uma estética de consumo de massa. O sucesso dessa transformação define a nossa era canibal como uma era de engano e consumismo. Dalí a chamou de *L'Âge d'Or*.

IV

Com esse panorama, tentei apresentar as três etapas históricas principais da estética e crítica surrealista. O surrealismo surgiu primeiramente como uma iluminação libertadora. Depois, com a Segunda Guerra Mundial, a estética surrealista começou a ser vista como condizente com as estratégias do engano de massa do totalitarismo europeu. A obra de Dalí representa uma transição para um terceiro momento da evolução do surrealismo. Ele ofereceu o seu programa de canibalismo como uma alternativa para a mobilização de massa do fascismo.

[14] Ibidem, p. 9, 10.

O canibalismo programático de Dalí foi a expressão artística de uma civilização cuja conquista derradeira foi o consumo do lixo e o espetáculo da autodestruição.

A partir dessa perspectiva, o canibalismo programático de Dalí pode ser visto como uma passagem das mitologias de massa fascistas ao consumo de massa pós-moderno. Seu trabalho artístico pode ser entendido como um sinalizador na interseção das estratégias contrarreformistas espanholas de engano de massa, a metafísica surrealista de um reino renovado de alucinações coletivas, e de realidades virtuais pós-modernas.

Não posso terminar essas observações sobre o surrealismo e simulacros sem indagar sobre o destino da energia libertadora na origem do movimento surrealista que mencionei anteriormente. Como o surrealismo finalmente se juntou à produção e ao consumo de simulacros e o automatismo psíquico transformou a comunicação de massa pós-moderna, o que aconteceu com a "iluminação profana" que o surrealismo tinha a intenção de ser?

Façamos um berve desvio para um lugar tão remoto e misterioso quanto as florestas tropicais brasileiras. O nosso tema principal ainda é o canibalismo. Mas antes de introduzir o tema da antropofagia brasileira, eu gostaria de fazer um breve comentário sobre a história desse conceito.

Devo enfatizar que, na verdade, antes de ser um movimento da culinária indígena, a antropofagia foi essencialmente uma invenção e obsessão europeia. Os primeiros conquistadores e missionários substituíam os relatos de suas próprias atrocidades na América por contos da ferocidade canibal de seus selvagens. A antropofagia foi de importância capital na representação do século XVI da descoberta do Novo Mundo, como se vê na gravura de Jan van der Street, *Americas Reperta*. Théodore de Bry e Montaigne saudaram os primeiros relatos dos rituais e lendas antropofágicos com sentimentos mesclados. Os seus comentários e interpretações sobre o assunto revelam tanto os seus medos de uma vida dionisíaca (medos associados a fantasias reprimidas de crueldade e ameaça), quanto sua nostalgia por um paraíso perdido (definido por uma nudez orgíaca). Artistas modernos como Dalí ou Picabia compartilhavam a mesma ambivalência em relação a uma antropofagia amedrontadora e, ao mesmo tempo, atraente.

A pintora brasileira, Tarsila do Amaral, e o poeta e filósofo brasileiro, Oswald de Andrade, fundaram um movimento, nos anos 1920, chamado "Antropofagia". Eles publicaram manifestos e poemas, fizeram quadros, escreveram romances e ensaios, e chamaram a atenção do público para um significado novo e revolucionário de antropofagia. Além disso, para esses artistas latino-americanos de vanguarda, o canibalismo era algo diferente de um lugar de horror moral e de inveja oculta de uma nudez orgíaca. Em primeiro lugar, indicava as raízes históricas de sua própria civilização. Em segundo lugar, revelava um novo sentido da relação do homem com a natureza, o seu corpo, seus sentimentos e sua comunidade. A antropofagia brasileira transformou os medos e ódios tradicionalmente associados aos contos europeus de canibalismo em um reconhecimento artístico de um estado de liberdade irreprimida e uma visão poética da renovação cultural.

"Só a antropofagia nos une (...). Já tínhamos o comunismo. Já tínhamos a língua surrealista. A idade de ouro",[15] Oswald de Andrade escreveu em seu *Manifesto Antropófago* (1928). O movimento antropófago foi visto como uma ramificação regional do futurismo e surrealismo europeus, uma tradução tropical das vanguardas francesa e italiana, embora as visões de Oswald de Andrade e de Tarsila do Amaral sejam exatamente o oposto do culto futurista da máquina e do industrialismo, e da metafísica surrealistas. De forma paradoxal e irônica, o que os surrealistas europeus buscavam numa ruptura heroica com os valores racionais do capitalismo moderno e da tradição artística, Oswald de Andrade não tinha dificuldade de encontrar em um passado destruído e esquecido das civilizações brasileiras. A defesa, feita pelo futurismo, do novo em si mesmo, tornou-se para o movimento antropófago o reconhecimento de uma cultura popular já existente. A idade de ouro que a vanguarda europeia prometeu como futuro possível foi lembrada como um passado cultural existente. A antropofagia brasileira abriu o caminho na direção contrária daquela da vanguarda europeia: em direção à reconstrução da memória histórica, a restauração de uma relação não hostil entre cultura e natureza, o prazer da nudez e a rejeição de uma opressão social muito formal.

A força iluminadora da antropofagia brasileira repousa na sua defesa de uma cultura essencialmente oral e da memória histórica, e sua subsequente desmitificação da dialética da escrita, da morte e do poder. Surge da crítica de uma ordem patriarcal, repressora como a fundação da racionalidade moderna. Em um ensaio tardio, *A Crise da Filosofia Messiânica* (1950), Oswald redefiniu a utopia como uma síntese da magia e da razão moderna, como a convergência do cosmopolitismo e regionalismo, e como um novo equilíbrio entre tecnologia e natureza. Ele deu a esse programa o nome poético de "Matriarcado do Pindorama": uma síntese de um sistema matriarcal de produção e de desenvolvimento tecnológico moderno.

[15] Oswald de Andrade, *Do Paul-Brasil à Antropofagia e às Utopias*. Rio de Janeiro, Civilização Brasileira, 1978, p. 13 e 16.

A utopia de Oswald de Andrade indica uma renovação das linguagens artísticas, assim como da cultura moderna. E ainda: a sua espiritualidade redentora representa o outro palco da dialética de vanguarda da autodestruição da experiência e produção artística de um novo reino de simulacros. Como os editores da *Revista de Antropofagia* escreveram em 1929, a antropofagia foi a superação do surrealismo: "Depois do surrealismo, só a antropofagia".[16]

Sem dúvida, o movimento antropófago fez parte de uma cultura marginalizada definida por sua riqueza multiétnica e seus conflitos pós-coloniais. O seu significado não é menos relevante para o nosso entendimento da crise da modernidade. Afinal, deveríamos lembrar, nesse contexto da tradição europeia, de Gauguin a Lorca, dos expressionistas alemães a Artaud, que era responsável por um diálogo com a arte, religião e culturas primitivas como parte de uma busca de renovação espiritual e um caminho para humanizar a civilização industrial. Aqui podemos retornar ao comentário de Hermann Bahr sobre a revolta expressionista europeia: "*Wir selber alle (...) müssen Barbaren sein*" – "Nós mesmos temos que nos tornar bárbaros para salvar o futuro da humanidade da humanidade como ela se encontra hoje (...) nós também temos que fugir de uma 'civilização' que está pronta para devorar a nossa alma".[17]

TRISTE *POST-SCRIPTUM*

Nos anos que se seguiram ao expressionismo alemão e à antropofagia brasileira, vários significantes mudaram sob a nova luz dos fatos históricos. A barbárie como fuga da civilização perdeu toda a dimensão humana na era de Auschwitz e Hiroshima. A utopia tropicalista perdeu o seu colorido depois dos genocídios do pós-guerra na Amazônia por missões cristãs e corporações multinacionais. A lembrança do Paraíso perdeu o seu significado para se tornar uma representação arcaica de poder, violência, ou sexo na mídia. E a antropofagia se tornou um ritual mercantilizado de autoconsumo na nossa cultura do espetáculo. Não creio, entretanto, que isso possa ser entendido com os slogans de "um fim de modernidade", "uma modernidade inacabada", ou "uma condição pós-moderna". Corrompido, fragmentado, destruído, as suas partes dispersas, o corpo da Antropofagia, o sonho do Éden, a crítica da utopia colonial e pós-colonial ocidental, tornaram-se registro artístico, memória poética, *promesse de bonheur* (promessa de felicidade) autônoma. De alguma forma, como nos mitos e contos da Amazônia, esses ideais utópicos se volatizaram, tornando-se estrelas nos céus.*

[16] *Revista de Antropofagia, Diário de São Paulo*, 2. ed., n.1, 17 de março de 1929, p. 6.
[17] Hermann Bahr, "Expressionismus". In: *Essays von Hermann Bahr*. Ed. Heinz Kindermann. Wien, H. Bauer Verlag, 1962, p. 225.
* Tradução de Margarita Maria Garcia Lamelo.

A Imagem Canibalizada: A Antropofagia na Pintura de Tarsila do Amaral

Karl Erik Schøllhammer
Pontifícia Universidade Católica/Rio de Janeiro/Århus

Atelier

Caipirinha vestida de Poiret
A preguiça paulista reside nos teus olhos
Que não viram Paris nem Piccadilly
Nem as exclamações dos homens
Em Sevilha
à tua passagem entre brincos

Locomotivas e bichos nacionais
Geometrizam as atmosferas nítidas
Congonhas descora sob o pátio
Das procissões de Minas

A verdura no azul klaxon
Cortada
Sobre a poeira vermelha

Arranha-céus
Fordes
Viadutos
Um cheiro de café
No silêncio emoldurado

Oswald de Andrade, *Pau-Brasil*

•

Entre as experiências dos artistas plásticos brasileiros, durante as primeiras décadas do século, e as ideias de poetas, escritores e críticos modernistas corre um fluxo constante e visível, dando ao modernismo brasileiro o caráter de movimento cultural. Neste ensaio, observaremos alguns contatos e afinidades que conduzem o movimento no período que começa alguns anos antes da Semana de Arte Moderna e culmina com o *Manifesto Antropófago*.

Sem dúvida, não seria ousado demais dizer que os artistas plásticos são – através de seu exemplo concreto e aglutinador – importantes inovadores do pensamento crítico modernista; pensamento que rompe com os códigos anteriores e redefine, de maneira revolucionária e antropofágica, a construção histórica da identidade cultural brasileira.

Discutir a troca de influências entre as artes visuais e a literatura no movimento modernista já não é novidade para a crítica literária, uma vez que, para os modernistas, o próprio esforço artístico de criar uma expressão inovadora, no que se refere à tradição, significava romper as fronteiras entre gêneros e disciplinas. Assim, letras e artes se aproximaram, cúmplices, superando, ao mesmo tempo, o discurso realista e a imagem mimética. A imagem se "textualizava" na procura de uma linguagem pictórica renovadora da herança do naturalismo e o texto poético incluía elementos sonoros e visuais em busca de efeitos sinestéticos que refletiam uma sensação mais íntegra, plena e sensual da moderna realidade urbana. As palavras-chave são *simultaneidade* e *sinestesia*,[1] ou seja, a possibilidade de produzir na poesia os efeitos experimentados através das novas técnicas audiovisuais, da fotografia, do cinema, do rádio e dos meios de comunicação incipientes – como o telégrafo –, efeitos próprios de uma percepção aguda da vida urbana em imagens fugazes e num movimento frenético. Mário de Andrade adota essa ideia no "Prefácio Interessantíssimo", em *Pauliceia Desvairada* (1922), na invenção do "desvairismo", de teor visivelmente futurista. Assim também o estilo telegráfico e cubista de Oswald de Andrade, tal como desenvolvido em *Memórias Sentimentais de João Miramar* (1924) e em *Serafim Ponte Grande* (1933). Esses romances – escritos de maneira fragmentária, polifônica, descontínua e metonímica – oferecem uma expressão suprema dessa vertente.

Mas é importante destacar que esse intercâmbio entre as artes visuais e os poetas brasileiros, nesse momento, destaca-se por motivos que vão além do mero interesse de inovação estilística e expressiva. Juntos, eles partem para uma revalorização da iconografia nacional, buscando elementos constitutivos para uma expressão genuína da identidade brasileira, numa linguagem moderna e universal e, ao mesmo tempo, arcaica, primitiva e nacional. Nessa ambiguidade criativa, o movimento modernista se cataliza, por um lado, entre a vontade de transgressão da tradição e, por outro lado, o desejo de recuperação redentora da mesma.

No prefácio da segunda edição do seu *A Querela do Brasil*, Carlos Zílio renovou a interpretação do movimento modernista brasileiro nas artes plásticas, em geral visto como expressão de uma *ruptura* radical com o academismo do século XIX e com a herança do neoclassicismo – da Missão Francesa, em particular, representada pela pintura de Debret e de seu discípulo brasileiro, Araújo Porto-Alegre.

Para Zílio existe, apesar da retórica modernista de "ruptura", uma continuidade desde Araújo Porto-Alegre – que, ao fundar a Escola Brasileira de Pintura, também inaugurou a vertente "nacionalista" – até os programas modernistas do Pau-Brasil e da Antropofagia, considerados suas

---

[1] Como registrado por Stephen Kern, *The Culture of Time and Space. 1880-1918*. Cambridge, Harvard University Press, 1983, o termo "sinestesia" aparece na literatura psicológica por volta de 1890 para descrever uma sensação, por exemplo, visual, estimulada por um dos sentidos não visuais. Entre os futuristas do início do século, essa ideia, que fora tão importante para os românticos e os simbolistas, recobra um novo significado, agora associado à experiência da vida urbana.

máximas expressões teóricas. Sem romper com o estilo acadêmico, Porto-Alegre tentou introduzir uma temática histórica de origem romântica capaz de criar "uma imagem afirmativa para um país recém-independente, que foi encontrar em Vitor Meireles e em Pedro Américo os seus mais importantes representantes".[2] O projeto de Porto-Alegre, cujo centro institucional foi a Imperial Academia de Belas Artes, visava aproximar o sistema artístico nacional daquele que existia na cultura oficial dos principais países ocidentais. A importância dessa observação de Zílio jaz na sua insistência de uma continuidade entre, por um lado, o que ele chama "o sentido messiânico" dos projetos de Debret e de Porto-Alegre, que se nutria de um nacionalismo romântico e, por outro, a procura redentora dos modernistas pela origem autêntica da nação: "Pode-se afirmar que já emerge da academia o substrato dos princípios modernistas do progresso (atualização) e de identidade nacional (nacionalismo). A diferença com o modernismo está apenas na mudança de cânones, na troca do neoclássico pelo pós-cubismo".[3]

Desse modo, o modernismo evolui dividindo-se entre duas ambições artísticas. Em primeiro lugar, quer aproximar a arte moderna do racionalismo da sociedade industrial, começando por adotar o ideário futurista, para romper com a tradição do academismo e do neoclassicismo. Em segundo lugar, quer construir uma identidade nacional fundada na recuperação do elemento primitivo, arcaico e bárbaro, explorado pelo caminho expressivo do cubismo, da história cultural do país, redimindo, assim, a tradição. O processo estético que testemunhamos entre os modernistas e que culmina em 1928 com o *Manifesto Antropófago* produz um amálgama de influências expressionistas, fauvistas, futuristas, cubistas e pós-cubistas, que aglutina primitivismo e racionalismo criando um instrumento capaz de "sintetizar o desejo de progresso com o da afirmação nacional".[4]

A grande diferença entre o projeto de Porto-Alegre e o do modernismo se encontra na concepção do "nacional", pois, se para Porto-Alegre se trata de uma concepção estática, presente numa iconografia temática e histórica, para os modernistas a *brasilidade* se encontra num impulso humano, num gesto-síntese, numa criatividade vital, numa expressão genuína ou, enfim, numa linguagem dinâmica que estaria contida virtualmente em todos os recantos da vida brasileira: na música, na comida, na religiosidade, no erotismo, nas cores, na natureza, na dança, na história.

Na pintura modernista, como vamos conferir no caso de Tarsila do Amaral, o nacional deixa de ser simbolizado por

[2] Carlos Zílio, *A Querela do Brasil*. 2. ed. Rio de Janeiro, Relume/Dumará, 1997, p. 10.
[3] Ibidem, p. 4.
[4] Ibidem, p. 11.

uma simples iconografia histórica e paisagística, para buscar uma expressão genuína, uma linguagem autêntica do substrato nacional que ultrapassa o referente realista e naturalista, incorporando elementos imaginários, oníricos e míticos.

Entre poetas e artistas plásticos: o expressionismo

O início do movimento modernista no Brasil é, comumente, situado a partir de 1917 quando a pintora Anita Malfatti, recém-chegada de estudos na Europa e nos Estados Unidos, expõe pela primeira vez seus quadros de nítida inspiração expressionista: *O Homem Amarelo*, *A Estudante Russa* e *Mulher de Cabelos Verdes*. Quatro anos antes, o público paulista já havia recebido o lituano Lasar Segall sem provocar maior debate, apesar dos traços estilísticos expressionistas do pintor que mais tarde volta ao país para se estabelecer e durante décadas deixar sua marca característica no desenvolvimento da pintura nacional. A tímida reação à exposição de Segall foi explicada por Mário de Andrade[5] como um sintoma de imaturidade do público paulista. A reação violenta contra a exposição de Malfatti – passados apenas quatro anos – talvez se explique pelo fato de ela ser uma brasileira, diferente pois de um estrangeiro, visitante, de quem se pode aceitar um modismo extravagante, porém inofensivo. O ataque contra Malfatti é orquestrado por Monteiro Lobato através de uma violenta resenha – "Paranoia ou mistificação" –, que não só uniu o público conservador em defesa de valores pictóricos miméticos, acadêmicos e tradicionais, como também conseguiu imprimir um "espírito de corpo" entre os simpatizantes das novas ideias estéticas formando, assim, uma semente para o movimento posterior. Nesse sentido, Monteiro Lobato, ironicamente, foi o grande responsável pela união entre os poetas, escritores e pintores em torno de ideias estéticas ainda muito vagas, mal desenvolvidas e bastante contraditórias entre si. A própria reação de Mário de Andrade confirma a incompreensão inicial que houve sobre as experiências de Anita. Aliás, incompreensão testemunhada pela própria pintora, profundamente ofendida ao ver um visitante gargalhar descontroladamente diante de seu quadro *O Homem Amarelo*.[6] O visitante era Mário de Andrade, que se desculpou e, ali, naquele mesmo momento, depois das desculpas e explicações, teve início sua grande amizade com Anita. Difícil saber o significado da "gargalhada" de Mário. Mas, como o poeta, mais tarde, dedicou um soneto parnasiano (sic!) ao

[5] Mário de Andrade, *Aspectos das Artes Plásticas Brasileiras*. 4. ed. São Paulo, Martins Fontes, 1974, p. 47. "Aliás nem o Brasil o viu. A presença do moço expressionista era por demais prematura para que a arte brasileira, então em plena unanimidade acadêmica, se fecundasse com ela."
[6] Ibidem, p. 16.

quadro, parece que ainda não havia, de fato, uma compreensão total do fenômeno expressionista.

Esse episódio não é o único exemplo anedótico do diálogo entre a expressão plástica e a inspiração literária dos poetas modernistas. Mário de Andrade, num ensaio retrospectivo, dos anos 1940, conta como descobriu Brecheret, com Oswald de Andrade e Menotti del Picchia em 1920 e o que isso significou para ele em termos de revelação poética: "E fora o deslumbramento. Levado em principal pelas *Villes Tentaculaires*, concebi imediatamente fazer um livro de poesias 'modernas', em verso livre, sobre a minha cidade".[7] Mas o projeto só se concretizou quando Brecheret deu um busto em gesso a Mário, e, para espanto geral de sua família, ele gastou uma pequena fortuna para passar em bronze tal *Cabeça de Cristo*. "Não sei o que me deu. Fui até a escrivaninha, abri um caderno, escrevi o título em que jamais pensara, *Pauliceia Desvairada*. O estouro chegara afinal, depois de um ano de angústias interrogativas. Entre desgostos, trabalhos urgentes, dívidas, brigas, em pouco mais de uma semana estava jogado no papel um canto bárbaro, duas vezes maior talvez do que isso que o trabalho de arte deu num livro."[8]

A consciência de Mário sobre essa passagem do que ele chama de um "estado de arte" para um "estado de poesia" é um exemplo privilegiado da importância que a expressão plástica teve para a concretização do novo ideário poético dos modernistas. Para Mário, o estado de arte era compreendido como uma aguda sensibilidade de "exitações psíquicas e fisiológicas", encaminhando o poeta para um processo subconsciente e espontâneo de criatividade ou de *automatismo* poético, que resulta num estouro de "escrever sem coação de espécie alguma tudo o que me chega até a mão – a 'sinceridade' do indivíduo. E só em seguida, na calma, o trabalho penoso e lento da arte – a 'sinceridade' da obra de arte, coletiva e funcional, mil vezes mais importante que o indivíduo".[9] A ideia de Mário aponta para uma influência de Freud e da poética surrealista mas, sobretudo, explica a importância inicial do expressionismo através dos pintores Segall e Malfatti. No contexto alemão, destacam-se os grupos *Blaue Reiter*, *Brücke* e *Neue Sachlichkeit* e, no contexto francês, o grupo *Fauves*. A teoria plástica expressionista se baseava na autenticidade de uma expressão subjetiva, autenticidade esta fundada na identificação sensual, inconsciente, mas sempre concreta em relação ao substrato artístico, cultural e histórico do objeto da representação. O expressionismo rompeu com a carga representativa, dando ao quadro

[7] Ibidem, p. 233.
[8] Ibidem, p. 234.
[9] Ibidem, p. 234, nota.

uma nova autonomia e autossuficiência como realidade em si. Teoricamente, a autonomia do quadro se baseava na suposição de uma profunda identidade entre a estrutura do objeto e a do sujeito numa continuidade que só o mergulho no impulso do gesto artístico poderia revelar. Enquanto o impressionismo se aprofundava na relação perceptiva entre sujeito e realidade, o expressionismo mergulhava num vínculo fenomenológico entre a corporalidade do artista e a materialidade concreta de seu objeto. Esse vínculo autorizava a expressão do objeto pela sensibilidade espontânea de sua criação. Não se tratava de subjetivação da representação pela sensibilidade perceptiva, mas de objetivação de uma expressão subjetiva fundada no encontro de um contato com a profunda realidade sociocultural de ambos. Assim, o expressionismo permitia explorar o sentimento artístico de "estranhamento" ou de "mal-estar da cultura" diante da realidade histórica (como no expressionismo alemão), e, também, permitia que um artista latino-americano reencontrasse, em sua própria terra, uma herança cultural oblíqua em forma de um gesto artístico, de um imaginário coletivo, de uma linguagem espontânea, da sua independência inaugural.

Numa resenha, publicada em 1918, logo depois do encerramento da exposição de Anita, Oswald de Andrade apresenta uma compreensão precisa do fenômeno expressionista no contexto brasileiro:

> Onde está a realidade, perguntarão, nos trabalhos de extravagante impressão que ela expõe?
>
> A realidade existe mesmo nos mais fantásticos arroubos criadores e é isso justamente o que os salva.
>
> A realidade existe estupenda, por exemplo, na liberdade com que se enquadram na tela as figuras número 11 e número 1 (*O Homem Amarelo* e *Lalive*), existe impressionante e perturbadora, na evocação trágica e grandiosa da terra brasileira que é o quadro 17 (*Paisagem de Santo Amaro*), existe, ainda, sutil e graciosa, nas fantasias e estudos que enchem a exposição.[10]

"A Caipirinha de Poiret": Tarsila do Amaral

Durante a Semana de Arte Moderna, as artes plásticas foram representadas por uma exposição de oito pintores no saguão do Teatro Municipal de São Paulo, entre os quais destacam-se Malfatti, Di Cavalcanti, Rego Monteiro e – a grande unanimidade para os críticos – Vitor Brecheret. Tarsila do Amaral, que na época estudava em Paris com os acadêmicos Renard e Julien, não participou da Semana e só tomou conhecimento dos eventos pelas cartas que trocava com a amiga Anita Malfatti.

Em 1922, Tarsila foi admitida no "Salon de la Societé des Artistes Français" com o quadro *Figura*, que, por isso mesmo, mais tarde, ela apelidaria de *O Passaporte*. Alguns meses depois da Semana, Tarsila voltou para São Paulo. Foi quando conheceu Oswald de Andrade, passando a fazer parte do "Grupo dos Cinco" ao lado de Anita Malfatti, Menotti del Picchia e os Andrade: Mário e Oswald.

A convivência com os modernistas tem grande influência sobre Tarsila, que lê *Pauliceia Desvairada*, deslumbra-se pelo exemplo poético e passa a emprestar seu ateliê para as reuniões do grupo. Nesse mesmo ano, Tarsila volta a Paris, agora já sem ambições acadêmicas e em companhia de Oswald de Andrade, que a apresenta aos artistas da vanguarda cubista: André Lhote, Albert Gleizes, Constantin Brancusi e, finalmente, Fernand Léger. Estuda com Lhote durante três meses, depois um mês com Léger e comenta numa carta sua intenção de estudar com Gleizes em 1923, mas, finalmente, resolve trabalhar por conta própria.

Durante uma visita ao ateliê de Brancusi, Tarsila fica fortemente impressionada com a estátua *La Négresse* – que a inspira para o quadro *A Negra*, marco fundamental de sua nova orientação para os

[10] Oswald de Andrade, *Estética e Política*. Org. Maria Eugenia Boaventura. São Paulo, Globo, 1992, p. 141-143.

temas brasileiros. De fato, o quadro *A Negra* demonstra um novo interesse pelos temas primitivos e por um novo "naturalismo" numa linguagem cubista de apuração das formas. O quadro possui uma característica simplicidade figurativa, formas e planos sem profundidade e já com aquele traço arcaico e onírico que, posteriormente, caracterizaria a pintura de Tarsila. A atração pelo tema do "primitivo" se reafirma e se aprofunda no ambiente parisiense agitado em torno de uma verdadeira "febre negra". Naquele ano, Tarsila assiste a uma retrospectiva do pintor uruguaio Pedro Figari com forte presença de temas da cultura negra latino-americana e, sobretudo, do candomblé. Paul Gauguin abre uma retrospectiva e Tarsila assiste também à exposição de *Art Nègre* com participação de obras emprestadas por Lhote e Paul Poiret, amigo e *designer* preferido de Tarsila.[11] Se a pintora brasileira também assistiu aos shows de Josephine Baker, não sabemos, mas seu interesse pela redescoberta dos elementos da cultura negra na sua própria infância na fazenda com empregadas negras recebeu forte estímulo do entusiasmo francês pelo exótico africano.

Oswald e Tarsila ficam amigos de Blaise Cendrars – que os apresenta a outros artistas e intelectuais europeus, como Jean Cocteau, Jules Romains, Sonia e Robert Delaunay. O poeta suíço Cendrars veio no ano seguinte ao Brasil, partindo, em companhia de Oswald, Tarsila e um grupo de amigos, para uma viagem de "descoberta" do interior do país e para o carnaval do Rio de Janeiro. Vão juntos para as cidades históricas de Minas Gerais à procura de herança artística das igrejas coloniais, das obras do Aleijadinho e da pintura *naïf* da região.

Para os modernistas, a viagem foi de grande importância para a reaproximação da paisagem e da arquitetura brasileira visando valorizar o universo figurativo nacional, além da iconografia tradicional como fundamento para uma criatividade moderna e inovadora. Desse modo, Tarsila se distancia daquele pintor acadêmico brasileiro, imaginado e descrito por Oswald no artigo "Em Prol de uma Pintura Nacional", já em 1915.[12] Com grande ironia, descreve o estudante de pintura que, chegando de Paris, já não consegue apreciar os motivos e as paisagens brasileiros: "Diante da paisagem o nosso homem choca-se então positivamente: – Oh! Isto não é paisagem! Que horror, olha aquele maço de coqueiros quebrando a linha de conjuntura". Além da crítica e do desejo modernista de liberar-se esteticamente das tradicionais escolas europeias, o artigo contém a visão que Tarsila realizaria de uma nova arte nacional, extraída dos "tesouros do país, dos

---

[11] Waldo Rasmussen, *Latin American Artists of the Twentieth Century*. Nova York, Museum of Modern Art, 1993, p. 54.
[12] Oswald de Andrade, "Em Prol de uma Pintura Nacional". *Pirralho* 168, ano 4, 2-1, 1915. In: Oswald de Andrade, op. cit., p. 141-43.

tesouros de cor, de luz, de bastidores que os circundam, a arte nossa que afirma, ao lado do nosso intenso trabalho material de construção de cidades, e desbravamento de terras, uma manifestação superior da nacionalidade".[13] Se o início do "estouro" modernista foi marcado pelo expressionismo atrevido de Anita Malfatti, depois da Semana, e ao longo da década de 1920, foi Tarsila do Amaral quem, com sua pintura, melhor caracterizou as diferentes etapas da evolução modernista no Brasil. Tarsila não só conseguiu absorver as tendências europeias com liberdade criativa e dirigir-se para uma ruptura com as formas tradicionais acadêmicas, mas, sobretudo, foi capaz de superar a influência cubista que recebera em Paris de Léger, Lhote e Gleizes. No entanto, Tarsila não desprezou a descoberta do primitivo propiciada pelo ambiente parisiense, e fez dessa aquisição um passo importante para o encontro fundamental que teria com sua própria brasilidade.

Em carta à família, datada de 1923,[14] Tarsila menciona a renovação de seu interesse pelos temas brasileiros como um poderoso catalizador da memória infantil de formas e cores ligadas a sua própria formação na fazenda da família, no interior de São Paulo.

Sinto-me cada vez mais brasileira: quero ser a pintora da minha terra. Como agradeço por ter passado na fazenda a minha infância toda. As reminiscências desse tempo vão se tornando preciosas para mim. Quero, na arte, ser a caipirinha de São Bernardo brincando com bonecas de maio, como no último quadro que estou pintando.[15]

A orientação para a importância dos temas primitivos se formula com clareza por Oswald em 1923, num discurso na Sorbonne sobre "O Esforço Intelectual do Brasil Contemporâneo". Aqui o poeta destaca o atributo da cultura africana na cultura brasileira – "O negro é um elemento realista" – mostrando a vitalidade que a arte europeia recebe das fontes não europeias, através de artistas como Picasso, Derain e Lhote. Oswald rejeita aqui os artistas da Missão Francesa, que "dirigiam nossa pintura por uma vereda do velho classicismo deslocado que fez, até nossos dias, uma arte sem personalidade. Na pintura como na literatura, a lembrança das fórmulas clássicas impediu longamente a livre eclosão de uma verdadeira arte nacional".[16] Finalmente, Oswald realça o cubismo como a inspiração que permitiu aos pintores brasileiros – citando Di Cavalcanti, Anita Malfatti, Zina Aita, Rego Monteiro, Tarsila do Amaral e Yan de Almeida Prado – que se libertassem "da arte imitadora dos museus" e que se lançassem

[13] Idem.
[14] Aracy A. Amaral, *Tarsila sua Obra e seu Tempo*. Vol. I. São Paulo, Perspectiva, 1975, p. 69.
[15] Ibidem, p. 84.
[16] Oswald de Andrade, op. cit, p. 38.

[17] Idem.
[18] Mário de Andrade, apud Amaral, op. cit., p. 110.
[19] Raul Bopp conta como a ideia se socializou: Uma noite, Tarsila e Oswald resolveram levar o grupo que frequentava o solar a um restaurante situado nas bandas de Santa Ana. Especialidade: rã. O garçom veio tomar nota dos pedidos. Uns queriam rãs. Outros não queriam. Preferiam escalopini. Quando, entre aplausos, chegou um vasto prato com a esperada iguaria, Oswald levantou-se e começou a fazer o elogio da rã, explicando, com alta percentagem de burla, a doutrina da evolução das espécies. Citou autores imaginários, os ovistas holandeses, a teoria dos "homúnculos", os espermatistas, etc. para provar que a linha da evolução biológica do homem, na sua longa fase pré-antropoide, passava pela rã – essa mesma rã que agora estávamos saboreando entre goles de um Chablis gelado. Tarsila interveio.
– Em resumo, isso significa que, teoricamente, deglutindo rãs, somos uns... quase antropófagos.
A tese, com um forte tempero de *blague*, tomou amplitude. Deu lugar a um jogo divertido de ideias. Citou-se logo o velho Hans Staden e outros clássicos da antropofagia:
– Lá vem a nossa comida pulando!
A antropofagia era diferente dos outros menus. Oswald, no seu malabarismo de ideias e palavras, proclamou:
– *Tupy or not tupy, that's the question.*
Alguns dias mais tarde, o mesmo grupo do restaurante reuniu-se no palacete da alameda Barão de Piracicaba para o batismo de um quadro pintado por Tarsila, ▶

em direção a "uma pintura realmente brasileira e atual".[17]

Numa carta a Tarsila, dessa mesma época, porém, fica evidente que Mário, por sua vez, não compartilhava o mesmo entusiasmo de Oswald pelo cubismo, ainda que fosse um sincero admirador de André Lhote, de quem acabou mesmo comprando o quadro *Futebol*. Mas, independentemente disso, Mário reforçou sempre em Tarsila e Oswald a importância da busca do "Brasil profundo" – na natureza, na população e na cultura de origem:

E se fizeram futuristas!! hi! hi! hi! Choro de inveja. Mas é verdade que considera vocês todos uns caipiras em Paris. Vocês se parisianaram na epiderme. Isto é horrível! Tarsila, volta para dentro de ti mesmo. Abandona o Gris e o Lhote, empresários de criticismos decrépitos e de estesias decadentes! Abandona Paris! Tarsila! Tarsila! Vem para a mata virgem, onde não há arte negra, onde não há também arroios gentis. HÁ MATA VIRGEM. Criei o matavirgismo. Sou matavirgista. Disso é que o mundo, a arte, o Brasil e minha queridíssima Tarsila precisam.[18]

Mas a convergência entre os três sobre os temas nacionais, ao lado do interesse que o tema brasileiro e latino-americano despertava no ambiente parisiense, acrescido do deslumbramento experimentado durante a viagem às cidades coloniais de Minas, cristalizou, em 1924, *O Manifesto da Poesia Pau-Brasil* – texto redigido por Oswald e que, além de nomear, inicia a fase mais fértil na pintura de Tarsila, culminando no *Manifesto Antropófago*,[19] quatro anos depois e com a célebre e festejada exposição retrospectiva de Tarsila, no Rio de Janeiro, em 1929.

As primeiras frases do *Manifesto da Poesia Pau-Brasil* parecem, sem dúvida, dirigidas à pintura de Tarsila ou, ao menos, inspiradas por ela. "A poesia existe nos fatos. Os casebres de açafrão e de ocre nos verdes da favela, sob o azul cabralino, são fatos estéticos." Assim, na redescoberta dos "fatos" simples, das cores, das formas, das linhas, dos volumes da paisagem nacional, Tarsila consegue a renovação da sua linguagem artística absorvendo as inspirações do modernismo francês, devorando-as antropofagicamente, numa inovação com perspectivas que ultrapassam as nacionais.

Em Tarsila, conjugam-se, simultaneamente, a atração cubista pelas paisagens urbanas modernas e a procura de uma renovada iconografia nacional na preferência pelos motivos rurais. Trata-se de síntese temática e estilística feliz que consegue, por um lado, conciliar as diferenças entre as duas vertentes, funcionalizando racionalmente a composição das paisagens do interior e, por outro lado, inserindo elementos da natureza brasileira – uma palmeira, um cacto – nos motivos urbanos. Nestes últimos, observamos uma nítida influência de Léger na busca de uma pintura adequada ao desenvolvimento da moderna cidade industrial e técnica, impregnada de uma confiança construtivista em relação à ordem e à organização dessa sociedade do futuro; confiança expressa na harmonia, na simplicidade e no equilíbrio dos elementos pictóricos. Em quadros como E.F.C.B. (*Estrada de Ferro Central do Brasil* [1924]), *São Paulo (135831* [1924]), *São Paulo (Gás)*[1924] e *A gare* (1925) vemos a inclinação para estações de trem, postos de gasolina, pontes, prédios modernos, torres, guindastes, instalações elétricas e caminhões em paisagens urbanas sempre compostas com alta simplicidade, usando formas geométricas quase infantis e um colorido vivo e alegre. Uma palmeira ou uma discreta igreja tradicional assinala a tropicalidade, mas o espaço urbano em geral, como nos quadros de Giorgio de Chirico, é vazio, sem vida e sem humanidade. Assim, o equilíbrio e a tranquilidade traduzem a utopia de uma possível perfeição industrial, uma tecnologia *soft* – quase um "brinquedo", perfeitamente integrado na paisagem, além dum preenchimento do espaço que indica uma totalidade entre as partes e o todo.

Outros quadros, por sua vez, incorporam a realidade caótica das cidades brasileiras – *Morro da Favela* e *Carnaval de Madureira*, do mesmo ano crucial de 1924, e *O Mamoeiro*, de 1925. Aqui vemos o povo brasileiro, seus animais, seus barracos numa urbanização "cheia de graça", também fazendo parte, harmonicamente, da natureza. Também em *Feira II* a exuberância das cores – amarelo, verde e vermelho –, dentro de um desenho geometrizado quase esquemático, enfatiza a sensação de ingenuidade e pureza dentro da composição equilibrada e consciente, que, embora podendo ter se inspirado na pintura *naïf* de Rousseau, no contexto de Tarsila transmite um desejo claro de unir o elemento racional e confiante da modernidade – proposto por Léger – com a busca de uma linguagem apurada e simples – expressão privilegiada do primitivo brasileiro.

Ainda que esse projeto de síntese se realize para Tarsila com muita eficiência na fase Pau-Brasil, é só em 1928 que sua exploração das possibilidades pictóricas, de fato, chega a seu ponto máximo. No quadro *Lagoa Santa*, de 1925, nota-se que o motivo do interior adquire uma dimensão estranha, quase fantástica, pela presença

o *Antropófago* (*Abaporu*). Nessa ocasião, depois de passar em revista a exígua safra literária posterior à Semana, Oswald propôs desencadear um movimento de reação genuinamente brasileiro. Redigiu um "manifesto". O plano de "derrubada" tomou corpo. A flecha antropofágica indicava outra direção. Conduzia a um Brasil mais profundo, de valores mais indecifrados (Raul Bopp, *Seleta em Prosa e Verso de Raul Bopp*. Rio de Janeiro, José Olympio Editora, 1975, p. 83).

das estacas em verde-escuro, ocre e marrom, que atrapalham a visão do espectador, no que se refere à paisagem interiorana, cujos volumes estilizados predominam sobre o aspecto realista e mimético do desenho. Começa aqui, portanto, uma pesquisa de "purificação" das formas iconográficas que acaba rompendo, de vez, com a figuração realista, revelando uma dimensão onírica e mítica na evolução temática e uma nova magia na simplicidade alcançada através de cores e formas figurativas.

Em 1928, Tarsila pinta o quadro que conclui a fase Pau-Brasil. Oswald, que recebe o quadro como presente de aniversário, batiza-o de *Abaporu* – na língua tupi-guarani; *aba*: "homem"; *pora*: "gente"; *ú*: "comer". Essa tela se torna, então, o símbolo absoluto do movimento antropofágico, articulado poucos meses depois com o *Manifesto Antropófago*. *Abaporu* também mostra a importância da linguagem figurativa encontrada por Tarsila inicialmente no quadrou *A Negra*. Outra vez, aparecem as formas gigantescas, arredondadas e voluptuosas, forçando a dimensão e a figuração ao limite do absurdo, evocando motivos arquetípicos.

Tarsila descreve o *Abaporu* como "uma figura solitária monstruosa, pés imensos, sentada numa planície verde, o braço dobrado repousando num joelho, a mão sustentando o peso-pena da cabecinha minúscula. Em frente, um cacto explodindo numa flor absurda".[20] Ainda mais estilizado, vem, a seguir, *Urutu* ("Cobra") – pintado apenas em quatro cores – verde, azul, lilás e vermelho –, mostrando um ovo branco enorme, envolvido por uma cobra. No ano seguinte, Tarsila pintaria o quadro *Antropofagia*, no qual *Abaporu* encontra-se, explicitamente, com *A Negra* e *Sol Poente* que, sem perder a figuratividade, descreve paisagens tropicais imaginárias: árvores geometrizadas, corpos humanos prehistóricos e animais fantásticos estranhamente compondo a paisagem. Em *O Lago* (1928), a pintora abandona a profundidade abstrata de *Distância* (1928), revelando uma paisagem estilizada e fantástica, tomada de concretude sensual e exuberante. O mesmo acontece em *Cartão Postal* (1928), cujos animais alegres evocam o *Macunaíma*, lançado por Mário de Andrade no mesmo ano e, assim, o poeta e a pintora se encontram na exploração da dimensão mágica e mitológica dos temas brasileiros. Ainda em 1929, essa mesma tendência se aprofunda estilisticamente no quadro *A Floresta*, uma paisagem de palmeiras que circunda um monte de ovos enormes, pintados em cor-de-rosa: promessas de um futuro novo ou resíduos de um passado arcaico?

---

[20] Tarsila do Amaral, apud Amaral, op. cit., p. 249.

O movimento da antropofagia pictórica

Nas paisagens simbólicas de Tarsila dos anos da antropofagia, reconhecemos fortes impulsos surrealistas. O movimento que a pintora conheceu em Paris, através dos quadros de Jean Arp, Yves Tanguy e Joan Miró, e cujas formas "biomórficas"[21] ofereciam um nexo entre a investigação da brasilidade e a dimensão inconsciente de sua memória afetiva. É assim que, nas formas estilizadas do *Ovo*, vislumbram-se, conjugadas, a força enigmática e estática de um desconhecido ovo pré-histórico e a mobilidade sinuosa da cobra qua abraça o ovo, num misto de desejo e ameaça, que se traduz, formalmente em tensão figurativa. Assim também a estranha paisagem do *Abaporu* evoca uma iconografia surrealista tropical, aliando uma técnica simples e quase gráfica a conteúdos libidinosos e arcaicos.

A trajetória de Tarsila nos anos 1920 marca, claramente, a força criativa da exploração dos temas nacionais, absorvidos, digeridos e metabolizados antropofagicamente numa linguagem híbrida e livremente inspirada em tendências estéticas europeias, tais como cubismo, primitivismo, pós-cubismo e surrealismo. Sem dúvidas, Tarsila cumpriu o programa antropofágico, no sentido de encontrar um gesto diferente e original, tendo partido da livre devoração dos impulsos estrangeiros. Nesse sentido, ela expressou perfeitamente a liberdade criativa conquistada no rompimento com a submissão às ideias importadas do Velho Mundo. Por outro lado, talvez a procura de Tarsila tenha alcançado seu limite em 1929, data em que também parece estacar tanto o movimento antropofágico quanto o casamento da pintora com Oswald de Andrade. É como se Tarsila se deparasse com um esgotamento das possibilidades do primitivismo que se reflete, então, nessa fase surrealista. Outros artistas, como Di Cavalcanti, Brecheret, Portinari, Rego Monteiro, Cícero Dias, Segall e a própria Tarsila, nos anos seguintes, partiram para outro tratamento dos temas brasileiros – agora mais inclinado à dimensão histórico-social. Mas isso já é outra história.

[21] H. T. Day e Hollister Sturges, *Art of the Fantastic. Latin America, 1920-1987*. Indianápolis, Indianapolis Museum of Art, 1987, p. 70.

O *Abaporu*, de Tarsila do Amaral: Saberes do Pé

Gonzalo Aguilar
Universidade de Buenos Aires

A história é conhecida: em 11 de janeiro de 1928, Tarsila presenteia seu marido, Oswald de Andrade, com um quadro com uma estranha figura quase humana que inclina a cabeça sobre o punho e exibe um grande pé. A figura está sentada na terra verde ao lado de um cacto e sob a luz de um sol que se parece com uma rodela de limão.[1] Assim que o presente foi recebido, Oswald ligou para Raul Bopp para que fosse vê-lo em sua casa, e, observando-o, ambos disseram: "é o homem plantado na terra". Talvez tenham pensado nos velhos mitos gregos em que o homem não era filho do céu, mas tinha nascido da terra. Bopp acrescentou: "Vamos fazer um movimento em torno deste quadro!". A ideia de Bopp de fazer algo *em torno desta* obra adquiriu caráter literal quando, pouco depois, publicaram um manifesto na *Revista de Antropofagia*: uma versão desenhada do quadro é rodeada pelos postulados escritos por Oswald de Andrade. O enigmático título que Oswald e Bopp deram à obra de Tarsila foi *Abaporu*.

A enigmática palavra *abaporu* é tomada do dicionário tupi-guarani de Antonio de Ruiz de Montoya e significa "homem que come". É curioso o título porque não é nada descritivo: não há, na imagem, nenhum homem que come. Antes, a figura retratada não tem boca. Em sua cabeça diminuta vemos a sombra do nariz e os pelos das sobrancelhas. O *Abaporu* não só não tem boca, mas nem sequer tem rosto. Mais que a boca, o que chama a atenção são os enormes pés e os detalhes com que são feitos, sobretudo o dedão que aparece em primeiro plano.

Como interpretar então essa *inflexão*, essa figura de passagem que ambos atribuem ao quadro? O que é que faz que essa imagem tenha inspirado a Oswald e a Raul Bopp a ideia de um corte radical, de uma ruptura nas vanguardas dos anos 1920 dentro das mesmas vanguardas?

[1] Ver o relato de Aracy Amaral em *Tarsila: Sua Obra e Seu Tempo*. São Paulo, Perspectiva, 1975, p. 246.

Por que, se as questões apresentadas pelo movimento antropofágico são independentes do quadro, todas se articularam em torno dele?

São muitas as coisas que o *Abaporu* produz, e vou começar pelas duas mais óbvias e ao mesmo tempo mais tradicionais no âmbito das artes plásticas: trata-se de um retrato e também de um nu.

O *Abaporu* é um retrato anti-humanista: o rosto está apagado, e não há ali nenhuma gestualidade humana com que possamos identificar-nos. Antes, o que se desdobra é um corpo animal, à exceção dos pés, tão humanos. Mas quem poderia identificar-se com o dedão de um pé? Os anos 1930, justamente a década que marca o retorno do rosto humano à pintura de Tarsila, também representaram o retorno do humanismo. Em 1932, depois de sua viagem à URSS, Tarsila pinta *Operários*. Nessa imagem, podemos determinar – a partir dos rostos – a raça ou etnia, o gênero (masculino/feminino), a classe (proletários, intelectuais) e a idade dos personagens, traços que obviamente não são discerníveis no *Abaporu*.[2] Em lugar de dar um rosto ao retratado (como é convencional no gênero), o quadro de 1928 oferece um corpo na fronteira mesma do animal, na confusão mimética com o natural (cabeça – sol, braço – cacto), que está em processo de tornar-se outra coisa. Não há codificação, mas apagamento: despojar o "homem" dos sinais de identidade para construir um novo.

Por meio dessa inversão, a figura de Tarsila parece atacar tanto o privilégio dado à cabeça na tradição ocidental quanto ao rosto enquanto elemento de identificação. Ou é mais radical ainda, e o que está questionando é a identidade mesma como laço comunitário. O *Abaporu* compõe um novo corpo não sem antes apagá-lo e desnudá-lo.

O termo *rosto* vem do latim *rostrum*, que significa bico ou focinho. É dessa ponta, dessa proa, do que sobressai, que o *Abaporu* carece. O que se destaca não é o nariz, mas o dedão do pé; o que nos observa não são olhos, mas dois traços negros. Não há rosto, mas rastros, e estes não se condensam num rosto de traços reconhecíveis, mas num vazio – uma pequena ponta arredondada – que permite qualquer inscrição ou a inscrição de qualquer um. Segundo Deleuze, no cinema rosto e primeiro plano são uma e a mesma coisa, assim como, no retrato pictórico, o rosto recolhe ou expressa movimentos do restante do corpo. O aparecimento do rosto é a separação que se faz com relação ao corpo.[3] Nos retratos, a expressão serve de identificação e é o ponto de apoio de toda a figura. O movimento exigido pelo quadro de Tarsila é inverso: o olhar não

[2] Além disso, *Operários* introduz o cinza (do mundo fabril), que não se encontra na paleta de cores do *Abaporu*.
[3] Gilles Deleuze, *La Imagen Movimiento (Estudios sobre Cine)*. Barcelona, Paidós, 1984, p. 132.

se desloca do rosto para o corpo, mas recolhe os signos do corpo para depois passar para a cabeça. À diferença dos retratos tradicionais, não há um queixo (uma proa) que separe com uma linha a cabeça do corpo. No *Abaporu* há continuidade, um corpo que – mediante as pinceladas – molda a cabeça. Duas ideias políticas derivam desse movimento: a identidade não é algo dado, mas que está por fazer-se. A comunidade não é uma cabeça que domina um corpo a partir da hierarquia e da descontinuidade, mas um corpo que plasticamente se vai modulando sem se fechar num rosto ou numa identidade. As paixões vanguardistas e anarquistas do Oswald do final dos anos 1920 não podiam encontrar um dispositivo figurativo mais eficaz.

O *nu* – a outra tradição com que *Abaporu* se relaciona polemicamente – era um tema que preocupava os membros do movimento antropofágico:

> Contra a realidade social, vestida e opressora, cadastrada por Freud – a realidade sem complexos, sem loucura, sem prostituições e sem penitenciárias do matriarcado de Pindorama.

No matriarcado, como não haveria complexos nem repressões, o nu teria um sentido muito diferente do que tem na sociedade opressiva que o *Manifesto Antropófago* atacava. Em trabalho apresentado por Flávio de Carvalho no Congresso Pan-Americano de Arquitetura de 1930, intitulado "A Cidade do Homem Nu", vincula-se essa nudez ao despojo de alguns dos pilares da tradição civilizada:

> Cumpre a nós, povos nascidos fora do peso das tradições seculares, estudar a habitação do homem nu, do homem do futuro, sem deus, sem propriedade e sem matrimônio (...). O homem antropofágico, quando despido de seus tabus, assemelha-se ao homem nu. (...) Convido os representantes da América a retirar as suas máscaras de civilizados.[4]

O rosto então é uma máscara, e a nudez é a condição para a construção de um hábitat para o homem americano.

O *homem* nu da obra de Tarsila está numa posição bastante estranha que pode ser confrontada com o *Pensador* (1880), de Auguste Rodin. Ambas as figuras estão nuas e ambas reclinam a cabeça sobre a mão, motivo melancólico, que, de qualquer modo, parece não se aplicar ao *Abaporu*. Também ambos estão sentados, mas com duas diferenças importantes: o corpo musculoso e realista do pensador de Rodin (demasiado humano) está contraído, concentrado, sentado numa cadeira,

[4] Trabalho apresentado no IV Congresso Pan-Americano de Arquitetura e Urbanismo e publicado no *Diário da Noite*, em 1/07/1930. Reproduzido em Luiz Carlos Daher, *Flávio de Carvalho: Arquitetura e Expressionismo*. São Paulo, Ed. Projeto, 1982.

enquanto o do Abaporu está distendido, quase esparramado e sentado na terra (o homem plantado na terra, tinham dito Oswald e Raul Bopp). A outra diferença é que toda a tensão do corpo do Pensador de Rodin está na cabeça, enquanto no Abaporu está nos pés. O Abaporu *pensa com os pés*.

As dimensões desmedidas do pé assinalam que não se trata de uma representação realista e figurativa do corpo, mas de um corpo plástico, sujeito a modificações, levado até o próprio limite do humano. Uma vez nu ("sem deus, sem propriedade e sem matrimônio"), as partes podem ser modificadas em função da nova era. A operação é simbólica, mas é exercida sobre um corpo que, historicamente, tinha sido alterado nesses anos. "O corpo", observa Tim Armstrong, "pode ser agora penetrado por uma série de aparelhos como o estetoscópio, o oftalmoscópio, laringoscópio, o espéculo, a luz de alta intensidade, raios x".[5] A mutação plástica do corpo é regida, no caso do movimento antropofágico, pela inversão: apequenamento da cabeça, apagamento do rosto, ampliação do pé. A operação era tão violenta, que um olhar realista ou naturalista de um artigo sem assinatura saído no *Jornal do Commercio*, em 28 de julho de 1929, não pode senão exibir seu mal-estar e seu trauma: "*Antropofagia* é um conjunto de membros do corpo humano, todos amputados, entre os quais os pés de quatro dedos sobrepujam em tamanho. A cabeça da figura mutilada é de dimensões menores que a 'cabeça' do pé. Todas essas peças, que seriam capazes de enlouquecer um estudante de anatomia, abrigam-se, sob as folhas de bananeiras, à 'sombra' de cactos esguios...".[6] O anatomista enlouquece na medida em que mantém uma observação externa e substancial com relação ao corpo, mas não o fará se tiver algo de cirurgião, se estiver acostumado às viagens dentro do corpo, à dissecação e ao microscópio. Se observa um corpo já dessacralizado e não como tabu, não tem por que enlouquecer: foram as próprias mutações tecnológicas que fizeram uma nova montagem das partes corporais.

O pé também tem seu equivalente no *Manifesto* numa de suas frases mais enigmáticas:

> Roteiros. Roteiros. Roteiros. Roteiros. Roteiros. Roteiros. Roteiros.

Ou também: "(...) As ideias tomam conta, reagem, queimam gente nas praças públicas. Suprimamos as ideias e outras paralisias. Pelos roteiros (...)".

Em *Cobra Norato*, de Raul Bopp, lê-se (primeiro poema):

---

[5] Tim Armstrong, *Modernism, Technology and the Body (A Cultural Study)*. Cambridge, Cambridge University Press, 1998, p. 2.
[6] Citado em Aracy Amaral, op. cit., p. 459.

Vou andando caminhando caminhando
Me misturo no ventre do mato mordendo raízes

(...)

A noite chega mansinho
Estrelas conversam em voz baixa
Brinco então de amarrar uma fita no pescoço
e estrangulo a Cobra.

Agora sim
me enfio nessa pele de seda elástica
e saio a correr o mundo.

As vanguardas recorrem aos pés num movimento generalizado de transformação do corpo humano: de inversão (a cabeça em vez dos pés), de plasticidade (redimensionamento dos órgãos, a "pele de seda elástica"), de contato com o contexto (os pés contêm em si o deslocamento corporal), de crítica da autoridade (representada, tradicionalmente, pela cabeça). No *Timeu* de Platão lê-se que, quando se criou o homem primeiro, fez-se uma *esfera* e que "esse corpo esférico é o que chamamos agora de cabeça, o mais divino e o que governa tudo o que há em nós". Já nas vanguardas se procederá a uma inversão generalizada pela qual os membros que se juntaram posteriormente se convertem em antenas de sensibilidade e pensamento.[7] Daí que em muitas obras visuais se possa observar a translação do olhar do retrato do rosto para o registro diagramático dos pés e de seu movimento. Em *Nu Descendo a Escada*, de Marcel Duchamp, naturalmente, outro embate sobre o caráter simbólico da nudez, e também em futuristas como Giacomo Balla e seus estudos de 1912.

Em 1929, o escritor francês Georges Bataille publicou na revista do surrealismo dissidente, *Documents*, seu ensaio "O Dedão". Escrito num momento em que Bataille estava muito interessado em definir o que ele chamava de *materialismo baixo*, categoria com que se propunha a investigar tanto o fim da forma como os problemas da verticalidade humana subvertida por outro tipo de ordenamentos. O ensaio começa afirmando que o dedão é "a parte mais humana do corpo humano", compara-o com o do macaco e assinala sua importância no desenvolvimento da verticalidade ou ereção do homem.[8]

O dedão, que produz repugnância e prazer, é um emblema das aspirações do homem ao elevado. Mas Bataille impugna essa distinção e utiliza o dedão para defender a horizontalidade (a "lama do real"), ou seja, para questionar a hierarquização que a cabeça exerce sobre o corpo humano como órgão superior.[9]

[7] Platão, *Íon – Timeo – Critias*. Madri, Alianza, 2007, p. 82.
[8] Georges Bataille, "El Dedo Gordo". In: *La Conjuración Sagrada (Ensayos 1929-1939)*. Buenos Aires, Adriana Hidalgo, 2003.
[9] Sobre a problemática acefálica, pode-se ler de Raúl Antelo, *Crítica Acefálica*. Buenos Aires, Grumo, 2007.

Roland Barthes, a propósito desse texto, faz uma pergunta muito interessante: onde começa o corpo? Uma resposta é que, obviamente, não começa na *cabeça*, que o corpo não tem começo. Nas palavras de Barthes: "Para Bataille, o corpo não começa em nenhuma parte, é o espaço do *não importa onde*, e só se pode descobrir nele um sentido ao preço de uma violenta operação: *subjetivo-coletiva*; o sentido surge graças à intrusão de um valor: *o nobre e o não nobre* (o alto e o baixo, a mão e o pé)".[10] Se essa violenta operação de que fala Barthes for levantada, então o corpo começa em qualquer lugar e aparece já não como imagem, mas como carne, com diversas extensões que possibilitam uma experiência que precede à imagem do homem de Vitrúvio. A violência das dimensões operada pelo *Abaporu* implica então – sempre interpolando Barthes – uma resposta radical à pergunta da encruzilhada tecnológica dos anos 1920 (como compor um novo corpo?) que não é senão outra versão da pergunta spinoziana "o que pode um corpo?".

O pé, então, apresenta a noção de um novo tipo de experiência. O pé, portanto, é um índice do corpo plástico, *conquista* de Tarsila que se relaciona com outra, não menor, e que justifica dizer que estamos diante do *Abaporu* ou do homem que come. Até agora me baseei no corpo nu do retratado, mas não disse nada sobre as relações com a paisagem que, na minha opinião, permitem afirmar que se trata de um retrato do homem que come. Afinal, como afirmar que come se não tem boca? O ato de comer resolve um problema plástico-simbólico que se tinha apresentado a vários pintores modernistas: como o corpo humano se ajusta ao entorno moderno?

Numa série de desenhos feitos contemporaneamente ao *Abaporu*, Tarsila joga com a paisagem tropical. "Bicho Antropofágico", "Composição Antropofágica" e "Paisagem com Bicho Antropofágico" fazem experiências com as relações figura/fundo e corpo/paisagem. Mediante um jogo de curvas, de aberturas e de incorporação dinâmica dos claros da página, a artista dá uma solução diversa da que tinha dado com *A Negra* (1923). Na problemática representação das figuras orgânico-humanas, para além da plasticidade do corpo da negra, o fundo diferencia-se claramente por seu desenho geométrico de maneira que as curvas do corpo humano contrastam com um fundo geométrico, sinédoque do moderno (um procedimento similar era utilizado por Lasar Segall em seus retratos).[11] Nos desenhos da fase antropofágica, em contrapartida, a curva *une* forma orgânica e paisagem num contínuo que resulta da abertura de que foi

---

[10] Roland Barthes, "Las Salidas del Texto". In: Barthes et.al., *Bataille*. Barcelona, Mandrágora, 1976, p. 44.
[11] Em 1925, Vicente do Rego Monteiro pinta *Urso*, uma figura animal que é sobretudo pés e uma pequena cabeça somados a algo que poderia assemelhar-se à parte traseira. Outro elemento de interesse desse quadro de Rego Monteiro é a *curva, como forma orgânica*. Com a diferença de que na Tarsila antropofágica ela é mais orgânica ainda, porque não é uma curva geométrica, mas uma curva manual, que é sublinhada pelas pinceladas.

objeto o corpo na encruzilhada tecnológica dos anos 1920. A tecnologia já deixa de ser paisagem para ser o corpo mesmo, ou melhor, para ajustar corpo e paisagem como parte de uma mesma maquinaria que já não é inanimada, mas orgânica. Não há uma visão exterior do corpo (como a que tinha o cronista que falou da loucura do estudante de anatomia), senão que tecnologia e corpo são um *continuum* que não exclui o orgânico. Paisagem e corpo se devoram entre si.

Em segundo lugar, porque "o homem plantado na terra", como disse Oswald, surge da curva orgânica e manual (já não da linha geométrica) que une corpo e paisagem. E não os une num rosto (ou seja, não há uma ideia de identidade que lhe sirva de álibi), mas no pé: no percurso, na experiência, no baixo, numa raiz que se move, no traço do lápis ou do pincel (daí que o sublinhado das pinceladas no *Abaporu* sublinhem o tremor do orgânico). Talvez uma frase do *Manifesto* nos dê a chave, porque, quando ele postula que há "uma consciência participante, uma rítmica religiosa". Creio que é isto o que dá conta do problema: uma rítmica de comunhão sem cabeça, sem complexos, sem rosto, sem Deus. Eu diria que não há figura e fundo, mas contornos que se ecoam entre si em algo que o *Manifesto* chama de "o vivente": a cauda de um "bicho" repete-se num cacto e numa palmeira, as linhas de uma casa se repetem na margem do rio, o "peso-pena da cabecinha minúscula" da cabeça, nas palavras de Tarsila, e o sol, entre o pé e o cacto.[12] Nessa *rítmica moderna*, comunitária e liberada, o corpo é reinventado já não segundo a hierarquia da cabeça, mas num jogo de forças e de intensidades que compõem rostos futuros para além do humano.*

[12] Tarsila sobre o *Abaporu*: "uma figura solitária monstruosa, pés imensos, sentada numa planície verde, o braço dobrado repousando num joelho, a mão sustentando o peso-pena da cabecinha minúscula. Em frente, um cacto explodindo numa flor absurda (...) imagens subconscientes, sugeridas por estórias que ouvira em criança (...) terror das crianças apavoradas", p. 249.
* Tradução de Carlos Nougué.

Mordendo Você Suavemente
Um Comentário sobre o *Manifesto Antropófago*

Hans Ulrich Gumbrecht
Universidade Stanford

I

Não posso suportar manifestos (em particular manifestos literários). Mas tenho alguns sonhos tímidos, às vezes, de ser um antropófago e, numa observação mais responsável, sou fascinado por vários cultos intelectuais que a antropofagia e coisas semelhantes produziram entre os escritores e artistas ocidentais neste século. Manifestos são o sonho de todo intérprete – pois interpretações (apesar de todas as afirmações contrárias, oferecidas pelos especialistas mais sofisticados nessa questão) não podem deixar de buscar as intenções daqueles que falam, escrevem, ou produzem algo. Ora, manifestos fornecem mais intenções (gratuitamente) do que qualquer leitor poderia jamais usar. Esta, suponho, seja exatamente a razão pela qual desgosto de manifestos e de interpretações: eles nos colocam face a face com as intenções e, no pior dos casos, até com as introspecções de estranhos, sem dar nenhuma liberdade para a nossa imaginação. Pelo contrário, a maioria dos críticos literários adora manifestos e interpretações, e esse duplo entusiasmo provocou uma espécie de "princípio de economia" na redação de histórias literárias. Pular de um manifesto para outro é a regra, pois o que nele se encontra tão facilmente é algo importante e difícil de ser encontrado em outro lugar, ou seja, a intenção autoral. Só há um período da história em que as economias resultantes desse princípio historiográfico se tornaram escassas – e esse momento foi o alto modernismo em que o número de textos literários escritos e publicados começa a ser semelhante ao número de manifestos literários. Aquele que trabalha nos anos 1920 precisa escolher esses manifestos que representam da melhor forma todos os outros. E em que estado de humor o escritor deve estar para produzir manifestos? Por que alguém teria o desejo ardente de publicar uma descrição exata das suas intenções? Nesse ponto, talvez, deparamo-nos com algo inesperadamente interessante sobre o *gênero manifesto*. Pois, se é verdade que a interpretação não pode reconstruir intenções, também é verdade que a interpretação perde o seu espaço institucional assim que essas intenções não precisam mais ser reconstruídas. Normalmente, como disse antes, intenções permanecem implícitas. O que devemos então fazer com a energia excessiva dos escritores de manifestos que, em vez de deixar as suas intenções implícitas e fazer com que os seus leitores participem do jogo da interpretação, bradam as suas intenções para todos?

II

Mas não temos aqui ainda uma descrição demasiadamente heroica dos autores de manifestos? Uma versão seria dizer que provocam os seus leitores, proclamando as suas intenções. Outra versão seria celebrar sua polidez absoluta e anti-heroica – pois, ao apresentar as suas intenções, fazem todo o trabalho que normalmente cabe aos leitores. Com frequência, autores de manifestos me fazem lembrar os *milites gloriosi* nos palcos do século XVII, aqueles heróis de guerra que se autopromovem e cuja energia se perdeu descrevendo e anunciando ações que nunca fizeram ou, por isso mesmo, nunca fariam. Antropófagos de verdade (e, de forma mais geral, pessoas realmente agressivas), creio, não escrevem manifestos – eles comem. Vou dar só dois exemplos: praticantes de interpretação polidos, que seguem as orientações da hermenêutica filosófica, sempre se sentirão na obrigação de "fazer justiça" aos ausentes e até mais em relação aos autores mortos (nenhum outro autor, aliás, tornou-se com mais frequência o destinatário desse culto do que Michel Foucault). "Fazer justiça" (a Foucault, por exemplo) significa sacrificar potencialmente leituras mais cruciais ou mais produtivas dos textos em questão relativos ao que os hermeneutas piedosamente apresentam como leituras "consoantes com as intenções dos autores". Os hermeneutas agem como se os autores ausentes ou mortos estivessem fisicamente presentes, portanto, como se fosse nossa obrigação mais indispensável nunca ferir seus sentimentos. Assim sendo, se escrever manifestos e submeter-se à lei da intencionalidade, por um lado, dificilmente está lado a lado com a antropofagia; por outro, qual seria o tipo de leitura – e o tipo de "apropriação cultural" (que expressão!) – que mereceria (pelo menos) o atributo metafórico de ser "antropófago"? À medida que escrevo esta pergunta, um bom amigo vem à minha mente. Uma vez esse amigo respondeu, com agressividade e impaciência, à alegação de "não fazer justiça" (a Foucault, é claro) dizendo que isso era assim porque ele tinha o hábito de "morder a carne dos textos como um cachorro selvagem". De fato, esse amigo nunca se livrou da suspeita de ser um *miles gloriosus* (soldado fanfarrão) – mas tenho que reconhecer que, pelo menos, ele nunca incomodou ninguém com as suas boas intenções. Aquele que "morde a carne" deseja um fragmento (não o corpo todo), um fragmento que sangra, ou seja: *O espírito recusa-se a conceber o espírito sem* o corpo; e o fragmento que ele consegue (se é que realmente conseguirá algum), ele o interiorizará de uma forma não espiritual: Da *equação eu parte do* **Cosmos** *ao axioma* **Cosmos** *parte do* *eu*. Acima de tudo, aquele que morde se permite ser levado por seu próprio desejo, em vez de seguir o rastro do cheiro do dragão das intenções do alter ego. Porém, por toda a pompa da retórica dos antropófagos, há somente um tipo de equilíbrio que a sua leitura realmente rompe: em vez de resgatar as intenções dos autores através de interpretações ("fazer justiça"), "morder o texto" (por mais inocente que seja a metáfora) representa uma cena de incomensurabilidade. Pois há o confronto da intencionalidade autoral com o desejo de quem lê.

III

Aqueles que escreveram os inúmeros manifestos dos anos 1920 e 1930, antropófagos ou não, foram guiados, imagino, por um forte desejo, porém indomável (quero chamá-lo de "um desejo por ontologia": *Somos concretistas*), e que infelizmente transformaram em produção em série de intenções previsíveis. E penso que é daí que vem esse desejo ontológico. Por quase todo um século, esses intelectuais e seus predecessores sofreram da desconfiança (evoluindo para a certeza devastadora) segundo a qual, quaisquer que fossem as "representações" usadas, poderia não haver "referente", poderia não haver correspondência com nenhuma "realidade".

Por conseguinte, sua reação fóbica contra todos os tipos de redes de representações, contra todos os tipos de taxonomias ou mapas: "*nunca tivemos gramáticas, nem coleções de velhos vegetais. E nunca soubemos o que era urbano, suburbano, fronteiriço e continental*". Para o antropófago cultural, taxonomias são opressoras e traiçoeiras. Inserindo-se entre você, "Senhor antropófago", e o mundo, elas impossibilitam o seu contato imediato com o mundo sem lhe dar em troca o que prometeram (ou seja, a certeza de referência): *O que* atropelava a verdade era a roupa, o impermeável entre o *mundo interior* e o *mundo exterior*. Desejar sentir o mundo na sua pele nua, desejar morder o texto; portanto, minha possível intuição banal deve vir do desejo de recuperar esse mundo que é colocado a distância através da representação e que se perde no meio de toda a verdade colocada na representação. O mundo presente na sua pele nua e sob os meus dentes lhe faz sentir o que a presença é: não (ou somente de forma secundária) uma relação temporal, mas a condição espacial do que é ou se torna tangível.

IV

Certamente, não ouso praticar aqui *Erkenntnistheorie*, uma teoria do conhecimento, ou o seu oposto. Somente tento apreender – tornar presente, se isso fosse possível – um desejo que existiu em um passado não tão remoto. Um tipo de desejo, suponho, cuja emergência e desaparecimento dependeram e dependem (em parte ou totalmente) de como o corpo se relaciona com o seu ambiente. Basta despertar num quarto de janelas amplas de uma mansão em Sonderborg, Dinamarca, e olhar a infinita paisagem plana ao seu redor, à qual somente a neblina determina um limite misericordioso, falar em Sonderborg com todos aqueles intelectuais genuinamente social-democratas que não são nem apaixonados nem o oposto e, nesse contexto, não se pode senão desejar que o mundo esteja presente (e novamente não estou fazendo nenhuma alegação ontológica sobre o "mundo" – também pode ser o nada atrás de um véu lacaniano). Esse mesmo desejo não o invade às vezes quando você está em um voo de longa distância na condição paradoxal de estar sozinho na sempre lotada classe econômica? Em Bogotá, onde as pessoas pregam seus corpos em cruzes em vez de escrever manifestos (políticos ou de outro tipo); onde corpos na calçada dão de cara com você como se fossem jogadores de hóquei com facas (pois seja qual for a sua aparência, ela sempre os deixa irritados); em Bogotá onde os jovens executam tão perfeitamente a sua tarefa que decapitam *en el acto* prisioneiros assim que eles admitem que matam por desejo de sangue e não por dinheiro – em Bogotá, deseja-se de fato representação: deseja-se um Parlamento com representantes corretamente vestidos, acessíveis, de contato fácil, gramáticas, regras de trânsito – e, acima de tudo, não se quer nada na pele, nem mesmo referência. Pois o que quer que esteja na sua pele em Bogotá acabará comendo-o.

V

É possível explicar a forte afinidade que sentimos pelos anos 1920 dizendo que, até onde se sabe, esses dois desejos – o desejo fóbico de distância e o desejo obsessivo de proximidade – foram abundantes na vida de muitos intelectuais durante o início do século. A universidade, por exemplo, deve ter sido a Sonderborg de Heidegger, na Dinamarca, e dessa forma ele continuou a falar e a escrever tanto sobre sua pequena cabana da Floresta Negra quanto sobre viver-estando-no-mundo. Outros desejam, e com a mesma paixão, um mundo ordenado – um mundo a distância. Isso é pelo menos o que associo à ideia que os arquitetos e *designers* da Bauhaus tinham da moradia, a Kandinsky e seus amigos ou ao Círculo de Viena. O que não aprecio em relação a Oswald de Andrade (vendo-o como um par nesse time de intelectuais bipolares) é como parece trivial a sua intenção carnavalesca de ser um canibal. Pois, deve-se dizer, ele não era um *tupi* nem um *jabuti*. Em vez disso, eu o vejo como – principalmente – *cheio de bons sentimentos portugueses* a partir da obra de Alencar – pois por que outra razão ele quis ser um antropófago? Entretanto, ao escrever como se ele tivesse uma receita para *a transformação permanente do Tabu em totem*, da *especulação* em *adivinhação*, ao agir como se tivesse acesso direto à felicidade, Oswald me lembra aqueles turistas brasileiros de classe média, mesquinhos e naturalmente medíocres (ou turistas acadêmicos), que vão à Europa ou aos Estados Unidos com a pretensão de serem os filhos intactos e eroticamente poderosos da Mãe Natureza. Como Oswald ousou dizer: *Antes dos portugueses descobrirem o Brasil, o Brasil tinha descoberto a felicidade?* Esperemos que isso tenha sido somente cem por cento autoirônico (embora eu tema que não seja o caso). E do que é que eu gosto no *Manifesto*? Certamente, a dupla referência charmosa à *mãe dos Gracos*. Acima de tudo, em vez de fazer de conta que vem da floresta tropical, essa referência está ligada à ambição muito romântica da classe média sul-americana de ter instituições tão rigorosas quanto o ginásio prussiano. Porém, eu também cheguei a imaginar isso, talvez porque a mãe de Gracchi foi uma referência padrão, localmente específica, na educação brasileira por volta dos anos 1900, ou o jovem Oswald pode ter tido algum culto específico e secreto relativo a ela. Parando aqui as minhas fantasias desnecessárias, quero dizer que gosto muito da presença textual de uma *mãe dos Gracos*, pois trata-se de uma dessas referências estranhas em que o passado se torna muito e surpreendentemente vivo. Algo mais de que gosto no *Manifesto Antropó-*

fago? Sim, de fato, e os dois outros momentos de preferência convergem para o mesmo gesto retórico. Estou falando dos dois parágrafos que começam com o tom existencialista insuportavelmente pesado de Oswald, de dois parágrafos que brincam com dicotomias vergonhosamente do estilo preto e branco – para então tomar distância, subitamente, dos dois lados da dicotomia e rapidamente sair dela. Aqui temos uma dessas duas passagens: *Só não há determinismo onde há mistério. Mas que temos nós com isso?* Sou muito agradecido pelo fato de o texto, pelo menos uma vez, não ir para o lado misterioso, como eu abertamente esperava. E esta é a segunda passagem: *O objetivo criado reage como os Anjos da Queda. Depois Moisés divaga. Que temos nós com isso?* Ao ler essas duas citações – e somente aqui, senti que o autor correspondeu à expectativa autoimposta de oferecer algo mais forte e provocante do que nós intelectuais estamos de qualquer modo constantemente fazendo. Mas, uma vez mais, não posso associar esse gesto a nada exótico ou exuberante. Ao contrário, ele me lembrou a petulância, o *Frechheit* (como diriam em Berlim), do excessivo no meu (e no de todos) texto favorito, do *corpus* textual vagamente atribuído ao "primeiro trovador", Guilherme IX da Aquitânia. No texto que os medievalistas, de alguma forma anacronicamente, se referem como sendo o "Poema Absurdo" do trovador (*Farai un vers de dreyt nien*), o "eu" poético alega, desde o início, que ele (pois o "eu" é um "ele") escreveu o texto enquanto "ia dormido pela estrada / no meu cavalo". Nove versos adiante, o "eu" melodramaticamente confessa que "meu coração quase parti / com o meu mal", somente para continuar, sem qualquer transição: "mas eu não ligo nem a ti / por São Marcial". [1] Como Guilherme IX (ou qualquer pessoa por trás desse nome), Oswald de Andrade às vezes era capaz de deixar de lado as suas emoções e, com elas, as alternativas e tensões extremamente dramáticas que as produzem. O texto não toma partido – e ficamos todos aliviados.

VI

Oswald consegue deixar de lado essas alternativas dramáticas porque as deixa sem solução, e consegue deixá-las sem solução porque não opta por um lado. Eis o que dá vida ao *Manifesto Antropófago*. Pois alternativas não resolvidas geram paradoxos potenciais, e podem, portanto, ser centros de intensidade textual e de resistência semântica, podem, portanto, ser eventos semânticos (se assim se pode dizer) em que a cultura – representada por valores como "bom gosto", "razão", ou

[1] Versos extraídos da tradução de Augusto de Campos, *Verso, Reverso, Controverso*. São Paulo, Perspectiva, 1988, p. 27.

"moralidade – pode ruir. Quando lemos Oswald, tanto argumentando a *favor de um profundo ateísmo* e imaginando *uma rítmica religiosa* (um conceito promissor, creio, ainda que não se saiba o que ele queria dizer exatamente com isso), então acreditamos que sentimos o poder de algo novo e vindouro, de algo que ainda não está presente em 1928 (talvez nem mesmo hoje). Os Estados Unidos, por exemplo, não são a "Gringolândia" no seu texto (em outras palavras: não são aquele princípio incondicionalmente negativo que esse país se tornou para os intelectuais sul-americanos desde os anos 1960, ou até mesmo desde os anos 1950), mas estão, o que é ainda muito ruim dentro da economia semântica de Oswald, do lado da civilização. Contudo, a Broadway e Hollywood aparecem de repente do lado de uma América, diferente, boa e selvagem: *A idade de ouro anunciada pela América. A idade de ouro. E todas as girls*. Nenhuma outra passagem, entretanto, está tão completamente cheia de alternativas não resolvidas quanto a primeira definição de antropofagia: *Única lei do mundo. Expressão mascarada de todos os individualismos, de todos os coletivismos.* É possível que algo seja simultaneamente coletivismo e individualismo? E o que seria uma "expressão mascarada"? Expressão não é o contrário de mascarar, ou seja – em geral dolorosamente difícil – a transparência de um conteúdo ou de uma disposição que normalmente não viria em primeiro plano? E uma máscara não é o que nos protege contra os efeitos da expressão? Uma "expressão mascarada" é um conceito tão contraditório em si e por si mesmo quanto a própria ideia de antropofagia. A "expressão mascarada", em relação à exteriorização, seria (mais ou menos) o equivalente do que a antropofagia é em relação à apropriação? Antropofagia é: deseja-se tanto o outro que a intensidade de sua apropriação desejante vai matá-lo. Expressão mascarada seria: desejamos tanto nos tornar transparentes que acabamos querendo nos proteger contra tanta transparência?

VII

Muitas coisas no *Manifesto Antropófago* são – e permanecem – obscuras para mim. Em princípio um comentário deve transformar em certeza filológica o que não estava claro inicialmente para o comentador (e o que seria, portanto, obscuro para outros leitores também). Mas, se essa expectativa, lamentavelmente, ultrapassa a competência do comentador, ele se encontra pelo menos na obrigação de admitir os seus limites – e admitir os meus limites como comentador (entre outros limites) significa, aqui, falar ainda num outro nível dos problemas não resolvidos (portanto, extremamente atraentes) no texto. Por exemplo, eu não entendo realmente (ou, no melhor dos casos, eu só entendo de maneira muito aproximativa) como e por que Oswald associa Freud com "maridos católicos suspeitosos" na seguinte citação: *Estamos fatigados de todos os maridos católicos suspeitosos postos em drama. Freud acabou com o enigma mulher e com outros sustos da psicologia impressa.* E o que seria a vacina antropofágica? Uma vacina contra a antropofagia ou uma vacina que protege o antropofágico? Por que uma justaposição de *mundo reversível* e *ideias objetivas*? Por que isto: *Roteiros. Roteiros. Roteiros. Roteiros. Roteiros. Roteiros. Roteiros?* Importa saber que o texto repete aqui a palavra *Roteiros* pelo menos sete vezes? O que a expressão "*Morte e vida das hipóteses*" sugere (sou o único que não entende nada aqui)? E, acima de tudo, como os aparelhos de televisão entraram no texto? No Brasil e sete anos antes da inauguração do primeiro programa de televisão normal (em Berlim, no dia 22 de março de 1935): *A fixação do progresso por meio de catálogos e aparelhos de televisão.* Como já me desculpei, deixarei essa lista sem mais comentários. Pois um comentário sobre tudo o que resiste a comentários seria o começo de um interminável círculo vicioso.

VIII

Como podemos finalmente imaginar o sentimento, o *Stimmung* do qual veio esse *Manifesto*? A indignação relativa a um mundo que se mostrou muito distante (esse foi o caso de Oswald de Andrade) ou perto demais era uma atitude emocional amplamente compartilhada nas culturas ocidentais dos anos 1920. O mesmo é verdade para aquela energia excessiva que tantos escritores de manifestos colocaram declaradamente em suas intenções (quase sempre sem interesse). Os anos 1920 foram uma grande década para publicações de vida curta e programas pomposos. Mas há algo diferente dos modernismos europeus – e, por isso, do norte-americano – no *Manifesto Antropófago*, algo que só poderia ter acontecido no Brasil? O que fez com que todo o continente americano fosse diferente da Europa naquele momento foi a ausência, a falta de uma experiência imediata da Primeira Guerra Mundial. Aquele sentimento europeu, decorrente da experiência imediata da primeira destruição em massa completamente anônima, realizada com tecnologia militar, aquele sentimento que fez com que qualquer otimismo relativo à condição humana parecesse vazio e ingênuo, foi certamente muito mais forte para os intelectuais em Viena, Berlim e Paris do que para aqueles de São Paulo ou Nova York. A partir de um ponto de vista sul-americano, também é importante salientar que, embora hoje consideremos a Primeira Guerra Mundial um passo importante para a ascensão dos Estados Unidos como poder mundialmente hegemônico, é importante enfatizar que ainda não haviam chegado lá nos anos 1920. Muitos intelectuais europeus pensaram – e até tinham boas razões econômicas, políticas e culturais para fazê-lo – que o futuro seria a era de nações como o Brasil, a Argentina ou o México. Por outro lado, aquelas sociedades sul-americanas ainda estavam bem longe, por volta de 1930, de sentir a humilhação do excesso de poder dos Estados Unidos. Dessa forma, penso que o *Manifesto Antropófago*, pelo menos em parte, supõe "boa vontade em relação ao poder" (citando observação que Derrida fez em nome de Gadamer). A hegemonia global – pelo menos na sua visão cultural mais suave – não era de forma alguma uma ambição demasiadamente grande para um intelectual sul-americano. Dessa forma, muitos escritores sul-americanos se sentiram de fato bem em relação a isso – era de fato uma boa vontade relativa ao poder – porque reivindicavam hegemonia em nome de um vago princípio do *bon sauvage*.

IX

Por que os intelectuais brasileiros nos convidam, mais uma vez, a refletir sobre o *Manifesto Antropófago*, e por que nós, europeus e norte-americanos, aceitamos com tanta felicidade? A minha interpretação (pois é difícil evitar interpretações – e temos aqui algo de que, creio, os colegas brasileiros em questão talvez não estejam completamente cientes, portanto, o dado requer interpretação) é a de que fomos encorajados a ler e gostamos de ler o *Manifesto* como um documento escrito por aquele futuro do passado que, como a maioria dos futuros de momentos históricos passados, foi um futuro que nunca se tornou realidade. Nem a América do Sul como continente, tampouco alguma nação sul-americana, chegaram perto da condição de hegemonia mundial. Além desse sentimento produzido pela invocação de um futuro passado, não há muito mais, temo, em termos de qualidade estética ou de complexidade filosófica de que o autor do *Manifesto Antropófago* pudesse se vangloriar. Mesmo assim, gostamos de lê-lo porque torna presente um momento em que nem a América do Sul se sentia como vítima nem a América do Norte e a Europa achavam que tinham que se flagelar como opressores da Humanidade.*

* Tradução de Margarita Maria Garcia Lamelo.

"Intenção Carnavalesca de Ser Canibal", ou: Como (Não) Ler o *Manifesto Antropófago*

Luís Madureira
Universidade de Wisconsin-Madison

> "Meu propósito real é observar (nos kaapor), em suas formas de conduta, o que terá ficado dos antigos Tupinambá que ocupavam a costa brasileira em 1500 e que mais fortemente se imprimiram em nós."
> Darcy Ribeiro, *Diários Índios*[1]

> "A verdade está sempre com o Outro, e sempre no futuro."
> Eduardo Viveiros de Castro, *Araweté: os Deuses Canibais*

•

A maioria de nós está familiarizada com a fronteira nebulosa que separa a pesquisa da escrita, aquele instante fugaz entre a última palavra que lemos e a primeira que escrevemos; a inscrição hesitante do que pode até então ser somente a promessa de um ensaio, um artigo ou um capítulo. Usando a alusão mordaz de Leonard Cohen à chegada inapreensível da democracia nos Estados Unidos, talvez o momento que estou me esforçando para nomear "está presente mas não é exatamente real, ou é real mas não está exatamente presente". Na sua análise magistral de começos literários, Edward Said declara de forma mais solene que essa ideia de um ponto inicial revela um modo de pensamento que está permanentemente ávido "por um objeto que nunca consegue alcançar totalmente, nem no espaço nem no tempo".[2] Trata-se de "uma ficção necessária", portanto, uma fantasia praticamente impensável, que "não pode ser de fato conhecida, pois pertence mais ao silêncio do que à língua, pois é o que sempre se deixa para trás".[3] Entretanto, esse artifício, esse "disfarce (desafiando) a armadilha permanente da continuidade forçada"[4] chegou a mim – com toda a ansiedade, insegurança e paranoia que inevitavelmente se seguem – ao segurar em minhas mãos um exemplar antecipado de *Cannibal Modernities*.[5]

Ora, ainda que eu tenha levado muito tempo para terminá-lo, naquele momento não podia deixar de pensar que eu acabara

[1] Darcy Ribeiro, *Diários Índios: Os Urubu-Kaapor*. São Paulo, Companhia das Letras, 1996.
[2] Edward Said, *Beginnings: Intention and Method*. Nova York, Basic Books, Inc. Publishers, 1975, p. 73.
[3] Ibidem, p. 77.
[4] Ibidem.
[5] Luís Madureira. *Cannibal Modernities: Postcoloniality and the Brazilian and Caribbean Avant-garde*. Charlottesville e Londres, University of Virginia Press, 2005.

o livro cedo demais. Mal submetera o manuscrito, pareceu-me, então, que havia encontrado vários textos que deveria ter incluído na minha bibliografia. Algumas das ausências mais evidentes dessa lista incluem *Inimigos Fiéis*, de Carlos Fausto, e *Araweté: Deuses Canibais*, de Eduardo Viveiros de Castro, cujas análises sutis do canibalismo ritual evocam de forma surpreendente as minhas, assim como a reinterpretação provocante de Sara Castro-Klarén do *Manifesto Antropófago* em termos do que chama de "combate Sócrates-Caribe", e a análise de Carlos Jáuregui[6] da "dimensão especular" do tropo canibal nas narrativas de viagem do século XVI – que Oswald e seus aliados costumavam chamar de "clássicos da *antropofagia*". Contudo, esses eram contrastes e afinidades que eu jamais seria capaz de explorar rigorosamente.

Entretanto, nenhum texto exigiu um firme engajamento crítico com mais urgência do que um número especial do *Nuevo Texto Crítico* dedicado inteiramente à antropofagia, organizado por João Cezar de Castro Rocha e Jorge Ruffinelli.[7] De fato, a questão que o título do número coloca é a mesma que proponho em *Cannibal Modernities*. A principal preocupação do livro é repensar a emergência da pós-colonialidade nos movimentos de vanguarda do Novo Mundo, ou seja, justamente nos modernismos que foram tradicionalmente definidos como periféricos e imitadores. Quando alego que essas supostas repetições dos sinais de modernidade e modernismo levam a uma reformulação fundamental do moderno, repetindo o comentário convincente de K. David Jackson relativo à principal tarefa da coletânea, oponho "as teorias de utopia social do movimento modernista com as poderosas forças de internacionalização e globalização de hoje, numa tentativa de julgar a possível relevância e o valor da teorização modernista para os nossos dias."[8] Dessa forma, por não ter cuidadosamente considerado a "leitura renovada" (ou "dupla releitura da noção de antropofagia")[9] que tantos colaboradores desse número elaboram, o meu próprio relato do movimento fica mais pobre, creio. Como isso não pode ser evitado agora, eu gostaria aqui – retroativamente aproveitando essa lacuna – ver de mais perto essa antologia.

O objetivo provisório do meu olhar atrasado pode parecer, à primeira vista, simples demais ou de alguma forma redundante. Entretanto, não tentarei uma vez mais verificar, como faço na obra *Cannibal Modernities*, se a antropofagia prefigura o projeto pós-colonial de "provincializar o Ocidente", se ela consegue mudar a nossa compreensão e construção

---

[6] Carlos A. Jáuregui, "Brasil Especular: Alianzas Estratégicas y Viajes Estacionarias por el Tiempo Salvaje de la Canibalia." In: *Heterotropías: Narrativas de Identidad y Alteridad Latinoamericana*. Org. Carlos A. Jáuregui e Juan Pablo Dabove. Pittsburg, Biblioteca de América, 2003, p. 77-114.

[7] João Cezar de Castro Rocha e Jorge Ruffinelli (ed.). *Anthropophagy Today? Nuevo Texto Crítico* 12: 23/24 (1999). O presente livro constitui a versão ampliada do número especial de *Nuevo Texto Crítico* mencionado pelo autor. Por isso, muitos dos ensaios comentados encontram-se aqui reunidos. (N. T.)

[8] K. David Jackson. "Novas Receitas da Cozinha Canibal. O *Manifesto Antropófago* Hoje." Ver, neste volume, p. 429.

[9] Ibidem.

do moderno, produzindo o que poderia ser chamado de "contradiscurso" incipiente da modernidade. Em vez de repetir um argumento que já tive a oportunidade de expor de uma forma mais consistente e abrangente, quero retomar a antropofagia, invertendo a perspectiva da minha própria e modesta "dupla releitura", analisando-a a partir do ponto de vista do intérprete (ou do crítico canibal, em termos mais parciais) contra o pano de fundo do que Walter Mignolo define como uma "hegemonia epistêmica". Nas palavras de Mignolo: "da mesma forma que é difícil hoje conceber modelos econômicos que ignoram o capitalismo, também é difícil conceber modelos epistêmicos que ignoram o paradigma segundo o qual a epistemologia moderna ocidental nos habituou a pensar a respeito do mundo".[10] Como proponho a seguir, o comentário de Hans Ulrich Gumbrecht sobre o *Manifesto Antropófago* oferece uma perspectiva conveniente para se considerar esse encerramento epistêmico. Essa consideração pode implicar analisar o artigo de Gumbrecht à luz do objetivo central da coletânea, conforme João Cezar de Castro Rocha a concebe, ou seja, ver a antropofagia como um problema cujo valor "não pode residir na receita monótona para a identidade nacional", pois "discursos sobre a identidade são essencialmente ociosos (e) inevitavelmente tautológicos".[11] Certamente, é com esse "gosto (discursivo) insípido" ("*goust ... un peu fade*") – como Montaigne descreve o sabor da mandioca do Novo Mundo no seu ensaio canônico[12] – que muitas das interpretações disponíveis do famoso (infame) texto de Oswald em última instância também nos deixam. É de certa forma contra essa tendência que a leitura de Gumbrecht, de fato, sua visível tentativa de leitura do *Manifesto Antropófago*, também deveria ser lida. O que segue, entretanto, não é tanto uma crítica ao artigo de Gumbrecht, trata-se mais de uma meditação sobre a substância duradoura de um relato familiar do excepcionalismo da civilização europeia.

É evidente, desde o início do seu ensaio, que Gumbrecht não gosta do *Manifesto* nem do gênero. "Não posso suportar manifestos (em particular manifestos literários)", ele declara no começo. E o que não aprecia em relação a manifestos é especificamente a tendência a manifestar:

> Manifestos (...) nos colocam face a face com as intenções e, no pior dos casos, até com as introspecções de estranhos, sem dar nenhuma liberdade para a nossa imaginação (...). O que devemos então fazer com a energia excessiva dos escritores de manifestos que, em vez de deixar as suas intenções implícitas e fazer com que os seus leitores

[10] Walter D. Mignolo, "La Colonialidad Global, Capitalismo y Hegemonía Epistémica." In: *Culturas Imperiales: Experiencia y Representación en América, Asia y África*. Ed. Ricardo Salvatore. Rosario, Argentina, Beatriz Viterbo Editora, 2005, p. 60.
[11] João Cezar de Castro, "Let Us Devour Oswald de Andrade." *Nuevo Texto Crítico* 12, n. 23/24, 1999. *Anthropophagy Today?*, p. 5.
[12] Michel de Montaigne, *The Complete Essays*. Trad. Donald M. Frame. Califórnia, Stanford University Press, 1976.

participem do jogo da interpretação, bradam as suas intenções para todos?[13]

Portanto, compreensivelmente, Gumbrecht salienta as declarações mais escandalosas e estridentes do *Manifesto*: "Como Oswald ousou dizer: *Antes dos portugueses descobrirem o Brasil, o Brasil tinha descoberto a felicidade?* Esperemos que isso tenha sido somente cem por cento autoirônico (embora eu tema que não seja o caso)".[14] Ao mesmo tempo, porém, Gumbrecht parece opor-se também de maneira tenaz às linhas obscuras e ambivalentes, aquelas que sussurram suas intenções, ou, nas próprias palavras de Gumbrecht, aquelas que "[ao] deixar as suas intenções implícitas" fazem com que o leitor participe do jogo da interpretação. "Muitas coisas no *Manifesto Antropófago* são – e permanecem – obscuras para mim", ele reconhece.[15] Sobre a definição de antropofagia de Oswald como "a expressão mascarada de todos os individualismos, de todos os coletivismos", por exemplo, Gumbrecht pergunta:

É possível que algo seja simultaneamente coletivismo e individualismo? E o que seria uma "expressão mascarada"? Expressão não é o contrário de mascarar (...)? E uma máscara não é o que nos protege contra os efeitos da expressão? Uma "expressão mascarada" é um conceito tão contraditório em si e por si mesmo quanto a própria ideia de antropofagia (...) Por que isto? [Ele se pergunta sobre a repetição da palavra *roteiros*.] Importa saber que o texto repete aqui a palavra *Roteiros* pelo menos sete vezes? (...) Deixarei essa lista sem mais comentários. Pois um comentário sobre tudo o que resiste a comentários seria o começo de um interminável círculo vicioso. (...) Como podemos finalmente imaginar o sentimento, o *Stimmung* do qual veio esse *Manifesto*?[16]

Em uma coletânea cujo objetivo declarado é *ler* a antropofagia de uma nova maneira, essa incapacidade declarada de interpretar seu texto fundador faz soar uma nota *manifestamente* discordante. É de alguma forma inusitado que o crítico, que articula essa recusa peremptória de comentar, já foi visto como um dos dignitários da Estética da Recepção, e que escreveu a sua tese orientado por Hans Robert Jauss, um dos fundadores da Escola de Constança. Por que "mais comentários" sobre essas linhas recalcitrantes levariam inevitavelmente a uma sucessão de interpretações duvidosas, num "interminável círculo vicioso"? Pelo contrário, por que não evocar o que Jauss define como o círculo hermenêutico? Independentemente das limitações do modelo

[13] Hans Ulrich Gumbrecht, "Mordendo Você Suavemente". Ver, neste volume, p. 289, 290.
[14] Ibidem, p. 293.
[15] Ibidem, p. 295.
[16] Ibidem, p. 295, 296.

interpretativo de Jauss, é possível ir um pouco além na consideração do *Manifesto*, lembrando a principal asserção de Jauss de que a história literária dá forma a visões estéticas e que essas visões mudam ao longo do tempo. Devo retomar determinada variação dessa inter-relação, mas, por enquanto, eu só posso lembrar brevemente o que se tornou um diálogo canônico entre Paul de Man e outro estudante de Jauss, Karlheinz Stierle.

Negando a alegação de Stierle de que as linhas de abertura do *Tombeau de Verlaine*, de Mallarmé, ilustram uma "perda de realidade" (*Entrealisierung*) supostamente característica do modernismo, De Man sugere que a definição de poesia moderna é incompreensível, pois deixa de ser representativa e finalmente fracassa em seus próprios termos. Ele conclui a sua exegese "corretiva" do soneto de Mallarmé, afirmando que "o processo polissêmico" delineado no poema "só pode ser percebido por um leitor que deseja ficar com uma lógica de representação natural (...) por um período de tempo maior do que o que é aceitável por Stierle, que quer que abandonemos qualquer referência figurativa desde o início, sem experimentar algumas das possibilidades de uma leitura figurativa".[17] Algo parecido com o que De Man detecta na análise de Stierle do soneto de Mallarmé pode estar presente na recusa de Gumbrecht diante da suposta opacidade do texto de Oswald. O primeiro ponto que se pode alegar a esse respeito é o hermetismo de significado (ou o que os membros da Escola de Constança chamaram de *Entrealisierung*), sem dúvida uma das características essenciais da literatura modernista. A observação de que um texto modernista é incompreensível deveria, portanto, ser o ponto de partida, não a conclusão de sua leitura.

Curiosamente, a análise anterior de Gumbrecht dos modernismos europeus do século XIX parece desprovida dessa perplexidade:

> Dentro do contexto histórico do século XIX (...) a concordância com a nova visão do presente voltada para o futuro, *como se evidencia em inúmeros manifestos*, marca o momento decisivo em que a "força da tradição" como uma orientação para a ação humana é substituída numa frente ampla pela "força de seleção" (...). É precisamente o crescente reconhecimento da diferença de desenvolvimentos históricos, portanto, semânticos, em vários contextos da vida que reside uma das conquistas da nossa consciência atual da modernidade.[18]

Este, sem dúvida, é o sentido de futuridade, a alegação moderna estereotipada de um novo começo, que muitos dos

---

[17] Paul De Man, *Blindness and Insight: Essays in the Rhetoric of Contemporary Criticism*. 2. ed. rev. Mineápolis, University of Minnesota Press, 1983, p. 179.

[18] Hans Ulrich Gumbrecht, *Making Sense of Life and Literature*. Trad. Glen Burns. Mineápolis, University of Minnesota Press, 1992, p. 100, 106 (grifos meus).

colaboradores da coletânea rapidamente reconhecem como o sentimento não tão obscuro ou *Stimmung* que dá origem ao *Manifesto*. Como veremos a seguir, esses leitores do *Manifesto* ressaltam uma diferença importante na sua elucidação da relação da antropofagia com a modernidade. Para eles, o movimento transmite mais do que a mudança momentânea do eixo da contiguidade (ou "tradição") para a de "seleção" que Gumbrecht detecta em "inúmeros manifestos (europeus do século XIX)". O próprio Gumbrecht pergunta: "algo diferente dos modernismos europeus – e, por isso, do norte-americano – no *Manifesto Antropófago*, algo que só poderia ter acontecido no Brasil?".[19] Colocando essa pergunta de outra maneira, as passagens que suscitam a perplexidade de Gumbrecht se explicam precisamente porque representam a diferença que ele procura?

Tomemos como ponto de partida para essa investigação a pergunta de Gumbrecht sobre a caracterização de Oswald da *antropofagia* como *a expressão mascarada de todos os individualismos, de todos os coletivismos*. Se expressão mascarada é tão irredutivelmente paradoxal quanto Gumbrecht afirma, é um debate que não aprofundarei agora. Entretanto, a dicotomia pode ser facilmente resolvida se entendermos *mascarada* não como um adjetivo que modifica *expressão*, mas como um particípio passado numa construção passiva, ou seja, "a antropofagia (é a) expressão *mascarada por* todos os individualismos", etc. Embora atípica, até mesmo agramatical, essa interpretação não parece inteiramente injustificada no contexto da nudez/disfarce, autenticidade/inautenticidade binária que estrutura boa parte do *Manifesto*: "O que atropelava a verdade era a roupa (...) Contra a realidade social vestida e opressora". Agora, em relação à pergunta "algo pode ser simultaneamente coletivismo e individualismo", Gumbrecht a responde inequivocadamente de forma afirmativa em um dos títulos de seção do seu livro *In 1926: Living at the Edge of Time:* "Individualidade = Coletividade".[20] Em outra parte do mesmo texto, ele especifica a natureza dessa equação, ligando-a ao "futuro associado à União Soviética (...) um sonho de coletividade, um sonho (ou pesadelo) de objetivos e esperanças individuais unindo-se em consenso e harmonia".[21]

Citando uma discussão sobre as políticas de educação na União Soviética pelo poeta alemão e dramaturgo Ernst Toller, que em 1926 era um líder solto recentemente da República Socialista da Baváira, Gumbrecht destaca o "entusiasmo inequívoco (do dramaturgo) pelo ideal de uma convergência paradoxal de

[19] Hans Ulrich Gumbrecht, "Mordendo Você Suavemente", p. 296.
[20] Idem, *In 1926: Living at the Edge of Time*. Cambridge e Londres, Harvard University Press, 1997, p. 383.
[21] Ibidem, p. 273.

Individualidade e Coletividade",[22] ou seja, precisamente a simultaneidade que Oswald articula no *Manifesto*. De fato, o clima político que informa a "convergência paradoxal (doxológica)" que Gumbrecht identifica no texto de Toller e o sentido de engajamento político do poeta alemão enquanto escritor não são de forma alguma somente europeus. Raymond Williams, entre outros muitos críticos, observa as orientações políticas díspares adotadas pelos movimentos modernistas e de vanguarda: em relação a "tendências socialistas e a outras radicais e revolucionárias (ou) a identificações extremamente nacionais e afinal nacionalistas, como as produzidas tanto pelo fascismo italiano quanto alemão".[23] Wilson Martins descreve uma ruptura semelhante (ou "ponto de rutura") no modernismo brasileiro – que ele coincidentemente situa por volta de 1926 – separando "política literária de literatura política ou revolução literária de literatura revolucionária (...) (em) que uma facção do modernismo aceita suas implicações políticas de direita (...) enquanto outra reconhece as mesmas implicações, mas de esquerda".[24] Como Martins especifica adiante, de direita ou de esquerda, o modernismo manifestou "uma vocação política totalitária",[25] mais uma vez, o tipo de atitude política que favoreceria a confluência doxológica contraditória do individualismo e coletivismo.

Numa discussão inovadora da relação entre modernidade e revolução, Perry Anderson define o "espírito" contextual que estou evocando aqui como uma das "três coordenadas decisivas" cuja intersecção produz o conjunto complexo de condições sociopolíticas que permitem o surgimento do modernismo. Anderson denomina isso de "proximidade imaginativa da revolução social", um sentimento elevado de precariedade e instabilidade exacerbadas pela sensação de que "resultados possíveis da derrocada da antiga ordem eram (...) ainda profundamente ambíguos. Uma nova ordem seria mais pura e radicalmente capitalista, ou socialista?".[26] Na mesma orientação, Fredric Jameson sugeriu recentemente que os relatos convencionais do modernismo que ressaltam sua pretensa subjetivização da realidade se enganam. Por fim, Jameson alega que a "subjetividade" modernista revela um anseio "por uma nova existência fora do eu, num mundo radicalmente transformado e digno de êxtase"; a subjetivização modernista, ele conclui, é "uma alegoria da transformação do próprio mundo, portanto, do que se chama de revolução".[27] A interpretação de Jameson do individualismo modernista como uma forma latente de coletivismo

[22] Ibidem, p. 384.
[23] Raymond Williams, *The Politics of Modernism: Against the New Conformists*. Ed. Tony Pinkney. Londres, Verso, 1989, p. 58.
[24] Wilson Martins, *A Literatura Brasileira*. Vol. VI: O Modernismo (1916-1945). 2. ed. São Paulo, Cultrix, 1967, p. 125.
[25] Ibidem, p. 127.
[26] Perry Anderson, "Modernity and Revolution." In: *Marxism and the Interpretation of Cultures*. Ed. Cary Nelson e Lawrence Grossberg. Chicago e Urbana, University of Illinois Press, 1988, p. 326.
[27] Fredric Jameson, *A Singular Modernity: Essay on the Ontology of the Present*. Londres e Nova York, Verso, 2002, p. 135-36.

utópico fornece outra resposta implícita e dialética à investigação de Gumbrecht em relação às condições em que os dois princípios convergiriam.

Em *Living at the Edge of Time*, Gumbrecht detecta um paradoxo semelhante na marcha de Luís Carlos Prestes através de milhares de quilômetros do território brasileiro em 1926, o episódio comumente conhecido como a *Coluna Prestes*. Como o célebre *Cavaleiro da Esperança* descreveria mais tarde os objetivos de sua expedição: "em termos objetivos, éramos contra o imperialismo e latifúndios, sem saber o que era imperialismo ou latifúndio".[28] Durante a campanha, a figura de Prestes atingiria dimensões épicas e sua série de sucessos militares simbolizaria a possibilidade de transformação social e política. Por outro lado, para Gumbrecht, "se há algo claro nas próprias declarações de Prestes é a ausência de objetivos estratégicos além da continuidade potencialmente infinita de movimento (...) a única prova de (sua) função (social) (...) é o movimento desses soldados, indo de um lado para outro e dando voltas no mapa do Brasil, praticamente como uma dança".[29] Curiosamente, essa afirmação reafirma a descrição da última volta de um dos generais fictícios de Francisco Villa no fim de *Los de Abajo*: "*Nada importa saber adónde van y donde vienen; lo necesario es caminar, caminar siempre, no estacionarse jamás*" (Não importa saber para onde vão e de onde vêm; é necessário caminhar, caminhar sempre, nunca parar). Na avaliação posterior de sua própria marcha, Prestes reconhece que, sem um programa específico de mudança social e econômica, a coluna não poderia continuar indefinidamente, precisando, portanto, parar: "Como não tínhamos um objetivo político claro, sinais de degeneração começaram a aparecer no centro da coluna, o que poderia fazer com que muitos dos seus membros se transformassem em cangaços e bandidos.[30] Gumbrecht se pergunta, porém, se "a preocupação em manter as coisas em movimento substitui a necessidade de conhecer a direção do movimento", considerando que, "contanto que Prestes mantenha seus seguidores em movimento, eles não perguntam para onde estão sendo levados".[31]

Esse trocadilho constante sobre o sentido planetário (mais do que social) da revolução como repetição corrobora também a *Novela de la Revolución Mexicana* (Romance da Revolução Mexicana) de Azuela.[32] Contra o pano de fundo da divisão centro-periferia que frequentemente subentende o discurso crítico sobre as vanguardas latino-americanas, essa "continuidade de movimento potencialmente infinita" ou sem objetivo lembra a estrada

---

[28] Citado em Marly de Almeida Gomes Vianna, *Revolucionários de 35: Sonho e Realidade*. São Paulo, Companhia das Letras, 1992, p. 76.
[29] Hans Ulrich Gumbrecht, *In: 1926*, op. cit., p. 388.
[30] Citado em Marly de Almeida Gomes Vianna, loc. cit.
[31] Hans Ulrich Gumbrecht, *In: 1926*, op. cit., p. 387-88.
[32] Mariano Azuela, *Los de Abajo: Novela de la Revolución Mexicana*. Londres, Penguin Books, 1997.

assintótica para o desenvolvimento, a temporalidade perenemente irrealizada conotada tanto pelo gerúndio (*desenvolvendo*) – e o particípio passado agora fora de moda *(subdesenvolvido)* – que normalmente modificam os países do cone sul. Nesse contexto, um movimento permanente significa imobilidade, uma repetição inelutável e incessante na periferia de um itinerário no qual o centro já foi sempre antecipadamente delineado. Em *Making Sense of Life and Literature*, Gumbrecht elucida esse desenvolvimento dinâmico:

> "Modernização" foi usada especificamente desde 1960 para descrever os esforços desenvolvimentistas dos países do Terceiro Mundo (...) Pelo menos a partir da nossa perspectiva, a modernização em países subdesenvolvidos é determinada por um desejo de alcançar níveis atuais de países desenvolvidos, e dessa forma ocorre em algum ponto entre a descolonização e o nosso próprio presente. Ao mesmo tempo, as nações industriais estão saindo desse presente para um futuro aberto, sem que sejam capazes de prever o caminho para isso ou para o que possivelmente se pareceria com isso.[33]

Uma ligação conceitual próxima poderia ser estabelecida entre a estrutura temporal que esse fragmento delineia e a predileção declarada de Gumbrecht pela "dupla referência charmosa à *mãe dos Gracos*":[34] "Contra todas as catequeses (...) (e) contra a mãe dos Gracos (...) Contra Goethe, a mãe dos Gracos".[35] Para Luiz Costa Lima, a alusão ao epígono clássico da virtude materna que é Cornelia, a mãe de Gracchi, denota epigramaticamente o que Oswald julga ser um dos erros fundamentais do que até então dificultara os esforços latino-americanos no sentido de engajar-se de forma criativa no legado cultural do Ocidente: "Levada a sério, a antropofagia implica: (1) a necessidade da aprendizagem intensiva do que se processou e processa no Ocidente; (2) a não menos premente necessidade de absorvê-lo e, então, transformá-lo".[36] Essa "intuição", como Costa Lima a caracteriza, revela mais do que afinidades incidentais com o processo que o historiador cubano Fernando Ortiz chamará de *transculturación* (transculturação). É mantendo uma "lógica" semelhante de transculturação que Vera Follain de Figueiredo examina a mesma referência clássica. Ao propor uma releitura da história que abriria o caminho para a elaboração de narrativas contra-hegemônicas da modernidade, Oswald – Follain de Figueiredo afirma – pede a rejeição imediata da narrativa eurocêntrica da modernidade, uma narrativa que define "a missão europeia é levar a civilização a povos bárbaros e

[33] Hans Ulrich Gumbrecht, *Making Sense of Life and Literature*, op. cit., p. 108.
[34] Idem, "Mordendo Você Suavemente", p. 293.
[35] Luiz Costa Lima, "A Vanguarda Antropófaga". Ver, neste volume, p. 369, 370.
[36] Ibidem, p. 371.

primitivos, mesmo que para cumpri-la tenha de utilizar da violência submetendo 'povos inferiores' a um sacrifício necessário para galgar os degraus da modernidade".[37] Ao contrário, o comentário de Gumbrecht sobre a alusão do *Manifesto* à mãe de Gracchi ilustra a noção de um círculo hermenêutico, em que o autor do *Manifesto* fica essencialmente no escuro sobre o seu próprio discurso, embora o intérprete, conhecendo a historicidade dessa cegueira, consiga recuperar o significado latente do texto: "em vez de fazer de conta que vem da floresta tropical, essa referência está ligada à ambição muito romântica da classe média sul-americana de ter instituições tão rigorosas quanto o ginásio prussiano".[38] Num certo sentido, então, o que Gumbrecht, pelo que ele mesmo reconheceu, "gosta" do *Manifesto* de Oswald é o que ele vê como a expressão do "desejo (reconhecível) de acompanhar" os níveis de educação europeus.

As duas outras passagens do *Manifesto* que encontram a aprovação de Gumbrecht – nas quais Oswald desfaz os binários "vergonhosamente do estilo preto e branco" com a pergunta: *que temos nós com isso?* – realiza um gesto retórico que ele considera bastante familiar: "Mas, uma vez mais, não posso associar esse gesto a nada exótico ou exuberante".[39] A forma específica desse procedimento retórico reproduz os de uma época europeia anterior: "ele me lembrou (...) do excessivo no meu (e no de todos) texto favorito, do *corpus* textual vagamente atribuído ao 'primeiro trovador', Guilherme IX da Aquitânia".[40] Como se estivesse condicionado pela dinâmica do desenvolvimento, Gumbrecht esboça a ideia em *Making Sense* de que o presente do *Manifesto* não leva a um futuro aberto, imprevisível, mas volta ao passado medieval da Europa. Evidentemente, a antropofagia não tem "uma visão do presente voltada para o futuro (...) como se evidencia em inúmeros manifestos (europeus do século XIX)".[41] De forma nitidamente oposta às vanguardas europeias como são descritas em *Making Sense*, a antropofagia parece estruturalmente incapaz de viver a experiência do presente "de uma forma diferente"; não somente continua "permitindo que seus limites periódicos sejam definidos por qualidades específicas do passado"[42] – de novo, ao contrário do que supostamente acontece durante o alto modernismo europeu – mas deve também traçar a configuração hierática que aquele passado projeta na câmara hermética que é a temporalidade da modernização. E é com "uma continuidade do movimento potencialmente infinita" e sem objetivo que a antropofagia é assim compelida a percorrer o seu caminho no mapa da modernidade,

[37] Vera Follain de Figueiredo, "Antropofagia: Uma Releitura do Paradigma da Razão Moderna". Ver, neste volume, p. 393.
[38] Hans Ulrich Gumbrecht, "Mordendo Você Suavemente", p. 293.
[39] Ibidem, p. 294.
[40] Ibidem.
[41] Hans Ulrich Gumbrecht, *Making Sense of Life and Literature*, op. cit., p. 100.
[42] Ibidem, p. 103.

praticamente como se dançasse o ritmo impressionante de uma valsa exótica.

Gumbrecht explica a diferença entre os tipos de modernismo brasileiro e europeu segundo a lógica dessa dicotomia temporal:

> O que fez com que todo o continente americano fosse diferente da Europa naquele momento foi a ausência, a falta de uma experiência imediata da Primeira Guerra Mundial. Aquele sentimento europeu, decorrente da experiência imediata da primeira destruição em massa completamente anônima, realizada com tecnologia militar, aquele sentimento que fez com que qualquer otimismo relativo à condição humana parecesse vazio e ingênuo, foi certamente muito mais forte para os intelectuais em Viena, Berlim e Paris do que para aqueles de São Paulo ou Nova York.[43]

Esse relato da ansiedade modernista europeia não é tão impreciso quanto parcial. O que se identifica como um sentimento *europeu* foi uma característica do dadaísmo mais do que da vanguarda europeia como um todo do pós-guerra da Primeira Guerra Mundial, eu diria. E o *Stimmung* que define o dadaísmo é peculiarmente alemão. Dadá, conta a história, vem de um sentimento do colapso antecipado do idealismo alemão e do da primazia intelectual alemã que é ressaltada em *Making Sense*: "Da passagem do século XVIII para o XIX em diante (e ao contrário do período do iluminismo), foi a Alemanha com a sua filosofia e teoria estética que influenciou a discussão em geral nos outros países europeus".[44] Mergulhados na tradição cultural alemã, os dadaístas consideraram esse declínio equivalente ao fracasso inexorável da civilização ocidental. Incapazes de imaginar uma alternativa para a cultura alemã, eles viam a derrota da Alemanha como apocalíptica, embora fosse necessária e justa. Embora essa não seja absolutamente a atitude dos surrealistas, por exemplo, que, ao concluírem de forma semelhante que era impossível depositar as bases da existência humana em qualquer Absoluto, finalmente descobrem na teoria psicológica o potencial capaz de dotar o mundo de significado e propósito tão poderosos quanto aqueles com que um hegelianismo supostamente morto pudera arcar. Para os surrealistas, portanto, a realização que leva à ansiedade nos dadaístas abre a possibilidade para uma criatividade ilimitada e exuberante, ou seja, produz exatamente o "otimismo superficial e ingênuo (...) sobre a condição humana" que era sem dúvida muito mais forte entre os intelectuais de São Paulo do que os de Paris.

No fim do seu texto, quando Gumbrecht interpreta os objetivos principais da

[43] Hans Ulrich Gumbrecht, "Mordendo Você Suavemente", p. 296-97.
[44] Idem, *Making Sense of Life and Literature*, op. cit., p. 89.

própria coletânea, parece que ele segue novamente o padrão do círculo hermenêutico. Agora, porém, são os "intelectuais brasileiros" que o convidaram a dar a sua contribuição ao volume (em vez do autor do *Manifesto*) que Gumbrecht descreve como não completamente cientes das implicações subjacentes do seu próprio discurso:

> Por que os intelectuais brasileiros nos convidam, mais uma vez, a refletir sobre o *Manifesto* (...) e temos aqui algo de que, creio, os colegas brasileiros em questão talvez não estejam completamente cientes, portanto, o dado requer interpretação [e a minha interpretação] é a de que fomos encorajados a ler e gostamos de ler o *Manifesto* como um documento escrito por aquele futuro do passado que, como a maioria dos futuros de momentos históricos passados, foi um futuro que nunca se tornou realidade (...) Além desse sentimento produzido pela invocação de um futuro passado, não há muito mais, temo, em termos de qualidade estética ou de complexidade filosófica de que o autor do *Manifesto Antropófago* pudesse se vangloriar.[45]

Em outro momento, Gumbrecht descreve esse anterior futuro (ou "futuro passado") em termos da concepção do centro da periferia como um espaço de autenticidade, um lugar "em que uma ordem elementar e arcaica deve ter sobrevivido", que, no caso da América Latina, "se associa a uma certa vitalidade (que dá) (...) a impressão de que a América Latina terá uma papel de primeira importância no futuro".[46]

Em "Mordendo Você Suavemente", ele sugere de forma análoga que "o que nos é alardeado pelo *Manifesto*" é um desejo de "hegemonia global [que] – pelo menos na sua visão cultural mais suave – não era de forma alguma uma ambição demasiadamente grande para um intelectual sul-americano [daquela época]"; ele acrescenta: "porque reivindicavam hegemonia em nome de um vago princípio do *bon sauvage*", essa foi uma "boa vontade em relação ao poder".[47] Essa suposta aspiração por bênçãos benignas, pós-coloniais é compatível com a postura à qual Gumbrecht reduz a postura intelectual e estética de Oswald: "Oswald me lembra aqueles turistas brasileiros de classe média, mesquinhos e naturalmente medíocres (ou turistas acadêmicos), que vão à Europa ou aos Estados Unidos com a pretensão de serem os filhos intactos e eroticamente poderosos da Mãe Natureza".[48] Como a própria América do Sul, o turista (acadêmico) dos trópicos, pobre e de segunda categoria, com pretensões injustificadas de potência sexual selvagem fica

---

[45] Idem, "Mordendo Você Suavemente", p. 297.
[46] Idem, *In 1926*, op. cit., p. 273.
[47] Idem, "Mordendo Você Suavemente", p. 297.
[48] Ibidem, p. 293.

suspenso num mundo das trevas identitário, num estado eterno de incompletude (ou subdesenvolvimento) em que *ele* (pois ele é nitidamente masculino) é obrigado a oscilar, desempenhando agora o papel de uma cópia derrisória de sua contrapartida do primeiro mundo, agora parodiando o estereótipo europeu do nobre selvagem. Curiosamente, a "impressão" da promessa futura da América Latina provém de uma vaga perspectiva europeia do mundo dos anos 1920 internalizada completamente pelos intelectuais sul-americanos dos anos 1920.

Essa promessa de futuridade revelou-se como "o desejo" historicamente limitado "de alcançar" um nível europeu contemporâneo de hegemonia global. É a expressão dessa vontade de ser euro-ocidental, de ser o mesmo, que define a modernização. É o desejo de um futuro que nunca poderia se tornar uma realidade porque estruturalmente é desprovido da abertura e imprevisibilidade do futuro de países industrializados; pois é sempre irremediavelmente governado pelo *presente* destes últimos. O aspecto que Gumbrecht declara que *nós* deveríamos apreciar no *Manifesto* – a marca de como supostamente "difere" dos modernismos europeus, o sinal de "algo que só poderia ter acontecido no Brasil"[49] – não indica tanto uma diferença, mas sobretudo um desejo do mesmo. Contudo, esse desejo constitui também uma das poucas qualidades resgatáveis do *Manifesto*: "além desse sentimento (...) não há muito mais, temo, em termos de qualidade estética ou de complexidade filosófica". Há, entretanto, um outro tipo de prazer ligado ao texto de Oswald: "*nós* gostamos de lê-lo porque torna presente um momento em que nem a América do Sul se sentia como vítima, nem a América do Norte e a Europa achavam que tinham que se flagelar como opressores da humanidade".[50] Hoje, a ideia de que a "América do Norte" implora o perdão do mundo pelos feitos imperiais catastróficos soa ligeiramente incongruente, porém, a enunciação do seu suposto prazer nos permite apresentar uma estrutura epistêmica alternativa para explicar até mesmo os fragmentos mais problemáticos do *Manifesto*.

Usando as palavras de Vera Follain de Figueiredo, a partir dessa estrutura, o texto de Oswald revelaria "a outra cara da modernidade, aquela que não é emancipadora, que, ao contrário, aponta para a violência e para a negação do outro".[51] De fato, para a maioria dos colaboradores da coletânea, a antropofagia deve ser considerada justamente a partir do seu engajamento aberto e direto com o que Walter Mignolo denominou "a outra narrativa possível da modernidade – que

[49] Ibidem, p. 296.
[50] Ibidem, p. 297.
[51] Vera Follain de Figueiredo, "Antropofagia: Uma Releitura do Paradigma da Razão Moderna". Ver, neste volume, p. 391.

envolve a Espanha, Portugal, rotas de comércio do Atlântico, a prata e o ouro das Américas assim como a escravidão maciça dos africanos na América e a quase aniquilação dos ameríndios".[52] Dessa forma, Jorge Schwartz, por exemplo, afirma que o texto canônico de Oswald constitui "uma das estratégias mais originais elaboradas na América Latina para resistir aos inevitáveis processos de colonização".[53] Eduardo Subirats vê o movimento como particularmente "relevante para o nosso entendimento da crise da modernidade", declarando que "abriu o caminho na direção contrária daquela da vanguarda europeia".[54] Vera Follain de Figueiredo afirma ao mesmo tempo que "o ritual antropofágico indígena é recuperado como metáfora de uma visão de mundo não excludente; a devoração implicaria o reconhecimento dos valores do outro".[55] E Carlos Rincón, ao admitir que o momento cultural e político atual difere nitidamente daquele em que o *Manifesto* foi produzido, afirma que "a metáfora [antropofágica] é indispensável na busca de novos modelos de apropriação cultural, diante da crise dos propostos pela cultura centrada no sujeito".[56]

À luz dessa outra narrativa da modernidade, os fragmentos confusos ou escandalosos do *Manifesto* se tornam agora explicáveis. Como Roberto Fernández Retamar nos lembra, vários críticos eminentes, como Antonio Candido, Benedito Nunes, Roger Bastide, Augusto e Haroldo dos Campos, já avaliaram "com acerto e brilhantismo" a proclamação audaciosa de Oswald (*Antes dos portugueses descobrirem o Brasil, o Brasil tinha descoberto a felicidade*).[57] Retamar se depara no fragmento com "a máscara maliciosa de uma reivindicação do passado, ao assinalamento da linha realmente criadora de nossa história, de nossa cultura".[58] O comentário de Roland Greene da mesma frase oferece uma resposta convincente para a questão, "Como Oswald poderia ousar dizer (isso)". Segundo Greene, o *Manifesto* "insiste não na ideia de que 'devemos fazer isso' como os breviários humanistas aconselhavam, mas que 'nós já tivemos isso' ou 'já fizemos isso', antes mesmo da chegada do humanismo".[59] Quanto à repetição da palavra *roteiros*, Greene a associa ao mesmo relato alternativo da modernidade, indicando que o parágrafo aborda a narrativa da descoberta diretamente. "Importa saber que o texto repete aqui a palavra (...) sete vezes" Gumbrecht pergunta. Com a repetição do substantivo, Greene sugere, o texto ressignifica e o desfamiliariza, propondo de fato que "as descobertas são os resultados de roteiros percorridos e não percorridos", revestindo novamente dessa forma a descoberta brasileira de contingência "essa

---

[52] Walter D. Mignolo, "La Colonialidad Global, Capitalismo y Hegemonía Epistémica", op. cit., p. 74.
[53] Jorge Schwartz, "De Símios e Antropófagos: Os Macacos de Lugones, Vallejo e Kafka". Ver, neste volume, p. 254.
[54] Eduardo Subirats, "Surrealistas, Canibais e Outros Bárbaros". Ver, neste volume, p. 265-66.
[55] Vera Follain de Figueiredo, op. sit.. Ver, neste volume, p. 394.
[56] Carlos Rincón, "Antropofagia, Reciclagem, Hibridação, Tradução ou: Como Apropriar-se da Apropriação". Ver, neste volume, p. 553.
[57] Roberto Fernández Retamar, "Calibã diante da Antropofagia". Ver, neste volume, p. 327.
[58] Ibidem.
[59] Roland Greene, "Antropofagia, Invenção e a Objetificação do Brasil". Ver, neste volume, p. 212.

história subsequente foi escrita a partir dela".⁶⁰ Pode-se bem alegar, então, que implicações epistemológicas importantes podem ser extraídas da relutância de considerar o que a maioria dos colaboradores da antologia vê como uma dádiva, a saber que a antropofagia procura repudiar uma concepção "eurocêntrica", "provinciana" e "mítica" da modernidade que apresenta a Europa do século XVIII como a culminação de um projeto emancipador que envolve toda a humanidade, usando uma descrição feliz de Enrique Dussel.⁶¹

Não há uma estrutura simples ou neutra para uma troca crítica com a antropofagia. O conjunto de critérios ou princípios que informa nossas leituras díspares do *Manifesto* não é fixa nem universal, mas variável, contingente e, como Dussel insistiria, muitas vezes provinciana também. É num esforço de alterar radicalmente uma concepção eurocêntrica persistente do moderno, por exemplo, que a antropofagia realiza o gesto aparentemente absurdo de reunir o que resta do tupi extinto nas crônicas e recuperando assim uma identidade canibal. Como Caetano Veloso define de forma sucinta, a antropofagia "é a superação da oposição centro/periferia".⁶² Para ter certeza, como o antropólogo brasileiro Carlos Fausto observa, "o índio no oswaldiano continua sendo uma figuração distante da realidades indígenas efetivas".⁶³ Ou, como Gumbrecht coloca de forma mais deliberada, "deve-se dizer, ele não era um *tupi* nem um *jabuti*".⁶⁴ Gumbrecht vê isso como uma "intenção carnavalesca de ser um canibal" que, segundo ele, "parece (...) trivial".⁶⁵ Talvez seja necessário afirmar que, por mais trivial ou carnavalesca que pareça a intenção de Oswald, o *Manifesto* busca demonstrar que, como Dussel alega, o "mundo" (no sentido heideggeriano) dos chamados povos primitivos "*no difiere por su desarrollo humano mucho del moderno, si 'entramos' en el núcleo de su experiencia cultural*"⁶⁶ (não é muito diferente, em termos de desenvolvimento humano, do moderno, se "entrarmos" no núcleo da sua experiência cultural).

Quando o *Manifesto* pede um fim para "as histórias do homem que começam no cabo Finisterra", ou quando repete a palavra *roteiros* sete vezes, está defendendo uma *mudança de pele* ("*cambio de piel*") semelhante àquela que Enrique Dussel estabelece como a precondição de se repensar a modernidade a partir da perspectiva dos seus silêncios, da sua "exterioridade":

Agora temos que ter a suave pele bronzeada dos caribenhos, andinos, amazonenses (...) Os olhos admirados daqueles índios que das praias com os pés descalços sobre as suaves e cálidas areias das ilhas "viram" se

---

⁶⁰ Ibidem.
⁶¹ Enrique Dussel, *Hacia una Filosofía Política Crítica*. Bilbao, Editorial Desclée de Brouwer, 2001, p. 350-1, 354.
⁶² Caetano Veloso, *Verdade Tropical*. São Paulo, Companhia das Letras, 1998, p. 240.
⁶³ Carlos Fausto, "Cinco Séculos de Carne de Vaca: Antropofagia Literal e Antropofagia Literária". Ver, neste volume, p. 163.
⁶⁴ Hans Ulrich Gumbrecht, "Mordendo Você Suavemente", p. 293.
⁶⁵ Ibidem.
⁶⁶ Enrique Dussel, *1492: El Encubrimiento del Otro (Hacia el Origen del "Mito de la Modernidad")*. Bogotá, Ediciones Antropos, 1992, p. 142.

aproximar, flutuando no mar, deuses nunca vistos (...) Temos que ter os olhos do Outro, do outro *ego*, de um *ego* a partir do qual devemos re-construir o processo de sua formação (como a "outra face" da modernidade).[67]

Ao mesmo tempo, como Fausto cita, por mais trivial e carnavalesca que seja, "a metáfora (é) congruente com representações indígenas"; expressa "uma compreensão profunda do canibalismo como operação prático-conceitual".[68] Em *Inimigos Fiéis*, Fausto reconhece que simpatiza com os modernistas, e caracteriza a antropofagia como "um contradiscurso poderoso para continuidades coloniais".[69] Para o antropólogo brasileiro, o canibalismo como uma prática sociocultural não é uma mera identificação com o outro nem uma negação direta do outro. Isso deve ser compreendido a partir do *Aufhebung* de Hegel. Como o potencial subjetivo do Outro nunca pode ser completamente neutralizado, a troca canibal sempre é necessariamente ambivalente: "O predador nega a sua presa ao mesmo tempo em que ele a afirma, pois emerge da relação como novo sujeito afetado pelas capacidades subjetivas da vítima (...) O modelo canibal de apropriação de subjetividades reencontra, desse modo, o tema da centralidade do idioma corporal não apenas por causa do consumo – isto é, pela destruição de outros corpos – mas por causa da construção de novos sujeitos, de seus corpos e capacidades".[70]

A concepção dialética de Fausto ecoa na interpretação de Eduardo Viveiros de Castro do ritual como "a forma suprema de espiritualização", como a tentativa de uma imortalização através da sublimação do elemento corruptível do ser humano:

> A sociedade tupinambá *incluía* os inimigos, ela não existia fora da relação com o Outro – *heteronomia generalizada*, dialética "externa" do sacrifício humano, necessidade de mortos alheios e de morte em mãos alheias (...) a incorporação de um incorporal, devir-inimigo: é isso, o canibalismo, o contrário da sucção narcísica de identificação: quem come é que (se) altera.[71]

Nesse sentido específico, tenho que discordar da alegação de Sara Castro-Klarén: o pensamento tupi é "radicalmente diferente de toda dialética", e que "raízes europeias profundas sobrepõem e reprimem a metáfora antropofágica tupi no *Manifesto Antropófago* justamente porque Oswald não consegue descartar "a ideia central de um movimento dialético da história da humanidade".[72] Como os relatos de Fausto e Viveiros de Castro do canibalismo ritual sugerem com veemência, é na medida em que a antropofagia é compreendida em

[67] Enrique Dussel, *1492*, op. cit., p. 120.
[68] Carlos Fausto, "Cinco Séculos de Carne de Vaca", p. 169, 163.
[69] Carlos Fausto, *Inimigos Fiéis: História, Guerra e Xamanismo na Amazônia*. São Paulo, Edusp, 2001, p. 21.
[70] Ibidem, p. 540, 541.
[71] Eduardo Viveiros de Castro, *Araweté: os Deuses Canibais*. Rio de Janeiro, Jorge Zahar, 1986, p. 666, 669.
[72] Sara Castro-Klarén, "El 'Manifesto Antropófago' o la Contienda Sócrates-Caraïbe." In: *Heterotropías: Narrativas de Identidad y Alteridad Latinoamericana*, op. cit., p. 252.

termos de uma dialética negativa que pode coincidir com "a lógica da alteridade interminável do pensamento tupi".⁷³ Se, como Fausto insiste, a antropofagia literária apreende o sentido essencial da depredação tupinambá (antropofagia literal), então a medida dessa compreensão profunda deve ser o que ele define como a construção de novos sujeitos. Embora fortalecida por uma operação fenomenológica ocidental (a dialética hegeliana), a construção antropofágica da subjetividade através da incorporação da alteridade simultaneamente propõe transcender modelos ocidentais de subjetividade. Dessa forma, a antropofagia é não somente um "conceito contraditório em si mesmo e por si mesmo", mas profundamente *dialético*.

É nesse sentido que temos que entender a crítica de Carlos Rincón da fórmula que Gumbrecht propõe durante um debate após uma palestra em 1997 para referir-se a culturas ligadas ao canibalismo: "culturas da produção de presença". "Tal fórmula", Rincón sugere, "se abre para a construção de uma diferença tipológico-cultural: culturas da subjetividade centradas no sujeito e culturas da produção de presença, em que a existência descansa no *ser-corpo*".⁷⁴ O que subtende essa diferença tipológica e cultural (uma variação sobre a dicotomia mais convencional sujeito-objeto) é uma concepção hierárquica da cultura que só pode relegar a América Latina à condição "da 'outra' face oculta dominada, explorada" da modernidade.⁷⁵ Do ponto de vista restrito de Gumbrecht, torna-se difícil, senão impossível, levar em conta a possibilidade de que a antropofagia pode de fato eclipsar o projeto global de liberação, que Enrique Dussel chama de *trans-modernidad*. Para Dussel, essa superação da modernidade ocidental segue um movimento dialético análogo à operação canibal descrita por Fausto e Castro:

> A razão moderna é transcendida (mas não como negação da razão enquanto tal, mas como razão violenta, eurocêntrica, desenvolvimentista, hegemônica) (...) (A) *verdadeira superação* (da modernidade) (como uma subsunção e não meramente como *Aufhebung* hegeliana) é *subsunção* do seu caráter emancipador racional europeu *transcendido* como projeto mundial de liberação de sua alteridade negada.⁷⁶

É a racionalidade moderna que Dussel define aqui que Gumbrecht parece reproduzir quando localiza a ruptura do "presente como um período 'moderno' do modelo normativo da antiguidade no limite do classicismo alemão e do romantismo europeu", e a classifica como "o ponto de partida para uma compreensão filosófica da nova consciência do presente que fun-

---

⁷³ Ibidem, p. 254.
⁷⁴ Carlos Rincón, "Antropofagia, Reciclagem, Hibridação, Tradução", p. 560.
⁷⁵ Enrique Dussel, *1492*, op. cit., p. 33.
⁷⁶ Ibidem, p. 247, 248.

damentalmente alteraria o conceito de modernidade".[77] Confrontado com o empenho incipiente do *Manifesto* de suplantar essa narrativa reconhecível, o crítico aceita os termos desse repúdio ou reposicionamento tentado dentro da própria estrutura epistemológica que o texto busca deslocar de forma mais inequívoca. Segundo este último modelo epistêmico, a antropofagia não pode senão parecer contraditória. To-

[77] Hans Ulrich Gumbrecht, *Making Sense of Life and Literature*, op. cit., p. 109.

davia, as passagens que parecem paradoxais e sem sentido assim se mostram somente porque o seu "significado essencial" não pode ser inteiramente apreendido a partir dessa estrutura de referência. É, portanto, a estrutura epistemológica que informa as nossas "releituras" do *Manifesto* – mais do que uma falha ou banalidade intrínseca ao texto – que produz o que pode ser definido como absurdo e paradoxal.*

* Tradução de Margarita Maria Garcia Lamelo.

PARTE IV

Releituras

Calíbã Diante da Antropofagia

Roberto Fernández Retamar
Casa de las Américas, Cuba
Poeta e ensaísta

Em 1993 escrevi um *post-scriptum* para uma edição japonesa de meu ensaio "Caliban" (1971); e, ao publicar separadamente tal *post-scriptum*, intitulei-o "Adiós a Caliban". Não porque fosse uma despedida ao assunto desse ensaio, que eu julgava não havia perdido vigência, mas para expressar assim meu desejo de passar para outras produções. "Caliban", aduzi, havia-me convertido numa espécie de Próspero: algo similar, embora com mais dramatismo e mais humor, levou o autor de *Ficções* a escrever "Borges e Eu". Mas o estratagema foi inútil. Não é sensato dar por certo que escolhemos determinados temas; parece, antes, que eles nos escolhem. E, pensasse o que pensasse, eu havia sido escolhido pelo personagem shakespeariano, que ia continuar exigindo-me.

Primeiro o fez timidamente, levando-me a dar-lhe seu verdadeiro nome em espanhol. Se ao nascer foi chamado por seu prodigioso inventor de C*a*liban, com acento no primeiro *a*, isso se deveu ao fato de ser anagrama do inglês *cannibal*. Em francês, devido a razão similar, da palavra *cannibale*, já presente em Montaigne, derivou Calib*a*n, acentuada, naturalmente, no segundo *a*. E, em espanhol, por contágio do francês, aceitamos e propagamos (eu também o fiz, de modo copioso) "Calibán". Nessa forma a encontramos em autores como Martí, Darío, Groussac, Rodó, Vasconcelos, Reyes, Ponce e muitos outros. Mas Pedro Henríquez Ureña escrevia Cáliban, fiel ao original inglês, critério assumido igualmente pelos tradutores do Instituto Shakespeare, ao verter ao espanhol *A Tempestade* (Madri, 1994). No entanto, em nossa língua, afinal de contas a "mãe da criança", Colombo, da palavra *caribe* fez *caniba*, e depois *caníbal*, cujo anagrama lógico é "Caliban", palavra paroxítona que é a que emprego desde há muito, a partir de uma conferência que dei em Santiago de

Cuba. Com tal acentuação apareceu em meu livro *Todo Caliban*¹ em Concepción, Chile, em 1998; livro que pouco depois voltou a ser publicado em San José, Costa Rica. Eu gostaria que se aceitasse esta sã retificação, sabendo embora quão difícil é modificar arraigados hábitos linguísticos mal harmonizados com a lógica. Por meu lado, parece-me muito paradoxal que um texto que se quer anticolonialista comece por não sê-lo no próprio título.²

Minha segunda aproximação ao tema depois do apressado "Adiós..." se deveu a um pedido que me fizera Peter Hulme, da Universidade de Essex, para colaborar num livro então em preparação, *The Tempest and Its Travels*.³ Tratava-se de uma tradução ao espanhol de alguns fragmentos do livro, precedida de um comentário geral, que o próprio Hulme verteu para o inglês.

Mas aquele "Adiós..." perdeu efetivamente sentido com este ensaio que agora publico. Embora eu já houvesse feito leituras e anotações relativas à antropofagia brasileira, declinei em princípio, por falta de tempo. E então Víctor Rodríguez Núñez me fez reconsiderar a decisão, ao dar-me a conhecer seu trabalho então inédito, que apresentou na Universidade de Austin, "Calibán, ¿Antropófago? La Identidad Cultural Latinoamericana de Oswald de Andrade a Roberto Fernández Retamar".⁴ Em suas páginas, generosas, Rodríguez Núñez assinala minha inexplicável omissão, no ensaio "Caliban", "do legado de Oswald de Andrade", fazendo eco, não sem muitas reservas, de uma colocação de Emir Rodríguez Monegal em seu artigo "Las Metamorfosis de Calibán".⁵ Este último texto fez parte de uma polêmica de cunho político (não literário), que padecia das acrimônias e das descortesias frequentes em polêmicas. A propósito disso, remeto ao artigo e sobretudo ao livro de Maria Eugenia Mudrovic sobre a revista *Mundo Nuevo*.⁶

Sem dúvida Oswald de Andrade devia ter aparecido entre os numerosos autores citados em "Caliban". A simples razão pela qual não foi assim é que em 1971 eu ainda desconhecia sua obra. Como expliquei precisamente em "Adiós a Caliban", o mesmo me ocorreu com figuras como Francisco Bilbao e Marcus Garvey. Acrescentei então: "E com tanta ignorância me julgava digno de falar em nome de Caliban!". A resposta a essa exclamação/pergunta retórica é obvia: ninguém pode esperar saber tudo antes de escrever algo. Quando comecei a familiarizar-me com o trabalho do brasileiro, incorporei-o a minhas páginas. Assim, em conferência dada no VIII Congresso da "Associação Internacional de Literatura Comparada" (Budapeste, 1976) sobre "A contribuição da

---

¹ Roberto Fernández Retamar, *Todo Caliban*. Buenos Aires, Milenio, 1995.
² Na tradução deste ensaio, empregamos a forma "Calíbã" para adaptar-nos ao pretendido por Roberto Fernández Retamar. (N. T.)
³ Livro que já se encontra publicado: Peter Hulme e William H. Sherman (orgs.), *The Tempest and its Travels*. Londres, Reaktion Books, 2000. (N. T.)
⁴ Víctor Rodríguez Núñez, "Calibán, ¿antropófago? La Identidad Cultural Latinoamericana de Oswald de Andrade, a Roberto Fernández Retamar". In: Oswald de Andrade, *Obra Incompleta*. Org. Jorge Schwartz. Paris, Archives, 2003, p. 1095-1109.
⁵ Emir Rodríguez Monegal, "Las Metamorfosis de Calibán". *Vuelta*, n. 25, dez. 1978.
⁶ Maria Eugenia Mudrovic, "*Mundo Nuevo*: para la Definición de un Modelo Discursivo". *Nuevo Texto Crítico*, nº 11, Primeiro Semestre de 1993; e *Mundo Nuevo. Cultura y Guerra Fría em la Década del 60*. Rosario, Beatriz Viterbo Editora, 1997.

literatura da América Latina à literatura universal no século XX", eu disse:

> A própria vanguarda europeia, por seu lado, para além do programa afinal de contas reacionário dos futuristas italianos, (...) implicava, em suas realizações mais genuínas (como se vê no melhor do surrealismo), uma impugnação dos valores "ocidentais" que não podia senão favorecer tal impugnação fora do Ocidente, como o entendeu desde logo Mariátegui. (...) Um dos êxitos mais notáveis da vanguarda latino-americana, em consonância com a essência mesma da verdadeira vanguarda nascida criticamente na Europa, foi sua desafiadora proclamação dos valores não ocidentais na América Latina. É o que faz Oswald de Andrade ao lançar, já maduro o modernismo brasileiro, seu *Manifesto Antropófago* (...) em 1928. "A antropofagia brasileira", segundo Antonio Candido [*Introducción a la Literatura del Brasil*, p. 50], "identifica o processo de nossa cultura à devoração ritual dos canibais do período da colonização: devorar a Europa, incorporando-a de tal forma que os seus valores se tornem o nosso sangue, dissolvendo-se na economia profunda do organismo nacional."[7]

Essa conferência já foi incluída na segunda edição (Bogotá, 1976) de meu livro *Para una Teoría de la Literatura Hispanoamericana*, ou seja, diga-se entre parênteses, antes do aparecimento, em 1978, do artigo de Monegal; antes até de sua publicação primeira, em inglês, que se deu na revista norte-americana *Diacritics* (7, 1977).

Sabido o anterior, não será difícil entender o seguinte. No princípio da década de 1990, convidado por um editor a publicar em conjunto meus textos sobre Caliban (que afinal foram lançados em Buenos Aires, em 1995, sob o título *Todo Caliban*), agreguei alguns nomes e algumas indicações bibliográficas ao ensaio inicial. Entre os nomes acrescentados como exemplos da cultura de Caliban, estavam não só Mário de Andrade e Tarsila do Amaral, mas também, naturalmente, Oswald de Andrade. Por economia, a redação era: "Oswald y Mário de Andrade" et. al. O anjo travesso das erratas eliminou o primeiro nome. E não só o ensaio apareceu com essa mutilação, mas ela se manteve duas vezes mais, até que reparei no buraco, e, na já referida publicação, lançada na Costa Rica, restaurei o nome de Oswald. Embora incomodado com o despropósito, acabei por considerá-lo uma *felix culpa*, já que me impele a ir além da mera menção, e abordar nestas páginas, ainda que seja de modo sumário, como vejo a relação entre Calibã e a antropofagia.

[7] Roberto Fernández Retamar, *Para una Teoría de la Literatura Hispanoamericana*. 1. ed. completa. Santafé de Bogotá, Publicaciones del Instituto Caro y Cuervo, 1995, p. 224-25.

Não é meu propósito deter-me de modo global nessa vertente radical do modernismo brasileiro que foi em seu início a antropofagia. Afora o fato de que tempo e espaço não dariam, quem ler este livro encontrará dados suficientes em outros ensaios. Naturalmente, é imprescindível consultar materiais como a *Revista de Antropofagia*;[8] o breve e anedótico livro *Vida e Morte da Antropofagia*, de Raul Bopp,[9] um dos protagonistas do movimento antropofágico; aproximações como a devida à fundamental Tarsila do Amaral "Pintura Pau-Brasil e Antropofagia", em *Arte y Arquitectura del Modernismo Brasileño (1917-1930)*; entre outros estudos. Em *Brasil – Terre de Contrastes* (Paris, 1957), Roger Bastide escreveu:

> C'est alors que Oswald de Andrade invente l'anthropophagie, forme moderne de l'indianisme, non plus la glorification du bon sauvage de l'époque romantique, mais du mauvais sauvage, tueur des blancs, anthropophage, polygame, communiste. Une apologie de l'ogre indigène. Mais bien vite le caractère international occidental, moderne de São Paulo passe dans cet indianisme renouvelé, le colore de freudisme ou de marxisme selon les époques. Oswald dévore les théories étrangères, comme sa ville dévore les inmigrants pour en faire de la chair et du sang brésiliens.[10]

E Haroldo de Campos (a quem tanto deve a reivindicação do autor do *Manifesto Antropófago*), em seu ensaio "Da Razão Antropofágica: Diálogo e Diferença na Cultura Brasileira", além de coincidir com conceitos de Bastide, acrescentará que a antropofagia oswaldiana

> não envolve uma submissão (uma catequese), mas uma transculturação:[11] ou melhor ainda uma "tranvaloração": uma visão crítica da história como função negativa (no sentido de Nietzsche), capaz tanto de apropriação como de desapropriação, desierarquização, desconstrução. Todo passado que nos é "outro" merece ser negado. Vale dizer: merece ser comido, devorado. Com esta especificação elucidativa: o canibal era um polemista (do grego *pólemos* = luta, combate), mas também um antologista: só devorava os inimigos que considerava bravos, para deles tirar proteína e tutano para o robustecimento e a renovação de suas próprias forças naturais.[12]

Ao considerarmos a antropofagia, como não podia deixar de ser, topamos com seu impulsionador por excelência: Oswald de Andrade, em quem, sim, vou deter-me um pouco. Mas não em suas *Obras Completas* (a partir de 1970, a editora Civilização Brasileira começou a publicá-las em onze volumes), mas, dada

---

[8] *Revista de Antropofagia*. Reedição da Revista da Literatura publicada em São Paulo. 1. e 2. dentições – 1928-1929. Introdução (Revistas Re-vistas. Os Antropófagos) de Augusto de Campos. São Paulo, Metal Leve S.A., 1976.
[9] Raul Bopp, *Vida e Morte da Antropofagia*. Rio de Janeiro, Civilização Brasileira, 1977.
[10] Apud Haroldo de Campos, in: Oswald de Andrade, *Obra Escogida*. Seleção e prólogo de Haroldo de Campos. Cronologia de David Jackson. Tradução de Santiago Kovadloff, Héctor Olea, Márgara Rusotto. Caracas, Biblioteca Ayacucho, 1981, p. xii.
[11] Não sei se Haroldo de Campos utiliza este termo, forjado em 1940 por Fernando Ortiz, no sentido utilizado pelo autor cubano.
[12] Haroldo de Campos, "Da Razão Antropofágica: Diálogo e Diferença na Cultura Brasileira". *Boletim Bibliográfico*. Vol. 44. Biblioteca Mário de Andrade. São Paulo, 1983, p. 109.

a índole deste trabalho, no tomo VI, *A Utopia Antropofágica*, e em duas antologias em espanhol: *Escritos Antropófagos* e *Obra Escogida*. Com relação a este material, atenho-me ao que o sucinto título de meu ensaio anuncia.

Mas de saída não é possível deixar de lado a rebeldia e a atitude anárquica e polêmica de Oswald de Andrade. No entanto, esses traços, que se traduziram em mudanças amiúde bruscas em sua vida pessoal, literária e política, foram acompanhados de sua lealdade à antropofagia, com a exceção que se mencionará. Se tal lealdade se anunciou em seu *Manifesto da Poesia Pau-Brasil* (1924) e se tornou evidente em seu *Manifesto Antropófago* (1928) e em suas demais colaborações na *Revista de Antropofagia* (1928-1929), quando já às vésperas de sua morte, em 1954, lhe pediram que fizesse seu testamento literário, ele disse: "Chamo a atenção das gerações vindouras para a filosofia do homem primitivo. *A antropofagia é minha fraqueza*, seu rito dá a medida de uma concepção devorativa da vida".[13] Mas é preciso distinguir nele duas visões ou duas encarnações da antropofagia. A primeira, vinculada às vanguardas, se esboça em 1924 e chega até aproximadamente 1930. É a que conheceria maior difusão, oferece maior originalidade, e, de fato, visa sobretudo às artes e às letras (Oswald escreveu em 1943: "o movimento antropofágico (...) ofereceu ao Brasil dois presentes magníficos: *Macunaíma*, de Mário de Andrade, e *Cobra Norato*, de Raul Bopp".[14] A segunda, desenvolvida após seu abandono da militância comunista, que se estendeu de 1931 a 1945, e que lhe acarretou perseguições e exclusões. Ao responder em 1947 a um entrevistador, explicou: "Quando retirei minha filiação ao PCB (Partido Comunista Brasileiro), senti uma livre e excelente recuperação intelectual. O existencialismo fortaleceu minhas posições de 28 – a antropofagia".[15] Nesta segunda concepção da antropofagia, Oswald, segundo Candido, formulou uma filosofia lírica e utópica de redenção da sociedade pelo matriarcado e pela reconstrução da mente primitiva.[16] Tudo dá a entender que, enquanto o inquieto autor fez parte do PCB, a antropofagia dormiu nele (ou quase), para reaparecer depois com face alterada.

Já se disse que sua primeira concepção da antropofagia se vinculava às vanguardas. Nesse contexto, a antropofagia adquire pleno sentido (ver os livros de Jorge Schwartz, *Vanguardas Latino-Americanas* e *Vanguarda* e *Cosmopolitismo na Década de 20*).[17] A ansiosa busca de novidade e diferenciação, o desejo de chocar frequente nas vanguardas não são alheios à antropofagia. Sabe-se que o pitoresco franco-cubano Francis Picabia havia

[13] Oswald de Andrade, *Escritos Antropófagos*. Seleção, cronologia e posfácio de Alejandra Laera e Gonzalo Moisés Aguilar. Buenos Aires, Ediciones El Cielo por Asalto, 1993, p. 12 (grifo de R.F.R.).
[14] Maria Augusta Fonseca, *Oswald de Andrade, o Homem que Come*. 2. ed. São Paulo, Brasiliense, 1982, p. 86.
[15] Oswald de Andrade, op. cit., p. 53.
[16] Antonio Candido, *Introducción a la Literatura del Brasil*. Havana, Casa de las Américas, 1971.
[17] Jorge Schwartz, *Vanguardas Latino-Americanas. Polêmicas, Manifestos e Textos Críticos*. São Paulo, Iluminuras/Edusp/Fapesp, 1995; e *Vanguarda e Cosmopolitismo nos Anos 20. Oliverio Girondo e Oswald de Andrade*. São Paulo, Perspectiva, 1983.

publicado em 1920 uma revista efêmera chamada *Cannibale* e um *Manifeste Cannibale Dada*; e não faltavam na literatura francesa da época, tão bem conhecida por Oswald de Andrade, outros precursores (?), embora sua antropofagia se movesse numa direção própria, sem dúvida criadora. Oswald reconheceu, sim, antecedentes. Por exemplo: "'Des Cannibales' dos *Essais*, de onde saiu 'a Antropofagia' de 28".[18] Pedro Henríquez Ureña parece apontar para o referido desejo de chocar quando, ao falar do modernismo do Brasil, assegura que *"the most revolutionary of the Brazilian revolutionists, in search of the most thunderstriking name they could contrive, called themselves* anthropophagists".[19] Pois bem, as evidentes similitudes entre o *Manifesto da Poesia Pau-Brasil* e o *Manifesto Antropófago*, apesar da palavra não aparecer no primeiro *Manifesto*, fazem pensar que não houve (ou não houve somente) vontade de encontrar o nome mais *"thunderstriking"*. Mas não se deve esquecer, por outro lado, que ambos os textos têm em comum, ademais, algo que caracterizou as vanguardas: sua condição de manifestos. Já nos anos 1950 assinalei que os manifestos das vanguardas ameaçavam converter-se em gênero literário. Seu caráter programático, seu inevitável esquematismo, a faiscação das propostas lhes davam um involuntário, mas evidente,

ar comum. Apesar de se sentirem obrigados a contradizer-se mutuamente no que postulavam, acabaram por parecer-se muito mais do que seus autores teriam desejado. E, embora nem sempre seja tarefa muito fácil desentranhar suas especificidades, é preciso empreender a tarefa.

Ao fazê-lo, é justo reconhecer que os dois referidos manifestos de Oswald de Andrade se acham entre os mais valiosos de nossas vanguardas (e talvez também de outras). Não tem sentido tentar resumi-los aqui, afora o fato de que eles mesmos são resumos ou compêndios telegráficos. Limitar-me-ei a algumas citações inevitáveis. O *Manifesto da Poesia Pau-Brasil* (coetâneo do primeiro *Manifeste Surrealiste* em Paris e do nascimento em Buenos Aires de *Martín Fierro*) implica uma apaixonada e original defesa da arte autóctone ("a minha tentativa de brasilidade", nas palavras de Oswald de Andrade em sua polêmica com Tristão de Athayde: *Escritos Antropófagos*[20]), que não se revela somente na arte no sentido convencional do termo. Reivindicam-se tanto "os casebres de açafrão e de ocre nos verdes da Favela" quanto o carnaval do Rio: "Bárbaro e nosso"; ou a língua cotidiana: "Como falamos. (...) Dividamos: Poesia de importação. E a Poesia Pau-Brasil, de exportação". Não se trata de virar as costas para o mundo (não poderia fazê-lo o

---

[18] Oswald de Andrade, op. cit., p. 61.
[19] Pedro Henríquez Ureña, *Literary Currents in Hispanic America*. Cambridge, Massachusetts, Harvard University Press, 1945, p. 191.
[20] Oswald de Andrade, op. cit., p. 21.

tão bem informado Oswald de Andrade), mas de tirar preeminência à importação, por outro lado imprescindível, para dá-la à exportação. Daí a alusão ao pau-brasil, a madeira que foi o primeiro produto de exportação do país e acabou por lhe dar nome. "O necessário de química, de mecânica, de economia e de balística". E imediatamente acrescentou: "Tudo digerido". Estamos já à beira do segundo texto, o *Manifesto Antropófago*, que Augusto de Campos qualifica de genial (introdução à edição fac-similar da *Revista de Antropofagia*, seção 3). Digerir se transforma em sua divisa, e a antropofagia em sua natural encarnação. "Só a antropofagia nos une (...). Queremos a Revolução Caraíba. (...) Sem nós a Europa não teria sequer a sua pobre declaração dos direitos do homem. (...) A idade do ouro anunciada pela América. (...) Já tínhamos o comunismo. Já tínhamos a língua surrealista. (...) Antes dos portugueses descobrirem o Brasil, o Brasil tinha descoberto a felicidade". Leríamos palavras semelhantes em autores como Ernesto Cardenal. Entre relâmpagos e ditos bem-humorados (*"Tupi or not tupi, that is the question"*), assiste-se, sob a máscara maliciosa de uma reivindicação do passado, ao assinalamento da linha realmente criadora de nossa história, de nossa cultura. Em julgamentos como os de Candido, de Bastide, dos irmãos Campos ou Nunes, é analisada com acerto e brilhantismo essa linha.

Parece-me evidente que, ao escrever, em uns poucos dias febris, meu "Caliban", eu não teria deixado de citar conceitos da antropofagia de Oswald de Andrade se os tivesse conhecido então. No entanto, quero assinalar o que me parece tratar-se de similitudes e diferenças. Tanto a antropofagia como meu "Caliban" se propunham a reivindicar, e esgrimir como símbolos válidos, um lado de nossa América que a história oficial havia denegrido. Ambos reclamavam o direito que nos assiste não só de nos incorporarmos ao mundo, mas de nos apropriarmos do mundo, de acordo com as características que nos são próprias. Ambos são obras de poetas, que se valem livremente de imagens. Mas a primeira antropofagia não deixa de pagar tributo ao gênero de manifesto vanguardista. Vejo essa dívida, por exemplo, numa espécie de vontade de chocar o burguês, ou a quem fosse, mediante uma redução ao absurdo da metáfora antropofágica: sem deixar de reconhecer, não obstante, o achado desta. No que me diz respeito, sabendo da existência da antropofagia ritual em muitos povos, a qual sobrevive sutilizada em certas cerimônias modernas, propunha-me exculpar a Calíbã/*caníbal* da indiscriminada acusação de antropofagia tantas vezes feita sem suficiente fundamento, com a única finalidade de sublinhar seu suposto caráter bestial e a inevitabilidade de exterminá-lo ou "civilizá-lo". Por outro lado, chama-me a atenção a ausência do personagem Calíbã (como integrante do triângulo formado com Próspero e Ariel) não só em seu manifesto paradigmático, mas, como penso (oxalá seja retificado), na obra de Oswald de Andrade, que naturalmente não ignorava Shakespeare, e chegou a elogiá-lo como devido. Chama-me a atenção, digo, embora eu saiba que nada obrigava a que o citasse. Talvez uma explicação de tal ausência deva ser buscada no fato de que, enquanto Calíbã, além de seu nascimento e suas peripécias na Europa, já tinha longa ou intensa vida nas duas tradições a que pertenço de modo mais direto (a hispano-americana, a caribenha), não ocorre o mesmo na tradição brasileira: também aqui eu gostaria de ser retificado. Calíbã aparece em *Utopia Selvagem*,[21] que voltarei a citar, de Darcy Ribeiro, mas foi preciso esperar a década de 1980 para que nascesse.

Embora se tenha dito (também eu o disse) que Oswald de Andrade, através de não poucas mudanças, permaneceu fiel à antropofagia, deve-se recordar que quando em 1933 publicou seu notável romance-invenção *Serafim Ponte Grande*, que ele assegurou ter terminado em 1928, o fez preceder de um rude prólogo. Já haviam ocorrido então a grande crise financeira de 1929, que tanto o afetou pessoalmente, a cisão de seu grupo, e seu ingresso em 1931 no PCB, ao que parece após um encontro em Montevidéu com Luís Carlos Prestes.[22] E Oswald, a quem em 1942 Mário de Andrade – então definitivamente separados do ponto de vista pessoal – havia chamado, em conferência-balanço sobre "O Movimento Modernista", "[a] meu ver, a figura mais característica e dinâmica do movimento";[23] Oswald, repito, afirmou naquele prólogo que é difícil não julgar infeliz:

> O movimento modernista, culminando no sarampão antropofágico, parecia indicar um fenômeno avançado. São Paulo possuía um poderoso parque industrial. Quem sabe se a alta do café não ia colocar a literatura nova-rica da semicolônia ao lado dos custosos surrealismos imperialistas? (...) A valorização do café foi uma operação imperialista. A Poesia Pau-Brasil também. Isso tinha que ruir com as cornetas da crise. Como ruiu quase toda a literatura brasileira de "vanguarda", provinciana e suspeita, quando não extremamente esgotada e reacionária. (...) eu prefiro simplesmente me declarar enojado de tudo. E possuído de uma única vontade. Ser, pelo menos, casaca de ferro na Revolução Proletária.[24]

[21] Darcy Ribeiro, *Utopia Selvagem. Saudades da Inocência Perdida. Uma Fábula*. 2. ed. Rio de Janeiro, Nova Fronteira, 1982.
[22] Oswald de Andrade, op. cit., p. 59, nota 43.
[23] Mário de Andrade, "O Movimento Modernista". In: *Aspectos da Literatura Brasileira*. São Paulo, Livraria Martins Editora, 1975, p. 237.
[24] Oswald de Andrade, op. cit., 1981, p. 46-77.

Não foram incomuns as críticas intestinas (incluindo as palinódias) entre os vanguardistas de nossa América. Basta recordar: Vallejo e Borges. Mas a autocrítica de Oswald, o modernista, o antropófago por excelência, tinha um violento substrato político. Talvez não seja errôneo atribuí-la a seu sarampão comunista. Não se esqueça da violência de suas mudanças. Já vimos que sua saída do PCB, em 1945, implicou para ele, segundo suas próprias palavras, "uma livre e excelente recuperação intelectual". Não só se separou de "o renascido e disciplinado Partido Comunista (1945)", segundo Candido,[25] mas de um movimento comunista internacional dirigido por uma União Soviética onde faziam das suas Stalin, Jdanov, Lissenko... Mas, ao lado de rejeições tão explicáveis, também segundo palavras de Candido, Oswald "adotou a solução de compromisso preconizada por Earl Browder",[26] a quem chegou a chamar de "o grande Browder";[27] e fez um aberto elogio de *A Revolução dos Gerentes*, de James Burnham.[28] À luz de rejeições e aceitações assim, e entregue às mais variadas leituras de antropologia, história da cultura e filosofia, sobretudo fenomenologia e existencialismo (sem renegar Marx e Engels, pois continuou a ser um homem de esquerda), voltou a seu velho amor (o tema que o havia escolhido?), a antropofagia,

que já não era a mesma. Não esqueceu totalmente a brasilidade, como se vê em "Um Aspecto Antropofágico da Cultura Brasileira. O Homem Cordial" (1950),[29] onde quis puxar a brasa para a sua sardinha com respeito ao famoso capítulo "O Homem Cordial", do notável livro de Sérgio Buarque de Holanda *Raízes do Brasil* (1936). Mas, em especial, expôs seu novo ponto de vista num trabalho maior, feito também naquele ano de 1950: *A Crise da Filosofia Messiânica*, que foi sua tese para um concurso (de que afinal não participou) para a Cátedra de Filosofia na Universidade de São Paulo. Ao sintetizar sua tese, propôs que o mundo se divide em sua longa história em matriarcado e patriarcado; em correspondência com esses hemisférios antagônicos existem uma cultura antropofágica e uma cultura messiânica, que está, dialeticamente, sendo substituída pela primeira, como síntese ou terceira via, fortalecida pelas conquistas técnicas. Vale dizer, só a restauração tecnificada de uma cultura antropofágica poderia resolver os problemas atuais do homem e da filosofia.[30] Estamos longe, tanto no estilo como nos conceitos, da antropofagia nascida no vanguardismo.

Embora sua última obra tenha sido uma autobiografia de que só chegou a escrever a primeira parte, adquiriu certo caráter testamentário a série de artigos

[25] Antonio Candido, *Vários Escritos*. São Paulo, Livraria Duas Cidades, 1977, p. 77.
[26] Ibidem.
[27] Oswald de Andrade, *A Utopia Antropofágica. Obras Completas*, t. VI. Rio de Janeiro. Civilização Brasileira, 1978, p. 224.
[28] Ibidem, p. 127-29.
[29] Ibidem.
[30] Ibidem, p. 128-29.

A Marcha das Utopias, publicada no ano anterior ao de sua morte, 1953, no jornal *O Estado de S. Paulo*, e recolhida em livro postumamente, no Rio de Janeiro, em 1966. Ao lado das tiradas culturalistas que se fizeram frequentes ao final, aqui reaparecem seu interesse pela brasilidade e, embora não necessariamente de forma explícita, as teses de sua amada antropofagia. Aquele e estas o levam a postular uma utopia realizável, na qual desempenham papel fundamental a América e, em particular, o Brasil. Fernando Ainsa comentou esses textos em "Modernidad y Vanguardia en la Marcha *Sin Fin* de las Utopías en América Latina".[31] Da perspectiva "dos povos marginais, dos povos anistóricos, dos povos cuja finalidade não é mais que viver sem tornar-se conquistador, dono do mundo e fabricante de impérios",[32] Oswald de Andrade postula: "Será preciso que uma sociologia nova e uma nova filosofia, oriundas possivelmente dos 'Canibais' de Montaigne, venham varrer a confusão de que se valem, para não perecer, os atrasados e os aventureiros fantasmas do passado".[33] Nesta linha, sem dúvida, encontra-se a obra de Darcy Ribeiro *Utopia Selvagem*. Moacir Werneck de Castro escreveu com acerto:

> É uma Utopia à brasileira, que ao contrário de suas congêneres contemporâneas do mundo desenvolvido, geralmente sombrias, quando não sinistras, irradia otimismo, esperança, alegria criadora. Uma anti-Utopia, de raízes antropofágicas, vivida por "testemunhos do impossível".

Antropofagia hoje? Se isso implica perguntar pela vigência do melhor do pensamento de Oswald de Andrade nesta ordem, é preciso dizer que, através de seus deslumbramentos, contradições e mudanças, ainda tem muito para nos ensinar o fantasioso e polêmico "Quixote gordo", como o chamou seu amigo Candido. Nas primeiras linhas eu disse não acreditar que "Caliban" (quer dizer, o tema de que trata) tivesse perdido vigência. Com não menos razão devo dizer algo similar da antropofagia oswaldiana, que da devoração incorporativa de sua primeira dentição, quando exaltou com jubilosa ferocidade nosso mundo imediato, foi parar numa audaz proposta utópica de retorno da humanidade ao mais nobre do passado, tendo-se alimentado dos êxitos da história. Tudo, com o tom de um poeta que acreditava em suas imagens com firmeza e coragem.

Havana, agosto-setembro de 1999.*

---

[31] Fernando Ainsa, "Modernidad y Vanguardia en la Marcha *Sin Fin* de las Utopías en América Latina". *Cuadernos Americanos*. Nueva época, n. 50, março-abril de 1995.
[32] Ibidem, p. 189.
[33] Ibidem, p. 192.
* Tradução de Carlos Nougué.

A Antropofagia em Questão[1]

Evando Nascimento
Escritor e professor da Universidade Federal de Juiz de Fora

> *É que só ele sabia –*
> *só ele e nenhum outro iniciado –*
> *como era fácil jejuar.*
> *(...)*
> *– porque eu não pude encontrar*
> *o alimento que me agrada.*
>
> Franz Kafka, *Um Artista da Fome*

•

Pontuações iniciais e epígrafes

A noção de *devoração*, que parece ser o traço mínimo a conectar entre si os múltiplos discursos antropofágicos, proporciona mais de um elemento para se pensar as relações entre subjetividade (artística, intelectual, literária), discurso e cultura. Este último termo, *cultura*, provavelmente será visado aqui como argumento de última instância, ou de primeira, já que a metáfora do círculo faz unir sem apelo as duas pontas do discurso dito metafísico: no final como no começo. É como se a metáfora do cultivo, do plantio e da colheita fosse um correlato natural da necessidade de devorar enquanto o imperativo, mesmo que no Ocidente tem determinado nossas relações com a alteridade, próxima e distante. Um termo bastante associado a tal imperativo categórico seria "fome". Cultivar é uma questão de território (regional, nacional), devorar é uma questão de identidade e de soberania (subjetiva, nacional). A questão que aflora de imediato é se haveria um modo diferente de se relacionar com o outro (autóctone ou não, europeu ou não) que não implicasse simplesmente *devorá-lo*. Ou o próprio das relações inter e transubjetivas, inter e transculturais é devorar e assimilar o outro e sua cultura para afirmar a própria identidade subjetiva ou nacional? Como interromper a violência canibal ou, em nosso caso, antropofágica? Seria mesmo preciso interromper?

Antes de continuar, gostaria de destacar o valor da epígrafe de Kafka, que explica como o artista da fome, um je-

[1] Esta é uma versão modificada do ensaio "A Desconstrução 'no Brasil': Uma Questão Antropofágica?", publicado em Alcides Cardoso dos Santos, Fabio Akcelrud Durão e Maria das Graças Villa da Silva (orgs.), *Desconstruções e Contextos Nacionais*. Rio de Janeiro, 7Letras, 2006, p. 144-79.

juador circense, praticou durante anos, sem maiores dificuldades, a profissão de *deixar de comer para agradar ao público*. Até a inanição. Essa cena ficcional dará uma espécie de contraponto ao imperativo antropofágico como festa voluptuosa da carne, mais especificamente da carne humana, simbolicamente ou não.² Conhecemos o dogma da eucaristia, em que o corpo do Cristo é transubstanciado em pão e vinho para o repasto dos discípulos e fiéis. Essa é uma das simbologias mais fortes de nossa cultura cristã-ocidental: eis o meu corpo, o vinho será o meu sangue, o pão será minha carne – banquete-ai-vos, ó irmãos! O artista de Kafka, de modo quase involuntário, movido por outra pulsão, interrompe o banquete, recusando-se a empanturrar-se, porque nada no fundo lhe agrada. Como Bartleby, o escrevinhador, ele negaria, rejeitando o ágape cristão. E, também como o personagem de Melville, até a morte.

Além dessas referências, traria mais duas, para nos orientarmos nesse território aberto e periculoso da antropofagia. Trata-se de duas fábulas. Na verdade, é a mesma e antiga história contada de dois modos, em tempos distintos. Chamaria a ambas de "contos de devoração", como tantos engendrados pelo imaginário ocidental, sem que este detenha a prerrogativa, pois afinal, segundo consta, devorar é coisa de seres "primitivos", quer dizer, "nós", habitantes dos tristíssimos trópicos, não necessariamente vistos pelos europeus como ocidentais...

O primeiro conto é o clássico de Charles Perrault, *Le Petit Chaperon Rouge*, ou Chapeuzinho Vermelho.³ A história é bem conhecida e pode ser relembrada em pouquíssimas linhas, cabendo apenas enfatizar que a conclusão do original é bem distinta da versão edulcorada que os adultos costumam contar na frente das crianças – como se devesse haver duas faces de um mesmo personagem, uma voltada para o público maior de idade e a outra para o menor, a fim de que o aprendizado se faça. Perrault retoma uma lenda medieval para narrar a seu modo a história da linda garotinha que sai de casa a fim de levar comida para a vovozinha que se encontrava doente em outra aldeia. No caminho, ela encontra o lobo que sente vontade de degluti-la imediatamente, mas teme os lenhadores que estão na floresta. Ele indaga então aonde vai a pequena, que responde mostrando a casa da velhinha. Os dois seguem trilhas distintas para chegar ao mesmo ponto. Esperto, o lobo chega antes, come a vovozinha e se deita em seu leito. Chapeuzinho vem em seguida e estranha a voz da "vovó", mas imagina que ela esteja gripada, acabando por aceitar seu convite para despir-se e também

---

² "Nunca fomos catequizados. Fizemos foi o Carnaval", diz Oswald de Andrade, no *Manifesto Antropófago*. In: *A Utopia Antropofágica*. 2. ed. São Paulo, Globo, 1995, p. 49.
³ Charles Perrault, "Le Petit Chaperon Rouge". In: *Contes*. Paris, Grands textes classiques, 1994, p. 107-12.

deitar. Vem a sequência das famosas exclamações, até a última quando a garotinha se espanta com o tamanho dos dentes, ao que o lobo responde: "É para te comer!", engolindo-a sem demora. Na versão dos irmãos Grimm, aparece um lenhador que abre a barriga da fera, matando-a e extraindo de lá de dentro a vovó e a netinha. Nada disso acontece no original de Perrault, ambas são de fato deglutidas e o lobo sobrevive com o repasto. Resta a moral, em versos, que diz para as menininhas, sobretudo as mui belas, jamais conversarem com o lobo que anda por aí... A conotação sexual da fábula é evidente em mais de um ponto, mas tomarei um desvio e não proporei uma psicanálise do conto de fada, como fez outrora Bruno Bettelheim. Os caminhos aqui serão outros.

João Guimarães Rosa recria essa história numa versão tão ou mais sombria do que o conto de Charles Perrault, este mesmo fundamentado na lenda medieval aparentemente ainda mais cruel, pois nela seria a garotinha quem vira lobo, devorando a vovó e o próprio. Em *Fita Verde no Cabelo: Velha Nova História*,[4] cujo título muda a cor de referência sem mencionar explicitamente de que ou de quem se trata, a menina de fato passeia pelo bosque, onde os lenhadores "lenhavam", deambulando ao acaso, até chegar à casa da vovó. Mas lá, em vez do lobo, ela encontra a vovozinha, agonizante. O lobo está "dentro" da velha, é a própria morte, que acaba por devorá-la: "Fita-verde se assustou, como se fosse ter juízo pela primeira vez. Gritou: 'Vovozinha eu tenho medo do lobo!'. Mas a avó não estava mais lá, sendo demasiado ausente, a não ser pelo frio, triste e tão repentino corpo".[5]

Nas duas historinhas, a devoração real ou metafórica acarreta a morte do outro: na versão de Perrault, Chapeuzinho e a vovó morrem; na versão de Rosa, só a vovó morre, devorada pelo "lobo do homem" e do vivo em geral, a morte, mas a lição maior é passada: a verdadeira fera nos deglute desde dentro, silenciosamente.

Deixo assim, quase sem interpretação, todas essas fábulas, no fundo bem pouco infantis, carregadas de dor e luto. Elas trabalharão, a seu modo, desde dentro, tudo o que interessa dizer sobre a alegria e/ou luto antropofágico.

A "Questão" antropofágica

Não é possível dar à antropofagia um tratamento estritamente conceitual. Não é sobretudo cabível considerá-la uma simples corrente dentro do modernismo brasileiro em seus desdobramentos da Semana de 22. Essas duas negativas incluem inevitavelmente uma terceira: não houve, não há, nem haverá provavelmente

[4] João Guimarães Rosa, *Fita Verde no Cabelo: Velha Nova História*. Rio de Janeiro, Nova Fronteira, 2004.
[5] Ibidem, p. 30.

jamais uma definição única e inequívoca de antropofagia.

Porque, sobretudo, a antropofagia é irredutível a um simples objeto, oferecido à análise e ao conhecimento. Tratá-la desse modo levaria a perdê-la de saída, naquilo mesmo que ela tem de mais interessante: ser uma das linhas de força da literatura e da cultura brasileira no século XX. É evidente que ao situá-la dentro de uma cronologia (embora ampla, e não delimitada de modo rígido), estou me referindo em princípio especificamente ao gesto de Oswald de Andrade, que, com seu *Manifesto Antropófago* de 1928, lançou a necessidade de pensar a cultura europeia instalada em território brasileiro de maneira não colonizada. Ou seja, como tantos críticos leitores assinalaram, por meio de uma atitude provocativa, de uma verdadeira "retórica de choque", Oswald convidava a *intelligentsia* brasileira a repensar o modo de relação com o antigo colonizador, o europeu, de que seríamos ao mesmo tempo herdeiros diretos e explorados indiretos, enquanto habitantes de um país cujas relações internacionais com as nações mais desenvolvidas não se dariam de igual para igual (traço universalmente exigido para a democracia). A dívida externa (agora em 2011 aparentemente extinta) e as relações comerciais injustas seriam apenas um dos dados do problema.

Se a antropofagia não se reduz a um mero objeto de análise nem a um único discurso, tudo o que se pode fazer é acessar esse vasto *corpus* que foi se constituindo ao longo do século passado, chegando aos tempos presentes com grande vigor, se pelo menos se levar em conta uma das últimas manifestações realizadas em nome do Pai Antropófago Oswald de Andrade, o Encontro Internacional de Antropofagia, organizado pelo SESC-São Paulo, sob direção geral de José Celso Martinez Corrêa, de 14 a 17 de dezembro de 2005. Esse *corpus*, sempre em aberto, desdobra-se em pelo menos duas vertentes: 1. os textos e enunciados em que, explicitamente ou não, Oswald tratou da antropofagia, como prática e/ou teoria da arte e da cultura em geral; 2. os textos e enunciados em que seus leitores (daí a imensa complexidade da temática antropófaga) reivindicaram o legado oswaldiano. Nessa última vertente, é preciso considerar, por um lado, a reivindicação efetiva da herança, no caso, a meu ver, modelar de Zé Celso, embora com as devidas traições, bem como de Haroldo e Augusto de Campos, e do tropicalismo; e, por outro, a simples leitura crítica, como desde sempre foi o caso de Antonio Candido e de alguns de seus discípulos. Aqui vou privilegiar as cenas de enunciação do próprio Oswald, fazendo todavia referências a seus seguidores, reinventores e críticos sempre que necessário.⁶ Cabe extrair "pedaços" desse corpo textual não justamente para devorá-lo, nem degluti-lo, nem (como se tornou mais atual) regurgitá-lo,⁷ mas para deixá-lo boiando, à deriva, em busca quem sabe de um outro gesto de leitura. Tantos acenos a serem feitos a esse artista-escritor-intelectual-militante (como defini-lo?), cujo espectro há mais de meio século nos convida ao banquete carnívoro. Recusar a devoração pode ser um esboço para fora do círculo que toda linhagem implica (o filho reproduz a imagem do pai tal qual), mas nem de longe isso significa o desejo de rejeitar a herança como um todo. Diferentemente, o apelo é a outro convite, talvez para *comer junto* (duplo perfeito do *viver junto*), e não necessariamente carne, nem sobretudo carne humana ou divina. Os contornos simbólicos da antropofagia, eis o que importa demarcar. Comer e/ou ser comido são modos e maneiras de ser bárbaro *e/ou* civilizado – a reinventar.

É possível assinalar, entre outros, dois modelos de reflexão sobre literatura e nacionalidade ao longo do século XX: o da ideia de uma formação da literatura brasileira, proposto por Antonio Candido e o da antropofagia de Oswald de Andrade. O de Candido está mais ligado à constituição de uma *tradição*, que se teria afirmado plenamente sobretudo a partir do projeto romântico de nacionalidade, em contraposição às metrópoles europeias. Projeto tanto mais paradoxal pelo fato de a noção mesma de nação ser um construto autenticamente europeu, desenvolvido de maneira plena no século XIX, ou seja, um mito metropolitano que, como tantas outras coisas, precisamos importar para construir o mito correlato da jovem e independente nação brasileira.⁸

O segundo discurso fundador, em aparente contradição com o da formação (decididamente bem-comportado, civilizatório e humanista), seria então o mito "bárbaro" e "mau" da antropofagia. Um mito, portanto, de-formação. Sabe-se que a fábula antropofágica, independentemente de corresponder à realidade de muitos dos povos indígenas (questão esta sempre a ser discutida e relançada pelas novas teorias antropológicas e longe portanto de estar resolvida), tornou-se um relato poderoso ligado ao próprio processo de colonização. Porém, na verdade, o modelo que o funda é muito anterior e remete à noção mesma de barbárie criada pelos gregos. Bárbaros são os outros povos, aqueles que não falam a "nossa" língua, isso muito antes que o próprio pré-conceito ocidental tivesse sido historicamente enunciado. Para entendermos a inversão proposta por Oswald, retomemos de forma breve o mito indigenista que lhe dá origem.

⁶ Além das próprias edições das obras de Oswald de Andrade, pela Globo, que contam com excelentes estudos assinados por Paulo Prado, Haroldo de Campos, Benedito Nunes e Antonio Candido, vale destacar igualmente as seguintes publicações: *Oswald Plural*, Rio de Janeiro, EdUERJ, 1995; Heloisa Toller Gomes, "Antropofagia". In: Eurídice Figueiredo (org.), *Conceitos de Literatura e Cultura*, Niterói, Juiz de Fora, EdUFF/EdUFJF, 2005; Caetano Veloso, *Verdade Tropical*, São Paulo, Companhia das Letras, 1997; Maria Eugenia Boaventura, *A Vanguarda Antropofágica*, São Paulo, Ática, 1985.
⁷ Michel Melamed, *Regurgitofagia*. Rio de Janeiro, Objetiva, 2005.
⁸ Antonio Candido, *Formação da Literatura Brasileira*. 2. v. Belo Horizonte, Itatiaia, 1981.

O tema do bom selvagem ficou mais associado a Rousseau do que a Montaigne, mas é no autor dos *Ensaios* que se encontra articulada toda uma máquina interpretativa que vigorará nos séculos vindouros. É preciso sinalizar que Montaigne de fato elabora o discurso denunciador que lhe tem sido atribuído pela fortuna crítica: no capítulo XXXI, *Des Cannibales*, é dito com todas as letras: "não vejo nada de bárbaro ou selvagem no que dizem daqueles povos; e, na verdade, cada qual considera bárbaro o que não se pratica em sua terra".[9] Sem cair num relativismo que só diminuiria a força de seus argumentos, Montaigne deixa claro que, apenas se prevalecer o ponto de vista do colonizador, pode-se julgar que os tupinambás do Brasil, descritos por Jean de Léry, são selvagens e bárbaros.[10] Porém, a sequência da argumentação deixa claro que ele o faz a partir de uma idealização platônica, que tenta na verdade ser mais ideal do que a filosofia de Platão. O argumento é simples: o filósofo construiu uma República ideal sem ter, em princípio, conhecido nenhuma sociedade superior à ateniense, por essência degradada. Se tivesse visto as nações ditas indígenas, sem dúvida teria tido uma concepção mais exata de um viver realmente próximo da natureza. Apenas referindo-se sem citar diretamente o texto platônico, Montaigne está dialogando sobretudo com os livros II e III da *República*, nos quais o julgamento da *mímesis* é preparado por meio de uma lógica "naturalizante". Ali, os mimetizadores (alguns artesãos e o que hoje chamaríamos de "artistas") são representados como essencialmente condenáveis, pois trazem a duplicidade e o excesso para a cidade ideal, que deveria ser pautada sempre pela simplicidade e unicidade dos comportamentos, artefatos e ofícios.

Não tendo tampouco nenhum contato com as nações indígenas que descreve, Montaigne apoia-se nos relatos de viajantes para pintar o retrato de um homem naturalmente bom em sua ingenuidade. Diferentemente da selvageria e da barbárie que lhe são atribuídas, esse homem vive numa espécie de beatitude permanente, de saúde e felicidade supremas advindas do contato da natureza. "A essa gente chamamos selvagens como denominamos selvagens os frutos que a natureza produz sem intervenção do homem. No entanto, aos outros, àqueles que alteramos por processos de cultura e cujo desenvolvimento natural modificamos, é que deveríamos aplicar o epíteto [de selvagem]".[11] Eis o modelo de perfeição humana que o romantismo tomará de empréstimo para confeccionar o mito do bom selvagem, aquele ainda não degenerado pelos artifícios da civilização. A um ponto tal que

[9] Michel de Montaigne, *Ensaios*. 2. ed. Tradução de Sérgio Milliet. São Paulo, Abril Cultural, 1980, p. 101. (Coleção Os Pensadores.) [*Essais*. Paris, Gallimard, 1961; La Pléiade, p. 203.]
[10] Jean de Léry, *Histoire d'un Voyage Faict en la Terre du Brésil*. Paris, Le Livre de Poche, 1994.
[11] Michel de Montaigne, loc. cit. Seguindo nesse ponto Montaigne, talvez de toda a terminologia herdada do grande espólio colonial, os títulos de "primitivo", "selvagem" e de "bárbaro" sejam os que menos possam aceitar atualmente. Visíveis ou invisíveis, as aspas deverão estar aqui pressupostas, sempre que se tratar dessas qualificações.

o próprio canibalismo vai ser preferido em comparação com a outra selvageria, a "civilizada", praticada, por exemplo, pelos portugueses que torturam os inimigos ainda com vida:

> Estimo que é mais bárbaro comer um homem vivo do que o comer depois de morto; e é pior esquartejar um homem entre suplícios e tormentos e o queimar aos poucos, ou entregá-lo a cães e porcos, a pretexto de devoção e fé, como não somente o lemos mas vimos ocorrer entre vizinhos nossos conterrâneos; e isso em verdade é bem mais grave do que assar e comer um homem previamente executado.[12]

A própria noção de "selvagem" continuará a ser posta em questão efetivamente no século XX, muito em razão dos trabalhos de Claude Lévi-Strauss, que tendo vivido ainda jovem no Brasil começou a repensar de modo radical os fundamentos do etnocentrismo europeu – não sem incorrer em alguns tantos outros etnocentrismos bastante arraigados na ideia aparentemente revolucionária de trópicos não mais alegres, porém "tristes".[13] Todavia, ainda no século XVIII, o mestre de Lévi-Strauss, Jean-Jacques Rousseau, tinha invertido a fama do mau selvagem no mito do bom selvagem, calcado no padrão fundado por Montaigne. Rousseau dialoga explicitamente com Hobbes. Em vez do famoso paradigma do "homem lobo do homem", Rousseau propõe o mito de uma natureza humana benigna, que se teria corrompido progressivamente com a civilização. Em seus ensaios filosóficos *Discours sur les Sciences et les Arts* (1750) e *Discours sur l'Origine et les Fondements de l'Inégalité Parmi les Hommes* (1755), Rousseau defende que o estado primitivo leva o homem em direção à virtude e à felicidade, pois a própria ignorância do mal o impede de se expandir.[14] Tal como em Platão, foi o desenvolvimento de sua inteligência e a busca do luxo, da propriedade e do poder, encorajados pelas instituições sociais, que expulsou o homem de um paraíso junto à natureza. Assim, o progresso, ao contrário do que o credo positivista desenvolverá no século seguinte, traz a dissensão, o conflito, em suma a pior devoração.

Sem muito esforço, esse bom selvagem se transformará no século XX no antropófago oswaldiano, o "mau" selvagem, tão idealizado quanto o "bom". A antropofagia veio substituir a proposta inicial de Oswald para uma Poesia Pau-Brasil, como dizia o primeiro manifesto, publicado em 18 de março de 1924, no *Correio da Manhã*: "Uma única luta – *a luta pelo caminho*. Dividamos: Poesia de importação. E a Poesia Pau-Brasil, de exportação".[15]

---

[12] Ibidem. p. 103. [*Essais*, p. 207-08.]
[13] Claude Lévi-Strauss, *Tristes Tropiques*. Paris, Plon, 1957.
[14] Jacques Rousseau, *Oeuvres Complètes*. Paris, Gallimard, 1963. (La Pléiade.)
[15] Oswald Andrade, op. cit., p. 42 (grifo meu).

Ainda na década de 1920, Oswald deu-se conta de que o pau-brasil era símbolo da violenta expropriação de um produto autenticamente nacional – a marca abjeta da colonização estava impressa nessa "materialidade histórica" de um produto de exportação. Embora alguns elementos do *Manifesto da Poesia Pau-Brasil* sejam reencontrados no manifesto seguinte, a ideologia exportadora será substituída pela de uma "importação" seletiva, como é próprio ao rito antropofágico. O antropófago, o bárbaro civilizado, veio resolver dialeticamente (no sentido hegeliano do termo) a relação entre o nacional autóctone e o estrangeiro. Através da devoração dos valores estrangeiros – devoração, enfatizo, criteriosa –, estaríamos aptos a combinar os dois elementos e a criar algo genuinamente brasileiro.

Citemos, pois, aquele que é um verdadeiro *slogan* da antropofagia oswaldiana: "Só a antropofagia nos une. Socialmente. Economicamente. Filosoficamente".[16] O que nos une é a devoração: há como que uma inversão do mito canibal, que viria evidentemente para destruir os laços e confirmar o dogma hobbesiano de que o homem é o lobo do homem. Esse lobo até existe, mas ele não funciona internamente, dirigindo-se apenas ao outro, estrangeiro, antigo colonizador. O que nos identifica é o selo da deglutição do outro civilizado, como lembra a data comemorativa dos 374 anos da deglutição do bispo Sardinha, o que em calendário cristão corresponde a maio de 1928, quando se publica o famoso *Manifesto* na *Revista de Antropofagia*, ano I, n. 1.

Como acontece em manifestos de vanguarda, num só parágrafo Oswald dá o crédito e sumariza todas as referências que lhe importam para constituir seu *corpus* antropofágico, de Montaigne a Rousseau, e mais além. Como bem diz: "Filiação. O contato com o Brasil Caraíba. *Où Villegaignon print terre*. Montaigne. O homem natural. Rousseau. Da Revolução Francesa ao Romantismo, à Revolução Bolchevista, à Revolução Surrealista e ao bárbaro tecnizado de Keyserling. Caminhamos".[17] Eis uma longa marcha para a liberdade (*A Long Walk to freedom*, diria Mandela, esse outro seguidor de Hegel), num processo em que talvez a antropofagia nos liberte a todos da pesada carga cultural, que o homem ocidental porta. Sim, porque não só a libertação do colonizado brasileiro, o antropófago, que está em causa, mas também a do Ocidente, e quem sabe a da humanidade como um todo. Pois o inimigo último é o mal-estar na civilização, mais feroz e destrutivo do que supostamente seria o bárbaro antropófago. Como comparece ao final do *Manifesto*: "Contra a realidade social,

[16] Ibidem, p. 47.
[17] Ibidem, p. 48.

vestida e opressora, cadastrada por Freud – a realidade sem complexos, sem loucura, sem prostituições e sem penitenciárias do *matriarcado de Pindorama*".[18] É esse aspecto salvacionista, redentor, em suma utópico, do movimento antropófago que interessa cada vez mais pôr em relevo.

Deixo de lado por enquanto o matriarcado de Pindorama, e retomo a expressão da citação anterior: o bárbaro tecnizado, de Keyserling. Já o *Manifesto da Poesia Pau-Brasil* tinha dado a senha do que somos: "Temos a base dupla e presente – a floresta e a escola. A raça crédula e dualista e a geometria, a álgebra e a química logo depois da mamadeira e do chá de erva-doce".[19] Assim, o tema do primitivismo era confirmado de uma vez por todas na literatura brasileira.

Vejamos algumas das matrizes de nosso primitivismo: 1. o tema do índio, que vem desde a literatura do período colonial e que vai ser eleito tema preferencial por autores românticos, como Gonçalves Dias e José de Alencar, por sua vez, leitores de Chateaubriand, autor do romance indigenista *Atala* (1801); 2. Paul Gauguin, entre outros, ainda no século XIX se deixara fascinar por terras distantes, incorporando diversos elementos em seus quadros; 3. Picasso fizera a revolução cubista em Paris, introduzindo o tema da máscara africana em "Demoiselles d'Avignon"; 4. Francis Picabia funda, em 1920, a revista *Cannibale*, que durou dois números e tinha pretensão de unificar todas as tendências dadaístas (mas que não conseguiu substituir o outro órgão divulgador criado por Picabia, a revista *391*): "Publicação mensal sob a direção de Francis Picabia com a colaboração de todos os dadaístas do mundo".[20] Ou seja, dadaístas e/ou canibais do mundo todo uni-vos! Convocação niilista e revolucionária, que Oswald responderia com a agenda positiva da antropofagia: antropófagos do Brasil inteiro (em seguida, do mundo), uni-vos! A referência aqui a Marx e Engels não é casual, há algo de utopia revolucionária a caminho – e por isso *caminhamos*. Como quem apressa o passo em direção a uma redenção ou a uma rendição civilizatória, preparada pelo bárbaro tecnizado, fundador de uma civilização matriarcal, sem messianismo todavia. Sublinhemos: rendição (substituir conservando, elevar mantendo, sublimar, superar) e redenção (religiosa), dupla tradução para a *Aufhebung* de Hegel,[21] também vertida como "suprassunção". Mas esse aspecto redentor da antropofagia, que Oswald retomará nos anos 1950, é denegado por seu criador. Tem-se, pois, um messianismo que se nega e recalca, mas que retorna das mais diversas maneiras, já no propósito mesmo de revolucionário caraíba (desconheço revolução sem promessa messiânica).

[18] Ibidem, p. 52 (grifo meu).
[19] Ibidem, p. 44.
[20] XXIV Bienal de S. Paulo. *Núcleo Histórico: Antropofagia e Histórias de Canibalismos*. São Paulo, A Fundação, 1998, p. 236.
[21] Como propus em *Derrida e a Literatura* (2. ed., Niterói, EdUFF, 2001) e em *Pensar a Desconstrução* (São Paulo, Estação Liberdade, 2005).

Na tese para concurso da cadeira de filosofia da Faculdade de Filosofia, Ciências e Letras da USP, em 1950 (cátedra esta que jamais obteve), *A Crise da Filosofia Messiânica*, Oswald de Andrade, após ter abandonado a utopia do partido comunista, reafirma os valores da antropofagia, tendo todo o cuidado de distingui-la de qualquer viés utópico e sobretudo messiânico, por meio da redução do tabu a totem, num movimento desrecalcante progressivo. Além disso, a antropofagia "contrapõe-se, em seu sentido harmônico e comunial, ao canibalismo que vem a ser a antropofagia por gula e também a antropofagia por fome, conhecida através da crônica das cidades sitiadas e dos viajantes perdidos".[22]

Lendo Hegel por meio de um de seus mais influentes comentadores, Alexander Kojève, Oswald defende uma dialética da civilização, que em tudo deve ao redencionismo hegeliano, no texto mesmo em que deseja descartar o messianismo como pertencente ao legado patriarcal. Assim, é que propõe o seguinte esquema:

1º termo: tese – o homem natural [o primitivo: Matriarcado];
2º termo: antítese – o homem civilizado [Patriarcado]
3º termo: síntese – o homem natural tecnizado.[23]

Para Oswald, o primitivo participava do matriarcado, que implicava uma sociedade sem classes, tal como descreveu nossos índios guaranis o antropólogo Pierre Clastres, em *A Sociedade contra o Estado*, sublinhando a perfeição de nossas sociedades indígenas, que, por serem de tamanho reduzido, esvaziavam o poder do chefe, submetendo o Estado político à sociedade.[24] Eis a tríplice base da existência primitiva, segundo Oswald: filho de direito materno, propriedade comum do solo, Estado sem classes, ou seja, ausência de Estado (nossos índios seriam sem lei nem rei, teriam apenas fé religiosa).

A isso, Oswald opõe antiteticamente a sociedade civilizada patriarcal: filho de direito paterno, propriedade privada, Estado com classes hierarquizadas, Estado onipresente, como o Leviatã de Hobbes: "a ruptura histórica com o mundo matriarcal produziu-se quando o homem deixou de devorar o homem para fazê-lo seu escravo".[25] No mundo supertecnizado que se anuncia, tal como havia previsto Marx, "o homem poderá cevar sua preguiça inata", deixando de escravizar o outro.[26] O cristianismo teria sido o grande responsável, diz Oswald leitor de Nietzsche, pela consolidação do patriarcado, fonte do complexo de Édipo, ao apelar para o monoteísmo de um Pai absoluto, que delega a seu filho o poder de redimir a humani-

---

[22] Oswald Andrade, op. cit., p. 101.
[23] Ibidem, p. 103.
[24] Pierre Clastres, *La Société Contre l'État*. Paris, Minuit, 1974.
[25] Oswald Andrade, op. cit., p. 104.
[26] Ibidem, p. 106.

dade. Cristo seria então o protótipo do Messias, que vem nos salvar em nome do Pai. "Como se vê, o messianismo tende a seu fim".[27] De fato, é sua vocação mesma tender ao fim, a um *télos* ideal. E com isso se daria o advento de um novo messianismo: "O novo messianismo consolida-se. No fim da luta, dar-se-á a supressão do Estado".[28] Pai, patrão, patriarcado seriam igual a complexo de Édipo e escravidão social. Morte e devoração se associam: "À descristianização da vida segue-se a descristianização da morte. Procura-se na América [EUA] levar às últimas consequências a concepção estoica do primitivo ante a morte, *considerada ato de devoração pura, natural e necessário*";[29] tem-se, com isso, a higienização da morte, que, como na fábula de Guimarães Rosa, é a verdadeira devoradora, o lobo íntimo do homem. Assim, a cultura antropófaga (do novo messianismo) deve superar dialeticamente a antítese da cultura messiânica (patriarcal), chegando ao terceiro termo, a síntese do bárbaro tecnizado, nem puramente primitivo nem civilizado, pois "só a restauração tecnizada duma cultura antropofágica resolveria os problemas atuais do homem e da filosofia".[30]

É preciso lembrar que, como disse Antonio Candido, o primitivismo, que na Europa entrava pelo viés do exotismo, era bem mais congenial à realidade brasileira,[31] onde, como afirma Oswald, bem se convive com "Um misto de 'dorme nenê que o bicho vem pegá' e de equações".[32] De fato, o primitivismo nos é mais congenial. O *genus* brasileiro tem mais a ver com a antropofagia e o canibalismo (que afinal são atributos nossos! – atestaram isso Hans Staden, Jean de Léry, André Thevet e outros estrangeiros) do que os canibais postiços do dadaísmo, cuja citada revista *Cannibale* e cujo *Manifeste Cannibale Dada*, de 1920, assinado por Picabia, tinham a dupla finalidade de "*épater le bourgeois*" e de vender quadros: "DADÁ não cheira a nada, ele não é nada, nada, nada. / Como as esperanças de vocês ele é: nada (...) Dentro de três meses meus amigos e eu venderemos nossos quadros a vocês por alguns francos". Os burgueses dadaístas se solidarizavam com a classe operária para atacar o inimigo comum: o burguês; esse é o resumo do conflito de classes nos movimentos de vanguarda...

É em nome do matriarcado de Pindorama, portanto, que Oswald acaba defendendo o *modus vivendi* antropofágico, que inclui uma ética, uma política e mesmo uma estética, contra a herança patriarcal, violentamente repressiva, como descrita em *Totem e Tabu*. Em vez da violência civilizada, a doce violência bárbara, que devora o outro para melhor

[27] Ibidem, p. 134.
[28] Ibidem, p. 136.
[29] Ibidem, p. 145.
[30] Ibidem, p. 146.
[31] "Ora, no Brasil, as culturas primitivas se misturam à vida cotidiana ou são reminiscências ainda vivas de um passado recente." Antonio Candido, "Literatura e Cultura de 1900 a 1945". In: *Literatura e Sociedade*. São Paulo, Companhia Editora Nacional, 1976, p. 121.
[32] Oswald Andrade, op. cit., p. 44.

assimilar suas qualidades. Ali onde a boa educação pediria a gentileza sublimadora das paixões, o antropófago assume seus instintos e simplesmente deglute o outro ou a outra...

Vejamos então o que o próprio Freud tem a dizer à evocação de seu nome, narrando a fábula da horda dita primitiva:

> Certo dia, os irmãos que tinham sido expulsos retornaram juntos, mataram e devoraram o pai, colocando assim fim à horda patriarcal. Unidos, tiveram a coragem de fazê-lo e foram bem-sucedidos no que lhes teria sido impossível fazer individualmente. (Algum avanço cultural, talvez o domínio de uma nova arma, proporcionou-lhes um senso de força superior.) Selvagens canibais como eram, não é preciso dizer que não apenas matavam, mas também devoravam a vítima. O violento pai primevo fora sem dúvida o temido e invejado modelo de cada um no grupo de irmãos: e, pelo ato de devorá-lo, realizavam a identificação com ele, cada um deles adquirindo uma parte de sua força.[33]

Freud não nuança a violência da antropofagia, ao contrário mostra como ela era fonte de poder, ao identificar os filhos devoradores ao pai castrador e todo-poderoso. Nenhum mito de inocência, nenhuma fantasia de matriarcado na antropofagia primitiva, naqueles tempos antes do tempo. À diferença da proposta oswaldiana, que, bem ou mal deglutiu Freud, aqui a antropofagia está do lado do patriarcado e da violência original.

Ora, consciente ou inconscientemente – e os limites entre consciência e inconsciência se esfumam quando se trata de antropofagia, já pela pulsionalidade mesma que a constitui –, Oswald está fazendo uma combinação de dois mitos contraditórios: o antropófago, por ser um devorador, tem muito da natureza lupina do homem descrito por Hobbes e, ao mesmo tempo, guarda as características da bondade natural do bom selvagem rousseauniano. Mau porque devora o outro e bom porque o faz para afirmar sua própria constituição tribal, ou melhor, nacional. Dois mitos em aparente contradição, mas convergentes, não deixam de ter relações íntimas com o projeto de nacionalidade dos românticos, o qual será plenamente desenvolvido por Candido a partir dos anos 1950, com outros desdobramentos. Eis o que aproxima esses projetos e mitos fundadores: 1. a ideia unificadora de nação (boa ou má, civilizada ou selvagem), dentro do projeto iluminista e posteriormente positivista de afirmação nacional; 2. a fundação de uma identidade; 3. o teleologismo da *ratio* ocidental, que tem seu oposto correlato no irracionalismo canibal. Não se trata

---

[33] Sigmund Freud, *Totem e Tabu e Outros Trabalhos*. Rio de Janeiro, Imago, 1976, p. 170. (Edição Standard Brasileira das Obras Psicológicas Completas de Freud, v. XIII).

em absoluto de propor novos paradigmas em lugar desses anteriores. Trata-se sim de marcar os limites históricos de ambos os modelos, de desconstruir a dívida que cada um tem com os mitos que os orientam, para pensar o lugar mesmo da nação (se este termo ainda nos serve, "a essa altura da evolução da humanidade", como diz Drummond), ou se é o conceito histórico de homem que encontra seus fins, sua teleologia, no modelo dialético, idealizado do bom-mau selvagem, da boa-má nação – *da nação*. Interessa menos apagar qualquer ideia de nação num mundo globalizado, pois sabemos que isso serviria a novos reinvestimentos neocolonizadores, como bem se vê todos os dias acontecer – interessa mais pensar uma relação com o outro não a partir da identidade, termo a meu ver sempre devedor da tradição metafísica e colonial que o sustenta, mas de uma desterritorialização do território nacional estritamente delimitado.

O discurso antropofágico (que, repito, não é uno, mas diverso, fragmentário, disperso) fundado por Oswald traz uma contradição de base, a qual me parece ser toda a aporia da antropofagia, aporia como lugar forte, a partir do qual se pode pensar – talvez o ponto mesmo onde o pensamento se impõe, sem tergiversar. Ao reivindicar uma posição estratégica como agenciador de desrecalque da cultura brasileira em relação às formas clássicas da exploração colonial e da dependência cultural, Oswald o faz inteiramente a partir dessa mesma tradição que ele critica e/ou quer devorar. O antropófago de Oswald é totalmente civilizado, ou seja, ele é extraído das inúmeras leituras que o intelectual modernista fez de textos europeus. Ignoro qualquer conhecimento direto que Oswald acaso tenha tido de uma das múltiplas culturas indígenas que povoaram ou povoam o território brasileiro (ele mesmo uma "invenção" europeia). Nem como antropólogo, etnólogo ou simples viajante, jamais soube que Oswald tenha conhecido índios da *terra brasilis*, muito menos antropófagos! Seria mesmo hilário imaginar a cena do civilizadíssimo (e parisiense) Oswald de Andrade diante de antropófagos verdadeiros, que quisessem devorá-lo como persona merecedora de deglutição,[34] por ser justamente portador das insígnias que tanto puderam e podem seduzir o suposto primitivo: elegância, refinamento, conhecimento de línguas, bravura intelectual, informação, em suma *inteligência culta*.[35] A despeito de qualquer factualismo grosseiro (afirmando que Oswald fala do que não conhece), é evidente que a antropofagia só pode ser lida como metáfora ou simbologia complexa, aporética, inextricável, para compreensão daquilo que há até pouco tempo se chamava o "papel do

[34] Não dá para deixar de lembrar toda a relação de tensão, sedução e quase devoração do narrador de *Grande Sertão: Veredas*, o ex-jagunço Riobaldo, em relação ao homem da cidade, o outro sem voz, a quem conta sua história. Um certo jaguaretê passeia nessa cena clássica de sedução narradora.

[35] É Paulo Prado quem descreve a famosa cena da "descoberta", no prefácio de 1924 à *Poesia Pau-Brasil*, dentro de um contexto em que colonizador e colonizado revertem os papéis: "A poesia 'Pau-Brasil' é o ovo de Colombo – esse ovo, como dizia um inventor meu amigo, em que ninguém acreditava e acabou enriquecendo o genovês. Oswald de Andrade, numa viagem a Paris, do alto de um ateliê da Place Clichy – umbigo do mundo – descobriu, deslumbrado, a sua própria terra. A volta à pátria confirmou, no encantamento das descobertas manuelinas, a revelação surpreendente de que o Brasil existia. Esse fato, de que alguns já desconfiavam, abriu seus olhos à visão radiosa de um mundo novo, inexplorado e misterioso. Estava criada a poesia 'Pau-Brasil'". In: Oswald Andrade, *Pau-Brasil*. São Paulo, Globo, 2000, p. 89.

intelectual"[36] no Brasil. Se a visada oswaldiana é ambiciosa, incluindo possivelmente a atitude de todo e qualquer brasileiro face ao estrangeiro, é evidente que, por todos os efeitos e repercussão que gerou, a antropofagia assoma ainda como um valor de grupo. Trata-se de artistas, intelectuais, pensadores que tentam (eu jamais diria "superar", eis toda a questão) lidar de outro modo com as informações artísticas e culturais que chegam do exterior. Evidentemente se encontra fisgada nessa ponta de lança toda a problemática da influência e da dependência cultural, que havia sido muito bem consolidada no século XIX pelos estudiosos humanistas e críticos literários. É bastante conhecida a noção de que a influência foi usada como medida de valor para testar a hegemonia de uma nação europeia sobre as outras, notadamente a França, a Inglaterra e a Alemanha sobre as demais. A literatura e o comparativismo exerceram um papel decisivo nesse processo de consolidação histórica das nações.

É, portanto, como se Oswald vislumbrasse a possibilidade de se apropriar do legado europeu de dois modos distintos e até certo ponto conflituosos entre si. Por um lado, pode-se ter acesso aos bens de cultura engendrados pelos diversos países da Europa (estes por sua vez em contato com as culturas de outros continentes) de maneira servil, ou seja, sem reinvenção do legado, uma mera repetição sem diferença (se isso é possível, já que todo transplante cultural implica micro ou macromodificações). Nesse caso, o servilismo viria tanto da irreflexão quanto da impossibilidade de pensar ou realizar algo diferente do que o europeu já tenha feito, e sempre melhor. Por outro lado, a segunda atitude, e é essa toda a aposta antropofágica, visaria, no gesto mesmo de tomar a cultura europeia para enxertá-la em território nacional, digeri-la, fazendo uma seleção, e impondo um cruzamento com elementos autóctones (se existe algo que seja estrita e inequivocamente originário de um determinado território). Por mais decisivo que seja esse gesto desrecalcador oswaldiano, cabe indagá-lo em sua ambivalência. Antes de mais nada, a imagem do antropófago evoca uma autoctonia idealizada, pois nenhum agente cultural brasileiro, dentro do espaço institucional em que circulou ou circula o discurso antropofágico, é de fato autóctone, nem puro, nem muito menos "primitivo"...

A ideia mesma de superação, como pinçada na dialética de Hegel, parece-me um dos maiores impasses para o movimento emancipatório da cultura nacional proposto por Oswald. Esse último aspecto vem associado ineluctavelmente a um outro, qual seja, os conceitos de nação e de nacionalidade, todo ele formatado em solo europeu a partir do advento da

---

[36] A expressão ainda subsiste, apesar de todo o desgaste e de todas as trepidações que a figura do intelectual, com pouco mais de um século de existência, sofreu nos últimos anos. Cf. Izabel Margato e Renato Cordeiro Gomes (orgs.), *O Papel do Intelectual Hoje*. Belo Horizonte, Ed. UFMG, 2004.

modernidade econômica e geopolítica. Nenhum desses componentes se oferece a uma simples análise – como se fosse possível, partindo de graus mais amplos chegar a fatores mínimos, que não comportassem mais nenhum tipo de análise, apenas mera exposição. Deve-se considerar que eles formam entre si uma malha densa, quase inextrincável, cujo resultado é essa vasta discursividade antropófaga que vai atravessar todo o século XX, chegando ao XXI, com maiores ou menores idealizações. Na impossibilidade (e na ausência de tal desejo) de negá-la, refutá-la, analisá-la ou mesmo reafirmá-la de modo unívoco e totalizante, destacarei alguns dos aspectos que, como já alinhado anteriormente, são mais problemáticos. Por assim dizer, os "nós" (atamentos e pronome da primeira pessoa do plural) da questão: quem e o que estão implicados nesse fabulário antropófago.

Como dito, a antropofagia tem sido uma das ferramentas de intervenção cultural-contextual mais poderosas utilizadas por Oswald de Andrade e por outros artistas e intelectuais brasileiros (Augusto e Haroldo de Campos, Zé Celso, Caetano Veloso, Silviano Santiago, entre outros) enquanto modo inequívoco de inserção na modernidade do século XX. É como se fosse percebido por Oswald, e por aqueles que em maior ou menor grau nele se inspiraram, que a única maneira de o intelectual e artista brasileiro se libertar do peso da influência europeia (e mais recentemente norte-americana, já sinalizava Mário de Andrade em 1936[37]), como herança do século XIX, seria fundando um novo paradigma: sai de cena o bom índio calcado no modelo Montaigne/Rousseau/Chateaubriand, o indígena brasileiro entre ingênuo, servil e submisso; entra na cena cultural o índio "mau", devorador, protótipo do bárbaro tecnizado, que vai ser uma espécie de híbrido, ou Frankenstein dos trópicos, um "monstro" capaz de tudo devorar e incorporar, embora seletivamente. Caberia indagar o fundamento mesmo dessa violência antropófaga, que substitui a violência do "civilizado" *contra* o "selvagem" pela violência *do* "selvagem" contra o "civilizado".[38] A devoração (bárbara ou civilizada) está no centro da arena antropófaga. Interessa expô-la em algumas partes, para que ela mesma se mostre cada vez mais em seus impasses: como imaginar um primitivo todo ele feito desde sempre de pedaços da cultura europeia, tendo entre esses pedaços o primitivismo mesmo que assalta os movimentos de vanguarda? Como reafirmar um primitivo que tem muito pouco do supostamente autóctone, já que ele foi, desde sua concepção, engendrado "lá fora", nas andanças de Oswald por terras europeias, onde teria "descober-

[37] Mário Andrade, "Decadência da Influência Francesa no Brasil". In: *Vida Literária*. São Paulo, Edusp/Hucitec, 1993, p. 3-5.

[38] Parece-me que o grau de civilidade de qualquer nação hoje deveria ser auferido não tanto pela quantidade de bens culturais que produz (embora isso deva ser sempre levado em conta) mas pelo modo como se relaciona com outras culturas. Para deixar de ser uma bela abstração no céu das ideias platônicas, o valor de universalidade, que está no centro do legado humanista, precisa a cada momento passar pelo teste da alteridade. É a relação com o outro, a hospitalidade incondicional, que determina, em última instância, a universalidade de um valor cultural, originário de qualquer país que seja. Isso é o que, a seu modo, mas ainda infelizmente preso à dialética hegeliana, já havia intuído há algumas décadas o filósofo mexicano Leopoldo Zea. Com ele, mas também além de certa camada de seu discurso, podemos colocar a seguinte questão: de que adianta uma universalidade que não sirva para todos? Criticando até mesmo Marx e Engels, embora fosse deles também tributário, Zea afirma que somente pela aceitação do discurso do outro é que nosso próprio discurso será compreendido: "Discursos que não têm que se negar entre si, mas, sim, engrandecer-se, expandindo-se mutuamente. Não é discurso que considera bárbaro qualquer outro discurso, mas o que está disposto a compreender, ao mesmo tempo que procura fazer-se compreender". Só é de fato universal o discurso que acolhe o outro, estrangeiro, em sua diferença e seu estranhamento ▶

to o Brasil" – mas qual Brasil exatamente? O dos franceses ou o dos brasileiros? O de Montaigne e Jean de Léry ou o de Alencar e Gonçalves Dias, o de Mário de Andrade, macunaímico e sem caráter, ou o mesmo que Caetano Veloso décadas mais tarde cantará como impávido que nem Mohamed Ali? Letrado, inventado ou "real", de carne e osso? Ou ainda o índio tristíssimo de Claude Lévi-Strauss? Em que território estamos: nos trópicos, no hemisfério norte ou em algum ponto equidistante entre o Atlântico e o Pacífico? De onde veio mesmo esse antropófago, com que meios – nas caravelas, num navio, num avião a jato ou numa nave espacial? Utópico ou *concreto*? Libertário ou meramente sonhador e tanto mais prisioneiro de suas fantasias tropicais? Questões impossíveis de se responder num só sentido, numa só direção. Contemplemos sempre, num gesto máximo de desnudamento (ver com olhos livres, se isso é possível), o antropófago, em seus momentos idílicos ou tormentosos.

O denso livro de Carlos Jáuregui, *Canibalia: Canibalismo, Calibanismo, Antropofagia Cultural y Consumo en América Latina*, explica que, tal como visto, a antropofagia é um mito antigo, remontando à necessidade de redução do outro à condição de bárbaro, ao longo da história humana e não apenas ocidental.[39] O antropófago seria talvez a pior das bestas porque devora cruelmente os indivíduos de sua própria espécie, tal como apenas certas feras na natureza são capazes. E houve na história recente da humanidade um tipo de antropófago que encarnou a besta por excelência. Tal seria o canibal do continente hoje chamado de América em homenagem ao bárbaro colonizador. A confusão começou com Cristóvão Colombo, que teria se referido aos habitantes de uma tribo do Caribe como "canibais", acusação supostamente feita por uma tribo inimiga, com a qual o navegador genovês fez o primeiro contato. Como essas tribos autóctones foram dizimadas sem deixar testemunho sobre o assunto, fica difícil ter alguma certeza sobre se os caribes (que nem sequer se sabe se de fato existiram ou se essa era apenas a designação de um tronco linguístico) comiam a carne de seus inimigos. Nesse e em outros casos de canibalismo, raramente existem testemunhos diretos dos fatos, e sobretudo muitas vezes faltam provas da existência, como denunciou William Arens em seu polêmico *The Man-Eating Myth*.[40] O termo "canibal" seria uma corruptela de "caribe", feita involuntariamente por Colombo e levada à derrisão por Shakespeare, com seu Caliban, de *A Tempestade*.

De qualquer modo, como demonstra exaustivamente Jáuregui, ao longo da história moderna do continente americano

---

radical, ou que pelo menos aceita negociar com ele. Cf. Leopoldo Zea, *Discurso desde a Marginalização e a Barbárie, seguido de A Filosofia Latino-americana como Filosofia Pura e Simplesmente*. Tradução de Luis Gonzalo Acosta Espejo, Maurício Delamaro e Francisco Alcidez Candia Quintana. Rio de Janeiro, Garamond, 2005.

[39] Quatro anos depois de escrever a primeira versão deste ensaio, tomei conhecimento do livro de Jáuregui por meio de João Cezar de Castro Rocha. Fiquei feliz com algumas coincidências de minha interpretação com a do autor chileno. O livro *Canibalia* é, sem dúvida alguma, o estudo mais completo que já se escreveu sobre o assunto, inclusive sobre a importância capital de Oswald no contexto dito latino-americano. Cf. Carlos Jáuregui, *Canibalia: Canibalismo, Calibanismo, Antropofagia Cultural y Consumo en América Latina*. La Habana, Fondo Editorial Casa de las Américas, 2005.

[40] William Arens, *The Man-Eating Myth: Anthropology and Anthropophagy*. Oxford, Londres, Nova York, Oxford University Press, 1979.

o canibal simbolizou o referido mito do mau selvagem, o homem desnaturado ou bestializado por excelência, que se compraz em devorar os indivíduos de sua própria espécie. O canibal tornou-se sinônimo dos povos ditos selvagens, numa idealização às avessas dos povos autóctones, que adquirem então uma identidade por um processo violento de caracterização bestial. Seria preciso pensar que onde há identidade há violência, que nenhuma caracterização individual ou grupal se faz sem o agenciamento de forças que buscam dar unidade conceitual ao que se encontra sob organização dispersa e multiestratificada. A identidade visa, acima de tudo, englobar a pluralidade dos atributos num feixe reduzido de características essencializadas. E quando se tem uma identidade construída sob o selo da negatividade, antropófago e/ou canibal, decerto à revelia dos indivíduos assim identificados, a violência é redobrada. Nada de identidade sem violência, embora mesmo ou sobretudo com a melhor das intenções.

O canibal transformou-se na insígnia do continente dito americano, e como também explica Jáuregui, esse signo se prestou a todo tipo de apropriação interpretativa, para utilizar uma categoria de Nietzsche. Conforme os valores alocados (em termos nietzschianos, os valores são forças), a antropofagia canibal pode ser vista tanto como o signo do "primitivo bestial", sedento do sangue sobretudo europeu, o outro virtualmente predador do mesmo; quanto como o signo positivo do primitivo que se quer primitivo, que se autoafirma apropriando-se e revertendo os atributos que o outro colonizador lhe aplica. Foi esse último sentido-vetor que apregoou a antropofagia oswaldiana no Brasil, como acabamos de ver. Num ou noutro caso, a antropofagia designa preferencialmente o nativo americano, em particular o assim chamado latino-americano, como outro absoluto do europeu.

De um modo geral, antropofagia ou canibalismo é um problema de denominação. Daí a complexidade do título, nobilitador ou injurioso, de antropófago ou canibal, sem se reduzir a problemática a um mero nominalismo (já que não há essência semântica, mas apenas jogos de expropriação, apropriação e dominação, a partir de nomes que são formas-valor). Como esclarece ainda Jáuregui:

> *[...] Una de las más interesantes consecuencias del relativismo cultural con que se ha estudiado el canibalismo en los últimos años es el 'descubrimiento' de que el caníbal no se nombra a sí mismo ni tiene conciencia de sí. En otras palabras, caníbal es una etiqueta del lenguaje de los otros para una particular práctica cultural que*

puede variar de la ingestión de un poco de ceniza de los huesos de un difunto durante ceremonias funerarias, o el sacrificio ritual bélico, hasta una transfusión de sangre o la explotación capitalista de la fuerza de trabajo. El caníbal, entonces, no sabe que lo es y por lo tanto, el explorador, misionero, o antropólogo, o quien escribe estas líneas, pueden ser caníbales si se les mira desde un lugar-otro, externo a la colonialidad. Si se descentra la óptica colonial son muy posibles los caníbales modernos que la Enciclopedia niega: el conquistador, el etnógrafo, el capitalista. Si la vida moderna no aparece habitada por antropófagos es porque las definiciones de canibalismo que maneja la Modernidad son hechas sobre la tranquilidad del presupuesto nombrado. En algunos relatos-otros de los mal llamados encuentros culturales, el 'hombre blanco' es para los indígenas tan caníbal como los caribes para la Encyclopaedia Britannica. *Pero aquí me refiero no a la mirada perturbadora del Otro sino al encuentro más material posible con el Yo caníbal.*[41]

O Eu-canibal, segundo Jáuregui, é o equivalente simétrico do cogito cartesiano como eu-falo, falogocêntrico (Derrida).

Seria preciso saber se a própria identificação do latino-americano ao "monstro" e ao canibal, mesmo de forma crítica e inventiva, como no caso brasileiro, não reforçaria sempre os argumentos colonialistas, petrificando uma parte do continente numa identidade irreversível. Tanto mais por sabermos que, na origem, a identificação do termo "América Latina" a um território específico serviu ao propósito colonialista francês, portanto europeu, para barrar a influência norte-americana sobre o resto do continente, atuante de forma ainda incipiente mas já pujante no século XIX. Se isso é verdade, como defende de forma categórica, entre outros, Walter Mignolo em *The Idea of Latin America*,[42] estaríamos fadados a repetir, com a melhor das intenções, a violência identificatória do dispositivo colonizador, num processo insensato, mas historicamente necessário, de auto-colonização. Afinal, a antropofagia foi um capítulo decisivo de nossa afirmação modernista. Capítulo decisivo e divisor de águas sem dúvida, a fim de superar o eterno complexo de inferioridade e de periferia, mas paralisante se ficarmos eternamente presos à metáfora digestiva.

Em outras palavras, cabe pôr em causa duplamente: 1. a identificação, ainda que simbólica e crítica, do continente, do subcontinente e do país ao canibalismo; 2. a identificação pura e simples de uma parte do continente como latino-americana, que não passa de aplicação do conceito de Estado-nação a uma escala subcontinental.

---

[41] Carlos Jáuregui, op. cit., p. 204-05.
[42] Walter Mignolo, *The Idea of Latin America*. Malden, Oxford, Victoria, Blackwell Publishing, 2005.

A desconstrução "no Brasil"

Num de seus textos mais politicamente contundentes, *Le Monolinguisme de l'Autre*, o pensador franco-argelino Jacques Derrida diz a certa altura, em diálogo consigo mesmo:

> *Sim, não tenho senão uma língua, ora, esta não é minha.* (Resposta do outro, sem itálico, num lance teatral:) Você diz o impossível. Seu discurso não se sustenta. Continuará sempre incoerente, *'inconsistent'*, como se diria em inglês. [...] Como se pode ter uma língua que não seja sua? E sobretudo se, presumidamente, você enfatiza isso, não se tem senão uma, uma única, só uma? Você profere uma espécie de atestado solene, que tolamente puxa os próprios cabelos, numa contradição lógica.[43]

E mais do que contradição lógica, o que seria muito simples, diz o outro, "você", quer dizer, Jacques Derrida, entrega-se a uma "contradição pragmática ou performativa". A aporia reside nessa dupla afirmação, nesse *double bind*: por um lado, só se tem uma língua, mas, por outro, ela não é sua. E para piorar, diz ainda o *alter ego*, tudo isso é enunciado em francês, colocando Derrida como "*sujet*" (sujeito, assunto e súdito) da língua francesa. Ali onde há língua, sugere o trecho, há uma questão de soberania. Ali onde os territórios nacionais foram sendo configurados desde o final da Idade Média, até completar relativamente o processo no século XX, após as duas Grandes Guerras, ali mesmo ficou como remanescente do estado monárquico a noção de soberania territorial. Creio que não há hoje no mundo um Estado que não reivindique a soberania de seu território, mesmo ou sobretudo na fase da dita globalização. Isso parece ser inerente à noção de território nacional, como o demonstraram as guerras europeias do século XIX e as guerras de independência no continente americano no mesmo século. Em toda parte onde uma nacionalidade territorial se configurava, segundo o aperfeiçoamento europeu, a noção ou o valor de soberania se afirmava imperativamente. Sabe-se que em muitos lugares do globo, em que os países europeus impuseram às suas colônias e ex-colônias o modelo do estado-nação, o fracasso foi enorme. O continente africano subsaariano, bem como grande parte do Oriente Médio, sofre com o traçado artificial de tais regiões, sem que necessariamente os "súditos" das novíssimas nações estivessem de acordo com a divisão territorial, sobretudo os que ficaram de fora dos recortes e alinhamentos imaginários.

Se lembro a complexidade desse processo, que se acelerou nos dois últimos séculos, é para sinalizar as aspas imprescindíveis

[43] Jacques Derrida, *Le Monolinguisme de l'Autre*. Paris, Galilée, 1996. p. 15 (intervenção minha entre parênteses).

ao sintagma "Antropofagia no Brasil", pois muito do que nos diz respeito hoje vem dessa herança colonial que ainda não soubemos administrar de todo, nem no período imperial, nem nos começos da república, nem mesmo agora no século XXI, em que um sonho, uma nova utopia parecia a caminho e foi até certo ponto frustrada. O país dito Brasil é, pois, uma *invenção* de europeus, invenção como descoberta do que já estava lá e que precisava ser histórico e geograficamente delimitado.

Isso tudo aponta a necessidade de pensarmos sempre em sentido pragmático a antropofagia (real ou imaginária) em território brasileiro, supostamente monolíngue. Temos quem sabe uma única língua, mas que não é nossa, não nos pertencendo originariamente.[44] Como se devêssemos traduzir permanentemente uma língua estrangeira (o idioma luso), numa outra língua, nacional, mas em princípio não dispondo senão dessa mesma língua de partida, o português de Portugal enxertado em terras brasileiras, cruzando com idiomas locais e outros de origem africana. Tradução real, necessária mas aporética.

Levanto a hipótese, que permanecerá necessariamente em aberto, da necessidade de propor desconstruções *a partir* de contextos nacionais. A Nação, com maiúsculas, fornece a meu ver o solo a partir do qual se pode desenvolver linhas de reflexão que apontem para além dos limites nacionais. Princípio de desconstrução, o solo nacional é também o horizonte a ser aberto, des-limitado, fazendo vir aquilo que nele não se encontrava antes, o totalmente estrangeiro, apátrida, todo outro, *tout autre*.

Enunciando esses problemas todos, que se entrelaçam como herança colonial, gostaria de reforçar a antropofagia como questão. A antropofagia é, antes de mais nada, um texto. E texto é, para mim, o que resiste ao significado de "ideia" enquanto recorte na idealidade da significação. Texto relaciona-se ao que atualmente chamo de *i-materialidade*, uma instância que seria da ordem de um quase-transcendental, dotada ao mesmo tempo de uma potência transcendentalizante ou generalizante, se quiserem, e de uma dessimétrica potência empírica. Algo como a força de um pensamento que necessita do acaso para acontecer, mas que só se efetiva em tais ou quais circunstâncias, em diálogo intensivo com tais ou quais interlocutores. Desconstruir, dentro de determinados contextos (políticos, econômicos, filosóficos) traz a ambivalência de uma reflexão que desmobiliza campos constituídos de sentido tanto quanto, por essa via mesma, possibilita outra performance dos sujeitos falantes, escreventes, multiplamente atuantes. Daí

[44] Dentre outros fatores, isso só seria possível se ignorássemos as diversas línguas indígenas.

que texto e desconstrução, relacionados a contextos históricos, implicam sempre intervenções políticas, estéticas, éticas, pois põem pragmaticamente em questão valores pré-dados. Assim, a antropofagia precisa ser lida como a eventualidade de uma pragmática política e estética – amplamente ética.

O que me interessa, portanto, nos textos antropófagos ou sobre antropofagia de Oswald, muito longe de um conceito consolidado, é o modo como a textualidade (termo que assinala um processo conceitual em aberto, uma articulação em rede e não um campo fechado) antropofágica foi se armando nos mais diversos registros (manifestos, textos ficcionais, teses), interagindo polemicamente com vários outros conceitos da época, sobretudo o conceito-mor de vanguarda e de modernidade ou modernismo, e construindo uma máquina textual que terá seus efeitos muito além da década de 1920.

E a questão do texto antropófago é paradigmática para que se pense como a problemática do texto é sempre institucional, em inúmeros sentidos. O manifesto é publicado em jornal, situando-se nas fímbrias da instituição literária, no sentido de que esta passa também pela mídia para atingir o grande público. Porém, a meu ver, ela é também e principalmente universitária, acadêmica no sentido mais estrito. Não por acaso hoje proliferam teses sobre a antropofagia, em sua maioria aliando-se à postura oswaldiana, que sem dúvida é genial e revolucionária em sua proposta. Porque as teses que Oswald escreveu utilizando a antropofagia como instrumento operatório confirmam a necessidade de legitimação tanto do conceito antropofágico quanto de seu autor. Ambos carecem de uma legitimação no âmbito das humanidades, legitimação esta que a universidade em primeira instância não lhes deu. Num primeiro momento, o autor e o texto antropofágico terão as portas vedadas na bem jovem instituição chamada USP. Serão preteridos por outro conjunto de valores que fará escola, e esse é um capítulo ainda não muito bem narrado da cultura nacional. Porém, se numa primeira instância a universidade lhe fecha a entrada, hoje ela lhe abre com outros interesses e valores. O professor frustrado que foi Oswald de Andrade também faz escola, a sua maneira, incomodando certamente a muitos que se alinham a outras tendências pedagógicas.[45] A antropofagia agora profere, professa, vocifera seu desejo de devoração, e é isso o que justamente interessa sobremodo. Voltemos a nossa questão fundamental: o que posso fazer do outro (autóctone, europeu ou estrangeiro em geral) além de devorá-lo?

[45] Faz parte do projeto arquitetônico e teatral de Zé Celso Martinez Corrêa para seu Teatro Oficina a criação de uma universidade inspirada na antropofagia oswaldiana.

Nesse sentido, a antropofagia não pode ser erigida como o modelo de uma cultura nacional. Inicialmente, por dois motivos. O primeiro seria considerá-la como uma etapa válida mas primitiva na história de uma civilização e, portanto, não deveria perdurar indefinidamente. O defeito dessa explicação é trabalhar com um paradigma evolutivo de história, de fundo hegeliano, que supõe que uma etapa pode ser negativamente necessária mas deve ser depois superada, rendida, redimida (*aufgehoben*). O segundo motivo é a ideia mesma de *um* modelo regendo uma cultura. Se modelos são inevitáveis, que pelo menos se deixem multiplicar.

Todavia, o risco maior da prática e da teoria antropofágica encontra-se no ciclo de violência que instaura. Real ou não, o que importa é a alta carga simbólica do "ato" de devorar o outro, sobretudo porque se incorre naquilo que a metafísica da identidade tem de pior, a saber, a assimilação ou supressão da alteridade, em proveito da autoafirmação identitária. Esta é, afinal, a história mesma dos colonialismos e neocolonialismos que se desenvolveram, sob as mais diversas formas, ao longo da história do Ocidente.[46]

Mesmo que a intenção originária de Oswald, e em outro momento da história cultural, de Du Bellay,[47] pareça boa, e tenha servido até certo ponto para o desrecalque dos complexos coloniais, a violência antropofágica confirma sempre a violência que está na origem de qualquer Estado, como se sabe desde pelo menos Hobbes e a figura do Leviatã, além do livro fundamental *De Cive*. O que une o homem ao lobo é o desejo de carne e de sangue, a crueldade pulsional. Pode-se argumentar que, se é assim, cabe simplesmente render-se aos fatos e por isso mesmo acatar a necessidade irrecorrível da devoração da cultura do outro, a fim de afirmar sua singularidade pessoal. O paradoxo desse raciocínio é legitimar, indiretamente, a violência da colonização. Se as culturas se afirmam por devoração, devoremos nós, por nosso turno, nos trópicos a cultura alheia. A identidade nacional seria então a resultante de uma apropriação autoafetante, de uma relação do eu consigo mesmo, e assimilatória em relação ao do outro. O outro existe para me servir, para se sujeitar, para ser subjugado, num processo em que minha liberdade se faz, no melhor dos casos, pela assimilação da diferença; no pior, pela eliminação pura e simples dessa diferença.

Cabe então pensar como seria possível conceber uma civilização sem violência nem devoração cruel do outro, sem autoidentificação colonizadora. A resposta necessariamente inconclusiva encontra-se no final da grande conferência de Derrida

---

[46] Para uma importante reflexão sobre a violência no contexto atual, ver Idelber Avelar, *The Letter of Violence: Essays on Narrative, Ethics and Politics*. Nova York, Palgrave Macmillan, 2005.
[47] Joachim Du Bellay, *La Défense et l'Illustration de la Langue Française*. Paris, Garnier, 1930.

realizada na Universidade de Coimbra, em 2003, ao cabo de uma longa reflexão sobre o "mal de soberania":

> Sabemos que o efeito de soberania, seja esta negada, partilhada, dividida, é politicamente irredutível.
>
> Mas como fazer para que este legítimo estar-mal de soberania não se torne uma doença e uma infelicidade, uma doença mortal e mortífera? É o próprio impossível.
>
> A política, o direito, a ética são outras tantas transações com um tal impossível.[48]

Evidentemente não se pode apagar o arquivo histórico, sobrepondo-se um ato de violência a uma violência anterior e negando a antropofagia como marca metafórica e real de uma suposta cultura brasileira. Importa, no entanto, realizar uma tarefa sem fim, qual seja, ler de outro modo a página do legado oswaldiano, no que ela serviu para renovar mas também para consolidar o mito fundacionista, como herança em última instância do conceito de Estado-nação que a jovem nação tinha conquistado fazia apenas um século, quando foi impetrada a segunda independência brasileira, a da Semana de Arte Moderna de 1922, a chamada independência cultural, que paradoxalmente passava pela atualização de nossa cultura em relação aos movimentos vanguardistas da Europa (e mesmo dos EUA, com a ida de artistas europeus para o solo americano).

"*Il Faut bien manger*",[49] diria Derrida ironicamente, já que a expressão quer dizer pelo menos duas coisas em francês: "É preciso de fato comer"; não tem como ser diferente, há que se comer, há que se devorar – o outro, seja esse outro vegetal ou animal. Mas também "*Il faut bien manger*" significa "É preciso comer bem" e bastante, ou pelo menos suficientemente. Natural, indispensável à sobrevivência, "*il faut bien manger*": é de fato preciso comer bem. Para sobreviver, há que se comer, há que se deglutir.

No entanto, as estratégias de devoração são múltiplas: umas realçam a soberania do sujeito comedor ("Ou le Calcul du sujet" é o subtítulo da entrevista com Jean-Luc Nancy), outras apenas enfatizam o dado da necessidade. Nenhuma dúvida: sem soberania, nada de sujeito, nenhuma estrutura subjetiva se sustenta; mas uma sobrecarga de soberania devoradora significa de pronto um tipo de colonização, de reterritorialização ali onde o sujeito *calculava* estar descentrando a herança colonial. Esse é o paradoxo a partir do qual a antropofagia pode ser repensada hoje, quase um século após a publicação do manifesto: se for uma prática pura e simples da devoração, a antropofagia apenas inverte o paradigma colonizador,

[48] Jacques Derrida, *Le Souverain Bien: O Soberano Bem*. Edição bilíngue. Trad. Fernanda Bernardo. Viseu, Pailamge, 2004, p. 107.
[49] Idem, "Il Faut Bien Manger ou le Calcul du Sujet: Entretien avec Jean-Luc Nancy". In: *Points de Suspension: Entretiens*. Paris, Galilée, 1992, p. 269-301.

que territorializou os diversos continentes a partir do território europeu. A inversão nos deixaria no solo do *mesmo*, pois significaria apenas uma nova etapa das guerras coloniais, em que o colonizado de ontem assume o papel do colonizador de hoje, como é o caso dos Estados Unidos. Enquanto gesto de inversão, a antropofagia seria menos liberadora do que muitas vezes pareceu na pluma dos que reivindicaram seu legado, sem dúvida alguma jubilatório e desrecalcador de certos fantasmas ancestrais. Mas permanecer no paradigma antropofágico, tal qual Oswald o inscreveu no tecido da cultura por três décadas, é não perceber que, no século XXI, as relações culturais não deveriam mais se orientar pelos velhos paradigmas colonizadores, por mais libertários que em princípio pareçam, reconduzindo entretanto à via de nossas origens coloniais.

Se comer é preciso para poder viver bem e de fato, que outros modos éticos e não violentos podem conduzir mais além da afirmação do próprio, da apropriação autoidentificante? Em outras palavras, como não retornar ao sistema do mesmo que nos aprisiona ao passado, em nome justamente de uma autenticidade indígena que se traveste de guerreiro europeu, como numa opereta de Alencar? Quais os limites entre o bárbaro autóctone e o bárbaro civilizado? Seria o bárbaro tecnizado mais do que uma metáfora dialética, ou seja, algo que não signifique uma simples redenção (*Aufhebung*) da oposição entre bárbaro e civilizado, porém justamente a figura do indecidível, daquilo que não se deixa dialetizar? Vejamos o que diz Derrida dessa proposta de superação dialética através da devoração, o que faz do pensador franco-argelino um aliado e um desconstrutor do pensador brasileiro:

Já notaram sem dúvida a recorrência do léxico da devoração ("devorar", "devorante"): a besta seria devorante e o homem devoraria a besta. Devoração e voracidade. *Devoro, vorax, vorator*. É aqui questão da boca, dos dentes, da língua e da violenta precipitação em morder, em deglutir, em engolir o outro, em pô-lo dentro de si, tanto para o matar como para fazer o seu luto. Será a soberania devoradora? A sua força, o seu poder, a sua maior força, a sua potência absoluta, será ela, por essência e sempre em última instância, poder de devoração (apropriação pela boca, dentes, língua, violenta precipitação em morder, em deglutir, em engolir o outro, em pô-lo dentro de si, tanto para o matar como para fazer o seu luto)? Mas o que transita pela devoração interiorizante, quer dizer, pela oralidade, pela boca, goelas, dentes, garganta, glote e língua – que são também os lugares do grito e da palavra, da linguagem –, pode também habitar estoutro lugar do rosto ou da face que são as orelhas, os atributos auriculares, as formas visíveis, audiovisuais portanto do que permite, não apenas falar, mas entender e escutar. "Como são grandes as tuas orelhas avozinha", diz ela ao lobo. O lugar da *devoração* é também o lugar do que transporta a voz, é o *tópos* do porta-voz, é, numa palavra, o lugar da *vociferação*. Devoração, vociferação, eis, na figura da figura, no rosto em plena cara, mas também na figura como tropo, eis a figura da figura, a devoração vociferante ou a vociferação devorante. Uma, a vociferação, exterioriza o que se come ou devora ou interioriza, a outra, inversa ou simultaneamente, a devoração, interioriza o que se exterioriza ou se profere. E tratando-se de devorar, de proferir, de comer, de falar e portanto de escutar, de obedecer recebendo dentro pelos ouvidos, tratando-se da besta e do soberano, deixo-vos sonhar com as orelhas de burro do rei Midas que Apolo lhe infligiu por ele ter preferido o seu adversário num torneio musical. O burro passa injustamente pelo mais burro dos animais (*L'âne passe injustement pour la plus bête des bêtes*).[50]

Não se trata evidentemente de pregar uma *paz eterna*,[51] tal paz seria decerto a paz dos cemitérios, pois parece ser próprio ao que está animado, ao que tem alguma alma, atritar, tocar, estranhar-se, dividir-se e, no limite, conflitar-se. Há uma tensão que conduz o vivo, aparentemente imprescindível ao que se anima, embora não se possa propriamente opor essa tensão ao inanimado, já que este também é dotado de forças que o tensionam e o fazem mover-se por outros meios. A biologia mais atual sabe que em suas formas liminares a vida não pode ser oposta de maneira simplista ao não vivo, o animado ao inanimado, o vivo ao morto. Mas há sim que se pensar naquilo que numa entrevista a mim concedida e publicada no *Mais!*, da *Folha de S.Paulo* Derrida chamou com grande felicidade de "solidariedade dos seres vivos",[52] ou seja, como se fosse um quase imperativo categórico da vida ser solidária consigo mesma, preservar-se em algumas de suas formas essenciais, sem no entanto cair num conservadorismo que a própria vida jamais praticou. Pois o que chamamos de vida é certamente uma função de *différance*, desse princípio sem princípio de toda divisibilidade, a divisão sem a qual não há desconstrução. Por ser sobredeterminado pela *différance*, sem ser dela própria uma espécie, o princípio vital compõe desde sempre com aquilo que o negaria: o não biológico, o inanimado, pois a *différance* é o que precede estruturalmente qualquer oposição binária, a

[50] Idem, *Le Souverain Bien: O Soberano Bem*. Op. cit., p. 79 e 81.
[51] J. Guinsburg (org.), *A Paz Perpétua: um Projeto para Hoje – Kant, Derrida, Rosenfeld, Romano*. São Paulo, Perspectiva, 2004.
[52] Jacques Derrida, "A Solidariedade dos Seres Vivos: Entrevista a Evando Nascimento". Mais!, *Folha de S.Paulo*, 27/05/2001.

qual passa a ser secundária, derivada. A vida é o que segue à deriva da *différance*.

Num dos filmes mais importantes dos últimos tempos, e que precisaria ser assistido por toda a humanidade ocidental e não ocidental, *Nossa Música*, de Jean-Luc Godard,[53] o Inferno é encenado através das diversas imagens de guerra que foram captadas pelas câmeras e lentes do século XX e agora do século XXI. Em seguida vem o Purgatório, que se passa na Sarajevo do pós-guerra; por fim representa-se o Paraíso. A primeira e a última parte, Inferno e Paraíso respectivamente, são as mais curtas do filme, como se significassem uma espécie de estado de exceção. Como se vivêssemos de fato num purgatório permanente, entre uma guerra e um paraíso, ou entre um paraíso e uma guerra, para retomar a sequência bíblica. O que se ressalta no purgatório é justamente a falta de sentido da guerra. Na verdade, inferno e paraíso se distinguem por indicarem uma *suspensão* do sentido. O inferno porque é com ele que toda negociação acaba, quando os conflitos eclodem sem acordo possível entre as partes em litígio. E o paraíso seria também uma suspensão na medida em que implicaria a liberação de todo significado, nada mais precisando fazer sentido.

No purgatório é que se dá a negociação fenomenológica do sentido, quando as partes se reconhecem em sua diferença e buscam acordos, ainda quando uma delas tende ao fascismo, que é sempre o desejo de supressão pura e simples do outro. O fascismo tende a suprimir a *différance* em prol da diferença única, ontologizada, na força indivisível, monolítica – soberana. E talvez seja ao caráter fascista de toda guerra que Godard visa quando encena o jogo da alteridade irredutível à força única. Como se toda guerra declarada outra coisa não fosse além da necessidade imperativa de destruir o outro em função da força irredutível, da voz monolítica, da vontade totalitária, da vontade. Toda guerra teria então um aspecto fascista: ainda quando não se faça sob a bandeira nem do fascismo nem do nazismo, toda guerra propende ao totalitarismo – à exclusão e, mais ainda, à destruição da alteridade.

Daí os chamados crimes de guerra serem uma extensão lógica da lógica (ou da falta de) inerente à guerra. O crime de guerra é aquele em que a pulsão cruel de que fala Freud, e que Derrida reelabora em *États d'Âme de la Psychanalyse*,[54] se desencadearia sem controle, passando por cima mesmo dos tratados de guerra, daquilo que se convencionou em Genebra, por exemplo, como sendo permitido ou não praticar numa guerra. A pergunta seria: um crime de guerra é uma exceção no estado de guerra ou uma decorrência, tão

---

[53] Jean-Luc Godard, *Nossa Música*. Paris, Canal +/Alain Sarde, 2004.
[54] Jacques Derrida, *États d'Âme de la Psychanalyse*. Paris, Galilée, 2000.

lógica quanto ilógica, da própria guerra? Um crime de guerra me parece participar do mesmo cálculo, da mesma lógica, se é que se trata de uma, da devoração, da pulsão cruel que instaura e afirma a lei do mais forte. Como diz e repete Derrida, citando a fábula de La Fontaine, *a razão do mais forte é sempre a melhor*.[55] Talvez seja essa razão do mais forte que esteja nos fundamentos de grande parte das ações ditas democráticas atualmente. Recordo uma charge do cartunista Plantu publicada em 2004 no *Le Monde*, em que um soldado americano tentava explicar a um iraquiano o que é democracia pisando em seu pescoço...

Essa é a razão do mais forte, do mais robusto, quer dizer, do mais rico e mais bem armado, da mais "democrática" nação do planeta sobre o resto do mundo, que a política da guerra ao terror do governo Bush levou ao extremo. A lógica da destruição, da devoração, do derramamento de sangue pelo cruel prazer destrutivo, segundo a lógica do mais poderoso e, portanto, melhor. A razão da *pólis* que tenta proteger os cidadãos de um país através da pressuposição de que todos os outros cidadãos de outros países são suspeitos. Isso para não falar da exclusão cabal da alteridade, da intolerância cada vez mais radicalizada contra o imigrante ilegal, o sem-documento, que hoje habita, de maneira legítima ou não, quase todas as nações do planeta. Não se trata aqui de fazer um discurso antiamericano, mas de expor como numa das nações mais ricas, em plena época da globalização o mundo é mais mundo para alguns, é mais a casa de alguns cidadãos, como se já não bastasse o fato de qualquer forma de cidadania implicar exclusão, expatriação, violência muitas vezes gratuita para com a alteridade.

Seria mais do que nunca preciso pensar essas questões sem procurar desculpas para a reafirmação gratuita e cruel da soberania, que nos piores casos beira o fascismo. Não se trata, todavia, de propor em lugar de uma moral totalitária uma outra, liberal, que apenas invertesse e sublimasse a moral ainda vigente da razão do mais forte. Nem interessa desqualificar a força em si mesma, mas sim pensar de outro modo as relações de força – pois como diz *Force de Loi*, é preciso que a força componha com a fraqueza para que não se absolutize.[56] Se a violência é um dado da natureza *naturante* que não se apaga na cultura, vindo-lhe como dobra e não como instância ontológica, há que se pensar em como não revalidar a violência pela violência, como se tem feito neste e em outros países. Certamente a questão democrática passa pela reinvenção da violência "natural" e instituinte, por uma

---

[55] Idem, *Voyous: Deux Essais sur la Raison*. Paris, Galilée, 2003. O "Lobo e o Cordeiro" é mais uma história de devoração cruel, para simples satisfação do lobo, cf. La Fontaine, *Fables*. Paris, La Pochothèque, 1985, p. 51-53.
[56] Jacques Derrida, *Force de Loi*. Paris, Galilée, 1994, p. 20-21.

não submissão justamente a uma violência naturalizada. Proveniente da natureza desdobrada em formas históricas da cultura, a violência habita tanto o espaço do dito civilizado quanto o do dito bárbaro. Não há nação pacífica, mas nem todas as nações exercitam a violência inerente ao poder da mesma forma, nem todas praticam a devoração pela devoração cruel, nem todas fagocitam o outro.

O pensamento – eis uma das lições mais intensas e sem moral alguma de Derrida –, se existe, deve acontecer "sem álibi". Quando se inventam motivos para deglutir o outro, erigindo-se monumentos para a autoproteção, tal como o novo muro que se ergue na história da humanidade, mais um, em território palestino-israelense, aí então a questão ética deve ser colocada. Não é a história recente de Israel a prova cabal daquilo que resulta quando predomina a lei do mais forte, sobreposta a qualquer outra lei? Não há que se pregar a inocência dos palestinos, ninguém nessa longuíssima história que remonta a tempos imemoriais é inocente. Mas nessa luta fratricida as responsabilidades não são as mesmas, ao contrário, seria por meio da assimetria profunda entre a agressão israelense, sob protetorado americano, e a resposta cega palestina que caberia pensar o teatro político hoje. Muito do mal-estar na civilização é encenado ali, palco privilegiado de exercício da cruel pulsão que nos ataca como um "mal-estar de soberania".

Talvez uma nova cultura do perdão, tal como encena o belíssimo filme de Godard, é que possa reduzir os efeitos da cruel pulsão a um mínimo de capacidade destrutiva. Essa é a lição de solidariedade que, com sua música dissonante em relação ao estado de coisas atual, Godard, leitor de Lévinas e de Derrida,[57] nos oferece. Seria preciso pensar a cohabitação desses dois "estrangeiros" no espaço de uma mesma língua na passagem de um a outro século: talvez da obra do suíço Godard possa-se dizer o mesmo que disse o franco-argelino Derrida sobre Beckett: nada mais resta a desconstruir, a tal ponto se montou e autodesfez a máquina de desconstrução godardiana. Godard, esse deus das artes, como já se disse, um deus certamente por vir, partido, dividido, bem pouco soberano, um deus quem sabe desconstrutor; e assim se reescreveria de outro modo a história do perdão para além do paradigma cristão, que sempre pede o arrependimento do pecador, impondo soberanamente sua salvação. Um outro evangelho segundo Jean-Luc. O perdão de Lévinas, de Derrida e de Godard, se há, não exige nada em troca, não impõe arrependimento para haver comunhão. Pois, segundo tal outro

[57] Ambos são citados explicitamente no último Godard, *Film-Socialisme: Une Symphonie en Trois Mouvements*. Paris, Vega Film, 2010.

evangelho, pode-se comungar e compartilhar perfeitamente com o inimigo sem querer necessariamente destruí-lo. Mas perdoar, sublinha Derrida, não é esquecer, ao contrário, é trazer a viva memória do mal feito, para que a história não se repita *ipsis litteris*.[58] Pode-se legitimamente fazer as pazes com o inimigo sem esquecer um só momento sua capacidade de praticar o mal e, no limite, nos suprimir, conforme a música cruel dos tambores de guerra. Porém, nunca seria a supressão ou a exclusão aquilo que nos salva. Pois nessa outra cultura não colonizadora do perdão, não há mais salvação como um "fim final" (Guimarães Rosa), perdoa-se para atravessar o solo da cultura, perdoa-se para continuar e prosseguir, vivo, bem vivo. A vida, em suas estratégias de sobrevivência e mesmo de sobrevida, recorre a desvios, a formas de evitar o mal pelo mal.

A afirmação originária, que de antemão se adianta, presta-se em vez de se dar. Não é um princípio, um principado, uma soberania. Ela vem, portanto, de um para além do para além, e assim do para além da economia do possível. Decerto ela se relaciona com uma vida, mas com uma vida diferente da economia do possível, uma vida provavelmente im-possível, uma sobre-vida, não-simbolizável, porém a única que *vale* ser vivida, sem álibi, de uma vez por todas, a única a partir da qual (digo realmente *a partir* da qual) um pensamento da vida é possível. Uma vida que vale ainda ser vivida, uma única vez por todas. Justificar um pacifismo, por exemplo, e o *direito* à vida, isso somente pode ser feito, de maneira radical, a partir de uma *economia da vida*, ou do que Freud alega, como o ouvimos, com os nomes de uma constituição biológica ou de uma idiossincrasia. Isso somente pode ser feito a partir de uma *sobre-vida*, que nada deve ao álibi de algum para além mito-teológico.[59]

A antropofagia envolve a questão da herança. "É perigoso ser herdeiros", diz Nietzsche em *Assim Falou Zaratustra*, pensador que o autor das *Memórias Sentimentais de João Miramar* também deglutiu em mais de um momento de seu turbulento percurso. A saída, se há, para as aporias que a obra do antropófago Oswald nos deixou seria cada um reinventar de acordo com seu idioma singular, novas formas de leitura da obra e dos textos culturais, em diferimento. Nesse caso, talvez interesse menos a devoração do corpo da obra pela exegese do que um redimensionamento das questões que ela levanta e uma recontextualização na atualidade. Todo um projeto de leituras que passa também pela filologia estrita

[58] Desenvolvi amplamente o tema do perdão em Derrida na introdução ao livro *Jacques Derrida: Pensar a Desconstrução* (op. cit.), no qual consta uma conferência dele mesmo sobre a temática.
[59] Jacques Derrida, *États d'Âme de la Psychanalyse*. Op. cit., p. 82-83.

dos textos oswaldianos. É preciso partir desses textos mas desde sempre cruzando-os com aquilo que eles não são, numa estratégia de múltiplos enxertos, que certamente fará disseminar um mesmo e outro texto, para além de toda filiação antropofágica de cartilha. Um filho totalmente servil, torna-se o discípulo ou o escravo que apenas repete aquilo que o pai, mestre e senhor disse mais e melhor. Por outro lado, um filho que desconhece totalmente o legado do pai, nada herda, ainda mais se o pai for único, se a filiação for exclusiva. Cabe ter muitos pais e muitas mães, lembrava Derrida em seu diálogo intenso com Roudinesco;[60] cabe entrelaçar a herança oswaldiana estrita com inúmeros outros pensadores nacionais e mundiais, circulando nessa zona difusa e problemática de uma cultura planetária que, no pior dos casos, se globaliza segundo os ditames do capitalismo em sua fase avançada. Em vez da homogeneização massificadora, como denunciavam Adorno e Horkheimer no final da primeira metade do século XX, anunciando os temas que informam hoje nossa atualidade – em vez disso, buscar uma multiplicidade composta dos diversos idiomas, sem no entanto fetichizar a "cor local" nem muito menos promover o exotismo. Dois engodos a serem evitados, pois: primeiro, a crença na utopia de uma globalização triunfante, que redimisse todos os povos em função de um conceito unificado de cultura; segundo, o privilégio cego do valor nacional, fechando as portas num movimento de xenofobia e ignorância do outro.

Revisando o esquema que organiza a concepção corrente de sujeito, Derrida cria o neologismo *carno-falogocentrismo*, determinado pela necessidade da passagem do falo (e seus avatares) pela boca, num processo de interiorização idealizante:

> Aquilo que chamo de *esquema* ou imagem, ligando o conceito à intuição, instala a figura viril no centro determinador do sujeito. A autoridade e a autonomia (pois embora esta se submeta à lei, tal sujeição é liberdade) são, por meio desse esquema, atribuídas de preferência ao homem (*homo et vir*) do que à mulher, e à mulher do que ao animal. E evidentemente ao adulto do que à criança. A força viril do macho adulto, pai, marido, irmão (o cânone da amizade, mostrarei noutro lugar, privilegia o esquema fraterno) pertence ao esquema que domina o conceito de sujeito.[61]

No momento em que expõe que toda *questão* é uma forma de comer (tal aquela que se insere em nosso título, redobrando seu sentido: "A antropofagia em questão") ou, antes, de dar de comer, Derrida sublinha o caráter hospitaleiro do "*Il faut*

[60] Jacques Derrida e Elisabeth Roudinesco, *De Quoi Demain... Dialogue*. Paris, Fayard/Galilée, 2001, p. 11-40.
[61] Idem, "Il Faut Bien Manger". Op. cit., p. 295.

bien manger". É o Bem que se dá a comer, tornando-se de fato nutriente, quando se compartilha a linguagem com o outro. Nunca se come, ou nunca se deveria comer só. Comer é partilhar a comida, no respeito ao outro enquanto outro, sabendo que no instante mesmo em que se tenta (simbolicamente) devorá-lo a introjeção substancial jamais se completa de todo. O outro resiste à mordida e à ferocidade, e assim o melhor é poder comer com ele. *Comer junto*, eis a senha para evitar o pior. E, assim, o enigma devorador da Esfinge se metamorfoseia num código de passagem.

Curiosamente, ao reivindicar a herança antropofágica como necessidade de assimilação do outro, a grande artista Lygia Clark dá um belíssimo exemplo desse dar de comer para poder comer junto. Não se trata da recusa de comer, da abstinência, como o "Artista da Fome" de Kafka, nem da pura violência do lobo devorador, seja um lobo real ou a própria morte, como nas fábulas de Perrault e de Rosa. Outra coisa. Deixo com Lygia a narrativa feita numa das cartas a Hélio Oiticica, a quem escreve a respeito de suas experiências como professora na Sorbonne, em pleno território francês:

Mando para você uma foto de um trabalho que chamo de *Baba antropofágica*. Uma pessoa se deita no chão. Em volta os jovens que estão ajoelhados põem na boca um carretel de linha de várias cores, começam a tirar com a mão a linha que cai sobre a deitada até esvaziar o carretel. A linha sai plena de saliva e as pessoas que tiram a linha começam por sentir simplesmente que estão tirando um fio, mas em seguida vem a percepção de que estão tirando o próprio ventre para fora. É a fantasmática do corpo, aliás, o que me interessa, e não o corpo em si. Depois elas se religam com essa baba e aí começa uma espécie de luta que é o *défoulement* para quebrar a baba, o que é feito com agressividade, euforia e alegria e mesmo dor, porque os fios são duros para serem quebrados. Depois peço o *vécu*, o que é o mais importante, e assim vou me elaborando através da elaboração do outro (...).[62]

Elaborar-se com o outro, comer, ser comido, mas sobretudo dar de comer, comendo junto – haveria algo mais importante para um vivente?

[62] Lygia Clark e Hélio Oiticica, *Cartas: 1964-1974*. Org. Luciano Figueiredo. 2. ed. Rio de Janeiro, Ed. UFRJ, 1998.

A Vanguarda Antropófaga

Luiz Costa Lima
Pontifícia Universidade Católica/Rio de Janeiro
Universidade do Estado do Rio de Janeiro

Deve-se a Vicente Huidobro, esse "aristocrata revolucionário",[1] o primeiro manifesto vanguardista latino-americano.

Com o *Non Serviam* (1914), lido publicamente em Santiago, o jovem poeta chileno imprecava *a la madre Natura* que não a serviria. Embora o próprio Huidobro, em seu afã de se tomar como fundador do *creacionismo*, antes viesse a destacar a data de 1916, quando, em Buenos Aires, proferira conferência em que usara o termo,[2] tem razão Jorge Schwartz ao afirmar: "*Non serviam* representa o momento inaugural das vanguardas do continente".[3] Momento inaugural de uma febre que encontraria seu auge na década de 1920, para se diluir e apagar na metade da seguinte. Acompanhar, pois, o texto indicador terá a função de preludiar virtudes e carências, que serão, depois de um breve apanhado dos manifestos em geral, ressaltadas pelo exame do *Manifesto Antropófago* (1928), de Oswald de Andrade.

A recusa de servir à natureza, em que Huidobro se empenhava, tinha o significado imediato de negar à poesia qualquer função mimética. Assim entendida, a recusa antecipava um traço que estará presente nas dezenas de manifestos, que a afirmam mesmo quando nela não falem. "*El poeta dice a sus hermanos: 'Hasta ahora no hemos hecho otra cosa que imitar al mundo en sus aspectos, no hemos creado nada. ¿Qué ha salido de nosotros que no estuviera antes parado ante nosotros?'*".[4]

À primeira vista, essa recusa dependia da própria rebeldia que a vanguarda encarnava. Pois, independente da diversidade de propostas dos diversos ismos e da hostilidade recíproca com que se atacavam, os manifestos se expunham "contra a arte museológica" e o "*status quo* imposto pelas academias".[5] Mas, ainda que verdadeira a hostilidade à arte oficial, nela não se esgota a razão do ataque à imitação. Ela derivava da raiz romântica

[1] Volodia Teitelboim, *Huidobro. La Marcha Infinita*. Santiago, Editorial Sudamericana, 1996, p. 25.
[2] Vicente Huidobro, "El Creaciónismo". In: *Obras Completas*, V. Santiago, Editorial Andrés Bello, 1925, p. 732.
[3] Jorge Schwartz, *Vanguardas Latino-americanas, Polêmicas, Manifestos e Textos Críticos*. São Paulo, Iluminuras/Edusp, 1995, p. 32.
[4] Vicente Huidobro, "Non Serviam". In: op. cit., 1976, p. 715.
[5] Jorge Schwartz, op. cit., p. 35, 37.

presente nesse aspecto das vanguardas. Fora com o romantismo, em sua expressão primeira e mais aguda, a alemã dos finais do século XVIII, que a imitação perdera seu clássico prestígio. O combate à *imitatio* então se combinava à exaltação da individualidade, da exploração de cujo infinito dependeria a qualidade do poeta. Ao longo do século XIX, contudo, essa conjunção entre concentração egoica e antimimetismo se mostraria problemática. (A questão, na verdade, é mais complicada do que aqui expomos. Ao passo que, entre os *Frühromantiker*, o ego era sobretudo tomado como matéria-prima para a *poiesis*, no romantismo posterior, aquele cujo exemplo chegará à América Latina, a expressão do eu, logo convertido no eu nacional, se tornará dominante.) Embora solidária com os primeiros românticos no desprezo pela *imitatio*, a filosofia hegeliana da arte, ao estabelecer a sintonia entre as manifestações artísticas com o espírito do tempo, promovera outra forma de *imitatio*: aquela que se insinuava na correspondência proposta entre a obra e seu tempo. Se essa outra forma não se confundia com a imitação servil, sequer essa diferença era cabível com o naturalismo; sob justificação científica, os cacoetes da *imitatio* voltavam a vigorar. Assim se explica por que, sem que o academicismo europeu fosse idêntico ao latino-americano, o ataque à *imitatio*, irmanasse as vanguardas europeia e latino-americana. No caso específico do *Non serviam*, à passagem anterior transcrita correspondem várias das reflexões de Kandinsky. Assim, por exemplo, em sua proposta de uma arte abstrata: "Na arte abstrata, o elemento 'objetivo' reduzido ao mínimo deve ser reconhecido como o elemento real mais potente. (...) A maior dissemelhança exterior se torna a maior semelhança interior".[6] Ou, em texto em que narrava sua descoberta: "(...) O domínio da arte cada vez mais se separava do domínio da natureza até que um dia cheguei a sentir cada um deles como domínios completamente independentes".[7]

Escritos em independência um do outro, os textos do poeta e do pintor assinalam uma problemática semelhante: o "não servirás à natureza" se faz em nome da "ressonância interior" (Kandinsky) que a obra de arte deve provocar. A conjunção romântica volta, portanto, a ser enfatizada. Embora em ambos os casos se extraiam consequências que não tinham paralelo na poesia e na pintura românticas, do ponto de vista da reflexão teórica o retorno daquela conjunção implicava a ideia, reconhecidamente romântica, de que o objeto de arte supõe a oposição entre o sujeito (psicológico) e o objeto (da natureza).

[6] Wassily Kandinsky, "Der Blaue Reiter". In: *Regards sur le Passé et Autres Textes*. Traduzido para o francês. Edição e apresentação por J. Bouillon. Paris, Hermann, 1990 (1912), p. 155.
[7] Wassily Kandinsky, "Regards sur le Passé". Tradução de Rückblicke. In: op. cit., 1913, p. 118.

Seria contudo um equívoco reduzir o *Non serviam* à problemática romântica da exaltação do sujeito psicológico. Em parágrafo quase imediato ao transcrito, escrevia Huidobro: "*Hemos aceptado, sin mayor reflexión, el hecho de que no puede haber otras realidades que las que nos rodean, y no hemos pensado que nosotros también podemos crear realidades en un mundo nuestro, en un mundo que espera su fauna y su flora propias*".[8] Pode-se pensar que o jovem poeta apenas reiterava o que já dissera, ou seja, que contra o servilismo à representação da natureza exaltava-se a infinitude do eu. Nesse sentido, poder-se-ia mesmo lembrar trecho de ensaio posterior: "(...) *Toda la historia del arte no es sino la historia de la evolución del Hombre-Espejo hacia el Hombre-Dios*.[9]

Sem que se pudesse dizer que essa fosse uma leitura errada, há entretanto uma outra maneira de ler. Nesta, ressalta-se menos o privilégio do "Hombre-Dios", a afirmação do sujeito psicológico contra o objeto natural, do que a criação de um objeto sem correspondência com um referente material. Ora, ainda que o melhor romantismo rompesse com o culto fichteano da egoidade (*Ichheit*), não se poderia alegar que sua teorização já apontasse nesse sentido.

Quando, por exemplo, em "El Creacionismo" (1925), Huidobro cita o verso de Gerardo Diego – "*La lluvia tiembla como un cordero*"– está assinalando a constituição de um objeto cuja legitimação final não está na infinitude do eu criador, mas sim na formulação de algo que, do ponto de vista da natureza, seria um não-existente.

Tão importante como levar em conta essa trilha divergente de uma mera exaltação da egoidade é acrescentar: o próprio Huidobro (como tampouco Kandinsky) não atina com essa teorização; não percebe que sua hostilidade à *imitatio* permitia não só a exaltação da individualidade criadora como a justificação de um objeto artístico sem correspondência apriorística com o mundo da natureza. Com ela atina praticamente, ao saber identificar esse objeto; não atina com o caminho teórico que o justificaria e, dessa maneira, tampouco quais os limites do objeto não-existente.

Em síntese, enquanto manifestação anunciadora das vanguardas, o *Non serviam* ao mesmo tempo assinala a retomada (não proposital) de uma raiz romântica, o avanço prático de uma produção poética apenas longinquamente consequente com a reflexão romântica e a falta de teorização daquele avanço. Assimetria semelhante será depois notada a propósito do *Manifesto Antropófago*. Antes de tentá-lo, porém, importa traçar um breve panorama sobre os manifestos publicados no entretempo.

[8] V. Huidobro, op. cit., 1914, p. 715.
[9] Idem, "La Creación Pura. (1921) Ensayo de Estética". In: op. cit., p. 719.

O primeiro traço a destacar concerne à influência de Huidobro. Como já foi assinalado por Raúl Antelo, Mário de Andrade conhece e cita o chileno, através dos artigos que este escreve para a revista *L'Esprit nouveau*.[10] Além das passagens referidas por Antelo, é evidente a coincidência de posições em: "(...) O belo artístico será tanto mais artístico, tanto mais subjetivo quanto mais se afastar de belo natural".[11] Em Mário, a absorção de Huidobro se limita a seu parentesco romântico. O "desvairismo" proposto por Mário supunha o estrito centramento egoico, fortalecido pela exploração dos achados do subconsciente: "O movimento lírico nasce no eu profundo. (...). O que realmente existe é o subconsciente enviando à inteligência telegramas (...)".[12] A migração criacionista se dava pelo que tinha de mais frágil. Se a concentração nos achados do eu prejudicaria mesmo a obra mais ambiciosa de Huidobro, o *Altazor*, sua condição de poeta maior e sua intuição selvagem o salvaram. É de qualquer modo louvável e surpreendente que Mário tenha provocado um diálogo, até hoje quase inexistente, entre as culturas brasileira e hispano-americana e, particularmente, que o tenha feito dentro de um movimento em que cada ismo via os demais como concorrentes a ignorar. Pois, se os múltiplos manifestos interagem, isso se dá menos propositalmente do que pela comunidade de *topoi*. Entre estes, de imediato aponta o elogio da técnica e da máquina. No mexicano Manuel Maples Arce, por influência explícita de Marinetti: "Um automóvel em movimento é mais belo que a Vitória de Samotrácia. A esta eclatante afirmação do vanguardista italiano Marinetti, (...) justaponho a minha paixão pelas máquinas de escrever".[13] No porto-riquenho C. Soto Vélez, a referência ao pano de fundo do futurismo já se torna ociosa: "Um descarrilhamento de trens é dez mil vezes mais belo que os êxtases de Santa Teresa".[14]

A exaltação da máquina é tão frequente (e cansativa) quanto a afirmação do novo. A exemplo do que sucede com o desprezo do mimetismo, em que uma das raras afirmações matizadas seria a de Borges: "Só há (...) duas estéticas: a estética passiva dos espelhos e a estética ativa dos prismas".[15] É excepcional e também sem seguidores a distinção estabelecida pelo porto-riquenho Evaristo Ribeira Chevremont: "Modernidade é a moda que passa com a estação e a época; e novidade é a descoberta e a revelação de novos aspectos das coisas".[16]

Estas são fixações razoavelmente epidérmicas. Para encontrarmos um *topos* que tivesse a relevância da hostilidade à imitação devemos acentuar o problema da

---

[10] Raúl Antelo, "Desvairismo e Criação Pura". In: *Na Ilha de Marapatá. Mário de Andrade lê Hispano-americanos*. São Paulo, Hucitec, 1986, espec. p. 7-10.
[11] Mário de Andrade, "Prefácio Interessantíssimo" (1922), apud J. Schwartz, op. cit., p. 123.
[12] Mário de Andrade, *A Escrava que não é Isaura* (1925), apud J. Schwartz, op. cit., p. 128.
[13] Manuel Maples Arce, "Actual n. 1" (1921), apud J. Schwartz, op. cit., p. 156.
[14] C. Soto Vélez, Manifesto Atalaísta (1929), apud J. Schwartz, op. cit., p. 182.
[15] Jorge Luis Borges, "Anatomia do meu Ultra" (1921), apud J. Schwartz, op. cit., p. 107.
[16] Evaristo Ribeira Chevremont, "O Fundeiro Lançou a Pedra" (1924), apud J. Schwartz, op. cit., p. 177.

expressão nacional, a relação estabelecida entre a vanguarda que se queria implantar e a afirmação de uma voz sufocada. Esse relacionamento é estabelecido tanto por um poeta de esquerda como César Vallejo, que já em 1927 assumia a crítica das primeiras vanguardas – "A América toma emprestada e adota atualmente a camisa europeia do chamado espírito novo em um gesto de incurável desenraizamento cultural. Hoje, como ontem, a estética – se assim pode ser chamado esse pesadelo simiesco dos escritores da América – está carecendo lá de uma fisionomia própria" –,[17] e em um Mariátegui, que nega a existência de um pensamento hispano-americano porque "em grande parte da Nossa América (...) não aflora a alma indígena",[18] como no manifesto que antecipa o facismo brasileiro. No *Manifesto do Verde-amarelismo* (1929), a busca de definir um modo expressivo nacional se faz pela recorrência a uma suposta essência da nacionalidade. Esta, de sua parte, se apoia na forja mítica da oposição entre o tupi e o tapuia: "Todas as formas do jacobinismo na América são tapuias. O nacionalismo sadio, de grande finalidade histórica, de predestinação humana, esse é forçosamente tupi".[19] As vanguardas aqui já deixavam sua dominante preocupação com a arte e assumiam uma direção política. Os partidos então substituirão os manifestos. Mas, como mostrará o exame do *Manifesto Antropófago*, a dimensão estética não escondia a política.

"Só a antropofagia nos une. Socialmente. Economicamente. Filosoficamente", assim começa o irreverente manifesto que Oswald de Andrade assinava. Ainda que ao próprio Oswald a comparação cheirasse a "Brasil doutor", vale aproximar sua intuição da que tivera Araripe Júnior, no fim do século XIX. A propósito de Gregório de Matos, o crítico lembrava ideia que originalmente formulara em 1887: a fixação nos trópicos provocava a "obnubilação" do recém-chegado.

> Consiste este fenômeno na transformação por que passavam os colonos atravessando o oceano Atlântico, e na sua posterior adaptação física ao ambiente primitivo. (...) Portugueses, franceses, espanhóis, apenas saltavam no Brasil e internavam-se, perdendo de vista as suas pinaças e caravelas, esqueciam as origens respectivas. (...) Todos eles se transformavam quase em selvagens; e se um núcleo forte de colonos, (...) não os sustinha na luta, raro era que não acabassem pintando o corpo de jenipapo e urucu e adotando ideias, costumes e até as brutalidades dos indígenas.[20]

A tese proposta era prejudicada pelo determinismo a que se sujeitava: o trans-

[17] Cesar Vallejo, apud Jorge Schwartz, op. cit., p. 44.
[18] José Carlos Mariátegui, "Existe um Pensamento Hispano-americano?", apud Jorge Schwartz, op. cit., p. 472.
[19] Menotti del Picchia et al., "Nhengaçu Verde-amarelo (Manifesto do Verde-amarelismo ou da Escola da Anta)", apud Jorge Schwartz, op. cit., p. 149.
[20] Araripe Júnior, "Gregório de Matos" (1893). In: *Obra Crítica de Araripe Júnior*. vol. II. Rio de Janeiro, Casa de Rui Barbosa, 1960, p. 407.

torno provocado pelos trópicos teria a força de uma causação física. Quer a tenha conhecido ou não, Oswald a modifica substituindo o determinismo físico por uma escolha volitiva. A antropofagia não é imposta pelas condições do meio. Não a escolheram nem os agentes da colonização, nem o império, que, vestindo de índio seus senadores,[21] teria adotado a máscara do parlamentarismo inglês. A opção seria pois entre ou a manutenção de adoções postiças ou a devoração simbólica de instituições e ideias estrangeiras. A retificação é sem dúvida bastante grande. Ela entretanto não anula a proximidade que Oswald mantém de Araripe. Mas isso não significa que, liberta do estreito determinismo, a ideia tivesse franquia para já se impor. A obnubilação antropofágica precisa antes de exame. Para empreendê-lo, comecemos por bem entender o seu oposto.

A não antropofagia está na base de todas as catequeses. Sua lei consiste em aplicar ao novo meio, o espaço a colonizar, regras e padrões que trazem o selo da metrópole do momento. Por isso, nos termos do *Manifesto* de 1928, ser contra

[21] Oswald de Andrade, *Manifesto Antropófago* (1928). In: *Do Pau-Brasil à Antropofagia e às Utopias*. vol. 6 das Obras Completas. Rio de Janeiro, Civilização Brasileira, 1972, p. 144.

todas as catequeses significava ser contra a "mãe dos Gracos", ou seja, contra a austeridade, estabelecida no império e então tomada como máxima virtude. Para a irreverência oswaldiana, o culto da austeridade moral alimentava os dramalhões que têm sua matéria-prima nos casais suspeitosos de adultério. Contra sua tediosa lenga-lenga, o arejamento dos escritos de Freud: "Freud acabou com o enigma mulher e com outros sustos da psicologia impressa".[22]

Oswald ainda tinha uma visão idílica da psicanálise. A libido era vista como uma força que, depois de descoberta e operacionalizada, arrasaria a repressão multissecular. A catequese contivera a sistemática da repressão. Era ela movida pela separação entre o interno e o externo, entre o mundo dos afetos e o das ações legitimáveis. Daí "a reação contra o homem vestido". Pois a catequese-repressão impusera inúmeros males que atrasam a vida: "as sublimações antagônicas", "os estados tediosos", "as escleroses urbanas", os tabus referentes à sexualidade, "a moral da cegonha", "a realidade social, vestida e opressora" e, em *topos* que já estivera em Maples Arce e em Mário de Andrade, a sujeição à lógica. Enquanto o mexicano afirmava em 1921 que "a lógica é um erro"[23] e, em em 1925, Mário propunha a "substituição da ordem intelectual pela ordem subconsciente",[24] Oswald não era menos peremptório: "(...) Nunca admitimos o nascimento da lógica entre nós".[25] Os que a propugnam são, portanto, "os importadores de consciência enlatada".[26] De acordo com o argumento otimisticamente *naïf* de quem desdenha "a ordem intelectual", a antropofagia é a proposta de retorno a um paradisíaco ponto zero. Ela trabalharia por uma conversão básica: a rejeição do tabu, de algo que, ao mesmo tempo, se interdita e se põe fora, em prol do totem, algo que se internaliza e cria à sua volta uma comunidade. Como o *Manifesto Antropófago* o concebe, o Brasil estaria em condições de efetuar essa metamorfose. "A nossa independência ainda não foi proclamada." A revolução proposta seria nada menos que total. "Queremos a Revolução Caraíba. Maior que a Revolução Francesa".[27] Tão completa reviravolta seria facilitada porque "nunca fomos catequizados". Ademais, sem que o soubéssemos, "já tínhamos o comunismo. Já tínhamos a língua surrealista", e "antes dos portugueses descobrirem o Brasil, o Brasil tinha descoberto a felicidade".[28] Nos termos do *Manifesto*, o Brasil era uma espécie de adolescente que lança os olhos sobre como fora educado e se diz: "Que porcaria! A vida é fácil e são desnecessários os estorvos de que agora temos de nos livrar". No entanto, como um

[22] Ibidem, p. 13.
[23] Manuel Maples Arce, op. cit., p. 161.
[24] Mário de Andrade, op. cit., 1925, p. 130.
[25] Oswald de Andrade, op. cit., 1928, p. 15.
[26] Ibidem, p. 14.
[27] Ibidem.
[28] Ibidem, p. 18.

legítimo adolescente, o *Manifesto* chega demasiado rápido à conclusão e confunde intuição certeira com caminhos equivocados. A confusão imediata mistura a "absorção do inimigo sacro" com o desdém do que seria próprio à lógica da catequese. Daí a indistinção entre duas situações que são encenadas sem que Oswald perceba sua enorme diferença: (1) uma situação aparente – aquela em que *fingimos* havermo-nos europeizado. O *Manifesto* repete uma opinião que vinha do século passado e que, no começo do XX, fora sistematizada por Euclides da Cunha e Manoel Bomfim: nossas instituições sociais são postiças; mal as arranhamos e logo aparece o "cristal de rocha", aquilo que bem somos. Conquanto Oswald não recaia em um argumento essencialista – o que é ser brasileiro –, por essa primeira situação esteve bem próximo de afirmá-lo. Pois, "se nunca fomos catequizados. Fizemos foi Carnaval",[29] assim se teria dado porque, sob a fingida aparência, nos mantivemos o que sempre teríamos sido. Mesmo por isso a revolução proposta guardava o nome dos índios pré-cabralinos. Ora, a lógica da aparência, supondo uma máscara superficial, tornaria desnecessária a antropofagia! Em vez de devoração, impunha-se era uma simples limpeza; livrar-se dos fardos e penduricalhos com que nos vestimos. Em vez de antropofagia, a questão então se tornaria saber por que era possível naquele momento efetuar a passagem do fingimento para a autencidade; (2) a segunda situação suposta pelo *Manifesto* seria ao contrário bastante real – o inimigo sacro há de ser absorvido, ou seja, o legado estrangeiro não pode ser simplesmente descartado, seja porque já atingiu certo nível de internalização, seja porque não podemos dele prescindir. Admiti-lo, entretanto, não condiz com o tom irreverente e debochado de quem *sabe* que a solução latino-americana já estava dada antes da chegada dos colonizadores. Noutras palavras, a intuição antropofágica há de ser separada do orgulho primário de quem se crê anunciador do ponto da salvação. Sob a irreverência com que era formulada, essa anunciação significava: tudo que se fez até agora foi errado. Amante das frases epigramáticas, Oswald sintetizava em três nomes o acúmulo dos erros: "Contra Goethe, a mãe dos Gracos, e a Corte de D. João VI".[30]

As consequências desse orgulho primário não se limitam ao *Manifesto*, à década de 1920 ou a textos de alcance apenas literário. Como não perceber que o *mea culpa* que alimenta o prólogo escrito por Jorge Edwards para a edição de 1991 do relato de sua experiência cubana e do golpe chileno supõe perduração, ainda em 1973, da convicção de que, na América Latina, a

[29] Ibidem, p. 16.
[30] Ibidem, p. 18.

experiência do passado era um fardo? "*El menosprecio totalizador, fanático, ignorante, del pasado, fue la premisa que permitió el desarrollo del castrismo em Cuba y que facilitó en Chile la tarea del pinochetismo. En ambos discursos políticos, desde extremos ideológicos opuestos y simétricos, el desprecio de la democracia imperfecta que había existido antes, del desarrollo económico mediocre, de la cultura débil, eran justificaciones constantes*".[31]

Trazer o texto otimista de 1928 à perplexa contemporaneidade tem tanto a finalidade de impedir a academização do que aqui escrevo como ressaltar a importância de se diferençar entre as duas situações anteriormente descritas. Levada a sério, a antropofagia implica: (1) a necessidade da aprendizagem intensiva do que se processou e processa no Ocidente; (2) a não menos premente necessidade de absorvê-lo e, então, transformá-lo. O oposto da antropofagia é a mera aplicação do que se pensou ou fez nos centros de prestígio. Considerar a lógica (!), o parlamentarismo, as sublimações, mesmo que conflitivas, embalagens descartáveis não são atos antropofágicos mas sim provas de autojustificada ignorância. Não digo que o *Manifesto Antropófago* não tenha tido maiores consequências por sua orgulhosa imaturidade. Apenas digo que, para não o academizarmos, necessitamos nele distinguir o estrato fecundo de um agregado cujas consequências danosas continuamos a viver. Por acaso, o neoliberalismo, hoje em pleno vapor, não se apresenta como a solução que a magia do mercado oferece ao dirigismo estatal e ao despotismo dos generais? Se isso for concedido, deve-se por fim acrescentar que, após o árduo trabalho de coleta do material das vanguardas históricas, que encontra sua culminância no livro de Jorge Schwartz, impõe-se a abertura de um segundo momento: o de melhor elaborar e desdobrar as duas maiores intuições surgidas com os manifestos latino-americanos de vanguarda: de um lado, o que seria o poema (ou, em termos gerais, a obra de arte) que, ultrapassando a oposição sujeito-objeto, põe em questão o referente externo, e, de outro lado, a circunstância em que o processo antropofágico se torna imprescindível. Como vimos, em ambos os casos, a potente intuição de Huidobro e Oswald era prejudicada por embaraçosa muleta: respectivamente, a recorrência ao eu criador, contraposto à ordem da natureza e a ideia de que o mundo pré-cabralino (em termos continentais, pré-colombiano) continha a utopia do que nos caberia realizar. Faltou aos poetas a colaboração dos pensadores. Aqueles puderam ser singulares; o trabalho destes não pode se cumprir senão entre grupos de interlocutores.

[31] Jorge Edwards, Prólogo à terceira edição de *Persona non Grata*. Barcelona, Tusquets Editores, 1991 (1973), p. 12.

Viagem Antropofágica

Ivo Barbieri
Universidade do Estado do Rio de Janeiro

> *Pelos roteiros. Acreditar nos sinais, acreditar nos instrumentos e nas estrelas.*
> Manifesto Antropófago, 1928.

•

Quando o capitão ordena que *Nueva Fidelidad* zarpe sem destino, sem carga e sem passageiros, com o único propósito de não mais tocar em nenhum porto, a bandeira amarela da cólera inexistente a bordo *flotando de júbilo en el asta mayor*, transportando somente a paixão indômita e tardia do casal Florentino Ariza e Fermina Daza, inicia-se uma viagem de aventura *sui generis*, fora de qualquer parâmetro de aferição habitual. Transgredidas as fronteiras impostas pelos tratados de navegação, negados os limites de tempo, lugar, idade e categoria social, *Nueva Fidelidad* transborda hiperbolicamente todo espaço demarcado para projetar-se nas águas do mito. Esse epílogo de O *Amor nos Tempos do Cólera* (Gabriel García Márquez, 1985) assemelha-se ao de *Serafim Ponte Grande* (Oswald de Andrade, 1929), no qual a figura caricata de Pinto Calçudo, capitão *ad hoc* de El Durasno e comandante improvisado de uma revolução puramente moral, proclama peste a bordo e ordena que a nave prossiga navegando pelos sete mares sem ancorar em nenhum cais. Essa semelhança permite indagações a respeito do que estaria na base de tão flagrante analogia em duas narrativas, separadas pela distância cronológica de quase meio século e, sobretudo, diferenciadas por acentuada divergência de concepção e realização ficcional. Não me parece, porém, relevante nem sequer pertinente desencadear a busca de influências ou afinidades de temperamento enraizadas em fontes comuns, que pudessem explicar algum improvável parentesco literário entre o romance de García Márquez e o de Oswald de Andrade. Mais instigante, com certeza, seria interrogar certas matrizes culturais profundas que alimentaram ontem e estariam ainda fecundando hoje vertentes vivas do pensamento e da invenção poética neste lado do continente americano. Tal indagação necessariamente teria de atravessar a superfície do texto e estabelecer conexões com diferentes tópicos que, aflorando aqui e ali, configuram traços decisivos da fisionomia histórica deste subcontinente. Atuantes desde os momentos inaugurais de nossa travessia, esses traços têm origem no choque resultante do encontro das culturas transplantadas com as adversidades do novo meio. As narrativas de viagem são talvez a forma mais visível desse *iceberg* causador de estranheza e conflito. O tema inclui tanto as viagens históricas de descoberta, colonização e pilhagem quanto explorações científicas e viagens imaginárias cujos tópicos dramatizados – tempestades, naufrágios, derrotas, desafios e glórias – descrevem vicissitudes tão loucas e tão estranhas quanto as que lemos nas páginas finais de *Serafim Ponte Grande* e de *O Amor nos Tempos do Cólera*.

Antes, porém, de enveredar por esse caminho, convém determinar primeiro as similaridades surpreendidas nos dois epílogos referidos. Além do aspecto formal da viagem sem-fim e do sentido de rebeldia contra a moral e os bons costumes, contra as convenções e as normas da sociedade hierarquizada, ambos celebram o estado de liberdade anárquica assentada no princípio do prazer e do ócio. Sob esse prisma, tanto *El Durasno* quanto *Nueva Fidelidad* são figuras metonímicas de estágios sociais futuros, somente possíveis mediante retorno ao passado e recuperação de virtudes sufocadas ao peso de coerções jurídicas e morais que afrontam a natureza e comprometem a felicidade do ser humano. O ideal antropófago não propõe, no entanto, um retorno puro e simples ao homem natural cuja concepção, proveniente do renascimento, ilustrada pelo iluminismo e nacionalizada pelo romantismo, passa pelo crivo feroz de uma vanguarda agressiva. A proposta subjacente a todos os tópicos do *Manifesto Antropófago* é a de uma radical transformação que atingisse todos os níveis de atividade e convivência social. E é nessa perspectiva que o epílogo do *Serafim* figura como projeto piloto, modelo reduzido e caricato de uma nova aventura utópica. A subversão no cânone das formas narrativas e a miscigenação estilística que definem a linguagem do livro sinalizam a via rumo à emergência de uma sociedade que fosse o avesso daquela em que vivemos. O primado do trabalho imposto como valor supremo pela racionalidade moderna é ali negado em nome da felicidade prometida pela recuperação do primitivo estado de permanente recreio. Esse estágio da *humanidade liberada*, representada metonimicamente em *El Durasno*, seria posteriormente explicado por Oswald em termos dialéticos. Assim, o mundo do negócio, que é o momento da negação do ócio (*nec ocium*), seria revolucionariamente superado no processo histórico graças aos avanços tecnológicos que realizariam no futuro a profecia aristotélica, segundo a qual o fim da escravidão só seria possível no dia em que os fusos (as máquinas) trabalhassem sozinhos. Para Oswald, tal estágio resultaria da síntese entre a tecnologia avançada (produto de um longo emprego da inteligência livre e do braço escravo) e a liberdade do homem natural (estágio primitivo, anterior à propriedade, à moral e às necessidades de consumo artificialmente criadas).[1] O fundamento *do humano futuro*, antecipado em *El Durasno*, diz o texto que está assentado "numa sociedade anônima de base priápica",[2] e resulta da combinação da bem-humorada paródia das utopias renascentistas com a vitória do princípio do prazer sobre o senso de realidade. A maneira antropófaga de Oswald ler Thomas More e Campanella é reescrever-lhe os textos na clave da sátira convenientemente disfarçada sob a aparência de um olhar *naïf*. Mola propulsora do humor, a inversão de valores põe o mundo de cabeça para baixo sem, contudo, ocultar que a nova ordem apresenta brechas por onde afloram resíduos do antigo regime, pois essa *experiência de um mundo sem calças*, não está imune ao ataque do *vírus* da infecção moralista, e a ditadura natural a bordo (alusão parodística à ditadura do proletariado) é incapaz de conter a população contra hábitos cristalizados. Assim, os viajantes da nave revolucionada "[a]travessam o mar de smoking e cornos".[3] Mas Oswald, lendo o *Novo Mundo*, se convenceu ter sido o *homo naturalis* a grande descoberta de Américo Vespúcio quando posto em contato com os índios do litoral brasileiro. Na primeira viagem que trouxe até aqui o navegador italiano, acabou prevalecendo "na passagem da zona equatorial",[4] como se sabe, latitude onde vale o mandamento de Barleus: *ultra equinatialem non pecavi*.

O diálogo intertextual presente em García Márquez, pois em *O Amor nos Tempos do Cólera* deixa transparecer a sátira à retórica romântica da paixão e claramente polemiza com *el prestigio del buen decir*, não possui a virulência da paródia oswaldiana. A alusividade múltipla do *Serafim* atravessa o erudito e o popular. A epígrafe do epílogo, "Os Antropófagos", extraída d'*A Conquista Espiritual*, do jesuíta Montoya, funciona como peça de abertura dessa paródia carnavalesca

[1] Ver, de Oswald de Andrade, *A Crise de Filosofia Messiânica* e *A Marcha das Utopias*. In: *A Utopia Antropofágica*. Rio de Janeiro, Globo/Secretaria do Estado de Cultura de São Paulo, 1990, p. 101-209.
[2] Oswald de Andrade, *Serafim Ponte Grande*. In: *Obras Completas* 2. 3. ed. Rio de Janeiro, Civilização Brasileira, 1972, p. 263.
[3] Ibidem, p. 262.
[4] Ibidem, p. 263.

que, irreverente, cola Dante a Camões e faz do discurso uma salada linguística onde tiradas em espanhol, italiano, francês e inglês são habilidosamente enxertadas no tronco do português moderno eivado de expressões arcaicas e frases feitas de uso corrente. Além do aspecto vanguardista da colagem de estilos e registros linguísticos de amplo espectro, é preciso ler nessa mesclagem o sentido preciso do ritual antropofágico segundo Oswald de Andrade. A paródia oswaldiana absorve e tritura o legado da cultura europeia imposta como modelo civilizatório e profundamente entranhada em nossos ritos e mitos eruditos. A recepção do discurso invasor no território ocupado deforma e subverte o sentido original dos textos utilizados. A citação de Montoya ilustra bem o processo. A inversão da ordem moral começa quando o cristão neófito, confundindo caridade com sedução, faz da doação das coisas que lhe pertencem isca para atrair para si "algumas meninas e algumas raparigas que deviam ficar a seu serviço".[5] Interpretada de maneira selvagem, a virtude pregada pelos evangelizadores reveste de genenerosidade altruísta o egoísmo de instinto possessivo. A versão parodística de uma humanidade liberada "da coação moral da indumentária"[6] devolve, deformada pela recepção antropófaga, as utopias elaboradas com perspectiva otimista. No anarquismo que coloca paradoxalmente no mesmo saco a anomia da *práxis* instintiva e a intolerância em relação às práticas desviantes ("Foi ordenado que se jogasse ao mar uma senhora que estrilara por ver as filhas nuas no tombadilho que passara a se chamar tombandalho"),[7] pode-se ler a crítica da recepção indiferenciada de doutrinas entre si contraditórias. O epílogo do *Serafim* reescreve dessa maneira o cânone dos textos que influíram decisivamente na formação de certas peculiaridades de nossa história cultural. Coerente sob esse aspecto com os outros momentos da narrativa – um álbum de sequências extraídas de livros virtuais, montagem de fragmentos caprichosamente recordados de uma biblioteca ideal em que folhetins rocambolescos figurassem ao lado de tratados eruditos e narrativas épicas – o epílogo sublinha o procedimento numa espécie de *rubato* final.

Amostra exemplar de tal miscelânea já linha sido apresentada em "Biblioteca nacional", fragmento da série "Postes da Light" de *Poesia Pau-Brasil* (1925), onde o poema nada mais é do que uma série de títulos disparatados de obras que associam erudição pretensiosa e tradição bacharelesca, fantasia ingênua e pragmatismo vulgar. Essa miscelânea, em sua aparente acriticidade, já continha em embrião a

[5] Ibidem.
[6] Ibidem.
[7] Ibidem.

ostensiva canibalização literária do *Serafim* que Haroldo de Campos descreveu "como um livro compósito, híbrido, feito de pedaços ou amostras de vários livros possíveis, todos eles propondo e contestando uma certa modalidade do gênero narrativo ou da assim dita arte da prosa (ou mesmo do escrever *tout court*)".[8] O ritual antropófago, que se expressa aqui através da incorporação de um amplo repertório de discursos cruzados, tem dupla função: primeiro, desbaratar a ideia de propriedade autoral e todas as pertinências que limitam a livre circulação dos textos como filiação a um gênero, a uma época ou contexto histórico, a determinado registro linguístico ou a níveis hierarquizados de estilo; segundo, propor uma pauta de leitura que, em vez de se concentrar na presença da palavra escrita, se dispersasse pelas ramificações alusivas a textos diversos. Títulos e subtítulos, epígrafes e citações estropiadas, vestígios de percursos vencidos (obras assimiladas) ou indícios de territórios a conquistar, tanto podem remeter para obras canônicas quanto para práticas discursivas desconsideradas pela cultura acadêmica. Assim, ganha em *vis comica* o tópico central da viagem, não só quando Dante é jocosamente enxertado em Camões, mas também quando as narrativas quinhentistas da *História Trágico-marítima* evocada pela epígrafe: "onde havia muitos tigres, Leoens, e todo o outro gênero de Alimarias nocivas" – vêm aproximadas à bravata caipira, aludida pelo nome da nave: *Rompe-Nuvem* e pelo ditado proveniente da língua oral: *Mundo não tem portera* – aposto em epígrafe ao subtítulo "No Elemento Sedativo". Como se vê, a voracidade antropofágica serve-se do mais variado cardápio para compor o seu prato. Não se trata, no entanto, de combinação aleatória. O instinto seletivo privilegia na civilização que está comendo (para usar a linguagem do *Manifesto*) ícones de referência. O quinhentismo português trazido pelos navegadores aponta em Camões para a síntese da Europa antiga com a moderna, e o dialeto caipira resulta da transfusão da língua transplantada nas artérias do provincianismo tropical. Nesse momento, a vanguarda antropófaga de Oswald de Andrade faz da profanação do cânone, consumada através da combinação indébita de componentes discrepantes, princípio de composição literária. O texto produzido de acordo com essa regra é lugar marcado pela passagem de múltiplos discursos e para os quais aponta, não como meta de celebração de encontros, mas como roteiros de mais desvios.

A viagem sem-fim, por sua vez, é uma espécie de apoteose carnavalesca em que vai culminar a aventura viageira do autor

[8] Haroldo de Campos, "*Serafim*: Um Grande Não Livro". In: Oswald de Andrade, *Obras Completas 2*. Rio de Janeiro, Civilização Brasileira, 1972, p. 105.

da obra e dos seus personagens. Inversão paródistica e célebres *voyages autour du monde* (ou históricas como a de Bougainville ou imaginárias como a de Júlio Verne), a de Serafim traz como divisa o *slogan* caipira: *Mundo não tem portera*, e começa a bordo do barco a querosene e vela, pomposamente denominado *Steam-Ship ROMPE-NUVE*, zarpando do Rio de Janeiro *na véspera da Pascoela*. Repetindo o tópico das calmarias, dos tórridos sóis das costas africanas, das futilidades e imposturas de uma Europa decadente, atravessa o meridiano de Greenwich e mergulha nos *esplendores do Oriente*: Cairo, Alexandria, Istambul, Constantinopla, Jerusalém. Como facilmente se pode perceber, *Serafim* inverte o curso geográfico e cronológico da história da civilização ocidental. Partindo do Novo Mundo rumo ao Velho Continente, toca, por fim, o Mundo Antigo: Grécia, Egito, Fenícia, Palestina. No extremo de sua viagem, ele encontra decadência, vida estagnada e estéril. "O mais tinha tudo emigrado para os livros do Ocidente."[9] Périplo antropófago, essa *tournée* planetária fragmenta a trama em incidentes banais e recorta o percurso em cenas descontínuas formando um amplo mosaico de povos e culturas diversas. O sentido etnocrítico desse roteiro indica a sua complexidade e é ponto de fuga de qualquer etnocentrismo.

Descrevendo a sua experiência de antropólogo, desenvolvida nos anos passados no Brasil, Claude Lévi-Strauss abre a perspectiva duma compreensão multifacetada da viagem nesta passagem:

> Concebem-se geralmente as viagens como um deslocamento no espaço. É pouco. Uma viagem se inscreve simultaneamente no espaço, no tempo e na hierarquia social. Cada impressão só é definível relacionando-a solidariamente com esses três eixos, e como o espaço possui sozinho três dimensões, seria necessário ao menos cinco, para se fazer da viagem uma representação adequada.[10]

Gozando em plenitude da liberdade ficcional, a viagem de Serafim pode ser analisada de muitas maneiras, desde que não se feche a série na enumeração de tantas possibilidades. No jogo reflexivo que multiplica as imagens do discurso, sobrepõe-se a dimensão crítica. Trata-se de um criticismo insaciável que confere ao discurso mobilidade mercurial: "Sou o crítico teatral de minha própria tragédia!", exclama o narrador, para, na página seguinte, anunciar um final burlesco da ilusória tragédia. A crítica do discurso recusa o acomodamento de hábitos estratificados e rejeita a recepção cultural passiva. Nesse plano, a ficcionalidade se

---

[9] *Serafim*, p. 240.
[10] Claude Lévi-Strauss, *Tristes Trópicos*. Trad. Wilson Martins. São Paulo, Anhembi, 1957, p. 85.

abastece de ingredientes históricos, e à caricatura da retórica institucionalizada associa o tom íntimo de diário confessional. Serafim se diz "o tronco deixado numa praia brasileira por uma caravela da descoberta. Tronco que se emaranhou de lianas morenas..."[11] sem esquecer de acrescentar, mais adiante, ter adquirido "o bicho carpinteiro que levara outrora os seus gloriosos antepassados – os bandeirantes – aos compêndios geográficos do Brasil".[12] Nessa dupla face de brasileiro que Serafim ostenta, o degradado degredado pelo colonizador funda e, através de algumas caldeações, refina uma nova hierarquia que a história consagra. "Os réus", como sublinha um aparte enxertado na cena burlesca, "retiram-se do banco dos réus e vão ao Banco dos réis".[13] (Trocadilho que prenuncia a irreversibilidade histórica das posições: pois os instalados no banco dos réis não mais voltarão ao banco dos réus.)

Falta ainda outra face para completar a figura do múltiplo Serafim: esta que é dada na *Pregação e Disputa do Natural Das Américas aos Sobrenaturais de Todos Os Orientes*. Aqui se afirma a vitória do homem natural "em luta seletiva, antropofágica contra outras formas do tempo". Essa seria obviamente a chave de ouro da aventura antropofágica se pensada segundo a logicidade de uma lógica racionalista levada muito a sério. Nessa circularidade do retorno, a viagem não traria nenhuma novidade, já que era dado no começo o que se descobre no fim. Talvez fosse assim que a compreendesse a razão iluminista, de acordo com o que se pode ler no Diderot do *Suplément au Voyage de Bougainville*:

> *Il existait un homme naturel: on a introduit au dedans de cet homme un homme artificiel; et il e'est élevé dans la caverne une guerre civile forte; tantôt l'homme naturel est le plus fort; tantôt il est terrassé par l'homme moral et artificiel; et, dans l'un et l'autre cas, le triste monstre est tiraillé, tenaillé, tourmenté, étendu sur la roue; sans cesse gémissant, sans cesse malheureux, soit qu'un faux enthousiasme de gloire le transporte et l'enivre, ou qu'une fausse ignominie le courbe et l'abatte. Cependant il est des circonstances extrêmes qui ramènent l' homme à sa première simplicité.*[14]

Oswald de Andrade parece ironizar raciocínios desse tipo quando vislumbra a "loucura sob formas lógicas".[15] Nem a proclamação de Serafim consagra o retorno à natureza primitiva, depois de vencido o homem moral e artificial. A verdade, diria Guimarães Rosa, não está no ponto de partida nem no de chegada: está no meio,

---

[11] *Serafim*, p. 162.
[12] Ibidem, p. 216.
[13] Ibidem, p. 229.
[14] Diderot, "Suplementa au Voyage de Bougainville". In: *Oeuvres de Diderot*. Paris, Gallimard, Bibliotèque de la Pléiade, 1951, p. 998.
[15] *Serafim*, p. 257.

na travessia antropofágica que incorpou as etapas vencidas nas voltas subsequentes da viagem sem-fim. Em nota de pé de página do melhor ensaio escrito sobre o livro, Haroldo de Campos vincula um dos significados da palavra "efemérides às tábuas astronômicas que indicam, dia a dia, a posição dos planetas no zodíaco".[16] Pode-se, sem malabarismos impróprios, associar *a forma vitoriosa do tempo* a que alude a última fala de Serafim à revolução dos astros, mutável e permanente, distante e presente tanto nos esplendores do Oriente como do Ocidente. "O homem é um microcosmos! Porém, há as erupções, há os cataclismas!"[17]

A esse tempo supra-histórico, de largo compasso e ampla órbita, contrapõe-se o acontecer do instante, inebriamento infra-histórico do homem existencialmente imerso no *hic et nunc*. É o tempo da aventura que se compraz na exaltação do instinto vital e na excitação do limiar de novas sensações.[18] A aventura guarda o sabor do mundo onírico que se explicita nas condensações e nos deslocamentos da linguagem – a metonímia cubista e a metáfora lancinante, índices do estilo de Oswald de Andrade: "No deserto almofadado de um convento um franciscano e uma caseira procriaram a solidão".[19] "Tudo se organiza, se junta coletivo, simultâneo e nuzinho, uma cobra, uma fita, uma guirlanda, uma equação, passos suecos, guinchos argentinos."[20] Condensações e deslocamentos processados no interior do tempo semiológico sobrepõem a assinatura do autor ao diálogo intertextual travado mediante corte e colagem de discursos alheios. A marca fortemente pessoal vai além da linguagem, projetando um sombreado autobiográfico. A constante da viagem que já na *Poesia Pau-Brasil* (1925) acoplava instantâneos em séries histórico-geográfico-literárias, lembrando registros cinematográficos de uma câmera em movimento. *Memórias Sentimentais de João Miramar* (1924) recolhe de passagem *flashes* que surpreendem a alma inquieta do protagonista e seu entorno instável. Nas suas memórias (*Um Homem sem Profissão – Sob as Ordens de Mamãe*, 1954), o autor assinala a importância de 1896 como a data de sua primeira viagem, e, logo adiante, lembra que naquele tempo uma viagem a Pirapora era também uma viagem no tempo: retorno ao século XVI: trem, carros de bois e cavalos, bulício festeiro: "danças, músicas e cantos que deslumbravam os olhos num renovado espetáculo popular".[21] A primeira viagem à Europa em 1912 (feita novamente diversas vezes) opera corte radical em sua vida. Decisivo para o futuro intelectual do escritor seria não apenas a

[16] Haroldo de Campos, op. cit., p. 120.
[17] *Serafim*, p. 159.
[18] A respeito da aventura como forma de experiência encerrada em si mesma, ver Georg Simmel, *Philosophie de la Modernité*. Trad. Jean-Louis Veillard-Baron. Paris, Payot, 1989, p. 305-25.
[19] *Serafim*, p. 240.
[20] Ibidem, p. 210.
[21] Oswald de Andrade, *Um Homem sem Profissão – Sob as Ordens de Mamãe*. Rio de Janeiro, Globo/Secretaria do Estado de Cultura de São Paulo, 1990, p. 28.

descoberta dos movimentos de vanguarda mas sobretudo a imersão num clima "de liberdade de ideias correspondente à evolução moral do mundo".[22] Retornado a São Paulo, Oswald não é mais o mesmo. De acordo com seu próprio testemunho, data desse ano o *dissídio com Deus*, assim por ele denominado o momento de negação absoluta que será dialeticamente superada na formulação antropofágica: "Deus existe como o adversário do homem".[23]

A viagem de Serafim tem pontos de confluência com as viagens do autor: mesmo roteiro geográfico (Brasil, Europa, Oriente); mesmos deslocamentos na hierarquia social e nas posições ideológicas (burguês, boêmio, anarquista, revolucionário), mesma travessia cultural: do dissídio niilista à incorporação antropófaga. Ser viajante (conclui-se de sua biografia) é condição existencial para Oswald, de tal condição decorre a atitude de permanente inconformismo e o caráter irriquieto de sua obra. É de Maria de Lourdes Eleutério a observação:

> Viagens ao exterior, ao interior do Brasil, através da história/tempo, de si, retornando sempre à provinciana Pauliceia que quer ser metrópole para contar essas excursões/incursões em textos recortados por uma visão de quem, conhecedor do mundo, expõe sua percepção aguda do que viu e sentiu.[24]

Mais do que exposição do que viu e sentiu, reelaboração e síntese do que apreendeu através do espaço-tempo do pensamento fecundado ao contato de novas ideias em mobilidade perpétua. A literatura antropógafa é reescritura de documentos, crônicas, relatos de viagem, considerações filosóficas produzidas por viajantes que se esforçaram na tentativa de codificar o conhecimento do Novo Mundo, adequando-o a paradigmas vigentes no meio donde procediam à época de sua elaboração. Nessa perspectiva, Oswald de Andrade retoma, em bases inéditas, o projeto de José de Alencar, pai do romance brasileiro, que imaginou uma prosa inaugural, inspirada em suas experiências de viagem pelo sertão tropical e pelas páginas fascinantes deixadas pelos primeiros cronistas que contemplaram as maravilhas da nova terra e com elas se deslumbraram. Depois dele, Machado de Assis, que de primitivo não tinha nada, inventou uma nova escrita ficcional que também comporta o adjetivo de antropofágica nesse sentido que ela renova o vigor dos textos desmontados a golpes de fino humor. Por isso o autor das *Memórias Póstumas de Brás Cubas* (título parodiado em *Memórias Sentimentais de*

[22] Ibidem, p. 78.
[23] Ibidem, p. 80.
[24] Maria de Lourdes Eleutério, *Oswald de Andrade. Biografia*. São Paulo, p. 34.

João Miramar, e estilo imitado de maneira caricata, nos discursos do seu avatar Machado Penumbra) pode exigir um leitor antropófago: "leitor atento, verdadeiramente ruminante, [que] tem quatro estômagos no cérebro, por eles faz passar e repassar os atos e os fatos, até que deduz a verdade, que estava, ou parecia estar, escondida".[25] A radicalidade do Oswald antropófago está contida nessa metáfora que faz subir, não o coração, mas o estômago à cabeça, recuperando a liberdade do pensamento ante a paralisia das ideias (*As ideias tomam conta, reagem, queimam gente nas praças públicas*). Agora talvez se perceba melhor o alcance do impacto produzido por Borges na mente ilustrada de um europeu como Foucault, quando percebe que o riso do ficcionista sul-americano "abala todas as familiaridades do pensamento – do nosso: deste que tem a nossa idade e a nossa geografia", destaca o filósofo.[26] É que o autor das *Ficciones* só tornou visível a diferença que o distinguia dentre as tentativas de diferenciação frente ao outro, depois de absorver todo o legado da cultura europeia e reescrevê-la de maneira a abalar "todas as superfícies ordenadas [e fazer vacilar] nossa prática milenar do Mesmo e do Outro".[27] Machado de Assis como Oswald de Andrade, valendo-se do riso que corrói os sistemas bem ordenados, assumiram a rebeldia do outro que, indômito, não se deixa dominar pela hegemonia do mesmo. Mais do que pilhagem no campo oposto, a prática da escrita antropófaga propugna pela abolição de fronteiras intelectuais entre o meu e o teu, entre o estético e politicamente correto e a "contribuição milionária de todos os erros".[28] Concluindo o melhor estudo até hoje realizado a respeito da antropofagia de Oswald de Andrade, Benedito Nunes adverte o leitor para não buscar no pensamento oswaldiano "a latitude do discurso reflexivo [...] nem essas longas cadeias de raciocínio que caracterizam a filosofia. Busque, isto sim, a cadeia de imagens que ligam a intuição poética densa à conceituação filosófica esquematizada". E finaliza não com um convite à conciliação mas com um convite ao acirramento crítico, pedindo a esse mesmo leitor aceitar "que o tempero da sátira tenha entrado em altas doses nesse banquete antropofágico de ideias, presidido pelo humor de *Serafim Ponte Grande*, que fundiu o sarcasmo europeu de *Ubu Rei* com a malícia brasileira de *Macunaíma*".[29] Esse humor por certo seria mais do que suficiente para perturbar a cabeça eurocêntrica de qualquer Foucault.

[25] Machado de Assis, *Esaú e Jacó*. São Paulo, Cultrix, 1961, p. 128.
[26] Michel Foucault, *Lês Mots et les Choses – Une Archéologie des Sciences Humaines*. Paris, Gallimard, 1996, p. 7.
[27] Ibidem, p. 7.
[28] Oswald de Andrade, *Manisfesto da Poesia Pau-Brail*, 1924.
[29] Benedito Nunes, "Antropofagia ao Alcance de Todos". In: *A Utopia Antropofágica*, p. 39.

O Retorno à Antropofagia

Benedito Nunes
Universidade Federal do Pará

A antropofagia, que transportou para o campo das ideias políticas e sociais o espírito de insurreição artística e literária do modernismo, teve um estilo de ação – a agressividade verbal sistematizada, que revela as descomposturas, os ataques pessoais, as frases-choque, os provérbios e fábulas, publicados nos quinze números da *Revista de Antropofagia* (2ª fase), então sob o controle exclusivo do grupo que Oswald de Andrade liderava. Afetando o desprezo dadaísta pela literatura, mas usando a literatura como instrumento de rebelião individual, à maneira dos surrealistas, os nossos antropófagos foram críticos da sociedade, da cultura e da história brasileiras. Ideologicamente, eram contra as ideologias; opunham, segundo a fórmula do *Manifesto* de 1928, que se insurgia contra as ideias "cadaverizadas", a liberdade individual ao dogma e a existência concreta ao sistema. Em declarado conflito com os padrões de comportamento coletivo, os antropófagos chegaram ao problema político pelo ideal utópico da renovação da vida em sua totalidade.

Oswald de Andrade conservaria, durante o período de sua militância político-partidária, como adepto do marxismo, o estilo de ação do movimento antropofágico que ele abjurou no famoso prefácio de *Serafim Ponte Grande*. Nos seis números do jornal *O Homem do Povo* – publicados em 1931, e que já pertecem a esse período, ressurgem as frases-choque, as provocações zombeteiras, as cenas satíricas, que prolongam a violência verbal da extinta *Revista*. A rebeldia do homem natural, mito forjado pelo movimento antropofágico, é a linha de pregação revolucionária do escritor convertido em "casaca de ferro" do proletariado. Mas, com esse estilo de ação que acompanhou vida afora a atividade do poeta, subsistem ainda, como a arder em fogo brando, as ideias daquele movimento, mesmo depois do anátema lançado sobre aquele de seus romances, *Serafim Ponte Grande*, que melhor as representava. Salvo *A Escada* (1934), em que Jorge de Alvelos se converte, depois de liquidar suas últimas ilusões românticas, num servidor do povo, e a *A Morta* (1937), denúncia do *ersatz* burguês do sexo, as outras produções oswaldianas do período que se estende até 1946, reincorporam, como *O Rei da Vela* (1937), e *O Homem e o Cavalo* (1934), a substância ética e estética do *Manifesto de 1928*, ou reconsideram-no, como *Chão* (1945) *e Ponta de Lança* (1945), de maneira crítica e objetiva.

"No meio do movimento modernista apareceu alguma coisa tão rica e tão fecunda que até hoje admite várias interpretações", diz um dos personagens de *Chão*, referindo-se à antropofagia. O que parece enigmático, àqueles que a discutem nessa cena do romance, é que a antropofagia, potencialmente aberta à exaltação da força, à barbárie técnica e a Hitler, tenha levado os seus adeptos à doutrina marxista. Oswald já se manifestara surpreso diante do mesmo fato, ao dizer, em 1943, numa entrevista a Justino Martins,[1] que a posição assumida em 1928 "me jogou para o lado esquerdo, onde me tenho conservado com inteira consciência e inteira razão". Desde aí ele verá na antropofagia o divisor de águas político do modernismo. E precisando esse juízo, na conferência "O caminho percorrido", que pronunciou um ano depois em Belo Horizonte, já poderia Oswald, recapitulando a sua experiência passada e integrando-a à história do modernismo, afirmar que a antropofagia "(...) foi, na primeira década do modernismo, o ápice ideológico, o primeiro contato com a nossa realidade política porque dividiu, orientou no sentido do futuro".[2]

A simpatia por esse episódio, a que se atribui no processo do modernismo brasileiro, o relevante papel de diferenciador político, que descompartimentou a atividade literária e artística, pondo-a em conexão com a existência social como um todo, vem substituir a repulsa contra o "sarampão antropofágico", alardeado no prefácio de *Serafim Ponte Grande*. Mas Oswald de Andrade ainda nos fala do assunto em termos de experiência historicamente superada. E é só depois de *Ponta de lança*, depois de ter rompido abertamente com a orientação partidária a que se mantivera fiel desde 1930, que vai reabrir o veio antropofágico de sua experiência passada, com a intenção expressa de atualizá-lo, dando-lhe a forma de uma concepção do mundo, destinada a absorver dialeticamente o próprio marxismo, e cuja síntese podemos encontrar na tese de concurso de 1950, *A Crise da Filosofia Messiânica*.

---

[1] "Anda Depressa Timoschenko", Entrevista com Oswald de Andrade, o Rabelais brasileiro. *Revista do Globo*, 9 out., 1943.
[2] Oswald de Andrade, "O Caminho Percorrido". In: *Ponta de Lança*. 2. ed. Rio de Janeiro, Civilização Brasileira, 1971.

As razões circunstanciais que motivaram o rompimento de Oswald de Adrade com o marxismo ortodoxo por si só não explicam o retorno do poeta à velha antropofagia de 1928. E muito menos se pode compreender esse retorno, admitindo-se que foi simplesmente uma reviravolta reacionária dele, estimulado pelos filósofos existenciais que então começou a ler, quando já frequentava o "Colégio" de Vicente Ferreira da Silva.

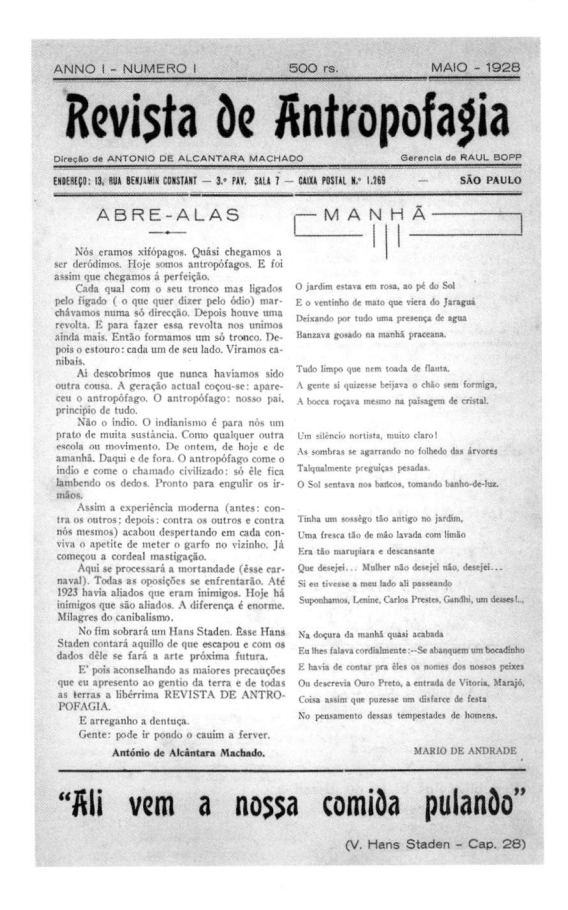

Não era caprichosa a volta à antropofagia. Ideologicamente, o retorno à concepção basicamente definida no *Manifesto* de 1928 foi uma espécie de volta compensatória ao tempo histórico do modernismo, por meio da qual Oswald de Andrade, inseguro quanto ao destino de sua obra literária, quis afirmar-se perante a nova geração de intelectuais paulistas da década de 1940, reconstruindo e retificando as linhas gerais do movimento de que fora o líder dezessete anos antes. Era o modo de mostrar aos jovens, que já tinham outros mestres, e que liam Spengler aos vinte anos,[3] o lado sério, estudioso do seu espírito. Quem criara *Serafim Ponte Grande* seria capaz de produzir *A Crise da Filosofia Messiânica*. Ressurgia nessa atitude, mas sob outra forma, a duplicidade da atividade literária de Oswald, dividida em duas linhas de criação em prosa – a séria e a burlesca, a realista e a não realista, a psicologista e a humorística, alternando uma com a outra – *João Miramar* com *A Estrela do Abismo*, *Serafim Ponte Grande* com *A Escada*. A mesma necessidade de ser levado a sério, que lhe ditou o tom reverente e o conteúdo acadêmico de sua conferência na Sorbone, "O esforço intelectual do Brasil contemporâneo", em 1923, levam-no então a escrever teses de concurso para ingressar no ensino universitário. O romancista e o poeta que ele era não apenas desapareceriam por de trás uma nova máscara – a do pensador e a do filósofo –, mas refundiriam com essa máscara a imagem do passado. Era a tentativa de recuperar, em 1945, numa repetição kierkegaardiana, a rebeldia impetuosa de 22, A partir de 1945 e até 1950, data de *A Crise da Filosofia Messiânica*, as declarações e entrevistas de Oswald realçam, como em *Ponta de Lança* – aliás com certeira visão crítica e sem falsa modéstia – a decisiva participação que teve nos principais lances históricos do modernismo brasileiro, e procuram estabelecer uma continuidade, impessoal e objetiva, que teria sido acidentalmente interrompida durante o período de militância político-partidária, entre o momento insurrecional de 1928 e o neoantropofagismo recém-assumido.

Mas se Oswald pretendia essa recuperação no tempo, criando um artifício de *duração* latente para o antropofagismo – pedra de toque unificadora de todas as suas tentativas, de todos os seus caminhos percorridos, e que subsistiria, a despeito e através das ondulações de sua atividade intelectual –, estava ele, como homem de atitudes extremadas, comprometendo, numa última jogada, a sua própria existência. A necessidade de ser levado a sério pela nova geração era apenas uma razão psicológica limitada, que mobilizou o motivo da escolha, mas que não foi determinante do seu sentido. Na verdade, essa escolha já estava feita no momento mesmo em que Oswald se escolheu marxista. Era uma possibilidade latente, senão uma tentação contínua, para esse contraditório exemplar de animal político – capaz de aliar o fervor religioso de um missionário à indisciplina de um rebelde profissional – desde o momento em que repudiara *Serafim Ponte Grande* para servir à causa

---

[3] A Paulo Emílio Sales Gomes: "A sua geração lê desde os três anos. Aos vinte tem Spengler no intestino. E perde cada coisa". Ver Antonio Candido, "Digressão Sentimental sobre Oswald de Andrade". In: *Vários Escritos*. São Paulo, Livraria Duas Cidades, 1970.

do proletariado, num prefácio autoflagelante. O autor se desculpava por haver escrito o romance e vinha ao mesmo tempo exibi-lo, para maior escarmento de sua culpa, sob o pretexto de que nele gravara o epitáfio do palhaço da burguesia que tinha sido. Mas o ato de contradição deixava incólume o objeto do repúdio. Ambíguo como toda culpa publicamente alardeada, valorizava a antropofagia e, sub-repticiamente, a conservava na espontânea revelação do romance censurado. Foi o mecanismo que Geraldo Ferraz bem compreendeu, quando afirmou que o ato revolucionário de Oswald não era a explicação do prefácio, mas a "publicação do livro em sua forma autêntica".[4] Essa transigência inconsciente, no ato da publicação de *Serafim*, já franqueava ao romancista um caminho de retorno à antropofagia, da qual nunca se desprendera completamente. Quando a ela retornou, representando a comédia do filósofo que sempre quis ser, e para, coisa tão a seu gosto, dar resposta aos ex-companheiros de luta política, Oswald de Andrade apenas retomava por uma via tortuosa, e sem abdicar do pensamento dialético que o marcara, a inquietação metafísica, senão religiosa dos anos de juventude, que brotava de "seu fundamental anarquismo".

Na última versão do antropofagismo, sintetizado em *A Crise da Filosofia Messiânica*, essa inquietação religiosa, completamente secularizada, converte-se na base impulsiva do ideal político de renovação da vida. Interioriza-se o estilo de ação do militante, unindo, num mesmo ato de fé, a crença mítica no *homem natural*, fadado à liberdade, e a esperança de realização iminente, sempre possível porque utópica, do reino da justiça e de amor sobre a terra. Era um desfecho irônico, que contrariava a tão ambicionada serenidade filosófica formal. Sem o saber, Oswald atingia-lhe o avesso poético: esse outro lado da filosofia, que confina com o pensamento selvagem.

Medida heterodoxa de uma inteligência, afeita a teorizações esquemáticas, a antropofagia selou a definitiva aliança entre o inconformismo político de Oswald de Andrade e o fundo religioso e místico do seu espírito.[5]

[4] Geraldo Ferraz, "Oswald de Andrade, Uma Apologia e um Libelo". *Jornal de Notícias*, 20/02/1950.
[5] Ensaio anteriormente publicado em *Oswald Canibal*. São Paulo, Perspectiva, 1979, p. 51-57 e aqui reproduzido com autorização do autor.

Antropofagia: Uma Releitura do Paradigma da Razão Moderna

Vera Follain de Figueiredo
Pontifícia Universidade Católica do Rio de Janeiro

Embora a antropofagia, de Oswald de Andrade, tenha surgido sob o estímulo do contexto econômico, político e cultural do Brasil e da Europa dos anos 1920, para compreendê-la melhor, é importante considerá-la no interior do projeto de construção de uma cultura brasileira autônoma, que vinha sendo gestado desde o romantismo. A proposta antropofágica dialoga com o passado procurando resolver impasses anteriores que haviam marcado a reflexão sobre a cultura no Brasil. A antropofagia é a chave utilizada por Oswald para superar tanto o idealismo ufanista romântico quanto o pessimismo determinista que contaminou os intelectuais do final do século, influenciados pelo cientificismo etnocêntrico europeu.

A fórmula encontrada pelo modernista, combinando sentimento nacionalista e cosmopolitismo, elegendo o híbrido em detrimento das categorias puras e excludentes, nasce da necessidade de criar novos parâmetros de pensamento que permitissem ultrapassar as dicotomias que vinham balizando o pensamento sobre a cultura no país e que atualizava sempre o mesmo esquema: ou a defesa de um nacionalismo essencialista e fechado ou a apologia de um universalismo modernizador que significava completa submissão a modelos culturais europeus. Este esquema, que vinha desde o século XIX e no qual podemos de certa forma enquadrar, por exemplo, as divergências entre José de Alencar e Joaquim Nabuco, revela seu esgotamento na obra de pré-modernistas como Lima Barreto e Euclides da Cunha. Em *Triste Fim de Policarpo Quaresma*, a desgraça do protagonista resulta do nacionalismo de inspiração romântica que orienta toda a sua ação e que se mostra completamente inadequado para o entendimento dos problemas do país, levando-o, no final do livro, a questionar, diante do fracasso das boas intenções que o nortearam, o próprio conceito de "pátria":

E bem pensando, mesmo na sua pureza, o que vinha a ser pátria? Não teria levado toda a sua vida norteado por uma ilusão, por uma ideia a menos, sem base, sem apoio, por um Deus ou uma deusa cujo império se esvaía? (...) Pareceu-lhe que essa ideia como que fora explorada pelos conquistadores por instantes sabedores das nossas subserviências psicológicas, no intuito de servir às suas ambições... (...) Certamente era uma noção sem consistência racional que precisava ser revista.[1]

Através de Policarpo Quaresma, Lima Barreto não tematiza apenas a falência do mito romântico de pátria, do indianismo enquanto sinônimo da busca de uma origem pura, mas indica a necessidade de reavaliar alguns traços tradicionais da nossa cultura, herdados do colonizador, preparando terreno para a releitura do passado que será feita nas décadas seguintes não só por Oswald de Andrade, mas também por Mário de Andrade, Sérgio Buarque de Holanda e Gilberto Freyre. Antecipa a desnaturalizarão, tão frequente hoje, na chamada pós-modernidade, de conceitos criados pela modernidade, como o de nação, assinalando o seu caráter construído: "Uma hora para o francês, o franco-condado é a terra dos seus avós, outra não era, depois era; num dado momento a Alsácia não era, depois era e afinal não vinha a ser",[2] diz o personagem.

Em Os Sertões, de Euclides da Cunha, o drama da enunciação, presente de forma tão nítida na obra, decorre da inadequação do aparato teórico, gestado na Europa e em voga naquele momento no país, utilizado pelo autor para a compreensão de uma realidade que desafiava a rigidez dos pressupostos cientificistas. A Guerra de Canudos colocava o intelectual comprometido com o projeto modernizador diante de uma situação na qual o que se evidenciava não era o aspecto emancipador e racional da modernidade, mas a face violenta, justificadora da exclusão que pode assumir nos países com fortes contradições sociais.

A proposta "ver com olhos livres", de Oswald de Andrade, inserida nesse processo reflexivo do início do século, assume um forte sentido crítico – os olhos deverão libertar-se daquelas categorias epistemológicas que se mostraram ineficazes para o melhor entendimento da realidade. Não se trata de dispensar todo e qualquer aparato teórico, de fazer o elogio da visão ingênua. A política cultural do autor está voltada contra a mentalidade colonialista de aceitação passiva dos valores gestados pela civilização ocidental, que foram desistoricizados e legitimados como universais.

---

[1] Lima Barreto, *Triste Fim de Policarpo Quarema*. 8. ed. São Paulo, Brasiliense, 1970, p. 207.
[2] Ibidem, p. 207.

A construção da ideia de modernidade, conectada à expansão europeia, passou pela constituição de um lugar geocultural privilegiado, hegemônico, de produção do conhecimento, ou seja, o lugar da produção teórica tendeu a ser identificado com o mundo europeu. Oswald reivindica o direito de dialogar com essa produção sem subserviência, de construir uma interpretação do Brasil, partindo de premissas diferenciais que possam dar conta das nossas contradições. Busca outro lugar de enunciação que permita a relativização das imagens criadas pela tradição ocidental. Nesse sentido, afina-se com práticas teóricas posteriores identificadas com a afirmação de uma razão pós-colonial que, no dizer de Walter Mignolo, são práticas que questionam "o espaço intelectual da modernidade e a inscrição de uma ordem mundial na qual o Ocidente e o Oriente, o Eu e o outro, o civilizado e o bárbaro foram inscritos como entidades naturais".³

O ângulo de visão que adota para abordar a modernidade é o do mundo americano, fazendo sobressair o papel decisivo que desempenhou nas transformações que tornaram possível a constituição da Europa moderna. No *Manifesto Antropófago* dirá: "Sem nós a Europa não teria sequer a sua pobre declaração dos direitos do homem". Em *A Marcha das Utopias*, retomando, nos anos 1950, teses lançadas nos anos 1920, focaliza a primeira fase da modernidade sob o prisma do que vai chamar de "Ciclo das Utopias", cujo início seria marcado pela divulgação da descoberta da América, no século XVI, e o fim pelo *Manifesto Comunista* em meados do século XIX. O recorte feito na história, pelo autor, visa ressaltar a contribuição do continente para a concepção da utopia de uma sociedade igualitária, que origina as obras de Thomas More e Campanella, inspirada pela existência americana. Interessa-lhe o que há de negatividade, de ruptura com o contínuo da história, de descentramento, no projeto utópico inspirado pela América como lugar da alteridade que abala certezas, sugerindo alternativas, provocando a imaginação alheia. A alteridade é vista, assim, como valor positivo.

Esse olhar descentrado contrapõe-se ao discurso da superioridade europeia e revela a outra cara da modernidade, aquela que não é emancipadora, que, ao contrário, aponta para a violência e para a negação do outro, traindo a utopia primeira. É óbvio que tudo isso está relacionado com o próprio clima da Europa pós-Primeira Guerra e com a crítica que eles mesmos estão fazendo dos rumos tomados pela história europeia, mas o que é importante destacar é o aproveitamento

³ Walter Mignolo, "La Razón Postcolonial: Herencias Coloniales y Teorías Postcoloniales". *Revista Gragoatá*, Niterói, EDUFF, 1996, p. 9.

que intelectuais, oriundos de países de herança colonial, fazem desse questionamento da cultura racionalista ocidental:

> Neste momento a Europa viveu uma crise psicológica em face da tecnização, mercantilização, alienação e violência generalizada, expressas em termos de contradições neomarxistas, decadência splengleriana e invasões freudianas do subconsciente. A tomada de consciência latino-americana exigia precisamente essa dissolução dos motivos evolucionistas e reformistas. A Europa agora oferecia patologias e não apenas modelos. O desencanto no centro motivava a reabilitação na periferia.[4]

Oswald de Andrade, Alejo Carpentier e outros escritores latino-americanos tiram partido da "redescoberta da América", feita nesse momento por intelectuais europeus críticos da razão burguesa, para afirmar num diapasão positivo a alteridade americana, contrapondo-se ao discurso etnocêntrico que sustentou a empresa colonialista. Na década de 1940, Oswald dirá: "Entre outras vantagens, a guerra nos trouxe esta – a de melhor nos conhecermos".[5]

O alvo de combate é, então, todo o arcabouço ideológico utilizado para justificar a dominação europeia sobre povos e terras distantes – em 1914, a Europa detinha um total aproximado de 85% do mundo, na forma de colônias, protetorados, dependências, domínios e *commonwealths*.[6] Na América Latina, como obervou Florestan Fernandes,[7] o anticolonialismo dos

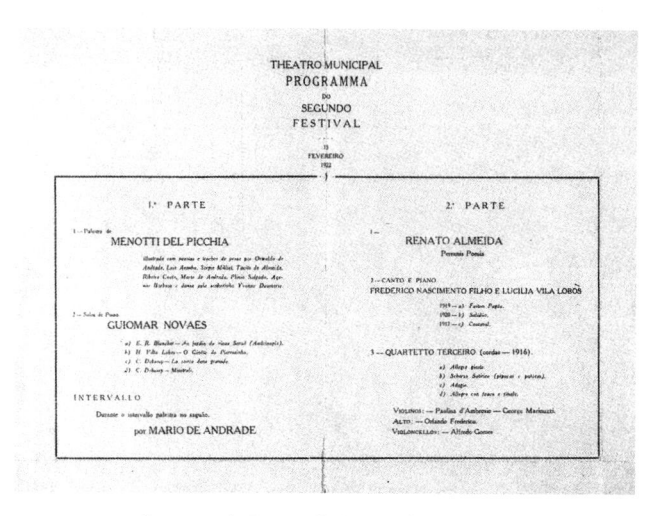

Programa da Semana de Arte Moderna, 1922

[4] Richard M. Morse, *A Volta de McLuhanaíma: Cinco Estudos Solenes e uma Brincadeira Séria*. Trad. Paulo Henriques Brito. São Paulo, Companhia das Letras, 1990, p. 183.
[5] Oswald de Andrade, *Ponta de Lança*. 3. ed. Rio de Janeiro, Civilização Brasileira, 1972, p. 63.
[6] Ver Edward W. Said, *Cultura e Imperialismo*. Trad. Denise Bottman. São Paulo, Companhia das Letras, 1995, p. 38.
[7] Florestan Fernandes, "O Problema da Descolonização". In: *América Latina: 500 Anos da Conquista*. São Paulo, Cone, 1987.

extratos privilegiados só foi intenso em um ponto, o da conquista da condição legal e política de donos do poder. Nos demais aspectos, as elites locais teriam promovido o congelamento da descolonização. Trata-se, então, para Oswald de Andrade, de promover o descongelamento da atitude anticolonialista, fazendo uma releitura da história que se contraponha à aceitação do mito vitimário gestado com a modernidade que implanta a ideia de que a missão europeia é levar a civilização a povos bárbaros e primitivos, mesmo que para cumpri-la tenha de utilizar da violência, submetendo "povos inferiores" a um sacrifício necessário para galgar os degraus da modernidade: "Contra todas as catequeses e contra a mãe dos Gracos", dirá no *Manifesto Antropófago*.

As conturbações do velho continente, no início do século, abalam os códigos incorporadores, universalizantes e totalizantes criados pelas grandes metrópoles e, com isso, abrem espaço para a elaboração de novas representações que se contrapõem à retórica dominante:

> Artistas do final do século XIX, como Kipling e Conrad, ou, nesse contexto, figuras da metade do século como Gérome e Flaubert não reproduzem pura e simplesmente os territórios distantes: eles os elaboram ou lhes dão vida utilizando técnicas narrativas, vieses históricos e inquisitivos, ideias positivistas do gênero oferecido por pensadores como Max Müller, Renan, Charles Temple, Darwin, Benjamim Kidd, Emerich de Vattel. Todos estes desenvolveram e acentuaram as posições essencialistas na cultura europeia, proclamando que os europeus deviam dominar, e os não europeus ser dominados. E os europeus de fato dominaram.[8]

Oswald percebe a necessidade de ir contra esse essencialismo, fazendo a revisão e a desconstrução da representação ocidental do mundo não europeu, afirmando o direito de narrarmos e construirmos nossas próprias imagens e, nesse sentido, anuncia a postura crítica que está na base do "realismo maravilhoso", surgindo três décadas depois, na América hispânica, assim também como suas propostas se aproximam das ideias que o cubano Lezama Lima apresenta nas conferências que pronunciou em 1957, reunidas no livro *A Expressão Americana*.[9] Para pensar o devir americano, Lezama Lima dissolverá dicotomias e hierarquizações que não se coadunam com a afirmação da cultura latino-americana. Substituirá a ordenação temporal pelas analogias livres, a ideia de repetição pela de recorrência criativa, o culto da razão por uma gravitação em torno da imaginação e da memória.

[8] Ibidem, nota 6, p. 143.
[9] Lezama Lima, *A Expressão Americana*. Tradução, introdução e notas de Irlemar Chiampi. São Paulo, Brasiliense, 1988.

A antropofagia inscreve-se nesse panorama que predispõe à releitura do paradigma da razão moderna, sem se definir como um movimento contramoderno. Oswald evita a metodologia dos antogonismos radicais, que repetia sempre, de uma forma ou de outra, a fórmula cunhada por Sarmiento: civilização ou barbárie. No lugar dos polarizações disjuntivas, propõe a síntese dialética, no lugar do "ou", coloca o "e" – o misto de "dorme nenê que o bicho vem pegá" e de "equações", "a floresta e a escola" – fazendo da mestiçagem cultural a categoria-chave para sua aborgagem. O *Manifesto Antropófago* é, de um lado, um canto futurista: a agitação do contexto interno, ainda que mais concentrada em São Paulo, a exigir mudanças políticas e econômicas, a industrialização crescente, suscitam a esperança de que poderíamos "acertar o relógio com a contemporaneidade". De outro, é um canto primitivista e é o contexto externo que vai estimular a valorização do que, em nós, não se compatibiliza com o modelo racional europeu.[10] Ao assumir o paradoxo primitivo-modernista, adota uma ótica culturalmente descentrada: o reconhecimento da importância da técnica serve para neutralizar a tentação de interpretar comodamente o atraso como manifestação de uma força criadora original, não contaminada pelos vícios europeus; a valorização dos aspectos mestiços da cultura brasileira – o desrecalque não se restringe só à herança indígena, mas se estende a toda diferença resultante da mistura de raças e valores – serve para controlar o volume "do grito imperioso de brancura em mim".

A proposta antropofágica não se limita, assim, a justapor o entusiasmo com o progresso de São Paulo à valorização das origens indígenas. Expressa o desejo de descolonizar a cultura, rejeitando as polarizações e inspiração europeia: é de lá que ora nos vem o elogio da "irracionalidade americana" como alternativa primitiva para os males da civilização, ora nos chega o culto condicional do progresso que expulsa da contemporaneidade os países cujo processo de modernização não se realizou plenamente, esquecendo-se de que a modernidade plena das metrópoles se constituiu com o gesto que empurrou as colônias para a margem, que a periferia é a outra cara, a alteridade essencial da modernidade, como observou Enrique Dussel.[11]

O ritual antropofágico indígena é recuperado como metáfora de uma visão de mundo não excludente; a devoração implicaria o reconhecimento dos valores do outro. É recuperado também porque foi o argumento principal utilizado pelo europeu para negar aos indígenas a condição

[10] Sobre a relação entre a antropofagia de Oswald de Andrade e a vanguarda dadaísta (*Revista Cannibale* e *Manifeste Cannibale Dada*, de Fancis Picabia), ver Haroldo de Campos, *Poesia, Antipoesia e Antropofagia*. São Paulo, Cortez e Moraes, 1978.
[11] Enrique Dussel, *1492: O Encobrimento do Outro: A Origem do Mito da Modernidade: Conferências de Frankfurt*. Petrópolis, RJ, Vozes, 1993.

humana, justificando, assim, a violência do conquistador, à medida que criva o mito do mau selvagem. Inspirando-se no selvagem brasileiro de Montaigne – "A França só teve um humanista: Montaigne. Depois disso foi cortesã ou regicida...",[12] afirmará – vai fazer o elogio do "mau selvagem", que devorava para não ser devorado. Recupera também o pensamento mítico, a partir do qual faz a crítica da visão evolutiva e linear da história gestada pelo mundo ocidental que, trabalhando com a ideia de um desenvolvimento por etapas, não daria conta da multitemporalidade americana:

> Em Nietzsche e Kierkegaard, inicia-se no século XIX um dramático protesto humano contra o mundo lógico de Hegel e a sua terrível afirmação de que tudo que é racional é real. Hegel, que completa a metafísica clássica de Kant, promete e sagra a imagem dum mundo hierarquizado e autoritário que terminará nas delícias do Estado Prussiano e dialeticamente em Nuremberg. Como ambos tudo acabaria azul e legal, em catecismo e presepe.[13]

Ao mesmo tempo, denunciando o caráter etnocêntrico da visão europeia da história, relativiza o estatuto científico do discurso histórico, aproximando-o do mito, no que antecipa o questionamento, tão em voga atualmente, dos limites entre história e ficção. O discurso anticolonialista de Oswald tenderá, então, a inverter imagens construídas pelo colonizador, o que se explica levando-se em consideração que a formação de identidades culturais é sempre contrapontual, pois, como assinala Edward Said, "nenhuma identidade pode existir por si só, sem um leque de opostos, oposições e negativas – os gregos sempre requerem os bárbaros e os europeus requerem os africanos, os orientais etc.".[14] No caso dos países que foram colonizados o contraponto tende a se dar com a cultura colonizadora. Daí vem o caráter ufanista, apesar de não abrir mão do senso crítico, que o discurso de Oswald assume por vezes, visando superar a nossa dependência cultural através da canibalização das tradições europeias e da erradicação do complexo de inferioridade que alimentamos ao nos olhar no espelho fornecido pelo europeu.

Caberia distinguir a utopia oswaldiana do otimismo da oligarquia cafeeira, entusiasmada com uma certa atmosfera de modernização e conservadora no âmbito doméstico, cujo nacionalismo eclipsa as contradições sociais. O ufanismo de Oswald faz parte da luta pela reapropriação de uma imagem para emprestar-lhe um outro sentido, capaz de

[12] Oswald de Andrade, op. cit., nota 5, p. 59.
[13] Ibidem, *Estética e Política*. São Paulo, Globo, 1992, p. 102.
[14] Edward W. Said, op. cit., nota 6, p. 87

criar uma consciência nacional que não se opõe a uma consciência social. A utopia caraíba é, ao mesmo tempo, crítica – "no fundo de cada utopia não há apenas um sonho, há também um protesto",[15] Oswald dirá – e idealizadora, já que nasce da insatisfação com o presente, mas busca criar ânimo para a construção do futuro, mesmo que, muitas vezes, não seja nada fácil sustentar esse ânimo, quando, por exemplo, revoltado com os rumos da nossa economia, declara: "Somos um país de sobremesa. Com açúcar, café e fumo só podemos figurar no fim dos menus imperialistas".[16] A militância, durante quase 15 anos (1931-1945), no Partido Comunista revela a sua disposição para lutar em duas frentes: a cultural, onde pretendia contribuir para a descolonização das mentalidade, e a política, na qual se batia por uma sociedade igualitária. Aos 60 anos, no discurso de agradecimento pela homenagem de aniversário, declara:

> A mim, a cidade mecânica fizera de súbito conjugar o verbo crackar:
> "Eu empobreço de repente
> Tu enriqueces por minha causa
> Ele azula para o sertão
> Nós entramos em concordata
> Vós protestais por preferência
> Eles escategem a massa".

E acrescenta: "Eu não sabia que este verbo era irregular. Tinha herdado tudo, menos a convicção da propriedade privada".[17] A passagem é interessante porque, quando se fala da obra de Oswald, é frequente destacar a relação entre as ideias que expressa e o fato de o escritor ter sido herdeiro da oligarquia do café, sendo que raramente se assinala, ao comentar essas ideias, o longo tempo de militância política de Oswald (suportando, inclusive, perseguições) num partido cujos ideais professados se voltavam contra a acumulação capitalista, assim também como ainda não aprofundamos a reflexão sobre a maneira como, sobretudo a partir do final dos anos 1940, procurou conciliar a visão marxista com o pensamento antropológico, no esforço de compreender a multifacetada realidade brasileira.

Oswald de Andrade não foi um deslumbrado com a modernização. Preocupou-se com a ambivalência de seus efeitos, daí jogar com o binômio tradição/modernidade, usando a tradição como lugar onde se situar para criticar a modernização a qualquer preço. Hoje em dia, quando as fontes coletivas de significado da sociedade industrial (a tradicional divisão de papéis na família de base patriarcal, a crença incondicional do progresso, etc.) estão sofrendo exaustão, desintegração e desencantamento, suas críticas à

[15] Oswald de Andrade, "A Marcha das Utopias". In: *Do Pau-Brasil à Antropofagia e às Utopias*. Rio de Janeiro, Civilização Brasileira, 1970.
[16] Ibidem, nota 13, p. 167.
[17] Ibidem, nota 13, p. 131.

civilização ocidental se tornam bastante atuais. Quando tomam corpo as ameaças produzidas até então no caminho da sociedade industrial e se acentuam as incertezas justamente ao assistirmos o triunfo da ordem instrumental racional, falando-se na necessidade de rever códigos binários e de reconhecer ambivalências, o chamado "irracionalismo" do escritor pode ser lido de outra maneira. Na verdade, os intelectuais de países periféricos, pelas contradições acentuadas do contexto interno, muitas vezes, antecipam problematizações do projeto modernizador que estão em pauta, na contemporaneidade, em textos teóricos produzidos no mundo desenvolvido.

No entanto, a hipótese, alimentada pelo teimoso utopismo de Oswald de Andrade, de que países como o Brasil, marcados pela heterogeneidade e pela multitemporalidade, poderiam gerar soluções alternativas às adotadas pelas sociedades pragmáticas e utilitaristas do Norte, colocando a ciência e a tecnologia a serviço da construção de um mundo mais justo, parece cada vez mais distante:

> A era atômica promete milagres que poderão desfazer os males produzidos pelos aglomerados proletários e urbanos. Com a energia produzida à distância, poder-se-á

de certo modo restaurar o artesanato e o seu espírito. Isso não significa um retrocesso, mas simplesmente a marcha dialética da história. Seja como for, o Brasil parece de fato se apresentar como "o país do futuro" previsto por Stefan Zweig.[18]

No que se refere ao papel da tecnologia no mundo contemporâneo, ao contrário do que Oswald supunha, a generalização da técnica não diminuiu a necessidade de lucro, nem levou à reforma do capitalismo, e o tempo livre só aumentou sob a forma de desemprego. Também quanto ao Brasil, o futuro, que imaginou, vai sendo adiado. O capitalismo, pela primeira vez planetário, movimenta-se no sentido de gerar, através do consumo, um plasma cultural uniforme que tende a nos tornar céticos, pelo menos na América Latina, quanto à possibilidade de realização do sonho do nosso modernista, calcado no elogio da particularidade cultural enquanto criadora de caminhos alternativos aos seguidos pelos países hegemônicos do Ocidente. Ao contrário, em tempos de globalização, o que constatamos é o predomínio de uma mentalidade fatalista diante da nova ordem mundial, é um novo determinismo, em tudo oposto ao desafio permanente de romper com os limites do possível que norteou a trajetória de Oswald de Andrade.

[18] Ibidem, nota 13, p. 200.

Morder a Mão Que Alimenta
(Sobre o *Manifesto Antropófago*)

Jeffrey Schnapp
Universidade Harvard

Todo texto guarda vestígios do corpo do orador, porém nenhum é mais gestual, nenhum é mais carregado do seu suor, do calor do seu corpo, e dos músculos do que o manifesto. Literalmente um panfleto, o manifesto tem poder de comunicação. A *manus* no manifesto tanto atrai quanto afasta (*fendo*). É uma mão que foi tirada de trás da toga ou do bolso. É uma mão que começou a interagir com o público arduamente, pregando, ensinando, formulando leis ou só fazendo bobagem. Pouco importa se o meio escolhido é a voz ou a página impressa: o contexto será imediatamente festivo e solene. Coisas ocultas, se não desde o início do mundo, então pelo menos pela geração dos nossos pais, estão sendo expostas em plena luz do dia. Coisas que vão do óbvio ao escandaloso, do heroico ao estúpido, do privado ao público. O que conta é estabelecer limites: um limite entre *Tupy* e *not Tupy*, entre pecadores e santos, capitalistas e comunistas, saudosistas e futuristas. Se no meio do caminho houver alguma diversão, tanto melhor. O tempo é curto; o manifesto tem pressa. Ele precisa de novos convertidos, se não de novos convertidos, então pelo menos de alguns inimigos suficientemente gentis para dar a ele uma onipresença momentânea. Silêncio = morte no reino do manifesto, o que significa que barulho = vida. Quanto mais se aumenta o volume, mais angelical é a música.

A mão no manifesto, às vezes, está clamando por comida: pão dos anjos, um banquete filosófico, somente simples pão velho. Entretanto, como não há certeza de que será servida, alimenta-se de fragmentos de textos anteriores. Marx e Engels canibalizaram partes de suas obras no *Manifesto Comunista*; Jean Moréas repete os lugares-comuns de sua época ("*comme tous les arts, la littérature évolue...*") [como todas as artes, a literatura evolui] no manifesto *O Simbolismo* para acalmar os seus críticos; *disjecta membra* de cada manifesto marinettiano retornam nos posteriores como se fossem tão frescos quanto ao serem feitos pela primeira vez. A refeição é satírica, feita de uma miscelânea de pratos heterogêneos. Uma pitada de sal aqui, um pouco de insinuação lá; uns poucos trocadilhos aqui, algumas hipérboles lá; por todas as partes, há as armadilhas da didática (listas enumeradas, equações e aforismos) e pedidos de ação e reação. Muitas vezes, o cozinheiro está de péssimo humor. Ele agita o seu punho, entre socos e tapas. É um palhaço, porém os seus objetivos são sérios. Mexendo a panela, ele dita novas leis.

O *Manifesto Antropófago* se encaixa exatamente no triângulo formado pela retórica, culinária e legislação.[1] O *Manifesto* principia invertendo o triângulo, dirigindo-o, como uma cunha entre nós e eles. *Nós*, tupis desnudos, totemistas modernos que adoram nos altares de "Jesus de Belém do Pará" e a deusa mãe Guaracy e Jacy; mascarados carnais no perpétuo Carnaval de Pindorama; sonâmbulos e adivinhos que rejeitam o idealismo em nome da magia, da experiência pessoal e do concreto. *Nós*, amantes carnais e comedores de carne. *Eles* são os não tupis vestidos, armados com a sua cultura patriarcal, catecismos, regras e tabus; as elites vegetais que colonizaram o Brasil, adoradores de Jesus de Belém; missionários, especialistas em lógica, e especuladores representados pelo Padre Vieira e a corte de Dom João VI. Desconfiados em relação ao mundo da carne, são a nossa carne.

O *Manifesto* termina com uma assinatura que, por si só, já é uma forma de culinária:

OSWALD DE ANDRADE
Em Piratininga
Ano 374 da Deglutição do bispo Sardinha.

Quatro anos antes o *Manifesto da Poesia Pau-Brasil* foi servido de comida marinettiana para os leitores do jornal carioca *Correio da Manhã*. Pregava a síntese, o dinamismo, a surpresa e o ilogismo; criou a fronteira entre os *futuristas e os outros* (42); e via além dos "trabalhos ciclópicos" de uma geração um desafio novo: "ser regional e puro em sua época" (44). Quatro anos mais tarde, anos de viagens na Europa e no Oriente Médio, anos durante os quais Marinetti inesperadamente chegou e teve grande êxito no Brasil, o meio de divulgação havia mudado (para a recém-lançada *Revista de Antropofagia*) e o surrealismo (não futurismo)

---

[1] Todas as referências ao *Manifesto Antropófago* e ao *Manifesto da Poesia Pau-Brasil* são de Oswald de Andrade, *A Utopia Antropofágica*. São Paulo, Globo, 1995.

domina o ambiente. À primeira vista, a assinatura parece a mesma, mas o velho OSWALD DE ANDRADE era paulista e este último de Piratininga. Piratininga: a proto-São Paulo de João Ramalho, edênica e promíscua, cujas milhares de esposas eclipsam as *onze mil virgens do céu* (51) cantada em latim pelo "apóstolo" e primeiro poeta do Brasil, José de Anchieta. Piratininga: o lugar em que, em 1554, Anchieta fundou a escola de missionários que foi assaltada por colonizadores locais, determinados a manter o direito de escravizar os povos aborígenes que os padres jesuítas queriam salvar do fogo eterno do inferno. Entra, nesse momento, o bispo da Bahia, Pero Afonso Sardinha, defensor da punição para o colonizador/assaltante. Retida no rio São Francisco dois anos mais tarde (1556), sua alma procurou o Empíreo enquanto seu corpo tornou-se ingrediente de um saboroso cozido aimoré. Contudo, mais suspeito do que a lenda do fim de Sardinha é o deslize cronológico na conclusão do *Manifesto Antropófago*. Ano 1554 mais 374, ou seja, 1928. Porém, 1556 mais 374, isto é, 1930. Em outras palavras, OSWALD, ao escrever no início de 1928, confundiu atos de fundação e rebelião coloniais com a deglutição do bispo Sardinha, embora desejasse marcar o início do seu calendário revolucionário indianista. Os nativos de Piratininga, devemos dizer em sua defesa, têm um sentido histórico flexível. É como se estivessem no mundo *orecular* não *oracular* – ou seja, mundos construídos em torno de órgãos da *orexis* [apetite em grego] como a boca [*os*] e orelha [*auris*]; não em torno de enigmas divinos. E, como se sabe, os nativos de Piratininga saboreiam com alma quando comem peixe exótico.

Entre os parágrafos de abertura e a conclusão, o *Manifesto* mastiga inúmeras leis e instituições: a igreja, o teatro burguês (com seus triângulos românticos e mulheres fatais), a gramática portuguesa, o Brasil como reino das palmeiras e da língua doce, a crença europeia no pensamento desencarnado e na lei como "garantia do exercício da possibilidade", o progresso medido pelo fluxo de *gadgets*, conservatórios, *la loi du Père* [a lei do Pai], o Deus transcendental do monoteísmo, o espírito bragantino morto porém ainda vivo e bem, a moralidade opressora do Ocidente "cadastrada por Freud". Para assumir o lugar delas, começa cuspindo uma série de leis superiores/inferiores:

Só a Antropofagia nos une. (...) Única lei do mundo. (47)

Só me interessa o que não é meu. Lei do homem. Lei do antropófago. (47)

Na melhor tradição vanguardista, o decálogo logo se torna um polílogo desenfreado. Inclui equações (para a Moral da Cegonha, por exemplo):

Ignorância real das coisas+falta de imaginação+sentimento de autoridade ante a prole curiosa. (50)

Trocadilhos: a expressão de origem jurídica *Galli Mathias* é menos o "Gallic Mathew" do que um fanfarrão – galimatias (49).

Filosofando como eruditos de banquete:

De carnal, ele (o instinto antropofágico) se torna eletivo e cria a amizade. Afetivo, o amor. Especulativo, a ciência. (51)

Chamadas para a ação:

Queremos a Revolução Caraíba. (48)
Suprimamos as ideias e as outras paralisias. (51)
É preciso expulsar (...) as ordenações e o rapé de Maria da Fonte. (52)

Mantras modernistas (como os de Kristeva para a semiótica):

Roteiros. Roteiros. Roteiros. Roteiros. Roteiros. Roteiros. Roteiros. (49)

Canções de amor tupi:

Catiti Catiti
Imara Notía
Notiá Imara
Ipeju. (49)

Em determinado momento, essa lógica onívora se identifica com a da tartaruga tupi, autêntico *trickster*, forte e vingativo, o Jabuti (50). Mas aqui a tartaruga ultrapassa a lebre e passa a perna na raposa, pois prega a peça tanto no colonizador quanto no colonizado. Por quê? Porque (talvez traído pelo deslize do tempo observado acima) OSWALD, o piratininguense nu, é, na realidade, um membro da elite paulista: um fazendeiro, o proprietário de uma fazenda de café, um modernizador cultural. Os seus *contras* podem ser contraeuropeus e seus *prós*, pró-nativos. Contudo, ele recorda às várias cafeínas da Europa – Marinetti, Tzara, Breton – que seus grãos de café vêm de um Brasil moderno, voltado para a exportação. E é esse Brasil moderno que ingere o mito das puras elites (nativas) (que) conseguiram realizar a antropofagia carnal (51) para conquistar mercados externos. Por conseguinte, o *Manifesto* de 1924 abraça uma única luta (42): a luta de abrir novas rotas de comércio para a *Poesia Pau-Brasil, de* exportação

(42). Daí vem a promessa do *Manifesto* de 1928 de que seus produtos satisfarão ou ultrapassarão as expectativas.

Portanto, a mão que não se cansa de repetir "Só a antropofagia nos une. Socialmente. Economicamente. Filosoficamente" (47), fala muito, mas trabalha num espaço reduzido. Fala de nativo, mas pensa como cosmopolita, visto que mistura a antropologia de Malinowski e Lévy-Brühl, o tecnoprimitivismo de Keyserling, o *Totem e Tabu* de Freud e o pragmatismo de William James num cozido apimentado, preparado em Pindorama. O prato é novo em muitos aspectos. Em outros, de forma alguma. Mesmo a sua mordida antropofágica, sua mordida-Alteridade, se adapta a um imaginário do hemisfério norte que encontrou no canibalismo uma figura para a comunhão. Na antiguidade greco-romana, comer a carne de outro homem era cair na barbárie. Mas também era repetir o gesto de Cronos devorando os seus filhos: um emblema, ambivalente por certo, da Idade de Ouro restaurada. O motivo é recorrente em tudo, desde a doutrina eucarística ao relato de Freud do desenvolvimento sexual, dentro dos quais os piratininguenses *orecular*es de OSWALD estão alinhados com a fase pré-genital, pré-edipiana, pré-jurídica durante as quais as crianças não percebem uma separação entre o *self* e a mãe (o outro).

Devorador = devorado dentro de um universo no qual a matéria está literalmente em todas as partes. Mesmo depois que a alteridade se intromete, como espelho, lei ou lapso no simbólico, o paraíso não está perdido. Não se perde quando e se o outro se torna o nosso inimigo sagrado, o inimigo que queremos comer para que se torne para sempre um de nós.

Em suma: *roses* para OSWALD, *merde* para OSWALD. Obrigado pela refeição e Feliz Aniversário!

São Francisco
Ano 455 (do Início) da Deglutição do Bispo Sardinha.*

* Tradução de Margarita Maria Garcia Lamelo.

A Questão Racial na Gestação da Antropofagia Oswaldiana

Heloisa Toller Gomes
Universidade do Estado do Rio de Janeiro
Pontifícia Universidade Católica/Rio de Janeiro

No fundo da mata virgem nasceu Macunaíma, herói da nossa gente. Era preto retinto e filho do medo da noite.
Mário de Andrade

Vous n'avez qu'à vous pencher sur la mer ou, à la fazenda, étendu dans le hamac de la véranda vous laisser bercer par les appels mystérieux, diurnes et nocturnes, de la forêt vierge.
Blaise Cendrars

•

A revolução cultural e a renovação estética – ambiciosas propostas da manifestação mais ousada do modernismo brasileiro, a antropofagia oswaldiana – mostraram, curiosamente, poucos frutos quanto a um aspecto crucial da formação da nacionalidade brasileira, cujo inventário crítico os antropófagos viam como indispensável. Referimo-nos à questão étnica na complexidade que a caracteriza e na qual se destacam, no Brasil, a presença africana e seu legado.

O presente ensaio remonta aos dois manifestos básicos de Oswald de Andrade, o *Manifesto da Poesia Pau-Brasil* (1924) e o *Manifesto Antropófago* (1928), vendo no primeiro a gestação, de certa forma abortada, de um tratamento cultural potencialmente mais amplo e rentável da problemática racial brasileira – já anunciado na prosa romanesca de *Memórias Sentimentais de João Miramar* (1923) e confirmado nas realizações da *Poesia Pau-Brasil* (1925). A questão racial seria revista por Oswald em sua obra ensaística especialmente em alguns dos textos reunidos, anos mais tarde, em *Ponta de Lança*. O *Manifesto Antropófago*, por sua vez, não contém referências nem remete à presença afro-brasileira, quer em termos populacionais, quer culturais.

Procuraremos distinguir os possíveis motivos subjacentes à mudança de rumo apontada, buscando, na produção oswaldiana e no contexto cultural daquela segunda metade da década de 1920, subsídios esclarecedores do desinteresse, mesmo da negação, da temática negra e seu não aproveitamento estético. Este ensaio tem, pois, um escopo e um objetivo específicos: não se trata, aqui, de fazer um balanço geral da antropofagia oswaldiana, em sua originalidade vitalista e com a riqueza de inovação formal que a caracteriza. Trata-se, sim, de verificar como se comportou em sua elaboração e emergência a temática racial. Conforme sempre sucede porém, ao se tratar da problemática no Brasil, qualquer que seja o ângulo abordado, a questão tende a extrapolar em tempo e espaço os limites do exame proposto. Paralelamente, torna-se difícil limitar a sempre apaixonante reflexão sobre a contribuição literária de Oswald de Andrade a algum aspecto determinado, tais seu brilho e variedade de recursos. Estabelecido o desafio, passemos ao trabalho.

Tanto antes quanto depois da fase antropófaga, Oswald de Andrade discorreu diversas vezes sobre o componente negro em nosso país. Em várias ocasiões comentou as ideias de Gilberto Freyre e Sérgio Buarque de Holanda, discutiu as relações raciais entre nós, comparou as relações raciais no Brasil com as de outros países. No interior da *Poesia Pau-Brasil*, escreveu a impressionante série dos "Poemas da Colonização". O reconhecimento da contribuição africana no Brasil encontraria, em Oswald, sua explicitação mais direta em inícios dos anos 1940. Oswald referir-se-ia, então, ao "[orgulho] da mistura milionária que nos trouxe a África, com seus grandes nagôs, seus filões de cultura sudanesa e oriental e seus rijos e álacres trabalhadores do Benin e de Angola".[1] Entretanto, na proposta e na elaboração da antropofagia – ou seja, no *Manifesto* de 1928 e nas duas edições da *Revista de Antropofagia*[2] – percebe-se uma retração no tratamento da temática afro-brasileira, um "passar ao largo" da mesma que pode surpreender – principalmente se se comparar a produção oswaldiana de 1928-29 ao *Manifesto* de 1924. Neste, a questão emerge, com implicações interessantes que examinaremos. A retração posterior de que falamos não se limitou ao texto oswaldiano, permeando a produção da maioria dos antropófagos, os demais colaboradores da *Revista*.[3]

É certo que, para a proposta estético-filosófica da antropofagia, com o devoramento e digestão da história do Brasil e sua herança civilizatória, o repertório simbólico apoiava-se num referencial indígena, não africano. Porém, vale lembrar que insistiam seus proponentes na abrangência do festim antropófago, pronto a *tudo* incluir e devorar em sua destruição/construção nacionalista: "porque a descida antropofágica não é uma revolução literária. Nem social. Nem política. Nem religiosa. Ela é *tudo isso ao mesmo tempo*

---

[1] Oswald de Andrade, "Aqui foi o Sul que venceu". In: *Ponta de Lança*. São Paulo, Globo, 1991, p. 75.

[2] *A Revista de Antropofagia* teve os dez números de sua primeira *dentição* publicados de maio de 1928 a fevereiro de 1929; a segunda *dentição*, com 16 números (o 15º tem a numeração repetida), prolongar-se-ia até agosto de 1929, nas páginas do jornal *Diário de São Paulo*. Consultamos e citamos, neste trabalho, a reedição fac-similar das duas séries: *Revista de Antrofagia: Reedição da Revista Literária Publicada em São Paulo – 1ª e 2ª. Dentições – 1928-1929*. São Paulo, Abril, 1975, com "Introdução" de Augusto de Campos. *A ortografia original foi mantida*.

[3] Verifique-se o contraste entre o tratamento assertivo dado ao índio e o hesitante, apologético, conferido ao negro, em diversos números da *Revista de Antropofagia*. Lê-se, por exemplo, na pseudofreudiana "Nota" de Humberto de Campos intitulada "Confissão", em destaque no n. 9, 2ª dentição: "O índio trouxe, pois, uma contribuição poderosa para a formação do Brasil e hoje. Ele dorme, às vezes, na floresta emaranhada do nosso subconsciente, amoitado entre os cipós dos nossos nervos, mas existe ainda". Por outro lado, na "Nota" – "A pedidos, com o centro cívico palmares", assinada por "MENELIK, O morto que não morreu." (n. 7, 2ª dentição): "Os brasileiros não se orgulham dele. O negro contribuiu honradamente para a nossa grandeza econômica. A mãe preta está no coração de nós todos". E ainda, a minideclaração de princípios de João Ribeiro (também no n. 9): ▶

("De Antropofagia, Remetido da Sucursal do Rio pra Cá", n. 4, 2ª dentição – grifamos). Lembre-se ainda de que tal esquema nacionalista, não se pretendendo conter no âmbito estético, afirmava ter seus fundamentos no solo real de um certo país almejado: "O Brasil-brasileiro é que estamos construindo, dôa a quem doer, se queixe quem quizer se queixar" (n. 9, 2ª dentição).

Mais do que um paradoxo (estes, sempre bem-vindos, para os provocadores modernistas), temos aqui uma contradição no mínimo intrigante. Na verdade, apesar de toda a sua proclamada vocação de totalidade – que excluiria apenas a rígida e as "floridas ramificações pela política e pela literatura" tipo "Dr. Mandarim Pedroso" (*João Miramar*) – a antropofagia evitou a problemática racial brasileira. Ao relutar diante do tema nesta fase específica, Oswald de Andrade pode ter esbarrado na dificuldade que tradicional e secularmente tem afetado a intelectualidade brasileira e que, obviamente, trancende a questão estético-cultural, passando por dilemas e por impasses muito arraigados no tecido social. O temor de encarar a dita questão negra, escamoteado no disfarce da indiferença, revela-se com recorrência na expressão literária do Brasil, da época colonial aos dias de hoje, passando naturalmente pelo modernismo e manifestando-se em eloquentes silêncios, meias-palavras ou discursos permeados por sugestivas ausências.

Há, certamente, notas discordantes a assinalar, no qualitativamente instável cenário antropofágico. O "herói da nossa gente", chama a atenção *Macunaíma* (publicado justamente em 1928), "é preto retinto [e] filho do medo da noite". A genialidade de Mário de Andrade confere, na página inicial de *Macunaíma* (reproduzida no segundo número da *Revista de Antropofagia*), o estatuto de protagonista a um herói preto – não para um Brasil oficial e culto mas dentre a "nossa gente"; e faz esse herói nascer de um "medo da noite" que, mais do que achado poético, capta na contramão aspectos conflitados de nosso imaginário coletivo. Além da óbvia associação entre o preto retinto e o escuro da noite, a frase pouco nos diz sobre o personagem, devolvendo-o ao mistério de sua origem no "fundo da mata virgem". Transcendendo o apelo fácil do exótico, ela remete a vertentes pouco ou mal abordadas, no discurso cultural brasileiro. Então, fala de medo. A abertura da genial ficção de Mário articula, assim, dois aspectos paradoxais na constituição do imaginário de que falamos: a centralidade (populacional, cultural, mítica) do negro no Brasil; e a complexidade da questão étnico-cultural brasileira, bem expressa na menção a um medo difuso, *pai* – prossegue o texto –

"Antropófago. Não tenho de mim velleidades de sangue visigothico nem de outras prosápias longínquas. Mas quando vou a um espelho sinto-me mais tupinambá que negro mina".

daquela "criança feia" que, na rapsódia macunaímica, a índia pariu.

Mário de Andrade, naquele momento, foi adiante, em relação a seus companheiros de geração. Sua (restrita) contribuição à *Revista de Antropofagia*, por si só, exibe o interesse pelo material cultural afro-brasileiro, especialmente no campo musical. Afastavam-se as propostas estéticas de Oswald e Mário de Andrade. Não discutiremos aqui os vários aspectos dessas divergências, assinalando apenas o crescente estranhamento entre Mário e os antropófagos: a partir do quarto número da segunda dentição (foram, estes, dezesseis, erroneamente numerados como quinze) cessa a participação de Mário na revista. Durante a fase da segunda dentição – quando, lembra Augusto de Campos, a antropofagia adquiriu os seus definitivos contornos como movimento[4] – Mário raramente foi colaborador, tornando-se, por outro lado, alvo frequente da crítica dos antropófagos liderados por Oswald:

> Quem faz discursos ao sr. Gomes Cardim, credo! não somos nós, antropófagos que graças a Deus literatos não somos. É o sr. Mário de Andrade, o cérebro mais confuso da crítica contemporânea.[5]

Talvez o distanciamento entre o Mário de Andrade macunaímico e a antropofagia (por mais que seus proponentes continuassem reivindicando, recorrentemente, o parentesco com o livro de Mário) seja um bom ponto de partida para se pensar a relutância quanto ao aproveitamento estético do elemento negro, na composição da proposta antropófaga.

O que de fato emerge, no horizonte antropofágico, é a *utopia do Brasil*, não *uma percepção consistente do Brasil* – cuja violência de país colonizado fora tão contundentemente evocada por Oswald nos "Poemas de Colonização". Estes têm assim seu paralelo, em termos de visada crítico-estética, no *Manifesto da Poesia Pau-Brasil*, distanciando-se do *Antropófago*.

A teorização sobre a formação racial brasileira, que tomara corpo a partir da década de 1870 – na qual a reflexão sobre o legado africano emergira, naquele momento, em grande parte graças aos esforços pioneiros de Sílvio Romero – ocupava crescentemente os intelectuais, agora nos anos 1920. Escritores e cientistas sociais, Gilberto Freyre à frente, organizaram em 1926 o I Congresso de Regionalismo em Recife, de tendência francamente oposta à da Semana de Arte Moderna e ao eixo Rio-São Paulo. Divergindo do modernismo nordestino dos últimos anos da década de 1920 (com a liderança de Jorge de Lima, na poesia), Oswald e os antropófagos

---

[4] Augusto de Campos, "Introdução" à *Revista de Antropofagia: Reedição da Revista Literária Publicada em São Paulo – 1ª e 2ª dentições*.
[5] *Revista de Antropofagia*, n. 6.

desinteressavam-se do aproveitamento estético do elemento negro e da reflexão correspondente. O assunto, ironicamente, parecia voltar ao tabu.

Para aqueles escritores, em geral jovens abastados e de gostos cosmopolitas, tornou-se mais convidativo naquele momento evocar e invocar o índio, cuja contraface real deixara de constituir um problema brasileiro urbano, mormente no sul. Já o negro pertencia ao dia a dia dos modernistas, em incômoda proximidade que remontava a velhas feridas – situação pouco condizente com as perspectivas de otimismo nacionalista vigentes no grupo antropófago. Afinal, apenas quarenta anos separavam a antropofagia da mal resolvida escravidão. Na elaboração e práxis da utopia antropófaga, foi preferível conceber maleáveis índios atemporais. Por outro lado, zombando do indianismo romântico e fabricando bons ou maus selvagens, eles sabiam que estavam temática e secularmente em boa companhia – de Léry e Montaigne a Rousseau e Lévy-Brühl.

Malgrado sua crítica desabusada dos românticos ("Contra o índio de tocheiro. O índio filho de Maria, afilhado de Catarina de Médicis e genro de D. Antônio de Mariz" – *Manifesto Antropófago*), Oswald reduplicou a atração romântica pelo passado indianista, especialmente pelo mito pré-cabralino. Executou mesmo, nas palavras de Augusto de Campos, um "indianismo às avessas" – prefigurado, aliás, cinquenta anos antes pelo maranhense Sousândrade.[6] Como sucedera entre os antecessores oitocentistas, não havia certamente no tratamento literário do índio qualquer consistência histórica ou antropológica. No século anterior, o índio havia ocupado a lacuna que, sentiam os românticos, nos faltava, tornando-se *mito de origem*. Agora, tornava-se ele metáfora, ou carro-chefe, da antropofagia. Ampliava-se o suporte mítico-poético em que se haviam apoiado Alencar e Gonçalves Dias, abrindo-se para uma perspectiva filosófica (ludicamente dada) da nacionalidade brasileira. Nesta, o parentesco com o indianismo romântico é inegável, mesmo que pela via do "anti" (sai Peri, entra Cunhambebe) e apesar dos epítetos inflamados, do tom didático e declamatório enfatizando as distinções:

> O índio que queremos não é o índio de goiabada, inspirando poemas lusos ao sr. Gonçalves Dias e romances francezes ao sr. José de Alencar. Esse índio decorativo e romântico nós damos de presente à Academia de Letras (n.15, 2ª dentição).

O *Manifesto da Poesia Pau-Brasil*, em contraste, já em seu primeiro fragmento

---

[6] Augusto de Campos, Idem.

apontava, em bela síntese metonímica, para a presença física e cultural da população negra urbana: "Os casebres de açafrão e de ocre nos verdes da Favela, sob o azul cabralino, são fatos estéticos". Prossigamos na leitura:

> O Carnaval no Rio é o acontecimento religioso da raça. Pau-Brasil. Wagner submerge ante os cordões de Botafogo. Bárbaro e nosso. A formação étnica rica. Riqueza vegetal. O minério. A cozinha. O vatapá, o ouro e a dança.[7]

São abundantes, no desenrolar do *Manifesto da Poesia Pau-Brasil*, farpas irreverentes ao nosso "lado doutor" personificado em Rui Barbosa: "uma cartola na Senegâmbia"; assim como à artificialidade grotesca do *high society*: "negras de jockey" – mímica ridícula do bom-tom londrino ou parisiense. O texto não perde de vista a formação étnica rica em ebulição destacando nela, naquela mistura de sério e de jocoso dinamicamente oswaldiano, o componente negro.

É ainda em *Pau-Brasil* que surge o desconfortante, enigmático fragmento:

> Uma sugestão de Blaise Cendrars: – Tendes as locomotivas cheias, ides partir. Um negro gira a manivela do desvio rotativo em que estais. O menor descuido vos fará partir na direção oposta ao vosso destino.

Proponho utilizar este fragmento como chave, buscando compreender a posterior suspensão da questão racial na antropofagia oswaldiana. Partimos da hipótese de que justamente o *Manifesto da Poesia Pau-Brasil* é o "desvio rotativo" de onde deslancharia a proposta – mais radical porém, em termos de avaliação da questão racial brasileira, mais estreita – do *Manifesto Antropófago* que o sucedeu.

Para prosseguirmos na exploração do fragmento, faz-se necessária uma breve menção ao papel, na estética oswaldiana daqueles anos, de Blaise Cendrars, cujo nome e voz o fragmento em questão evoca. Remontaremos, então, ao próprio Cendrars, em passagem esclarecedora de seu ponto de interseção com os modernistas capitaneados por Oswald. Observemos detalhadamente as expectativas culturais do poeta europeu diante do Brasil e do intelectual brasileiro:

> *Vous avez la chance de ne pas avoir un passé livresque (…). Vous n'avez qu'à vous pencher sur la mer ou, à la fazenda, étendu dans le hamac de la véranda vous laisser bercer par les appels mystérieux, diurnes et nocturnes, de la forêt vierge. (…) vous possédez tout cela: les "conquistadores",*

[7] Oswald de Andrade, *Manifesto de Poesia Pau-Brasil*. In: *Oswald de Andrade, Obras Completas – 6. Do Pau-Brasil à Antropofagia e às Utopias*. Introdução de Benedito Nunes. Rio de Janeiro, MEC/Civilização Brasileira, 1972. *O Manifesto* foi publicado no *Correio da Manhã*, Rio de Janeiro, de 18 de março de 1924. Citamos a partir da edição das *Obras Completas*.

la chasse à l'homme, les mines d'or, les esclaves, les belles indiennes et les fécondes Négresses dont les relevailles annuelles étaient un capital sür (...).[8]

Entre 1924 e 1928, precisamente em 1924, 1926 e 1927, Blaise Cendrars visitou o Brasil. Foi a época em que Oswald fermentou sua proposta antropófaga. Durante esses anos, estreitou-se a amizade entre Oswald e o poeta suíço-francês, com diversos encontros (de que também participou Tarsila do Amaral, então mulher de Oswald) no Brasil e na Europa. A relação com Cendrars esfriou e desfez-se, aparentemente, em razão do rompimento entre Oswald e Paulo Prado, este sim grande amigo de Cendrars até a morte de Prado, em 1943.

Cendrars foi sem dúvida alguma marcado, em sua vida individual e produção artística, pela experiência brasileira e pelos amigos que fez no Brasil – "*les fougueux modernistes paulistes*"[9] – tornando-se também presença marcante na obra e nas ideias de Oswald. Em consonância com a voga modernista europeia do início do século XX, Cendrars interessava-se pela cultura africana, pela música dos negros norte-americanos, pela arte negra cm geral. Organizou uma *Anthologie Nègre* publicada em Paris, em 1921; 1923 foi o ano de seu ballet africano, *La Création du Monde*, encenado também em Paris. No mês de maio de 1924, proferiu em São Paulo a palestra "A Literatura Negra". Cendrars percebeu, à sua maneira, a força e fertilidade da herança afro-brasileira. Segundo seu biógrafo Louis Parrot,

> muito melhor do que em África, foi nas cidades costeiras do Brasil, ou no interior da selva, que Blaise Cendrars descobriu a alma negra; ou, pelo menos, foi lá, num cenário que nos descreveu com toda a sua ardente magnificência, que nos deu sobre ela, acerca da raça negra, as observações mais profundas.[10]

Não há dúvidas quanto à "sede de exotismo" a sublinhar o entusiasmo de Cendrars pelo Brasil: ele chegou a muitas de suas observações brasileiras através das lentes distorcidas do exótico. Aracy Amaral sintetiza, em seu *Blaise Cendrars no Brasil e os Modernistas*:

> o lado crítico-social inexistente em Cendrars no que diz respeito no Brasil. Nosso país permaneceu em sua retina mental o Brasil-colônia, via Paulo Prado, misterioso e fascinante, ou o exotismo por ele apreendido em suas estadas entre nós, com toda a improvisação, a cenografia, e a magia da mescla de civilizações aqui contidas e implicitadas em nossa maneira de ser.[11]

[8] Apud. Aracy A. Amaral, *Blaise Cendrars no Brasil e os Modernistas*. São Paulo, Editora 34, 1997, p. 112.
[9] Balaise Cendrars, *Trop e'est trop*. Paris, Denoël, 1957, p. 156-57.
[10] Apud Aracy A. Amaral, op. cit., p. 190.
[11] Idem, p. 173, e passim.

[12] Ana Maria Rodrigues, *Samba Negro, Espoliação Branca*. São Paulo, Hucitec, 1984, p. 35. No mesmo livro, lê-se à p. 3: " O primeiro momento [das manifestações musicais afro-brasileiras], paralelo ao surgimento de uma forma específica de cantar e dançar, reproduzindo padrões culturais traduzidos pelos negros importados da África, quando da introdução de grupos escravos no Brasil colonial, é caracterizado pelo cerceamento e discriminação exercidos pela sociedade dominante sobre todo e qualquer tipo de reunião do grupo negro do Rio de Janeiro, atitude que perdurou até o início deste século. Por outro lado, na década de 1930, surgiriam com frequência notícias como a seguinte, em jornal do Rio de Janeiro que informava e fazia autopromoção: 'Terá o público a oportunidade de ouvir vários instrumentos mal conhecidos pela maioria da cidade. É o caso, por exemplo, da cuíca, cujo som se destaca de todos, pois é único e inconfundível. Para que o leitor tenha ideia da importância do campeonato de samba, diremos apenas que várias escolas entrarão na Praça Onze com mais de cem figuras cada uma. (...) O Mundo Sportivo oferecerá aos três primeiros colocados prêmios valiosíssimos, que estão em exposição numa das vitrinas da Capital'". Ibidem, p. 34-35.

Sublinhemos agora, em parêntese, um aspecto que diretamente nos interessa neste momento, relativo ao contexto cultural brasileiro daqueles anos. Justamente na década de 1920, a música negra brasileira ganhava notoriedade e, através do samba, descia os morros cariocas atingindo crescentemente em grande parte graças à nascente indústria fonográfica – a população urbana. A imprensa noticiava e consagrava o samba, finalmente aceito no espaço público, apesar dos pruridos de reserva dos puristas: "As amostras de samba situavam-se dentro do exótico, que tal população via nos descendentes de escravos", escreve Ana Maria Rodrigues em *Samba Negro, Espoliação Branca*. Os primeiros desfiles de Escola de Samba datam da época antropofágica, os fins dos anos 1920, vindo a ser oficializados e regulamentados em 1935.[12]

Com ou sem a máscara do "exótico", é certo que a cultura negra ganhava mais espaço naquele início de século XX, suas manifestações ainda libertando-se das perseguições policiais tão frequentemente descritas nos noticiários da imprensa oitocentista. A música popular brasileira, com seu básico fundamento africano, já fora valorizada pela literatura nos primeiros anos do século – basta lembrar, como exemplos, crônicas de João do Rio e o violeiro "Ricardo Coração dos Outros", criação de Lima Barreto em *Triste Fim de Policarpo Quaresma*.

Agora, nos anos 1920, a cultura negra estava no ar – certamente desdenhada pela erudição conservadora que os antropófagos abominavam. Oswald de Andrade prestigiou a crescente visibilidade e abrangência da cultura afro-brasileira urbana, apta a subverter padrões de gostos calcados na Europa, ao destacar "o Carnaval no Rio", no início do *Manifesto da Poesia Pau-Brasil*: "Wagner submerge ante os cordões de Botafogo".

Justifica-se aqui a referência à música afro-brasileira – ao samba, especificamente – pois ela será o fio recondutor a uma das questões levantadas de início, entrelaçando-se ao comentário em torno de *Macunaíma*. Sigamos os comentários de Ana Maria Rodrigues, remontando à época colonial:

> Desse modo, seu canto, seu modo de dançar [o dos negros], o uso do tambor para marcar o som dos seus ritmos eram recriados na nova terra com traços marcantes do local de origem, sendo ouvidos e testemunhados nos sem-fins da colônia. Talvez por sua característica sensual e envolvente, esses cantos e danças provocassem nos senhores proprietários certas reações que iam do medo à cólera. *Medo, pelo carácter desconhecido dos cantos*, pelas

sensações místicas dos sons dos batuques que se perdiam na terra semisselvagem; cólera pela continuidade monótona e envolvente de tal ritmo.[13]

Percebamos as diferenças nas percepções que estamos evocando, diante do material cultural afro-brasileiro. Na passagem de autoria de Blaise Cendrars, vemos o poeta europeu sensível ao impacto da história brasileira que chegou a vislumbrar, à pujança natural e cultural em espetáculo diante de seus olhos, aos "apelos misteriosos da floresta virgem" e a diversidade étnica: tudo à disposição do intelectual brasileiro arguto, segundo ele, bastando apenas àquele deixar-se embalar (*"vous laisser bercer"*), nutrindo-se na suculenta abundância. Ao enumerar e contemplar, em sua ótica de *outsider* diletante, a riqueza brasileira, ele destaca o negro e a densidade dramática de sua presença. Cendrars não se mostrou, tampouco, menos arguto na nua e crua constatação da exploração econômica (*"capital sür"*) da população negra – sempre se mantendo, decerto, na perspectiva das elites brancas.

Para Mário de Andrade, em *Macunaíma*, o cenário circundante deixa de ser tão somente aprazível e convidativo, abordado segundo a ótica do intelectual cosmopolita. A abertura do livro *dramatiza* o mistério da floresta também referido por Cendrars mas, em lugar da plácida, quase passiva, captação e fruição no balanço da rede patriarcal, invoca ali o medo da noite, "pai" de Macunaíma – e o mistério de tanta terra, cultura e humanidade ainda inexploradas.

Mais recentemente, como vimos, a pesquisadora da música negra constatava o medo do colonizador diante da experiência cultural afro-brasileira – vista por ele como ameaçadora – rastreando tal medo de volta ao universo escravista.

E Oswald, como se situa ele no "desvio rotativo" de que falava o fragmento do *Manifesto da Poesia Pau-Brasil*? Ou quem fala nele é Cendrars? Tendo organizado alguns elementos do cenário cultural em que se montava a peça antropófaga, talvez possamos entender melhor a advertência do próprio Cendrars a Oswald no *Manifesto da Poesia Pau-Brasil*, com aquele enigmático negro: Protagonista? Antagonista? Voltemos a nosso fragmento-chave.

A sugestão que merece o enfoque de Oswald é ambivalente: o personagem ali brevemente mencionado – "um negro", sem voz, atributos ou adjetivos – é entretanto mostrado como agente: "gira a manivela do desvio rotativo em que estais". É preciso cuidado com o silencioso ator, parece advertir "Cendrars". O menor descuido (do negro? daqueles a quem se

[13] Ibidem, p. 20-21 (grifamos).

dirige, em discurso direto, a suposta voz de Cendrars?) *vos* fará partir na direção oposta ao vosso destino" (grifamos).

Sugerimos que, no Cendrars absorvido (devorado, se quisermos) por Oswald de Andrade, o cosmopolitismo ofuscou parte do componente brasileiro buscado na composição de uma arte nacionalista e modernista de "exportação". A sensação de exotismo que maravilhou o europeu Cendrars pode ter sido vista com um sorriso de condescendência pelo brasileiro Oswald de Andrade. Este jamais foi cerceado pelo exótico que, justamente, sempre desmistificou, na recriação literária de "Rios, caudais, pontes, advogados, fordes pretos, caminhos vermelhos, porteiras, sequilhos, músicas, mangas" – enfim, dos Estados Unidos do Brasil" (*Serafim Ponte Grande*).

Mas o trecho do *Manifesto da Poesia Pau-Brasil* em questão também sublinha que Blaise Cendrars não subestimou a pujança da presença negra no Brasil – a ponto, sugere a interessante miniparábola que é o fragmento com o qual trabalhamos, de ver o negro como potencialmente capaz de inverter o destino cultural do país. Percebe-se um certo didatismo paternalista na suposta sugestão de Cendrars – na verdade, uma advertência à cautela, contra *o menor descuido*. "Ides partir", tudo parece pronto para a aventura modernista do jovem século XX – talvez o passaporte para introduzir o Brasil, com seus talentosos artistas e escritores, na comunidade intelectual comtemporânea (leia-se, europeia). O giro da manivela daquele negro pode, contudo, levar "as locomotivas cheias" em outra direção. Direção em que o "primitivismo africano" emergisse sem o controle intelectual do Ocidente civilizado? Parece-nos que sim, que provavelmente é este o sentido da advertência. A estrutura fragmentada dos *Manifestos* e de muito da obra de Oswald, com interrupções em momentos cruciais do tecido textual, previne contra o fechamento do sentido, impedindo o conforto das conclusões.

Afinal de contas, o autor do *Manifesto da Poesia Pau-Brasil* é sempre Oswald, não Cendrars. Mas, na letra do texto, Oswald cede brevemente a voz a Cendrars, atribuindo-lhe advertência denominada, ali, "sugestão", e parece mesmo divertir-se com a perplexidade, ou a noção do impasse, que o acomete. Faz surgir, um tanto ameaçadora, aquela figura súbita e inesperada, a *girar* a manivela do desvio/destino/desatino – figura que se assemelha e parece pertencer à linhagem de certos negros faulknerianos: eles despontam no texto e participam da ação, mantendo-se enigmaticamente mudos.[14]

Não há, contudo, por que superestimar Cendrars e sua influência sobre Oswald

[14] Como o personagem negro Toby, do conto de Faulkner "A Rose for Emily".

de Andrade. Se tanto o destacamos, neste trabalho, é porque chama a atenção o destaque dado pelo próprio Oswald ao poeta europeu, a ponto de fazer-se dele porta-voz no *Manifesto da Poesia Pau-Brasil*. Por outro viés, Cendrars pode bem ser visto, ele sim, como porta-voz da civilização europeia que, da forma como emerge no *Manifesto* de 1924, entra em confronto – melhor dito, registra-se um confronto – com outra e poderosa vertente geradora do imaginário brasileiro, a africana.

No início do *Manifesto da Poesia Pau-Brasil*, surge a alegre louvação do que é "bárbaro e nosso". Mais adiante, no mesmo texto, vem à cena o europeu com sua intrigante sugestão de cautela que Oswald "transmite" mas não comenta. Oswald parece estar sendo advertido por uma Europa que, aqui, ameaça devorá-lo – ou abandoná-lo. Em outras palavras: o *Manifesto da Poesia Pau-Brasil* reconhece uma situação cultural tensionada, dela tirando partido. Ao acolher a diversidade étnica e cultural brasileira, em seus tons conflitantes, o texto de Oswald ricocheteia o impasse de diferentes heranças e incertos futuros em direção ao leitor. Isso não sucede, entretanto, no *Manifesto* de 28 e na fase antropófaga em geral, onde tal tipo de tensão se rarefaz. Ali, prevalece a utopia e, para tanto, neutralizam-se atritos étnicos e heranças contraculturais.

O que justifica a impressão de que a antropofagia oswaldiana, em sua irreverente metáfora digestiva e apesar da cabal negação do próprio Oswald, incorpora e leva adiante, mais do que elimina o legado civilizatório europeu.[15]

Durante utópico parêntese, que correspondeu aos anos do "sarampão antropofágico", Oswald de Andrade absteve-se de incorporar à sua literatura a problemática racial e o componente afro-brasileiro. Ele então não fez uso, como material artístico, da "formação étnica rica" cuja importância assinalara e que emergira de maneira breve mas com força e complexidade anos antes, na fase do *Manifesto da Poesia Pau-Brasil*. Porém, o aproveitamento abrangente de nossa formação e herança cultural não deixou de persistir teimosamente, durante os anos antropófagos do nosso modernismo: nas telas de Tarsila do Amaral, na poesia de Ascenso Ferreira, nas travessuras de Macunaíma.

Felizmente para nós, seus leitores do presente, Oswald de Andrade é maior do que todas as suas diferentes fases respectivamente abordadas. Nele, quaisquer que sejam as vertentes e trajetórias que se pretenda enfocar – a exemplo da cultura e da vivência do Brasil –, a sempre desafiadora pluralidade de ângulos tem que ser levada em conta.

---

[15] Nesse sentido, lê-se em "Antropofagia e Controle do Imaginário", de Luiz Costa Lima: "*Manifesto Antropófago* representa uma ruptura no processo de internalização brasileira de valores ocidentais, se bem que seja uma ruptura restrita. Essa internalização é encenada por Oswald como não mais implicando a destruição do mundo não branco primitivo senão que a transfusão dos valores do branco em um corpo nativo". *Pensando nos Trópicos*. Rio de Janeiro, Rocco, 1991, p. 32. A respeito do posicionamento de Oswald de Andrade quanto à tradição europeia, ver "Imprecação a Tristão de Athayde", texto de 1929 publicado em Maria Eugenia Boaventura (org.), *Obras Completas de Oswald de Andrade – Estética e Política*. São Paulo, Globo, 1991. Ali se lê: "O que me interessa pois nessa curiosa Europa que para não morrer se recolheu à única trincheira que lhe restara, a do homem primitivo a fim de dali partir – você verá – para qualquer construção oposta à lamentável Babel da civilização ocidental católico-puritana. O que me interessa é só a retirada dessa civilização ocidental, na direção moral e mental do nosso índio. Isso sim, porque dá razão à única coisa que é nossa – o índio", p. 42-43.

O Falocentrismo e Seus Descontentes.
Por uma Leitura Feminista da Antropofagia

Emanuelle Oliveira
Universidade Vanderbilt

Eu estava comendo os textos, estava lambendo-os, chupando-os, beijando-os, Eu sou a inumerável criança de suas multiplicidades.
Helène Cixous, *La Vénue à l'Écriture*

•

Introdução[1]

Oswald de Andrade tem sido constantemente celebrado pela crítica brasileira como o detonador de uma verdadeira renovação estética na literatura brasileira. Contudo, para os estudiosos do autor, ele sempre esteve além da reformulação estética, constituindo-se como promotor de uma nova ética, caracterizada pela superação da "civilização patriarcal e capitalista, com as suas normas rígidas, no plano social, e os seus recalques impostos, no plano psicológico".[2] Nesse sentido, é curioso notar que as categorias comumente utilizadas para designar o caráter da produção artística de Oswald de Andrade encontram-se impregnadas de profundas conotações políticas. Palavras como "revolução", "radicalismo", "ruptura"[3] projetam no plano do inconsciente uma correspondência quase que imediata entre inovação artística e transformarão social. Essa correlação, muitas vezes, pode produzir um perigoso reducionismo, uma vez que posições estéticas radicais não necessariamente implicam posições políticas radicais.[4]

No prefácio a *Serafim Ponte Grande*, o próprio Oswald de Andrade percebe a disparidade entre o campo estético e o campo social. Nesse texto, o autor repudia a antropofagia, movimento que havia lançado em 1928 com o *Manifesto Antropófago* e afasta-se do modernismo, para abraçar as diretrizes do partido comunista, ao qual se filiou em 1931:

O movimento modernista, culminando no sarampão antropofágico, parecia indicar

---

[1] Este trabalho foi realizado graças ao apoio do Conselho Nacional de Desenvolvimento Científico e Tecnológico, CNPq, Brasil.
[2] Antonio Candido e José Casllello Aderaldo, apud Haroldo de Campos, "Uma Poética da Radicalidade". In: *Poesias Reunidas*. Oswald de Andrade. Rio de Janeiro, Civilização Brasileira, 1979, p. XXXVI.
[3] Haroldo de Campos descreve a poesia de Oswald de Andrade como "radical" e "revolucionária" (op. cit., xii, xvii), Augusto de Campos ressalta o caráter "revolucionário" da Antropofagia (Revistas Re-vistas: os Antropófagos. *Poesia, Antipoesia e Antropofagia*. São Paulo, Cortez & Moraes, 1978, p. 113), por fim, Lúcia Helena aponta que a antropofagia se constitui em uma "opção pela ruptura radical" (*Totens e Tabus da Modernidade Brasileira: Símbolo e Alegoria na Obra de Oswald de Andrade*. Rio de Janeiro, Tempo Brasileiro, 1985, p. 37).
[4] Randal Johnson, no seu artigo "Notes on a Conservative Vanguard", sugere que a historiografia literária tende a desconsiderar as contradições políticas do movimento. Johnson afirma que a crítica ▶

um fenômeno avançado. São Paulo possuía um poderoso parque industrial. Quem sabe se a alta do café não ia colocar a literatura nova-rica da semicolônia ao lado dos custosos surrealismos imperialistas? (...) Eu prefiro simplesmente me declarar enojado de tudo. E possuído de uma única vontade. Ser, pelo menos, casaca de ferro na Revolução Proletária.[5]

Assim, o que parece permanecer tanto no *Manifesto Antropófago* quanto em *Serafim Ponte Grande* é o sarcástico e corrosivo humor oswaldiano; um humor que funciona, não como detonador de estruturas sociais, mas sim como arguto crítico de uma elite pré-capitalista e patriarcal, socialmente caduca e culturalmente identificada com os padrões europeus.[6]

O objetivo deste trabalho é problematizar o alcance da crítica social oswaldiana através de uma releitura das duas obras mencionadas. No caso do *Manifesto Antropófago*, o ponto de partida é o instigante argumento de Leslie Bary, apresentado no artigo "The Tropical Modernist as Literary Cannibal: Cultural Identity in Oswald de Andrade".[7] Segundo a autora, ao pretender inaugurar uma cultura contra-hegemônica através de uma "deglutição antropofágica" de valores culturais europeus, a fim de adaptá-los e incorporá-los à cultura nacional, Oswald termina por reafirmar a sociedade patriarcal que tanto condena.[8] Do mesmo modo, propõe que, em *Serafim Ponte Grande*, a representação de uma sexualidade anarquizante, longe de inaugurar uma "sociedade antropofágica", caracterizadora de uma utopia de liberdade e renovação,[9] constitui-se verdadeiramente um repositório dos mesmos ideais burgueses que o autor julga repudiar. Sugere que ambas as obras circulam através de uma economia falocêntrica, uma vez que o *Manifesto Antropófago* e *Serafim Ponte Grande* são regulados por uma lógica patriarcal que se traduz no privilégio do falo tanto no espaço simbólico quanto no campo socioeconômico. Nesse sentido Bary postula que a antropofagia de Oswald de Andrade apresenta uma discrepância entre a formulação teórica que se quer propor através de uma experimentação estética e a representação simbólica que de fato se deriva da sua narrativa. No entanto, não deixamos de destacar a contribuição de Oswald de Andrade sobre a problemática da produção de um novo estilo de sociedade, que viria da deglutição canibalística das culturas europeias e indígenas, possui um tremendo impacto simbólico. Entretanto, a intuição oswaldiana não conhece reflexão maior que permita explorar todas as potencialidades e contradições de sua proposta.

---

identifica a primeira fase do modernismo brasileiro com aquelas facções vistas como esteticamente progressistas, liberadas por Mário de Andrade e Oswald de Andrade. Johnson postula: "This has occurred in part by way of a rather curious ideological separation of the wheat from the chaff in which certain figures, such as Menotti del Picchia, who were in the forefront of the movement in the 1920s are now denied the status of modernists. Concurrently there has been a highly questionable retrospective projection of political radicalism onto those, such as Oswald de Andrade, who are aesthetically daring, as if advanced and frequently radical aesthetic positions necessarily implied radical politics", em Randal Johnson, "Notes on a Conservative Vanguard: the Case of Verde-Amarelo/Anta". *Hispanic Studies Series* 4, 1989, p. 31.

[5] Oswald de Andrade, *Serafim Ponte Grande*. Rio de Janeiro, Civilização Brasileira, 1972, p. 10-11.

Haroldo de Campos, em "*Serafim*: um Grande Não-Livro", refere-se assim ao prefácio de Oswald: "É no prefácio do *Serafim* – um dos mais impressionantes documentos de nosso modernismo, desabusada página de crítica e autocrítica, balanço contundente de um contexto histórico-social e de um conflito pessoal nele inscrito – que a utopia do Serafim é justiçada retrospectivamente por seu autor, agora falando na primeira pessoa biográfica. Manifestando a sua vontade de ser, pelo menos, casaca de ferro na Revolução Proletária, o Oswald engajado, que emerge para o teatro de tese da década de 1930 e para a tentativa de mural social do ▶

Um "manifesto antropofálico"?

Em *Speculum of the Other Woman*, Lucy Irigaray afirma que o pensamento filosófico ocidental sempre produziu um discurso sobre o feminino, no qual a mulher é o alvo e o objeto do discurso masculino. De acordo com a crítica belga, o sujeito atribui uma representação simbólica e social à mulher, inscrevendo-a em uma lógica de *produção* e *reprodução* social e sexual organizada pelo masculino.[10] Assim, a mulher constitui-se em mero espelho da fala masculina:[11] "*In patriarchal culture the feminine as such (and whatever that might be will become the subject of further discussion) is repressed; it returns only in its acceptable form as man's specularized other*".[12] Portanto, no universo falocêntrico, não há um lugar possível para o feminino propriamente dito.[13]

Não seria estranho portanto que, ao realizar uma crítica à sociedade patriarcal burguesa e a todo seu sistema de racionalidade, Oswald de Andrade tenha escolhido privilegiar o espaço do feminino. Contra os males dessa sociedade "vestida e opressora, cadastrada por Freud" (*Manifesto Antropófago*), Oswald postula a "necessidade da vacina antropofágica".[14] A inversão antropofágica da cultura ocidental levaria a "um novo *estado de natureza*, que nos devolve à infância da espécie, onde, numa sociedade matriarcal, alcançaremos na alegria (...) a prova dos nove de nossa felicidade".[15] Essa sociedade verdadeiramente revolucionária se daria no "Matriarcado de Pindorama".

Oswald de Andrade opõe o matriarcado ao patriarcado, pensando desse modo em subverter a lógica burguesa capitalista, que, no entanto, se mantém através de relações binárias de oposição: primitivo/desenvolvido, selva/cidade, lógica/instinto. Entretanto, afirma Bary, com sua ênfase na organização social primitiva e no ideal do matriarcado, o *Manifesto Antropófago* termina por produzir a ideia do irracional, instintual, feminino e selvagem como a construção especular do Outro.[16] A própria escolha de um primitivo matriarcado como lugar privilegiado da utopia representa sua identificação com o mundo patriarcal civilizado:

> *The location of Utopia in the space of the Other, then, reveals the MA's speaker as a (male) urban intellectual. It is already problematic that this speaker presents himself as an anonymous but representative Brazilian who can speak for all with one voice and with no mention of race and class. But beyond the simple elision of social divisions, Oswald's speaker consolidates his metropolitan power precisely by*

Marco Zero, na década de 1940" ("Haroldo de Campos, *Serafim:* um Grande Não livro". *Serafim Ponte Grande*. Oswald de Andrade. São Paulo, Global, 1985, p. 170).
[6] Com relação ao humor oswaldiano, consultar ainda: Maria Eugenia Boaventura, *A Vanguarda Antropofágica*. São Paulo, Ática, 1985, p. 22-45; e Lúcia Helena, op. cit., p. 171-74. Roberto Schwarz, no artigo "A carroça, o bonde e o poeta modernista", apresenta uma visão mais crítica do humor oswaldiano, ao analisar, na poesia do modernismo, a problemática das relações sociais de classe no Brasil: "Já com Oswald o tema [dualidade do Brasil burguês e pré-burguês], comumente associado a atraso e desgraça nacionais, adquire uma surpreendente feição otimista, até eufórica: o Brasil pré-burguês, quase virgem de puritanismo e cálculo econômico, assimila de forma sábia e poética as vantagens do progresso, *prefigurando a humanidade pós-burguesa*, desrecalcada e fraterna; além do que oferece uma plataforma positiva de onde objetar à sociedade contemporânea. Um ufanismo crítico, se é possível dizer assim" (Roberto Schwarz, "A Carroça, o Bonde e o Poeta Modernista". In: *Que Horas São?* São Paulo, Companhia das Letras, 1987, p. 13, grifos do autor).
[7] Leslie Bary, The Tropical Modernist as Literary Cannibal: Cultural Identity. In: Oswald de Andrade, *Chasqui* XX: 2, nov. 1991, p. 10-19.
[8] Ibidem, p. 12-13.
[9] Harold de Campos, "*Serafim:* um Grande Não Livro" op. cit., p. 169.
[10] Luce Irigaray, *Speculum of the Other Woman*. Ithaca, Cornell University Press, 1985, p. 13-14. ▶

[11] Irigaray começa sua crítica com uma análise do complexo de Édipo. Freud primeiro identifica o objeto do desejo, a mulher/a mãe, segundo ele como "um mistério", para posteriormente desenvolver a sua teoria da castração do pênis. Irigaray afirma que, nesse processo, a menina seria, em realidade, um menino, já que, no desenvolvimento da sexualidade infantil, o clitóris é visto como o pênis diminuído. A mulher portanto, longe de ser o "Outro", como postula Simone de Beauvoir, representa um espelho, um espectro "inferiorizado" do masculino. Para uma análise concisa da obra de Luce Irigaray, consultar Toril Moi, *Sexual/Textual Politics: Feminist Literary Theory.* Londres, Routledge, 1994, p. 127-149.

[12] Ibidem, p. 134.

[13] Falocentrismo é o sistema que privilegia o falo como o lócus e a fonte de todo o poder.

[14] Oswald Andrade, *Manifesto Antropófago, do Pau-Brasil à Antropofagia e as Utopias.* Rio de Janeiro, Civilização Brasileira, 1972, p. 135.

[15] Benedito Nunes, "Antropofagia ao Alcance de Todos". In: Oswald de Andrade. *Do Pau-Brasil à Antropofagia e às Utopias.* Rio de Janeiro, Civilização Brasileira, 1972, p. xxxiv.

[16] Leslie Bary, op. cit., p. 14.

[17] Ibidem, p. 15.

[18] Em sua análise da poesia oswaldiana, Schwarz afirma que, devido às relações quase coloniais que o café reproduzia, Oswald fazia com que este aparecesse como "elemento de vida e progresso (...), um progresso mais pitoresco e humano do que outros, já que nenhuma das partes ficava condenada ao desaparecimento. Digamos que a poesia de Oswald ▶

valorizing the rural, the natural, the feminine, the savage. The speaker's identification with such othernesses relegates them to controlled or ideal realms, permitting them symbolic but not actual power.[17]

Considerando as ideias de Irigaray e a análise de Bary do *Manifesto Antropófago*, monta-se a equação que problematiza a visão de Oswald de Andrade: Pindorama não é mais do que o reflexo da própria masculinidade do autor. Oswald, como idealizador do discurso do feminino, cria Pindorama, espaço do feminino utópico, que, por sua vez, devolve a imagem refletida, confirmando a posição de poder simbólico e social em que se encontra o modernista:

Oswald – Pindorama
Masculino – Feminino/Utopia
Falo – reflexo do Falo

Assim, Oswald "falocentriza" o matriarcado, ao circunscrevê-lo na própria lógica do masculino. Daí cabe perguntar se o antropófago seria realmente um "desconstrutor" ou um reafirmador das estruturas do pensamento ocidental. Como bem apontam os críticos Roberto Schwarz[18] e Leslie Bary, na sua construção literária, Oswald de Andrade muitas vezes apresenta uma noção "desproblematiza-da" do Brasil, na qual questões de classe ou são apresentadas de forma quase que condescendente ou não aparecem de todo. Uma análise da questão do gênero na fase antropofágica da obra do modernista revela que Oswald de Andrade não logra se libertar do patriarcalismo inerente às estruturas sociais brasileiras. Assim, o antropófago termina por reproduzir o discurso falocêntrico nas utópicas terras do Pindorama.

Serafim, o homem que come

Serafim Ponte Grande é uma obra dominada pelo símbolo fálico. Em suas 135 páginas, existem 67 referências diretas (com o uso da palavra propriamente dita) ou indiretas (através de metáforas ou alegorias) ao órgão sexual masculino. Isso representa 4,96 alusões por página, numa saturação completa do uso da imagem. A supremacia do falo cria uma economia falocêntrica, na qual tudo existe em relação a ele, e todas as ações se resumem à sua presença. Nesta seção, desvendaremos a importância do falo e sua significação em *Serafim Ponte Grande*.

No início do livro, Serafim apresenta-se ao leitor "de capa de borracha e galochas", um "personagem através de uma vidraça".[19] O protagonista aparece protegido, de capa e galochas e através de uma vidraça, acentuando um sentimento de irrealidade causado pelos papéis sociais que a sociedade burguesa impõe ao indivíduo. Como aponta Marília Leite, a denominação Serafim possui duas composições – Ser-a-fim e Será-fim –, uma indicando afirmação e outra um futuro indeterminado, mas que oferece uma nação de potencialidade.[20]

Deslocando o nome do campo puramente linguístico para o campo social, observa-se que Ser-a-fim constitui-se pelas funções invariantes que a sociedade burguesa lhe atribuiu; ou seja, *o personagem é construído com o objetivo de servir* às estruturas de poder. Em sua infância e adolescência, Serafim possui uma descarga sexual violenta e indiscriminada, que tem de ser regulada para a reprodução social e econômica. Segundo Jon Stratton, *"the bourgeois – middle class – culture which is articulated in and through the capitalist economic structure is unique in its mobilization of sexuality as the realizing force of that social order"*.[21]

No capítulo "Vacina Obrigatória", o protagonista é delineado tanto em torno da sua função econômica, "professor de geogragia e ginástica... 7º escriturário",[22] quanto do seu papel social, futuro marido de D. Lalá. Portanto, o processo de socialização de Serafim se completa, terminando por inserir o personagem na lógica da sociedade burguesa.

Se a designação Ser-a-fim representa uma consolidação do *status quo*, a composição Será-fim marca o indício da destruição do mesmo. Serafim possui uma obsessão sexual que o acompanha desde a infância. O sexo poderia ser lido como elemento anarquizante no livro, destruindo a sociedade burguesa em suas bases. Serafim, que inicia a obra "de capa e galocha" e casado, literalmente desveste-se ao longo do romance para reafirmar sua liberdade sexual e social. Em *Serafim Ponte Grande* existe uma tensão entre a moral burguesa, representada pelo binômio casamento-trabalho (capítulos "Vacina Obrigatória" e "Repartição Federal de Saneamento"), e a amoralidade anárquico-sexual, que deseja a derrubada das estruturas socioeconômicas. Assim, Serafim é um personagem essencialmente dialético, pois contém em sua elaboração a tese e a antítese: o Ser-a-fim e o Será-fim, apontando para a síntese de uma nova ordem social, mais precisamente, uma nova ordem sexual.

No entanto, o sistema anárquico formulado por Oswald em *Serafim* está baseado na figura do falo, sendo o órgão sexual masculino sinônimo de força irracional que contém potencial destrutivo. No contexto da obra, as estruturas da sociedade burguesa ruiriam pelo poder liber(t)ador do falo: é através deste que todos passam

perseguia a miragem de um progresso inocente" (Roberto Schwarz, op. cit., p. 24, grifos do autor). Prossegue o autor: "Oswald buscou fabricar e auratizar o mito do país no oficial, que nem por isso era menos proprietário" (p. 25).
[19] Oswald de Andrade, *Serafim Ponte Grande*. Rio de Janeiro, Civilização Brasileira, 1972, p. 137.

[20] Marília Beatriz de Figueiredo Leite, *De(sign)ação, Arquigrafia do Prazer*. São Paulo, Annablume, 1993, p. 109.
[21] John Stratton, *The Virgin Text; Fiction, Sexuality and Ideology*. Brighton, Harvester Press, 1987, p. vii.
[22] Oswald de Andrade, *Serafim Ponte Grande*, op. cit., p. 144.

a ser iguais, "despidos" (literalmente) de diferenças sociais e econômicas, como na cena orgiástica final do navio *El Durasno*. Entretanto, é necessário que se problematize a escolha de uma lógica falocêntrica na constituição de uma sociedade ideal. As limitações desse modelo são claras: 1) reforça o modelo capitalista de produção, ao reafirmar a organização sexual burguesa; 2) estabelece desigualdades mais que as elimina, promovendo a dominação do masculino (falo) sobre o feminino (vagina); 3) por fim, não propõe uma contrassolução ao problema sociopolítico-econômico brasileiro, dando ao livro um caracter niilista – em realidade, a proposta final de Oswald não cria, apenas desconstrói. Esses três processos se encontram demarcados no romance através de três momentos distintos, a serem analisados: a *disputa pelo falo*, a *potência do falo* e a *falocentrização*.

Em "Testamento de um Legalista de Fraque", o falo, além de manter sua significação sexual, adquire potencial destrutivo. Nesse capítulo, uma revolução agita a cidade São Paulo, e Serafim participa dela de forma insólita, disparando um canhão abandonado por soldados rebeldes no seu quintal: "Mas eu sou o único cidadão livre desta famosa cidade, porque tenho um canhão no meu quintal".[23] O canhão aparece como alegoria do órgão sexual masculino (canhão = falo), onde este transforma-se também em instrumento revolucionário (falo = revolução). Em "Testamento", há uma luta pela hegemonia do poder falocêntrico, na medida em que Serafim detém o poder mas necessita consolidá-lo através da eliminação de seus antagonistas do saber: Pery Astiades (o vulgo Pombinho), o seu próprio filho, e Benedito Pereira Carlindoga, o chefe da repartição. Com seu canhão, Serafim deseja eliminar o filho e o patrão, numa clara metáfora da destruição de duas das principais instituições burguesas, o matrimônio e o capital.

No caso de Pery, ocorre uma releitura do complexo de Édipo, pois Pery conhece a presença do falo, fazendo com que o pai o castre. "Pombinho é hoje senhor deste segredo de eu possuir um canhão",[24] observa Serafim, comparando posteriormente o seu órgão com o do filho: "O Pombinho regressa de carabina virginal, equilibrando a noite na cabeça de *cowboy*".[25] Portanto, o falo de Pombinho não possui potência ("virginal") nem força ("carabina"). Contra quaisquer ameaças a supremacia da sua ordem falocêntrica, Serafim adverte: "Se o Pombinho aparecer por aqui, neste alto refúgio, onde abro o meu canhão azul, fuzilo-o!".[26] Já o fim de Carlindoga é tanto insólito quanto representativo: Serafim o elimina "com um

[23] Ibidem, p. 168.
[24] Idem.
[25] Ibidem, p. 169.
[26] Ibidem, p. 170.

certeiro tiro de canhão no rabo".²⁷ Portanto, a presença avassaladora do falo gigante/canhão contribui para a feminilização tanto do filho quanto do chefe da repartição, uma vez que o primeiro tem seu objeto fálico transformado em clitóris e o segundo é penetrado por Serafim ("enrabado"). O falo representa também instrumento de redenção sociossexual na viagem empreendida pelo transatlântico *Rumpe-Nuve*, no episódio "No Elemento Sedativo, onde se narra a viagem do Stem-Ship ROMPE-NUVE por diversos oceanos". Contudo, o motor dessa liberação não é Serafim, mas seu fiel amigo Pinto Calçudo. Marília Leite aponta para as conotações sexuais presentes nessa designação: "na gíria, *pinto* vai designar o órgão sexual masculino e *calçudo* é aquele que usa calças excessivamente compridas. Calçudo estaria encobrindo o Pinto, o que vai provocar no texto uma inventiva sempre caracterizada pela hilariedade".²⁸

Pinto Calçudo, no seu desejo de "fazer esporte", enfia no buraco da cabine de passageiros um enorme pau, deslocando o navio de sua rota original. O *Rompe-Nuve* vai progressivamente se distanciando das convenções sociais e a anarquia crescente se mescla com os resquícios da manutenção de uma ordem burguesa, como nos mostra o episódio do "Olho do Porco":

E tratando-se de desenhar o "Olho do Porco" da cara vendada, Pinto Calçudo não tarda em produzir no soalho do tombadilho uma piroquinha, razão por que o Capitão apita, o Rompe-Nuve estaca e quatro robustos marinheiros o agarram e trancafiam nas masmorras do porão.²⁹

No incidente do desvio de rota do navio, o falo adquire proporções gigantescas, como o canhão de Serafim. Marília Leite afirma que Pinto Calçudo seria o *alter ego* de Serafim, provocando uma situação de disputa pela hegemonia entre os dois personagens.³⁰ Somente o falo de Pinto Calçudo apresenta-se como páreo para o falo/força de Serafim, e por essa razão o primeiro é expulso da história pelo segundo. Em um episódio anterior, Serafim já havia tentado feminilizar Pinto Calçudo, já que considera penetrá-lo: "Vem-me à cabeça a toda hora uma ideia idiota e absurda. Enrabar o Pinto Calçudo. Cheguei a ficar com o pau duro. Preciso consultar um médico!".³¹

Está claro então que no *Rompe-Nuve* há somente lugar para o domínio falocêntrico de Serafim. O próprio nome do barco, *Rompe-Nuve*, aponta tanto para as rupturas das estruturas sociais quanto para o rompimento dos corpos femininos (hímen), antecipando a temática das

²⁷ Ibidem, p. 171.
²⁸ Marília Beatriz de Figueiredo Leite, op. cit., p. 100 (grifos da autora).
²⁹ Oswald de Andrade, *Serafim Ponte Grande*, op. cit., p. 191.
³⁰ Marília Beatriz de Figueiredo Leite, op. cit., p. 101.
³¹ Oswald de Andrade, *Serafim Ponte Grande*, op. cit., p. 154.

"conquistas" sexuais do protagonista nos capítulos posteriores.

Portanto, nos capítulos "Testamento" e "No Sedativo" emergem equações equivalentes: canhão = falo / falo = revolução; pau = falo / falo = liberação. Revolução e liberação são binômios que apontam para a destruição de estruturas sociais burguesas. Contudo, no modelo oswaldiano de transformação social, encontram-se contradições inerentes ao próprio caráter da proposta. O canhão é falo gigantesco que, quando ejacula, destrói, corporificando uma força estéril – o próprio Serafim menciona o fato, afirmando que os brasileiros "têm canhão e não sabem atirar". O pau constitui-se num falo que penetra o feminino: o mar. De fato, são diversas as referências de identificação entre o mar e a mulher, como o balanço das ondas e o caminhar feminino. Todavia, o mesmo pau que penetra no mar não o fertiliza, tornando-se também estéril.

Assim, ao contrário de ruir as estruturas da sociedade burguesa, o modelo falocêntrico de Oswald termina por reafirmá-las. Primeiro, o autor fetichiza o falo, supervalorizando-o e, desse modo, ratifica o sistema capitalista de organização sexual; segundo, subordina a sexualidade feminina a este, provocando antes uma confirmação do poder patriarcal do que seu destronamento. Segundo John Stratton:

Capitalist economic organization requires a fundamental unit of conversion which we understand by the term money. In the sexual organization of bourgeois society the universal solvent is desire. It is the deployment of money which enables the market economy to exist and the deployment of desire which brings into being the fetishism which gives bourgeois society its reality.[32]

Stratton indica ainda que, na vida burguesa, o pênis adquire caráter icônico: quanto maior o pênis, melhor será a construção de mundo.[33] Em *Serafim*, o órgão sexual masculino se coloca no sistema de troca na medida em que *a disputa pela supremacia do falo* indica uma valorização do seu poder de uso/atuação (canhão = pau = falo = força = potência). O corpo feminino, então, somente pode ser compreendido a partir desta equação, pois seu valor de circulação é estabelecido pelo falo: "*A commodity – a woman – is divided into two irreconcilable bodies: her natural body and her socially valued, which is a particularly mimetic expression of masculine values*".[34]

No campo econômico, as mulheres, como objetos-fetiche, são mera manifestação do poder falocêntrico. Elas participam como mercadorias que ajudam a estabelecer conexões de compadrio e

[32] John Stratton, op. cit., p. 3.
[33] Ibidem, p. 15.
[34] Luce Irigaray, op. cit., p. 180 (grifos da autora).

parentesco entre os distintos grupos masculinos,[35] consolidando assim o poder patriarcal. No campo cultural, a sociedade capitalista reconhece o falo como o lugar definitivo de todo o discurso, sendo o modelo da verdade e da propriedade. Irigaray indica que, tanto na construção de sistemas filosóficos quanto na organização da propriedade, a mulher sempre desempenhou a função de objeto, e não de sujeito,[36] sendo construída (e regulada) por um discurso masculino.

É pois *a potência do fato* que imprime os papéis sociais e sexuais femininos em *Serafim*. Não é por acaso que, após o episódio do Rompe-Nuve, seguem-se cenas em que Serafim realiza inúmeras conquistas amorosas. Dona Blanca Clara, Solanja e Caridad-Claridad aparecem como desafios para a potência do seu órgão sexual; todavia, Serafim logra seduzi-las, penetrá-las e até mesmo reorientá-las sexualmente, inserindo-as no sistema de trocas masculino. Um rápido inventário de suas qualidades demonstra a importância dessas personagens para a vitória do falo: D. Blanca Clara é frígida; Solanja, virgem e Caridad-Claridad, lésbica. Todas elas possuem "falhas" que devem ser corrigidas, representando uma clara ameaça ao universo falocêntrico.

No sistema de diferenciação sexual lacaniano, o homem "tem" o falo, e a mulher "é" o falo. Ser o falo é constituir-se em significante do desejo do outro, ou seja, é ser o objeto, o outro de um desejo masculino heterossexual, representando e refletindo esse desejo: "*For women to be the Phallus means, then, to reflect the power of the Phallus, to signify that power, to embody the Phallus, to supply the site to which penetrates, and to signify the Phallus through being its Other, its lack, the dialectical confirmation of its identity*".[37]

Ao encontrar-se com Serafim, D. Blanca Clara adverte-o: "...Todos os homens que se aproximaram de mim até hoje brocharam. Todos!".[38] É importante notar que há uma estreita relação entre a falta de interesse pelo falo e sua impotência. D. Clara não fetichiza o órgão sexual masculino, colocando-se fora do poder de influência do mesmo. Segundo Lacan, a mulher frígida é aquela que bloqueou qualquer tipo de identificação com o modelo fálico, não possuindo portanto desejo sexual.[39] Por nao representar o falo, D. Clara tanto não o reconhece quanto se recusa a conceder qualquer tipo de poder a ele, provocando a derrocada do mesmo (impotência). Entretanto, Serafim recupera a sua potência ao desvirginar Solanja e ao resgatar Claridad para a heterossexualidade.

Irigaray coloca a mulher virgem na ordem social burguesa como puro valor

[35] Ibidem, p. 183.
[36] Ibidem, p. 67.
[37] Judith Butler, *Gender Trouble. Feminism and the Subversion of Identity*. Nova York, Routledge, 1990, p. 44.
[38] Oswald de Andrade, *Serafim Ponte Grande*, op. cit., p. 203.
[39] Jacques Lacan, "The Meaning of the Phallus". In: *Feminine Sexuality, Jacques Lacan and the* École Freudienne. Editado por Juliet Mitchell and Jacqueline Rose. Nova York, Pantheon Books, 1982, p. 94.

de troca; ela é nada mais que mera possibilidade, potencialidade, um signo de relações entre os homens.[40] Irigaray utiliza a metáfora do envelope para descrever a mulher virgem na ordem sexual burguesa: em si mesma, ela não representa nada; sendo apenas um envelope fechado, esperando que alguém a viole, isto é, rompa seu hímen.[41] Solanja é a "mulher mistério": a fim de que possa ser penetrada, necessita primeiro ser decifrada. É curioso notar como o protagonista se refere a Solanja: "Não fora difícil para ele, hábil manejador da psicologia feminina, diagnosticá-la". Serafim se constitui em "hábil manejador da psicologia feminina" pois o *personagem constrói as mulheres de acordo com a sua ótica falocêntrica*, podendo então "diagnosticá-las", encontrando para estas o melhor uso dentro da ordem masculina. Ao desvirginar Solanja, Serafim não somente posiciona a personagem em relação ao seu falo, como também promove sua circulação na economia falocêntrica.

Por fim, a conquista de Caridad-Claridad representa uma dupla vitória para a sociedade burguesa: preenche o vazio deixado pela ausência do falo e reorienta-a de acordo com o falocentrismo – lésbica-homossexual se torna heterossexual. Para Lacan, a ordem (hetero) sexual tem o falo como fetiche; a mulher lésbica é aquela que toma para si o lugar de fetiche. Serafim supre Caridad com o falo de que ela necessita, empregando um processo gradativo de socialização/sexualização de acordo com o sistema falocêntrico. Não é por acaso que a cena de conquista de Caridad é descrita em detalhes, passo a passo:

Me faz pegar no seu lança-perfume! Isso me deu um incômodo horrível de espírito. Era a primeira vez. Não será a última.[42]

Caridad deitara a cabeça no colo dele e cheirava-lhe voluptuosamente as virilas.[43]

Hoje fiquei em pelo no quarto e notei que minhas coxas se arredondaram, ficaram gordinhas e macias trabalhadas pelas suas mãos, minhas curvas se afirmaram, meus peitinhos ficaram duros e rebitados. Mas que coceira no bibico![44]

Caridad acordou como um tomate nos lençóis. Estava na cama de nosso herói.[45]

Caridad passa de temor/rejeição à aceitação do falo, celebrando-o com o ato sexual da penetração. As cenas se mesclam entre um narrador em terceira pessoa e o relato em primeira pessoa de Caridad, que registra a experiência em seu diário. Esse

[40] Luce Irigaray, op. cit., p. 186.
[41] Idem.
[42] Oswald de Andrade, *Serafim Ponte Grande*, op. cit., p. 245.
[43] Ibidem, p. 246.
[44] Ibidem, p. 247.
[45] Ibidem, p. 248.

fato é significativo, pois o falo tanto "inscreve" (no seu modelo econômico) quanto "escreve" (no seu sistema de representações) Caridad.

A *potência do falo* portanto regula as personagens femininas do romance. As implicações deste ato são claras: 1) a mulher é condenada a espelhar o falo, não havendo sexualidade possível fora dele, ou seja, não existe sexualidade feminina; 2) a mulher é marcada pelo sinal da ausência, logo, é o Outro e não "possui" o falo; 3) a mulher é subjugada econômica e socialmente ao homem, portanto, o feminino é visto como construção masculina. Assim, longe de ser elemento de inversão social, a potência do falo confirma a ordem burguesa.

Por fim, este ensaio examinou brevemente a sociedade utópica delineada por Oswald de Andrade. Em *Serafim*, a libertinagem sexual (des)organizada por Pinto Calçudo no navio *El Durasno* parece indicar uma metáfora da libertação individual da sociedade burguesa. No capítulo final – o "Fim de Serafim" – o protagonista não é mencionado e temos o retorno do seu amigo Pinto Calçudo, orquestrador da cena orgiástica final. A pergunta parece ser: o que aconteceu com Serafim? Desaparece ou morre? Uma vez que o personagem já cumpriu sua parte no livro – a total *afirmação do domínio falocêntrico* –, ele perde totalmente a identidade, transformando-se num grande e indiferenciado falo, *El Durasno*. A crescente despersonalização de Serafim pode ser também identificada pela narração que vai de primeira pessoa (no início da obra) à terceira pessoa (em sua conclusão); culminando com a *falocentrização* do protagonista, ou seja, a sua transformação em gigantesco falo. *A falocentrização* é a utopia oswaldiana tal como apresentada em *Serafim*: uma sociedade (des)regulada para e pelo falo, onde o objeto sexual masculino se constitui em totem supremo.

Assim, *Serafim Ponte Grande*, longe de criar uma sociedade utópica de caráter anarquizante, baseada na "rejeição da permanência" ou na "mobilidade incessante", descreve um mundo fechado na adoração e eternização do falo. O modelo de Oswald, portanto, não se encontra radicalmente oposto a uma matriz de pensamento burguês.

Conclusão

Neste trabalho, examinou-se o papel de Oswald de Andrade como crítico das estruturas sociais do Brasil pré-capitalista de começos do século XX. Priorizou-se sua fase antropofágica, a fim de evidenciar que a experimentação estética não se traduziu em uma visão problematizada de uma sociedade de caráter patriarcal. Sugeriu-se que tanto o *Manifesto Antropófago* quanto *Serafim Ponte Grande* terminam por reafirmar as mesmas estruturas que julgam repudiar, uma vez que privilegiam um discurso falocêntrico.

No *Manifesto Antropófago*, a utopia do "Matriarcado de Pindorama" termina por representar um reflexo do discurso falocêntrico produzido por Oswald. Já em *Serafim Ponte Grande*, o autor condena as personagens ao sistema falocêntrico: na cena final, os tripulantes do *El Durasno* são "aprisionados" numa orgia sem fim, onde o falo é o elemento preponderante.

Portanto, ao contrário de uma renovação, a utopia oswaldiana traduz-se num eterno condicionamento ao falo. Este regula e organiza os desejos e corpos de modo a provocar a subordinação do feminino à lógica masculina. Nesse sentido, a utopia oswaldiana è mais bem compreendida como distopia: longe de construir a linguagem em simbólica do feminino, acaba por condená-lo a representar um mera imitação ao discurso masculino.

Oswald de Andrade, por Ferrignac, 1918

Novas Receitas da Cozinha Canibal
O *Manifesto Antropófago* Hoje

K. David Jackson
Universidade Yale

A volta do perfeito cozinheiro[1]

Hoje em dia, uma releitura do celebrado *Manifesto Antropófago*, de Oswald de Andrade, é útil para contrastar as teorias de utopia social do movimento modernista com as poderosas forças de internacionalização e globalização de hoje, numa tentativa de julgar a possível relevância e o valor da teorização modernista para os nossos dias. Como e por que ainda nos interessa a antropofagia radical de Oswald? Posso pôr em evidência a multidimensionalidade da teorização/terrorização antropófaga, o seu jogo de referencialidade, o seu bom humor e a sua constante justaposição de forças em oposição. Essas incluem o nacionalismo característico da modernização brasileira por um lado, e a radicalidade da vanguarda artística internacional, por outro.[2] Ao pensar a pertinência, e impertinência, do texto oswaldiano hoje, proponho comentar o *Manifesto* como uma cozinha de receitas híbridas, que emprega ingredientes de origens muito diversas para criar uma mistura "explosiva".[3]

Saber global e o saber local

O debate atual nos círculos de estudos internacionais e da globalização pode ser aproveitado para nossa releitura e revalorização do *Manifesto Antropófago* de Oswald de Andrade. Uma questão de epistemologia "política", por assim dizer, reduzida a um argumento esquemático, teoriza e contrasta duas formas de saber, o local e o global. O "saber local" representa a vivência num determinado lugar, uma prática enraizada na tradição popular; o global resulta da vontade de tornar o local legível e governável através de sistemas formais, tais como organização, estandardização e hierarquização.

---

[1] Oswald de Andrad empregou a metáfora canibal dez anos antes do *Manifesto* no diário de *garçonnière*, *O Perfeito Cozinheiro das Almas deste Mundo*, um caderno escrito principalmente em 1918, em conjunto pelos participantes de um grupo modernista incipiente, só publicado numa edição fac-similar de luxo mais de setenta anos mais tarde (São Paulo, Ex-Libris, 1987). Uma transcrição foi publicada pela Globo, em 1991.

[2] Essa contradição já foi trabalhada pelo movimento tropicalista dos anos 1960 em termos de paródia e kitsch, impossibilitando reafirmar a síntese inocente entre o arcaico e o moderno, valores representados na iconografia tropicalista por uma monumentalização monstruosa oficial consagrada no meio de uma pobreza social crua e patética. Veja o ensaio de Jerônimo Teixeira, "O Liquidificador de Aracajés". In: Bina Maltz, Jerônimo Teixeira e Sérgio Ferreira, *Antropofagia e Tropicalismo*. Porto Alegre, Editora da Universidade Federal do Rio Grande do Sul, 1993, p. 52.

[3] Sem dúvida a antropofagia "explodiu" o paradigma da cópia colonial, mas o efeito ▶

desse nacionalismo "selvagem" acabou sendo mais parecido a uma implosão, levando o intelectual a procurar o coração da realidade brasileira por dentro. A metáfora da implosão é trabalhada por Ana Mae Barbosa no livro *Trópicos Utópicos* (1998).

Uma vertente desse debate procura defender as práticas e tradições locais como forma de saber, da invasão e do ataque de ideias "globais", aplicadas desde fora, mesmo concedendo que historicamente a organização centralizada tem sido a principal força que existe na nossa civilização para o progresso e a liberdade social. Esse é o ponto de vista no livro de James Scott representando a orientação do Centro de Estudos Agrários e do Instituto de Estudos Sociais e Políticos da Universidade de Yale. Scott critica as condições e os postulados vistos como necessários para a criação e implantação de organizações e formulações estatais modernas, para o bem ou para o mal, e busca a sua origem no período medieval tardio. Exemplifica o dilema do saber global com o exemplo de um esquema de reflorestamento "científico" alemão, que implantou uma monocultura do pinheiro norueguês onde antes havia variedade, prática discutível que infelizmente chegou a servir nos nossos dias como modelo para uma política agrícola reducionista levada ao Terceiro Mundo. Além desse caso, Scott discursa sobre a invenção de sobrenomes patronímicos na Europa, o uso de mapas, a codificação linguística e o discurso legalista, as cidades planejadas, as redes de transporte, enfim, a padronização do mundo natural e civil. Todos são exemplos para Scott de uma "simplificação heroica", substituindo complexos processos locais pela estandardização, mais fácil de anotar, arquivar e controlar.

Nos termos do debate sobre a globalização, a antropofagia pode ser relida como uma forma de defesa, se bem que curiosa, do saber local, dentro de um ponto-contraponto com o "saber importado" do colonizador. A antropofagia faz uma possível ponte entre a crítica feita por Scott a estruturas e processos globais, que não levam em consideração a contribuição do saber local, e a sátira modernista dirigida contra a cultura colonial. O "local" escolhido por Oswald para representar o saber informal é o vasto interior a-histórico do país, habitado por indígenas, onde ainda vigora o canibalismo, prática convertida pelo *Manifesto* em arma contra o "invasor". O saber antropófago tem duas vertentes pertinentes ao presente argumento: nascendo no indígena, ele é instintivo e mágico, produzido pela terra e formado pelas mais antigas crenças e lendas da tribo; e o saber "selvagem", pela antiga e profunda ligação com a natureza, desafia e corrige o pensamento europeu, visto este como alienado de suas próprias fontes. A localidade – no caso a selva – produz o antídoto ou a vacina necessários para curar a doença da sociedade global. Oswald aproveita-se do primitivismo metafórico, encontrado na Europa, para de lá tirar a sua receita, da cozinha mais exótica possível, de um sabor "local" – o da tribo canibal. Hoje em dia, procura-se a salvação do primeiro mundo na Amazônia entre a flora e fauna primitivas, não no âmbito da cultura, mas da medicina e do meio ambiente.

Scott examina os projetos ditos utópicos, formulados na primeira metade do século XX, ou mesmo antes em consequência do iluminismo e da industrialização, perguntando por que todos os experimentos sociais do "admirável mundo novo" acabaram em desastre. Acusa o *high modernism* (modernismo de elite) de ter apoiado a reestruturação da natureza e da sociedade, pela crença numa engenharia racional científica: "O alto modernismo precisava da ação do estado (...) da organização social (...) enormes modificações nos hábitos do trabalho, da moradia, dos valores morais e da visão do mundo do povo".[4] A "receita para o desastre" contém quatro ingredientes principais, sendo a presença de todos necessária para o desastre absoluto: o estado impõe uma ordem na natureza e na sociedade; o alto modernismo superestima a intervenção tecnológica e os seus efeitos sociais benéficos; o poder de estado é invocado para inovações de grande escala; e a sociedade civil enfraquecida é incapaz de reagir, contestar ou modificar os projetos. O que nos interessa na teorização de Scott é que a visão utópica-tecnológica do alto modernismo pode ser considerada um antecedente da globalização problemática de hoje. Ambos recorrem à alta tecnologia e à ciência, ligadas ao poder do estado, para conquistar a natureza e melhorar a condição humana. Há uma complementariedade ou parentesco entre a nova ordem da sociedade planejada ou futurista, cujo auge corresponde ao período da ideologia política modernista, e a nova forma de saber global.

Já no *Manifesto*, porém, Oswald faz a crítica à manipulação da natureza e da sociedade, manipulando os recursos retóricos da vanguarda para redigir um *Manifesto* às avessas. A antropofagia parodia todo o panorama da história colonial brasileira. Como resposta antecipada a Scott, há duas contribuições pertinentes no *Manifesto*. Primeiro, Oswald inverte os mesmos termos empregados pela cultura rejeitada para chegar à nova visão. Recorrendo a textos clássicos da historiografia colonial, recorta e recolhe os episódios principais, aplicando a metáfora antropófaga a uma desconstrução do modelo "importado". O resultado dessa bricolagem é a redução da civilização colonial à autoridade do sabor local, governado pelo canibal-cozinheiro, à guisa de capitão-mor.

[4] James C. Scott, *Seeing Like a State: How Certain Schemes to Improve the Human Condition Have Failed*. New Haven, Yale University Press, 1998, p. 5. Traduções do autor, do original inglês.

Segundo, o *Manifesto* parodia o tipo de documento e de retórica usados para legalizar e legitimar os governos; cruzando o *Manifesto Comunista* com Shakespeare, o *Manifesto* codifica a antropofagia ritual como uma ingestão local e nacional do invasor vindo de fora. Finalmente, o *Manifesto* combate um tipo de globalização – a expansão colonial – com outro, a antropofagia ritual. O primitivismo inverte as estruturas de repressão social, numa visão de libertação geral que é outra marca registrada da poesia modernista, "sem complexos, sem loucura, sem prostituições e sem penitenciárias".

Em suas teorizações, Oswald aproxima-se da conclusão de Scott, que recomenda como modelos de renovação social a *common law* inglesa e a linguagem falada. Enfatizando a inocência criativa do *Manifesto* e a recusa da lógica, Oswald contesta o mecanicismo social dos grandes projetos utópicos. O *Manifesto* assume um papel cultural de instrução, apropriando-se da natureza brasileira para fazer um discurso de libertação sociocultural. Ao criticar os grandes esquemas autoritários de transformação e revolução, Scott ou ignora ou descarta a força de rebeldia da própria vanguarda para mudar a sociedade – da energia futurista, ao instinto Dadá ao sonho surrealista. Pode ser que os movimentos mais imaginosos, satíricos e subversivos tenham superestimado a eficácia das suas críticas, frente à cultura de massa e a engenharia social. Na época atual de globalização vitoriosa, falta julgar se as críticas do *Manifesto* ainda têm alguma validez.

Heteroglossia

No capítulo "A linguagem na América", do livro do historiador iconoclasta Richard Morse, *A Volta de McLuhanaíma*,[5] a antropofagia está incluída entre os conceitos que buscam um centro filosófico americano. Segundo Morse, aquele centro, no caso dos modernistas brasileiros, foi constituído por forças, o desafio à autoridade, paralelo aos protestos da vanguarda europeia, e o nacionalismo, definido como uma cacofonia de vozes representando muitas nacionalidades, vivendo numa nação-caldeirão. Uma das percepções mais agudas de Morse foi ler, nessa receita, um caso da heteroglossia de Bakhtin, que, segundo ele, os modernistas paulistas entenderam *avant-la-lettre*:

> Heteroglossia é a conceitualização mais próxima que há daquele lugar onde as forças centrípetas colidem com as centrífugas; como tal, é aquilo que uma linguística sistemática é sempre obrigada a suprimir.[6]

---

[5] Richard Morse, *A Volta de McLuhanaíma: Cinco Estudos Solenes e uma Brincadeira Séria*. Tradução de Paulo Henriques Britto. São Paulo, Companhia das Letras, 1990.
[6] M. M. Bakhtin, *The Dialogic Imagination*. Austin, Texas University Press, 1982, p. 86.

A antropofagia, achava Morse, mudaria para sempre os cânones e os clássicos do Ocidente. Como "pau-brasil", a antropofagia é uma poesia lúdica que faz um leitura da realidade empregando a função poética da inversão, valorizando a magia, o novo, o ingênuo e o imediato. As forças reunidas na antropofagia abrangem as centrípetas (o nacionalismo de periferia) e centrífugas (a lição do desafio vanguardista, as múltiplas fontes do povo brasileiro). A heteroglossia caracteriza o discurso do *Manifesto* como uma relação de forças importadas e exportadas. A força e energia para a renovação são adquiridas do inimigo deglutido, no caso, a civilização ocidental. Na lista de valores importados, encontra-se toda a problemática da civilização europeia e colonial, como se enumerasse o elenco de uma tragicomédia: catequeses, romanos, maridos, católicos, roupa, gramáticas, comidas velhas, mapas, consciência enlatada, lógica, empréstimos, lábia, religiões de meridianos, elites, economia colonial, direito, determinismo, histórias, sublimações, missionários, especulações, conservatórios, tabus, autoridades, o descobrimento do Brasil, o patriarcado, a memória, Goethe, o *modus vivendi* capitalista, jesuítas, colonos, a realidade social e o bispo Sardinha.

Invertendo a equação, o *Manifesto* invoca os valores poéticos da exportação: a revolução Caraíba, unificação, preguiça, participação, vacinas, totens, instinto, comunicação com o solo, carnaval, magia, vingança, distribuição de bens, o mundo não datado, adivinhação, migrações, a fuga do tédio, felicidade, *girls*, o matriarcado, a experiência pessoal, roteiros, absorção, transformação e independência política. São duas linguagens cujo encontro parece produzir um quadro futurista de energia pura, o conflito de forças culturais que marcam a transformação do Brasil moderno.

A heteroglassia se enriquece com as ironias, os paradoxos e as contradições que operam no coração da teorização oswaldiana, responsáveis por sua enorme criatividade. Entre as ironias, a principal talvez seja a figura de um selvagem "filosófico", que instintivamente apresenta soluções aos impasses da civilização ocidental. Outra seria a localização da cultura brasileira na floresta, no auge da modernização urbana de vanguarda. E ainda, a antropofagia só se torna pensável em contraponto com o primitivismo antropológico, subproduto do colonialismo, cujo discurso acaba denunciando o condicionamento cultural dos próprios pesquisadores.

Da lista de contradições internas, o principal encontra-se na pessoa do grande iconoclasta da Pauliceia letrada, ele mesmo, fantasiando-se de canibal. Será que, no fundo, queria comer a mesma comida rica dos surrealistas e outros intelectuais franceses de prestígio, ao chamar-lhes a atenção para a primazia brasileira? O banquete selvagem precisava da chegada de coloniais para ser a matéria-prima das suas receitas; da mesma forma, Oswald se informa sobre o canibalismo lendo a narrativa sobre os tupinambás de Hans Staden. A heteroglossia abrange as pretenções cômicas do *Manifesto* como novo contrato social – um código legal canibal, uma religião de adivinhação, um novo parentesco baseado no matriarcado e uma cozinha de ingredientes totalmente europeus.

A coexistência dessas forças em rotação é responsável pela vitalidade do *Manifesto*. O ritmo da dança entre as forças centrípetas e centrífugas espelha a própria práxis orgânica da história colonial, na qual todo local era uma extensão de um centro universal ao qual se relacionava e comunicava.

O CANIBAL CORDON BLEU: O INTELECTUAL ENTRE CULTURAS

Como intelectual e autor do *Manifesto*, Oswald contribui evidentemente ao problema complexo do "ouro", fruto da expansão colonial europeia. No excelente ensaio sobre o canibal e o outro, Luciana Stegagno Picchio[7] recorda a ambivalência de Montaigne sobre a questão da selvageria, quando comenta que, se o canibal não é selvagem, então nós, os europeus, somos, tal a diferença entre as culturas. A antropofagia põe em dúvida quem é o verdadeiro "outro", no cruzamento entre o intelectual e o selvagem; o problema se agrava, uma vez que o indígena nunca fala no *Manifesto*, ao contrário do cuidado que teve Montaigne em entrevistar um canibal, de visita a Rouen. O europeu colonizador, com certeza um "outro" no Brasil, é deglutido no caldeirão antropófago; mas dessa forma nutre e se junta ao corpo indígena no coração do solo brasileiro. No caso de Hans Staden, é o europeu quem melhor conhece a cultura indígena no Novo Mundo, observada durante a sua longa permanência entre os tupinambás, enquanto futura comida, e divulgada na Europa nos desenhos que ilustraram o texto de 1557.[8] A insígnia do "outro" para Oswald, no celebrado quadro de Tarsila do Amaral, é o *Abaporu*, o "selvagem que come" que deu origem ao *Manifesto*. O indígena é sem dúvida "outro" para Oswald, que aparentemente nunca viu índios. Mas é convertido em *alter ego* do intelectual, numa apropriação autoritária do "selvagem-ouro", um câmbio de pele carnavalesco, completando o círculo dos "outros". Na teorização do Outro, surgiu uma nova categoria, inventada

---

[7] Luciana Stegagno Picchio, "The Portuguese, Montaigne and the Cannibals of Brazil: The Problem of the Other". In: *Portuguese Studies*, Londres, 6, 1990, p. 71-84.
[8] Hans Staden, *Varhaftige befchzeibung eyner Landichafft der wilden nacketen grimmingen menschfresser leuthen in der newen America gelegen...* Marburg, Andrés Colben, 1557. O volume contém 46 gravuras e dez menores, com o frontispício impresso em vermelho e preto. É uma das estranhas coincidências da voga primitivista na Europa que o livro de Staden apareceu pela primeira vez em tradução inglesa no ano de 1928, em Londres. Havia também uma edição em alemão moderno, de 1925.

possivelmente para distinguir entre os vários outros, que possa nos interessar aqui: o termo "alter-outro" já aparece num ensaio para distinguir entre as diferentes nacionalidades que chegaram ao Japão.[9]

Com a antropofagia, Oswald inventa e se converte no "outro outro". Abre um "entre-lugar" nos trópicos, ocupado pelo intelectual de periferia no período pós-colonial, a meio-termo entre o nacional e o global. Nem colonial nem indígena, o intelectual se torna um "outro outro" no seu entre-lugar, meio distante dos dois polos. Luiz Costa Lima elucida o problema no ensaio sobre antropofagia e o controle do imaginário:

> O *Manifesto Antropófago* tem como base uma questão existencial: a de ajustar a experiência brasileira da vida com a tradição que herdamos (...) Oswald enfatiza uma força primitiva de resistência à doutrinação promovida pelo colonizador (...). O *Manifesto Antropófago* representa uma ruptura no processo da internalização brasileira dos valores ocidentais, se bem que seja uma ruptura restrita (...) implicava o diálogo entre uma capacidade local – canibalizar o que quer que aqui chegasse – e o acervo ocidental. Além disso, através da canibalização, os valores ocidentais poderiam recuperar seu traço sensível, perdido pelo abstracionismo da razão iluminista. Mesmo porque não fôramos totalmente colonizados pelo Ocidente, poderíamos ajudá-lo a corrigir-se.[10]

Oswald ocupa semelhante posição de intelectual de Terceiro Mundo porta-voz do seu lugar, seu povo e sua língua, sendo ao mesmo tempo uma pessoa de formação profundamente ligada ao Ocidente e ao iluminismo europeu. A simbiose entre centro e periferia, metrópole e colônia, civilização e natureza fundamenta a identidade móvel desse intelectual entre culturas, categoria que na história do pós-colonialismo inclui figuras renomadas sobretudo nas áreas da política e da literatura, tais como Rushdie, Gandhi, Senghor, Bandaranaike e Paz, entre outros. O problema do intelectual entre culturas é ainda corrigir o Ocidente e no mesmo gesto defender os valores da sua localidade, sejam o instinto, o vitalismo, a resistência ou a deglutição. Entre eles, Oswald talvez não seja o mais original, mas com certeza é o mais divertido.

O humor no *Manifesto*: uma brincadeira séria

O humor, a grande gargalhada oswaldiana, ainda nos fala através do *Manifesto*, sendo, de fato, um dos principais ingredientes estruturais da sua composição. Morse identifica a fonte do humor

---

[9] No estudo "The 'Indianness' of Iberia and Changing Japanese Iconographies of Other", Ronald P. Toby distingue entre coreanos, chineses e outras etnias no texto japonês empregando os termos "outro Outro" e "alter-outro". In: Stuart Schwartz, (ed.) *Implicit Understandings: Observing Reporting, and Reflecting on the Encounters between Europeans and other Peoples in the Early Modern Era*. Cambridge, Nova York, Cambridge University Press, 1994, p. 340.
[10] Luiz Costa Lima, *Pensando nos Trópicos: Dispersa Demanda II*. Rio de Janeiro, Rocco, 1991, p. 26-33.

oswaldiano na "inversão e recombinação lúdicas que foram a marca registrada do modernismo".[11] A irreverência lúdica contamina o *Manifesto*, como observa o historiador, recuperando o espírito das pilhérias e os paradoxos vistos em Rabelais e Montaigne, postos ao serviço do máximo valor modernista, a libertação.

Com o humor, Oswald pretende assustar os colonizadores, ao reescrever a recepção das naus não por "moças gentis" observadas por Caminha em 1500, mas por selvagens canibais e o caldeirão. No novo contexto, os descobridores são na verdade fugitivos de uma civilização "que estamos comendo". A frase revela uma dose de humor negro, uma vez que o uso de degredados era comum nas viagens, e, na *Carta*, Caminha relata que dois foram abandonados entre os índios na costa brasileira. No paraíso terrestre, a resposta ao globalismo é o caldeirão.

O *Manifesto* está repleto de ditos cômicos memoráveis. A frase mais citada do *Manifesto* dramatiza a escolha de um Brasil entre dois mundos: "*Tupy or not Tupy that is the question*". Proclama a independência intelectual e política do Brasil no cruzamento entre a floresta e a escola, o instinto e a lei: "O índio vestido de senador do Império". A sociedade indígena existe para servir os franceses ("a mentalidade pré-lógica para o Sr. Lévy-Brühl estudar") mas ainda resiste porque é "vingativo como o jabuti". A libertinagem e utopia de que falavam os cronistas se encontram agora no cinema americano: a "idade de ouro. E todas as *girls*". E o Brasil tem poderes mágicos: "Fizemos Cristo nascer na Bahia. Ou em Belém do Pará".

Aproveitando-nos da frase de Morse, podemos caracterizar o *Manifesto Antropófago* como uma "brincadeira séria". Escrito à contracorrente, o *Manifesto* oswaldiano satiriza o gênero, do qual é também, talvez, a apoteose. Os manifestos da vanguarda europeia pretendiam modernizar a sociedade ao serviço de determinados fins utópicos. Na antropofagia, Freud é brasileiro e a utopia já foi alcançada. No caldeirão, os tabus foram transformados em totens pela alegria e a felicidade do saber primitivo e local. A globalização de hoje precisa sobretudo de humor e de poesia.

Existe antropofagia hoje? Não se sabe que receita o autor do *Manifesto* colocaria no "site antropófago" da Internet. É óbvio que os tempos são outros. Enquanto na Europa a velha Rússia saudosa enterra os restos do último tzar, o Brasil não podia ao menos criar um novo molho dedicado ao Bispo Sardinha?

---

[11] Richard Morse, op. cit., p. 86.

Dialética da Devoração e Devoração da Dialética

Eduardo Sterzi[1]
Poeta e crítico literário

I

João Cabral de Melo Neto, em "Murilo Mendes e os Rios", relembra uma curiosa atitude do poeta mineiro: em nome do Paraibuna, que banha sua natal Juiz de Fora, saudava reverente, chapéu à mão, cada rio que encontrava pelo caminho em suas andanças espanholas. Na penúltima das quatro quadras do poema, Cabral diz nunca ter perguntado a Murilo "onde a linha / entre o de sério e de ironia" deste "ritual", contentando-se com rir "amarelo / como se pode rir na missa".[2] Na explicação que, anos depois, já morto Murilo, Cabral aventa para aquele "rito" (o léxico do sagrado atravessa o poema), parece optar pela seriedade do gesto: "nos rios, cortejava o Rio, / o que, sem lembrar, temos dentro".

A solução platonizante, no entanto, não anula a indecisão primeira, que ganha valor de emblema: afinal, para além da anedota relatada no poema, a incapacidade de definir *onde a linha entre o de sério e de ironia* é também aquela das gerações posteriores – de leitores e, sobretudo, de leitores-poetas – frente ao legado do que se convencionou chamar modernismo brasileiro (ou seja, frente aos tão diversos itinerários poéticos que, apesar dessa diversidade, se deixam pontuar pelas datas monumentais de 1922 e 1930).[3] Pode-se observar, como testemunho dessa dificuldade, a violenta transposição estilística a que Cabral submete, em *Os Três Mal-amados*, a célebre "Quadrilha" de Drummond: passa-se de um registro predominantemente cômico a um registro predominantemente trágico, ou, antes, da ironia drummondiana, seu *humour* sempre um pouco travado, à compenetrada seriedade cabralina – como se Cabral (em quem, de resto, nunca esteve ausente um outro humor todo seu e bastante diferente de qualquer comicidade modernista) se

---

[1] Este ensaio é um excerto do livro *A Prova dos Nove. Alguma Poesia Moderna e a Tarefa da Alegria*, publicado em 2008 pela editora Lumme.
[2] João Cabral de Melo Neto, "Murilo Mendes e os Rios". In: *Agrestes. Poesia Completa e Prosa*. Marly de Oliveira (org.). Rio de Janeiro, Nova Aguilar, 1994, p. 551-52.
[3] Não por acaso, a formulação de Cabral recorda outra de Mário de Andrade, no "Prefácio Interessantíssimo" de *Pauliceia Desvairada*, referindo-se ao próprio texto que o leitor tem sob os olhos: "Aliás muito difícil nesta prosa saber onde termina a blague, onde principia a seriedade. Nem eu sei". Mário de Andrade, *Poesias Completas*. Diléa Zanotto Manfio (ed.). Belo Horizonte, Itatiaia/São Paulo, Edusp, 1987, p. 60.

aferrasse, aqui, justamente ao elemento que envenena e vai paralisando a graça de Drummond, e que pode ser descrito, talvez, como uma forma de melancolia.

II

Infrutífero procurar determinar, em Oswald de Andrade, *onde a linha entre o de sério e de ironia*: não apenas seus poemas, romances e peças teatrais, mas mesmo uma tese com que concorreu à cátedra de filosofia na Universidade de São Paulo pôde ser descrita por Giuseppe Ungaretti como "engraçadíssima".[4] Vazando em forma irônica matéria que, segundo o decoro, exigiria tratamento supostamente mais sério, Oswald dificultou e ainda dificulta bastante o trabalho dos críticos.[5] Mas é justo essa dificuldade, nascida de sua permanente esquiva frente a qualquer posição estável e segura (Benedito Nunes, analisando a *filosofia impura* de Oswald, falou em "dança de conceitos"[6]), que garante a persistência da força de interrogação de sua obra para além de seu momento de escrita.

III

Roberto Schwarz, num ensaio já clássico de crítica do modernismo brasileiro, buscou marcar os limites poéticos e políticos da perspectiva oswaldiana, levando em conta especialmente os poemas do livro *Pau-Brasil*. Segundo Schwarz, Oswald praticaria o que pode ser designado "ufanismo crítico": a coexistência de elementos burgueses e pré-burgueses na organização social brasileira, vista tradicionalmente como sintoma de atraso, ganharia uma reinterpretação "otimista, até eufórica".[7] Para Oswald, nas palavras de Schwarz, "o Brasil pré-burguês, quase virgem de puritanismo e cálculo econômico, assimila de forma sábia e poética as vantagens do progresso, *prefigurando a humanidade pós-burguesa*, desrecalcada e fraterna".[8] A poesia de Oswald perseguiria nada menos que "a miragem de um progresso inocente".[9] Sua meta seria a "conciliação" do "arcaico", do "moderníssimo" e do "moderno de província" (cuja denominação já dá a medida do desprezo de Schwarz por tal categoria, que, na sua irônica compressão, vale por um recobro do clichê sociológico da "modernização conservadora"[10]). Um dos fatores de singularização da poesia de Oswald no quadro do modernismo brasileiro seria a "total ausência de saudosismo na exposição de figuras e objetos do mundo passado". A sintomatologia é precisa; o diagnóstico consecutivo é que claudica. Para Schwarz, essa "ausência de saudosismo" poderia explicar-se, de um lado, pela

---

[4] Giuseppe Ungaretti, "Oswald de Andrade (1970)". In: *Razões de uma Poesia*. Trad. Lucia Wataghin. São Paulo, Edusp e Imaginário, 1994, p. 244.

[5] Já dizia o jovem Antonio Candido, avaliando a produção de Oswald em 1944: "Oswald de Andrade é um problema literário. Imagino, pelas que passa nos contemporâneos, as rasteiras que passará nos críticos do futuro" ("Estouro e Libertação". In: *Vários Escritos*. São Paulo, Duas Cidades, 1995, p. 41).

[6] Benedito Nunes, *Oswald Canibal*. São Paulo, Perspectiva, 1979, p. 75 (sobre a impureza da filosofia oswaldiana, ver p. 76). Já Mário de Andrade escrevera sobre Oswald, num artigo pioneiro: "Osvaldo Escreve. Depois a Dança Vem" (Osvaldo de Andrade, *Revista do Brasil*, XXVII, 105, set. 1924, p. 27).

[7] Roberto Schwarz, "A Carroça, o Bonde e o Poeta Modernista" (1983). In: *Que Horas São? Ensaios*. São Paulo, Companhia das Letras, 1987, p. 11-28 (citação à p. 13).

[8] Ibidem, p. 13.

[9] Ibidem, p. 24. A frase toda em que tal expressão aparece, no texto de Schwarz, vem em itálico, como a significar que ali estava sintetizada a tarefa que o próprio Oswald se impunha com sua poesia.

[10] O "absolutamente moderno" não é senão um tropo para o momento ideal de deslocamento dos elementos da tradição e de reconfiguração da sintaxe histórica, momento de *desclassificação* e *desclassicização* (como talvez dissesse o Bataille do *Dictionnaire Critique*) que revolve antes o terreno (presente) no qual o passado vem se assentar do que o próprio passado. "Depuis longtemps je me vantais de posséder tous les ▶

"preferência vanguardista e antissentimental pela presença pura, em detrimento da profundidade temporal e demais relações", por outro, pela fé em que a economia cafeeira, garante daquele escarnecido "moderno de província", tivesse um longo futuro pela frente, "fazendo que o universo de relações quase coloniais que ele reproduzia lhe aparecesse não como obstáculo, mas como elemento de vida e progresso, (...) de um progresso mais pitoresco e humano do que outros, já que nenhuma das partes ficava condenada ao desaparecimento".[11]

A interpretação de Schwarz é comprometida pelos pressupostos de que parte, seja a mal disfarçada consideração, no fim das contas fundamental para seu argumento da posição de classe do escritor (quase sempre enganadora para o ajuizamento do texto literário), seja a incompreensão do poder crítico das vanguardas quando estas não se subordinam a uma crítica político-econômica previamente elaborada (marxista, claro, e, de preferência, ortodoxa). Quando Schwarz reclama dessa "modernidade" que "não consiste em romper com o passado ou dissolvê-lo, mas em depurar os seus elementos e arranjá-los dentro de uma visão atualizada e, naturalmente, inventiva", manifesta ainda uma curiosa adesão à retórica *de determinadas vanguardas*: conforme qualquer estudioso da modernidade deveria estar ciente, o descarte do passado, que alguns poetas e artistas propuseram ao longo do tempo, no mais das vezes não é muito mais que um tropo barulhento para um processo muito menos veemente, pautado também ele pelo silêncio ou pelo surdo rumor do estudo e da emulação, que pode ser bem descrito, na esteira do próprio Schwarz, como depuração e rearranjo – reinvenção – dos elementos do passado.[12] Já na formulação exemplar da modernidade baudelairiana, lia-se: "*La modernité, c'est le transitoire, le fugitif, le contingent, la moitié de l'art, dont l'autre moitié est l'éternel et l'immuable*".[13] Modernidade, pois, como "metade" de algo que só se completa com o que se apresenta como sua negação; sobretudo, modernidade como impulso ambivalente, "fugidio" construído no "imutável", e "imutável" construído no "fugidio". Como bem percebeu Baudelaire, a maneira como uma determinada modernidade assimila a "antiguidade" termina por condicionar sua própria aspiração de converter-se numa nova antiguidade, contra a qual, mais adiante, uma outra vindoura modernidade há de se colocar. É fatal para a crítica querer reduzir, sem os necessários cuidados, um processo de modernidade (cultural) a um supostamente correspondente processo de modernização (econômico-social). Assim como

paysages possibles, et trouvais dérisoires les célébrités de la peinture et de la poésie moderne. J'aimais les peintures idiotes, dessus de portes, décors, toiles de saltimbanques, enseignes, enluminures populaires; la littérature démodée, latin d'église, livres érotiques sans orthographe, romans de nous aïeules, contes de fées, petits livres de l'enfance, opéras vieux, refrains niais, rhythmes naïfs. Je rêvais croisades, voyages de découvertes dont on n'a pas de relations, républiques sans histoires, guerres de religion étouffées, révolutions de mœurs, déplacements de races et de continents: je croyais à tous les enchantements" (Arthur Rimbaud, *Une Saison en Enfer*. Bruxelas, Alliance Typographique (M.-J. Poot et al.), 1873, p. 28). O que se busca (Rimbaud, Lautréamont, Dadá, o surrealismo, os modernismos em geral) não é, senão em sentido metafórico, a ultimação messiânica do tempo, mas, mais modestamente, a *fixação das vertigens* ("*Je fixai des vertiges*") do encontro – do choque – entre os tempos.
[11] Roberto Schwarz, "op. cit., p. 24.
[12] Já pouco depois da publicação do livro com o ensaio de Schwarz, Luiz Costa Lima apontou algumas inconsistências da sua crítica a Oswald: o crítico parece dividir o mundo entre o hemisfério em que as ideias estão no lugar e aquele em que estão deslocadas. Na vanguarda europeia, encarnada por Klee e Kafka, "a arte moderna de fato procurou se libertar da conivência com prestígios exteriores", ao passo que, no Brasil, a tentativa seria apenas de superfície. Pergunto-me se o crítico não combina a análise ideológica que pratica ▶

com um estranho evolucionismo. Haveria a forma pura e, ao lado, os enganos e compromissos tropicais. Essa é uma atitude contraditoriamente normativa, que poderia ser instigante se a pretensa norma – o corte absoluto com o passado, a descontinuidade radical – houvesse em algum lugar se cumprido. Mas as revelações da *perestroika* parecem sugerir que os enganos foram mais do que "tropicais". (Luiz Costa Lima, "Oswald, Poeta". In: *Pensando nos Trópicos*. Rio de Janeiro, Rocco, 1991, p. 195; mas que se leia todo o ensaio, bastante esclarecedor, às p. 188-220. A citação interna vem de Schwarz, "op. cit.", p. 19.)

[13] Charles Baudelaire, "Le Peintre de la Vie Moderne". In: *Critique d'Art* Suivi de *Critique Musicale*. Paris, Gallimard, 2003, p. 355.

[14] Com exceções, claro, dentre as quais se deve mencionar especialmente Benedito Nunes, pioneiro na leitura filosófica dos manifestos, teses e artigos de Oswald; cf. o ensaio "Antropofagia ao Alcance de Todos", publicado como introdução a Oswald de Andrade, *A Utopia Antropofágica*. São Paulo, Globo e Secretaria de Estado da Cultura, 1990, p. 5-39. No qual, de resto, já se adverte: Não busque (...) no pensamento de Oswald de Andrade a latitude do discurso reflexivo-crítico, a delimitação cuidadosa de problemas e pressupostos, nem "essas longas cadeias de raciocínio" que caracterizam a filosofia. Busque, isto sim, a cadeia das imagens que ligam a intuição poética densa à conceituação filosófica esquematizada, aquém de qualquer sistema e um pouco além da pura criação artística" (p. 39). ▶

é fatal ignorar ou menosprezar o poder de crítica – poder de configuração e de transfiguração – das ideias e das imagens (daquilo que os marxistas chamavam de "superestrutura") sobre a concretude do mundo, especialmente sobre as estruturas sociais.

IV

Talvez contemplássemos mais adequadamente a potência crítica da perspectiva de Oswald se buscássemos entender aquilo que Schwarz denomina "presença pura" como uma figura poético-filosófica (afinal, é nessa intersecção de poesia e filosofia que se situam as maiores contribuições intelectuais de Oswald, para provável horror dos filósofos[14]) passível de ser aproximada daquilo que Walter Benjamin designava *imagem dialética*. Essa noção é esclarecida por Benjamin num dos apontamentos de teoria do conhecimento da *Passagen-Werk*: "A imagem dialética é uma imagem relampejante. Assim, como uma imagem relampejante no agora da cognoscibilidade, o-que-foi (*das Gewesene*) é apanhado. A salvação (*Rettung*), que por esses meios – e só por estes – se realiza, pode se realizar somente pelo que no próximo instante já está irremediavelmente (*unrettbar*) perdido".[15] Em outra anotação, lemos: "A imagem dialética é aquela forma do objeto histórico que satisfaz as exigências de Goethe para um objeto de análise: exibir uma genuína síntese. Ela é o protofenômeno (*Urphänomen*) da história".[16] Benjamin acentua o fato de que esse "protofenômeno" é um evento do presente, e não alguma espécie de mágico acesso imediato ao passado; daí que a tarefa do historiador filosófico se enuncie como "telescopagem do passado através do presente".[17] "É o presente", frisa ainda Benjamin, "que polariza o acontecido (*das Geschehen*) em pré- e pós-história".[18] Como bem observaria Benedito Nunes, a antropofagia – forma suprema daquela "presença pura" (e imagem dialética oswaldiana por excelência) – implicava uma compreensão "*transversal*" do processo histórico: "uma compreensão da história absorvida na pré-história, pelo que diz respeito ao passado, e dirigida a uma transistória, pelo que diz respeito ao futuro".[19] Portanto, menos uma rejeição da "profundidade temporal" e das "demais relações" que a proposição de uma nova e mais complexa imaginação espacial do tempo e da história, em que o aprofundamento não se satisfaça com a apreensão trivial do influxo vertical do passado sobre o presente.

Desenrolando-se num âmbito fundamentalmente poético, contaminado, porém, de uma forte intenção histórico-filosófica (isto é, de reinvenção da narrativa da história por meio de um viés que se pretende, em alguma medida, filosófico), o pensamento de Oswald, que atravessa diferentes épocas e gêneros, adquire alguma unidade precisamente na ênfase que dá ao presente como tempo decisivo em que uma imagem do passado e uma imagem do futuro (que, em termos benjaminianos, é uma extensão da pós-história daquilo-que-foi, do já-acontecido – e portanto, a rigor, é ainda conhecimento histórico) são postas em contato. No *Manifesto da Poesia Pau-Brasil*, Oswald já escrevia: "Temos a base dupla e presente – a floresta e a escola".[20] Disso resulta uma espécie de curto-circuito, de que o poema quer ser a imagem sintética, relampejante. O poema deve, pois, ser lido como um tropo da história tal como apreendida nesse instante de "presença pura", no qual não é anulada a "profundidade temporal", pelo contrário: é justamente nesse instante que os diferentes tempos se articulam numa síntese significante, que os torna, por assim dizer, *legíveis* (visto que, em sua imanência como momentos distintos do "agora da cognoscibilidade", permanecerão para sempre inacessíveis). Como mostrou Luiz Costa Lima, o poema característico de Oswald organiza-se numa complexa estrutura quadritemporal: nele, o passado recente e o presente – tempos da escravidão e da economia cafeeira – são figurados sob uma ótica negativa, enquanto o passado remoto e o futuro esperado aparecem positivamente.[21] (É ainda Costa Lima quem observa que, em alguns poemas, como "metalúrgica", de *Pau-Brasil*, a luz lançada sobre o presente é positiva: afinal, trata-se de festejar a industrialização como momento crucial na dialética histórica de emancipação do homem.[22]) No *Manifesto Antropófago*, são frequentes os apelos a uma interrupção da história, para que uma nova história – ou a história verdadeira, integralmente coincidente com a experiência – possa começar: "Contra a Memória fonte do costume. A experiência pessoal renovada".[23] Isso implica reinventar as relações que temos com o nosso passado: "Contra as histórias do homem que começam no cabo Finisterra. O mundo não datado. Não rubricado".[24] É notável a percepção de Oswald de que, para termos acesso às "estruturas matriarcais desaparecidas" – cuja imagem retrospectiva ele encontra, via Engels, em Bachofen (autor, como se sabe, importante também para Benjamin), para promovê-la a imagem prospectiva da comunidade utópica por vir –, seria preciso reinventar a própria ciência histórica, por meio de uma "paleontologia social", ou, melhor, de uma "errática, uma ciência do vestígio errático".[25]

Em *A Crise da Filosofia Messiânica*, temos, segundo Nunes, um trabalho de síntese e de crítica, que entrelaça o poético ao teórico" (p. 37). O poeta Augusto de Campos, de sua parte, saudou a antropofagia oswaldiana ao mesmo tempo como "a única filosofia original brasileira" e como ("sob alguns aspectos") "o mais radical dos movimentos literários que produzimos" ("Revistas Re-vistas: os Antropófagos". In: *Poesia Antipoesia Antropofagia*. São Paulo, Cortez & Moraes, 1978, p. 124).
[15] Walter Benjamin, *Das Passagen-Werk*. Rolf Tiedemann (ed.). Frankfurt am Main, Suhrkamp, 1983, v. 1, p. 591-92 (n. 9, 7).
[16] Ibidem, p. 592 (n. 9a, 4).
[17] Ibidem, p. 588 (n. 7a, 3).
[18] Ibidem, (n. 7a, 8).
[19] Benedito Nunes, op. cit., p. 27.
[20] Oswald de Andrade, "Manifesto da Poesia Pau-Brasil", op. cit., p. 44.
[21] Luiz Costa Lima, Oswald, Poeta, op. cit., p. 202.
[22] Oswald de Andrade, *Pau-Brasil* (1925). São Paulo, Globo, 1991, p. 95. Luiz Costa Lima, op. cit., p. 206. In: *A Crise da Filosofia Messiânica* (1950), Oswald assim descreve esta dialética histórica: "tese – o homem natural"; "antítese – o homem civilizado" e "síntese – o homem natural tecnizado". E observa: "Vivemos num estado de negatividade, eis o real. Vivemos no segundo termo dialético da nossa equação fundamental" (*A Utopia Antropofágica*, op. cit., p. 103).
[23] Oswald de Andrade, *Manifesto Antropófago* (1928). In: *A Utopia Antropofágica*, op. cit., p. 51.
[24] Ibidem, p. 50.
[25] Oswald de Andrade, *A Crise da Filosofia Messiânica*, op. cit., p. 111.

Para compreender-se a complexa estrutura temporal do superficialmente simples poema oswaldiano é preciso estar atento ao impulso utópico que o anima. Quanto a isso, *A Marcha das Utopias*, série de artigos complementares à tese *A Crise da Filosofia Messiânica*, é um documento valioso. Apoiando-se em Karl Mannheim, Oswald propõe: "No fundo de cada utopia não há somente um sonho, há também um protesto".[26] Pensando-se naqueles momentos em que a poesia de Oswald se faz mais elíptica, e o esquema quadritemporal divisado por Costa Lima manifesta-se em filigrana, pode-se acrescentar que a exposição do sonho, no poema, é desde sempre, imediatamente, protesto: a imagem da liberdade futura, moldada sobre aquela de uma imemorial liberdade perdida, confronta a imagem de uma corrente de opressões em que se enlaçam o presente e o passado próximo. Se a ideologia (argumenta Oswald) tem o objetivo de conservar a ordem estabelecida, a utopia, por sua vez, é sempre subversiva – apresenta-se sempre como elemento dissolvente daquela ordem. É significativo que, nesse ponto de seu discurso, Oswald traduza suas considerações nos termos de uma teoria da tragédia: "O fato de a moderna sociologia ter feito desaparecer o Destino como fator de situações reais, desenlaces e resultados dramáticos esclarece profundamente o substrato tanto das ideologias como das utopias, liquidando o clássico *deus ex machina* que encheu de terror do incompreensível a velha tragédia grega".[27]

V

Oswald, atento à complexidade e à ambivalência da pulsão utópica (não foram, pergunta-se, também os fascismos, à sua maneira, "autênticos movimentos utópicos"?[28]), acaba por propor, a partir do discernimento do tanto de utopia inerente ao cristianismo primitivo, a *parousía* – a segunda vinda de Cristo à terra, ou, na sua descrição, "a volta do Deus vingador para repor as coisas em seus eixos numa situação social errada"[29] – como sucedâneo do *deus ex machina* abolido. Contra a inevitabilidade do destino, a *parousía* é uma promessa que só se enuncia no horizonte de uma permanente indecidibilidade, de um incansável *será?*. Alimenta-a a "frágil força messiânica" a que aludiram Paulo e, mais recentemente, Benjamin, aquela singular potência que vige sobretudo na debilidade, na fraqueza:[30] "Os apóstolos esperavam a *parúsia* que foi sendo adiada mas nunca denegada até que, séculos depois, um sabido, talvez Clemente de Alexandria, passaria para o justiçamento extraterreno, e *post-mortem*, a determinação

---

[26] Oswald de Andrade, *A Marcha das Utopias* (1966). In: *A Utopia Antropofágica*, op. cit., p. 204. E ainda: "A utopia é sempre um sinal de inconformação e um prenúncio de revolta" (p. 209).
[27] Ibidem, p. 204 (o texto deste trecho foi por mim revisto, sobretudo no que se refere à pontuação).
[28] Ibidem, p. 201.
[29] Ibidem, p. 205.
[30] Ver as observações fundamentais de Giorgio Agamben, "Soglia o *tornada*". In: *Il tempo che Resta. Un Commento alla Lettera ai Romani*. Turim, Bollati Boringhieri, 2000, p. 128-35. A formulação, nesses exatos termos ("eine *schwache* messianische Kraft"), é de Benjamin, na segunda tese sobre o conceito de história, mas, como demonstrou Agamben, nela se pode observar uma retomada, via Lutero, de um passo da Segunda Epístola aos Coríntios (12, 9-10) em que Paulo pede ao Messias que lhe poupe de um aguilhão que lhe foi cravado na carne, e então escuta: "hē gar dýnamis en astheneía teleítai" ("a potência se cumpre na debilidade"; ou, como se lê na tradução da *Bíblia de Jerusalém*, "é na fraqueza que a força manifesta todo o seu poder").

de se fazer justiça aos que sofreram e castigar os que abusaram".[31] É no léxico político que Oswald encontra um correspondente para esse messianismo incerto: trata-se de uma forma de "resistência". Superando a "ideia de uma vinda pessoal do Messias julgador e portador de justiça", apresentou-se, "através dos profetas e desde a gênese, tanto em Amós como em Ezequiel e em Jeremias", uma espécie de vago "sentimento sonhador", que tinha em vista, antes de tudo, a "recuperação histórica da liberdade".[32] Se todo trabalho, na teoria do matriarcado de Oswald, revela-se, no cômputo final, uma forma de escravidão, entende-se perfeitamente de que história ele aqui está falando. É justamente ao descolar-se da ideia da vinda pessoal de Cristo, para significar um processo coletivo (prefigurado já na estrita identificação entre Deus e seu povo, em Jeremias), que a *parousía* torna-se "heresia". É na forma de heresia que a utopia atravessa a Idade Média, para nomear-se como utopia apenas com o humanismo e com sua distância em relação ao controle institucional da Igreja. "No fundo de cada heresia há (...) uma utopia. E essa utopia se dobra e recobre do ideal parusaico."[33]

A relativa indefinição da meta do "ideal parusaico", que faz seu o esquema aberto da liberdade humana ("nada mais inumano do que a certeza"[34]), não nos permite prever com segurança se, nesse prometido fim dos tempos, virá a felicidade ou o infortúnio: esse é o sentido profundo da hesitação entre comédia e tragédia característica da modernidade. Menos insegura, contudo, é a percepção de que o "ideal parusaico", na modernidade, só pode concretizar-se por meio de uma irrupção de violência indeterminada – percepção que encontra sua formulação exemplar no poema "The Second Coming", de Yeats: "*Surely some revelation is at hand; / Surely the Second Coming is at hand*".[35] A fragilidade da força messiânica está muito bem representada na conhecidíssima observação de que aos "melhores" falta "toda convicção", enquanto "os piores / estão cheios de apaixonada intensidade" ("*The best lack all conviction, while the worst / Are full of passionate intensity*"). Daí que o Messias de Yeats seja verdadeiramente monstruoso, como se viesse não para remunerar a esperança dos "melhores", mas sobretudo para enfrentar, de igual para igual, os "piores": "E que rude fera, seu tempo enfim tendo chegado, / Se abate até Belém para nascer?" ("*And what rough beast, its hour come round at last, / Slouches towards Bethlehem to be born?*"). Em outro célebre poema, "Lapis Lazuli", Yeats retoma essa indeterminação sob a forma de uma "alegria" (*gaiety*) que está

---

[31] Oswald de Andrade, *A Marcha das Utopias*, op. cit., p. 205-06.
[32] Ibidem, p. 206.
[33] Ibidem, p. 207.
[34] Oswald de Andrade, "Ainda o Matriarcado". In: *A Utopia Antropofágica*, op. cit., p. 218. E também: "O homem flutua e flutuará sempre enquanto for homem, nas dobras da dúvida, no mistério da fé e no imperativo da descrença, no abismo órfico que o acompanha do berço ao túmulo" (Ibidem).
[35] W. B. Yeats, *The Collected Poems of W. B. Yeats*. Nova York, Macmillan, 1951, p. 185.

por trás mesmo das tragédias aparentemente mais absolutas:

> All perform their tragic play,
> There struts Hamlet, there is Lear,
> That's Ophelia, that Cordelia;
> Yet they, should the last scene be there,
> The great stage curtain about to drop,
> If worthy their prominent part in the play,
> Do not break up their lines to weep.
> They know that Hamlet and Lear are gay;
> Gaiety transfiguring all that dread.[36]

No desfecho desse poema, passa-se à consideração da lírica em termos semelhantes. Yeats vale-se da imagem de um medalhão em lápis-lazúli, em que estão talhadas as figuras de dois chineses acompanhados de um terceiro, "sem dúvida um criado", que "carrega um instrumento musical". Sobre eles, voa uma ave pernalta, "símbolo de longevidade". "Cada mancha da pedra, / cada entalhe ou fissura acidental, / parece um córrego ou uma avalanche": mas pode também parecer o aclive sobre o qual a neve cai, embora um ramo de cerejeira ou ameixeira "adoce [*sweetens*] a pequena casa a meio caminho" para a qual os chineses se dirigem. O poeta confessa-se deliciado de "imaginá-los sentados ali": "Ali, na montanha e no céu, / em toda a cena trágica que eles encaram". É então que, imagina Yeats, um deles pede por "melodias tristes" (*mournful melodies*) e é atendido:

> Accomplished fingers begin to play.
> Their eyes mid many wrinkles, their eyes,
> Their ancient, glittering eyes, are gay.[37]

O sentido dessa melodia que confronta a tragédia deixara-se antecipar por versos anteriores que se ligam a estes pela rima e, sobretudo, pela incidência no mesmo adjetivo fundamental:

> All things fall and are built again,
> And those that build them again are gay.[38]

VI

Não será impertinente interpretar em sentido aproximado o refrão com que Oswald pontua o *Manifesto Antropófago*, inscrevendo-o duas vezes no texto: "A alegria é a prova dos nove".[39] A alegria é, no pensamento de Oswald, sonho e protesto, indissociáveis: utopia em estado puro. Trata-se de aprender a lidar com a negatividade do mundo, absorvendo-a e transformando-a em algo mais que negatividade; daí que Mário de Andrade tenha podido descrever as *Memórias Sentimentais de João Miramar*, o primeiro romance realmente modernista de Oswald, como "a mais alegre das destruições" (o que, segundo

---

[36] Ibidem, p. 292: "Todos atuam em sua peça trágica, / Lá vai Hamlet, empertigado, lá está Lear, / Aquela é Ofélia, aquela Cordélia; / No entanto, aproximando-se a última cena, / A grande cortina do palco pronta para cair, / Se valiosas suas proeminentes participações na peça, / Não quebram suas falas para chorar. / Eles sabem que Hamlet e Lear são alegres; / Alegria transfigurando todo aquele terror".
[37] Ibidem, p. 293: "Dedos perfeitos começam a tocar. / Seus olhos entre muitas rugas, seus olhos, / Seus antigos, cintilantes olhos, são alegres".
[38] Ibidem, p. 292: "Todas as coisas declinam e são erguidas de novo, / E aqueles que as erguem de novo são alegres".
[39] Oswald de Andrade, *Manifesto Antropófago*, op. cit., p. 51.

Mário, aproximaria o livro do dadaísmo).⁴⁰ No *Manifesto da Poesia Pau-Brasil*, a reivindicação da alegria como tarefa já era assumida por Oswald ao se cogitar de uma "volta à especialização", decorrente de uma crise do conhecimento ("um estouro nos aprendimentos"): "A poesia para os poetas. Alegria dos que não sabem e descobrem".⁴¹ Em forma de poema, isso aparecerá como: "Aprendi com meu filho de dez anos / Que a poesia é a descoberta / Das coisas que eu nunca vi".⁴²

Alegria e *felicidade* parecem ser, no manifesto da antropofagia, palavras intercambiáveis. Questão de *descoberta*, ainda: "Antes dos portugueses descobrirem o Brasil, o Brasil tinha descoberto a felicidade".⁴³ Mas, com o risco de esquematismo, pode-se dizer que *felicidade* denota uma situação paradisíaca passada e perdida, ou por perder-se, e que pode mesmo estar contaminada pelo presente irredimido ("A felicidade anda a pé / Na Praça Antônio Prado / São 10 horas azuis / O café vai alto como a manhã de arranha-céus"⁴⁴), enquanto *alegria* nomeia uma situação utópica, aquela franja de futuro que já se insinua no presente, cobrando alguma ação para que venha a se concretizar. No primeiro manifesto, Oswald põe em choque a comicidade complexa do carnaval e a tragicidade não menos complexa da ópera wagneriana: "Wagner submerge ante os cordões de Botafogo".⁴⁵ O carnaval carioca é visto como "o acontecimento religioso da raça".⁴⁶ No segundo manifesto, a configuração própria dessa religiosidade ficará mais evidente: "Uma consciência participante, uma rítmica religiosa".⁴⁷ Trata-se não só, segundo uma antiga e provavelmente equívoca etimologia, de *religar* o homem com algum deus, mas o homem com os outros homens. O ritmo é um elemento *simpático*: congrega os homens num mesmo *páthos*. A antropofagia será, para Oswald, o movimento fundamental da comunidade humana: "Só a antropofagia nos une. Socialmente. Economicamente. Filosoficamente".⁴⁸ Afinal, é ela a capacidade de incorporar em si a alteridade do outro, que é também a humanidade do homem: "Só me interessa o que não é meu. Lei do homem. Lei do antropófago".⁴⁹ Na visão idealizada do Brasil pré-cabralino, Oswald afirma uma ideia transtemporal – na verdade, hiper-histórica – de comunidade: "Já tínhamos o comunismo".⁵⁰ Este "comunismo" redunda, em sua versão tardia (moderna), num desejo de integração cósmica, que é também a forma de descobrir a abertura para a comunidade na individualidade: "Da equação **eu** parte do **Cosmos** ao axioma **Cosmos** parte do **eu**".⁵¹ "Numa cultura matriarcal", observa Oswald, "o que se interioriza no adolescente não é mais

---

⁴⁰ Mário de Andrade, *Osvaldo de Andrade*, op. cit., p. 27. Mais adiante, Mário reitera a observação, destacando a "acentuada formação destrutiva" do romance de Oswald (p. 30).
⁴¹ Oswald de Andrade, *Manifesto da Poesia Pau-Brasil*, op. cit., p. 41.
⁴² Idem, "3 de maio". In: *Pau-Brasil*, op. cit., p. 99.
⁴³ Idem, *Manifesto Antropófago*, op. cit., p. 51. Oswald soube apreender muito bem a importância das descobertas de novas terras e de seus habitantes para a constituição do utopismo europeu; veja-se, por exemplo, "O Antropófago". In: *Estética e Política*. Editado por Maria Eugenia Boaventura. São Paulo, Globo, 1992, p. 251 e 253: "As descobertas, e sobretudo a descoberta do homem primitivo, foram o que de fato pôs fim à estabilidade do orbe antigo e a seus quadros intelectuais, sociais, econômicos e políticos. (...) a literatura coeva dos descobrimentos foi a onda otimista que deu as utopias. Que outra base teriam essas promessas de humanidade feliz, sem peias, explorações ou recalques, se não a difundida documentação de Vespúcio?" Ver ainda *A Marcha das Utopias*, op. cit., p. 163-64 e 177.
⁴⁴ Idem, "Aperitivo". In: *Pau-Brasil*, op. cit., p. 121.
⁴⁵ Idem, *Manifesto da Poesia Pau-Brasil*, op. cit., p. 41.
⁴⁶ Ibidem.
⁴⁷ Idem, *Manifesto Antropófago*, op. cit., p. 47.
⁴⁸ Ibidem.
⁴⁹ Ibidem.
⁵⁰ Ibidem, p. 49.
⁵¹ Ibidem.

a figura hostil do pai-indivíduo, e, sim, a imagem do grupo social."[52] É a própria superação do Direito positivo que aqui se anuncia, restando em seu lugar uma verdadeira *ética*: "Schopenhauer disse que só na união de todas as vontades numa só vontade pode existir ética. É verdade. Fora disso, há éticas de classe, desde Aristóteles".[53] *A Crise da Filosofia Messiânica*, a tese de filosofia apresentada por Oswald em 1950, começa pela diferenciação entre antropofagia e canibalismo: a antropofagia "pertence como ato religioso ao rico mundo espiritual do homem primitivo" e contrapõe-se, "em seu sentido harmônico e comunial", ao canibalismo, degradada "antropofagia por gula" ou por "fome", espécie de forma primitiva do capitalismo.[54] Em nenhum outro momento de sua obra, Oswald levou tão longe o alcance da antropofagia:

A operação metafísica que se liga ao rito antropofágico é a da transformação do tabu em totem. Do valor oposto ao valor favorável. A vida é devoração pura. Nesse devorar que ameaça a cada minuto a existência humana, cabe ao homem totemizar o tabu. Que é o tabu senão o intocável, o limite? Enquanto, na sua escala axiológica fundamental, o homem do Ocidente elevou as categorias do seu conhecimento até Deus, supremo bem, o primitivo instituiu a sua escala de valores até Deus, supremo mal. Há nisso uma radical oposição de conceitos que dá uma radical oposição de conduta.[55]

Essa oposição é aquela entre patriarcado e matriarcado, entre cultura messiânica e cultura antropofágica. Libertar-se do tabu, por sua transformação em totem, é um esforço desde sempre alegre, que só se dá na alegria e pela alegria. A boca que devora é a boca que ri.

A crítica oswaldiana do messianismo parte da constatação de que a esperança depositada no Messias vem funcionando como apaziguadora de qualquer resposta à escravidão decorrente da substituição do matriarcado primitivo pelo patriarcado: "Sem a ideia de uma vida futura, seria difícil ao homem suportar a sua condição de escravo. Daí a importância do messianismo na história do patriarcado".[56] Na visão de Oswald, o messianismo faz-se acompanhar pelo predomínio da classe sacerdotal sobre as demais. É todo um mecanismo de separação e exclusão – de sacralização – que está ativo nesse momento. Oswald investiga a prática elementar dessa separação, o *sacerdócio*, cuja denominação ele interpreta pseudoetimologicamente como "ócio consagrado aos deuses".[57] Contra este "ócio sagrado",

[em], *A Crise da Filosofia Messiânica*, op. cit., p. 143.
[53] Ibidem, p. 144.
[54] Ibidem, p. 101. Raúl Antelo sintetizou numa frase aguda essa apreensão paradoxal da antropofagia em face do canibalismo: "A antropofagia não devora corpos; ela produz corpos" ("Políticas Canibais: do Antropofágico ao Antropoemético". In: *Trangressão & Modernidade*. Ponta Grossa, Editora UEPG, 2001, p. 273).
[55] Oswald de Andrade, "A Crise da Filosofia Messiânica", op. cit., p. 101.
[56] Ibidem, p. 104.
[57] Ibidem, p. 106.

apresentam-se duas forças antagônicas: de um lado, "o negócio que é a negação do ócio",[58] o qual, embora inicialmente subversivo, acaba por produzir ainda mais exclusão, e, de outro, aquela "partilha do ócio a que todo homem nascido de mulher tem direito",[59] aquele ócio profano, tornado possível pela técnica, cujo horizonte final é a total libertação do homem de sua escravidão, de seu trabalho. Só então lhe restará como tarefa apenas a alegria:

> No mundo supertecnizado que se anuncia, quando caírem as barreiras finais do Patriarcado, o homem poderá cevar a sua preguiça inata, mãe da fantasia, da invenção e do amor. E restituir a si mesmo, no fim do seu longo estado de negatividade, na síntese, enfim, da técnica que é civilização e da vida natural que é cultura, o seu instinto lúdico. Sobre o *faber*, o *viator* e o *sapiens*, prevalecerá então o *Homo ludens*. À espera serena da devoração do planeta pelo imperativo do seu destino cósmico.[60]

Chegará, um dia, o momento de alcançar, em versão profana, aquela "alegria suprema" que os cristãos supuseram na "contemplação beatífica de Deus", a qual é, antes de tudo, "ócio puro".[61] Nesse momento da mais funda profanação, o homem não encontra sua redenção, mas, antes, descobre o fim da necessidade de redenção. O mesmo acontece com o problema da liberdade, então posto de lado.[62] O que fica é uma espécie de paródia da religião, na qual, segundo os termos de Oswald, ao "ateísmo sem Deus" do século XIX acaba por se opor um paradoxal "ateísmo com Deus".[63] Temos então um reencontro, agora sem ilusões, com "nossa eterna irracionalidade", com o que Oswald chama de "sentimento órfico", um difuso sentimento do sagrado, "preso ao instinto da vida e ao medo da morte", o qual, no entanto, não implica mais nenhuma separação, nenhuma sacralização: "Cansamo-nos de adorar e temer o que se escondia atrás das nuvens. O para-raios liquidou com Júpiter. Hoje os homens querem ver os deuses de perto".[64] A contraposição da antropofagia ao messianismo marca um deslocamento do tempo da alegria – do futuro para o presente: é aqui e agora que a alegria deve acontecer. O que é viver a alegria a fundo senão viver a "dimensão louca do homem"? O que é a alegria senão a liberação do "potencial de primitivismo recalcado por séculos"?[65] E não podemos esquecer que, para Oswald, esse adiantamento da alegria está intimamente vinculado à poesia, especialmente à "nova poesia" (à poesia moderna), que "restaura o reino da criança, do primitivo e do louco".[66]

---

[58] Ibidem, p. 128.
[59] Ibidem, p. 106.
[60] Ibidem. Há interessantes concordâncias entre essas proposições de Oswald e aquelas recentemente aventadas por Giorgio Agamben no "Elogio della Profanazione" que é o texto central do livro *Profanazioni* (Roma, Nottetempo, 2005, p. 83-106).
[61] Oswald de Andrade, *A Marcha das Utopias*, op. cit., p. 171.
[62] Ver Oswald de Andrade, *A Crise da Filosofia Messiânica*, op. cit., p. 144: "O homem, o animal fideísta, o animal que crê e obedece, chegou ao termo do seu estado de negatividade, às portas de ouro de uma nova idade do ócio. Nela não se propõe o problema da liberdade. Esta só existe como reivindicação, quando o homem passa a escravizar o próprio homem, a negar-se como Ser determinado por ela, a liberdade, isto é, no patriarcado. Aí, ela é a consciência da necessidade. No vocabulário da servidão, ela é a humana tendência do retorno ao justo que é o natural".
[63] Oswald de Andrade, *A Marcha das Utopias*, op. cit., p. 183-84.
[64] Ibidem, p. 166.
[65] Oswald de Andrade, *O Antropófago*, op. cit., p. 248.
[66] Idem, "Novas Dimensões da Poesia". In: *Estética e Política*, op. cit., p. 117.

VII

Há, em *Pau-Brasil*, um excepcional poema em que essa alegria aparece em versão não eufórica. É significativo, do ponto de vista de uma reflexão metapoética, que o poema se intitule "Ditirambo" – ou seja, que tome o nome daquela forma lírica em que Aristóteles identificou a origem da tragédia[67]:

Meu amor me ensinou a ser simples
Como um largo de igreja

Onde não há nem um sino
Nem um lápis
Nem uma sensualidade[68]

A "simplicidade" desse poema – distante, porém, de qualquer ingenuidade – explica-se talvez por uma ideia que Oswald registra em seu primeiro manifesto: "Nossa época anuncia a volta ao *sentido puro*".[69] Depurar significa, para Oswald, abstrair: "Um quadro são linhas e cores. A estatuária são volumes sob a luz".[70] É nessa pureza, que funciona como princípio de alte-

[67] Aristóteles, *Poética*. Trad. Eudoro de Sousa. Porto Alegre, Globo, 1966, p. 72.
[68] Oswald de Andrade, "Ditirambo". In: *Pau-Brasil*, op. cit., p. 99.
[69] Idem, *Manifesto da Poesia Pau-Brasil*, op. cit., p. 44.
[70] Ibidem.

Revista de Antropofagia, Ano I – número 8

ridade e como contraimagem utópica, que a comunidade humana radica seu vir a ser.

Luiz Costa Lima notou, a respeito do *Cântico dos Cânticos para Flauta e Violão*, que nele, diversamente do que se observa no poema amoroso tradicional, o amor e o mundo não se encontram em oposição: "A configuração amorosa não se contenta com os amantes. E o lirismo se torna forma de abrangência".[71] Num texto de reproposição retrospectiva da antropofagia, escrito entre 1952 e 1953 e que permaneceu inédito até a reunião das *Obras Completas*, Oswald divisa os gestos elementares dessa abrangência ao distinguir entre uma "economia do haver", baseada na exploração e na acumulação, e uma "economia do ser", baseada na gratuidade e no dispêndio.[72] É uma forma íntima dessa economia do ser que Oswald parece ter em vista quando fala do "ser simples" e quando põe em sequência as negativas do final do poema. Na ontologia implícita na antropofagia oswaldiana, Ser e Devoração são um só movimento, que pode se confundir com a abstração: "Nada existe fora da Devoração. O ser é a Devoração pura e eterna".[73]

VIII

Na segunda tese sobre o conceito de história, Walter Benjamin, recorrendo a uma imagética do amor e da amizade já presente em Dante, observa que "a imagem da felicidade (*das Bild von Glück*) que cultivamos está inteiramente tingida pelo tempo a que, de uma vez por todas, nos remeteu o decurso de nossa existência. Felicidade que poderia despertar inveja em nós existe tão somente no ar que respiramos, com os homens com quem teríamos podido conversar, com as mulheres que poderiam ter-se dado a nós. Em outras palavras, na representação da felicidade vibra conjuntamente, inalienável, a da redenção".[74] O mesmo, porém, se dá com a representação do passado, que a investigação histórica toma como tarefa; é assim que Benjamin confronta-nos com a ideia de uma comunidade que englobará até mesmo os mortos, com os quais temos um encontro marcado, um encontro – frise-se – "secreto":

> O passado leva consigo um índice secreto (*heimlich*) pelo qual é remetido à redenção. Não nos afaga, pois, levemente um sopro de ar que envolveu os que nos precederam? Não ressoa nas vozes a que damos ouvido um eco das que estão, agora, caladas? E as mulheres que cortejamos não têm irmãs que jamais conheceram? Se assim é, um encontro secreto (*geheime*) está então marcado entre as gerações passadas e a nossa. Então fomos esperados

[71] Luiz Costa Lima, *Oswald, Poeta*, op. cit., p. 212.
[72] Oswald de Andrade, "O Antropófago", op. cit., p. 233-84 (quanto à distinção entre as duas economias, cf. mais especificamente p. 242, 245-46, 249 e 260-63).
[73] Idem, "Mensagem ao Antropófago Desconhecido". In: *Estética e Política*, op. cit., p. 286.
[74] Walter Benjamin, "Über den Begriff der Geschichte". In: *Gesammelte Schriften*, I/2. Rolf Tiedemann e Herman Schweppenhäuser (ed.). Frankfurt am Main, Suhrkamp, 1990, p. 693. Sigo a tradução de Jeanne Marie Gagnebin e Marcos Lutz Müller publicada em Michael Löwy, *Walter Benjamin: Aviso de Incêndio. Uma Leitura das Teses "Sobre o Conceito de História"*. Tradução de Wanda Nogueira Caldeira Brant. São Paulo, Boitempo, 2004, p. 48.

sobre a terra. Então nos foi dada, assim como a cada geração que nos precedeu, uma *fraca* força messiânica, à qual o passado tem pretensão.

Não é redundante lembrar que Jürgen Habermas, contra a habitual interpretação melancólica de Benjamin, já chamou a atenção para a primazia da felicidade no seu projeto crítico.[75] E Giulio Schiavoni, mais recentemente, ao examinar a obra de Benjamin como "um testemunho precioso e uma não vácua mina de fulgurações e de solicitações cognoscitivas para quem queira confrontar-se com a modernidade nas suas ambivalências", afirma que ela assim se configura também "pela força com que soube repropor (...) a *questão da felicidade*":

A permear os escritos de Walter Benjamin, transformando-os numa aventura do intelecto e do coração, está justamente um lancinante desejo de felicidade: aquela felicidade da qual se sabia excluído e que ele perseguiu continuamente na sua existência de judeu privado de uma "pátria" na qual pudesse reconhecer-se, na sua existência toda jogada no risco, na provisoriedade e no desenraizamento e sempre ultrajada pela desventura e pela incompletude; a mesma felicidade que ele sabia presente no jogo e no amor e de que indagou os frágeis vestígios na obra de Goethe, de Proust ou de Kafka.[76]

"A ordem do profano deve erigir-se sobre a ideia da felicidade" (*"Die Ordnung des Profanen hat sich aufzurichten an der Idee des Glücks"*): assim, com efeito, conclui Benjamin, no *Fragmento Teológico-Político*, a partir de uma clara distinção entre o histórico e o messiânico.[77] Para Benjamin, é a felicidade, e não a vinda do Messias, que se apresenta como meta própria de nosso decurso histórico-profano como seres humanos. O Reino de Deus, afinal, não pode ser "o telos da dinâmica histórica": "Visto historicamente, ele não é meta (*Ziel*), mas, sim, termo (*Ende*)". É certo que, para que se cumpra "todo o acontecer histórico" (*alles historische Geschehen*), é preciso que o Messias venha: só ele "redime, conclui, cria" uma "relação com o messiânico". Mas nada do que é histórico pode relacionar-se por si mesmo com o messiânico: "a ordem profana não pode ser construída sobre o pensamento do reino divino" (do que decorre que "a teocracia não tem nenhum sentido político, mas, sim, apenas religioso"). Não obstante, na "visão mística" da história que engloba a ordem profana da felicidade e a ordem messiânica, estas, embora distintas entre si, não se contrapõem.

---

[75] Jürgen Habermas, "Crítica Conscientizante ou Salvadora – A Atualidade de Walter Benjamin". In: *Habermas*. Trad. Barbara Freitag e Sérgio Paulo Rouanet. São Paulo, Ática, 2001, p. 203-04.

[76] Giulio Schiavoni, *Walter Benjamin. Il Figlio della Felicità. Un Percorso Biografico e Concettuale*. Turim, Einaudi, 2001, p. XIII.

[77] Walter Benjamin, "*Theologisch-Politisches Fragment*". In: *Gesammelte Schriften*, II/1. Editado por Rolf Tiedemann e Hermann Schweppenhäuser. Frankfurt am Main: Suhrkamp, 1980, p. 203-04.

Antes, é o pleno cumprimento da ordem profana que torna possível o advento da ordem messiânica:

> Pois na felicidade todo o secular (*alles Irdische*) aspira a seu declínio (*Untergang*), mas só na felicidade está destinado a encontrá-lo. (...) A *restitutio ad integrum* espiritual, que introduz na imortalidade, corresponde a uma *restitutio* mundana, que conduz à eternidade de um declínio, e o ritmo desta mundanidade eternamente transitória, transitória na sua totalidade, totalidade não só espacial mas também temporal, o ritmo da natureza messiânica, é a felicidade. Pois a natureza é messiânica devido à sua eterna e total caducidade. Lutar por esta, mesmo pela caducidade daquelas etapas do homem que são natureza, é a tarefa da política mundial (*die Aufgabe der Weltpolitik*), cujo método deve ser chamado niilismo.[78]

A epígrafe da quarta tese sobre o conceito de história, tomada de empréstimo a uma carta de Hegel, resume o que aqui vai dito com muita precisão: "Buscai, primeiro, o de que comer e vestir, e o Reino de Deus vos advirá por si".[79] O lugar da felicidade humana é o instável ponto intermédio entre a mera subsistência, que está aquém do homem e da história, e a vinda do Messias, que está além.

IX

Marx (em cujo *Manifesto Comunista* Oswald, antropofagicamente, descobriu "um lirismo inovador capaz não de transformar, mas de engolir o mundo"[80]) arriscou uma resposta para o problema de por que todo acontecimento histórico acaba por se representar como comédia:

> A história é minuciosa (*gründlich*) e atravessa muitas fases quando leva uma velha forma (*Gestalt*) para o túmulo. A última fase de uma forma histórica (*weltgeschichtlichen Gestalt*) é sua *comédia*. Os deuses da Grécia, que, tragicamente, foram feridos de morte no *Prometeu Acorrentado* de Ésquilo, tiveram de morrer outra vez, comicamente, nos *Diálogos* de Luciano. Por que essa marcha da história? Para que a humanidade se separe *alegremente* (*heiter*) de seu passado.[81]

Walter Benjamin anotou esse trecho nas folhas da *Passagen-Werk*, assim resumindo-o: "A humanidade deve separar-se de seu passado reconciliada – e *uma* forma de reconciliação é a alegria (*Heiterkeit*)". E acrescentou a surpreendente conclusão: "O surrealismo é a morte do último século na comédia".[82] Algo de semelhante poderia ser dito, com razão, a propósito de larga parcela do modernismo, tanto europeu

---

[78] Ibidem, p. 204.
[79] Idem, "Über den Begriff der Geschichte", op. cit., p. 694; novamente, recorro, com retoques, à tradução de Jeanne Marie Gagnebin e Marcos Lutz Müller, *Sobre o Conceito de História*, op. cit., p. 58.
[80] Oswald de Andrade, *O Antropófago*, op. cit., p. 247.
[81] Karl Marx, "Zur Kritik der Hegelschen *Rechtsphilosophie*". In: Karl Marx e Friedrich Engels, *Werke*, I. Berlim, Dietz, 1976, p. 382.
[82] Walter Benjamin, *Das Passagen-Werk*, op. cit., v. 1, p. 584 (n. 5a, 2).

quanto americano, com especial pertinência no tocante à antropofagia oswaldiana, ação crítico-poética pela qual, por meio da alegria, se busca, a um só tempo, dialeticamente, a reconciliação com o passado e a separação em relação ao passado.

X

No fragmento sobre "O Caráter Destrutivo", Benjamin frisa o nexo entre destruição e alegria, que é também, em alguma medida, aquele entre história e alegria:

> O caráter destrutivo é jovial e alegre. Pois destruir remoça, já que remove os vestígios de nossa própria idade; traz alegria, já que, para o destruidor, toda remoção significa uma perfeita subtração ou mesmo uma radicação de seu próprio estado. O que, com maior razão, nos conduz a essa imagem apolínea do destruidor é o reconhecimento de como o mundo se simplifica enormemente quando posto à prova segundo mereça ser destruído ou não. Este é um grande vínculo que enlaça harmonicamente tudo o que existe. Esta é uma visão que proporciona ao caráter destrutivo um espetáculo da mais profunda harmonia.[83]

(Essa passagem de um Benjamin impregnado de nietzschianismo permite-nos compreender, talvez melhor que qualquer outro texto da época, o que está realmente em questão na "volta ao *sentido puro*" – na abstração – invocada por Oswald no *Manifesto da Poesia Pau-Brasil* e praticada exemplarmente no seu "Ditirambo". Nenhuma depuração que não seja também destruição.)

XI

Flávio de Carvalho – que tão intensamente compartilhou a vocação antropofágica com seu amigo Oswald – buscou, num ensaio de 1930, imaginar "a habitação do homem nu, do homem do futuro, sem deus, sem propriedade e sem matrimônio".[84] "Habitação", neste texto, tem um sentido mais amplo mas não menos preciso que o usual: o que está em questão não é a casa privada, restrita à esfera familiar, mas a cidade, sobretudo a "cidade americana", que se faz casa compreensiva para o "homem nu", encarnação última do "homem antropofágico", na busca comum de "uma possível felicidade longínqua".[85] "A cidade do homem nu será toda ela a casa do homem", resume Flávio, assim circunscrevendo o desejo fundamental de sua arquitetura. E logo acrescenta: "A cidade do homem nu é a habitação do pensamento".[86] Contra que horizonte esse pensamento se ergue? Na civilização, Flávio flagra em ação um mecanismo trágico:

---

[83] Idem, "O Caráter Destrutivo". In: *Rua de Mão Única. Obras Escolhidas II*. Trad. Rubens Rodrigues Torres Filho e José Carlos Martins Barbosa. São Paulo, Brasiliense, 1994, p. 236.

[84] Flávio de Carvalho, "Uma tese curiosa – A cidade do homem nu", publicado originalmente no *Diário da Noite*, São Paulo, 19 jul. 1930, reproduzido em Denise Mattar (org.), *Flávio de Carvalho. 100 Anos de um Revolucionário Romântico*, Rio de Janeiro: Centro Cultural Banco do Brasil, 1999, p. 79-80.

[85] Ibidem, p. 80: "O homem antropofágico, quando despido de seus tabus, assemelha-se ao homem nu. A cidade do homem nu será sem dúvida uma habitação própria para o homem antropofágico". Cf. Walter Benjamin, "Experiência e Pobreza" (1933). In: *Magia e Técnica, Arte e Política. Ensaios sobre Literatura e História da Cultura*. Tradução de Sergio Paulo Rouanet, p. 116: "Tanto um pintor complexo como Paul Klee quanto um arquiteto programático como Loos rejeitam a imagem do homem tradicional, solene, nobre, adornado com todas as oferendas do passado, para dirigir-se ao contemporâneo nu, deitado como um recém-nascido nas fraldas sujas de nossa época".

[86] Flávio de Carvalho, *Uma Tese Curiosa – A Cidade do Homem Nu*, op. cit., p. 81.

O homem perseguido pelo ciclo cristão, embrutecido pela filosofia escolástica, exausto com 1.500 anos de monotonia recalcada, aparece ao nosso século como uma máquina usada, repetindo tragicamente os mesmos movimentos ensinados por Aristóteles. (...) É um mecanismo de repetição não produtivo, é um mecanismo nefasto que procura destruir o que há de mais grandioso; procura destruir a sua possibilidade de melhorar, de progredir. O homem destrói a si mesmo, sem saber por quê.

Contra esse destino mecânico, o homem nu (assim como o homem antropofágico) elabora um mecanismo antitrágico, feito de "pensamento" e "pesquisa" livres e móveis: "A sua índole repele o passado, porque no passado nada viu senão a repetição dos dogmas inconvenientes. Ele deseja saltar fora do círculo, abandonar o movimento recorrente e destruidor de sua alma, procurar o mecanismo de pensamento que não entrave o seu desejo de penetrar no desconhecido. Pesquisar a sua alma nua, conhecer a si próprio".[87] A cidade do homem nu – na antevisão de Flávio, dominada por "um grande centro de pesquisas": "o deus mutável, o deus em movimento contínuo", "única autoridade constituída" – "prepar[a] o homem para ser feliz".[88]

XII

O último capítulo do romance *Serafim Ponte Grande* intitula-se "Os Antropófagos". Nele, Oswald apresenta-nos uma imagem antecipadora do "humano futuro" – da "humanidade liberada" – na forma de um navio, *El Durasno*, que vaga de porto em porto, sem que os passageiros, convertidos numa tribo de nus, jamais desembarquem. Para fugir ao controle de terra (para subtrair-se, nas palavras de Oswald, ao "contágio policiado dos portos"), os embarcados proclamam que há "peste a bordo".[89] Não é outra a mensagem que tanto a comédia quanto a utopia proclamam insistentemente, desde sempre, frente a um mundo controlado.

[87] Ibidem, p. 80.
[88] Idem, p. 82. [89] Oswald de Andrade, *Serafim Ponte Grande*. São Paulo, Globo, 1992, p. 160-61.
[89] Oswald de Andrade, *Serafim Ponte Grande*. São Paulo, Globo, 1992, p. 160-61.

A Única Lei do Mundo[1]

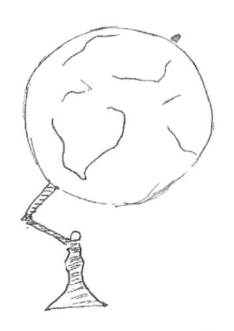

Alexandre Nodari[2]
Universidade Federal de Santa Catarina

CRÔNICA
Era uma vez o mundo

(Primeiro Caderno do Aluno de Poesia Oswald de Andrade)

•

I

No início do *Manifesto Antropófago*, a antropofagia é apresentada como uma lei – ou melhor, como a "única lei do mundo".[3] Logo a seguir, em um gesto que lhe é peculiar, Oswald de Andrade "reduz",[4] por assim dizer, todo o conteúdo dessa lei a um único preceito que mais parece a sanção legal do ilegal: "Só me interessa o que não é meu. Lei do homem. Lei do antropófago". O "Direito antropófágico" não só é enunciado *como* a "única lei do mundo", como também é enunciado *por* uma única lei; uma única lei com um único artigo, que, além disso, se assemelha à fórmula do Maio de 1968: "É proibido proibir". Mas de que modo toda a lei do mundo pode ser condensada em um só preceito? E ainda: como entender uma lei que, assim reduzida, parece desativar a Lei?

II

O estatuto do Direito antropofágico é tudo menos que claro. Trata-se de uma lei universal (a "Lei do homem") ou de uma lei particular (a "Lei do antropófago")? Ou ainda: é o homem que é subsumido no antropófago? Trata-se, como o *Manifesto* às vezes parece indicar, de uma lei já em vigor, que rege a história humana ("Expressão mascarada de todos os individualismos, de todos os coletivismos. De todas as religiões. De todos os tratados de paz"), ou, pelo contrário, como o texto também aponta, de uma norma programática, de uma utopia a ser realizada

---

[1] O presente ensaio retoma e desenvolve uma leitura sobre o direito antropofágico que realizei, sob orientação de Raúl Antelo, em minha dissertação de mestrado, *A Posse Contra a Propriedade*, defendida em 2007 no curso de pós-graduação em Literatura da Universidade Federal de Santa Catarina, e financiada pela Capes. Agradeço a Flávia Cera e Victor da Rosa pela leitura atenta das versões preliminares desse texto, bem como a Gonzalo Aguilar, que me convidou a escrevê-lo para o seu volume *Por una Ciencia del Vestigio Errático - Ensayos sobre la Antropofagia de Oswald de Andrade* (Buenos Aires, Grumo, 2010), onde foi publicado em espanhol, em tradução de Emanuel Viana Telles.

[2] Doutorando em Teoria Literária (CPGL/UFSC), com bolsa do CNPq.

[3] Todas as citações da *Revista de Antropofagia* (incluindo as do *Manifesto Antropófago*), de agora em diante também mencionada simplesmente como *Revista*, foram extraídas da edição fac-similar (*Revista de Antropofagia*, 1ª e 2ª dentições (fac-símile) (São Paulo, Abril, Metal Leve, 1975) e tiveram sua ortografia atualizada. ▶

[4] O gesto oswaldiano de "redução" é interpretado, na maioria das vezes, como a superioridade de sua capacidade intuitiva sobre a analítica, ainda que com divergências quanto à valoração de tal superioridade. Contudo, talvez fosse mais frutífero perguntar se não estaríamos diante de uma opção metodológica imanente à operação antropófaga. Não custa lembrar que o procedimento de "redução" reaparecerá, sob outra forma, na ideia de "redução sociológica" com a qual o sociólogo Alberto Guerreiro Ramos propôs nada mais do que a "assimilação crítica" dos "produtos científicos importados" (Alberto Guerreiro Ramos, *A Redução Sociológica*. 3.ed. Rio de Janeiro, EdUFRJ, 1996, p. 86). A sintonia gritante com a antropofagia foi assinalada por Haroldo de Campos em "A Poesia Concreta e a Realidade Nacional" (publicado, em 1962, no quarto número da revista *Tendência* de Belo Horizonte) e retomado em "Uma Poética da Radicalidade", na qual o conceito de "redução sociológica" é resumido do seguinte modo: "Forma-se em dadas circunstâncias uma 'consciência crítica', que já não mais se satisfaz com a 'importação de objetos culturais acabados', mas cuida de 'produzir outros objetos nas formas e com as funções adequadas às novas exigências históricas'; essa produção não é apenas de 'coisas', mas ainda de 'ideias'" (Haroldo de Campos, "Uma Poética da Radicalidade". In: Oswald de Andrade, *Poesias Reunidas*. Obras Completas, vol. VII. 3. ed. Rio de Janeiro, Civilização Brasileira, INL, 1972, p. xxxiii-xxxiv). É provável que a "redução" forme com a "Errática" os dois polos ▶

contra o *status quo*: "Contra a realidade social, vestida e opressora, cadastrada por Freud – a realidade sem complexos, sem loucura, sem prostituições e sem penitenciárias do matriarcado de Pindorama"? Trata-se de uma lei primitiva que cabe resgatar ("Antes dos portugueses descobrirem o Brasil, o Brasil tinha descoberto a felicidade"), ou de uma que, quando vier, "O cinema americano informará"?

III

O *Manifesto Antropófago*, que, se poderia dizer, não passa de um longo comentário ao Direito que preceitua, parece ter sido redigido à sombra da duplicidade (de uma lei que abole a lei, do particular e do universal, do primitivo e do tecnológico, do ser e do vir-a-ser). Desse modo, por um lado, há um acento no programa a ser cumprido, nos "Roteiros", que remetem não só aos itinerários pelos quais "Caminhamos", mas também ao cinema, isto é, ao novo: "A idade de ouro anunciada pela América. A idade de ouro. E todas as *girls*"; por outro, tal utopia parece sempre levar para trás, para o passado, para o que "Tínhamos": "Já tínhamos o comunismo. Já tínhamos a língua surrealista. A idade de ouro". Talvez o melhor não seja ver aqui uma estrutura paradoxal – ainda que a antropofagia esteja

repleta de paradoxos – nem a necessidade de uma opção binária. A temporalidade que transparece no *Manifesto* é a de um "mundo não datado", o que não quer dizer sem história: melhor seria dizer que a antropofagia aparece na forma de uma história *sem* data, para parodiar o título de um conto de Mário de Andrade.[5]

IV

Se estamos corretos, então o recurso ao passado é sempre também uma redefinição do presente, e na definição do que seja um particular (o antropófago), está em jogo o universal. Isso explica a aparente inversão que Oswald faz (quando enuncia o preceito único da "Única lei do mundo") ao subsumir não o antropófago (particular) ao homem (universal), mas o homem ao antropófago ("Lei do homem. Lei do antropófago"). É a própria estrutura da subsunção que é colocada em questão, o que fica mais claro quando o exemplo de Direito antropofágico evocado no passado não aparece sob a forma de um Direito positivo, mas sim na forma "de um direito sonâmbulo". Ou seja, aquilo que Oswald vê no passado – e advoga para o presente – não são outros preceitos, não é uma lei com outros conteúdos, mas uma lei com outra aplicabilidade, ou melhor, ausente de aplicação: um direito diferente daquele que está sempre em estado de vigília e que precisa ser aplicado ainda que esteja vendado (basta lembrar-se da imagem ocidental da "Justiça", e também de um dos princípios basilares do direito moderno, o de que o juiz não pode deixar de decidir, mesmo quando a lei for omissa). Assim, o aforismo de abertura do *Manifesto* ("Só a antropofagia nos une. Socialmente. Economicamente. Filosoficamente") não enuncia necessariamente uma ambiguidade não resolvida do estatuto do Direito antropofágico, entre pano de fundo sempre presente da humanidade e/ou uma utopia a ser realizada. Antes, ele pode ser lido como a enunciação de uma lei que já rege na medida em que não é cumprida. Se é verdade que "Sem nós a Europa não teria sequer a sua pobre declaração dos direitos do homem", ou seja, que a antropofagia parece reger até mesmo a história da lei, também é verdade que tal declaração é *pobre*, isto é, insuficiente. E mais: não se pode perder de vista que os chamados "direitos humanos" contidos na Declaração de 1789, como bem sabem os juristas (ainda que talvez não tenham percebido as consequências implicadas na definição), são, principalmente, "direitos negativos", "garantias" do indivíduo diante do Estado-Nação, do qual, segundo a própria Declaração, emana a lei – ou seja, eles dão o direito a não aplicabilidade do Direito, eles garantem que nem toda lei seja aplicada. Nesse sentido, a declaração não seria "pobre" por lhe faltarem preceitos a serem aplicados, mas por deter só pontualmente a aplicação da lei.

V

Segundo a pseudoetimologia de galimatias, palavra usada para se referir a um discurso confuso, ausente de nexo, o termo derivaria do erro de um padre em uma pregação (ou, em uma variação, de um advogado no tribunal), que, de tanto repetir o "galo de Mateus", *Gallus Matthiae*, acabou se confundindo e dizendo "Matheus, (d)o galo", *Galli Mathias*. É em referência a essa história que se dará a única definição do Direito que aparece no *Manifesto*: "Perguntei a um homem o que era o Direito. Ele me respondeu que era a garantia do exercício da possibilidade. Esse homem chamava-se Galli Mathias. Comi-o". Nessa passagem, o Direito não só é definido *através de um* galimatias, como também *pelo* Galli Mathias, isto é, pelo erro, pelo ato falho – por uma "traição da memória", para usar a expressão com que Gilda de Mello e Souza caracterizou um dos recursos da poética de Mário de Andrade.[6] A repetição não impede a diferença: a subsunção mais mecânica pode falhar. E mais: o galimatias pelo

metodológicos (equivalentes, nesse sentido, ao "estilo telegráfico e a metáfora lancinante" que caracterizariam a escrita de Oswald de Andrade, segundo um de seus personagens) sem os quais as proposições antropófagas não podem ser compreendidas em toda sua amplitude.
[5] Refiro-me aqui a "História com data". Repleto de pastiches, citações de jornais futuros, e até de um suposto plágio involuntário, o conto trata do transplante do cérebro intacto do operário José (falecido e com o corpo destroçado) ao corpo intacto do também morto piloto Alberto de Figueiredo Azoe (cujo cérebro foi atingido em um acidente de avião), ou seja, aborda a apropriação em sua forma extrema: do corpo. Portanto, não foi à toa que Raúl Antelo tenha visto, nesta ficção de 1921, pautada pelo "transformismo", "um laboratório ficcional da rapsódia escrita cinco anos mais tarde", ou seja, de *Macunaíma, o Herói sem Nenhum Caráter* (o que quer dizer também: o herói sem propriedades) (Raúl Antelo, "Macunaíma: Apropriação e Originalidade". In: Mário de Andrade, *Macunaíma, o Herói sem Nenhum Caráter*. Edição crítica coordenada por Telê Porto Ancona Lopez. Paris/São Paulo, Archivos/Unesco/CNPq, 1988, p. 255. Coleção Arquivos Unesco).

[6] Gilda de Mello e Souza, *O Tupi e o Alaúde: uma Interpretação de Macunaíma*. 2.ed. São Paulo, Duas Cidades, Editora 34, 2003.

qual Galli Mathias define o direito revela que a subsunção, a aplicabilidade da lei é tudo menos que garantida – o que o Direito garante é apenas um exercício da possibilidade. Isso quer dizer que o Direito antropofágico é uma potência inscrita no próprio Direito, a possibilidade de não ser aplicado. Ou seja, isso explica por que a antropofagia é uma "Expressão mascarada de todos os individualismos, de todos os coletivismos", já existente, que precisa, porém, se voltar "Contra a realidade social, vestida e opressora": a "Lei do antropófago" que está, desde sempre, inscrita em todas as leis (por isso é a "Lei do homem"), é a possibilidade de que estas não se cumpram – possibilidade, contudo, que precisa ser atualizada. Em outras palavras: seria preciso aplicar a não aplicabilidade do Direito (e que é interna a ele).

VI

A bem da verdade, a expressão "Direito antropofágico" não comparece no *Manifesto*. Entretanto, na *Revista de Antropofagia*, a expressão aparecerá seguidamente. Que não se tratasse apenas de uma metáfora e/ou analogia jurídica, fica claro em uma nota não assinada, da edição de 4 de julho de 1929 da 2ª dentição (fase) da *Revista*, que tem como título justamente "Direito Antropofágico": acompanhada de desenho de Cícero Dias, ela noticiava que "O *Estado do Pará* publica um tópico informando que o jurisconsulto Pontes de Miranda, tomando a frente dos pioneiros da Escola Antropofágica, lançará, dentro de pouco tempo, as bases para a reforma dos códigos que nos regem atualmente, substituindo-os pelo direito biológico, que admite a lei emergindo da terra, à semelhança das plantas". Ora, Francisco Cavalcanti Pontes de Miranda foi nada menos que um dos maiores juristas brasileiros do século XX. À época, ele estava claramente alinhado com as teses antropofágicas: autor de uma curta citação, de forte teor devorador, incluída na *Revista* em 26 de junho do mesmo ano ("a dúvida entristece. E é preciso matar a dúvida"), ele aparecerá, em notícia do número seguinte do periódico, na lista dos que participariam na elaboração da maquete do Primeiro Congresso Brasileiro de Antropofagia ("Do seu talento e da sua cultura a antropofagia espera muito", disse Oswald de Andrade a respeito dele, em entrevista de agosto de 1929).[7] O Congresso discutiria uma série de teses (um "decálogo" composto por *nove* propostas que, avisa a nota, "não representam, porém, senão um aspecto do pensamento antropofágico"), que seriam debatidas e convertidas "em mensagem ao Senado e à Câmara, solicitando algumas

[7] Oswald de Andrade, *Os Dentes do Dragão* (Entrevistas). 2. ed. Pesquisa, organização, introdução e notas de Maria Eugenia Boaventura. São Paulo, Globo; Secretaria de Estado da Cultura, 1990, p. 55.

reformas da nossa legislação civil e penal e na nossa organização político-social", a ser redigida, provavelmente, por Pontes de Miranda. Uma rápida olhada nas teses, entre as quais se incluíam a legalização do divórcio, do aborto, da eutanásia, e o "Arbitramento individual em todas as questões de direito privado", ou seja, a reivindicação de "direitos negativos", traz à luz mais uma vez aquele nexo entre antropofagia e não aplicação do Direito: o Direito antropofágico pretende que o Direito se retire, cada vez mais, da esfera da vida – e essa defesa do Estado mínimo (essa proposta de "redução" do Estado) não é sem ligação com a poesia mínima de Oswald de Andrade, como argutamente percebeu Raúl Antelo.[8] Como se sabe, o congresso, previsto primeiro para acontecer no Rio de Janeiro, e, depois, em Vitória, não se realizou – não só devido ao "*changé des dames* geral" mencionado por Raul Bopp,[9] mas também devido à radicalização dos antropófagos, já prenunciada pela mudança de postura na segunda dentição da *Revista*, que levou

[8] Raul Antelo, "Quadro e Caderno". In: Oswald de Andrade, *Primeiro Caderno do Aluno de Poesia Oswald de Andrade*. 4. ed. revista. São Paulo, Globo, 2006, p. 27.
[9] Raul Bopp, *Vida e Morte da Antropofagia*. 2. ed. Rio de Janeiro, José Olympio, 2009, p. 78.

à adesão de muitos deles ao comunismo: a reforma já não bastava, era preciso a revolução; para alcançar o mínimo, era agora preciso o máximo. É um Oswald de Andrade já comunista que definirá, em um manuscrito que Maria Eugenia Boaventura nomeou de *Dicionário de Bolso*, o antigo aliado Pontes de Miranda como o "Pinguelo literário por onde os 'tenentes da direita' pretendem alcançar a margem esquerda da revolução".[10]

VII

Uma das teses do decálogo propunha a "Abolição do título morto". Além de uma defesa da reforma agrária (o título morto é aquele de uma propriedade que não se *usa*), ela se referia ao centro nevrálgico do Direito antropofágico, ou melhor, à "pedra do Direito antropofágico" tal como ela foi repetidas vezes definida na *Revista*: a teoria da "posse contra a propriedade". De fato, excetuada à referência ao "direito biológico" a ser elaborado por Pontes de Miranda, todas as demais vezes em que a expressão "Direito antropofágico" comparece na *Revista*, está associada a essa teoria, que se pretendia uma "resposta a outras teorias". Mas, em lugar da "Abolição do título morto", que seria defendida no congresso, encontramos, no mais das vezes, a ideia do "contato com o título morto", ou seja, "O grilo". Como se sabe, a grilagem é uma operação que consiste em forjar títulos de propriedade, colocando-os em gavetas junto a grilos para que adquiram uma aparência envelhecida, uma aparência "autêntica". A defesa da grilagem, além do mais, amparava-se em um exemplo histórico incontestável: "Não fosse o Brasil o maior grilo da história constatada!". Na teoria da posse contra a propriedade parecem se condensar todos os elementos do Direito antropofágico que até aqui apenas esboçamos. Em primeiro lugar, ao contestar a propriedade (o direito de propriedade era garantido, nunca é demais lembrar, pela "pobre declaração dos direitos do homem", isto é, pela Declaração de 1789), ela remete à "Única lei do mundo" enunciada no *Manifesto*: "Só me interessa o que não é meu". Além disso, ao não defender exatamente a "abolição do título morto", mas o contato com ele, a teoria antropófaga do Direito visa minar a estrutura de subsunção que garante o nexo entre a lei e a sua aplicação: falsificando os títulos, dando vida ao que é morto, ela não advoga somente a correta aplicação da lei, um uso mais justo do título, mas a desativação da ideia de autenticidade. Por fim, a possibilidade de não aplicação do Direito é encontrada na própria história deste: o Direito antropofágico é, ao

[10] Oswald de Andrade, *Dicionário de Bolso*. São Paulo, Globo, Secretaria da Cultura do Estado de São Paulo, 1990, p. 105.

mesmo tempo, utopia (futuro) e sempre presente (passado).

VIII

Provavelmente a formulação mais detalhada do Direito antropofágico esteja no famoso "Esquema ao Tristão de Ataíde":

> Saberá você que pelo desenvolvimento lógico de minha pesquisa, o Brasil é um grilo de 6 milhões de quilômetros talhado em Tordesilhas. Pelo que ainda o instinto antropofágico de nosso povo se prolonga até a seção livre dos jornais, ficando bem como símbolo de uma consciência jurídica nativa de um lado a lei das doze tábuas sobre uma caravela e do outro uma banana. (...)
>
> O fato do grilo histórico (donde sairá, revendo-se o nomadismo anterior, a verídica legislação pátria) afirma como pedra do direito antropofágico o seguinte: A POSSE CONTRA A PROPRIEDADE.

Ou seja, como vimos, o Direito antropofágico teria como principal instituto a grilagem. E mais: ela estaria sancionada pela própria prática histórica daqueles que deveriam condená-la, daqueles que deveriam seguir "a lei das doze tábuas" que trouxeram em suas caravelas. Aqui não podemos menosprezar a importância da imagem construída por Oswald de Andrade: por trás da contraposição entre letra morta (as doze tábuas), ou seja, lei envelhecida e sem contato com a realidade, e a banana, a pura facticidade (seja do gesto, seja da fruta), há um jogo entre os polos: a lei precisa da facticidade, precisa da aplicação – e, por vezes, a facticidade funda a lei. É como se a banana simbolizasse o outro da lei; e não temos como não ver aqui uma daquelas cenas de troca típicas entre os "descobridores" e os nativos: se aqueles trazem como presente um objeto ritual, estes devolvem a sua contraparte, uma verdade que os conquistadores jamais esquecerão. Sem a facticidade, a lei não passa de letra morta.

IX

O "Esquema" retoma uma carta de Raul Bopp ao psiquiatra Jurandyr Manfredini, que a publicou na última de uma série de crônicas antropófagas, em 2 de setembro de 1928 na *Gazeta do Povo*, de Curitiba. Antes da passagem citada por Oswald, Bopp apresentava o "clube de antropofagia", que também chama de "movimento antropofágico", e a "revista grossa!", conclamando Manfredini a participar dessa "Fase de construção" que, frisava, era "Coisa séria". Era preciso "Levar a sério esse estudo", que consistiria em uma revisão cultural (nada de "blague"), estudar a precariedade do direito manuelino, etc. em face da antropofagia – o grilo – isto é, a posse contra a propriedade. Isso que é a verdade. (...) O grilo contra a herança dos latifúndios. "*Uti possedetis*" contra a bula "*inter coetera*" e o Tratado de Tordesilhas.

O Brasil é um grilo. O papa dividiu o mundo em duas fatias com a linha das Tordesilhas

Comemos o resto do Território. Aí está a lição do nosso direito. Devemos nos plasmar nessas origens históricas.[11]

A seriedade da teoria, portanto, não pode ser menosprezada. Tampouco a importância do Direito antropofágico para a compreensão da antropofagia. Como sublinharia mais tarde o mesmo Bopp, foi a partir da teoria da posse contra a propriedade que se iniciou a chamada *terceira* dentição da antropofagia, os preparativos para o Congresso:

Procurou-se, de início, firmar o conceito antropofágico de nosso país. "O Brasil era um grilo."

A ideia da posse contra a propriedade veio tomando evidências de lei. Podia-se fazer a prova dos nove com a nossa história: as demarcações do Tratado de Tordesilhas nunca foram observadas. O loteamento do Brasil, em capitanias hereditárias, não assegurou o registro de propriedade aos respectivos donatários. O estatuto do *uti possidetis* tinha mais força que documentos pontifícios e outras legitimações de propriedade.[12]

Em outras palavras: a "banana" valia muito mais que as "doze tábuas". Ao fim e ao cabo, a grilagem definia a história nacional: uma grilagem dupla, aliás, na medida em que, por um lado, o próprio Tratado de Tordesilhas era um título grilado, pelo qual os reinos da península ibérica forjavam a autenticidade da sua propriedade sobre a terra dos autóctones; e que, por outro, Portugal ocupara o que deveria ser, pelo Tratado, território espanhol. O intrigante é que a argumentação de Bopp, como a de Oswald no "Esquema", não contraria o Direito posto, mas o confirma: o Tratado de Tordesilhas não contraria as ordenações manuelinas, mas as fundamentam. De fato, o "estatuto do *uti possidetis*" evocado por Bopp é um princípio do direito romano segundo o qual quem ocupa continuará ocupando (o que significa: quem ocupa de fato, ocupa de direito): *uti possidetis, ita possideatis*. Além disso, foi o princípio evocado constantemente pelas potências europeias colonizadoras nas disputas que travavam entre si pela propriedade das terras do

[11] Jurandyr Manfredini, "Et Tout Finit par des Chansons". *Gazeta do Povo*, Curitiba, 2 set. 1928, p. 2. O "Esquema" cita a carta de Bopp a partir de "Comemos o resto..." até o seu final.
[12] Raul Bopp, op. cit., p. 66.

chamado Novo Mundo: com base nele, desde logo, a posse portuguesa foi contestada pela França, e Portugal, por sua vez, invocaria o mesmo adágio para reivindicar a mudança das fronteiras traçadas pelo Tratado de Tordesilhas – o que resultou no Tratado de Madri de 1750 (a segunda grilagem de Portugal), consagrando o diplomata barroco Alexandre de Gusmão. É como se, na cena inicial da troca, os colonizadores tomassem dos autóctones o direito a usar a "banana", deixando a estes apenas a vigência da letra morta, as doze tábuas, que garantia aos colonizadores tal monopólio da facticidade. Nesse sentido, a imagem da entrega das doze tábuas metaforiza as diversas cerimônias de posse, culturalmente diferenciadas entre si, que aparentemente davam legitimidade interna à ação das nações apossadoras,[13] mas que serviam, na verdade, para tomar dos indígenas o direito a se opor ao Direito. As cerimônias davam aos colonizadores o monopólio de tal direito, a saber, o direito a usar a facticidade *contra* o direito alheio. Que o apossamento do Novo Mundo não tenha por si só fundamento jurídico algum se revela na mais rigorosa obra jurídica que se propôs a tratar o Direito público europeu que nasceu com a conquista, *O Nomos da Terra*, de Carl Schmitt. Ali, além de ancorar toda ordem jurídica em uma "tomada da terra", o jurista justifica a apropriação do Novo Mundo por uma vaga e suspeita "superioridade espiritual" (a "prova" desta é que ameríndios não *poderiam* ter descoberto a Europa, não tinham ciência e cartografia que lhes conferissem uma visão global da terra): "A superioridade espiritual se encontrava plenamente do lado europeu, e de um modo tão radical que o Novo Mundo pôde ser simplesmente 'tomado'".[14] No prototexto de *O Nomos da Terra* (*Terra e Mar – Uma Reflexão sobre a História Universal*, contada à filha de Schmitt, Anima), deparamo-nos com outra tradução para essa "superioridade espiritual". Nas disputas pelas terras do Novo Mundo, relata Schmitt, as potências europeias recrutavam indígenas, muçulmanos, matavam mulheres e crianças, acusavam-se mutuamente de criminosos e assassinos para justificar as hostilidades. Todavia, essa disputa não impedia que houvesse um limite: "Somente uma ofensa omitiam entre si, uma ofensa que era empregada com singular predileção contra os índios: os europeus-cristãos não acusavam uns aos outros de praticar a antropofagia".[15]

X

Assim que a ideia da "posse contra a propriedade" aparece pela primeira vez

[13] Patrícia Seed, *Cerimônias de Posse na Conquista Europeia do Novo Mundo (1492-1640)*. Trad. Lenita R. Esteves. São Paulo, Unesp/ Cambridge, 1999.
[14] Carl Schmitt. *El Nomos de la Tierra. En el Derecho de Gentes del "Jus publicum europaeum"*. Trad. Dora Schilling Thon. Buenos Aires, Editorial Struhart & Cia., 2005, p. 124 (tradução minha).
[15] Carl Schmidt, *Tierra y Mar: Una Reflexión sobre la Historia Universal*. Tradução para o espanhol de Ramón Campderrich. Madri, Trotta, 2007, p. 60 (tradução minha).

na *Revista de Antropofagia*, ela passa a rivalizar em constância com uma fórmula similar que, desde o *Manifesto*, era palavra de ordem do movimento: "A transformação permanente do Tabu em totem". A fórmula (com algumas variações, como "A *transfiguração* do Tabu em totem") possui um duplo sentido: em primeiro lugar, descreve o *modus operandi* do canibalismo ritual: "Antropofagia. Absorção do inimigo sacro. Para transformá-lo em totem", ou seja, a conversão do valor negativo em valor favorável; todavia, além disso, ela descreve também o próprio gesto de fazer da antropofagia uma bandeira: aquilo que é interdito pela "civilização" (o seu tabu) é transformado em programa de ação (totem). Aqui, o alvo é Freud, um dos prediletos de Oswald, diga-se de passagem.[16] Como sabemos, em seu *Totem e Tabu*, Freud não opõe os dois termos, mas os conjuga: o totem e os dois tabus que estão com ele relacionados ("a lei que protege o animal totêmico", e a que proíbe o incesto, instituindo a *exogamia*, sobre a qual voltaremos) seriam instituídos conjunta e contemporaneamente. E mais: teria sido com esses dois tabus "que a moralidade humana teve o seu começo".[17] Como os tabus e o totem se instituiriam? Freud diz se basear em Darwin para afirmar que a humanidade, em seus primórdios, vivia sob o esquema da "horda paterna", em que um "pai" dominava todas as mulheres do grupo, incluindo as filhas, e expulsava os filhos homens do grupo. Estes, movidos pelo mesmo desejo de praticar o incesto, se unem e matam o pai:

> *Selvagens canibais como eram, não é preciso dizer que não apenas matavam, mas também devoravam a vítima.* O violento pai primevo fora sem dúvida o temido e invejado modelo de cada um do grupo de irmãos; *e, pelo ato de devorá-lo, realizavam a identificação com ele, cada um deles adquirindo parte de sua força.* A refeição totêmica, que é talvez o mais antigo festival da humanidade, seria assim uma repetição, e uma comemoração desse *ato memorável e criminoso que foi o começo de tantas coisas: da organização social, das restrições morais e da religião.* (...) Um sentimento de culpa surgiu, o qual, nesse caso, coincidia com o remorso sentido por todo o grupo. (...) Anularam o próprio ato proibindo a morte do totem, o substituto do pai; e renunciaram aos seus frutos abrindo mão da reivindicação às mulheres que agora tinham sido libertadas.[18]

Nesse esquema, para que a antropogênese se dê, para que o homem passe da natureza à história, é preciso um gesto fundador violento (a antropofagia) e sua imediata interdição – caso contrário, a

[16] Em uma "Retificação de Freud" (que inclui uma crítica ao complexo de Édipo que prenuncia a de Foucault e as de Deleuze e Guattari: "Que sentido teria num matriarcado o complexo de Édipo?") nos vemos diante de uma "psicologia antropofágica", que alça o inconsciente à condição de consciência: "O maior dos absurdos é por exemplo chamar de inconsciente a parte mais iluminada pela consciência do homem: o sexo e o estômago. Eu chamo a isso de 'consciente antropofágico'. O outro, o resultado sempre flexível da luta com a resistência exterior, transformado em norma estratégica, chamar-se-á o 'consciente ético'" (Oswald de Andrade, *Os Dentes do Dragão*, op. cit., p. 52).

[17] Sigmund Freud, *Totem e Tabu e Outros Trabalhos* (1913-1914). Edição Standard Brasileira das Obras Psicológicas Completas de Sigmund Freud – Volume XIII. Tradução do inglês e do alemão, sob a direção geral de Jayme Salomão. Rio de Janeiro, Imago, 2006, p. 147.

[18] Ibidem, p. 145-47 (grifos meus).

aliança fraterna formada se desfaz, dando lugar a hordas paternas fratricidas e tornando a história cíclica. Para que a sociedade humana se funde, segundo Freud, é preciso um crime inaugural, seguido de sua proibição permanente, ou seja, da lei. Ora, é preciso atentar que Oswald insistia na "transformação *permanente* do tabu em totem": o "ato memorável e criminoso" não pode ser circunscrito ao passado, ou à origem da história, isto é, aos primórdios – ele não deve dar lugar a nenhuma lei, a nenhuma constância. A antropofagia não deve apenas simbolizar o ato inaugural da sociedade, ser a mera "repetição, e uma comemoração" da morte do pai. Ela não deve *encenar* o começo da história, ela deve *iniciar* a história a cada vez que se realiza. Na entrevista de Oswald sobre *A Psicologia Antropofágica* isso fica evidente:

> A função antropofágica do comportamento psíquico se reduz a duas partes: 1ª) totemizar os tabus exteriores; 2ª) criar novo tabu em função exogâmica. (...) a ação humana é a criação do tabu, elemento de função fixa na transformação do eterno presente. O seu caráter é sacro: o direito, a arte e a religião.
>
> Na totemização desses valores todos os dias consiste a vida individual e social, que por sua vez renova os tabus, numa permanente e, graças a Hegel, insolúvel contradição.[19]

Em jogo está o estatuto da própria ideia de fundação e/ou de origem – e, com isso, da história: se a fundação é um evento único que inaugura a história, e que só podemos celebrar ritualmente, ou se, pelo contrário, a história é um "eterno presente" que pode ser transformado em infinitos gestos de fundação.

XI

De modo a alocar (e manter) a antropofagia nos primórdios da humanidade, Freud recorre à conhecida definição do canibalismo ritual como assimilação do outro. "Os motivos mais elevados para o canibalismo entre os povos primitivos" seriam, para ele, justamente os da absorção: "incorporando-se partes do corpo de uma pessoa pelo ato de comer, adquire-se ao mesmo tempo as qualidades por ela possuídas".[20] Essa concepção do canibalismo foi (e é) partilhada por grande parte da literatura dedicada ao tema, incluindo o movimento antropofágico da década de 1920 ["(Só comiam os fortes). Hans Staden salvou-se porque chorou", lemos no "Esquema a Tristão de Athayde"], e por aqueles que se inspiraram nele, como Darcy Ribeiro e sua versão épica do mesmo

[19] Oswald de Oswald, *Os Dentes do Dragão*, op. cit., p. 53.
[20] Sigmund Freud, op. cit., p. 93.

relato: "Não se comia um covarde".²¹ Todavia, se analisarmos com cuidado a ideia, veremos que seus pressupostos são a acumulação, a identidade e a substância: segundo ela, o canibal incorpora *propriedades* do outro *para seu próprio ser*. Trata-se, como definiu Oscar Calavia Sáez, da "crença bem ocidental de que comendo algo se absorvem seus caracteres ou seus poderes", quando o escopo do canibalismo ameríndio não seria o de "acumular vidas", mas sim o de "trocar uma vida por outra (...); devir outro e não defender uma identidade":

> há poucas ideias mais ocidentais e menos canibais que a mestiçagem. É o sólido conceito de identidade do velho mundo que permite pensar em seres mistos em que os componentes ainda persistem. As mitologias europeias estão povoadas de seres compostos: centauros, sereias, marxismo-leninismo, cultos afro-brasileiros; as mitologias ameríndias tratam de seres que se transformam. Há uma troca e não uma acumulação de imagens. O canibalismo não é sincrético nem barroco.²²

Estudos antropológicos recentes têm informado com veemência a concepção incorporativa do canibalismo. Assim, Eduardo Viveiros de Castro, para quem o "exocanibalismo guerreiro" constitui mais do que uma simples prática ritual, aproximando-se de um verdadeiro paradigma relacional, argumenta que aquilo do inimigo que era "realmente devorado" na antropofagia tupi-guarani era "sua relação ao devorador, e, portanto, sua condição do inimigo".²³ Portanto, a antropofagia não é um modelo primitivo (e intuitivo) de identificação com o outro, de modo que ele possa partilhar a mesma substância do eu – antes, é uma desidentificação completa de si, a incorporação *apenas* de um ponto de vista (ou, mais precisamente, de uma posição relacional) que é o do inimigo, isto é, que nega aquele que incorpora. Aqui, não há como haver totalidade ou acumulação; pelo contrário, o que a antropofagia permite é ver a "incompletude ontológica essencial".

É bem provável que a concepção da antropofagia como incorporação do outro seja um verdadeiro mitologema científico, semelhante ao da "ambiguidade do sacro", que Giorgio Agamben se esforçou para desconstruir no primeiro volume da tetralogia dedicada ao *Homo sacer*. Um dos seus alvos ali é, justamente, *Totem e Tabu* de Freud ("é somente com esse livro que uma genuína teoria geral da ambivalência vem à luz, sobre bases não apenas antropológicas e psicológicas mas também linguísticas"),²⁴ que invoca o termo latino *sacer* para caracterizar o tabu como

---

²¹ Darcy Ribeiro, *O Povo Brasileiro: a Formação e o Sentido do Brasil*. São Paulo, Companhia das Letras, 1995, p. 35.

²² Oscar Calavia Sáes, "Antropofagias Comparadas". In: *Travessia – Revista de Literatura*, n. 37, Santa Catarina, Editora da UFSC, jul./dez. 1998, p. 83, 87.

²³ Eduardo Viveiros de Castro, *A Inconstância da Alma Selvagem e Outros Ensaios de Antropologia*. São Paulo, Cosac Naify, 2002, p. 462.

²⁴ Giorgio Agamben, *Homo sacer I: O Poder Soberano e a Vida Nua*. Tradução de Henrique Burigo. Belo Horizonte, Editora da UFMG, 2002, p. 86.

um misto de sagrado e profano, puro e impuro: "*sacer* era o mesmo que o tabu polinésio. (...) por um lado, sagrado, consagrado, e, por outro, misterioso, perigoso, impuro".²⁵ Como demonstra Agamben, a *sacratio*, porém, não implica um duplo pertencimento, mas "uma dupla exceção, tanto do *ius humanum* quanto do *ius divinum*, tanto do âmbito religioso quanto do profano",²⁶ de modo que a ideia da ambivalência do sacro não passaria do "desconforto" acusado por uma "sociedade que havia perdido todo relacionamento com sua tradição religiosa".²⁷ Uma consideração análoga pode ser feita a respeito do mitologema da antropofagia incorporativa: é só uma sociedade para quem a relação com o outro perdeu completamente o sentido que pode ver na assimilação do outro uma forma "elevada" de tal relação, que pode ver na incorporação do outro uma *identificação* com ele. Se, de fato, na antropofagia, "a incorporação do outro dependia de um sair de si", no qual "o exterior estava em processo incessante de interiorização, e o interior não era mais que movimento para fora", formando uma "topologia [que] não conhecia totalidade, [que] não supunha nenhuma mônada ou bolha identitária a investir obsessivamente em suas fronteiras e usar o exterior como espelho diacrítico de uma coincidência consigo mesmo (...)

[, e] onde o devir e a relação prevaleciam sobre o ser e a substância",²⁸ então só uma ilusão projetiva pode ver na deglutição do pai uma estabilização fundante. Como ainda sabia Montaigne, a antropofagia realiza-se "em sinal de vingança",²⁹ vingança, porém, que não pode ser aplacada e subitamente substituída por um "contrato social" instituidor dos "tabus", como queria Freud. Sendo um movimento ao exterior, a antropofagia não pode enterrar o passado, garantindo um eterno presente. É nesse sentido que se deve entender a recusa em comer os covardes: um inimigo fraco não se vingará. A temporalidade da vingança não serve para reparar o passado, mas para produzir história: assim, "não se tratava de haver vingança *porque* as pessoas morrem e precisam ser resgatadas do fluxo destruidor do devir; tratava-se de morrer (em mãos inimigas de preferência) *para* haver vingança, e assim haver futuro".³⁰

XII

O que a persistência da antropofagia ritual entre os "primitivos" revela, portanto, é que a fundação jamais se completa: a violência inaugural não pode ser contida em um passado remoto, ela não cessa de se atualizar. Não há um *de uma vez e para sempre*. É esse geralmente o sentido das

---

²⁵ Sigmund Freud, op. cit., p. 37.
²⁶ Giorgio Agamben, op cit., p. 90.
²⁷ Ibidem, p. 83.
²⁸ Eduardo Viveiros de Castro, op cit., p. 220-21.
²⁹ Michel de Montaigne. *Ensaios*. Livro I. Trad. Sérgio Milliet. Porto Alegre, Globo, 1961, p. 264.
³⁰ Eduardo Viveiros de Castro, op. cit., p. 240.

ficções, de *Taipi* (de Herman Melville) a *El Entenado* (de Juan José Saer), que caracterizam os canibais em uma dialética entre prática antropófaga e hábitos mais "civilizados" que os dos civilizados: a violência fundante não pode ser alocada em um passado distante e primitivo, pré-histórico. Todavia, a visão cíclica ainda predomina nessas narrativas: a aparição do instável se dá de forma estável, regular. O valor dessas ficções reside na crítica perspectivista do Ocidente, presente já em Montaigne. O que perdem de vista, contudo, é a possibilidade extrema de metamorfose, de devir outro, que, no limite, beira à própria aniquilação. Assim, a sucessão de golpes e contragolpes da história argentina não seria retratada, no romance de Saer, pela dialética entre noite (festim antropófago do excesso) e dia (esquecimento e passividade) dos índios canibais, mas pela repetição farsesca de tal dialética encenada pelo narrador e sua trupe de atores na Europa. Pois, na antropofagia sempre pode emergir a aniquilação de si. Como mostrou Tânia Stolze Lima na sua etnografia do povo yudjá (um povo de pesca e cauinagem, que chama um caium embriagante de *dubia*, o mesmo termo que designa o humano), a antropofagia não exige a devoração do outro, mas é o ritual em que as leis de parentesco (o Direito) são perigosamente ameaçadas de dissolução – e, com elas, a própria sociedade tal como se conhece.[31]

XIII

É possível traçar um paralelismo entre o esquema freudiano da horda paterna e a origem pressuposta da propriedade. De fato, qualquer tentativa hipotética de remontar à origem da propriedade chegará a um gesto de pura *apropriação* inicial – no limite, a um "ato criminoso e memorável" que, contudo, não é ainda criminoso, não é ainda roubo, pois só pode haver o crime de roubo havendo o direito de propriedade. Por isso, quando Proudhon afirma que a "propriedade é um roubo", ele está correto *na medida em que* se equivoca. A origem da propriedade estaria em um puro ato, a posse. Ainda no Direito romano arcaico, lembra Roberto Esposito, não se conhecia "a figura da transmissão de propriedade (...). A propriedade não pode ser derivada. É originária, porque por detrás dela não há nada a não ser um violento ato de apropriação, o ato com que os romanos conquistaram, através das espadas, as suas mulheres, arrancando-as de outro povo".[32] Foi, portanto, o saque, o famoso Rapto das Sabinas, que fundou a propriedade; "foi a violência e o crime", para usar as palavras do escritor e jurista José

[31] Tânia Stolze Lima, *Um Peixe Olhou para Mim – O Povo Yudjá e a Perspectiva.* São Paulo, Unesp, ISA; Rio de Janeiro, NuTI, 2005.
[32] Roberto Esposito. *Immunitas. Protección y Negación de la Vida.* Tradução para o espanhol de Luciano Padilla López. Buenos Aires, Amorrortu Editores, 2005, p. 44-45 (tradução minha).

de Alencar, "que puseram os fundamentos da poderosa organização civil, que tem sido durante 2 mil anos e em todas as rudes comoções da humanidade o mais forte esteio da ordem e da liberdade".³³ O direito de propriedade (e o crime de roubo) nasceria, assim, para impedir que aquilo que os apossadores apropriaram seja apropriado por outros, assim como a sociedade fraterna nasceria (ou a antropogênese se daria), para Freud, para evitar que a deglutição do pai que a funda se repita. Se não é possível datar com precisão quando o direito de propriedade se separa do puro ato de apropriação, não se pode por isso menosprezar a importância de tal separação. Para Alencar, a "gestação da lei civil" (ou seja, do Direito privado) foi regida pelo princípio da propriedade: "A ocupação deve ter sido o primeiro símbolo e a primeira consciência do direito".³⁴ Adorno chega a inferir a instituição do tempo cronológico a partir da necessidade da regulação da propriedade: "Historicamente, o próprio conceito de tempo formou-se tendo por base a ordenação da propriedade".³⁵ Além disso, Adorno atenta para a perniciosa capilaridade do "privilégio do mais antigo" (que é, sempre, o mais antigo *datado*, ou seja, de que *se tem registro*), que assim se formou na vida humana, envolvendo na forma do ciúme até mesmo o amor.

XIV

Talvez agora estejamos em posição de começar a entender por que os antropófagos da década de 1920 escolheram como "pedra do Direito antropofágico" um pseudoinstituto, ou melhor, uma verdadeira contravenção que, segundo diziam, fundava justamente o direito do colonizador, a "lei das doze tábuas" e o "direito manuelino". Em primeiro lugar, é preciso destacar que, apesar de encontrarmos referências que parecem remeter a um direito positivo de cunho antropofágico (no "grilo histórico" estaria "a lição do nosso direito", e dele sairia, "revendo-se o nomadismo anterior, a verídica legislação pátria"), em geral, quando a teoria da posse contra a propriedade é mencionada, vem acompanhada de uma forte negação de toda juridicidade. Assim, por exemplo, no texto em que Oswald advoga "O contato com o título morto", ele também adverte que "toda legislação é perigosa". Do mesmo modo, no "de antropofagia" (espécie de editorial da *Revista*), assinado por Oswaldo Costa em 15 de maio de 1929, algo parecido é explicitado: "A posse contra a propriedade. Nenhuma convenção social". Novamente, é no "Esquema" que encontramos a elaboração mais nítida dessa crítica: "Ora, o que, para

---

³³ José de Alencar. *A Propriedade*. Edição fac-similar. Brasília, Senado Federal, Superior Tribunal de Justiça, 2004. p. 8.
³⁴ Ibidem, p. 16, 21.
³⁵ Theodor Adorno. *Minima Moralia*. 2.ed. Trad. Luiz Eduardo Bicca. São Paulo, Ática, 1993, p. 68. Curiosamente, essa concepção adorniana aparece coligada ao esquema da "horda paterna" freudiana no mito de Cronos, que castra o pai (Urano) e institui a *cronologia*.

mim, estraga o Ocidente é a placenta jurídica em que se envolve o homem desde o ato de amor que, aliás, nada tem a ver com a concepção".

O Direito é, portanto, concebido como um envoltório, uma aura, uma placenta que juridifica todo ato da vida. É no mesmo texto que podemos entender melhor o sentido da "lição do nosso direito", pois só no Brasil "chegamos à maravilha de criar o DIREITO COSTUMEIRO ANTITRADICIONAL". No que consistiria um "Direito costumeiro antitradicional"? Como pensar em costumes dissociados da tradição e, ainda mais, que conflitam com ela, quando os costumes jurídicos são justamente práticas consagradas, inscritas no aparato da tradição? Mais uma vez, é o estatuto da subsunção, da aplicabilidade do Direito que parece ser colocado em questão. O Direito costumeiro antitradicional remete ao "direito sonâmbulo" do *Manifesto*:

> E quando a gente fala que o divórcio existe em Portugal desde 1919, respondem: "Aqui não é preciso tratar dessas cogitações porque tem um juiz em Piracicapiassu que anula tudo quanto é casamento ruim. É só ir lá. Ou então, o Uruguai! Pronto! A Rússia pode ter equiparado a família natural à legal e suprimido a herança. Nós já fizemos tudo isso. Filho de padre só tem dado sorte entre nós. E quanto à herança, os filhos põem mesmo fora!".

Ou seja, a "verídica legislação pátria" não parece ser um novo conjunto de normas, ou antigas normas primitivas a serem resgatadas, mas a não aplicação de toda norma. Uma construção semelhante ao do "Direito costumeiro antitradicional" pode ser encontrada na ideia do "Direito soberano de posse", mencionado, em uma referência a Pascal, no "de antropofagia" da edição de 24 de março de 1929. A escolha da posse (e de uma posse que se coloca *contra* a propriedade) como "pedra do Direito antropofágico" não foi casual. A posse talvez seja o instituto jurídico mais difícil de definir (se é que realmente se trata de um instituto jurídico): nas palavras de José de Alencar, é "no seio deste labirinto" que a "metafísica sutil da jurisprudência ostenta-se em toda a sua confusão".[36] Definir juridicamente a posse implica distinguir o momento em que o direito toca a vida: daí a interminável discussão jurídica em torno do seu estatuto (se é fato ou se é direito), e a respeito de como uma apropriação física produz consequências jurídicas e gera direitos (e, por contrapartida, quando é um mero fato), discussão que rendeu diversas soluções legislativas e uma proliferação de parainstitutos legais (detenção – *nuda detentio* –,

[36] José de Alencar, op. cit., p. 157.

posse ficta – *ficta possessio* –, posse indireta, etc.), discussão em que, não por acaso, se envolveram dois dos maiores romanistas (isto é, especialistas justamente na "origem" do Direito ocidental) do século XIX, Savigny e Ihering (mas também Guns, primeiro editor de Hegel).

Tal discussão é, na verdade, um debate metodológico sobre o Direito, ou melhor, um debate ontológico em que se trata de definir a relação entre a esfera jurídica e a vida. A posse é a última fronteira do Direito, ali onde ele ameaça se confundir com a vida. "No assunto da posse", escreve Pontes de Miranda, "a diferença entre o mundo fático e o mundo jurídico passa a ser da máxima importância. É o clímax da discussão, porque em nenhuma outra matéria se torna mais nítida a coloração de parte do mundo fático, que do resto dele se separa, fazendo o mundo jurídico".[37] A metáfora artística invocada pelo jurista (a "*coloração*" de parte do "mundo fático") não é sem consequências: se expurgássemos a posse da "milenar infiltração metafísica",[38] continua Pontes de Miranda, veríamos que ela não é um direito, mas "rigorosamente (...) o estado de fato de quem se acha na possibilidade de exercer poder *como* o que exerceria quem fosse proprietário ou tivesse, sem ser proprietário, poder que sói ser incluso no direito de propriedade (*usus, fructus, abusus*)".

Aqui, há que se salientar duas coisas: 1) a posse não seria "necessariamente ato de poder (...) A posse é poder, *pot-sedere*, possibilidade concreta de exercitar algum poder inerente ao domínio ou à propriedade"; 2) contudo, esse poder, sendo um "estado de fato", não derivaria diretamente do Direito: "Não é o poder inerente ao domínio ou 'a propriedade; nem, tampouco, o exercício desse poder".[39] Aquele que tem posse estaria num "estado de fato", não jurídico, em que teria o poder de agir *como se* fosse proprietário. Para definir a posse, Pontes de Miranda não tem outra opção a não ser enquadrá-la como um estado de fato cujas características remetem ao Direito. A posse é um fato, mas um fato particular, já que só pode ser definida a partir de um direito: "um poder *como* o que exerceria quem fosse proprietário", ou seja, uma ficção. O fato só pode ser definido a partir de uma analogia com o jurídico. Tudo se complica ainda mais na medida em que podem se encontrar no "estado de fato" que constitui a posse tanto o legítimo proprietário, quanto alguém sem título algum, sem direito algum.

Como dissemos, a metáfora artística e visual da coloração não é casual. O já mencionado Ihering, ao buscar uma definição simplificada da posse, a caracteriza como a "exterioridade, a visibilidade da

[37] Francisco Cavalcanti Pontes de Miranda, *Tratado de Direito Privado. Tomo X: Posse*. 2. ed. Rio de Janeiro, Borsoi, 1955, p. 5.
[38] Ibidem, p. 6.
[39] Ibidem, p. 7.

propriedade".⁴⁰ É preciso repetir, porém, que tal visibilidade, tal coloração, pode ou não responder a um estado jurídico. A ficção pode ser verdadeira, como pode ser falsa; a visibilidade da propriedade pode não passar de uma ilusão. O fato da posse caracteriza-se a partir de um instituto jurídico (a propriedade) que pode não estar em ato, que é potencial, podendo inclusive estar ausente. Ao fim e ao cabo, a posse é a aparência de um direito, é uma propriedade ficcional que só é, de fato, um direito na presença de um título, o título de propriedade, ou seja, na medida em que se aceita a ficção como verdadeira, ou melhor, na medida em que seja uma ficção autorizada. Para o Direito, não há dicotomia entre verdade e ficção, mas entre ficção autorizada e ficção não autorizada.

XV

A posse parece ser um estágio intermediário entre fato e direito, entre "detenção" (ou "tença", os nomes técnicos para uma mera posse de fato) e propriedade, um dispositivo jurídico pelo qual se torna possível a passagem da vida para o Direito (e, do mesmo modo, do Direito para a vida): aquilo que parecia ser propriedade pode se revelar *nuda detentio*, da mesma maneira que uma *nuda detentio* pode se converter em propriedade.

O que possibilita essa passagem? A "metafísica sutil da jurisprudência" oferece uma infinidade de respostas. Em todas elas, porém, está implícita uma noção de "título", mas não apenas no sentido de papel oficial, e sim no mais amplo de um *registro*, de uma marca, de algo que se pode reconhecer – é o caso do instituto jurídico do usucapião, uma forma de aquisição de propriedade, uma posse que se converte em propriedade na medida em que o antigo proprietário não se opõe a ela, ou seja, na medida em que ele reconhece a aparência de propriedade como legítima, verdadeira, autêntica (por isso, Silviano Santiago se equivoca ao caracterizar a teoria da posse *contra* a propriedade como uma "estética do usucapião").⁴¹ Aqui, é interessante invocar um caso paradigmático: o das disputas por terras entre indígenas e brancos que se seguiram (e continuam seguindo) ao "descobrimento". Apesar das terras do Novo Mundo, depois das cerimônias de apossamento pelas nações colonizadoras, não mais pertencerem aos *povos* autóctones enquanto entes públicos soberanos, isso não significava que eles não ocupassem terras e bens. A questão era saber se tal posse originava um direito de propriedade ou não. Em comentários recentes à decisão da Suprema Corte norte-americana a respeito da disputa entre Johnson

---

⁴⁰ Rudolf von Ihering, *Teoria Simplificada da Posse*. Trad. Fernando Bragança. Belo Horizonte, Líder, 2004, p. 24.
⁴¹ Silviano Santiago. "As Escrituras Falsas São". *Revista 34 Letras*, n. 5/6, Rio de Janeiro, Editora 34, set. 1989.

e McIntosh de 1823, a jurista Carol Rose sumarizou o argumento jurídico, de longa data e larga fortuna, que resolveu a questão em detrimento dos *inferiores espiritualmente*, os antropófagos, poderíamos dizer:

> Ao menos alguns indígenas manifestavam *alheamento* (*bewilderment*) à ideia de propriedade da terra. De fato, eles se orgulhavam não de marcar a terra, mas, ao contrário, de se movimentar suavemente por ela, vivendo com a terra e com suas criaturas como membros da mesma família, e não como *estranhos* (*strangers*) que apareciam apenas para conquistar os objetos da natureza. A doutrina da primeira posse, muito ao contrário, reflete a posição de que os seres humanos são *exteriores* (*outsiders*) à natureza. Ela concede a terra e suas criaturas àqueles que as *marcam de modo tão claro que as transformam* ("*mark them so clearly as to transform them*"), para que, assim, ninguém as tome por natureza não subjugada.[42]

Não devemos nos apegar aqui a essa invenção metafísica do direito, segundo a qual seria preciso *animus* (vontade) de possuir para caracterizar a posse juridicamente. O que não se pode perder de vista é aquilo que se pode inferir sem recursos à vontade dos sujeitos: a ausência de sinais exteriores que *marcam de modo claro* aquilo que é possuído. Tal ausência revela, porém, não tanto uma contiguidade familiar com a natureza por parte dos ameríndios, quanto uma outra forma de relação com ela que não a da objetivação. Aquilo que se revela na cerca (outra forma de "título") é a *exclusividade*, que nega toda *experiência singular e específica* (seja entre duas pessoas, seja entre alguém e a natureza, etc.) ao convertê-la em *relação* entre proprietário-sujeito e propriedade-objeto. A transformação que a marca produz no que é possuído equivale, como alertou Adorno, à negação dele: "a vontade de possuir reflete o tempo como angústia diante da perda, diante do irrecuperável. Fazemos a experiência do que é em relação à possibilidade de seu não ser. Com isso, é aí que ele se torna mesmo uma posse, e é precisamente nessa rigidez que se torna algo funcional, passível de ser trocado por outra posse equivalente".[43] Aquilo que se torna *próprio*, no ato mesmo de se tornar próprio, já não existe mais enquanto ser, com ele não é mais possível ter uma experiência.

XVI

Agora, a crítica dos antropófagos ao "título morto" fica mais clara: todo título é morto porque mortifica, porque só pode

---

[42] Carol Rose, "Possession as the Origin of Property". In: Robert Ellickson, Carol Rose e Susan Rose-Ackerman, *Perspectives on Property Law*. 2. ed. Aspen, Aspen Publishers, 1995, p. 188 (tradução e grifos meus).
[43] Theodor Adorno, op. cit., p. 68.

se relacionar com a vida negando-a. Do mesmo modo que a persistência da antropofagia ameaça o esquema freudiano, sendo preciso, para mantê-lo, alocar os seus praticantes em um estágio primitivo, pré-histórico quase, também a irrupção daquela violência que funda o Direito, a apropriação, precisa ser capturada em uma esfera separada. Essa esfera é a posse. Nela, reaparece o gesto que funda a Lei: o *uti possidetis* invocado pelas potências europeias nas suas disputas entre si pelas terras do Novo Mundo é a emergência da "banana", do fato que funda o Direito.

O título é aquilo que intervém para estabilizar a relação entre fato e direito, para alocar a apropriação em um estado já ultrapassado, convertendo-a em propriedade (ou punindo-a como roubo).

Toda posse pode ser uma posse *contra* a propriedade (o Direito antropofágico está inscrito no Direito corrente): é esse o sentido da invocação, pelos antropófagos, da ocupação portuguesa, que afirmava a sua posse contra a propriedade espanhola. Porém, no mesmo gesto, eles negavam a passagem dessa posse ao estatuto de propriedade, caracterizando o Tratado de Tordesilhas (e o de Madri) como um "grilo", uma falsificação. Nesse sentido, o que o "grilo histórico" demonstra é que, na própria história do direito, "*as escrituras falsas são*" (como escreveu Silviano Santiago no que talvez seja o melhor texto sobre o Direito antropofágico). Determinar quando uma banana se converte em direito não é possível a partir de uma lógica de subsunção. Ao fim e ao cabo, exige um gesto nominalista, uma decisão que converte em legítimo um título que só o é em aparência (a autenticação é sempre um gesto de autoridade).

Não há como diferenciar, objetivamente, entre a verdadeira ficção, a posse que corresponde a uma propriedade, e a falsa ficção, aquela que é só aparência. E, além disso, as escrituras de posse ou de propriedade falsificam a facticidade que as fundamentam, ao aplacar a violência em um título. Não pode haver um título autêntico porque a passagem do fato ao direito nega a sua origem: por isso, todo título é grilado, todo título só pode *parecer* autêntico. Se a posse é o dispositivo que permite fazer passar do "estado de fato" ao "estado jurídico" (e vice-versa), e se o instrumento dessa passagem é o título, a derrogação deste (a impossibilidade de determinar quando é autêntico) equivale a liberar o fato capturado pelo Direito. Daí o "contato com o título morto": é preciso despertar a vida, o fato que está por trás do Direito, mas que este aprisiona. É na posse, ali onde o fato se toca com o Direito, que este pode ser confrontado, que ele pode ser desativado. A ideia de um "direito soberano de posse", portanto, é paradoxal do ponto de vista jurídico (como pode um fato, uma mera aparência de direito, ser já direito, e um direito soberano em face aos outros direitos?).

A "soberania" da posse só pode ser, nesse contexto, soberania em relação à propriedade, em relação ao Direito. A soberania da posse *contra* a propriedade. Trata-se de impedir que o puro ato, o puro fato se converta em Direito, e se negue na forma da exclusividade. O "direito soberano de posse" é a soberania de um fazer humano que é, desde sempre, comum, que não pode ser próprio, que pode, em última instância, ser *devorado* por qualquer um.

XVII

O questionamento da "autenticação", da lógica do título de propriedade, transparece nas duas poéticas mais associadas à antropofagia (a paródia e a "deglutição" cultural de práticas culturais estrangeiras). Em ambas, o valor do autêntico (a subsunção da cópia ao original) é questionado, mas não em nome de uma *identidade* mestiça, como muitas vezes se fez crer. O apossamento não necessariamente visa a uma propriedade, podendo se voltar contra ela. Aquilo que é *próprio* de alguma coisa (de um autor, de uma cultura), e que por isso lhe seria *exclusivo*, pode aparecer de outra forma, apossado por outro, sem que, por isso, constitua uma propriedade deste. Tal questionamento também explica por que Oswald de Andrade citava como exemplo da "teoria da posse contra a propriedade" Rudolph Valentino: o ator hollywoodiano, um dos primeiros *superstars*, encarnava um tipo de arte na qual, como sabemos desde Walter Benjamin, o original está de todo ausente, uma arte composta de cópias sem original – exatamente o que "o cinema americano informará".[44] E provavelmente só na esteira do Direito antropofágico se possa compreender a nota (também paródica aos avisos de *copyright* que acompanham os livros) que antecede *Serafim Ponte Grande*: "Direito de ser traduzido, reproduzido e deformado em todas as línguas". Não só a cópia, mas também a falsa cópia, a falsificação era autorizada. Toda experiência com o livro era autorizada. Que a nota apareça no mesmo livro em que Oswald afirma ter tomado a "vacina" comunista contra o "sarampão antropofágico", revela que a adesão do autor ao comunismo não representou uma ruptura total no itinerário do autor: antropofagia e comunismo se tocam na crítica à propriedade; a "radicalização" de alguns modernistas brasileiros já estava em curso havia tempos.

XVIII

A relação da antropofagia com a cópia é de todo distinta da que tinha o movimento anterior capitaneado por Oswald de Andrade. O *Manifesto da Poesia Pau-Brasil* colocava-se "contra a cópia" e "pela *invenção*". O que é reivindicado sob o nome de "invenção" não é uma *creatio ex nihilo*; não se trata de contrapor uma criação original à mera repetição. Aqui novamente, a terminologia jurídica utilizada revela-se essencial para compreender o que está em jogo. Etimologicamente, invenção deriva de *in-venire*, indicando encontro – e é este também o seu sentido jurídico: invenção é o termo técnico do Direito para indicar a aquisição de propriedade de um objeto achado, sem dono, encontrado (em outras palavras, uma posse cuja aparência de propriedade, por não conflitar com nenhuma outra, é reconhecida como legítima, e pode ser marcada). A "invenção" é um dos modos pelos quais se juridifica uma vida "virgem", pelos quais um fato se torna direito, pelos quais uma posse se converte em propriedade. É nesse sentido que, respondendo a Tristão de Ataíde, Oswald diz que o material da poesia pau-brasil é *encontrado* e *inventariado*:

> Pau-Brasil são os primeiros cronistas, os santeiros de Minas e da Bahia, os políticos do Império, o romantismo de sobrecasaca da República e em geral todos os violeiros. Pau-Brasil era o pintor Benedito Calixto antes de desaprender na Europa. Pau-Brasil é o sr. Catulo, quando se lembra do Ceará, e o meu amigo Menotti quando canta o Braz.

[44] Abordo as diversas referências de Oswald a Valentino em Alexandre Nodari, "Um Antropófago em Hollywood: Oswald Espectador de Valentino". *Anuário de Literatura*, v. 13, n.1, Florianópolis, UFSC, 2008, p. 16-26. Disponível em: http://www.periodicos.ufsc.br.

Foi Colombo que descobriu a América e Vespúcio quem lhe deu o nome. "A Poesia Pau-Brasil", saída das mãos marujas do escrivão Caminha, sempre andou por aí, mas encafifada como uma flor do caminho. Era oportuno identificá-la, salvá-la.[45]

As poesias de *Pau-Brasil* não são criações do nada, e sim apropriações de materiais que já *estavam aí*, mas que não estavam marcados. Ao contrário do que a frase inicial do *Manifesto* parece indicar ("A poesia existe nos fatos"), na *Poesia Pau-Brasil* não há uma contraposição entre fato e direito: através da "invenção", os fatos devêm, imediatamente, *propriedade* nacional.[46]

XIX

Também no "sentido" da viagem, os dois movimentos se diferenciam. No "prefácio a *Pau-Brasil*, Paulo Prado vê na viagem uma forma de encontrar a própria identidade: "Oswald de Andrade, numa viagem a Paris, do alto de um ateliê da Place Clichy – umbigo do mundo –, descobriu, deslumbrado, a sua própria terra".[47] De todo diverso é o sentido da exterioridade para a viagem antropófaga, a que foi dado o nome de *exogamia* (que corresponderia no Direito antropofágico, poderíamos dizer parodicamente, ao seu direito de família): "Exogamia é a aventura exterior. O homem-tempo depois de Einstein é feito de momentos que são sínteses biológicas. Para a formação de cada um desses momentos ele arrisca o pelo numa aventura exogâmica. Realizada a síntese, ele a integra, como a ameba integra o alimento e busca outra aventura exogâmica".

A exogamia aqui não visa manter uma estabilidade (como no esquema freudiano da proibição do incesto, instituído de modo a evitar a guerra fratricida), mas a arrisca ("arrisca o pelo"): a 'exogamia'", diz Oswald de Andrade em referência a Raul Bopp, é a "essência do homem na busca da *aventura exterior que é toda a vida*". O exemplo de Bopp, que Murilo Mendes definiu como "viajante por excelência",[48] é instrutivo para contrapormos a exogamia à viagem identitária de *Pau-Brasil*: tendo cursado cada ano da graduação em Direito em uma cidade diferente, dado várias voltas ao mundo, e feito carreira como embaixador, foi um verdadeiro *globe-throtter* antropófago que varou o mundo à procura de seu país, mas que encontrou nele o mundo: "a maior volta ao mundo que eu dei foi na Amazônia".

É seguindo "O exemplo de Raul Bopp" e "O incitamento de Oswald às grandes e perigosas aventuras", que Jayme Adour da Câmara decide fazer sua viagem

---

[45] Oswald de Andrade, *Os Dentes do Dragão*, p. 31.
[46] Tanto o termo quanto a ideia que o embasam teriam larga fortuna: basta lembrar a revista concretista *Invenção*, ou então, o *Plano Piloto* de Lúcio Costa para Brasília. O projeto urbanístico da capital, diz ele, "Nasceu do gesto primário de quem assinala um lugar ou dele toma *posse*: dois eixos cruzando-se em ângulo reto, ou seja, o próprio sinal da cruz". É significativo que, ao usar o termo *posse*, o arquiteto e urbanista tenta atar com uma suposta "tradição colonial": "Trata-se de um ato deliberado de posse, de um gesto de sentido ainda desbravador, nos moldes da tradição colonial", cf. Alexandre Nodari, "O Brasil é um Grilo de Seis Milhões de Quilômetros Talhado em Tordesilhas: Notas sobre o Direito Antropofágico". *Prisma Jurídico*, v. 8, n.1, São Paulo, Uninove, 2009, p. 121-141. Disponível em: http://www4.uninove.br.
[47] Paulo Prado, "Poesia Pau-Brasil". In: Oswald de Andrade, *Pau-Brasil*. 2. ed, 1. reimpressão. São Paulo, Globo, 2003, p. 89.
[48] Raul Bopp, *Poesia Completa*. Organização, preparação de texto e comentários de Augusto Massi. Rio de Janeiro, José Olympio; São Paulo, Edusp, 1998, p. 42.

[49] Jayme Adour Câmara, *Oropa, França e Bahia*. São Paulo, Companhia Editora Nacional, s/d, p. 13.

[50] Antonio Candido, "Oswald Viajante". In: *O Observador Literário*. 3. ed., revista e ampliada pelo autor. Rio de Janeiro, Ouro sobre Azul, 2004, p. 100. Ver, também do autor, "Digressão Sentimental sobre Oswald de Andrade". In: *Vários Escritos*. 4.ed., reorganizada pelo autor. São Paulo; Rio de Janeiro, Duas Cidades; Ouro sobre Azul, 2004, p. 33-67; e "Estouro e Libertação". In: *Brigada Ligeira e Outros Escritos*. São Paulo, Unesp, 1992. É evidente que a referência de Candido é o episódio da tomada do navio *El Durasno* e a instituição de uma "ditadura" nudista a bordo, relatada no capítulo "Os Antropófagos" de *Serafim Ponte Grande*. Como sabemos, Oswald, no seu prefácio "comunista" ao romance, zomba do episódio: "Como solução, o nudismo transatlântico". Para Pascoal Farinaccio, a crítica transparece, além disso, na própria estrutura do texto de *Serafim*, independentemente da intenção do autor: a insuficiência da "revolução malandra" do anti-herói ficaria nítida com os "contramovimentos" da narrativa que seguem os gestos de liberação puramente pessoal. No caso mais específico do *El Durasno*, a centralidade de uma conjunção adversativa numa das frases iniciais do capítulo faz este papel de contramovimento: "'Estavam em pleno oceano *mas* tratava-se de uma revolução puramente moral' (...) esse 'mas' central, por um lado, evidencia o limite da revolução alcançada, 'puramente moral', por outro, sugere um horizonte revolucionário mais perfeito, a que o 'mundo sem calças' ▶

antropófaga pela Europa, que resultará no "documentário de viagem" *Oropa, França e Bahia* (do qual grande parte é dedicado aos prenúncios da Segunda Grande Guerra, em especial o "problema judeu" e o do "corredor polonês", feridas abertas da Primeira).[49] É preciso, porém, não sobrevalorizar a viagem em si, como o fez Antonio Candido, para quem a antropofagia culminaria na "utopia da viagem permanente e redentora, pela busca da plenitude através da mobilidade".[50] O próprio Oswald de Andrade advertia que "viajar não era nada", isto é, não era garantia: "Ronald de Carvalho viajou muito, mas nunca passou daquelas coisas sentimentais e irônicas".[51] Em uma carta a Oswald, datada de 9 de agosto de 1929, Jayme Adour diferencia o simples "cosmopolitismo de cais de porto" (a viagem pela viagem), o turismo, da descoberta exogâmica: "Mas o cerne, como sempre, fica escondido. É preciso perfurar para se chegar até lá. E eu cheguei. Descobri". E aquilo que descobre é a antropofagia: "Sem dar muita valia a essas coisas, o finlandês se salva pelo seu próprio instinto antropofágico. É a maior gente que já encontrei pelo meu caminho, aqui por esses lados da Europa. Já vi oito nações de gente. Todas grafadas de mentira e de pecado original. O finlandês, não. Nasceu sem pecado. Antropofagicamente". Aqui, novamente, a antropofagia é definida pela ausência da aplicação da lei (a ausência de culpa), mas, num gesto aparentemente inusitado, é vislumbrada não no ameríndio, mas no europeu.

XX

A possibilidade de ver o finlandês como antropófago não é uma projeção da identidade no outro. Antes, implica uma não essencialização da antropofagia: "não se deve confundir volta ao estado natural (o que se quer) com volta ao estado primitivo (o que não interessa)", escreve Oswaldo Costa logo no primeiro número lançado da *Revista*. Não se trata, esclarece Oswald de Andrade (na edição de 12 de junho de 1929), de um retorno a um estágio anterior, mas de uma "descida antropófaga": "Antropofagia é simplesmente a ida (não o regresso) ao homem natural (...) O homem natural que nós queremos pode tranquilamente ser branco, andar de casaca e de avião. Como também pode ser preto e até índio. Por isso o chamamos de 'antropófago' e não tolamente de 'tupi' ou 'pareci'". É esse deslocamento exogâmico da identidade (o descentramento da essência) que explica por que Oswald, ao tentar dar cidadania filosófica à antropofagia em *A Crise da Filosofia Messiânica*, optou por igualá-la ao matriarcado e buscar seus rastros não na história ameríndia, mas na experiência ocidental. Se o antropófago não pode ser igualado ao ameríndio, isto é, se não pode ser *identificado exclusivamente* no "primitivo", se, ao contrário, como vimos, a antropofagia é a "única lei do mundo", a "expressão mascarada de todos os individualismos, de todos os coletivismos", então ela está inscrita, ao menos potencialmente, em toda a história humana. O problema, contudo, é que ela não se dá a ver explicitamente no tempo cronológico da propriedade que rege o que costumamos, ingenuamente, chamar de história (ou, menos ingenuamente, de "história oficial"). Antes, constituindo um "mundo não datado. Não rubricado", ela transparece só na forma de vestígios, de rastros, que se inscrevem na história como potências de subverter a própria temporalidade da história: uma história *sem* data. Oswald de Andrade estava consciente desse problema, e propôs, como método de investigação desses rastros, a "errática, a ciência do vestígio errático".

XXI

Se não compreendermos a Errática (que guarda íntima conexão com métodos de investigação "históricos" que só foram enunciados tempos depois, tais como o "paradigma indiciário", de Carlo Ginzburg, e o conceito mais recente de "assinatura", de Giorgio Agamben), ou seja, se não compreendermos o deslocamento exogâmico efetuado por Oswald nas teses e nos ensaios que passa a escrever na década de 1940, não poderemos entender a aparente dualidade do Direito antropofágico (e da antropofagia como um todo). Daí a importância fundamental do recente livro de Gonzalo Aguilar, que cumpre com maestria a tarefa de reabilitar e elucidar o sentido da "ciência do vestígio errático": os "sinais" de que fala o *Manifesto* são, contemporaneamente, rastros do passado *e* roteiros a cumprir, itinerários do "espaço do porvir".[52] Se o tempo cronológico é o tempo do "irrecuperável", o tempo da antropofagia e do matriarcado, por sua vez, é um tempo (em) que não (se) pode se perder, porque é um tempo (em) que não se pode ter. Por mais "morto" que o título seja, é possível fazer contato com ele. Erraticamente, seguir os vestígios do passado é criar um roteiro para o presente.

XXII

Encontramos uma tentativa *avant la lettre* de uso da Errática na edição de 7 de abril de 1929 da *Revista*. Ali, Jayme Adour da Câmara apresentava uma inusitada "História do Brasil em 10 Tomos", que não passavam de dez curtos parágrafos,

de *El Durasno* contemplaria apenas parcialmente" (Pascoal Farinaccio, *Serafim Ponte Grande e as Sificuldades da Crítica Literária*. São Paulo, Ateliê; FAPESP, 2001, p. 100-1). A meu ver, a questão da correspondência do episódio ou não com a utopia antropófaga não pode ter uma resposta definitiva, o que fica patente pelas anotações que cobrem a contracapa de um dos manuscritos de *Serafim*, com as quais, segundo Maria Augusta Fonseca, Oswald "procura soluções que atará no capítulo" final: "economia/ prazer desprazer/ céu inferno/ antropofagia/ O roubo/ exogamia e posse/ a compreensão da eletroética/ Lenine/ Torquemada" (Maria Augusta Fonseca, *Dois Livros Interessantíssimos: Memórias Sentimentais de João Miramar e Serafim Ponte Grande – Edições críticas e ensaios*. Trabalho de livre-docência apresentado ao Departamento de Teoria Literária e Literatura Comparada da Faculdade de Filosofia, Letras e Ciências Humanas da Universidade de São Paulo. São Paulo, 2006, p. 209). Por um lado, há temas centrais da antropofagia, mas, por outro, referências a tópicos que a extrapolam (no sentido de a aproximarem da ditadura ou da pura transgressão).
[51] Oswald de Andrade, *Os Dentes do Dragão*, p. 220.

[52] Gonzalo Aguilar, *Por una Ciência del Vestigio Errático*. Buenos Aires, Grumo, 2010.

alguns de apenas uma frase (outra "redução"), dedicados a Rocha Pombo, um dos representantes do que se costuma chamar história oficial. A "história do Brasil" que expunha, porém, era, inusitadamente, a da relação do ameríndio com a França. E não é exatamente a história no sentido de um processo que nos é contada, mas a história de vestígios de contato deixados. Na sumarização que Adour apresenta, o desleixo da colonização portuguesa é oposto à descoberta do país a "segunda vez pelos franceses" (IV), que, ao contrário dos lusos, entenderam "a significação do novo país" (VIII): "Enquanto Portugal nos enviava os seus colonos, da França vinham até nós os seus melhores cavalheiros. (...) E das brumas da nova terra foi surgindo a França Antárctica" (VII). A força desse marco inaugural teria sido tamanha que, mesmo depois da expulsão dos franceses ("Dolorosa foi essa separação. Separação vital, tremenda!" – VIII), manteve-se uma "ligação filosófica da França eterna ao Brasil novo e misterioso" (X), que vai de Montaigne até o surrealismo, passando por Rousseau: "A América revelou à Europa o homem simples, o homem natural, integrado na sua máxima expressão de liberdade" (X). Aquilo que o Brasil apresentava à França carregada de "história" (e essa ligação é o último "tomo" de *nossa* história) não era um estágio pré-histórico a ser restituído (o "primitivo"), mas "o homem natural, integrado na sua máxima expressão de liberdade", isto é, a possibilidade de *fazer* história: "*E aqueles homens simples mandados do Brasil à corte de França, na coroação do* rei, estranharam que se dignificasse o homem fraco e mirrado, deixando a seu lado o homem forte que tudo pode. E esse reflexo do homem forte e simples impressionou o espírito dos filósofos. Montaigne. E o que era uma mera sugestão, mais tarde se positivou numa campanha reivindicadora", ou seja, na Revolução Francesa.[53] Anos depois, ao escrever *A Marcha das Utopias*, Oswald de Andrade faria uma comparação semelhante, ao situar a "geografia das utopias (...) na América": "As utopias são (...) uma consequê*ncia da descoberta do novo homem, do homem diferente encontrado nas terras da América*".[54] O que é este "novo homem", este "homem diferente", de que fala Oswald, ou este "homem simples", este "homem natural" de que fala Jayme Adour? Por que o encontro com ele gera uma utopia, no fundo da qual "não há somente um sonho, [mas] há também um protesto?".[55]

XXIII

O célebre episódio dos três ameríndios diante da corte francesa a que Jayme

---

[53] E aqui nos reencontramos com a afirmação do *Manifesto*, segundo a qual "Sem nós a Europa não teria sequer a sua pobre declaração dos direitos do homem". Ainda que Silviano Santiago afirme que, apesar de não estar "de todo incorreto, Oswald de Andrade terá certamente exagerado" (Silviano Santiago, *Ora (Direis) Puxar Conversa*. Belo Horizonte, Ed. UFMG, 2006, p. 143), Federico Pensado lembra a importância da obra do Inca Garcilaso, *Comentarios Reales*, publicada em Lisboa em 1609, para o debate que dará na Revolução Francesa: "En el fragor de la revolución francesa, la Academia de Lyon organizó un concurso de ensayos con el tema: 'La influencia del descubrimiento sobre la felicidad del género humano'. El trabajo vencedor fue el del abate Genty, quien revelaba que las enseñanzas del Inca Garcilaso integraron el contexto del debate que provocó la revolución Francesa y que posteriormente se cristalizarían en la Declaración de los Derechos del Hombre y el Ciudadano" (Federico Pensado, *Antropofagia y Otros Ensayos*. Buenos Aires, Altamira, 2003, p. 37).

[54] Oswald de Andrade, *A Utopia Antropofágica*. 2. ed. São Paulo, Globo, Secretaria da Cultura do Estado de São Paulo, 1995, p. 163.

[55] Ibidem, p. 204.

Adour se refere foi narrado por Montaigne no ensaio que dedica aos "Canibais":

> Disseram antes de tudo que lhes parecia estranho tão grande número de homens de alta estatura e barba na cara, robustos e armados e que se achavam junto do rei (provavelmente se referia aos suíços da guarda) se sujeitassem em obedecer a uma criança e que fora mais natural se escolhessem um deles para o comando. Em segundo lugar observaram que há entre nós gente bem alimentada, gozando as comodidades da vida, enquanto metades de homens emagrecidos, esfaimados, miseráveis mendigam às portas dos outros (em sua linguagem metafórica a tais infelizes chamam "metades"); e acham extraordinário que essas metades de homens suportem tanta injustiça sem se revoltarem e incendiarem a casa dos demais.[56]

O discurso (do) canibal (e de Montaigne) aparece como um ponto de vista que questiona a necessidade das conformações (convenções) sociais e das ações humanas, revelando a sua contingência. Nesse sentido, é importante notar que a descrição das sociedades ameríndias por Montaigne é, *grosso modo*, feita de forma negativa (como a *Notícia do Brasil* de Gabriel Soares, que caracterizava o "gentio" por não ter nem Fé nem Lei nem Rei):

> um país, diria eu a Platão, onde não há comércio de qualquer natureza, nem literatura, nem matemáticas; onde não se conhece sequer de nome um magistrado; onde não existe hierarquia política, nem domesticidade, nem ricos e pobres. Contratos, sucessão, partilhas aí são desconhecidos; em matéria de trabalho só sabem da ociosidade; o respeito aos parentes é o mesmo que dedicam a todos; o vestuário, a agricultura, o trabalho dos metais aí se ignoram; não usam nem vinho nem trigo; as próprias palavras que exprimem a mentira, a traição, a dissimulação, a avareza, a inveja, a calúnia, o perdão, só excepcionalmente se ouvem.[57]

A ironia que encerra o ensaio ("Tudo isso é, em verdade, interessante, mas, que diabo, essa gente não usa calças!") participa também dessa estratégia, na qual o que está em jogo não é somente um processo de relativização cultural (os bárbaros são sempre os outros), mas o esvaziamento do parâmetro. O ponto de vista reproduzido por Montaigne não é (somente) o ponto de vista do indígena, e sim um ponto de vista *nu*, que nasce *da retirada da roupagem* do Velho Mundo quando do seu contato com o Novo Mundo. O canibal não é um novo parâmetro (roupa): a sua utilização por Montaigne é um gesto que aponta não para a

---

[56] Michel de Montaigne, op. cit., p. 268-69.
[57] Ibidem, p. 262.

nudez do rei, mas para a artificialidade de suas vestes.

XXIV

A *Revista de Antropofagia* está repleta de referências ao "homem simples", ao "homem natural", e ao "homem nu". De fato, na mesma edição em que encontramos a "História" de Jayme Adour, lemos em outro texto que "O que se quer é a simplicidade e não um novo código de simplicidade. Naturalidade. Não manuais de bons-tons". Assim, a simplicidade e a naturalidade são definidas não através de uma essência, e sim de modo negativo, como a ausência de normas de conduta, ou seja, a ausência de Direito. Desse modo, resta claro por que os antropófagos podiam associar a liberdade (em relação às regras sociais) à nudez, tal como aparece na ideia da "cidade do homem nu", exposta por Flávio de Carvalho, na condição de "delegado antropófago" do IV Congresso Panamericano de Arquitetos no Rio de Janeiro em 1930: "O homem antropofágico, quando despido de seus tabus assemelha-se ao homem nu (...) o homem futuro, sem deus, sem propriedade, e sem matrimonio".[58] Daí a equação antropófaga entre homem natural e homem nu, entre simplicidade e nudez: "o índio despido é a imagem decisiva do ingênuo, do sincero, do realmente justo. É a expulsão de todos os adornos que sobravam. E que, por isso mesmo, não fazem falta. É a fisionomia que se caracteriza por si mesma". *"Toda legislação é perigosa"* porque adere como uma roupa, impedindo o acesso ao natural; por sua vez, o homem nu não conheceria "Nenhuma convenção social". Na "Mensagem ao Antropófago Desconhecido", que Raúl Antelo considerou o segundo *Manifesto Antropófago*, Oswald de Andrade definiria a roupa, além do mais, como aquilo que metaforicamente impede o acesso à verdade, e mesmo ao Ser. É curioso notar que, na época em que escreve esse texto (década de 1940), Oswald está mergulhado no existencialismo e nos seus debates sobre o Ser, uma questão que sempre foi alvo de seus ataques mordazes.[59] Todavia, aqui também o Ser não recebe uma definição positiva – aliás, mesmo o antropófago é "desconhecido". Escrevendo justamente "Da França Antártica" mencionada por Jayme Adour, Oswald conclama "Um passo além de Sartre e de Camus", isto é, argumenta que o existencialismo francês deveria olhar para trás para melhor seguir em frente, pois "As filosofias do homem vestido nas horas do abraço ao desespero roçaram a verdade. Mas entre elas e a verdade havia a roupa (...) É preciso ouvir o homem nu". Mas o que diz o homem nu?

---

[58] Flávio de Carvalho, "A Cidade do Homem Nu". In: Luiz Carlos Daher, *Flavio de Carvalho: Arquitetura e Expressionismo*. São Paulo, Pro Editores, 1982, p. 100-01.

[59] O mais conhecido deles é a famosa paródia do ainda mais célebre dito hamletiano, na forma do "Tupi, or not tupi, that is the question". A fórmula da equação permanece inalterada (e, mesmo, na língua original: *or, not, that is the question*), alterando-se *apenas* os seus termos. Contudo, esse *apenas* é, ao mesmo tempo, *tudo*: os termos não são mais ontológicos, não se trata mais de ser ou não ser. Também os ataques à gramática devem ser entendidos nesse contexto, pois seria na gramática "que ensina a conjugar o verbo ser e a metafísica nasce daí, de uma profunda conjugação desse verbinho". Aqui reaparece a definição da antropofagia em termos negativos: "O índio", lemos na *Revista*, "não tinha o verbo ser. Daí ter escapado ao perigo metafísico que todos os dias faz do homem paleolítico um cristão de chupeta, um maometano, um budista, enfim um animal moralizado. Um sabiozinho carregado de doenças". A gramática também explicaria o "comunismo primitivo": "segundo Gabriel Soares, [o Brasil primitivo] não tinha F nem L nem R, isto é, nem Fé nem Lei nem Rei. Cada um vivia ao 'som da sua vontade'" (Oswald de Andrade, *Estética e Política*. Organização e estabelecimento de texto de Maria Eugenia Boaventura. São Paulo, Globo; Secretaria da Cultura do Estado de São Paulo, 1992, p. 71).

"Nada existe fora da Devoração. O ser é a Devoração pura e eterna".[60] No encontro entre a mais avançada filosofia da época e o mais "primitivo", o antropófago, o que se dá a ver não é um Ser definido de maneira nova, mas um Ser que se caracteriza pelo contato e pela mudança, um ser "desconhecido". A antropofagia não se mostra como uma essência, ou uma verdade oculta por trás da roupa, mas como o gesto que revela a impropriedade daquilo que parece mais próprio – a roupa, a identidade, o caráter, a qualidade, o Direito, as instituições, ou o próprio Ser. Ou seja, usando as palavras de Araripe Jr., verdadeiro precursor dos antropófagos, a antropofagia mostra-se como um gesto que revela "que são de pedra os monstros, que fazem esgares das torres da velha catedral e não obstante assustam os desprecavidos que ali penetram".[61] Esse gesto, porém, *depende* do Outro, essa "verdade" só é acessível através do contato, da "Devoração".

Aquilo que Jayme Adour viu no encontro entre o índio e o francês não foi, portanto, a assimilação de um por outro, mas um ser *comum* a ambos, o homem "natural", "simples", nu, um "homem" que só pode ser definido pelo que não possui. O que é *comum* não é uma qualidade ou uma propriedade, mas a possibilidade de ser *sem* aquilo que se *tem*. Ameríndio, francês ou finlandês, nu ou "de casaca", o antropófago é o homem "sem caráter", "o homem sem qualidades" – ou mesmo, como Oswald, "o homem sem profissão". Talvez agora estejamos em condições de responder à questão inicial, a saber, a do sentido da redução de toda lei a uma "Única lei do mundo", dotada de um único preceito, o de que "Só me interessa o que não é meu". É só aquilo que *não* sou, que *não* me é próprio, que produz meu *inter-esse* no (ou melhor, com o) Outro, e é esse interesse o que temos em *comum*, ele é o nosso *ser-entre*, nosso *mundo*. Só com o que não nos é próprio, com o que não nos é exclusivo, ou seja, só nos despojando das "roupas", só naquele contato com o Outro que não leva a uma nova propriedade, é que podemos produzir um espaço-tempo comum, aquilo que se costumava chamar de utopia. Como bem sabia Oswald de Andrade, "Só a antropofagia nos une". A "Idade de Ouro", o "matriarcado de Pindorama" está aí, diante de nós, dentro de nós, como vestígio de nossa existência e roteiro do nosso porvir. Resta apenas saber se vamos seguir a lição do *Manifesto*, isto é, se vamos aprender a "acreditar nos sinais".

---

[60] Oswald de Andrade, *Estética e Política*, p. 286.
[61] Em "Modernismo Obnubilado: Araripe Jr. Precursor da Antropofagia" (In: *Anais do VIII Seminário Internacional de História da Literatura*. Porto Alegre, EDIPUCRS, 2008), detive-me no íntimo paralelo que há entre certas concepções de Araripe Jr., em especial a "obnubilação brasílica", e o ideário antropófago, bem como nos motivos da total ausência de referências dos modernistas brasileiros a um de seus precursores mais aguçados. O artigo está disponível em http://www.culturaebarbarie.org/Nodari-PUC.pdf.

PARTE V

Repercussões

Entre Vegetarianos e Canibais
O Jornalismo, a Literatura, o Mundo dos *Mass-Media* e a Representação da Violência Sexual

Remo Ceserani
Universidade de Bolonha

Queria começar com o jornalismo, que está agora muito integrado ao sistema dos *mass-media* e em contínua concorrência sutil com a televisão, permanecendo, porém, como uma forma de literatura, embora seja visto com algum desprezo pela verdadeira literatura. No dia 20 de agosto de 1996, em Abruzzo, nos montes de Sulmona, um jovem pastor macedônio, Aliyebi Hasani, encontrou três moças de Pádua, que estavam realizando uma excursão pelo monte Morrone, e tomado por um *raptus* imprevisto, assaltou-as, estuprou uma delas, assassinou duas com um revólver, abandonou a terceira, acreditando que estava morta, e voltou tranquilo para o seu lar; dois dias depois foi capturado pela polícia, que o pressionou, forçando-o a confessar o crime.

Leio o jornal *La Repubblica*, do dia 22 de agosto, ou seja, no dia posterior à captura do culpado. Existem páginas inteiras de crônicas policiais dedicadas ao acontecimento, nas quais se lê alguns destaques ("Sulmona, a cidade das amêndoas e do poeta latino Ovídio"), e alguma lembrança literária, por exemplo, na correspondência de Marina Garbesi:

> Sem aqueles revólveres o Morrone, o monte de Sulmona, terra de elegias *dannunzianas*, teria permanecido em paz, e as três jovens, de férias, continuariam passeando aqui por cima.

Demonstra-se, aí, um conhecimento duvidoso da tradição literária. D'Annunzio, em seus romances e em suas tragédias pastoris, deu imagens, pelo contrário, nada elegíacas daquele mundo pastoril. Na verdade, transportou para aquele ambiente arcaico e folclórico tramas e personagens retirados dos naturalistas franceses, carregou ao máximo as suas matizes, acentuando a sua instintividade, passionalidade, animalidade, brutalidade e violência extremas.

Naquelas páginas de *La Repubblica* existem ainda algumas reconstruções sociológicas das transformações ocorridas no mundo rural de Abruzzo, logo após às mudanças da economia local e mundial e da chegada de imigrados dos países pobres da Europa, para substituir os italianos que não querem mais fazer aquele trabalho duro. Há ainda uma entrevista com o escritor sardo Gavino Ledda, autor de *Padre Padrone*,[1] considerado um especialista do mundo pastoril; existem entrevistas com os amigos e parentes das três vítimas, todos pertencentes a um ambiente tranquilo de província, dedicados ao trabalho, ao esporte, à vida religiosa, ao serviço social.

Existe, enfim, o texto, escrito com zelo literário, do jornalista Michele Smargiassi, que percorreu o trajeto feito pelas três jovens, reviu os lugares do encontro, do estupro, da fuga arriscada da sobrevivente. O artigo começa em chave fortemente literária:

> A chuva (mas são nuvens baixas que dissipam o nevoeiro) já apagou os rastros de sangue, já fez crescer a vegetação esmagada, já nivelou a terra mexida. Uma jovem águia plana, sem mover as penas, pelo monte Morrone, e há um silêncio que amedronta. Foram necessárias apenas 24 horas para que a natureza esquecesse.

À primeira vista parece que o texto do jornalista bolonhês Smargiassi tenha tirado, do reservatório da memória literária, a linguagem de D'Annunzio, ou aquela dos prosadores expressionistas, como Slataper, ou de Montale. Porém, caso seja lido todo o trecho, descobre-se que as imagens, as referências intertextuais surgem de outras fontes: do mundo das canções, do rock, da música clássica usada como fundo musical, dos filmes de terror, das fábulas de Walt Disney, dos CDs distribuídos nas bancas de revistas com as obras dos grandes pintores. O jornalismo desvincula-se da literatura e parte na companhia do mundo dos *mass-media*:

> Lindo dia de sol. Nos filmes de terror tudo sempre começa assim, com sol e alegria.
>
> Partem em direção ao Pacentro... a pátria de Nossa Senhora... aos ecologistas é permitido o rock.
>
> A natureza é tão amiga quanto os desenhos animados. Estamos sozinhos, agora, tendo estranhos pressentimentos naqueles enormes cogumelos venenosos (rebento de tambores que cresce numa noite), ou no nome ameaçador do monte Amaro, que, de repente, se apresenta como uma *ouverture* a partir da primeira clareira no bosque.

---

[1] Gavino Ledda, *Pai Patrão*. Trad. Ivan Neves Marques Júnior e Liliana Laganà. São Paulo, Berlendis e Vertecchia, 2004. (N. T.)

O seu carrasco, as três polegarzinhas o encontraram, talvez, aqui, ao soar de uma hora e meia de caminhada e dos 1.700 metros de altitude. E lhe sorrirão. E aquele rapaz, Alijebi, tem um revólver. Pega-o e aponta-o. E, então, o desenho animado é desfeito.

A natureza realiza a sua traição, hospeda o monstruoso, o indizível, aqui, entre grilos e caminhos de relva, que Silvia finge a sua morte, sofrendo solitária por causa da morte de sua irmã e de sua amiga; é, aqui, entre rapinas majestosas e pedras que parecem pintadas por Giotto, que o medo faz com que Silvia se levante e fuja, ferida por dentro e por fora, correndo e correndo como nas fábulas mais cruéis.

Mesmo o retrato do protagonista masculino, Alì, o homem lobo, se bem observado, não é traçado utilizando os modelos fortemente pintados como os de D'Annunzio, e muito menos como aqueles barrocamente violentos de Faulkner, mas como aqueles dos filmes de terror, dos documentários da *National Geographic*, alternados entre fábulas e desenhos animados:

> Um diabo, um enorme bode, um monstro, como sabem ser os monstros ferozes das lendas... Todos conheciam Alì, o macedônio, aquela besta que fedia a queijo à força de ordenhar ovelhas, de viver numa cama de lona, sem privada, tomando banho no bebedouro dos animais.

Façamos, então, o percurso contrário, do jornalismo à literatura, ou àquele que se apresenta com as aprovações da literatura. Tomemos, como exemplo, a coleção de contos de jovens escritores italianos, intitulada *Gioventù Cannibale*, publicada em 1966, numa coleção intencionalmente leve e desenvolta, do prestigiado editor Einaudi, que se chama "Stile Libero", organizada por Severino Cesari (também redator cultural do jornal *Manifesto*) e Paolo Repetti (sortudo descobridor de talentos narrativos, dos anos 1970 em diante, como redator da pequena editora romana Theoria).

A antologia, que apresenta contos de gênero *pulp* de vários jovens autores, entre os quais o mais conhecido e hábil é certamente Niccolò Ammaniti,[2] se apresenta um pouco como uma operação astuta de mercado, um pouco como momento de conexão e *assemblage* de algumas tendências difundidas na escrita dessa jovem geração. A operação de mercado já é anunciada pelo título, que usa uma palavra muito em moda no mundo dos *mass-media*, da televisão, da informação jornalística, no qual termos como "canibalismo" ou "canibalização" começaram

[2] Sobre esse tipo de narrativa, que se inspirou no célebre filme de Tarantino, *Pulp Fiction*, se pode ler: Marino Sinibaldi, *Pulp. La Letteratura nell'Era della Simultaneità*. Roma, Donzelli, 1997.

a ser usados correntemente para indicar a violenta apropriação por parte de fotógrafos, operadores, jornalistas, condutores televisivos, da vida privada, da individualidade, da imagem das pessoas conduzidas à ribalta e dadas como comidas aos curiosos, cuja sede de sangue não é, apesar disso, satisfeita suficientemente por tantas imagens puramente virtuais de corpos violentados, pisados e esmagados.³

Niccolò Ammaniti, num conto escrito a quatro mãos com Luisa Brancaccio, intitulado *Seratina*, reconstrói com bom ritmo narrativo e mímesis atenta das falas, dos gestos entediados, das transgressões gratuitas de dois amigos romanos, uma noite vivida com o uso de drogas, corridas de carros, música, propostas pesadas a uma amiga casual, visita noturna ao zoológico, que ameaça transformar-se em tragédia, violência gratuita e sádica exercida contra um travesti, regresso aborrecido à ordem. Outro autor presente na antologia, Paolo Caredda, que profissionalmente trabalha como diretor para a MTV Europe, junto à base de Londres, num longo conto chamado *Giorno di Paga in Via Ferretto* [Dia de Pagamento na Rua Ferretto] coloca ao mesmo tempo muita referência de relevo (de "Berenice" de Poe à cinematografia de segunda ordem) para contar a história horrível de uma vingança feita por um capanga mercenário contra uma bela senhora e mãe (e também contra o seu filho) nos fundos de San Fruttuoso, com particulares macabros e invenções típicas dos filmes de terror. O que une muitos desses textos é um elemento de ódio e de terror, com caráter misógino.

A introdução de *Gioventù Cannibale*, assinada por Daniele Brolli, é interessante porque é construída a partir de algumas contraposições simplificadas e simplificadoras:

1. Entre romance e crônica: "Bem estranho o destino do narrador italiano. Dele se espera que conte histórias de vida e que faça a partir delas renda com a agulha de crochê com uma sintaxe elaborada, mas o sangue deve ser suprimido, como se o seu surgimento decretasse o deslize do romance em direção à crônica".

2. Entre moralismo, academia, senil reticência, e a livre, solta, vital expansão das experiências e aspirações, sobretudo, juvenis.

3. Entre literatura "alta" (italiana) e literatura baixa, de gênero e de consumo (americana), estreitamente aparentada com o cinema macabro (incluindo o cinema italiano de Dario Argento), os quadrinhos, a narrativa americana *splatter* e punk.

---

³ Um crítico propôs contrapor àquela dos "canibais", ou seja, os malvados do *pulp*, outra corrente de escritura juvenil, a dos "vegetarianos", isto é, os imitadores dos minimalistas americanos, os "*buonisti*" (cf. Alberto Casadei, "Cannibali o Vegetariani". In: *Linea d'Ombra*, 1997). Na realidade, contrapostos aos vegetarianos, os canibais deveriam tornar-se muito mais carnívoros. Interessante observar que os termos da contraposição estavam já presentes na literatura de consumo pós-dannunziana, escandalosa, sádica e pornográfica do início do século XX. Um autor como Guido da Verona era especializado em oferecer ao seu público pequeno-burguês (as "*sartine*" a que se direcionava) não apenas cenas de sexo, mas também de violência (por exemplo, no romance *Azyadeh, la Donna Pallida*, de 1927, numa cena como esta: "Para maior tranquilidade, arranquei a arma da ferida, apontei-a duas vezes, de onde os olhos jorraram para fora como duas lesmas viscosas". Um autor como Pitigrilli, que fez a sua fama com romances como *Mammiferi di Lusso* (1920) ou *La Vergine a Diciotto Carati* (1923), quando quis narrar, tomando distância do seu sucesso literário, escreveu um romance sobre o romance, intitulado, de fato, *I Vegetariani dell'Amore* (1931). Como se vê, nem mesmo os termos colocados em circulação pela polêmica moderna são realmente novos.

A simplificação é, antes de tudo, sociológica:

> Hoje, aquele desvio (aquele que seguia as promessas do "bem-estar" na Itália dos anos 1960) se encontra na sua fase fria. Pais assassinados por uma simples proibição ou por dinheiro; a *roulette* de multidões lançadas dos viadutos de autoestradas; estupros em grupos realizados como se em carrosséis de um parque de diversões; crimes com mutilação; explosão de violência contra as minorias de todos os tipos (...) são gestos privados de paixão e de sentido, atos que dilaceram o véu superficial da normalidade para revelar que as suas bases estão situadas num terreno incandescente de inquietação.[4]

No entanto, essa é também uma simplificação literária. A procura dos pais, ou de uma tradição, conclui-se rapidamente com a compilação do cânone dos escritores aprovados, que teriam "descrito o desenvolvimento das lutas confusas e mortais entre as opostas polaridades da vida":[5] são os escritores "ruins", que representam o mal, e formam uma lista muito casual e improvável: Federico Tozzi, Enrico Morovich, Pier Paolo Pasolini, Giorgio Scerbanenco e Beppe Fenoglio, mais para trás: Luigi Capuana e Renato Fucini. Não sei se a casualidade da lista depende da escassez de acompanhamento dos textos da tradição literária italiana ou mundial (poderia citar alguns escritores que têm o direito de fazer parte daquele cânone, começando por Zola e Dickens, Dostoiévski e Faulkner); mas acredito que, aqui, o problema seja maior: a construção de pequenas linhas de tendência, de pequenos cânones de grupos, esconde uma incapacidade de compreender as mudanças profundas sofridas pela nossa sociedade, assim como as suas capacidades de percepção e conhecimento e as suas formas de invenção e de transmissão do imaginário.

A verdadeira pergunta não é: *quanta* violência existe na nossa sociedade nem mesmo *qual* violência (se cega, consciente, individual, coletiva, motivada, e se funcional, como queriam Girard e Freud, em relação à constituição efetiva da sociedade, dos seus códigos fundacionais, das suas formas de existência e de desenvolvimento). A verdadeira pergunta é: quanto mudou o imaginário coletivo da violência; qual relação existe entre aquele imaginário e as novas formas de construção da subjetividade, e quanto a nova literatura (na qual, aliás, foi nitidamente atenuada a distinção entre alta literatura e literatura de consumo) teve êxito na representação daquela mutação, utilizando os seus meios, que são específicos e distintos dos

[4] *Gioventù Cannibale*, p. VII-VIII.
[5] Ibidem, p. VII.

de outras formas de representação: a crônica jornalística, a reprodução fotográfica e cinematográfica, a transmissão televisiva, embora com estas possa entrelaçar profícuas relações de troca e de transcrição entre códigos.

Detenho-me em dois exemplos-padrão de representação da violência sexual, ou carnal,[6] duas histórias de estupro, realizadas por homens em bando, o primeiro proveniente de um autor da modernidade de grande empenho literário e o segundo por um dos jovens pós-modernos, que naquela ocasião se tornou canibal, unindo-se ao bando dos seguidores do *Pulp Fiction*.

O primeiro é um conto não muito conhecido nem estudado de Giovanni Verga, intitulado "Tentazione!",[7] escrito em 1883 e recolhido pela primeira vez num livro com o título *Drammi Intimi*, que narra o estupro e o assassinato de uma jovem camponesa encontrada, por acaso, numa região deserta de um campo próximo a Milão, por três jovens, ao retornarem de uma festa dominical no rio Adda. Trata-se de um estudo não tanto do estupro como ato feroz, violência sanguinária (nenhuma gota de sangue escorre nessas páginas tão concisas), quanto da força cega e irresistível da "tentação", da fúria brutal que pode acometer três rapazes "de bem", de repente dominados por uma "embriaguez" de mulher, movidos e justificados pelo instinto, pela cumplicidade masculina e pela passiva adesão a algumas convenções e estereótipos sociais difundidos no seu ambiente (e representados de relance na primeira parte do conto, quando é descrita a festa camponesa, os erotismos subentendidos, a grosseria das brincadeiras). Os três protagonistas, no curso de poucas horas, passam de ótimos operários e artesãos de Milão do final do século XIX, ainda incerto entre os velhos valores camponeses e os novos valores industriais, a assassinos depravados, corrompidos, "decadentes". O conto é um estudo, sobretudo, da relação que se institui entre os violentadores, do vínculo instintivo (o "espírito do bando") que os une no momento do *raptus*, depois no momento da cumplicidade e da perturbação logo após o crime ("seguiam cautelosos e sem dizer uma palavra, mas não queriam separar-se, como se estivessem atados"[8]) e depois se transforma, no momento do processo e da punição, em ódio recíproco e canibalesco ("No tribunal, na grande jaula, devoravam-se com os olhos, pois cada um tinha o outro como Judas"),[9] no entanto continua apresentando-se como situação comum: uma mesma e indiferenciada força cega que os condena, uma indiferenciada incapacidade de compreender o

[6] Estamos, portanto, numa manifestação típica de um comportamento "carnívoro", sanguinolento, e não vegetariano da humanidade.
[7] Giovanni Verga, *Le Novelle*, vol. II. Organizado por G. Tellini. Roma, Salerno, 1980, p. 32-36.
[8] Ibidem, p. 36.
[9] Ibidem.

que aconteceu. Tanto que todo o conto é narrado por uma voz anônima, que narra (e esta mesma parece tentar entender, através do relato) a crônica "verdadeira" dos fatos. Ela começa declarando "Eis como foi (...). Verdadeiro, assim como Deus é verdadeiro!", mas se choca contra a exata e alheia incapacidade de entender e contenta-se em recolher e fazer referência, aproximando-se sempre mais ao ponto de vista deles, às meditações obsessivas, na prisão, de todos os três protagonistas, indistintos entre si, que não conseguem ainda nomear o fato com o nome que lhe é próprio, abafando-o com o eufemismo justificador das convenções sociais (o "erro", o "desastre"), e o atribuem à lógica consequencial da loucura: "quando voltavam a pensar como ocorrera o desastre, parecia-lhes uma loucura, um fato após o outro".[10]

Aquilo que atinge, nesse conto de Verga, muito compacto e concentrado, é a extraordinária economia e consistência da linguagem, a representação dos instintos e das paixões fortes e incontroláveis, feita através dos gestos, dos olhares, das falas dos personagens, com nenhuma concessão ao patético, nenhuma piedade, nem mesmo pela vítima. O ato de violência, que explode de repente por trás de uma sociabilidade festiva e alegre, é descrito com grande reserva e quase com pudor, colocando ainda mais em destaque algumas passagens extraordinárias, pelas quais o drama vem imediatamente iluminado. Lembro especificamente como é atentamente descrito o momento da luta, com uma participação furiosa mesmo da própria vítima:

> A jovem, bruscamente, como eles estavam sobre ela, começou a bater no chão, meio séria, meio sorrindo, batendo ora em um ora em outro, como era possível. Depois começou a correr com as saias levantadas.
>
> – Ah! Ela quer à força! Quer à força! – gritava o Pina, ofegante, correndo atrás dela.
>
> E a alcançou quase sem fôlego, tapando a boca dela com sua mão imunda. Assim, agarraram-na pelos cabelos e seguiam debatendo-se aqui e acolá. A jovem furiosa mordia-os, arranhava-os, chutava-os.
>
> Carlo se colocou no meio dos dois para separá-los. Ambrogio a agarrou pelas pernas para que nenhum deles ficasse aleijado. Por fim, o Pina, pálido, ofegante, fincou-a no chão, com um joelho sobre o seu peito. E, então, todos os três, em contato com aquelas carnes quentes, como se estivessem tomados por uma loucura raivosa, embriagados de mulher... Deus nos salve![11]

Lembro-me também do momento logo após o estupro, em que a representação se concentra na desorientação e no embaraço

[10] Ibidem.
[11] Ibidem, p. 34-35.

dos três rapazes, mas depois surge uma nova passagem potente, com o risinho em seus lábios:

> Ela se levantou novamente como um animal feroz, sem dizer uma palavra, recompondo os farrapos do vestido e apanhando o cesto. Os rapazes se olhavam com um risinho estranho.[12]

Em suma, lembro-me também do aparecimento, com um relevo e uma luz fria, em branco e preto, excepcional e quase intolerável depois da reserva e das reticências com as quais foram apresentadas outras particularidades, do elemento feroz e macabro: a lâmina da faca inesperadamente sem a ponta, o corte da cabeça:

> O Pina disse que era necessário cavar um buraco profundo, *para esconder o que acontecera*, e forçou Ambrogio a arrastar a morta pela relva, já que todos os três cometeram *o erro*. Aquele cadáver parecia de chumbo. Depois, naquele buraco não cabia. Carlino lhe cortou a cabeça com a faca que, por acaso, tinha o Pina. Em seguida, aplainaram a terra pisando-a e se sentiram mais tranquilos, partindo pela estradinha de terra. Ambrogio, desconfiado, não tirava os olhos do Pina, que tinha uma faca no bolso. Morriam de sede, mas fizeram um grande desvio, para evitar uma estalagem que despontava na alvorada; um galo que cantava naquela manhã fresca os fez estremecer. Caminhavam cautelosos e sem dizer uma palavra, mas não queriam separar-se, como se estivessem atados. (...)
>
> Quando voltavam a pensar naquele desastre, parecia-lhes uma loucura, um ato após o outro, como se pôde chegar a ter sangue nas mãos, começando por uma brincadeira.[13]

Permitam-me citar rapidamente, em comparação aproximada com a descrição de Verga, duas descrições de estupro retiradas do romance de Enrico Brizzi, *Bastogne*, publicado em 1996.[14] Também, aí, há um bando de homens, que realizam juntos uma séria de atos transgressivos e um pouco *pulp*, dos quais se destacam os dois protagonistas, Ermanno e Cousin Jerry, que em dupla organizam e cometem duas ferozes agressões sexuais, pensadas como expedições punitivas contra moças estúpidas e sem estilo, que são amigas e no romance possuem os zombadores nomes Occhi-blu (Olhos-azuis) e Palpebrabella (Pálpebra-bela).

A primeira é estuprada e "massacrada" no seu apartamento de estudante (estamos em Bolonha, transformada ocasionalmente em Nizza), depois de uma tarde de haxixe, álcool, rock (que ela demonstra não saber escolher), tentativas de dança,

---

[12] Ibidem, p. 35.
[13] Ibidem, p. 35-36.
[14] Enrico Brizzi, *Bastogne*. Milão, Baldini & Castoldi, 1996. Brizzi nasceu em Bolonha, teve um sucesso clamoroso de público com o seu primeiro romance *Jack Frusciante è Uscito dal Gruppo* [Jack Frusciante Saiu do Grupo] (1992).

demonstrações contínuas, aos olhos dos dois visitantes, de falta de estilo:

Occhi-blu já está definitivamente perturbada, compreende-se.

Occhi-blu caminha no embalo da música, coloca no volume alto outra música. Caminha cambaleante, troca de música, desinibida. Quer dançar ainda um pouco na sala, ela gosta de se mostrar, de se excitar, de estar ali sozinha com Ermanno e com Cousin Jerry, dois animais de visitas vespertinas, saídos de um pequeno conto do senhor Burgess.

Talvez seja normal excitar-se desse modo. Quase quase escreve para a psicóloga de algum jornal feminino. Cousin Jerry suga pelo bigode, como o mais sensual fumador de haxixe de todos os tempos, o olho semiaberto. Todo o aroma dos tépidos vales do Nepal se expande entre as paredes de casa, satura o ambiente.

Ermanno lê os pensamentos da criancinha, esquadrinhados como pecinhas Lego:

"Agora vou deixar rolar", pensa. "Aconteça o que acontecer. Depois tomo um banho, me limpo de toda essa situação. Depois telefono para Palpebrabella

Francis Picabia, Revista *Cannibale*, 1920

e lhe explico que fica aqui para dormir." "Você é louca", dirá Palpebrabella. E depois dirá: "Vá devagar com eles dois". Os caros conselhos da melhor amiga. Mas Occhi-blu é independente, Occhi-blu sabe como o mundo gira, Occhi-blu tem pulso para vender...

Occhi-blu é um coelhinho a ser retalhado...

Agora Occhi-blu entendeu: não está no comando de nenhum jogo a três. Existem apenas dois jogadores: Ermanno e Cousin Jerry. Tecnicamente, nada depende dela. De fato, começam a acontecer coisas inesperadas...

Agora é Ermanno quem irá escutar aqueles seus berros inúteis, aquelas pobres meias frases copiadas das encenações, tipo: lhes peço, não nos veremos mais. Odeio odeio o que vocês me fizeram... "Fique calada!", diz. Atinge-a forte com a cabeça, rompe-lhe o nariz que até então nunca tinha sido tocado por ninguém, sem deixar de mover-se por dentro. É estranho para eles ver Occhi-blu tão imunda, suja, chorona, sem uma migalha de dignidade. Vê-la daquela maneira faz com que cresça a fúria deles. Surge a vontade de enfurecer-se, isso mesmo. Até o momento em que Occhi-blu estava rígida e cheia de medo, ainda reconhecível, Ermanno tinha um pouco de respeito. Num trapo de moça agora danificada, ele é levado a fazer mais. Para puni-la por estar em pedaços, como. Gostaria de gozar com calma do seu pavor, e pegá-la enquanto ainda era reconhecível, idêntica à jovem gentil e silenciosa que na noite anterior fumava cigarros Muratti na festa da quarta-feira. E, ao contrário, agora ela está comprometida e já alienada, diferente, de modo irreparável. Por isso Ermanno não sente mais raiva dela. Maltrato-a, essa metade de prostituta, puno-a, porque para mim ficou logo estragada. Óbvio.[15]

A segunda jovem, Palpebrabella, é massacrada no final de uma festa. Na página, alternam-se as descrições violentas e os pensamentos jocosos dos dois primos que organizam a ação:

> Palpebrabella tem tetas pequenas e bem desenhadas, comprimidas uma contra a outra no vestido max mara, Ermanno ainda não tinha se concentrado nela, e aquelas curvas lhe relembram *Niente Vergini in Collegio*, a primeira vez que viu na tela a espantosa beleza de Nastassja Kinski. (...)
>
> Depois surgem os aplausos incondicionais do público, a risada distraída de Palpebrabella.
>
> Pode rir, vagabunda, pode rir, pode rir, você nem mesmo imagina o que está para lhe acontecer. Ria, agora, porque depois existirá apenas espaço para a dor e o medo. (...)

[15] Ibidem, p. 17-19.

Aproveite a festa, cumprimente, tímida, converse com os paqueradores radical-chic, sopre a fumaça, beba, julgue, faça xixi com as calcinhas na barriga da perna, enquanto a sua amiga Occhi-blu observa o rímel nos seus cílios diante do espelho. (...) Fique à vontade, vagabunda, nessa festa barroca de uma quarta-feira à noite 1984, em que todos são os mais criativos, os mais *darks*, os mais danados, e não faltam nem artistas bichas nem audaciosos *videomakers* nem jovens publicitários com vício nasal. (...)

Talvez tenha decidido devastar você quando falou que os Public Image Limited fazem música de sala de estar. "Música de sala de estar", você disse, exatamente assim. Os maravilhosos PIL. Vamos ensinar a você a ter respeito, vagabunda. (...) Você cavou o seu buraco com aquela "música de sala de estar". (...) Pode rir, vagabunda, e nos agradeça, já que decidimos poupá-la de uma nojeira ainda pior: o teu futuro fedor você deixou nessa merda de festa de quarta-feira.

Cousin Jerry está sentado sobre o seio da jovem, ele mantém seus braços pregados no chão e cobre o seu rosto com a aba do vestido max mara. Ermanno escancara as coxas de Palpebrabella, tenta penetrá-la, mas sua buceta ainda está fria, teimosa como um elevador travado. Ermanno coloca dentro dela dois dedos, depois três, e em seguida toda a mão, até mesmo o polegar. Palpebrabella grita: "Por favor, agora, parem com isso...", e: "Chega, por favor!". Cousin bate com força a sua cabecinha loira no chão, que não gosta dos Public Image Limited, como se faz com as trutas logo que são pescadas para que não façam muita confusão. Boa ideia, levá-la para dar uma volta na colina. Nada melhor do que uma volta pela colina com dois desconhecidos, depois de uma festa tão lotada. Justamente para se recuperar por um instante, dar uma volta na *citroën squalo*, fumar uns dois baseados antes de ir para debaixo das cobertas.

"Como a Nastassja fode", diz Ermanno com voz trêmula. Agora entra fácil, se estremece um pouco no calorzinho acolhedor. Que ruim, foi rápido.

Palpebrabella está, agora, de quatro. Ermano lhe aperta a cabeça com as coxas, trava seus braços com uma chave articular muitas vezes vista na televisão, nas transmissões de *catch*, com comentários de Tony Fusaro e Cristina Piras. Cousin Jerry goza no seu cu, com penetrações dolorosas. "Eu gosto", diz – a voz cortada pela excitação – mas não está claro se Palpebrabella está ainda escutando algo, tão violentada como está.

Cousin Jerry levanta o corpo pelo couro cabeludo, Ermanno sustenta os quartos inferiores. Colocam-na no bagageiro.

A noite está clara e com ventinho agradável, lembra os poemas da escola sobre as vagas estrelas da Ursa.[16]

Os personagens de Brizzi também são influenciáveis, mas a força que os conduz não é mais aquela interior do instinto ou da tentação, mas aquela exterior dos modelos oferecidos pelos meios de comunicação, pela publicidade, pelo mercado cultural. Eles precisam, para excitarem-se, de música alta e de drogas. Nenhum problema de livre-arbítrio, como diz Ermanno em determinado momento:

> Uma vez, quando era apenas um rapaz cheirando a leite, acreditava que a maior liberdade era poder escolher em todas as circunstâncias. Depois entendi [e, aqui, há um programa de vida, pensado para toda uma geração] que o verdadeiro bem-estar é conceder a nossa vida a diretores capazes de nos emocionar. Diretores para o sexo, diretores para a perturbação, diretores para jantares leves e para inesquecíveis após jantares. E desde o retorno do cintilante Cousin Jerry para a cidade, no final de setembro, ele encontrou um diretor global em quem confia cegamente.[17]

Com os personagens, como vimos, "acontecem coisas", sem nenhuma participação da sua vontade. Isso poderia colocá-los numa condição semelhante a dos jovens operários milaneses de Verga, e, no entanto, a diferença é enorme. As coisas que acontecem com eles não têm mais a natureza como inspiradora e protagonista, talvez as suas forças brutais, e nem mesmo nenhum tipo de convenção social: a direção está nas mãos de uma cultura que alimenta e se nutre do grande mercado mediático do imaginário pós-moderno. Os personagens de Brizzi se modelam com aqueles de Burguess, massacram uma jovem porque é diferente de Nastassja Kinski e não gosta de um grupo de rock muito legal, registrando a realidade circunscrita com base nas marcas e nas grifes do momento (Citroën, Max Mara, etc.) e realizando gestos que viram sendo feitos por outras pessoas na tela da televisão, e eles têm em mente um pouco de Leopardi e muitos quadrinhos (o couro cabeludo, os quartos inferiores).

A revolução sexual que assolou e mudou profunda e positivamente as nossas sociedades, no final também nos deu isto: transcrições resplandecentes, barulhentas, facilmente vendíveis, facilmente imitáveis, de uma sexualidade livre, completa, alegre, que muito pouco tem a ver com a nossa vida real. Pobre de quem não percebe o quanto são construídos os novos ideais e de quem não toma com a devida

[16] Ibidem, p. 172-78.
[17] Ibidem, p. 12-13.

distância e a devida ironia os muitos produtos culturais que lhes são fornecidos.

Irei dizê-lo com as palavras de um observador agudo, talvez muito severo e à moda antiga, o diretor de *Harper's*, Lewis H. Lapham:[18]

> Aquilo que à primeira vista parece uma passagem para a ilha dos beatos frequentemente demonstra mais assemelhar-se de perto com um lugar reservado num dos oito círculos, ou galerias, do inferno de Dante. Penso na quantidade de pessoas que conheci nos últimos vinte ou trinta anos e que se sacrificaram junto ao altar de um eu imaginário – encalhadas num casamento desolado, paralisadas por tantas e possíveis opções sexuais, que não conseguiram tirar nada dos seus talentos e das suas ambições, mortas de aids com 31 anos de idade. Os convites luminosos para uma orgia perpétua que decoram os supermercados e os roteiros cinematográficos são oferecidos não como representações da realidade, mas como símbolos e alegorias. Qualquer um, entre os clientes, age como um tolo, enganando-se com a intenção puramente comercial, não lendo evidentemente com atenção as instruções escritas na etiqueta. É necessário observar, não tocar; abandonar-se aos seus desejos não na alcova de um *cocktail lounge*, mas no centro comercial vizinho. (...)
>
> Semelhante aos computadores muito velozes que gravam e recolhem ao mesmo tempo contas do restaurante, contas de telefone e recibos do supermercado, o mercado não sabe diferenciar entre um adultério e um exercício de ginástica aeróbica; não sabe e não se importa com isso, quem disse aquela tal coisa, e a quem lhe foi dita, e se o chicote estava ali para ser usado com um cavalo do Kentucky ou com um cavalheiro de Toledo.[19]

As novas experiências pressupõem um forte enfraquecimento da individualidade e da consciência moral. Submetidos às forças que governam o mercado da alma e também do corpo (maquiagens, modelos e instrumentos sempre renovados para preparar um *look*, disfarces, transplante de órgãos), narcisicamente dobrados sobre si mesmos, colonizados por desvios, modas, pensamentos negativos, os personagens de Brizzi voam em meio à vida, sobre os seus vespeiros maquiados, entre barulhos de guitarras assediadas; gostariam tanto de ter um estilo individual característico, de ser autossuficientes, de emanar uma auréola de autossuficiência típica de um super-herói.[20] Mas, apesar das tentativas, os comportamentos transgressivos e provocadores, as filosofias negativas com as quais se vestem (eles que com suas vespas percorrem, na Nizza imaginária, a praça

[18] L. H. Lapham, "Garden of Tabloid Delight. Notes on Sex, Americans, Scandal, and Morality". *Harper's*, ago. 1997, p. 35-43.
[19] Ibidem, p. 39.
[20] Ibidem, p. 102.

Nietzsche e a avenida Heidegger), as cenas de violência social e as fugas romanescas que colocam em cena imitando os seus heróis de quadrinhos, aqueles dos filmes de aventura, de ação criminal, e os de terror, são irremediavelmente incapazes de escolher, de estabelecer prioridades.[21] São irremediavelmente adolescentes, centrados nas suas famílias e nas suas lembranças de infância. Possuem um pavor sagrado do sexo e uma fortíssima veia misógina, de ódio (e medo) pelas mulheres. Percebe-se que o seu autor, instintivamente um *buonista*,[22] e como tal inventor da personagem salingeriano de Jack Frusciante, decidiu que agora quer fazer o papel do malvado, escolhendo um *look* muito *dark*, travestindo-se.

As palavras de Lapham são mais uma vez necessárias:

> A perda de identidade é muito vantajosa para os negócios. A condição de suspensão no espaço que deriva dela não apenas provoca uma necessidade de lastro – joias de ouro sempre mais pesadas, sempre mais campos de golf, charutos sempre mais largos – mas encoraja também a livre troca das identidades sexuais, que, como a liquidez de caixa, mantém a ilusão de opções infinitas e mantém viva a perspectiva perpetuamente renovável de fazer uma aquisição em condições ainda melhores. Os peregrinos à procura de um rosto mais atraente ou mais plausível podem vestir uma das 1001 máscaras para as quais Freud deu o nome de perversão polimorfa e para as quais os *designers* de moda mais *trendy*, agora, atacam a etiqueta do chiquismo andrógino. As estruturas da identidade sexual se apresentam como uma bagagem muito enfadonha que ameaça a transição em direção ao futuro orgiástico de F. Scott Fitzgerald. Deixemos que a sexualidade humana seja concebida como uma substância maleável, assim como a argila, e pode acontecer que se torne um bem de investimento, que facilmente pode tomar a forma de um negócio de bolsas de valores, um vídeo musical, um crime cometido por uma celebridade.[23]

Infelizmente o livro de Brizzi não consegue enfrentar uma temática tão importante e central na nossa sociedade com o destaque, a ironia e a força representativa que são necessários. Ermanno é uma personagem que escorrega continuamente na patetice autobiográfica. Cousin Jerry está carregado de simbologia e de auréola romanesca, que não é capaz de suportar. As moças são pura carne de açougueiro. Os outros personagens são somente figurinhas esboçadas.

Acentuam-se, nesse livro, qualidades e defeitos da obra precedente, com mais

---

[21] Ibidem.
[22] Aquele que usa e abusa de *buonismo*, ou seja, que ostenta bons sentimentos em qualquer circunstância, preocupado em ter uma avaliação positiva por parte dos outros. (N. T.)
[23] L. H. Lapham, op. cit., p. 42.

violência, embora não se saiba o quanto seja necessário para ingressar no clube dos canibais. A reprodução dos tiques e dos maneirismos linguísticos da juventude italiana pós-moderna é frequentemente feliz – com um estilo rápido, uma reprodução atenta de objetos e estilos da cultura juvenil, uma mistura de referências e combinações intertextuais (dos livros infantis a Cèline) muito agradáveis, às vezes ingênuas e exibicionistas, muitas invenções lexicais e quase uma sigla: as formações verbais com o prefixo em s- (*stabaccare*, *sdivanato*, *sbirranza*, *sbarba*, *squasso*, *smandibolare*, *spensiero*, *sgroppare*, *smazzare*, *storpidarsi*, *scucchiaiarsi*, *sficheggiare*, *scodare*, *slumare*, *sfangare*, etc.), e também um uso frequente de adjetivos e advérbios semanticamente expressivos, como nos escritores americanos ("*s'affaccia verificatrice dalla finestra*"), neoformações surpreendentes como aquelas que usam os publicitários ("*camminare pistolero per i corridoi*", "*l'utilitaria torinese è comodosa*"), um aflorar frequente de oximoros ("*baretti facinorosi*", "*patto disonesto*", "*magnifico esemplare di disadattato infantile*").

A base narrativa é, por outro lado, bastante fraca e desconexa, a ostentação de cultura musical, proveniente do rock ou de cultura cinematográfica e televisiva (contei mais de quarenta grupos musicais) certamente funcional para o tema abordado, permaneceu no conjunto um tanto inerte, os momentos de representação da experiência com drogas me pareceu muito dependentes da tradição expressionista e, aqui, também, usados sem relevância. Mesmo com tanto esforço de recriação linguística e literária, o livro corre continuamente o perigo, pelo ressurgimento contínuo do tema autobiográfico nos acontecimentos dos personagens e da cena social de Bolonha por trás da camuflagem de Nizza, de recair na crônica jornalística.*

---

* Tradução de Davi Pessoa C. Barbosa.

Histórias do Ventre – O Canibal à Mesa

Pierpaolo Antonello
Universidade de Cambridge – Saint John's College

Antropofagias italianas[1]

Falar de canibalismo no contexto cultural italiano contemporâneo não suscita nem surpresa nem embaraço, aliás resulta como o chamado de uma constelação de solicitações que se movem em diferentes direções, da literatura ao cinema, dos quadrinhos à história cultural em *lato sensu*. Um exemplo recente no âmbito cinematográfico é a exposição 1996 de "Rimini Cinema", que propôs novamente o percurso histórico da cinematografia antropofágica na Itália e no mundo.[2] No catálogo da mostra o curador Alberto Farassino, elencando os exemplos mais célebres da cinematografia italiana – de Pier Paolo Pasolini a Marco Ferreri[3] –, destaca como no cinema de autor o canibalismo é, sobretudo, "conceitual e não necessariamente 'visto'".[4] Mesmo o gênero terror, continua Farassino, nunca colocou em cena o canibalismo, ou melhor, parafraseou-o e metaforizou-o em seres não exatamente humanos: o vampiro, o lobisomem, o zumbi, o monstro. Apenas o seu pornografismo, o *splatter* dos anos 1980, levou para as telas a carne sanguinolenta, de fato, como refeição humana.[5]

Aquilo que para Farassino pode ser considerado a mais válida contribuição "para uma vanguarda que se declara antropófaga" não vem tanto do cinema quanto de uma arte considerada menor, tal como os quadrinhos. A exposição de uma violência extrema e *splatter* tinha se mostrado, de fato, apenas no imaginário *underground* italiano no final dos anos 1970 com a revista de quadrinhos *Cannibale*, animada nas pranchetas de desenhistas desde então presentes numa espécie de áurea legendária, como Andrea Pazienza, Filippo Scózzari, Stefano Tamburini e Tanino Liberatore. E certamente

---

[1] Agradeço a João Cezar de Castro Rocha que leu com extrema atenção a primeira versão deste texto e me ajudou a aperfeiçoá-lo, dando-lhe clareza e maior argumentação, com preciosas sugestões e discussões.
[2] Ver Alberto Farassino, *Riminicinema. Catalogo Generale a Cura di Giuseppe*. Giuseppe Ricci (org.). Rimini, 1996.
[3] Os títulos de referência são conhecidos: *Porcile* (1969) no caso de Pasolini, *Come Sono Buoni i Bianchi* (1987) e *La Carne* (1991) no caso de Ferreri.
[4] Alberto Farassino, op. cit., p. 60.
[5] Ibidem, p. 62.

mais do que Pasolini ou Ferreri são exatamente as pranchetas dos "coagidos" Zanardi e Ranxerox, unidos pelo esplendor violento de certa cinematografia *à la* Quentin Tarantino, que podem ser consideradas as referências culturais da geração de um grupo de jovens escritores italianos, que se reuniram recentemente, por vários motivos, sob a sigla de "Pulp" e de "Cannibali" pelo uso desmedido da violência e por uma expressividade linguística que atinge a todos os códigos e referências culturais mais variadas: da televisão aos quadrinhos, à publicidade, às subculturas e às gírias populares e juvenis. Nessa constelação estão presentes autores como Niccolò Ammaniti, Eraldo Baldini, Aldo Nove, Giampiero Rigorosi, Matteo Galiazzo. A definição nasce em 1996 com a publicação de uma antologia intitulada *Gioventù Cannibale*, publicada pela Einaudi. Além do valor literário de cada um, mesmo um leitor distraído das páginas culturais dos diários ou dos jornais semanais italianos não terá dificuldade de relacionar, no momento, o fenômeno a um debate essencialmente jornalístico e do mundo editorial, em que falta ainda uma capacidade de leitura precisa e unívoca.[6] As etiquetas, sem dúvida, tiveram um efeito incontestável de movimento editorial, unindo-se às novas políticas das casas editoriais italianas em contato com um público sempre mais descuidado e sempre à procura de simplificações e de "fenômenos".[7] Um leitor atento como Remo Ceserani, destacando a astúcia da operação de mercado, questiona a delimitação crítica dada pelo curador da antologia, Daniele Brolli, e explica que "a construção de pequenas linhas de tendência, de pequenos cânones de grupo, esconde uma incapacidade de compreender as mudanças profundas sofridas pela nossa sociedade, assim como as suas capacidades de percepção e conhecimento e as suas formas de invenção e transmissão do imaginário".[8] Para Ceserani é mais importante compreender "a mudança do imaginário coletivo da violência", e qual relação existe "entre o imaginário e as novas formas de construção da subjetividade, percebendo o quanto a literatura (...) teve êxito na representação daquela mutação". Nesse sentido, interrogar a metáfora canibal, e o ressurgimento do *topos* antropofágico em diversas manifestações artísticas, pode ser uma maneira de responder à pergunta feita por Ceserani.

Metáfora ou realidade?

Uma tentativa de explicar antropologicamente uma possível compreensão moderna da antropofagia vem sendo realizada,

[6] Para uma primeira análise crítica desse fenômeno podemos ler: Mario Sinibaldi, *Pulp. La Letteratura nell'Era della Simultaneità*. Roma, Donzelli, 1997; Remo Ceserani, "Entre Vegetarianos e Canibais. O Jornalismo, a Literatura, o Mundo dos *Mass-Media* e a Representação da Violência Sexual" (neste volume); Alfredo Casadei, "Cannibali o Vegetariani". In: *Linea d'Ombra*, 1997.

[7] "Na maior parte dos casos a adesão ao gênero assume, de fato, traços muito intencionais e, no fundo, convencionais: no final deste século, paquerar com o horror não é (...) aquele gesto de ruptura e de contestação, talvez, com aquela imaginária e pacífica convivência. A coação gera, ao contrário, efeitos visivelmente artificiais e páginas entediantes, histórias que em dois terços do caminho perdem o rumo com o intuito de procurar uma dose de sangue e outras matérias orgânicas..." (Sinibaldi, op. cit., p. 65-66).

[8] Remo Ceserani, op. cit., p. 487.

mesmo se por uma rápida alusão, por um entre os autores mais promotedores existentes na antologia. Matteo Galiazzo,[9] no seu primeiro livro *Una Particolare Forma di Anestesia Chiamata Morte*, escreve:

> Não é necessário que lhe diga, professor, que somos todos canibais. Os homens morrem e os vermes devoram os seus corpos. Depois os vermes morrem e as raízes das plantas devoram os seus corpos. Depois as plantas morrem rasgadas pelos dentes, morrendo nos estômagos de enormes ovinos. Depois eu entro num supermercado e dentro do plástico transparente há carne humana, professor, rasgada pelos vermes rasgados pelas raízes rasgadas pelos dentes. Nada se cria, o senhor sabe, a matéria em círculo é sempre aquela, os átomos são sempre aqueles.[10]

Tal explicação é muito significativa para nossa análise. Ela invoca, de fato, a imagem com que Mário de Andrade, um dos pais da vanguarda literária brasileira, comentando os massacres realizados, concluía em abril de 1917, durante a Primeira Guerra Mundial, a sua primeira coleção de poemas, *Há uma Gota de Sangue em cada Poema*:

> Olhai! Hoje o trigal é mais verde e mais forte!
> O chão foi adubado a carne e sangue...
> Que importa haja caído um exército exangue,
> se deu a vida ao trigo tanta morte!
> (...)
> Este é o trigo que nutre e revigora!
> É para todos! Basta abrir as mãos!
> Vinde buscá-lo! – Vamos ver agora, quem comerá a carne dos irmãos!.[11]

A imagem usada por Mário de Andrade também parece inscrever-se, no interior de uma ideia de regeneração cíclica da matéria. O sangue dos mortos em batalha se torna alimento digerido pelas gerações sobreviventes do conflito bélico. Diferente de Galiazzo, o poeta brasileiro parece, de qualquer modo, situar-se ainda no interior de uma ideia tradicional de ritualismo sacrificial, em que o derramamento do sangue de um membro da comunidade se torna forma simbólica de fertilização da terra. Aquilo que efetivamente a Primeira Guerra Mundial, como modelo extremo de ritualização da violência, parece trazer à luz – e sobre isso podemos aproximar-nos da leitura de Michel Serres[12] – é uma prática antropofágica no sentido mais completo do termo. A realidade do evento é indiscutível: milhões de soldados são mortos nas várias frentes de conflito e o seu sangue é derramado nos campos europeus. O valor *simbólico* do evento amplifica em nível global

[9] Para uma primeira opinião positiva sobre Galiazzo, leia-se a resenha de Angelo Guglielmi para *Una Particolare Forma di Anestesia Chiamata Morte*: "*Pulp, splatter*, mas um verdadeiro escritor". *L'Espresso*, 24 de abril de 1997.
[10] Ibidem, p. 95.
[11] Mário de Andrade, "Há uma Gota de Sangue em cada Poema". In: *Obra Imatura*. São Paulo, Livraria Martins, 1960, p. 40.
[12] "*La guerre produit moins de mort que la violence: sacrifice collectif à Mars, elle reste donc toujours dans l'économie du sacrificiel*" (Serres, p. 228).

essa "fertilização"; o sacrifício de jovens vítimas serve para salvar a comunidade nacional; a expulsão das vítimas designadas contribui para a manutenção da ordem e da estabilidade no interior da comunidade, e lhes eleva, depois, à categoria de heróis. Entre real e simbólico, no início do século, parece ainda existir uma ligação convincente, unitária,[13] e o poema de Mário parece revelá-la plenamente.

A crítica geralmente colocou de lado as primeiras obras do autor de *Macunaíma*, considerando-as muito ingênuas e pobres do ponto de vista poético. *Há uma Gota de Sangue em cada Poema* não é exceção. Porém, pela perspectiva particular de nossa reflexão, o poema se revela extremamente precioso, pois demonstra uma compreensão da prática antropofágica mais "direta", poderíamos dizer, do que o *Manifesto Antropófago* de Oswald de Andrade, em que o autor desloca em nível metafórico a compreensão da antropofagia ("Só me interessa o que não é meu") –[14] tanto que pôde cantá-la como manifesto de uma inteira geração poética. A compreensão de Oswald pode ser considerada, nesse sentido, o desenvolvimento genealógico da compreensão de Mário, assim como toda prática antropofágica possui uma transição particular do corporal ao metafórico, numa trajetória que, tentando remover o corporal através da sua progressiva simbolização, se neutraliza declinando em *metáfora* e em pura *imagem*. O simbólico funciona, de fato, não em sentido metafórico, mas em sentido *metonímico*, como parte de um todo que requer uma prática e uma compreensão globais, cosmologicamente unitárias, do evento em questão – a antropofagia.

Paradoxalmente um autor "hipercontemporâneo" como Matteo Galiazzo – possível termo *ad quem* da nossa trajetória genealógica mínima – parece ligar-se à perspectiva de Mário mais do que àquela de Oswald, não metaforizando a imagem canibal, porém destacando a sua prática real e iluminando as tonalidades de uma antropofagia "diferida" das nossas práticas cotidianas. A compreensão antropológica do autor italiano é, de qualquer modo, substancialmente diferente daquela dos dois colegas brasileiros. Através do seu observatório pós-moderno, Galiazzo, evidenciando uma espécie de pancanibalismo cósmico, por um lado, anula toda a sua carga subversiva, explicando a absoluta normalidade da prática, por outro, cancela toda a sua motivação cultural, relegando o fenômeno a mera dinâmica bioquímica. A matéria "circula", é permutada, e tudo é "comida". De canibalismo, nessa perspectiva, resta pouco ou nada. Talvez apenas a etiqueta editorial, privada de valor

---

[13] Hiroshima será a imagem fulgurante da guerra asséptica, do mundo como laboratório do empreendimento militar-científico.
[14] Oswald de Andrade. *Manifesto Antropófago*. In: *A Utopia Antropofágica*. São Paulo: Globo, 1990, p. 47.

efetivo, mas significativa em sentido paradoxal, aja como espiã justamente do processo de extinção histórica do canibalismo antropologicamente entendido.

O corpo

Para além de toda explícita elaboração e reflexão sobre a antropofagia, aquilo que as novas formas de expressão artística contemporânea revelam é a restituição do *corpo* ao primeiro plano da representação. Um corpo que é elaborado, seccionado, transformado, desarticulado em forma de cirurgia permutativa da imaginação. O corpo é tornado novamente (finalmente?) o campo articulador do imaginário público contemporâneo, sinal de uma provável desarticulação de qualquer dualismo cartesiano que tinha privado "o corpo do seu mundo, e de todas aquelas formações de sentido, que são fundadas sobre a experiência corpórea, e através da qual o mundo está diretamente ao nosso alcance".[15] Jean Starobinski se encarrega de revelar tal urgência, relendo Paul Valéry: "Tudo está relacionado ao corpo, como se tivesse redescoberto depois de ter sido por muito tempo esquecido, imagem corporal, linguagem corporal, consciência corporal e liberação do corpo são as senhas".[16] Um corpo que entra novamente em cena reconfigurado, retraduzido, por um lado, pelo monismo introduzido pela representação científica, por outro, pelo processo de dessacralização do mundo contemporâneo que investe profundamente qualquer esfera cultural, e, enfim, pela economização de todo valor, que parece monetizar o corpo, tornado dócil à sua dissecação merceológica. Uma relação sobre o canibalismo ilustrada por um observatório contemporâneo deve, assim, ser escrita, a meu ver, através dessa história particular do corpo humano e das suas formas de manipulação e de representação. E é essencial para tal propósito *des-metaforizar a antropofagia* e levá-la ao seu verdadeiro contexto cultural, um contexto de *prática corrente*, traçando novamente aqueles rastros antropológicos que ainda nos ligam – ou que nos separam – a essa prática ritual e cultural. O processo histórico que conduz à atual *des-canibalização* da cultura contemporânea resultará, desse modo, mais claro.

O ventre

O ponto de contato entre o cultural e o natural, o mais próximo – mesmo num universo de pensamento que continue sofrendo obstinadamente da matriz dual cartesiana – é, sem dúvida, o ventre, o momento em que a sutil elaboração cultural

[15] Umberto Galimberti, *Il Corpo*. 2.ed. Milão, Feltrinelli, 1987, p. 40.
[16] Jean Starobinski, "A Short History of Bodily Sensation". Michel Fehrer, Ramona Naddaff e Nadia Tazi (eds.). In: *Fragments for a History of Human Body*. Vol. II. Nova York, Zone Books, 1989, p. 353.

sobre a comida se enxerta na função principal do corpo: a contribuição nutritivo-energética. Toda ingestão tem um valor enorme, já que pressupõe um modelo cosmológico no qual o corporal e o mental se fecham numa visão complexa do mundo e numa série de crenças, que levam a práticas institucionalizadas, compartilhadas socialmente. Em qualquer época histórica a ingestão nunca é, de fato, confinada a níveis metafóricos, mas se veste desde o começo de "carne".

Na tradição bíblica, não por acaso, a fome, o estômago desejando a salvação da comida, se torna sinônimo de "alma":

O termo *nefes*, traduzido pela Septuaginta como *yuch*, e pelos latinos como *anima*, é palavra que indica a indigência do homem e a ordem das suas necessidades, por isso ele não *tem* uma *nefes*, mas é *nefes*. Isaías, com a palavra *nefes*, faz alusão à garganta que, como órgão da nutrição através do qual o homem se sacia, é, entre os órgãos do corpo, o mais idôneo para exprimir a indigência e a necessidade.[17]

A tradição grega também recorre a essa dimensão. "Na *Teogonia* de Hesíodo, as musas direcionam aos pacíficos pastores do monte Hélicon uma estranha reprovação: 'Pastores, vocês que vivem no campo, triste vitupério: vocês são apenas ventres'".[18] A centralidade fisiológica do ventre se encontra em culturas muito diferentes das ocidentais, como no budismo medieval, sobretudo de derivação japonesa, que previa na "Grande Corrente do Ser", os *gakis* ou *fantasmas famintos*:

Descritos como o real, discretos, e como ocupantes totalmente incorporados de uma rubrica distinta na taxonomia do ser. Sua somaticidade é tanto uma parte deles que é também o lócus de sua miséria. Para o fantasma faminto não é apenas periodicamente fome. A fome está em seu nome porque é constituído pela fome, não apenas condicionado por ela.[19]

O cânone budista os representa como criaturas "com um estômago tão gigante como uma montanha, mas com uma garganta tão estreita como uma agulha".[20]

O conceito transmigra com igual força expressiva em épocas e culturas mais próximas de nós: nas soleiras da revolução epistêmica cartesiana, a França propõe um modelo cosmológico fortemente informado pelo baixo.[21] O Pantagruel de Rabelais tem no ventre o ponto focal do universo, o centro vital de onde se irradia o pensamento cultural, técnico e artístico do homem, o deus inigualável ao qual devemos humilhar-nos e que não admite a não ser uma devoção fiel.

---

[17] Umberto Galimberti, op. cit., p. 34.
[18] Lucio Bertelli, "I Sogni della Fame: dal Mito all'Utopia Gastronomica". Odone Longo e Paolo Scarpi (eds.). In: *Homo Edens*. Verona, Diapress/Documenti, 1989, p. 104.
[19] William R. Lafleur, "Hungry Ghosts and Hungry People: Somaticity and Rationality in Medieval Japan". Michel Feher, Ramona Naddaff e Nadia Tazi (eds.). In: *Fragments for a History of Human Body*. Vol. I, Nova York, Zone Books, 1989, p. 271-303.
[20] Ibidem, p. 274.
[21] Obviamente não é somente a França que irá propor tais modelos: não podemos nos esquecer da tradição italiana da comédia d'arte com os seus bufões esfomeados, e as digressões "pantagruélicas" do *Baldus* de Teofilo Folengo. Lembremos também de Dario Fo, em *Mistero Buffo*, propondo novamente um pesadelo da fome que se abre justamente com um hilariante ato de autocanibalismo (Dario Fo, *Mistero Buffo*. Videorecording. Turim, Fonit Cetra Video, 1990-94).

Todos tinham Gaster como o seu grande deus, adoravam-no como deus, sacrificavam-se a ele como ao seu deus onipotente, não reconheciam outro deus, apenas ele: serviam-no, amavam-no mais do que tudo e o honravam como deus.[22]

Sendo o princípio que dispensa o perpétuo ciclo da regeneração da vida, o divino requer sempre vítimas para saciar sua fome. Do sacrifício ao seu ventre inexausto desabrocha o dom do nascimento e da nova criação: "O gigante devorador – Polifemo, Lúcifer, Jano, Gerião, Carnaval – é (...) também criador, assim como a digestão (morte, destruição) é um momento da nutrição (vida, nascimento ou renascimento)".[23]

O PÃO SELVAGEM

A figura intelectual no panorama intelectual italiano que mais ajudou a reconstruir e a dar atenção a essa cultura do ventre, à ingestão como profunda prática cultural e ao canibalismo como prática legítima e moderna, foi sem dúvida Piero Camporesi. Um dos fios condutores que Camporesi perseguiu ao longo de toda a sua produção ensaística foi aquele que relê as possíveis ligações entre ritualismo sapiencial, modelo cosmológico de referência e de cozinha na cultura europeia e italiana, presente entre a Idade Média e o iluminismo, contribuindo, assim, para a definição de uma "inteligência" e uma "estética" antropológica do ventre. Nesse seu percurso o historiador se depara inevitavelmente com os estilhaços da presumida loucura conhecida como canibalismo, construindo um quadro interpretativo extremamente interessante. Os indícios que Camporesi traça nas suas atentas pesquisas bibliográficas, e os pontos de reflexão disseminados nos seus inúmeros textos, surgem como bíceps, pegadas paleontológicas aparentemente mudas, achados usurados pelo tempo de um organismo cultural uma vez existente, mas que, lidos através de um rigoroso paradigma indiciário,[24] tornam-se testemunhas vivas de práticas passadas que têm uma coerência e coesão convincentes.

Desejando, portanto, narrar uma história do ventre, é óbvio que a pesquisa de Camporesi se liga, antes de tudo, à fome, à exigência bestial, primordial, instintiva, que justifica tudo, até o ato mais repugnante: "nunca saberemos quantas toneladas de carne humana foram consumidas na Idade Moderna".[25] Nesse contexto o autor consegue tecer "um moderado elogio da antropofagia (...) não tanto por amor do paradoxo quanto por reconhecimento da efetiva contribuição na salvação de vidas humanas".[26] Camporesi, no início da sua investigação, se detém no

[22] François Rabelais, *Gargantua et Pantagruel*. Tradução do italiano: *Gargantua e Pantagruel*. Turim, Einaudi, 1992, IV, p. 58.
[23] Paolo Camporesi, *Il Paese della Fame*. 2.ed. Bolonha, Il Mulino, 1985, p. 35.
[24] A referência está em Carlo Ginzburg. *Miti, Emblemi, Spie*. Turim, Einaudi, 1986.
[25] Paolo Camporesi, *Il Pane Selvaggio*. 2.ed. Bolonha, Il Mulino, 1983, p. 54.
[26] Ibidem.

nível mínimo da prática antropofágica, a saber, na "técnica", ou seja, nutricional. A explicação animadora é aquela da fome, da fome mais selvagem, na provisão do dantesco *"più che 'l dolor, poté 'l digiuno"* (mais do que a dor pôde o jejum) (Inferno XXXIII, p. 75), e que recorre não tanto a Lévi-Strauss, quanto ao abade Raynal:[27] "O homem civilizado rouba e mata para viver, o selvagem mata para comer".[28] Com tal propósito, o antropólogo estadunidense Marvin Harris, citado em mais de uma ocasião por Camporesi, oferece uma leitura da antropofagia substancialmente confinada a uma estreita economia proteico-energética, mesmo que depois venha a colocar uma nítida distinção entre uma antropofagia ocasional ditada por circunstâncias extraordinárias, em que a carne humana se torna a única fonte de abastecimento proteico, e o canibalismo ritual que se sujeita a regras e a ritos particularmente complexos e informativos, em sentido profundo, da cultura que o pratica.[29]

Sobre essa segunda vertente que a leitura de Camporesi dos hábitos alimentares do homem no mundo moderno começa, aos poucos, a se deslocar. A dimensão do corpo humano, assim como é concebido entre a Idade Média e o iluminismo, revela um legado claro de uma atividade canibalesca. Na cultura ilustrada por Camporesi vigorava, de resto, um universo de pensamento que se nutria de um modelo de salvação de corpo e alma atravessado exatamente por uma radical experiência teofágica, ou seja, do consumo *real* do corpo e do santíssimo sangue de Cristo.

Homo homini salus chama novamente o historiador italiano no seu *La Carne Impassibile*, seguindo os relatórios farmacológicos nos textos do século XVII e reconhecendo, como no caso do compêndio do canônico lateranense Ottavio Scarlattini, de 1685, os "fantasmas sepultados de uma farmacologia antropófaga que via no homem condimentado e confeitado, ou manipulado de todas as maneiras, um excelente remédio para a preservação da saúde humana".[30]

Nada podia substituir a excelência do sangue, nada podia ter maior nobreza terapêutica do que o pó de caixa craniana, (...) maior virtude do que o emplastro de pele humana, ou do que a "múmia" (carne de cristão ressecada e curada, habitualmente defumada sob a lareira das despensas).[31]

Surpreendente é depois reconhecer como ainda nessa época estava vigente uma medicina que mantinha na sua íntima estrutura uma matriz vitimária:

Os cabelos das crianças serviam como remédio para a gota e um "bálsamo podágrico" se preparava com o óleo extraído

---

[27] Guilherme Thomas François Raynal (Aveyron, 12 de abril de 1713 a 6 de março de 1796) foi um religioso e filósofo francês. Utilizou o nome L'Abbé Raynal quando pertenceu à Companhia de Jesus. (N. T.)

[28] Paolo Camporesi, *Il Pane Selvaggio*, op. cit., p. 61. Citando Raynal. *Storia Filosofica e Politica degli Stabilimenti, e del Commercio degli Europei nelle due Indie...* Obra traduzida do francês por Remigio Pupares, nobre patrício da Reggio Emilia, s.l.s., s.n.t., 1776, vol. VI, p. 30.

[29] Marvin Harris. *Good to Eat. Riddles of Food and Culture*. Nova York, Simon and Schuster, 1985. Particularmente as páginas 199-234.

[30] Paolo Camporesi, *La Carne Impassibile*. 2. ed. Milão, Garzanti, 1994, p. 14.

[31] Idem, *I Balsami di Venere*. Milão, Garzanti, 1989, p. 8.

do crânio e de outros ossos de um homem "*que foi morto violentamente*". As cinzas dos ossos humanos eram usadas "com utilidade e proveito" "para qualquer causa, para qualquer enfermidade, ou em sopa, ou em licor ou em vinho".[32]

Esses tipos de práticas inseridas no credo farmacológico de uma idade já iluminada pelo verbo de Galileu e de Copérnico são, como nunca, surpreendentes, considerados consumo ritual das cinzas dos parentes mortos e como prática presente em muitas culturas consideradas "primitivas".[33] As práticas de ingestão do inimigo como forma de assimilação do valor e da força do adversário, que o senso comum quer confinar aos banquetes de vitória das populações das florestas equatoriais,[34] reencontra-se ainda no interior da cultura militar do século XVII.

Os soldados supersticiosos acreditavam também que "apenas bebendo simplesmente o composto feito com cinzas do crânio humano tornava a pessoa imune das afrontas das armas".[35]

O COZINHEIRO, O MAGO E O SACERDOTE

Se a inteligência do ventre e da sua história pode nos contar melhor do que outros o caminho da prática antropofágica no decorrer da sua história moderna, a cozinha se torna a busca formal operada por essa "sabedoria corporal". Não nos esqueçamos de que a cozinha é, de fato, e desde sempre, "programa terapêutico, um projeto de recriação cósmica e totalizante da vida".[36] Também é um dos momentos de ligação *formalizada* do cosmo com o corpo: o momento em que o simbolismo reconstrói os elementos das práticas rituais que dizem respeito à ingestão e que opera como filtro, como instrumento técnico-poético, que antes esconde, e depois *substitui* o corpo da vítima. Nesse sentido a cozinha coloca em liberdade a sua potência a partir da morte, do assassinato.

O homem é tumba de si mesmo, mas também disfarça (...) suas convenções com o funesto, alterando o sabor da morte com cem técnicas de cozimento e cem temperos e cem molhos, procurando desesperadamente esconder com a narcose das especiarias e dos aromas provenientes das comidas adulteradas e simulada o adocicado sabor de fedores das carnes podres.[37]

As reconstruções de Camporesi certamente fazem aflorar essas ligações entre ingestão e morte, percorrendo um eixo temporal que se concentra, sobretudo,

[32] Idem, *La Carne*, op. cit., p. 15. Presente em *De Morbis Cutaneis et Omnibus Corporis Humani Escrementis* (1601), de Paolo Aicardi.
[33] "O consumo das cinzas e dos ossos de um ente querido falecido era uma extensão lógica da cremação. Depois que o corpo do falecido havia sido consumido pelas chamas, as cinzas eram frequentemente coletadas e mantidas em recipientes para serem finalmente ingeridas – geralmente misturadas numa bebida" (Harris, op. cit., p. 200).
[34] Cf. Ewald Volhard, *Kannibalismus*. Stuttgart, Strecker und Schröder, 1939. Tradução do italiano *Il Cannibalismo*. Turim, Bollati Boringhieri, 1991, p. 507-19.
[35] Paolo Camporesi, *Il Pane*, op. cit., p. 47. Retoma Camillo Brunori. *Il Medico Poeta ovvero la Medicina Esposta in versi e prose italiane*. Fabriano, Gregorio Mariotti, 1726, vol. II, p. 374.
[36] Paolo Camporesi, *La Carne*, op. cit., p. 198.
[37] Idem, *Il Paese*, op. cit., p. 108.

entre a Idade Média e o período pós-Tridentino, mas é notória a intenção de inscrever as mesmas considerações numa reconstrução histórica mais ampla, destacando a perpétua relação entre rito e cozinha, entre modelo cosmológico de referência, cuidado do corpo e regras de higiene culinária. Se depois a matriz sacrifical, da vítima inocente, é tão central no cristianismo,[38] a história do desenvolvimento do culto religioso cristão não pode senão emergir na cultura ocidental moderna, segundo as circunstâncias históricas, no momento de forte ligação cultural entre sacrifício e cozinha, em que o componente canibal surge em filigrana.

Não é difícil observar como, particularmente, nos séculos XVII e XVIII, a alimentação esteve no centro de uma encruzilhada complexa, exprimindo um ritual em que as escansões remetem ao sagrado e ao escatológico.[39]

Não podemos esquecer que esse é um período histórico em que existe uma exacerbação do regime persecutório e vitimário, um estreitamento das malhas morais da Igreja e uma deliberada obra de depuração, de expulsão do mal do corpo corrupto do social e do eclesiástico. E, nesse sentido, é justamente a cozinha que parece encontrar impulso e tirar proveito disso:

Se cada época possui seu odor peculiar, a idade da caça às bruxas (que coincide depois com a cozinha tardo-renascentista e barroca, em que o açúcar se unia ao vinagre, o pão de Espanha e a carne de pombo – cozidos juntos no leite e na malvasia – eram tidos como maravilhosa combinação...), espalhando o seu inconfundível odor de essências entre si repugnantes, mas inconfundivelmente combinadas, amassadas, amalgamadas numa desconcertante mistura.[40]

Se, portanto, a cozinha e as suas práticas jogam continuamente com um vago presságio de morte, Camporesi, em certo ponto, consegue dizer aquilo que tem em mente, mesmo criando uma certa distância emotiva, fingindo uma repugnância que certamente não sente, transferindo-a de maneira intencional para o leitor:

A receita de cozinha e aquela de farmácia (a *oficina* ou *despensa* ou *mercearia*) não se distinguem mesmo linguisticamente: *receita* tanto uma quanto outra. Ambas falam de sangue, de carne, de óleo, de gordura, de condimento, de cozimento, de sal, de vinagre, de rosmarinho... A receita de Della Porta para embalsamar ("condimentar") os cadáveres dessa indisposição à leitura exatamente por causa da analogia entre os processos de esquartejamento,

---

[38] Tal perspectiva foi explicada com ampla argumentação e convincente carga persuasiva pela obra de René Girard. Particularmente: *Des Choses Cachées depuis la Fondation du Monde*. Paris, Grasset, 1978.
[39] Paolo Camporesi, *La Carne*, op. cit., p. 77.
[40] Ibidem, p. 193-94.

salgadura, defumação, condimento, cozimento da carne animal e do homem. Laboratório de farmácia, de cozinha, açougue, necrotério, todos eles têm algo de aterrorizante em comum.[41]

Esse horror por uma estreita comunhão entre cozinha, açougue e altar sacrifical é um simples dispositivo retórico que esconde, sob o véu de um pressuposto arcaísmo bárbaro já superado, as verdadeiras convicções do autor:

> A procura e a preparação das carnes foram sempre nos tempos mais remotos atos cruéis e sanguinolentos, selvagens e, ao mesmo tempo, mágico-rituais, sobretudo nas formas elevadas que, como o canibalismo e a *patrofagia*,[42] abolindo as terríveis células de inumação ou as melancólicas urnas cinerárias, transformam em "tumbas vivas" os corpos jovens, sendo aqueles que tinham encontrado vida e sangue no cadáver do pai ou nas vísceras selecionadas dos prisioneiros de guerra.[43]

A provocação de Camporesi é manifesta. Essas considerações são desenvolvidas na introdução do mais famoso receitário da história literária italiana: *La Scienza in Cucina e l'Arte di Mangiar Bene* (1891), de Pellegrino Artusi; e é justamente aí que mais explicitamente se afirma como toda forma simbólico-cultural não pôde senão partir do altar do sacerdote e que a primeira refeição heterogênea, a primeira receita, foi de ordem ritual. Desse modo, explica-se também a fórmula imperativa que todo receitário conserva (rompido, aliás, por Artusi), em que se prescreve ritualmente cada ação e cada tarefa do sacerdote:

> O imperativo é o tempo dominante desse recitativo interrompido e monótono da liturgia culinária, do *sacrum* doméstico (...): "limpas e desossadas", "limpas e desvisceradas", "limpas e cozidas", "esfoladas e desvisceradas", "despeladas e desvisceradas". Poucas e insignificantes variantes modificam tal *cursus* ritual que, seja dito entre parênteses, conserva as suas glaciais formas linguísticas de necrotério, algo do momento sacrifical e do ritual do assassino da vítima predestinada.[44]

Aquele "dito entre parênteses" é um claro sinal de como Camporesi nos indica de onde provém o nosso legado culinário, qual aroma em boca nos deve deixar a preparação de qualquer receita, seja feita ou não à base de carne. O dito entre parênteses não é, de fato, uma fuga, uma nota colocada em questão, mas uma clara ênfase. A referência é retomada a cada parágrafo por duas páginas inteiras, como uma pequena obsessão, desejando

---

[41] Ibidem, p. 18.
[42] Consumo de carne paterna. (N. T.)
[43] Paolo Camporesi, "Introduzione" a Pellegrino Artusi, *La Scienza in Cucina e l'Arte di Mangiar Bene*. 3.ed. Turim, Einaudi, 1995, p. IV.
[44] Ibidem.

restituir à memória aquilo que Artusi parece ter apagado. A cozinha e a sua arte estão ainda ali indicando o quanto a nossa cultura é fruto de um ritual pagão, que praticou ritos antropofágicos.

Homo edens

Camporesi cita muito raramente fontes antropológicas, aliás, evita-as, mas em alguns casos deixa certas janelas textuais abertas, de onde é possível entrever o que tem em mente quando está falando desses temas. E, assim, percebe-se o que nomeia de passagem, e ainda *entre parênteses*. Marcel Mauss, recordando que "o caldeirão, afinal, é o altar do mago".[45] O texto original, relendo-o, informa-nos exatamente como é estreita a ligação entre ritual e cozinha:

> A magia é a arte de dispor, de preparar misturas, fermentações e manjares. Seus produtos são triturados, moídos, amassados, diluídos, transformados em perfumes, em bebidas, em infusões, em pastas, em bolos com formas especiais, em imagens, para serem fumigados, bebidos, comidos ou guardados como amuletos. Essa cozinha, química ou farmácia, não tem somente por objeto tornar utilizáveis as coisas mágicas, ela serve para dar-lhes a forma ritual, que é parte, e não a menor, de sua eficácia.[46]

Se é indiscutível a relação entre ritual religioso e ritual mágico,[47] esse desenvolvimento de uma "arte" mágica, de um *Codex* prescritivo, de um receitário reservado aos mágicos-cozinheiros, pode ser visto também como um primeiro momento de exploração *formal* das simbologias e dos elementos rituais produzidos pelo sacrifício religioso. Uma indicação, nesse sentido, é colocada por Mauss quando nos revela que:

> boa parte das coisas empregadas já possuem uma primeira qualificação, como geralmente a vítima do sacrifício. Umas são qualificadas pela religião, restos de sacrifícios que deveriam ter sido consumidos ou destruídos, ossos de mortos, águas de purificação, etc. Outras são geralmente, por assim dizer, desqualificadas, como os restos de refeições, detritos, aparas de unhas e cabelos cortados (...) outras substâncias como a cera, a cola, o gesso, a água, o mel, o leite, que servem apenas para amalgamar e utilizar as outras, como se fossem o prato sobre o qual a cozinha mágica é servida.

O altar é, portanto, o momento em que a arte mágica se torna arte culinária, em que se experimenta por via permutativa e combinatória a *assemblage* dos elementos e dos gostos. Camporesi, relendo Artusi, ainda fala de "arte combinatória".[48] De resto, Dioniso-Baco preside o momento da

---

[45] Citado em Piero Camporesi, *Il Sugo della Vita. Simbolismo e Magia del Sangue*. 2.ed. Milão, Garzanti, 1997, p. 29.
[46] Marcel Mauss. *Sociologia e Antropologia*. Tradução de Paulo Neves. São Paulo, Cosac-Naify, 2003, p. 90.
[47] Ibidem, p. 89: "Onde está ausente o sacrifício mágico, o sacrifício religioso também o está".
[48] Paolo Camporesi, "Introduzione", op. cit., p. XXXIV.

consumação eufórica, das libações desmedidas, dos elementos que se misturam no êxtase orgiástico. Todo o restante separado, hierarquizado, estruturado numa ordem cosmológica fixa, no ímpeto do espasmo pânico, se mescla, se confunde numa mistura indiferenciada, que resulta, porém, culturalmente produtiva, porque reconfigura as ordens e as distribuições dos elementos iniciais. *Order out of chaos*.[49]

Assim, a cozinha é a forma secularizada desse momento ritualista. A sua ligação com a magia é apenas um primeiro momento de distanciamento da matriz sagrada:

> essa cozinha de ilusões e de ciladas óticas, de armadilhas olfativas, de desarranjos fisiológicos, participava do universal delírio mágico-alquímico, do naturalismo misteriosófico pelas permutações e pelas metamorfoses dos elementos, estendida à descoberta de novas fronteiras na estrada do sonho e do impossível, à procura de destilados, de quintas essências, de volúpias singulares, surpreendentes, desconcertantes.[50]

O altar do sacerdote é o laboratório onde se aperfeiçoam as técnicas expandidas sobre o altar do mago em suas práticas quotidianas:

> por longos séculos, aliás, por milênios, as técnicas de conservação das carnes foram idênticas àquelas de conservação dos cadáveres (...).
>
> O "envelhecimento" dos presuntos, dos toucinhos, das carnes sendo defumadas sob a lareira, era tecnicamente homólogo à prática de conservação dos cadáveres, pendurados por todo o tempo necessário sobre o fogo e a fumaça de madeiras aromáticas. A *bresaola*[51] e o *speck* são defumados com as mesmas técnicas que os ameríndios usavam para conservar os mortos, e as nossas despensas serviam para preparar as "múmias".[52]

O altar é o momento em que a morte se torna vida e o lugar onde nasce qualquer outra nova criação, não somente no sentido de *poiesis*, mas também de *techné*. Como narra ainda Rabelais, os "panelões e as grelhas" seduzem monges e poetas, agem como ímã para o religioso e para o artista, que desse lugar tiram força e inspiração. Gaster é o "nobre mestre das artes" e dele se irradiam todas as técnicas reais e imaginárias.[53] O caminho de proezas, que unem o altar, onde se sacrifica a primeira vítima, à cozinha, onde reina o cozinheiro-sacerdote-poeta, se torna muito claro quando os Gastrólatras:

> Sob a direção de Manduca (...) ofereceram ao seu deus, abrindo os seus cestos e marmitas:

[49] Paolo Scarpi se aproxima dessas considerações destacando como Dioniso, por um lado, controla "os três produtos fundamentais da alimentação grega, produtos em que os gregos reconheciam o sinal da sua civilização 'superior'", por outro, desenvolve "um papel dinâmico que introduz a troca no complexo social, que instaura relações com o exterior e transforma a sociedade". Paolo Scarpi, "La Rivoluzione dei Cereali e del Vino: Demeter, Dionysos, Athena". Odone Longo e Paolo Scarpi (eds.). In: *Homo Edens*. Verona, Diapress/Documenti, 1989, p. 63.
[50] Paolo Camporesi, *La Carne*, op. cit., p. 200.
[51] *Bresaola*, carne de novilho salgada e seca, comida em fatias, típica da Valtellina (um vale na região da Lombardia, no nordeste italiano. (N. T.)
[52] Paolo Camporesi, *La Carne*, op. cit., p. 206.
[53] Rabelais, op. cit., IV, p. 11.

[54] Ibidem, IV, p. 59.
[55] Paolo Camporesi, *Il Paese*, op. cit., p. 91
[56] Será por isso que a cozinha canibalesca seja sempre tão pouco elaborada, limitando-se simplesmente a grelhar e cozinhar os corpos das vítimas? Será o espaço histórico concedido à elaboração formal ainda muito reduzido ou é o processo de destaque substitutivo-simbólico pela matriz sacrifical não que tem ainda atuado de modo pleno nessas estâncias histórico-rituais? Para uma exposição "gastronômica" do canibalismo se pode ler Pierre-Antoine Bernheim e Guy Stavridès. *Cannibales!* Paris, Plon, 1992; especialmente o terceiro capítulo *Almanach des Gourmets*.
[57] Um exemplo baseado nos dados etnológicos nos fornece Ewald Volhard: "Segundo Schweinfurth, os *Mangbettu* não constituem o único exemplo do fato que frequentemente são antropófagos justamente aqueles povos que por um grau de cultura surpreendentemente alto se distinguem dos outros que sentem pavor de consumir carne humana. Os *Mangbettu*, mesmo que o seu canibalismo não possua equivalência em todo mundo, são um povo de raça particularmente nobre e possuem uma cultura particularmente elevada...". "Tais observações foram feitas com tanta frequência, que Carl Vogt, no Congresso Internacional de Antropofagia, ocorrido em 1871, em Bolonha, pôde arriscar, suscitando espanto em muitos outros estudiosos, a afirmação de que uma tribo, quanto mais se dedica ao canibalismo, tanto mais se desenvolve na agricultura, na indústria, na arte e no Direito, enquanto as tribos avessas a esse ▶

Hipócrates branco, com costelinhas secas e friáveis
pão branco,
pão de sêmola,
pãezinhos com manteiga,
pão caseiro,
carnes grelhadas de seis tipos,
assados de cabra,
fatias de vitelo assado, frias, polvilhadas com pó de gengibre...[54]

Junto a Rabelais, Camporesi retoma de Francesco Fulvio Frugoni (1620-1686) essa potência do ventre *omnium rerum inventor*, pai de todas as ciências e de todas as artes, da astronomia à música, da pintura à lógica.[55] A cozinha não escapa dessa regra: nasce no rito religioso, e a primeira refeição religiosa é o corpo da vítima sacrifical, dilacerado no *diasparagmos*. Pedaços de carne são colocados sobre o altar votivo, onde o sacerdote mistura o sangue humano com outros elementos para torná-los mais férteis, para obter um dom mais apreciado por deus.[56] A primeira comida cultural é carne humana. A eucaristia cristã é a sua forma de simbolização máxima e mais explícita nesse sentido. O canibalismo não é atividade irracional de mentes bárbaras, mas é prática religiosa fortemente simbolizada e racionalizada no interior de um preciso modelo cosmológico e opera como impulso genético para todo o *cultural* e o *simbólico* presente no homem.[57] Nesse sentido, Oswald de Andrade, no seu *Manifesto Antropófago*, compreende que a antropofagia – ou a violência requalificada – age justamente como volante sociocultural: "O que se dá não é uma sublimação do instinto sexual. É a escala termométrica do instinto antropofágico. De carnal, ele se torna eletivo e cria a amizade. Afetivo, o amor. Especulativo, a ciência".[58] Sem querer reduzir a complexidade das contratações explícitas no manifesto oswaldiano, que estão para além do alcance crítico deste ensaio, é significativo destacar que o *Manifesto Antropófago* constitui um rastro importante, talvez incomparável, da transformação progressiva do valor cultural da *prática* antropofágica tornada metáfora, assim como se constitui na nossa contemporaneidade. Oswald traz à tona a manifestação do simbólico canibalesco (matriz social, familiar e cognitiva) na sociedade moderna, realizando um ato extremo de recapitulação e de curto-circuito conceitual, fechando o seu texto com a lembrança de um preciso ato canibalesco: a "deglutição do bispo Sardinha"[59] ironicamente já conveniente *ab ovo* à consumação ritual. O gesto de Oswald é, ao mesmo tempo, um gesto de compreensão da matriz cultural profunda da antropofagia como único sistema conceitual e prático de superação do componente violento das sociedades humanas, e um gesto de superação, uma superação que vai em direção à dissolução de qualquer prática *real* de antropofagia, desmontada também em nível simbólico e pronta para ser restituída como pura metáfora.

CONTEMPORANEIDADES CULINÁRIAS

Para ilustrar melhor esse deslocamento histórico, convém retornar ainda à cultura do ventre, tal como configurada pela obra de Camporesi. Nas suas incursões textuais o historiador italiano não se limita a procurar específicas estâncias culturais historicamente determinadas, mas reconhece também seus êxitos contemporâneos. A sua caneta ironicamente direta não poupa sarcasmos e agudas considerações diante da cultura "pós-moderna" em choque com um corpo "plastificado", escondido pelo horror da organicidade típica do corpo, exposto somente segundo os cânones de uma estética merceológica e espetacular, ou seja, interpretado e dirigido por uma medicina sempre mais estéril, química e genética ou de uma cirurgia refinada, pálida, e, por outro lado,

nutrido segundo regras farmacológicas e nutritivas suavizadas, resfriadas e redirecionadas aos consumos mais moderados e vegetarianos, estéreis de carne.

Culinariamente falando – mas não apenas – o Ocidente está chegando a uma cultura totalmente secularizada, privada de toda forma de transcendência, onde os resíduos de violência e de sacralidade foram retirados da mesa.

A vitória da máquina sobre Deus, o eclipse do sagrado, o triunfo do Demônio, do perfeitamente reproduzível, a hegemonia indiscutível do serial levaram ao tempo único útil, à unidimensionalidade da semana e do ano alimentar (...).

Os tempos industriais condicionaram os tempos culinários (...) as pausas, as alternâncias, o tempo dominical e aquele útil, o regime de ser magro e o de ser gordo, a dialética carnaval/quaresma, o sistema da festa e o da vigília, estão se perdendo nas neblinas do passado.[60]

Apagada toda lembrança das estações e do matadouro, onde celofanes e congelados tornam anônimo e "exangue" qualquer comida, está sendo desenvolvida em primeira estância uma cultura sempre mais vegetariana, provocando uma transferência das competências nutritivas do corpo humano à farmácia e ao

[gesto permanecessem atrasadas no seu desenvolvimento cultural" (Volhard, op. cit., p. 456-57).
[58] Oswald de Andrade, *A Utopia Antropofágica*. São Paulo, Globo, 1990, p. 51.
[59] Ibidem, p. 52.

[60] Paolo Camporesi, *La Terra e la Luna. Alimentazione folclore società*. Milão, Il Saggiatore, 1989, p. 216.

laboratório químico: do animal, ao vegetal, ao mineral, em direção a um "*sex-appeal* do inorgânico":[61]

Talvez não esteja muito distante o dia do alimento único, da "substância" global composta pela totalidade dos princípios nutritivos, uma espécie de comida universal, já prevista, no entanto, pelos pioneiros iluministas da ciência da alimentação: "*une suele substance nourrit; tout le reste n'est qu'assaisonnement*" (uma única substância nutritiva, todo o resto é tempero).[62]

Nesse constante, necessário e inevitável modelo de correspondência entre o culinário e as assunções fisiológicas subordinadas Camporesi reconhece o nítido paralelismo entre o processo de dessacralização do mundo ocidental – a perda do Deus cristão com a sua constelação histórico-cultural – e a progressiva perda da exposição, bem como a manipulação global (até mesmo com a sua repressão) do corpo através de um deslocamento em direção a gostos, tendência e regimes dietéticos sempre mais estéreis, privados de todo conteúdo ritual e sacrifical. O enfraquecimento do ser como *kenosis* de Deus, usando uma anotação de Gianni Vattimo,[63] trouxe, além de tudo, a perda de uma relação estreita com a comida, expressão de uma matriz "violenta" do humano.

Como se o processo de descristianização atual se refletisse nos novos regimes alimentares e nas mudanças dietéticas que foram levados para cima de muitas mesas estadunidenses, com a substituição do saleiro por um tubo cheio de vasto sortimento de vitaminas.

O culto às vitaminas e a exaltação da ajuda proteica, junto à perda da soberania do pão e do vinho, coincidiram com o amortecimento do símbolo eucarístico e com o declínio da fé naquele mágico integrador de energias espirituais...[64]

Pós-canibalismos

Obviamente não é apenas a cozinha que saboreia esse tipo de deslocamento paradigmático, mas é um seu revelador precioso, pois parte daquela reconfiguração do imaginário que se concentra, como foi dito, sobre o corpo. Se na época medieval e renascentista o corpo era levado para a praça e era exposto, violentado e esquartejado também como espetáculo coletivo, mais ou menos entendido pedagogicamente,[65] agora é confinado na estilizada representação de encenações hollywoodianas, em que os massacres são sempre velozes, indícios de aguda violência, talvez mesmo fisicamente catártica, mas nunca a meticulosa reconstrução de festas públicas do sangue como eram

---

[61] Referência a Mario Perniola. *Il Sex-appeal dell'Inorganico*. Turim, Einaudi, 1994. (Edição Brasileira: Mario Perniola, *O Sex Appeal do Inorgânico*. Trad. Nilson Moulin. São Paulo, Studio Nobel, 2005 [N. T.].)
[62] Paolo Camporesi, "Introduzione", op. cit., p. XV. Citação: G. Bachelard. *La Formation de l'Esprit Scientifique*. Paris, 1967, p. 171.
[63] Gianni Vattimo. *Credere di Credere*. Milão, Garzanti, 1996.
[64] Paolo Camporesi, *Il Sugo della Vita*, op. cit., p. 8.
[65] Camporesi aborda detalhadamente tal questão em *La Carne Impassibile* (op. cit., p. 23) e em *Il Sugo della Vita* (op. cit., p. 35).

experimentadas nas praças públicas das cidades medievais, onde o corpo *real* era espetáculo compartilhado.

Os sonhos ou os delírios *pulp* ou *splatter* da representação contemporânea atuam sob o signo de uma violência indiscriminada, feroz – não animal, porque nenhum animal nunca cometeu massacres com membros de sua espécie – nem mesmo cultural, porque o único assassino que possui valor simbólico é o ritual. Agem substancialmente como resposta, com frequência mecânica, de uma exploração do imaginário corpóreo despido de símbolos, tabus, proibições, prescrições éticas. O canibalismo em quadrinhos ou literário, o *splatter*, a truculência imaginativa contemporânea é provavelmente somente uma parte do processo de desarticulação do corpo, de assimilação do corpo na matriz permutativa do simbólico, que é fenômeno emergente numa sociedade monetizada e computacional. O corpo é o último momento de resistência do qualitativo ao quantitativo, o último momento de opacidade do real que se transforma em imagem.[66]

Como suporte das trocas e das correspondências simbólicas entre os diferentes códigos presentes, o corpo não significa nada, não diz nada; ele fala sempre, exclusivamente a língua dos outros (códigos) que nele são inscritos.[67]

No caso da cultura contemporânea a língua do corpo é uma língua feita de imagens e mercadorias, na qual o corpo pode somente transmitir esse vocabulário prolixo. Um exemplo particularmente inadiável vem exatamente de alguns textos entre os mais exemplares da "juventude canibal". Em *Woobinda* de Aldo Nove ou em *Destroy* de Isabella Santacroce[68] a dissecação mercadológica do corpo e a sua incessante separação em imagens rígidas, como cartazes publicitários ou em *frames* concisos como videoclipe, tornam-se estrutura e linguagem da narrativa:

> Lili cospe nos pratos. Ri. Vomita no tofu. Lambe as costas de Thomas. Baixa as meia-calças hesitando estupidamente drogada de idiota Beta Kappa italiano. Fuma o Bubble Gum Crisis restante e vomitavomitavomita.[69]
>
> Thomas está cantando *Great Balls of Fire* debaixo do chuveiro. Tiro o casaco e bebo um pouco de Virtual na garrafa. Tocam novamente. Lili acende a minha Silk Cut e a sua mão treme. Quando abro, o homem tinha tirado naquele instante pela terceira vez a agulha hipodérmica do braço direito e tem os restos na boca do quarto cheeseburger.[70]

Marino Sinibaldi nos ajuda a descascar esta passagem do livro de Santacroce:

[66] "As imagens fluem desligadas de cada aspecto da vida e fundem-se num curso comum, de forma que a unidade da vida não mais pode ser restabelecida". Guy Debord, *La Société du Spectacle*. 3.ed. Paris, Gallimard, 1992, p. 15.
[67] José Gil, "Corpo". In: *Enciclopedia Einaudi*. Vol. III. Turim, Einaudi, 1978, p. 1101.
[68] Aldo Nove, *Woobinda e Altre Storie Senza Lieto Fine*. Roma, Castelvecchi, 1995; Isabella Santacroce, *Destroy*. Milão, Feltrinelli, 1996. Remo Ceserani, neste volume, comentando outro jovem escritor italiano, Enrico Brizzi, dá um exemplo ulterior do processo de mercantilização da sexualidade humana e das suas consequências na compreensão e na relação com o outro.
[69] Isabella Santacroce, op. cit., 1996, p. 38.
[70] Ibidem, p. 81-82.

No universo de Aldo Nove se encontra, de fato, realizado tudo aquilo que parece tornar resíduo ou "póstumo (...) o espaço da literatura: mercantilização e espetacularização", "anulação radical das distâncias" e de "todas as possíveis hierarquias de valor", recusa de qualquer psicologia e em geral de toda profundidade histórica e sensorial.[71]

Destroy é um livro que dá uma das medidas possíveis do nosso tempo; a redução da essência do mundo à pura quantidade, à acumulação de objetos e marcas, de nomes sem conteúdo, histórias e profundidade.[72]

Paradoxalmente é exatamente essa irrelevância geral do mundo e dos fatos, unida a uma "higiênica" esterilidade simbólica, que jazem sob tantas novas etiquetas estéticas, animadas mais por violências envernizadas e irônicas (ou inertes e inofensivas), do que por qualquer outra inquietude antropológica e existencial, e que é prova da esterilização do impulso antropofágico nas culturas ocidentais, incapazes de "ingerir" o diferente por apropriação simbólico-cultural, mas, sim, por mimese plana, por imitação mercadológica, imposta pela ergonomia mercantil.[73] Uma nova prova, como dito anteriormente, é justamente a mesa, primeiro altar votivo e sacrifical onde se realiza a perpétua refeição conciliatória, propiciatória, desertada agora por toda violência conciliadora, na qual se está, enfim, rompendo o longo fio ritual que une o machado que cai sobre a vítima sacrifical e a calibrada mistura de aromas e iguarias. O supermercado e a empresa médico-farmacêutica nos dispensam de qualquer elaboração litúrgica dos nossos gestos e de toda compreensão simbólica do nosso pão cotidiano.

Estamos atravessando o limite entre uma cultura analógica e uma cultura digital. Entre uma cultura canibalesca, de continuidade e de correspondência entre corpo e céu, entre corpo e mundo, a uma pós-canibalesca, em que os elementos incessantemente permutados do simbólico estão construindo uma realidade que poderíamos, ao modo de Baudrillard, chamar de virtual ou de artificializada, mas que na realidade é simplesmente uma realidade *computacionalizada*, na qual pela incessante permutação de elementos simples, dissociados de qualquer elemento qualitativo, são produzidas novas configurações e novas possibilidades do mundo – e do humano.*

---

[71] Aldo Nove, op. cit., p. 61.
[72] Ibidem, p. 81.
[73] "No valor qualquer coisa renega o seu *corpo*, ou como diz Marx, "a sua pele, porque nenhuma mercadoria 'pode fazer da sua própria pele natural a expressão do exato valor, mas necessariamente deve referir-se a outra mercadoria equivalente, ou seja, deve fazer da pele natural de outra mercadoria a própria forma de valor" (Umberto Galimberti, op. cit., p. 58). Citação de Karl Marx. *Das Kapital*. vol. I. Hamburgo, O. Meissner, 1867, p. 60. Tradução italiana, *Il Capitale*. Roma, Riuniti, 1973.
* Tradução de Davi Pessoa C. Barbosa.

Devorar os Livros (em Versos e em Prosa)[1]

Marco Berisso
Universidade de Bolonha

1. Paolo Gentiluomo

Na série de poemas de Paolo Gentiluomo, intitulada *Catalogo* (com o subtítulo *Veritabile Catalogo per Trittici delle Femmine che Comprende Alcuni Modi di Ben Servirle* [Verdadeiro Catálogo para Trípticos das Fêmeas que Compreende Alguns Modos de Servi-las]), estão já presentes, para uma primeira aproximação, duas evidentes, mesmo que aparentemente contraditórias, características estruturais: de um lado, existe a geometria obsessiva da estrutura, de outro, a serialidade sempre retomada através da repetição de cada um dos episódios, uma serialidade que quer provocar no leitor (e é, em Gentiluomo, intenção explícita) saciedade e náusea.[2] Partamos da estrutura, já em si muito complexa. *Catalogo per Trittici*, diz o subtítulo: de fato, a sequência se apresenta como uma *via di mezzo* entre um tríptico pictórico, seguindo o modelo das medievais Anunciações, e um jogo de caixas chinesas. O poema introdutório e o último representam o tríptico fechado, em que é visível somente a parte posterior da porta da direita e daquela da esquerda. Uma vez aberto, surge o *Grande Tríptico*, composto por um painel à direita, um central e outro à esquerda: cada painel do *Grande Tríptico* é, por sua vez, dividido em um *Pequeno Tríptico*, e cada um destes é dividido em três partes, por sua vez, dividido em três cenas. Cada poema é assinalado por um número de quatro cifras, que deve ser lido da direita à esquerda e que permite identificar imediatamente a posição no interior do *Grande Tríptico* (1 indica sempre o lado direito; 2 o centro e 3 o lado esquerdo): assim, o poema 2231 será a cena da direita (1) do lado esquerdo (3) do *Pequeno Tríptico* central (2) do painel central do *Grande Tríptico* (2). No total, portanto, o *Grande Tríptico* aberto é composto por 81 poemas (isto é, três

---

[1] Este artigo é resultado de uma pesquisa mais ampla dedicada à fenomenologia das funções fisiológicas (em particular da nutrição e da sexualidade) em alguns textos da literatura italiana contemporânea. Nessa pesquisa não é minha intenção estabelecer um censo de todos os textos contemporâneos, em que o corpo nas suas manifestações fisiológicas tenham uma importância fundamental: não teria para isso nem força nem competência (nem mesmo a preparação teórica necessária, além de tudo). Procuro determe em uma aproximação temática a partir de amostras textuais (também muito reduzidas quantitativamente, como nesse caso, em que analiso uma dúzia de poemas e um conto), nos quais aquelas manifestações influem de maneira determinante na estruturação do próprio texto.

[2] O *Catalogo* é composto por 83 poemas. No entanto, dada e denunciada a serialidade do mecanismo textual, será suficiente para a minha argumentação a análise dos doze textos publicados na revista *Novilunio*, vol. II, 1992, p. 71-76 (três deles já tinham aparecido, sem alguma mudança, em *Gruppo 93. Le Tendenze Attuali della Poesia e della* ▶

à quarta potência), ao qual deverão ser acrescentados os dois poemas do *Grande Tríptico* fechado. Nessa geometria obsessiva, incluídas as óbvias implicações numerológicas ligadas ao número três, está evidente a referência à experiência da *OuLiPo*, presente como uma constante na poesia de Gentiluomo. Cada grupo de três poemas é frequentemente unido pelo recurso de um mesmo tema, situação ou figura feminina. Outro dado estrutural: os nove painéis do *Pequeno Tríptico* têm um título que invoca várias situações ou capacidades ligadas à nutrição: "Colazione", "Aperitivo", "Antipasto", "Primi piatti", etc.

Do ponto de vista temático, *Catalogo* é uma espécie de assimilação canibalesca de figuras femininas: poemas de amor em que a relação sexual atenua ou realmente se identifica com a fagocitose da amada e em que as várias partes do corpo se transformam, por isso, numa potencial comida. Tommaso Pomilio, tomando esses textos pelo título de "Novilunio", indicou precisamente (também a partir das indicações do próprio Gentiluomo) as duas grandes "fontes" desse projeto, ou seja, *La Grande Bouffe* de Marco Ferreri e *The Cook, the Thief, his Wife and her Love*, de Peter Greenaway:[3] deste diretor, devemos nos lembrar mais genericamente da importância que tem na sua produção cinematográfica a obsessão, desde o primeiro longa-metragem, *The Fall*, pela catalogação, com uma referência particular à numerologia de *Drowned by Numbers*, que a essa série de poemas de Gentiluomo pode ser ligada pela presença temática do jogo em conexão com o do sexo e a morte.

Tanto é complexa e variada a macroestrutura quanto, como dizia anteriormente, obsessivamente centrípeta a concreta realização de cada texto, que intencionalmente escapa de toda mudança de registro: mas devemos ter a sagacidade de entender "mudança de registro" nos limites (e veremos que são limites muito amplos) que admite o estilo de Gentiluomo, que é baseado justamente como projeto, ao incorporar, através do seu interior, todos os registros. Quem conhece algo da instrumentação estilística desse autor[4] poderá reencontrar, aqui, a sua aplicação mais sistemática e obsessiva. Em primeiro lugar, refiro-me ao recurso de concatenações verbais movidas por consonâncias fonéticas, que se esgotam aparentemente no significante.[5] Outro processo (talvez ainda mais interessante) é a subdivisão de um originário núcleo verbal autônomo e autossuficiente (quer porque pertencente à linguagem literária, quer, e mais frequente, porque pertencente à linguagem comum, cristalizada em dicções sintéticas, provérbios, expressões idiomáticas, etc.)

Narrativa. Lecce, Piero Manni, 1992, p. 141-42).

[3] *Novilunio*, op. cit., p. 78.
[4] Indico, aqui, também, porque me servirá depois no decorrer da argumentação, o primeiro volume de Paolo Gentiluomo. *Novene Irresistibili*. Cosenza: Periferia, 1995; um verdadeiro "livro de poesia" (não uma coleção de textos esparsos), confirmando as obsessões ordenadoras do autor.
[5] Penso em versos como: "(...) e me smentego / l'amara fiera a fiele munta lupa da luna / resa rosa famelica (...)" (*Novilunio*, op. cit., 1122, p. 73), em que a evidente origem de paranomásia (*fiera / fiele, lupa / luna, resa / rosa*) não implica a perda do sentido, mas são suas evidências, como uma espécie de processo pseudo-etimológico, ou seja, a necessária consequencialidade.

que é cindido, "recheado" e semantizado novamente. Assim, por exemplo, o cruzamento entre o provérbio *"tra il dire e il fare c'è di mezzo il mare"* [entre o dizer e o fazer há no meio o mar], a definição geográfica "Mar Morto" e o natatório *"fare il morto"* [boiar] origina uma sequência desse tipo: "(...) *se fare / è un dire di mezzo mare a morto tardi traversato"*.[6] O material utilizado por Gentiluomo para tais cruzamentos é, como se vê, imediatamente individualizante a partir do momento em que traz à tona (ao menos essa é a norma habitual) reservatórios lexicais e idiomáticos muito conhecidos e que qualquer um, sem esforço, pode identificar. Também no caso em que se verifica o recurso ao uso de citações literárias, estas nunca serão mimetizadas pelo autor, mas sempre estarão bem evidentes, manifestadas abertamente aos olhos do leitor, com frequência retiradas de uma típica antologia escolar do ensino fundamental. Assim, os grandes autores serão os mais citados (Dante, Petrarca, Leopardi, Montale) e seus textos mais conhecidos e reconhecíveis (com um procedimento que direciona à citação pop, a mesma que levou Fiorello a cantar "San Martino" de Carducci). Desse modo, para dar um exemplo, o último verso do primeiro soneto do *Canzoniere* de Petrarca surge travestido no final da "Primavera umbilical" de Narciso: *"ma più mai a magia mancai che da me medesmo meco mi manteco"* [mas mais do que nunca perdi a magia, que por mim mesmo comigo me mantenho].[7]

Catalogo, ao contrário, se abre com uma citação (para)literária, dessa vez a partir de um texto não imediatamente reconhecível, mas que conserva determinadas características gráficas que o mostram como estranho à linguagem contemporânea; e esse texto é levemente retocado, através dos usuais mecanismos de assonância, porém capaz de deformar seu significado originário:

> *Sao ko kelle tette ko kelli seni son coppette (...).*[8]
> [*Sei que aquelas tetas, que aqueles seios são ventosas(...).*]

O texto utilizado por Gentiluomo é o "Placito Capuano", 960, primeiro documento "oficial" da língua italiana, tanto que Bruno Migliorini decidiu publicar a verdadeira fundamental *Storia della Lingua Italiana*, exatamente em 1960, em ocasião do milenário do Placito: "*Sao ko kelle terre ko kelli fini ke ki kontene trenta anni le possette parte Sancti Benedicti*" [Sei que aquelas terras, dentro daqueles confins sobre os quais aqui se fala, as possuíeis por trinta anos a parte de San Benedetto]. Na conclusão desse mesmo

[6] *Novilunio*, op. cit., 2222, p. 75.
[7] *Novene Irresistibili*, op. cit., 57-58. De resto, aquilo descrito anteriormente é o mesmo procedimento que está na base de um *incipit* como: "*Nessuno mi può giudicare nemmeno tu che mi fai girar / a tentoni (...)*" [Ninguém pode me julgar, nem mesmo tu, que faz com que caminhe às cegas (...)], na terceira das *Sette Vite di Narciso* (ivi., p. 62).
[8] *Novilunio*, op. cit., 1111, p. 71.

poema será retomado circularmente um fragmento da parte final do mesmo documento ("(...) *per che le possette / nutricia de glandola mammella menari*"), assim com o intuito de elevar todo o texto de Gentiluomo (22 versos) a hipotético conteúdo substitutivo do próprio "Placito Capuano". A função do exórdio desse poema para todo o *Catalogo* é posteriormente reforçada, além do uso da citação, do procedimento comparativo irregularmente desenvolvido pela enumeração. "*Kelle tette*" e "*kelli seni*", nos diz Gentiluomo, são uma infinita série de comidas: "*coppette pascole da munta mucca vacca / scolate latte pari e patte paste / maritozzi farciti bignè di crema / babà al rum baci noccioli cioccolatti / burri di budini in abbondo sbafo*", etc. O processo comparativo/substitutivo entre partes do corpo e comida é, portanto, logo hiperbolicamente exposto na abertura da sequência, com uma extrema vontade demonstrativa: esse primeiro poema do *Catalogo* já indica, uma vez por todas, o limite preciso aberto pela obra. Justamente Pomilio, na nota já mencionada, destaca a não casualidade da presença no início do "Placito Capuano", "fórmula jurídica de delimitação territorial [que] está ali para denunciar, de fato, a impossível delimitação de uma escritura que tenta representar o real, na especificação – também – do linguístico". Se a

citação no início de *Catalogo* nos diz que a demarcação do texto que nos dispomos a ler é aquela do erotismo transformado em gastronomia, a outra, fundamental indicação que surge dessa, é que para transpor esses confins é necessário abusar da linguagem poética, tal como se deveria abusar da comida e do sexo. Isso não é uma novidade para Gentiluomo. Em um texto teórico seu, de alguns anos atrás, ele tinha definido sua escolha linguística como uma adesão a um "meio sermão": mas a bizarra fórmula pseudolatina era exatamente o contrário daquilo que aparentemente teria desejado indicar, ou seja, uma linguagem obtida por mediação ou compromisso entre pontos extremos. Na expressão "meio sermão", sem dúvida, "meio está para ponto de tangência de diferentes experiências linguísticas",[9] já que nesse "ponto de tangência" pode confluir o material mais heterogêneo. A novidade, a meu ver, se encontra no excesso e na repetição com que o procedimento é aplicado no *Catalogo*.

Não por acaso uma figura dominante no texto é aquela da variação sinonímica, na qual o termo-base é repetido através de pequenos deslocamentos que modificam levemente a sua função (frequentemente pelos procedimentos metafóricos), mesmo remetendo ao mesmo referente. Por exemplo, no poema 1123, os "seios são"

[9] Ibidem, p. 78.

do primeiro verso se tornam "mama" no terceiro (variação de registro) e "espessos/cestos", em *enjambement*, nos últimos dois (variação pela metáfora). Em suma, a variação sinonímica origina aquele "ponto de tangência" em que línguas, dialetos, repertórios metafóricos e simbólicos se unem para explodirem. Vem em mente, como outra experiência, o *grammelot* de Dario Fo: o autor motiva o nascimento dessa imaginária língua jogralesca com a necessidade de o jogral medieval ser sempre compreensível para além das variações geolinguísticas. Uma das técnicas do *grammelot* é, de fato, aquela de repetir uma mesma palavra, apresentando-a em todas as suas variantes dialetais, reais ou fictícias que sejam. Procedimento oral, evidentemente: e é realmente na oralidade, na leitura em voz alta, que a variação sinonímica operada por Gentiluomo readquire toda a sua força.

Assimilar uma comida, em muitos textos da contemporaneidade (ou ao menos nos textos dos autores mais perspicazes), é equivalente à assimilação de uma língua. Para o caso específico de Gentiluomo, a assimilação de todas as comidas só pode ser realizada se há assimilação de todas as línguas. A relevância que possuem procedimentos como a metáfora e a comparação nos textos do *Catalogo* são diretamente proporcionais a esse procedimento de assimilação. São, também, de algum modo, os únicos procedimentos que permitem a transformação do corpo em comida, transformação que é preliminarmente indispensável para o canibalismo erótico, ou seja, o tema do *Catalogo*. Da metáfora/comparação Gentiluomo utiliza todas as potencialidades, mesmo aquelas menos usuais. Um caso de comparação lançada é, por exemplo, aquela no início do poema numerado como 2223: "*A presso mi restan accosti / li tuoi cocomeri a mammella*" [Bem juntas a mim ficam as tuas melancias como mamas]:[10] a comparação ortodoxa é evidentemente "*Le tue mammelle a cocomero*" [as tuas mamas como melancias], mas a inversão coloca imediatamente em primeiro plano a função gastronômica. Mais frequentemente, a comparação se torna analogia: "*chiappe pesche paffute a mi' piffero scanosciute*" [nádegas pêssegos rechonchudas em mim tocaram desconhecidas], em que a passagem "*chiappe [morbide e vellutate] come pesche*" [nádegas (macias e aveludadas) como pêssegos] vem reduzida ao seu mínimo resultado (e esse será o mais fortemente iconoclasta, como se costuma dizer, entre os tributos que Gentiluomo faz com perfídia ao Grande Estilo do século XX).[11] O resultado é o de querer demonstrar através da língua não somente

[10] Em destaque de nota, em *Novene Irresistibili*, op. cit., p. 81 (mas a definição já estava presente num texto teórico anterior de Gentiluomo, "Balocchi e Profumi". In: *Altri Luoghi*. Marco Berisso e Guido Caserza (orgs.). supl., n. 6 da revista homônima, Gênova, 1991, p. 112).

[11] *Novilunio*, op. cit., 1123, p. 74. Esse também é um procedimento usual do autor. Na *Presentazione de la Vestizione di Eva e de lo suo Accorgersi di Essere di Almeno sei Mesi; Colasso di Adamo* (quarta parte da reescritura bíblica *Oggi Sposi*, em *Novene Irresistibili*, op. cit., p. 16) Gentiluomo chega a acumular em três versos onze sinônimos de "*reggiseno*" (sutiã) (de "*reggiminna*" a "*succiasise*") sem nunca, se observamos bem, recorrer ao termo de partida.

a decisão literal das duas equações corpo = comida e erotismo = alimentação, mas sua exata verossimilhança.

"*Chiappe pesche paffute a mi' piffero scanosciute*": entre "*chiappe*" e "*pesche*" há uma relação fônica de repercussão em eco ("chiap- | pe" ~ "pe | -sche"), e lá onde o primeiro termo pertence a um registro linguístico baixo, a relação analógica remete imediatamente a um registro oposto, literário, vagamente dannunziano. O coloquial *paffute* está em aliteração com *pesche*, e sintaticamente ambíguo (justamente por causa do procedimento analógico, e por falta de indicadores como o recurso à vírgula), podendo referir-se tanto a "*chiappe*" (por congruência de registro) quanto a "*pesche*" (por proximidade). A aliteração "*pesche paffute*" se estende depois a "*piffero*" (e, aliás, se reforça: PaFFute ~ PiFFero), que faz ainda parte do registro baixo (metaforização do pênis). Entre os dois há, porém, um elemento linguisticamente ambíguo, "*al mi*", onde a elisão pode ser tanto de natureza oral (e, nesse caso, vagamente dialetal) quanto de natureza culta, literária: enquanto literário, *scanosciute*, que pertence, no entanto, a um registro bem específico, carregado de sobredeterminações (é um uso do siciliano, usado na poesia do Duecento, pertencente ao registro lírico), e que, de qualquer forma, vem ao mesmo tempo diminuído graças à rima interior com *paffute*. Como se vê, uma análise partida dos vetores canalizados por Gentiluomo no "ponto de tangência" que é a língua, assim como de um único poema seu, produziria necessariamente várias páginas de comentário (e seria do mesmo modo, entre parênteses, exercício divertido e talvez excessivo). O dado mais interessante, no entanto, é que microscopia e macroscopia caminham nele necessariamente juntas: a análise feita, em suma, não pode decompor cada um dos elementos lexicais, culturais, fonéticos e semânticos, salvo reenviando ao final, e para permitir uma fruição correta, reenviando à sequência impressionante de curtos-circuitos que aqueles mesmos elementos sofrem uma vez posicionados no interior do verso anterior e da sequência de versos posteriores. A poesia do *Catalogo*, como e mais ainda do que o restante da poesia de Gentiluomo, nunca deve ser relida (por isso, mais uma vez, adquire toda sua força quando é oralizada, e, portanto, escutada). Os ingredientes que pacientemente a formaram devem ser necessariamente saboreados a partir daquela unidade que é o seu resultado final. Pomilio observava justamente que na base do *Catalogo* há "uma lógica inclusiva de tudo" e afirmava que através dessa lógica inclusiva "o sentido primário e devastador é o de liberar e colocar em círculo novas margens de representação".[12] O esforço de Gentiluomo é o de divulgar (isto é, realmente, "*dare al volgo*") as potencialidades antropófagas, de algum modo, inerentes na relação amorosa e no nexo biológico e mental entre o ciclo reprodutivo e o alimentar, e de exemplificar o todo através de uma interminável sequência de exemplos, dos quais a voz narrante/poetante foi protagonista: e a divulgação, para sua necessidade, deve recorrer a cada instrumentação (linguística, retórica, e até mesmo sintática) possível. Não deve apenas explicar, deve também persuadir.

Metodologicamente, o paradigma a que se refere Gentiluomo nesses textos é o da dissecação. Paradigma por excelência da poesia barroca, no momento em que a unidade corpórea, ainda fundamental para a tradição petrarquesca, era secionada e amplificada em cada uma de suas partes.[13] Nascimento do feitiço, e caso se queira numa acepção freudiana: os lábios, os cabelos, as orelhas, até os apêndices inorgânicos, até as presenças estranhas (a pulga, o piolho, o cão) são o verdadeiro sujeito amoroso, aquele sobre o qual é possível aplicar a hipertrofia metafórica e a agudeza. Essa percepção separada do corpo chega a envolver também o corpo sagrado pela exata natureza imóvel do santo: a veneração pela relíquia está muito ligada à veneração pelo pé da amada. São considerações muito amplas, que, aqui, apenas posso indicar com imprecisão: porém, é evidente que em Gentiluomo se encontra de modo decisivo a inteira gama dessa fenomenologia.[14] Todos os poemas do *Catalogo* não falam, na realidade, do corpo, mas exclusivamente das suas partes. E embora prevaleçam os órgãos da sexualidade (o seio, sobretudo, e depois as nádegas; menos frequente são a vagina e o pênis), também não faltam órgãos menos ordinários. Por exemplo, o nariz é o sujeito do poema 1113:

> Stai stulta a stuzzicarti il tubo
> le botole de le nari ti perlustri
> e ti perquisisci che io ci ambisco
> a scombinarti il buco sentimento smunto
> immota ti scorgo che mangi lo moccio
> ma malgrado mi mostri con malgarbo
> ingorda ingerisci e non mi ti porgi.[15]

Nesse poema se leem uma série de equivalências organizadas em consecução. No entanto, a primeira e mais evidente é aquela entre "*il tubo*" (o tubo), "*le nari*" (as narinas) e a vagina (invertendo paradoxalmente o adágio latino "*a naso hasta viri, a labia vulva puellae*"), por isso enfiar os dedos no nariz é compreendido como uma sorte de masturbação: tanto é que o eu gostaria de participar em primeira

---

[12] *Novilunio*, op. cit., 2223, p. 75.
[13] Ibidem, 2221, p. 75.
[14] Ibidem, p. 78.
[15] Igualmente divulgadoras, nesse sentido, eram as reescrituras bíblicas das *Novene Irresistibili*, primeira seção do homônimo volume, não por acaso, com subtítulo "Manuale Portabile di Beatitudine e di Pietà ad uso Collettivo". (Ofereço uma tradução literal ao leitor: "és estúpida em excitar-te o tubo / os alçapões das narinas te perlustras / e te perqueres que eu nos ambiciono / desmanchando-te o buraco sentimento descarnado / imóvel te acompanho ao comer o muco / mas malgrado me mostras com maus modos / gulosa ingeres e não a mim te dás" [N. T.].)

pessoa no ato orgânico/sexual (*"che io ci ambisco / a scombinarti il buco"*, palavra, esta última, ou seja, *"buco"* (buraco), e seja perdoado o oxímoro, explicitamente ambíguo. Por outro lado, se uma primeira passagem equipara o nariz à vagina, e uma segunda o enfiar os dedos no nariz à masturbação, uma terceira conduz ao mesmo plano o ingerir *"lo moccio"* (o ranho) ao ato sexual, tanto que o texto não se conclui com um previsível *"non mi porgi"*, mas justamente com um *"non mi ti porgi"*. Portanto, a ingestão da comida (aqui, compreendida mais como uma comida orgânica) é um equivalente do coito, e recusar a primeira significa evidentemente recusar também a segunda. Enfim, o ato masturbatório (ou seja, enfiar os dedos no nariz) é realmente exibido (*"mi mostri"*): essa exibição aumenta, por um lado, o desejo do eu em participar do ato, por outro, provoca a consequente desilusão. As equivalências temáticas, assim, estão todas saturadas: mas no interior dessa exibição, que se poderia transformar facilmente (assim gostaria o eu) numa prática vagamente sadiana, aquilo que domina efetivamente (mediante, como de costume, a variação sinonímica: *"tubo"*, *"botola de le nari"*, *"buco"*, todos termos que pertencem à área semântica da cavidade) é apenas a imagem do nariz e da sua excreção. O corpo, na sua integridade, não existe: o limite máximo a ele conectado é aquele de se tornar "carne" desossada e comestível (como num famoso e horripilante episódio do *Pataffio* de Luigi Malerba, ricamente ilustrado por Guido Almansi),[16] mas nunca, de fato, integralmente e somente corpo.

O ato da dissecação (é óbvio que o termo é entendido, aqui, em sentido muito amplo) é um expediente prático do autor para dar encaminhamento às sequências coordenadas metafórica e eroticamente: a complexidade do procedimento linguístico que se obtém dessas sequências faz com que seja necessário dar atenção a um único particular, isolando-o. Nos poemas do *Catalogo* não há quase nunca uma série de ações, num certo sentido não há nem mesmo ato sexual, a não ser através do correspondente da ingestão. O movimento, quando presente, é simples, um itinerário ascendente ou descendente (o corpo se torna uma estrada retilínea: faltam as figuras sexuais): *"e presto nuda ti penso / polpa a potta potabile / amabile topa te la rosico / e su per li rosoni a petto / d'uberte telluriche / poppe pasce scosse / a spuntinar m'inerpico / e mi fo papa di cotanta pepa"*.[17] Igualmente evidente é a participação do eu, que pode obter efeitos sádicos (em sentido erótico), porém que nunca é pura contemplação. O papel ativo do eu permite substituir a ação pela

[16] "A grande idade do colecionismo (...) exprime essa sutil vontade gnosiológica de penetrar com o uso do soneto, com a máquina das palavras (...) no coração dos objetos, de aplicar uma sua anatomia verbal, de sugar sua respiração, de apreender sua batida, de fixar seu silêncio, de medir sua febre. O soneto barroco se transforma numa autopsia das infinitas variedades do mundo, uma análise-inventário do multiforme, indefinível realidade, uma interminável galeria-*Catálogo* de objetos e de naturezas-mortas, vivas, deformes, moribundas, podres, renascidas": assim Piero Camporesi no seu *Le Officine dei Sensi*. Milão, Garzanti, 1991 (primeira ed., 1985), p. 130-131 (e mais em geral, para situar com precisão esse meu mínimo gesto em relação à anatomia barroca, cf. todos os dois capítulos seguintes "L'Atroce Voglia di Studiare" e "L'Anatomia del Nulla", p. 110-70).

[17] Representa, aliás, a sua vertente mais completa junto ao aparente não assimilável Marcello Frixione (do qual se pode ler *Diottrie*. Lecce, Piero Manni, 1991, e, em particular, as partes de *polypo cordis*, não por acaso composta por reescrituras de líricas barrocas e testemunhos, irônico relicário sagrado). (Ofereço uma tradução literal do fragmento do poema: *"e logo nua penso em ti/ polpa em vulva potável / amável rata te roo / e ali por cima rosáceas ao peito / de fertilidades telúricas / seios alimentados sacudidos / para saciar me trepo"* [N. T.]).

visão, procurando a precisão de cada órgão através de uma hiperdistinção maníaca, ou seja, "catalogadora".

Uma última observação. Como a comida antropofágica delineada por Gentiluomo nunca tem como fim único a nutrição, mas exclusivamente o prazer, assim o correspondente sexual pelo qual a comida se substitui é quase sempre estéril. Não por acaso, o órgão mais descrito em *Catalogo* é o seio: não apenas como tributo a uma iconografia literária que alcançou seu ponto máximo em um livrinho muito amado por Gentiluomo, e que funciona como precedente para a sequência, ou seja, *Seni* do espanhol Ramón Gomez de la Serna. Os seios (e as nádegas) são exclusivamente zonas de prazer, sem nenhum compromisso com a reprodução, e é por isso que sobre elas pode ser mais bem aplicada a máquina linguístico-descritiva idealizada por Gentiluomo. Além disso, seios e nádegas possuem formas arredondadas e podem chegar a uma corpulência admirável (como as já citadas "*uberte telluriche / poppe*" do poema 2223), tornando mais imediata a assimilação metafórica com a abundância de comida.

A poesia de Gentiluomo é principalmente poesia prática:[18] nela se organiza um tecido construtivo mais do que evocativo, uma vontade definidora exaustiva mais do que a criação de uma margem de não dito. Os modelos até agora rapidamente evocados (Greenaway, *OuLiPo*, poesia barroca, etc.) têm em comum a ideia de que o mundo inteiro seja, no final, "catalogável". Nesse nível, portanto, compreende-se, por um lado, a importância do fato de que *Catalogo* tenha sido organizado quase ao modo de Lineu "por trípticos"; por outro, pode-se (e deve-se) realizar uma passagem ulterior, que do erotismo como antropofagia possa conduzir para muito além. O canibalismo, em suma, não é somente um correspondente da prática sexual: é, mais profundamente ainda, o mais preciso correlativo da enciclopédia do real.

II. Maurizio Teroni

Na antropofagia está também baseado um conto de Maurizio Teroni, publicado no primeiro número da revista *Passaggi* e intitulado *L'Inferno Dentro*.[19] O paralelo cinematográfico que, aqui, porém, vem em mente é o filme *Delikatessen*. O conto de Teroni tem uma semelhança com esse filme pela declinação grotesca do realismo, pela admissão, isto é, literal de um paradoxo: existe (pode existir) no Ocidente industrial uma microssociedade em que o canibalismo é uma prática perfeitamente ortodoxa. Outra referência possível é Jonathan Swift, que era mestre indiscutível

[18] *Novilunio*, op. cit., p. 72.
[19] "Eu teria muito desejado / por aproximação perdida / saber qual sabor soubesse / a tua carne cozida", recita o epigramático poema 2213 (*Novilunio*, op. cit., p. 74).

[20] *La Ragion Comica*. Milão, Feltrinelli, 1986, p. 101-02. Para o episódio ao qual me refiro (os soldados esfomeados não somente comem a carne cozida da condessa Bernarda, mas ainda bebem o seu molho) cf. Luigi Malerba, *Il Pataffio*. Turim, Einaudi, 1985 (primeira ed. Milão, Bompiani, 1978), p. 171-79.
[21] Portanto, bem diferente o mecanismo que se sujeitava ao *exploit* paramacarrônico da *Presentazione de lo Primo Coito (o Presunto Tale) di Adamo ed Eva* (in *Novene Irresistibili*, op. cit., p. 15).
[22] *Novilunio*, op. cit., 2223, p. 75-76 (grifos meus). Perceber as duas sequências sinonímicas: "*potta*" (vulva) (aliás, "*polpa a potta*" (polpa em vulva), com o jogo no comestível-mercadológico "*polpapronta*") e "*topa*", a primeira, "*rosoni*", "*poppe*" e "*pepa*", a segunda.
[23] "(...) che ti presso la pancia a calci / ma la mi vomiti per sempre le budella sul banco ciclica / che t'infilo affilo la penna come vendico a la mascula / fessa (...)" (que te espremo a barriga a pontapés / mas mi vomitas para sempre as tripas sobre o banco cíclica / que te enfio amolo a caneta como vingo sendo macho / imbecil) (*Novilunio*, op. cit., 1112, p. 72).

(também em referência ao canibalismo, na nota em *Modesta Proposta*, 1729) na admissão literal de um paradoxo: aqui, no entanto, vem à tona justamente a obra-prima de Swift, no momento em que se assume como critério dominante que sistemas legislativos e sistemas morais sejam sempre convencionais e tendencialmente imotivados.

A trama do conto de Teroni é muito simples: o protagonista, tomado por uma não bem definida ânsia existencial, obtém uma vaga de trabalho como professor em uma cidade do nordeste italiano. Na sua chegada, e para sua grande surpresa, é acolhido por toda uma população em festa, com o ritual de um digno chefe de Estado. Mas em certo momento da cerimônia de acolhimento um louco se joga sobre ele, sujeito muito magro, que lhe grita: "Você é carne, carne de açougue!". A vida e a profissão do protagonista na nova cidade prosseguem tranquilamente (a única novidade é que ele, de repente, engorda), até que um dia é convidado para jantar na casa do diretor da escola. Como aperitivos lhe são servidas pequenas esferas com molho de atum, que têm um sabor repugnante. Uma vez descoberto que aquelas esferas eram testículos humanos, o protagonista reage com violência e desgosto: naquele momento toda a família do diretor lhe explica que a alternativa é comer ou ser comido, "Ou com a gente, ou nas nossas dispensas".[20] Depois de uma luta corpo a corpo, o protagonista consegue escapar, chegando até a delegacia de polícia da cidade, onde procura contar o que lhe aconteceu: mas a única reação é a inveja dos policiais em saber que o diretor pode permitir-se semelhantes guloseimas ("*Marons du negre tonnée*?! Caralho!! (...) Aqueles, sim, que têm dinheiro. Eu nem no Natal os tenho sobre a mesa").[21] No final todo o episódio será revelado como uma espécie de sonho narrado para um interlocutor até aquele instante imprevisível.

O conto de Teroni não é, caso se queira, um conto que possui êxito: entre premissa, corpo central e conclusão[22] existe uma evidente desproporção de intenções (testemunhada também, e brutalmente, pelo número das páginas), e a premissa tem particularmente o aspecto de um preâmbulo muito acessório. Também do ponto de vista estilístico se percebe muitas vezes, e, sobretudo, nas páginas iniciais, uma sujeição excessiva ao modelo de escritura manganelliano, tal que chega a parecer, às vezes, uma paródia involuntária.[23] A presença de Giorgio Manganelli, porém, especialmente na parte central do conto, se torna em certo momento menos invasora, deixando lugar para uma prosa mais heterogênea, em que se alternam preciosidades e níveis linguísticos baixos, até chegar ao coloquial. Percebe-se que certa grandiloquência resulta, em alguns momentos, grotesca, como na cena da cerimônia de acolhimento na estação. Para a minha argumentação, de qualquer modo, interessa, aqui, não tanto a realização do conto de Teroni quanto, e, sobretudo, as conexões que o tema do canibalismo possui na economia geral dessas páginas.

Lembrava antes a *Modesta Proposta*. De fato, os princípios a partir dos quais a pequena comunidade de *L'Inferno Dentro* pratica o canibalismo são explicitamente políticos, como ocorria exatamente em Swift. Se há um emprego evidentemente alegórico no conto de Teroni, impedindo, por exemplo, todo tipo de delineação psicológica dos personagens, deve ser acrescentado, todavia, que tal alegoria é notoriamente revelada no centro do texto: "A sua ingenuidade me espanta. Nós somos a lei. Do que você quer nos persuadir: que existem aberrações aceitáveis, e outras não? Nós estabelecemos os limites do justo, e no mundo existem apenas vítimas e matadores. Ou com a gente, ou nas nossas dispensas. Por favor".[24] Acumular o capital e encher as dispensas de corpos humanos prontos para ser cozinhados são, portanto, coisas equivalentes.

Até o momento estamos no interior de uma área temático-alegórica muito difundida. Há, em todo caso, um ponto que separa esse conto tanto de Swift quanto de *Delikatessen*. O protagonista, por si mesmo, não é destinado a ser comido. O seu papel no interior da comunidade antropófaga é, ao menos no princípio, indefinido: aliás, o ser convidado ao jantar na casa do diretor representa, em certo sentido, a admissão do protagonista no interior do mundo daqueles que não terminam na dispensa. A aparição do louco e depois o engordamento do protagonista são sinais nitidamente ambíguos. Não é verdade que ele deva se tornar "carne de açougue"; e o ganho de peso, consequência de uma fome que tem evidentes características bulímicas,[25] longe de ser, como nas fábulas, preliminar ao ser devorado, representa a partir de então o progressivo inserir-se do protagonista na comunidade que o acolheu. O prefeito, de fato, é "um velho senhor, bastante esquisito, pançudo, sorridente (...), com suas gorduchas bochechas estriadas num cordialíssimo sorriso",[26] enquanto o louco que perturba a cerimônia de chegada é "um ser magricelo, ágil".[27] Portanto, o protagonista do conto, através de uma série de sinais presentes no texto (o engordamento, o convite para o jantar), é tido como potencial canibal, e por isso é percebido pela comunidade antropófaga.[28] O que faz com que os outros membros da comunidade pensem que ele é destinado

[24] "Ainda mais e ainda antes do que trabalho poético, é necessário falar em Gentiluomo (justamente pelas suas mesmas indicações) de uma prática de escritura simplesmente sem ênfases definidoras, mas enfatizando – realmente – o sentido absoluto e terrivelmente literal que é dado a uma semelhante expressão." Tommaso Pomilio, em *Novilunio*, op. cit., p. 77.
[25] "Passaggi", vol. I, 1997, n. 1, p. 21-32. Esse conto é o primeiro texto literário publicado por Teroni. Recomendo "L'Immagine Riflessa" e "Studi Novecenteschi", dois estudos críticos seus sobre Giorgio Manganelli, autor, como veremos, que influenciou evidentemente a sua prosa.
[26] Ibidem, p. 28.
[27] Ibidem, p. 30-31.
[28] Respectivamente, p. 21-22, 22-31 e 31-32.

a esse papel? Fundamentalmente, a sua profissão. "O diretor, enfim, quis destacar a contribuição intelectual que eu tinha. Este homem nos homenageia, não apenas pela sua pessoa, mas também por ser um sujeito capaz de saciar a ignorância dos mais imbecis, a inércia dos incapazes":[29] o papel profissional do protagonista não é apenas socialmente prestigioso, mas também possui um valor "nutritivo" nos confrontos da comunidade em que está para ser inserido. A metáfora usual (ao menos desde o *Convivio* de Dante) da sabedoria como comida é, aqui, muito significativa. A adaptação ao papel profissional por parte do protagonista é, de resto, evidente, e até mesmo culpável. Já me referi à troca de falas entre o protagonista e um dos seus alunos. Eis a interpretação que o próprio protagonista, com ímpeto, dá sobre isso: "Eu, um pouco atordoado, interpreto a ambígua fase como uma normal, patológica, forma de ataque visceral por parte dos alunos mais sensíveis para o professor, social figura paterna. Tendo presente o meu passado pueril afetuoso pelo professor".[30] Óbvio que a relação docente-discente é uma relação de poder: ver o professor como uma figura paterna é interpretar socialmente o seu papel em função opressora ou, de qualquer modo, autoritária. A propósito de sua função, o protagonista não tem, porém, a mínima hesitação ou a mínima reflexão, assim como, no mais, não o colocam em alarme os outros (silenciados) rastros que o circundam.[31]

Portanto, o protagonista, até esse momento, demonstra ser "orgânico" para a nova comunidade que o acolheu. Um pouco obtuso e diminuído no papel autoritário do professor, sempre mais gordo. O evento traumático será o da cena canibalesca. Destaca-se, de qualquer maneira, que o comportamento do diretor e da sua família diante da reação de desgosto do convidado é, no início, e, sobretudo, de surpresa. É conveniente citar a passagem:

"Mmm ma mmm do que se trata precisamente?" Informei-me; enquanto eu observava atônito seus rostos satisfeitos.

"Provenientes da Tanzânia."

"Ah, sim, é um prato característico?"

"Sim. São testículos de negros ao molho com atum. Aqueles menores, é claro, de crianças."

Um silêncio glacial sobrevoou a mesa.

"Tes-testículos de negro. Entendi bem?!"

"Sim. Desagradam-lhe que sejam de negros?" Sobressaltou-se a senhora preocupada.[32]

A reação da dona de casa é grotescamente marcada por uma espécie de educação, mas não por isso menos desdenhosa

---

[29] De Giorgio Manganelli, por exemplo, deriva o recurso de uma prosa preciosa pelo movimento filosófico-raciocinante (p. ex.: "Realmente: falar de essência é hipótese, já que o fenomênico é transladado pelo nosso olhar, e transladado sob muitos olhos, e todos esses olhos no decorrer de eventos infinitos. Inevitavelmente colocamos um filtro sobre a realidade, e, assim, a realidade é, digo, em si e por si mesma alegórica"), não apenas alguns tiques linguísticos, como o "h" etimológico ("Homem culto, homem honesto"), o gosto pelo preciosismo lexical obsoleto ("*in bernecche peggio d'un asino*" [mais bêbado do que um burro]) ou pela inversão sintática excessiva ("Forse era un genio; credo un giucco, ovvero sia" [Talvez fosse um gênio; acredito que um bêbado, ou melhor] – todas as citações da página 21).

[30] Ibidem, p. 21-24. Em outros momentos resulta decisivamente menos motivada, por exemplo, na fala do policial, p. 31.

[31] Ibidem, p. 28.

[32] "Consistentes cafés da manhã, um docinho entre os livros da manhã; almoços à base de pão, pasta, carne, queijo, outro doce; à tarde, um lanchinho; enfim, jantares abomináveis, que me deixavam por horas num estado de muita sonolência diante da mesa deserta" (ibidem, p. 25).

é a reação diante daquela que à primeira vista adverte como uma manifestação de racismo por parte do protagonista ("Desagradam-lhe que sejam de negros?"). Desse modo, essa comunidade antropófaga não é uma comunidade amoral, nem mesmo, em certos termos, imoral. Aceita o canibalismo como prática usual, mas despreza com firmeza o racismo. Em seguida, os anfitriões interpretam as reações do protagonista como uma espécie de excentricidade gastronômica:

> Todos se ergueram em minha direção. Estupefatos. "Ma ma" eu gemi "o que significa?!"
>
> "Bem", me definiu tranquilamente a senhora, com um sorriso educado e severo. "Se faz um pequeno furo na bolsa de pele e dali se tira o conteúdo. Deixamos secar e depois o cozinhamos. Tudo, aqui, veja. Isso lhe horroriza tanto assim?!"
>
> "Horroriza-me?! Mas é absurdo, eu eu. Vocês são uns antropófagos!" Apesar da situação, persistia no uso de termos pensados.
>
> O marido: "Como! Depende do sentido que você está conferindo à palavra. Acredito que você a está colorindo de tons ofensivos".
>
> "Conferindo?! Ofensivos?! Gaguejei, levantando-me. "Vocês comem os test... os sacos de um... de um negro e..."
>
> "Oh, se lhe desagrada a tal ponto, temos também aqueles brancos, de orientais. De brancos feitos com óleo. Verdade, querida?"
>
> "Infelizmente, sim", murmurou a interpelada. "Não sei, como entrada ao doutor pode não parecer conveniente."[33]

Mas há um ponto ainda mais importante, nessas linhas, que indica por que a função do protagonista passa daquela de potencial antropófago àquela de potencial vítima. "Apesar da situação, persistia no uso de termos pensados"; o ser professor, o dever saciar a fome de saber da comunidade impõe o dever de ser também adequado nas escolhas lexicais pelo papel exercido. O erro de avaliação realizado pelo protagonista do conto foi fundamentalmente, desde o início, o de fingir uma adesão à comunidade e à profissão, que na realidade é infundada e fictícia. "Eu aprovo, esboço opiniões, soletro tímidas oposições, tudo para me fingir de interessado. Muitas vezes esbarro em mirabolantes despautérios, colocando a minha ignorância a nu, e percebo dentro das suas pupilas reluzir uma sombra de desprezo (...). Estava me colocando numa digna e agradável postura: tinha apoiado os dois pulsos sobre a borda da mesa, o busto ereto, o queixo alto, olhar atento e inteligente, enfim, queria assumir o

[33] Ibidem, p. 23.

aspecto do sóbrio humanista, lúcido, não atacado pelo baixo-corpóreo instinto da fome": o papel social penosamente construído, "o aspecto do sóbrio humanista", com o qual o protagonista se disfarça, cai estrondosamente por terra diante da inadequação da sua cultura, da incapacidade de sustentar uma digna conversa com seu hóspede. A grandiloquência do diretor e dos outros figurões da cidade é um traço realmente distintivo, e a capacidade de participar de uma tamanha grandiloquência, de alimentá-la, não é uma das características reais da verbalização do protagonista. Será isso, no final, que lhe será revelado como irremediavelmente estranho em relação à sociedade em que vive.

Após uma luta corpo a corpo com o mordomo, da qual o protagonista sai vitorioso, ele se move em direção à família do diretor:

> "E agora mato todos vocês!" Sinto ter os olhos marcados assim como os do louco criminoso. Sinto representar naquele momento preciso o infortúnio por todas as subdesenvolvidas, massacradas e escravizadas pessoas, desde a origem até os nossos dias. Roço os dentes e digo: "Um cu dou para vocês!" (gesto).[34]

Estou muito convencido de que essa repentina "tomada de consciência" (muito genérica) do personagem não deva ser levada a sério. A sua revolta é deliciosamente linguística (e mímica), tendencialmente ineficaz: é a recusa de um código linguístico, a liberação, em certo sentido, da sua substancial in-cultura (tal como sua incapacidade de apreciar os testículos de negros ao molho de atum era uma evidente revelação da sua in-cultura gastronômica).[35] Mas, no fundo (e é esse o motivo essencial que o conto de Teroni sugere), o protagonista é desde o início completamente culpado e conscientemente cúmplice do fato de que os testículos humanos devam ser agora considerados uma delicada e saborosa iguaria gastronômica.*

---

[34] Ibidem, p. 24.
[35] De fato, um dos seus estudantes, em certo momento se informa também, mesmo se ainda ambiguamente, sobre os gostos gastronômicos do professor ("O senhor tem preferência pelos homens ou pelas mulheres?" "Bem", disse-lhe sorrindo: "com toda sinceridade, as mulheres." "As mulheres?!" Ele repete: "Urrr..., muito doces!", e vai embora desiludido, p. 25).
* Tradução de Davi Pessoa C. Barbosa.

A Autoconquista da América Latina
O Projeto de História das Culturas Literárias

Mario J. Valdés
Universidade de Toronto

O continente americano, que vive principalmente em português e em espanhol em sua historiografia cultural, tem conexões muito acentuadas com a Polônia e os outros países do Leste da Europa devido ao fato de ambos os grupos de nações, e de culturas tão distintas, usarem modelos quase sempre franceses em suas histórias da cultura; são modelos baseados em condições e êxitos que têm muito pouco, ou nada, a ver com as culturas que são representadas.

Temos de começar no fundamento da indagação histórica questionando a estrutura mesma de nosso empreendimento. O que quer dizer que nós, os historiadores das culturas latino-americanas, temos de começar com nossa realidade empírica; temos de consumir a nós mesmos, fazer de nossa realidade cultural o ponto de partida. Ou seja, cumprir a missão da antropofagia; mas, para poder consumir nossa própria cultura, temos de nos libertar de modelos e estruturas que não respondam a essa realidade. Em outras palavras, se aceitamos o desafio de consumir nossa própria cultura, primeiro temos de nos conquistar, superando nossos preconceitos historiográficos. Por que digo autoconquista? A explicação é simples: porque somos nós mesmos, os latino-americanos, que nos aferramos a modelos europeus.

Hoje, a ideia mesma de um estudo comparativo da cultura literária de todo um continente – nesse caso, da América Latina – bem poderia provocar olhares irônicos. Isso é compreensível em razão das lutas entre as disciplinas acerca da validez das macronarrativas e, ao mesmo tempo, do receio que despertam as totalidades abarcadoras nas humanidades e nas ciências sociais. O empenho atual poderia perfeitamente ser considerado um empreendimento de múltiplas vidas e não um projeto específico de investigação localizado, com limites de tempo e de espaço muito reais. Na verdade, esse projeto colaborativo foi elaborado com plena consciência desses desafios e com a noção condutora de que o trabalho de equipe pode proporcionar um agregado de muitas vidas de trabalho. Este foi um projeto de cinco anos (1995-2000), em cujas premissas e metodologias historiográficas se investiram três anos de preparação em que participam mais de 140 colaboradores de três continentes e diversas culturas intelectuais. Conscientes dos riscos óbvios implicados pela redução da diversidade a unidades arbitrárias, ou do perigo oposto de reunir um compêndio de informação em grande escala que careça da coerência da história, comprometemo-nos a criar um instrumento de pesquisa útil tanto para pesquisadores de história cultural como para qualquer pessoa com inquietações intelectuais que queira saber mais sobre sua identidade cultural.

As ideias de historiadores culturais e de teóricos da história como Hayden White, Ángel Rama, Néstor García Canclini, Paul Ricoeur e Fernand Braudel (e os outros historiadores da escola dos Annales) foram essenciais para o desenvolvimento do projeto desde o começo: a numerosa equipe de pesquisa foi-se aproximando de um consenso, conquanto em permanente evolução, acerca dos temas problemáticos da historiografia colaborativa. Meses de trabalho intenso levaram ao início do projeto de três volumes, *Historia Comparada de las Formaciones Culturales: Literaturas de América Latina*. Desde o princípio, a equipe completa teve de repensar sua posição com respeito às grandes categorias intelectuais da literatura e da história. A literatura é mais uma entre uma quantidade de formas expressivas que tramam as respostas que um povo dá à vida, expressando modos que, por sua vez, configuram o modo de vida de um povo. Dessa maneira, as noções duradouras do que é e não é a literatura requerem uma revisão séria e constante. E, se o passado é uma parte significativa de nossa vida e, por conseguinte, instrutiva tanto para nós como para os outros que queiram saber como vivemos, então deve ser enfocado dialeticamente como o passado interpretado pelo presente e nele. A combinação dessas considerações obrigou os pesquisadores do projeto a abandonar o abrigo seguro da história literária como o registro nacional de um corpo canônico e a aventurar-se pelos mares relativamente inexplorados da interdisciplinaridade comparativa.

Esse empreendimento, assim, une-se a um número crescente de desafios contemporâneos à instituição da história literária tal como era praticada no passado.[1] Ao pôr a história literária em contato direto

---

[1] Por exemplo, Emory Elliot (ed.), *Columbia Literary History of the United States*. Nova York, Columbia University Press, 1988; e Denis Hollier (ed.), *A New History of French Literature*. Cambridge, Harvard University Press, 1989.

com as ciências sociais – geografia, demografia, economia política, linguística, antropologia e sociologia –, este projeto se propõe a ir além da busca de enriquecimento das perspectivas múltiplas. Não é possível simplesmente saquear essas disciplinas altamente desenvolvidas para obter ideias; cada uma tem suas premissas e seus métodos próprios. Também é óbvio que nenhum dos integrantes da equipe poderia dominar todas essas disciplinas, mas, em conjunto, a equipe aceitou o desafio da colaboração e a responsabilidade de estabelecer um diálogo com esses outros campos para ampliar, sinergeticamente, o alcance das possibilidades intelectuais. Resistindo ao atrativo do que Braudel (e antes dele Michelet) chamou de "história total", o projeto busca dar conhecimento da base disciplinar de estudos literários aos diversos interesses das ciências sociais e das demais humanidades. O propósito é a multiplicidade, em vez da totalidade; a penetração perspectivista, em vez do cuidado empíreo.

Como história comparativa da cultura literária, o projeto examina os marcos "empíricos" ou materiais dos "territórios", dos povos, dos idiomas e de suas instituições, bem como de seus centros urbanos como lugares de produção e de recepção de várias culturas literárias. As sociedades produzem espaço como território, como uma manifestação da cultura. Ao tentar traçar o mapa desse território, a equipe está consciente da nada inocente natureza da cartografia e, sobretudo, da geografia. O traçado dos mapas sempre foi uma maneira de conseguir que algo existisse aos olhos imperiais. Chamou-se a geografia de "imposição do conhecimento sobre a experiência numa paisagem específica particular".[2] E ainda assim o traçado do mapa dos centros culturais[3] pode dizer-nos muito acerca das questões importantes do acesso à literatura e acerca da relação do poder cultural com o econômico. As cidades existem como expressões dos valores e das aspirações culturais, conquanto das maneiras complexas que se estudarão no projeto. Ao examinar o passado da cultura literária dessas perspectivas múltiplas, esta equipe de historiadores literários bem poderia enfrentar-se com considerações de datas e paradigmas que receberam pouca atenção de parte da história literária anterior, seja em sua forma nacional ou comparativa.

Pode haver quem tema que, como resultado desse enfoque mais amplo das formações culturais e dos processos culturais dinâmicos, a narrativa histórica literária mais familiar de autores e obras literárias se converta numa história demasiado geral de todos os que escrevem ou do que se escreve, ou de todos os que leem

[2] John Moss, *Enduring Dreams: An Exploration of Arctic Landscape*. Toronto, House of Anansi Press, 1994, p. 1.
[3] A ideia consiste em traçar a localização (correspondente a momentos históricos diferentes) de várias instituições na América Latina: o cinema, a televisão, as emissoras de rádio; os teatros; os museus; as universidades e academias; a publicação de livros e jornais; os arquivos públicos.

ou são lidos, sem prestar a devida atenção às obras significativas da literatura que são percebidas como integrantes de uma identidade cultural. No entanto, como demonstrará o índice aproximativo de conteúdos, não é esse o resultado lógico de um interesse historiográfico pelo traçado de mapas de longo prazo do passado ou do presente da cultura literária. O marco dos dados empíricos e de seu traçado conceitual empregado por este projeto contextualizará as obras importantes, embora também devesse possibilitar a distinção de linhas de desenvolvimento importantes e a percepção dos traços salientes e das repetições surpreendentes que evidenciam uma herança viva, compartilhada, que bem poderiam dar-se por pressupostos na maioria das vezes. O propósito desses procedimentos metodológicos consiste, pois, em revelar o que eles têm e não têm em comum, e dessa maneira oferecer ao leitor várias vias de acesso ao registro do tempo e do espaço vividos de uma cultura literária. Não pode haver história literária nos instantes momentâneos da experiência vivida; nesse sentido, para o historiador literário só existe o que Braudel chamou de *longue durée*.

Em termos históricos, esse projeto sobre a América Latina trata de períodos extensos (mais de cinco séculos), de uma área geográfica específica e dos diversos povos que compartilham o território, de suas instituições e comunidades. Essas são as dimensões de tempo e espaço que determinam a história dessa cultura literária, embora delas se tenham traçado comparações múltiplas das ideias, das imagens, das formas textuais e, naturalmente, da representação da humanidade produzida pelos latino-americanos. Tais comparações operam através do tempo e do espaço, ilustrando continuidades, tendências, repetições e diferenças, ao mesmo tempo que funcionam como uma sonda retrospectiva dos processos de autocriação individual e coletiva. É assim que surge a dialética da imaginação literária como hábitat humano e como constelação narrativa, já que uma história literária comparativa pode reunir respostas que difiram na linguagem com condições de existência similares e aspirações humanas compartilhadas.

No caso específico da América Latina, o projeto explorará a cultura literária dos diversos povos que compartilham esse espaço territorial particular através da formulação de perguntas derivadas de uma perspectiva interdisciplinar. As perguntas indagam acerca das especificidades contextuais desse ambiente comum que possam então referir-se ao registro histórico de uma cultura literária, a que (como todas as culturas) está num processo contrário. Esse enfoque, não obstante, depende obviamente da boa vontade e da colaboração excepcionais dos colegas de várias disciplinas e da generosa combinação do conhecimento acumulado, reunido por estes professores que, conquanto especialistas numa área em particular, concordaram em pensar comparativamente, superando os limites de sua especialidade para buscar um terreno comum. Portanto, embora os três volumes possam às vezes parecer cobrir parte do mesmo material estudado por outras histórias literárias, na verdade o farão de perspectivas muito diversas, formulando, portanto, perguntas muito diferentes. Por conseguinte, enquanto alguns dos colaboradores desta equipe podem perfeitamente enfocar as mesmas instituições, obras ou autores, é óbvio que as preocupações e as interrogações que se dirigem a estes materiais vão ser muito diferentes. Numa apresentação baseada na problemática da história cultural como esta, à diferença de uma cronológica ou temática, os resultados invariavelmente refletem as perguntas formuladas e os problemas previstos. Dessa maneira, a dinâmica interna do comparativo e do dialógico entre as várias partes desta história constituirá uma dimensão significativa de tal esforço colaborativo.

Parte do que distingue este empreendimento dos esforços anteriores é, portanto, o fato de o presente modelo historiográfico estabelecer um vínculo constante entre o passado distante e o passado recente; ele postula a significação do passado como um significado presente, como a possibilidade de significar em nosso próprio presente. Obviamente, se se isolasse o passado literário do presente, não haveria nenhuma perspectiva histórica; de maneira similar, não se pode desconhecer o que se interpôs entre o texto do passado e seus leitores de hoje. Na cultura literária, podem haver temas constantes, meios de fazer tramas, repetição de ideias e imagens que, em conjunto, fazem da segregação da literatura em fragmentos desconexos e sua separação da "vida" não só uma falsificação do passado, mas um empobrecimento do presente.

Uma ilusão redutiva frequente da história literária é a antiga crença em que os "clássicos" da literatura são obra do gênio que de algum modo existe fora do tempo e que se eleva sobre o nível da vida a ponto de separar seus autores da comunidade. Tal ilusão passa por cima do fato de que uma obra literária consiste na língua que, apesar de ser empregada de maneira inovadora, deriva do uso cotidiano; de maneira similar, a cultura literária, por sua vez, perpetua-se na reabsorção de seu discurso no interior da linguagem da vida cotidiana. A desatenção a esse intercâmbio levou à separação da literatura da vida popular desmentida pela obra de Dante, Cervantes, Milton, Joyce, Borges ou Neruda. É em parte essa qualidade de inseparabilidade entre a literatura das realidades e sua cultura que impulsiona o desejo do projeto de contextualizar as obras do passado como parte da vida nesse então e agora. É por isso que as literaturas (no plural) estudadas nestes volumes incluem tanto literaturas de corte elitista e popular como orais-performativas, esquecidas pelo cânone ou pela história. "Literaturas", em outros termos, significa todos os discursos verbais, bem como sua conotação mais óbvia de obras orais em muitos idiomas.

Como sugere o título *Historia Comparada de las Formaciones Culturales: Literaturas de América Latina*, esta é uma história de pluralidades unidas sob a debatida designação de "América Latina". Este não será um registro de livros e autores de determinado lugar. Não obstante, oferecerá hipótese preditivas provisórias para desafiar o privilégio epistemológico da evidência documental;[4] esses desafios apresentados amiúde como interrogações. Portanto, entre as novas perguntas que o projeto busca formular, figuram: Por que uma pluralidade de literaturas? Quais são os parâmetros da América Latina como geografia espacial e humana? O que se significa por uma formação cultural e, mais pertinentemente ao caso, por que deveria a busca da história literária abrigar noções como a da formação cultural? A ideia é construir uma história sem fecho, uma história à qual se possa ter acesso de muitos pontos diferentes e que possa desdobrar-se através de muitas linhas narrativas centradas, coerentes e informadas. Será uma história de centenas de comunidades vinculadas pela língua, pela história ou pelos modelos econômicos. As condições materiais dessas comunidades constituirão o fundo contra o qual se examinarão as instituições e a cultura literária que compartilham. O valor dos artefatos culturais, como a literatura, reside em parte nas maneiras como esses artefatos são possuídos em comum; em outras palavras, reside em seu valor de reposição, na medida de seu uso. Um poema pode tornar-se canção e com o tempo converter-se num sinal de identidade de uma comunidade, sem que haja compra ou venda alguma. Por isso, o valor material da literatura como mercadoria, como produto de mercado, é relativo e talvez, em termos absolutos, bastante insignificante;[5] é o valor de formação cultural que não tem preço.

O que se quer dizer, então, com "uma história comparativa das formações culturais"? Primeiro e principalmente, implica a ruptura epistemológica com as histórias literárias da América Latina do passado.

---

[4] Mark Schoenfeld e Valerie Traub, seção "Forum", *PMLA* 111.2, 1996, p. 281: "Pode ser útil substituir o privilégio da evidência epistemológica pelo da hipótese preditiva: Se formulamos uma hipótese X: o que estamos trazendo à luz que de outra maneira teria permanecido oculto? A utilização provisória das hipóteses preditivas é uma maneira tênue de erudição que exige generosidade intelectual. A recompensa é o pôr-se num primeiro plano da evidência como uma construção circular, de acréscimo contingente da seletividade histórica e dos critérios disciplinares".

[5] A produção e a compra de um grande romance custam o mesmo que as de uma mercadoria qualquer; uma obra-prima cultural pode permanecer à sombra por anos, enquanto uma obra da moda faz sucesso comercial imediato.

Reconhece, por exemplo, certa quantidade de problemáticas centrais que anteriormente haviam sido minimizadas ou deixadas de lado. Por exemplo, as partes espanholas e portuguesas do continente experimentaram desenvolvimentos culturais paralelos (conquanto diferentes) em termos de seus vínculos europeus: ambas mantinham laços mais estreitos com Paris que com Lisboa ou Madri. Ou, para dar outro exemplo, desta vez do setor econômico, a participação da América Latina no mercado mundial passou por períodos de auge e de quebra da demanda de seus produtos de matéria-prima (café, cana-de-açúcar, borracha, cobre, banana, metais preciosos e, hoje, cocaína), o que mostra um paralelo no domínio dos produtos culturais: no período sugestivamente chamado *boom* dos anos 1960 e 1970 do romance latino-americano e do "realismo mágico" em todos os produtos imaginativos do continente (sejam filmes ou ficções) que foram convertidos em artigos de consumo exóticos pelos centros editoriais e acadêmicos dos mercados metropolitanos anglo-americanos e europeus. Para além do reconhecimento da realidade complexa de um continente cuja riqueza, na maioria dos casos, não é compartilhada entre seus habitantes, há, ademais, uma história parcamente registrada das formações culturais que geraram enormes zonas transnacionais de interação cultural, as que fornecerão o foco principal da pesquisa do projeto. Transnacional, não obstante, não é aqui um simples sinônimo de regional com sua frequente associação de pureza étnica e autenticidade cultural.[6] Ao contrário, na América Latina é o domínio da geografia humana e da demografia do multiétnico e do multirracial.

Seria problemático afirmar que a "América Latina" é criação dos povos que a habitam, já que tanto a cultura como a cartografia do continente foram criadas como reação às pressões externas e engendradas de maneiras tanto proativas quanto reativas. O termo "América Latina", uma designação arbitrária escolhida para satisfazer a propósitos imperialistas franceses, é uma construção discursiva, mas o seu uso atual é contingente, heterogêneo, dinâmico. Suas diferentes áreas têm histórias coloniais diferentes, crioulização diferente e relações diferentes com a modernidade – e com a pós-modernidade.[7] De maneira literal e figurada, o terreno no qual se assenta a construção cultural chamada América Latina é, por definição, instável; os processos de formação histórica do passado com frequência foram perturbados por pequenas e grandes revoltas, como a Revolução Mexicana de 1910, as guerras da independência que haviam transpassado a América Hispânica um

---

[6] Ver o artigo de Roberto María Dainotto, "Ah the Regions Do Smilingly Revolt: The Literature of Place and Region". *Critical Inquiry* 22, primavera 1996, p. 486-505, que com penetração estabelece a conexão entre o regionalismo de hoje e o nacionalismo de ontem: "os dois falam a mesma linguagem; alentam os mesmos desejos ameaçadores e infantis de pureza e autenticidade" (p. 505).
[7] Ver o número especial de *Journal of Interdisciplinary Literary Studies* sobre "Fragmented Identities: Postmodernism in Spain and Latin America", 7, 1995, p. 2.

século antes, ou as trocas caóticas de poder no Caribe durante o século XVIII, para não falar da própria conquista. Sua história foi interrompida por distúrbios induzidos do exterior ou infligidos no próprio território, que continuam a alterar a configuração da cultura do hemisfério, de maneira similar à alteração de sua topografia ocasionada pelos desastres naturais causados por deslizamentos geológicos.

Os processos culturais de autoexpressão dos povos que falam os idiomas indígenas, o espanhol e o português devem ser lidos neste contexto: tal é a premissa de nosso projeto. Os textos específicos designados em diversos momentos como "literatura"[8] são manifestações desse processo contínuo pelo qual um povo reconhece a si mesmo, seus mitos, visões e ideais compartilhados, bem como responde ao abuso do poder com o impulso incessante de busca de riqueza e de domínio político. Portanto, não se enfocarão as literaturas latino-americanas somente através do discurso individualizado nem do de seus escritores mais conhecidos; ao contrário, o enfoque vai centrar-se na situação das literaturas nos contextos culturais e históricos mais amplos. O desafio óbvio do projeto consiste em escrever essa história de formações culturais como um projeto colaborativo fiel à diversidade situacional dos contextos, tanto da literatura quanto dos colaboradores que estão escrevendo, e em manter, ao mesmo tempo, a consistência necessária no enfoque coletivo, mas singular como um coro clássico.

Historia de Formaciones Culturales: Literaturas de América Latina divide-se em três volumes estruturalmente interdependentes, intitulados: *Configuraciones de la Cultura Literaria en América Latina*; *Modelos Institucionales y Modalidades Culturales de la Literatura Latinoamericana*; e, por fim, *Literatura Latinoamericana: del Tema a la Historia*. Em vez de oferecer uma mera sequência cronológica da cultura, o método historiográfico empregado aqui, a cada passo dado, traça o mapa do terreno material, examina as formações culturais e institucionais que têm relação direta com a produção literária e sua difusão e oferece uma narrativa histórica construída com plena consciência de sua própria localização nos marcos do contexto cultural. Essa organização permite que o leitor presencie a complexa rede do desenvolvimento cultural ao longo do tempo.

O primeiro volume estabelece os parâmetros geográfico, linguístico e social do campo de ação da história dessas diversas culturas literárias. O segundo volume concentra-se nas modalidades culturais, nos modos discursivos, nas sanções institucionais e nos centros culturais que tanto atraem como irradiam ideias e suas

---

[8] Reconhecendo que a definição de "literário" mudou no transcurso dos séculos e nos diversos lugares, este projeto o definirá, como se observou anteriormente, tanto como oral ou escrito, performativo ou lido, ficcional ou não ficcional.

configurações ao longo de órbitas de distribuição e influência cada vez maiores. Esses centros compõem a constelação de concentrações maiores e menores de atividade literária que se vinculam não só entre si, mas também com outros centros expatriados em lugares como Paris e Nova York. O terceiro volume centra-se nos modos de representação e na consequente rede narrativa que conecta os centros culturais entre si e com os centros europeus e (anglófonos) da América do Norte. Esses fios coletivos compõem a trama da cultura compartilhada e identificam o papel-chave de certos escritores individuais cujas obras se converteram em forças culturais destacadas. Autores como Sor Juana, Rubén Darío, Pablo Neruda, Jorge Luis Borges ou Gabriel García Márquez, cujos escritos foram traduzidos e transmitidos para além de seu lugar de origem, tornam-se os indicadores mais relevantes da realidade cultural da América Latina. No entanto, quando tirados de seu contexto local, eles criam outra "América Latina", que existe em outra parte: nas fabulações criadas pela distância cultural. O terceiro volume, como os dois primeiros, tem uma estrutura e uma lógica específicas. A primeira parte enfoca a história literária da América Latina de ângulos complementares que permitem a construção de uma perspectiva latino-americana da cultura literária que ultrapassa localismos e regionalismos. A segunda parte narra a história dos encontros culturais: estes são ensaios de sincretismo, hibridação e adaptação. O foco central recai nas especificidades do fenômeno de transculturalização, tal como se realiza nos casos especiais na América Latina. Finalmente, na terceira parte, o foco autorreflexivo ilumina nosso século como o momento temporal do ângulo do qual se configura e se narra a história total.

Esse projeto, por aparecer no final do século XX, reconhece e responde ao princípio interpretativo de que a historiografia implica sempre as possibilidades narrativas do passado vinculadas dialeticamente à perspectiva do historiador de hoje: o passado histórico é uma construção que configuramos conceitualmente por meio das condições possibilitadas por nosso próprio presente. Portanto, esta história literária não será uma narrativa de datas, fatos ou acontecimentos. Nesta história, os materiais históricos estarão sujeitos à interpretação múltipla dos vários colaboradores que participam da escrita desta história colaborativa das formações culturais. Neste momento particular do século, faríamos bem em recordar a advertência feita por Francisco de Goya: "O sonho da razão produz monstros". A maior virtude da colaboração pode perfeitamente ser uma vigilância a favor de uma historiografia dialética nascida do intercâmbio entre os membros da equipe. Esperamos evitar o sonho da razão que ainda em nossa época continua a produzir os monstros do nacionalismo extremo, que, na maioria dos casos, serviu para ocultar a flagrante exploração econômica e política de muitos por parte de poucos. Ao buscar um modelo de cultura compartilhada, este projeto espera ir além dos nacionalismos, ao mesmo tempo que evita narrativas magistrais imperiais que repetem tal dominação.

Em conclusão, para quem é escrito este tipo de história literária e qual é a sua finalidade? É escrito para os que, dentro e fora das Américas, estejam interessados na exploração de uma história cultural compartilhada, diferente e complexa, e de suas formações literárias. Seu propósito é criar um relato legível com múltiplas perspectivas, mas também criar um instrumento de pesquisa colaborativa que constantemente abra novas vias de indagação, um instrumento que não se encerre na história oficial ou na veneração da obra-prima, um instrumento que reduza todas as perguntas a uma só versão e interpretação. A história literária filológica, em seu cume do século XIX, tendia a criar construções fechadas e percebeu como uma de suas tarefas a contextualização da literatura na história nacional política segundo certos modelos específicos, desde o espírito unitário da época histórica de Hegel até a mentalidade característica do *Geist* de Dilthey, na qual o contexto era cultural (filosófico, religioso, legal, estético, científico), conquanto certamente não material, nem social ou político.[9] Há mais de um século que se clama pelo abandono da história literária.[10] Veio-se anunciando seu desaparecimento como disciplina no âmbito dos estudos literários durante pelo menos os últimos trinta anos.[11] Comentadores recentes das características da disciplina puseram em evidência uma desconfiança tão profunda com respeito a seus procedimentos quanto seus predecessores tiveram uma confiança sem limites na retidão de sua historiografia.[12] Hoje, sob a pressão das diversas influências da antropologia cultural, da teoria das comunicações, da semiologia cultural, a hermenêutica, da teoria legal crítica, da "geografia nova" e das teorias de Michel Foucault – para mencionar apenas algumas –, existe uma fluidez nas interseções possíveis entre o literário e seus contextos sociopolíticos mais amplos. *Historia Comparada de las Formaciones Culturales: Literaturas de América Latina* se situa nesse marco de referência.*

---

[9] Houve, naturalmente, tentativas importantes de ver a literatura como reflexão direta da mudança social na obra de Hippolyte Taine e de muitos historiadores literários marxistas.

[10] Em "The Fall of Literary History", em *The Attack on Literature and Other Essays* (Chapel Hill, University of North Carolina Press, 1982), René Wellek delineia alguns desses ataques, desde a afirmação de W. P. Ker, de 1893, de que a história literária só proporcionava um museu ou galeria, passando pela posição idealista, de 1917, de Croce, de que as obras de arte são únicas e, portanto, não pode haver continuidade alguma entre elas, até as opiniões do *New Criticism* nos Estados Unidos, a crítica prática do inglês J. Leavis e o protesto fenomenológico de Emil Staiger.

[11] Em 1970, a publicação *New Literary History* dedicou um de seus primeiros números à interrogação: "É obsoleta a história literária?".

[12] Ver, por exemplo, o acerto de Fernando Ainsa em *Identidad Cultural de Iberoamérica en su Narrativa* (Madri, Gredos, 1986), em que afirma que a cultura é um processo dialógico de objetivação e desobjetivação entre os elementos que a integram (p. 28), observação em vivo contraste com a geração anterior de historiadores, como Germán Arciniegas. Embora Ángel Rama assinale a importância da cultura popular como expressão de mudanças e transformações culturais, *La Ciudad Letrada* não o levou em conta nas histórias literárias da América Latina. Ver também Iris M. Zavala, "Representing the Colonial Subject", e ainda Antonio Candido, "Literatura e Subdesenvolvimento".

* Tradução de Carlos Nougué.

Antropofagia, Reciclagem, Hibridação, Tradução ou: Como Apropriar-se da Apropriação

Carlos Rincón
Universidade Livre de Berlim

O termo apropriação (*Aneignung*) designa, no âmbito do debate teórico-cultural contemporâneo, um tipo de atividade social e temporalmente definida, que precede as problemáticas tanto do sujeito como da significação. A apropriação não está por isso unida de maneira imediata aos atos do sujeito significante nem àqueles dependentes de fenômenos da consciência histórica. É, porém, na qualidade de apropriações discursivas em formas representacionais que se tem de ver de comum e corrente com tais processos. Dois são, portanto, os caminhos de acesso a essa problemática, quando enfocada da perspectiva da metáfora da antropofagia: 1. a fascinação secular do discurso colonial pelo canibalismo, pelas fantasias e pelos fantasmas que lhe são inerentes, incluída aquela linha constituída pelas ficções em que o canibal é uma figura positiva; 2. o estabelecimento atual, em intercâmbio entre diversas tradições teóricas, de zonas de contato sistemático entre a metáfora vanguardista e antissubstancialista da antropofagia e outras metáforas para a apropriação cultural, dentro da redefinição do instrumental conceitual dos estudos da cultura, e o estabelecimento de novas tipologias culturais.

Quanto à primeira via de acesso, o discurso colonial, fascinado pelo canibalismo, logo o uniu ao feminino, para assim fazer dele uma marca em que se ocultam algo não representado, e a denegação desse ocultamento. Pois o canibal não foi apenas um fantasma colonialista originário e com efeitos generalizados. Os tropos são, como mostrou Hayden White, a "alma do discurso": aquele mecanismo sem cuja ajuda ele "não pode realizar seu trabalho ou alcançar seus fins".[1] A pergunta sobre o que consegue a protofantasia canibalista desdobra-se, então, nessa outra: o que consegue o discurso colonial graças a seu tropo

[1] Hayden White, *Tropics of Discourse*. Baltimore, John Hopkins, 1978, p. 2.

por excelência, a metáfora do canibal? A figuração da "superioridade" europeia conseguida nela, como com outras metáforas, tropos e temas alegóricos, foi demonstrada por Fanon desde *Peau Noire, Masques Blancs* (1952), e é um fato adquirido para a análise do discurso colonial. Por isso é possível, como se depreende dos trabalhos de Stephen Greenblatt,[2] ir além dessa comprovação, para especificar como, com a ajuda dessa metáfora, foi permanentemente "devorado" o espaço da linguagem em que teria sido possível a articulação do denegado: a representação da diferença cultural.

Trabalhos genealógicos recentes conseguiram reconstituir a produção da figura do canibal e a mascarada indefinida em torno dela, com a passagem do que havia começado como descrição a partir de um nome étnico (*carib, caribes* = "que Caribe não é outra coisa senão a gente do grande Can [Cã]", segundo Colombo em 11 de dezembro de 1492) ao exercício do poder de significar o outro.[3] No processo a que deu lugar nos territórios de aquém-Atlântico o encontro com o mundo americano, incluiu-se também aquele puro movimento autorreferencial, que produziu uma ficção elaborada durante séculos.[4] Esta teve seu ponto de partida em "Des Cannibales" de Montaigne e em *La Servitude Volontaire* de La Boétie,

passou pelo *Discours sur l'Origine et les Fondements de l'Inégalité des Hommes* de Rousseau, e chega até Chateaubriand, leitor de Montaigne. "Surrealista no exotismo", segundo a afirmação crítica do *Manifeste du Surréalisme* (1924), com seus textos, os tupinambás, cuja figura havia sido construída por Hans Staden nos *Zwei Reisen nach Brasil: 1548-1555*, convertem-se em amáveis iroqueses. As condições básicas dessa ficção são destinadas a provocar uma imagem positiva do canibal (em Montaigne, sinônimo de "índio americano"), cujo efeito foi poder catapultá-lo à primeira fila para que cumprisse uma tarefa particular. Não foi somente a de adiantar a oposição contra o *Ancien Régime*; pois, em lugar de ser "ponto de partida de uma *colocação em perspectiva radical*", o conturbado encontro com a América apenas proporcionou a chance de pôr em movimento uma "crítica interna" do Ocidente.[5]

No que se refere ao segundo caminho para abordar a questão, com o final de medo aporético às metáforas, foi possível reparar num fato novo. Parte principal do instrumental – categorias, conceitos, modelos – com que trabalham atualmente os estudos da cultura, quando estes tentam dar conta em nível descritivo ou explicativo de processos contemporâneos, é constituída por metáforas dotadas de valor

---

[2] Stephen Greenblatt, *Marvelous Possessions. The Wonder of the New World.* Oxford, Clarendon, 1991, em particular cap. IV, e sua edição de *New World Encounters.* Berkeley-Los Angeles, University of California Press, 1992.

[3] Peter Hulme, *Colonial Encounters: Europe and the Caribbean, 1492-1797.* Londres, Methuen, 1986; Philip P. Boucher, *Cannibal Encounters, European and Island Caribs, 1492-1763.* Baltimore/Londres, The John Hopkins UP.; Peter Hulme e Neil L. Whitehead (orgs.), *Wild Majesty. Encounters with Caribs from Columbus to the Present Day. An Anthology.* Oxford, Clarendon, 1992.

[4] Frank Lestringant, *Le Cannibale. Grandeur et Décadence.* Paris, Perrin, 1994.

[5] Jean Baudrillard,. *Le Miroir de la Production.* Paris, Castermann, 1973, p. 74.

epistemológico. Tal é o caso de *hibridação*, com sua capacidade de movimento flutuante, para conceituar assim a cultura inter-nacional, para além da redução da diversidade de culturas que postulam as visões multiculturais. E de outras metáforas desse tipo, tais como *criolização, reciclagem* ou *tradução cultural*. É notável é que os contatos, intercâmbios e superposições entre essas metáforas continuam a ser até a regra. Derek Walcott descreve, para mencionar um exemplo, *the creolizing aesthetic* de *Omeros* como *translational*. Ademais, todas elas se desdobram sobre um mesmo horizonte duplamente transformado. Nele são determinantes a busca de uma cultura da percepção e dos sentidos que envolva o novo estatuto cognitivo da imagem, e o propósito de abordar os processos culturais dos pontos de vista da apropriação, da circulação e do consumo. Com essas demandas gerais se relacionam também propostas atuais de tipologias culturais de alcance muito geral, das quais um dos polos é constituído sempre por culturas não centradas no sujeito, semelhantes ao canibalismo primário ou secundário, endogâmico ou exogâmico. Todorov refere-se, assim, a culturas do sacrifício e culturas do massacre; Baudrillard a culturas eméticas e culturas devoradoras, para mencionar as tipologias mais exploradas.

Os tópicos I e II deste artigo tratam então de temas relacionados com a primeira via de aproximação descrita. As tensões entre os discursos em que o canibal jamais consegue ter voz para explicar-se, mas é objeto daqueles, e as estratégias desdobradas no *Manifesto Antropófago* organizam essa primeira parte do trabalho. Nos itens III e IV, examinam-se as metáforas *reciclagem, hibridação e tradução cultural*, e elas são cotejadas com a de *canibalismo*. A insistência atual nelas pode ser considerada prova da fragilidade e do desgaste das teses presididas por concepções centradas nas categorias "alteridade" e "diferença".

I

Com a *Bohéme dorée* descrita por Nerval, surgiu em 1835 na França o projeto do *exotisme* romântico, a esperança para o "eu" de escapar num distante e desejável além espacial, que promete uma existência plena, das constrições da modernização socioeconômica. Esse projeto estético, vinculado diretamente ao dispositivo de saber-poder estabelecido durante o período para representar os outros não europeus e suas culturas, colapsou com a entrada na era imperial. O primitivismo que emergiu no começo do século XX foi a forma específica do exotismo dos modernos e da vanguarda histórica.

No século XIX, quatro quintos do mundo chegaram a estar em poder de potências coloniais. A forma adotada pelo processo de globalização depois de 1880, marcada por esse processo expansionista, conduziu às duas Grandes Guerras Mundiais e à Guerra Fria. A Primeira Guerra lançou na Europa entre 1914 e 1918 milhões e milhões de jovens, cuja cultura ainda era determinada por matrizes rurais, na carnificina do moderno campo de batalha mecanizado. Tal foi seu encontro com a modernidade: a civilização ocidental em crise tornou-se um Moloch devorador. Nos anos da hecatombe, o chamado "canibalismo por necessidade" fez parte do imaginário coletivo, não como regressão da subjetividade civilizada, mas como recurso escusável do instinto de sobrevivência. Os membros das novas vanguardas tinham salvado a vida por ter-se refugiado em solo neutro ou sobreviveram por puro acaso. Aragon, Breton, Masson, Éluard, Arp têm no *front* e nos hospitais a experiência dos montes de cadáveres, do corpo ou da psique despedaçados, enquanto a exaltação nacionalista inflamava um grande número de escritores da geração anterior. Para eles a revolução aparece como vitoriosa na Rússia. Apesar do ocorrido na Alemanha e na Hungria, criava-se uma expectativa certa de mudança que pedia ações comuns.

Ao começar a década de 1920, instalou-se, sobretudo na França, uma ingente empresa de reclassificação de que participaram comerciantes, colecionadores, artistas, *marchants* e críticos. Em seu curso, converteram-se o que em 1900 eram *curiosités*, *fétiches*, *objets inclassificables* em elementos de "cultura material" para os etnólogos e em *l'art nègre*, *l'art primitif*, *the trivial art* para os modernos e para vanguarda. Com a ajuda de *le fou* ou *l'aliéné*, de *le naïf*, de *l'enfant* e de *l'homme sauvage* se transformaram nos limites da arte: deram exemplos, critérios e modelos que codeterminaram uma redefinição do conceito de arte e de obra de arte. A *négrophilie* de Apollinaire, de Cendrars, dominou por toda a década. Os afro-americanos chegados à França tiveram uma acolhida cultural que o racismo lhes vedava nos Estados Unidos. A energia, a força, a vitalidade do jazz, os dançarinos, os boxeadores fizeram parte dos novos valores que se celebravam em renovados ritos sociais. A *négrophilie* converteu-se em condição para o florescimento de variadas formas de primitivismo.

Mas tudo isso não se dava sem contradições. *L'art nègre*, diziam os especialistas em 1927, já está há um bom tempo em declínio: hoje "suas manifestações mais interessantes já não são mais do que fósseis".[6] Ademais, com o deslocamento do cubismo

[6] Georges Hardy, *L'Art Nègre, l'Art Animiste des Noirs d'Afrique*. Paris, H. Laurens, 1927, p. 10.

do centro da cena artística de vanguarda, *l'art nègre* tomou os traços de uma eleição ou de uma afinidade estética primitivista. *Aprés l'art nègre, l'art aztèque*, propunha em 1922 uma nota anônima, incluída no primeiro número de *Manomètre*. Foi então que o jovem Georges-Henri Rivière organizou eventos sociais e artísticos: desde exibições de boxe em circos até exposições ressonantes para o *tout-Paris* social e cultural. Em 1929, com alta repercussão, montou a primeira grande mostra pré-colombiana: *"L'Amérique disparue"*. Georges Bataille, Alfred Métraux e Michel Leiris, entre outros, colaboraram no projeto, e interessaram-se pelo México e pelo canibalismo, que chegou nesse ano às páginas de *Documents*. Oswald de Andrade e Tarsila do Amaral compareceram a essa exposição. O desinteresse de André Breton pelo africano o moveu, por seu lado, a interessar-se pelas manifestações plásticas de outros antropófagos: as máscaras e a estatuária da Oceania. Uma preferência que muito depois tentou fundamentar com curiosos argumentos racionalistas ("viragem dos gostos") e deterministas ("desenvolvimento de certos ciclos" artísticos).[7] Em 1926, porém, à imagem da "Decadência do Ocidente" já se juntava a de uma "guerra de raças", em que outras mais jovens, mais vitais, derrotavam a raça branca, o Ocidente, em plena senectude. Nessa mesma linha de concepções estéticas, determinadas em termos racistas, Alfred Rosenberg opunha o ideal de beleza ariana à arte moderna:

> os últimos cantores atuais da democracia e do marxismo não creem nos demais nem levam um mundo próprio em si mesmos. Escavam na literatura chinesa, grega, indiana em busca de figuras (...), as adornam ou trazem negros de Timbuktu, para apresentar a seu seleto público uma "nova beleza", um "novo ritmo de vida".[8]

Em 1930-31, primitivismo e anticolonialismo foram irmanados por fim pelos surrealistas do grupo de Breton, por ocasião da *Exposition Anticoloniale*, apoiada pela Internacional comunista:

> A atitude dos surrealistas com relação (...) à arte dos povos "coloniais", à opressão de que estes eram vítimas, determina uma linha de ruptura com a direita e com a maioria dos intelectuais de esquerda e de extrema esquerda. Valeu-nos hostilidades militantes, mas era em si uma força mais coerente e mais evidente que o nosso marxismo.[9]

Antes da Primeira Guerra, artistas do grupo *Die Brücke* tinham viajado até a Nova Guiné e Samoa: buscavam o que

[7] André Breton, "Océania". In: *La Clé des Champs* (1953). Paris, U.G.E., 1973, p. 278.
[8] Alfred Rosenberg, *Der Mythos des 20. Jahrhunderts* (1930). München, 1932, p. 444.
[9] André Thirion, *Révolutionnaires sans Révolution*. Paris, Robert Laffont, 1972, p. 279.

imaginam fosse o "originário", o "primitivismo" dos habitantes dessas regiões, para opô-lo à pobreza de sentimentos, à carência de fantasia da civilização europeia. August Macke afirmava:

> Os quadros que penduramos em nossas paredes são em princípio semelhantes às flechas talhadas e coloridas numa cabana de negros. Para o negro, o ídolo é a forma apreensível de uma ideia inapreensível, a personificação de uma noção abstrata. Para nós, o quadro é a forma apreensível de uma ideia obscura e inapreensível.[10]

O efeito dos pastiches de máscaras africanas feitos por Marcel Janco para ser usados nas performances dadaístas do Cabaret Voltaire foi assim descrito: "transportar o auditório da linguagem primitiva dos novos poemas para as selvas primitivas da imaginação artística".[11] A "revitalização" da arte europeia graças ao modelo primitivo, ao "enobrecimento" da "arte primitiva" ao ser adotada como modelo, foram lemas fixados pela pena dos críticos. Em 1926, Carl Einstein propunha este balanço: "É verdade que no exotismo geográfico (do primitivismo) pode haver um elemento do imperialismo expansivo do pré-Guerra. Ao mesmo tempo, (é) protesto contra extremos de cultura, que com seu oposto mostra com ironia o alexandrinismo".[12]

Não só a invenção da "sociedade primitiva" foi um longo trabalho de construção de uma ilusão, empreendido desde os tempos dos antropólogos vitorianos: a sociedade primitiva como o oposto a sua própria sociedade. Assistiu-se também na França, em 1922, à invenção de uma "mentalidade pré-lógica", própria dessas "sociedades inferiores": *La Mentalité Primitive*, como reza o título do tratado em que Lucien Lévy-Brühl a teoriza. Já em 1927 Olivier Leroy queixava-se da acolhida tão geral e acelerada que se tinha dado a esse fraco livro: "o talento e uma elevada posição na universidade valeram ao autor uma popularidade sem proporção com o verdadeiro valor de suas teses".[13] Também os surrealistas o celebraram com fervor. Até depois do *Manifesto* se deleitavam com o antropomorfismo, com o papel que dava ao sonho: a mentalidade primitiva era a prova "científica" de que existia uma maneira diferente de viver, alheia à lógica do Ocidente. Pouco a pouco notaram, depois, que a mentalidade pré-lógica ameaçava tirar-lhes nada menos que o chão: própria exclusivamente dos primitivos, que vestígios suscetíveis de revivê-la poderia haver dela na mentalidade moderna? Em todo caso, o primitivo era aquele ser, ameaçado de morte pela

[10] August Macke, "Die Masken". In: *Almanach der "Blaue Reiter"*. Dresden, Ltda., 1912, p. 142.
[11] Hans Richter, *Dada art and anti art*. Londres, Thames and Hudsam Ltda., 1965, p. 20.
[12] Carl Einstein, *Die Kunst des 20. Jahrhunderts*. Propylaen-Kunstgeschichte. Berlim, 1926, p. 117.
[13] Olivier Leroy, *La Raison Primitive, Essai de Réfutation de la Théorie du Prélogisme*. Paris, Librairie Orientaliste Geuthner, 1927, p. 12.

violência colonial, *anterior* às grandes catástrofes. Ou seja, para os surrealistas: o patriarcado, a propriedade privada, a cristianização, o progresso tecnológico, o racionalismo.

Não é ocioso acrescentar que já em *Documents* a invenção da "arte primitiva" por parte da crítica europeia era mostrada como uma operação que pressupunha ignorar a estética dos que a produziam. Oswald de Andrade tem a ver, porém, com outra situação quando escreve no *Manifesto Antropófago*: "Contra todos os importadores de consciência enlatada. A existência palpável da vida. E a mentalidade pré-lógica para o Sr. Lévy-Brühl estudar". No espaço textual particular constituído por essa proclamação, esses enunciados se entretecem com tomadas de posição acerca de lugar e cartografia, cronologias e histórias, linguagens e narrativas, sujeito e cultura, corpos e agendas políticas. Que *status* pretende ter? Seria o de instância de autorreflexão cultural da sociedade brasileira, de maneira que sua autoridade cultural residisse na máscara carnavalizadora primitivista da identidade canibal? A máscara supõe, de fato, uma circulação de intensidades miméticas, em que esse signo é representação de um valor realizado no intercâmbio, na circulação: ao assumir a projeção da imagem colonialista *per definitionem*, essa vontade, precisamente essa intensidade, contém um suplemento em face do significado. Deve-se buscar as razões de sua atualidade do lado da problemática do *inter*-cultural; é com respeito a ele que o canibalismo aparece como "lei universal", e da crise da cultura centrada no sujeito. Impõe-se a consideração da antropofagia em termos tropológicos generalizáveis de modelo de apropriação cultural e, ao mesmo tempo, a atenção a outra dimensão que a faz autocrítica das representações artísticas da identidade brasileira, mediante uma paródica e radical autoexotização.

II

O desmantelamento do colonialismo é um dos grandes acontecimentos do século XX. Nos anos 1920 esse movimento passou pelo processo de uma necessária (re)invenção de identidades nacionais modernas, dinâmica com a qual as sociedades periféricas se opuseram a esta outra dinâmica: a tendência homogeneizadora ocidental. Por isso a questão é também, no *Manifesto Antropófago*, a assimilação de matrizes culturais "outras", graças ao conjunto de comportamentos liminares disponíveis na cultura do Brasil, uma sociedade cujas formas de autorreflexão se mostram seladas pelas matrizes da carnavalização. Nessas condições, a produção de uma autoidentidade cultural nacional significa a construção de um objeto e de um espaço para ela, mas nem por isso se prepõe em função de exclusões. Que esse discurso de identidade, para sustentar a continuidade de uma diferença, deva apoiar-se na carnavalização do essencialismo primitivista mostra, antes, que estamos diante de estruturas com uma lógica interna própria. O lugar é assim, para o *Manifesto Antropófago*, uma complexa interação de linguagem, história-outra, meio ambiente, com um senso de deslocamento do que se moveu com o colonialismo (corpos, linguagens, instituições, comportamentos). O *tupi* antropófago submete o Sujeito-príncipe do Ocidente aos desarranjos do fantasma da mastigação coletiva e da assimilação simbólica, fazendo colapsar as seguranças – ou as dúvidas – da cultura da subjetividade como modelo de apropriação do mundo circundante: *Tupy or not tupy, that is the question*. Dessa maneira, descolonizar o mapa como significante convencional de dominação sobre o lugar e poder de inscrição, e assumir essa demanda, implicam fazer de Pindorama um espaço de inversão paradoxal da teleologia que rege a concepção do tempo na modernidade. De modo que as fixações binárias em aparência "universais" com que opera o discurso colonial (o civilizado/o bárbaro, a ciência/a magia, a religião/a idolatria, o Mesmo/o Outro) são postas em questão.

Pois bem, desde o século XIX o discurso historiográfico – incluído o da historiografia literária – funcionou como *medium* para a constituição de identidades nacionais. Quando o *Manifesto Antropófago* insiste, com o propósito de redefinir razão e formas de identidade, em que "nunca fomos catequizados", ele se situa fora de uma história muito mais abarcadora: a narrativa bíblica da culpa original. Aquela faz da transgressão (pecado) de uma proibição alimentar (tabu oral) uma metonímia da prática sexual, para acentuar a divisão corpo-alma, sexualidade-saber, que o *Manifesto*, por sua vez, rejeita. Com isso fica excluída da narrativa evangélica da salvação, da qual faz parte a mitologia católica do canibalismo (espiritual sublimador), com a presença por transubstanciação do corpo e do sangue de Cristo no pão e no vinho (sublimes).

Essas perspectivas, muito esquemáticas aliás, convidam a relacionar a metáfora da antropofagia, suas fantasias devoradoras de incorporação como modelo de apropriação cultural, a outras metáforas que vieram substituir na última década conceitos do gênero de "herança", "mestiçagem", "transculturação", para fazer apreensível o caráter e a complexidade da atual mudança global: reciclagem, tradução, hibridação, criolização. Todas elas descrevem mais processos que resultados ou objetivações, e acham-se, por sua vez, em processo de decantação cognoscitiva: são metáforas-conceitos com que se busca a elaboração teórico-discursiva dos processos de apropriação, circulação e consumo contemporâneos. O conteúdo metafórico, facilmente atualizável, facilita seu emprego em situações determinadas por fatores socioeconômicos, étnicos, tecnológicos, geopolíticos específicos, razão por que constituem um potencial imaginário que estimula a atividade discursiva.

Isso quer dizer que não se ganha nada denunciando a "fetichização" da heterogeneidade pela antropofagia, reduzindo-a a uma escaramuça da brasilidade, ou sustentando condescendentes, a propósito de Oswald de Andrade:

> Ainda que ele deixe a desejar como pensador e que não seja um pesquisador voltado ao pormenor e se seduza pelas generalizações às vezes malabarísticas, não se lhe pode negar ter aberto um fértil caminho à reflexão sobre a cultura brasileira e sua situação de dependência cultural, ainda na modernidade.[14]

Uma vez mais: numa situação cultural em que categorias como original e cópia, autenticidade, pureza e origem estão em questão, e se sublinha o momento criativo da repetição, da citação e da tradução, e em que a cultura liminar toma a forma das linguagens híbridas, a metáfora da antropofagia, selada por uma tradição teórica particular, encontra-se entre aquelas que hoje parecem apropriadas para dar conta de aspectos-chaves da globalização cultural. Certamente, a conjuntura cultural e política atual difere, se acha muito afastada daquela do final dos anos 1920, quando foi lançado o *Manifesto Antropófago*. Mas a metáfora, pelas razões que se acabam de invocar, é indispensável na busca de novos modelos de apropriação cultural, diante da crise dos propostos pela cultura centrada no sujeito.

III

Todas as sociedades dispuseram e dispõem de práticas de reutilização de materiais já empregados. A sociedade moderna do século XIX estabilizou a figura do "belchior", e iniciou um discurso sobre os monturos, o muladar e os detritos. Mas só as sociedades contemporâneas desenvolveram discursos sobre a reciclagem, e neles são decisivos, deve-se destacar, tecnologia e produção industrial. Com a metáfora da reciclagem cultural, evoca-se um processo permanente e cíclico de transformação de materiais cuja forma varia.

[14] Lucia Helena, *Totens e Tabus da Modernidade Brasileira. Símbolo e Alegoria na Obra de Oswald de Andrade*. Rio de Janeiro, Tempo brasileiro-Universidade Federal Fluminense-CEUFF, 1985, p. 163.

O propósito de substituir fórmulas como "reutilização" e "reapropriação" culturais pelo conceito de reciclagem desloca o acento precisamente para os aspectos tecnológico e econômico do processo.

A reciclagem cultural tornaria então novamente disponível um material proveniente do passado e já utilizado, ao separá-lo de seu contexto anterior ou ao esvaziá-lo de seu conteúdo, para dar-lhe forma e utilização mudadas. E, por outro lado, a reciclagem se deixaria entender também como uma nova forma de obtenção de "matérias-primas", aplicada à segunda natureza, a industrialmente produzida, do mundo da vida moderna. Conceitos como *remake*, *réécriture*, *revival*, *revamping* são tacitamente vinculados na metáfora a processos de liquação ou mudança de formas ou incineração (do vidro, do papel, dos metais e dos refugos em geral). A metáfora, por isso mesmo, situa-se na encruzilhada dos desenvolvimentos tecnológicos de ponta, dos discursos da ecologia e, ao mesmo tempo, das formas "arcaicas" de apropriação da natureza, como se pode ver em *Luxusware Müll* (1994), de Norbert Thomas.

Percebeu-se que na metáfora da reciclagem cultural está incluída uma ideia da cultura como um bem submetido a escassez e talvez até de matéria-prima não renovável. No entanto, a mesma metáfora torna produtivas as complexas associações mais anteriormente evocadas, como parte do campo referencial dessa imagem, sobretudo para a descrição das formas de produção e reprodução do essencial da cultura contemporânea: a produzida e disseminada industrialmente pelos meios eletrônicos, com as novas formas em que nos relacionam com o espaço e o tempo. Estes aparecem na discussão atual acerca da cultura contemporânea e suas mutações como os agentes principais da reciclagem cultural em todas as escalas da globalização dos mercados e da internacionalização das economias. No centro da discussão, situam-se, por sua vez, problemas de serialidade e repetição, para rearticular no campo de referências em torno do discurso da reciclagem questões de temporalidade e historicidade, memória e esquecimento.[15]

De todas as metáforas epistemológicas consideradas, "hibridação" é aquela cujas dimensões analíticas e teóricas parecem estar mais fixadas conceitualmente. Nela se distinguem vestígios de uma dupla procedência genealógica. O termo entrou com Mendel na doutrina da herança botânica e passou a fazer parte das especulações das teorias raciais do século XIX acerca da infecundidade das relações inter-raciais. Quando a genética tornou insustentáveis essas elucubrações, a imagem

[15] Ver Walter Moser, "Le Recyclage Culturel". In: C. Dionne, S. Mariniello e W. Moser (eds.). *Récyclages. Economies de l'Appropiation Culturelle*. Montreal, Les Editions Balzac, 1996, p. 47-48.

ingressou no repertório de fantasmas que regeram o desejo colonial, nas relações de atração entre as raças.[16] Em meados do século XX, o termo foi reintroduzido pela agroindústria, e com os projetos de desenvolvimento agrícola modernizadores passou para a linguagem cotidiana das populações rurais. Os "híbridos" são sementes provenientes de laboratórios que deviam incrementar colheitas e receitas. Em face do conceito biológico-racial de mestiçagem, que associou na América Latina, nos discursos de identidade, a ideia de violência, sangue e violação da mãe indígena para sublimá-la imediatamente no filho mestiço, a metáfora da hibridação, com outras metáforas botânicas, conota o pacífico desenvolvimento da flora.

Por outro lado, o conceito de "palavra híbrida", introduzido por Bakhtin na teoria cultural e literária, adquiriu nova atualidade com a recepção de seus escritos por parte do pós-estruturalismo e dos estudos culturais. É referida assim a idiomas, modos de pensamento e outras formas culturais, e inclusive às próprias culturas. Ademais, no começo dos anos 1970 o adjetivo "híbrido" já havia qualificado também, no discurso crítico norte-americano, os procedimentos próprios da arquitetura pós-moderna (hibridação de diferentes linguagens), e as práticas emergentes nos campos das artes visuais e da *performance*.

O emprego da fotografia pelo pós-modernismo, em aberto rompimento com as categorias formais da estética moderna, e a combinação de gêneros, materiais, objetos e meios heterogêneos eram designados pelo termo *hibridation*.[17] E, quando se passou da acepção *tipológica* do termo "pós-modernismo" a dar-lhe um significado *epocal*, ou seja, desde o momento em que Lyotard propôs uma definição filosófica da "condição pós-moderna", *hibridity* converteu-se numa das características da pós-modernidade.[18] Pois bem, no começo dos anos 1980 Homi K. Bhabha, como teórico do pós-colonialismo, empregou a metáfora da hibridação para referir-se à problemática da representação colonial e das culturas pós-coloniais. Traço geral da determinação cultural das comunidades *sígnicas* no âmbito do novo espaço globalizado, o caráter híbrido que possuiriam seria o que dota de uma dinâmica insuspeita essas culturas. Como escreveu Bhabha ao começar seu livro *The Location of Culture*:

> A representação da diferença não deve ser lida apressadamente como reflexo de traços étnicos ou culturais dados previamente, gravados na tábua da tradição. A articulação social da diferença, da perspectiva minoritária, é uma negociação complexa e contínua que busca autorizar as

[16] Ver Robert J. C Young, *Colonial Desire: Hybridity in Theorie, Culture and Race*. Nova York-Londres, Routledge, 1995, cap. I.
[17] Douglas Crimp, "The Photographic Activity of Postmodernism". *October*, 15, 1980, p. 91-101.
[18] Ihab Hassan, Pluralismus in der Postmoderne. In: Dietmar Kamper e Willem van Reijen (eds.), *Die Unvollendete Vernunft: Moderne versus Postmoderne*. Frankfurt am Main, Suhrkamp Verlag, 1987, p. 162.

hibridações culturais que surgem em momentos de transformação histórica.[19]

Em 1986, no número de *Communications* dedicado a "Le Croisement des Cultures" e preparado por Tzevetan Todorov, este se referiu em seu artigo introdutório à "*formation des cultures hybrides*" em todas as escalas, devido à interação constante das culturas.[20] Finalmente, é conhecida a discussão que apresenta desde 1990 na América Latina a noção de culturas híbridas, incluída no paradigma da heterogeneidade cultural e de esquemas de um pós-modernismo *avant la lettre*. Na discussão, acentuou-se a dupla acepção do termo, para designar fenômenos nas culturas de fronteira e processos de dissolução de limites entre culturas que se supunham fixos, bem como a necessidade de determinar quais seriam os mecanismos próprios da hibridação e as formas de seu funcionamento, como uma entre as várias dinâmicas das novas culturas. Seria mais dúctil para isso o instrumental dos estudos literários e a textualização do que os da sociologia e da antropologia tradicionais, em sua longa crise.[21]

Também a metáfora da "tradução cultural" ou tradução entre culturas tem dupla ascendência teórica. Vem, por um lado, da antropologia social britânica, desde Godfrey Lienhardt até Ernest Gellner, com a fixação da *Cultural Translation* como prática de significação central para a disciplina em *Other Cultures* (1964), o manual oxfordiano de John Beattie. A outra linha parte das reflexões anti-hermenêuticas de Walter Benjamin sobre a tarefa do tradutor, que Jacques Derrida relacionou com a problemática da diferença. Esse reenquadramento conceitual da tradução em sua solidariedade entre línguas, texto e cultura foi por sua vez assumido e deslocado na reflexão pós-colonial para levar a tradução ao centro da vida da cultura: a metáfora designa o problema crucial da condição pós-colonial. Como ocorreu? Da perspectiva da antropologia pós-moderna, avançou-se uma crítica dos pressupostos e dos métodos antropológicos da *Cultural Translation*.[22] Ao mesmo tempo, houve uma mudança na reflexão pós-colonial dos temas da crítica da representação e da subjetividade, e da indeterminação do sentido e da não autoridade do autor – para cujo desenvolvimento se apoiou Derrida na questão da tradução –, para a crítica das bases coletivas da enunciação.[23] Nesse ponto, o caráter irredutível e irremediavelmente *estrangeiro* do significante e a dimensão temporal da tradução, nos quais se baseia a teoria da tradução de Benjamin, proporcionaram argumentos importantes. Com o deslocamento que possibilitaram, para

---

[19] Homi K. Bhabha, *The Locatiam of Culture*. Londres-Nova York, Routledge, 1994, p. 2.
[20] Tzvetan Todorov, Le Croisement des Cultures. *Communications*, 43, 1986, p. 20.
[21] Ver acerca do livro de Néstor Garcia Canclini, *Culturas Híbridas. Caminos para Entrar y Salir de la Modernidad*. México, Grijalbo, 1989; Birgit Scharlau (ed.), *Lateinamerika denken. Kulturtheoretische Grenzgänge zwischem Moderne und Postmoderne*. Tübingen, Gunter Narr, 1994; igualmente, as contribuições de Jean Franco, Gerald Martin, John Kraniauskas, Mirko Lauer, Jesús Martín-Barbero. *Travesía*, I, 1992, 2, p. 134 ss.
[22] Tafal Asad, "The Concept of Cultural Translation in British Anthropology". In: J. Clifford e G. E. Marcus (eds.), *Writing Cultures. The Politics of Ethnography*. Berkeley, University of California Press, 1986, p. 141-64.
[23] Ver Tejaswini Niranjana, *Siting Translation. History, Post-Structuralism, and the Colonial Context*. Berkeley-Los Angeles-Oxford, University of California Press, 1992.

ir da interrogação acerca do "sujeito" individual enquanto categoria conceitual primária à consideração do caráter "fundacional" da cultura, precipitou-se também nesse marco uma redefinição do conceito de cultura. Bhabha reteve sobretudo a ideia da não transparência do significante e sua irredutibilidade, para comprovar que "o argumento de Benjamin pode servir a uma teoria da diferença cultural".[24]

Enfocada com relação aos processos da fase atual da globalização, a cultura apresenta-se, assim, como um lugar ou um espaço instável de passagem entre as línguas, de travessia de identidades, de desestabilização das referências culturais: aquele lugar (*Location*) em que as culturas se traduzem entre si. Já não é sustentável a visão de cultura como marco enquanto limite de identidade, ou como objeto de saber empírico e totalidade fechada que englobaria todos os comportamentos – os pressupostos do multiculturalismo –, e nem sequer como encontro entre alteridades "nacionais". A cultura torna-se uma categoria enunciativa, um espaço intersticial de negociação.

IV

A conceitualização e o cotejo entre as metáforas disponíveis para referir-se às economias atuais em matéria de apropriação e circulação cultural são um *desiderato* da teorização. Em todos os casos resenhados, incluído o do canibalismo, a analogia parte de uma similitude parcial entre elementos de diversos processos, para ilustrar o que ocorre no campo da cultura com o sucedido em outros (indústria, botânica, línguas, corpo). Trata-se, por conseguinte, de *metáforas modélicas*, sendo o papel atual dos modelos, como mostra Lyotard, a construção heurística de correspondências analógicas no plano de objetos, estruturas e funções designadas concretamente, na investigação de instabilidades.[25] De maneira que, se hoje um modelo heurístico não é outra coisa senão sua função, e se sua função consiste em emprestar seu tipo de mecanismos a um objeto não estável diferente, por mais alta que possa ser a valorização inconsciente que agencia as metáforas aqui examinadas, elas não apontam em sua qualidade de modelos analógicos para supostas leis ou constantes gerais de dois domínios postos tacitamente em relação, graças a seu trabalho tropológico. Antes, a realização tropológica do modelo metafórico não pode pretender, por princípio, a representação figurativa dos fenômenos, cuja descrição ou "explicação" busca permitir. Reciclagem, tradução, hibridação, antropofagia são, portanto, metáforas que como parte de

[24] Homi K. Bhaba, op. cit., ver citação 19, p. 164.
[25] Jean-François Lyotard, *La Condition Postmoderne. Rapport sur le Savoir*. Paris, Minuit, 1979, cap. XIV.

um novo *ars inveniendi* na teoria cultural desdobram sua própria lógica heurística a partir de sua qualidade de modelos *analógicos* dentro de uma redefinida reflexão estética, que para poder ser analítica deve proceder por associação.

O uso de cada uma dessas metáforas se move, portanto, entre a extensão reflexiva e sistemática de uma estrutura de percepção analógica e o jogo dos amálgamas inevitáveis, próprio das metáforas não controláveis. Por isso mesmo, pode-se objetar a elas por muito diversos motivos, e elas podem ser desde anacrônicas até imprecisas. É verdade, por exemplo, que, se os dois fenômenos que selam a época atual e sua cultura são a computadorização do mundo e a manipulação genética junto da clonagem (Frankenstein, Dolly), pode ser desesperançadamente anacrônica uma metáfora proveniente da doutrina da herança como é a da "hibridação". Quando, ademais, quase não se consegue diferenciar seu emprego do de conceitos ou ideologemas tomados do estudo dos fenômenos religiosos (sincretismo), ou da metanarrativa eufórica da identidade na América Latina (mestiçagem). Parece existir, por outro lado, uma permanente ameaça de que aquilo que constitui sua riqueza, a dimensão imaginária e tropológica, faça essas metáforas perderem sua referencialidade. Quando em *Marvelous Possesions: The Wonder of the New World* (1991), Greenblatt mostra a conquista do Novo Mundo como o maior processo de "canibalização econômica, política e cultural" já levado a efeito pelo Ocidente, e quando Jacques Forbes, em *Columbus and Other Cannibals* (1992), define exploração colonial e imperialismo como "formas de canibalismo", estão situando-se apenas num dos cenários da atualidade cultural em que a metáfora encontra emprego. Em outro e diferente cenário, bell hooks analisa, em termos de crítica cultural, atitudes de consumo relacionadas com cauções étnicas em termos de "comer o outro". E inventariou-se o emprego da metáfora no idioma cotidiano dos que trabalham nos meios eletrônicos, dos executivos das corporações, e do pessoal acadêmico mais jovem.[26]

No que diz respeito, porém, à relação com a cultura, na linha de reflexão aberta por *Die Aufgabe des Übersetzers* de Benjamin, conseguiu-se estabilizar – e inclusive, em alguns casos, extrair consequências de ação político-cultural – um complexo particular. É aquele que inter-relaciona as formas e os modos como uma cultura concebe os intercâmbios entre os homens e a natureza, o interior e o exterior, o corpo e o espírito, e as maneiras como simboliza seu alimento principal.[27] Ao mesmo tempo, insistiu-se repetidamente

[26] bell hooks, *Black Looks: Race and Representation*. Boston, South End Press, 1992; Dean MacCannell, *Empty Meeting Grounds*. Londres, Routledge, 1992.
[27] Paul de Man, "Conclusions: Walter Benjamin's 'The Task of the Translator' (1986)". In: *The Resistence to Theory*. Mineápolis, University of Minnesota Press, 1989, p. 87

que os fantasmas a que conseguiram dar contornos as analogias às quais recorrem a psicanálise e a antropologia a propósito do canibalismo não passam de uma "mistificação profunda". No maior parágrafo do *Manifesto Antropófago*, apresenta-se a conhecida tese: "Absorção do inimigo sacro. Para transformá-lo em totem". Já antes, havia-se afirmado: "De William James a Voronoff. A transfiguração do Tabu em totem. Antropofagia". Com ajuda do mito construído por Freud a partir das interpretações de Frazer, de seu romance noturno e inquietante acerca de uma "estrutura totêmica" no desenvolvimento das sociedades, de que fazem parte o fantasmatizado parricídio primordial e o banquete totêmico, Oswald de Andrade propõe uma interpretação da metáfora da antropofagia. A antropofagia torna-se dessa maneira objeto de uma operação cujo modo de articulação discursiva é também muito mais especificamente trópico que de índole lógica. Como discurso interpretativo que hesitou quanto a quais são as formas mais adequadas de proceder na explicação, define-se por seu caráter de pensamento *preliminar* acerca do objeto, que decide acerca dos modos como se pode descrevê-lo e dentro de que limites é ou não é possível explicá-lo. Por sua vez, essa interpretação da antropofagia e do ato de "devoração" antropofágica com o esquema do mito da passagem do tabu ao totem, do sagrado destinado à devoração, sobrepõe-se a outro modelo particular de explicação do comportamento cultural. Este procede por analogia com atividades orgânicas, tomadas como "modelo" no sentido amplo do termo: o fisiológico. A assimilação biológica é também outra mistificação, como o era o esquema mágico da absorção das forças vitais. Segundo esse modelo, "o que não é meu" não é imitado, senão que através de mastigação, deglutição e digestão funde-se com o antropófago: o poder do espírito vindo de fora deixa de exercer-se sobre a materialidade do mundo brasileiro.

Hoje a metáfora aponta sobretudo a proporcionar, para além dos mitos da autenticidade, da originalidade, da pureza, da não contaminação, e das formas essencialistas de identidade, um modelo para explicar *inter*-câmbios culturais. "Canibalização" passa a designar em plano inter- (ou intra-) cultural processos muito heterogêneos de apropriação e circulação, bem como táticas concretas de recuperação, tanto de elementos, fragmentos, componentes, partes de práticas estéticas ou de realizações artísticas, como de teorias e até de culturas. O valor metafórico do canibalismo é, assim, permanentemente relacionado com fenômenos de produção próprios dos novos meios eletrônicos ou que só existem com eles. Impõe-se a comprovação óbvia: não vivemos por acaso numa época de canibalismo inter- e multimedial?

Há quem chegue hoje a ver o cérebro dos usuários dos computadores devorado pelas telas e pelas velocidades da Internet. Dessa maneira, a metáfora do canibalismo é conectada com o discurso sobre os cyborgs, híbridos heterotópicos do ser humano e do computador. A suspeita de que assim se ingressou no terreno das metáforas incontroláveis não é infundada. Como quando Baudrillard, em favor da reciclagem, faz renascer das "cinzas do grande incinerador da história" a ave Fênix do pós-moderno.[28]

Em todo caso, no entanto, não se deve deixar de lado o que talvez seja o determinante: o que fascina nas culturas vinculadas ao canibalismo como ato social, como processo sacrificial em que está em jogo o metabolismo do grupo. A dissolução do sujeito centrado do logos ocidental, que cumpre o *tupi* comunitário através do ritual canibal, é o ponto de contato mais relevante entre a antropofagia vanguardista devoradora e os que já desde o século XIX duvidaram de "uma forma de produção de saber" que pôs fora do jogo "percepção e corpo". Trata-se, mais particularmente, no âmbito da história da epistemologia da cultura ocidental, de duas séries de tentativas. De um lado, as de "neutralizar as interferências no funcionamento do campo hermenêutico para salvar dessa maneira a forma que lhe era própria, e a segurança de experiência do mundo".[29] Do outro, tanto do efeito hipnótico que exercem sobre Freud as culturas não centradas no sujeito, prontamente associadas ao canibalismo, quanto das afirmações sobre a relação objeto-sujeito do primeiro Husserl. Entre suas consequências, há uma que concerne aqui em particular: diante do convencimento de que a cultura centrada no sujeito – o signo, a interpretação, a hermenêutica – não podia cumprir as promessas de conhecimento feitas desde o início da modernidade, tornou-se ineludível a busca de modelos alternativos de apropriação cultural. A fórmula proposta por Gumbrecht para designar as culturas relacionadas com o canibalismo é: "culturas da produção de presença".[30] Tal fórmula se abre para a construção de uma diferença tipológico-cultural: culturas da subjetividade centradas no sujeito e culturas da produção de presença, em que a existência descansa no *ser-corpo*. *Antropofagia hoje*? O auge do interesse pelos modelos alternativos de apropriação cultural: aí está o espaço onde se desdobra hoje seu fascínio.*

[28] Jean Baudrillard, *L'Illusion de la Fin ou La Grève des Événements*. Paris, Galilée, 1992, p. 46-47.
[29] Hans Ulrich Gumbrecht, "Das Nicht-Hermeneutische: Skizze einer Genealogie". In: Jörg Huber e Alois Martin Müller (eds.), *Die Wiederkehr des Anderen*. Zurique, Stroemfeld/Roter Stern, 1996, p. 25.
[30] Durante a discussão de sua conferência no simpósio de julho de 1997, do *Programa Internacional de Estudios Culturales sobre América Latina*, em Santafé de Bogotá.
* Tradução de Carlos Nougué.

O Arrieiro dos Andes

Jorge Ruffinelli
Universidade Stanford

Na sexta-feira 13 de outubro de 1972, um avião Fairchild da Força Aérea Uruguaia, voo 571, caiu nas montanhas dos Andes. Levava 45 passageiros, em sua maioria jovens jogadores de rúgbi da equipe Old Christians, do colégio católico Stella Maris, de Montevidéu. Era tradição que a equipe competisse com uma equipe chilena, um ano em Santiago, outro em Montevidéu. A equipe alugou um *charter* da Força Aérea Uruguaia que lhes custava 38 dólares por passageiro, mas o avião tinha de ir lotado, razão por que começaram a convidar parentes e amigos. O preço do voo, mesmo para 1977, era uma pechincha, e a moeda chilena estava desvalorizada. Sairiam na quinta-feira, regressariam na segunda. Ia ser um passeio agradável. Salvador Allende e a Unidade Popular estavam no governo. Por aqueles dias os chilenos recebiam a visita de Fidel Castro.

No entanto, o passeio começou mal. No dia 12 tiveram de aterrissar em Mendoza por causa do mau tempo. No dia seguinte partiram. O voo seria breve, mas antes de chegar ao destino previsto, por um erro do piloto, que julgava seguir uma rota que não era a correta, o avião caiu nas montanhas em vez de na pista chilena de Curicó.

Vinte morreram. Os sobreviventes estavam em estado de choque. Um rádio avariado lhes permitiu saber que os estavam procurando, mas dez dias depois lhes chegou a notícia mais desalentadora: a busca tinha terminado. Com efeito, estima-se em dez dias o tempo máximo que uma pessoa pode viver nas condições dessas vítimas, com noites de trinta graus centígrados abaixo de zero. Em consequência, foram considerados mortos. E suas atitudes diante da vida e da morte, então, mudaram radicalmente. Quase todos católicos, sentiram-se abandonados por Deus.

Sobreviveram por 72 dias, e fizeram algumas tentativas de encontrar auxílio.

Mas não tinham nenhuma ideia de onde estavam e para onde caminhar na neve traiçoeira.

Nem bem se sentiram protegidos pela carcaça do avião partido em dois, caiu sobre eles uma avalanche de neve, em 29 de outubro. Mais oito morreram, asfixiados sob a avalanche.

Dois meses depois, em 11 de dezembro, os mais fortes fisicamente, Nando Parrado e Roberto Canessa, saíram numa nova tentativa de achar uma solução e encontrar ajuda. Com eles ia Antonio "Tintín" Vizintín, mas após um tempo este decidiu retornar ao avião, entregou-lhes sua parte da comida e se despediram. Parrado e Canessa caminharam 44 milhas em quatro dias, ao fim dos quais encontraram um rio, e, do outro lado da corrente, viram um cavaleiro.

A fome (i)

"Aqui há muita comida", disse ele, "você só tem de vê-la como carne. Nossos amigos já não precisam de seu corpo".[1]

A fome é uma fera que come as tripas de quem a sofre. A dez dias do acidente, os sobreviventes já tinham consumido os chocolates, as sardinhas e até a pasta de dentes que levavam, e um pensamento começou a rondá-los, embora não ousassem reconhecê-lo. Como conta Parrado, ele optou a certa altura por confessar ao amigo Carlitos Páez a ideia que o perseguia. Este o escutou na escuridão, e em silêncio. Depois de uma pausa, respondeu-lhe que estava "pensando no mesmo".

Parrado: "É claro que havia comida na montanha. Havia carne, muita carne, e toda diante de nossos olhos". O instante mental em que, para cada um, aparece a possibilidade de comer os demais não deve ser fácil nem cômodo. É nesse instante que a identidade "humana" vacila. Momentos como esse foram chamados de situações-limite. Salvo casos patológicos, é duvidoso que na vida cotidiana nós, os seres humanos, nos contemplemos como presas, como butins suculentos, como o "jantar". É preciso ser Hannibal Lecter para dizer a Clarice, em seu sussurro telefônico, antes de cortar a comunicação: "Encontrei um amigo para jantar".[2] Sem nenhuma intencionalidade perversa, antes com um sentimento de surpresa ao recordar suas sensações, Parrado continua:

Suponho que haja certas linhas que a mente cruza muito lentamente. Quando minha mente cruzou finalmente esta, ela o fez com um impulso tão primitivo, que me deixou desconcertado. Era a última hora da tarde e estávamos deitados na fuselagem, preparando-nos para a noite. Meu

---

[1] Nando Parrado, *Milagro en los Andes*. Barcelona, Planeta, 2006, p. 102.
[2] *O Silêncio dos Inocentes*. Direção de Jonathan Demme. Produção de Kristi Zea. Roteiro de Thomas Harris e Ted Tally. Interpretação de Anthony Hopkins, Jodie Foster, Lawrence A. Bonney, Kasi Lemmons. Música de Howard Shore. Fotografia de Tak Fujimoto. Orion Pictures, 1991. DVD, 114 minutos.

olhar se dirigiu para o ferimento da perna de um rapaz deitado ao meu lado, que ia se curando lentamente. O centro do ferimento estava úmido e em carne viva e tinha uma camada de sangue seco nas bordas. Eu não conseguia deixar de olhar aquela camada seca e, enquanto sentia o fraco fedor de sangue no ar, notei que aumentava meu apetite. Então levantei os olhos e troquei olhares com outros rapazes que também tinham ficado olhando fixamente a ferida. Envergonhados, lemos o pensamento uns dos outros e afastamos o olhar rapidamente, mas eu não podia negar o que tinha sentido: tinha contemplado a carne humana e instintivamente a tinha considerado comida. Uma vez aberta a porta, já não a podia fechar, e, a partir desse momento, minha mente nunca se afastava dos cadáveres congelados debaixo da neve.[3]

Quando decidiram comer os corpos reunidos no refrigerador natural que era a cordilheira, foram três os voluntários para realizar a operação. Com restos de vidros partidos fizeram navalhas rudimentares e começaram a cortar (tinham anunciado que o primeiro seria o corpo do piloto, mas, ao que parece, nunca o tocaram), e dividiram com os demais pequenos pedaços que mais tarde deixariam congelar e secar, sobre a parte superior externa do próprio avião. Desse modo o sabor se modificava. Ninguém devia saber a que cadáver pertenciam aqueles pedaços. Finalmente, comeram até os ossos. O trabalho dos que não podiam mover-se consistia em raspar os ossos e torná-los pó. Assim incluíam cálcio em sua dieta.

Em 29 de outubro – como já foi dito –, enquanto dormiam nos restos do avião que tinham apetrechado para servir de casa, a desgraça voltou a sacudi-los, desta vez em forma de avalanche. Sua proteção se converteu em seu túmulo, pois a luz do dia desapareceu. Mas não a fome. Os mortos recentes eram carne fresca, mas a ideia de alimentar-se dela se tornou para eles difícil de tolerar.[4] Por pouco tempo. A fome os obrigou a superar a repugnância. Agora percebiam que a neve estava *viva*.

A fome (II)

Eu não sabia a quem pertencia a carne que estava comendo. E confesso que às vezes tinha certa curiosidade para sabê-lo. Posteriormente, fiquei sabendo, mas disso nos comprometemos a não falar. Foi a única coisa com respeito à qual combinamos não fazer nenhuma declaração. É um segredo que se manterá para sempre entre nós.

[3] Nando Parrado, op. cit., p. 101. Ver também: Héctor Suanes, *El Milagro de los Andes*. Buenos Aires, Emecé, 1973.
[4] Ibidem, p. 143.

Desde pequeno, eu em minha casa pegava carne moída e a comia tal como estava, sem cozinhar. Eu tinha me acostumado, gostava de comer carne crua. Afinal, um de meus pratos preferidos é hoje o *steak tartare*, que é carne sem cozinhar, naturalmente.[5]

Em sua autobiografia, Carlitos Páez nos recorda a história do navio *A Medusa*, que zarpou da França para o Senegal, em 1816, e naufragou quinze dias depois, em Arguin, a 120 milhas da costa africana. Cento e quarenta e nove náufragos tentaram salvar-se subindo numa balsa, e doze dias depois foram resgatados. Não todos; os que restavam. Somente quinze. Os quinze que sobreviveram alimentando-se dos demais.

Sem dúvida, os sobreviventes uruguaios leram dezenas de relatos como este. É mais uma maneira de não se sentirem sozinhos no mundo, e de recuperarem um fragmento de identidade humana graças à história. E, no caso de Carlitos Páez, que várias vezes em seu livro se congratula por ser absolutamente sincero, e com um caráter espontâneo que nada tem para esconder, é interessante e significativa sua negação diante da "justificação" religiosa que o grupo usou ao revelar sua antropofagia.

Quando os médicos se maravilharam com a inteireza física dos sobreviventes, estes tinham consciência de que deviam *dizer algo* sobre o inominável. Sobre o "milagre". Mas não havia milagre algum em sua sobrevivência. Nem a mão de Deus, nem o fato de eles serem jovens de classes média e alta, com uma excelente compleição física devido ao esporte, nada podia explicar por que não tinham morrido em dez dias, e em contrapartida sobreviveram mais de setenta.

Carlitos afirma, diferenciando-se dos demais e reconhecendo a "estratégia" que tinham adotado:

Eu não dei um sentido religioso à crucial decisão de nos alimentarmos com carne humana. Tampouco estive de acordo com as palavras ditas por Alfredo Delgado na coletiva de imprensa que demos em Montevidéu, imediatamente após a nossa chegada. O que ele disse se deveu ao fato de sabermos que os jornalistas nos esperavam e que podiam terminar fazendo uma espécie de circo ao redor da macabra notícia. Por isso falou da Última Ceia, do corpo e do sangue de Cristo dados aos apóstolos, da comunhão que se produziu na cordilheira entre os vivos e os mortos. Reconheço que foi positivo, todos estavam esperando o que íamos dizer, para que justificativa íamos apelar para receber uma espécie de perdão pelo pecado ou delito que tínhamos cometido.[6]

---

[5] Carlitos Páez, *Después del Día Diez*. Montevidéu, Linardi y Risso, 2003, p. 65.
[6] Ibidem, p. 64-65. Ver também: Oscar Vega, *San Fernando, Chile, Urgente!* Buenos Aires, Pinedo Libros, 1973.

A incumbência coube a Delgado, por razões óbvias: "Delgado tinha uma grande eloquência, caracterizava-se por sua verborragia, sabia adornar as palavras. Era uma espécie de dom que tinha recebido. E, além disso, era mais velho que o restante, tinha seis anos a mais do que eu. Também por isso era respeitado".[7]

Em sua autobiografia, Carlitos Páez parece não ter compromisso com ninguém, nem sequer com sua própria imagem. Filho de um famoso e rico artista uruguaio, no acidente da cordilheira era ainda muito jovem, tinha apenas 18 anos. Depois de seu resgate, viveu a vida que correspondia a alguém de sua alta classe social, participou dos filmes que se fizeram sobre "os sobreviventes", desfrutou dos 80 mil dólares que *Alive!*[8] proporcionou a todos, e no qual Bruce Ramsay interpretava o personagem dele; desfrutou o quanto pôde a celebridade e o *jet set*, sentia-se feliz de ter conhecido atores como John Malkovich. Convidavam-no de muitas partes do mundo para dar palestras edificantes sobre a solidariedade (quando escreveu o livro, estava para viajar ao México a convite do presidente Vicente Fox), casou-se e divorciou-se, teve filhos dentro e fora do casamento, usou e abusou da cocaína, teve problemas com a polícia nos Estados Unidos, mas nunca se desapegou da história andina que marcou sua vida.

MEU PAI NÃO PAROU DE ME PROCURAR

Carlos Páez Vilaró (Montevidéu, 1923) é um arquiteto, desenhista, escultor, pintor e, em última (ou primeira) instância, um aventureiro. Célebre no mundo, amigo de figuras como Pablo Picasso e Brigitte Bardot, rico e cosmopolita, viveu uma vida agitada, criativa e intensa. Um de seus livros assinala os lugares onde "flanou e morou": Nova York, Raiatea, Tonga, Fiji, Costa do Marfim, Taiti, Congo, Camarões, Austrália, Cairo, Marrocos, Nova Guiné, Machu Picchu, Brasil... Em Punta Ballena, Uruguai, construiu a célebre Casa-Pueblo, seu ateliê nacional. Outros dois ateliês: Nova York e São Paulo. Seus álbuns de litografias foram publicados com prólogos de Vinicius de Moraes e de Jorge Luis Borges. Durante uma temporada viveu em Lambarene, com seu admirado dr. Albert Schweitzer.

O que o artista nunca pôde imaginar, até o momento em que sucedeu, foi que sua maior aventura teria lugar na Cordilheira dos Andes, onde seu filho se perdeu no acidente aéreo. Para além das intensas buscas que os socorristas realizaram durante os primeiros dez dias, Páez Vilaró não perdeu em nenhum momento a esperança de que seu filho estivesse vivo. Escreveu um curioso

[7] Ibidem, p. 123.
[8] *Vivos*. Direção de Frank Marshall. Roteiro de Piers Paul Read, John Patrick Shanley. Interpretação de Ethan Hawke, Vincent Spano, Josh Hamilton e Bruce Ramsay. Paramount Pictures, 1993. DVD, 127 minutos.

diário de seu esforço, onde anotou detalhes de seu obstinado esforço até quando as esperanças tinham acabado para os demais. Após oitenta missões aéreas feitas por sessenta aviões e helicópteros, e duzentas horas de voo para procurar os desaparecidos, era lógico pensar que nunca os encontrariam.

Páez Vilaró, no entanto, continuou a mover-se obsessivamente, em sua campanha pessoal. Ia às escolas chilenas para contar a história do acidente e pedir às crianças que a contassem a seus pais. Entrava nos ônibus e narrava essa mesma história, pois *alguém* em *algum lugar* podia ter visto *algo*. Munido de "colares e amuletos", procurou no racional e no irracional, e por um tempo esteve em comunicação com um "vidente" holandês, Gérard Croiset, "célebre parapsicólogo", o qual, no entanto, não conseguiu dizer-lhe onde estava seu filho. Cruzou também com outros irracionais, como um conhecido que tentou convencê-lo de que os monges do Tibete se encontravam num concílio secreto em Buenos Aires, e talvez tivessem provocado o acidente: "o desaparecimento do avião em que viajava seu filho podia ser uma das provas de poder que (esses lamas) se impuseram para fazê-lo aparecer depois".[9] E outro, que lhe falou das longas pistas de aterrissagem perto da cordilheira, num lugar chamado El Enladrillado, construídas e usadas certamente por extraterrestres para aterrissar "seus discos voadores".[10]

O que importa de seu livro[11] é o *outro*: as noites passadas em camas vencidas de hotéis, as repetidas viagens à cordilheira, a amizade com pilotos e todo tipo de pessoas que simpatizassem com seus esforços. Esforços que, no final, toparam com a surpresa do resgate. Páez Vilaró foi o primeiro a saber o nome dos dezesseis sobreviventes após terem sido encontrados. Seu livro, profusamente ilustrado por belos desenhos alusivos aos itinerários da busca, acaba, como se fosse um filme, nos instantes anteriores ao momento dramático em que pai e filho se reencontrariam num interminável abraço: "Tinha percorrido um longo caminho para chegar a este meio-dia. Agora, parado em seu final, o vento que desce da imóvel solidão dos vulcões me traz o barulho dos motores de três helicópteros que se aproximam".

O ARRIEIRO (I)

Fernando Parrado e Roberto Canessa tinham chegado à margem de um rio ruidoso e caudaloso, o Tinguiririca, mas não podiam naquele momento saber seu nome. De repente, na outra margem, vi-

[9] Carlitos Páez, op. cit., p. 179.
[10] Ibidem, p. 145.
[11] Carlos Páez Vilaró, *Entre Mi Hijo y Yo, la Luna*. Buenos Aires, Espacio Editora, 1982.

ram um cavaleiro, e começaram a gritar para chamar sua atenção. Ele viu dois jovens. "Estavam bastante esfarrapados. Um deles se ajoelhava no chão implorando ao céu." O cavaleiro, depois conhecido como o arrieiro Sergio Catalán Martínez, comunicou-lhes por meio de sinais que voltaria no dia seguinte. Eram nove da noite. E no dia seguinte, cedo, voltou. Tampouco conseguiam comunicar-se. Por sinais, os jovens esfarrapados lhe pediram algo com que escrever. O arrieiro pegou seu lápis, amarrou-o a uma pedra com seu lenço, e o lançou através do rio. Na resposta que obteve de volta, estava escrito:

> Venho de um avião que caiu nas montanhas. Sou uruguaio. Há dez dias estamos caminhando. Tenho um amigo ferido. Lá em cima, no avião, restam catorze pessoas feridas. Temos de sair rápido daqui. Não sabemos como. Não temos comida. Estamos fracos. Quando virão nos buscar lá em cima? Por favor, não podemos nem caminhar. Onde estamos?

Catalán partiu em busca de ajuda, e dois cavaleiros amigos seus resgataram os jovens da outra margem do rio. A primeira "comida" normal dos jovens: "*quesillos* de cabra, leite, umas tortilhas (...)".[12]

NÁUFRAGOS. VENHO DE UM AVIÃO QUE CAIU NAS MONTANHAS

Desde 1972, quando ocorreu o acidente aéreo nos Andes, os produtores de cinema viram um filão no tema, não só pelo acidente, mas pelo canibalismo, já que há público para todos os temas e todas as emoções. Os primeiros a apresentar essa história foram mexicanos,[13] que infelizmente encheram o relato de lugares-comuns. Vinte anos depois, uma produção norte-americana,[14] baseada no livro de Piers Paul Read,[15] fez um trabalho mais esmerado, antes de tudo porque contou com a assistência direta de vários sobreviventes, como se viu em *Alive, 20 Years Later*.[16] O History Channel realizou, em 2010, *I Am Alive: Surviving the Andes Plane Crash*,[17] com a colaboração dos "náufragos". No entanto, nenhuma dessas tentativas de chegar à raiz e substância de uma história aterradora alcançou o que Gonzalo Arijón conseguiu com seu extraordinário documentário *Náufragos. Vengo de un Avión Que Cayó en las Montañas*.[18]

Por quê? A originalidade da apresentação feita por Arijón consiste em usar o testemunho oral e direto dos sobreviventes, 35 anos depois dos fatos, e intercalar fluentemente essas recordações com uma reconstituição visual, interpretada

[12] Alfonso Alcalde, *Vengo de un Avión Que Cayó en las Montañas*. Buenos Aires, Arca/Libroimpex, s.f., 1973.
[13] *Sobrevivientes de los Andes*. Direção de René Cardona. Roteiro de Charles Blair Jr. e René Cardona Jr. Produção de René Cardona e René Cardona Jr. *Survive!*, 1976. DVD, 111 minutos.
[14] *Vivos*, 1993.
[15] Piers Paul Read, *Alive*. Filadélfia, Lippincott, 1974.
[16] *Alive, 20 Years Later*. Direção de Jill Fullerton-Smith. Roteiro de Jill Fullerton-Smith. Buena Vista Home, 1993. 48 minutos.
[17] *I Am Alive: Surviving the Andes Plane Crash*. Direção de Brad Osborne. A&E Home Video, 2011. DVD, 98 minutos.
[18] *A Sociedade da Neve*. Direção de Gonzalo Arijón. Roteiro de Gonzalo Arijón. Música de Florencia Di Concilio. Fotografía de César Charlone, Pablo Zubizarreta. *Náufragos. Vengo de un Avión Que Cayó en las Montañas*. Sagrera TV, 2008. DVD, 112 minutos.

por jovens que representam os autênticos "atores" da tragédia. Essa concepção especular funciona brilhantemente: os jovens se movem, agem, mas não falam, são apenas representações visuais; os maduros sobreviventes, em contrapartida, têm toda a *voz* do filme. Não há um narrador único nesse documentário; há dezesseis narradores que contam suas próprias experiências, suas próprias sensações, com um imediatismo surpreendente, como se não tivessem passado três décadas e meia desde o momento original. É assustador ouvir cada um deles recordar com precisão milimétrica o que pensaram e sentiram nos instantes posteriores à queda do avião, quando este, partido em duas partes, ficou imóvel sobre a neve. Provavelmente não existe na história (na real e na do cinema) um exemplo similar de vontade testemunhal que – sente-se às vezes – é também um exorcismo dos demônios interiores, uma grande e coletiva sessão de terapia psicológica.

O relato unifica duas viagens, desde o começo, quando vemos pessoas aproximarem-se do avião que espera na pista: a viagem reconstituída dos jovens (em grande parte filmada na praia, embora o alto contraste da fotografia transforme fantasticamente, aos nossos olhos, a areia em neve), e a viagem de peregrinação que alguns dos sobreviventes fazem ao lugar da tragédia. Sabemos então que aquele lugar foi visitado várias vezes, e é hoje um túmulo reverencial em memória dos mortos. O filme, além do mais, dá oportunidade a alguns, acompanhados de seus filhos e filhas, de refletir sobre seus sofrimentos, e assim, de certa maneira, passar para a nova geração uma concepção existencial que vieram elaborando em seu interior por várias décadas.

A realização do filme é esplêndida. Graças à direção fotográfica inovadora de César Charlone, passado e presente se alternam em diversas qualidades de imagem como se as do passado fossem as da recordação dos homens no presente. O fato mesmo de os atores "jovens" não falarem ajuda a reproduzir o que algum deles chamou de "o silêncio sepulcral" da neve, isto é, a sensação de estar num vazio sem saída. Talvez o próprio estilo do filme promova e motive a eloquência desses homens que em 1972 se consideraram "mortos" para o resto do mundo, mas ansiavam voltar a viver. E hoje falam.

Esse retorno à vida explica (se não justifica) a estratégia de alimentar-se dos outros, dos mortos, de manter um pequeno grupo deles "privilegiado" e bem atendido (tinham os melhores lugares para dormir, toda a comida que quisessem) porque eram os destinados a ir em busca de socorro.

A história do documentário é esta: o relato coral de como eles se organizaram para voltar à vida, enquanto viam os amigos feridos sucumbir à morte. Há duas ou três passagens em que, com dor e compaixão, eles narram como morreram, em seus braços, os amigos mais queridos. Ou, como no caso de Nando, como sua irmã morreu abraçando-o, já morta a mãe dos dois na colisão inicial.

Há expressões notáveis de cada um. A avalanche que sofreram, como segunda desventura, foi ouvido como um "tropel de cavalos correndo". Nicola diz que "a montanha estava viva". Mangino recorda "o silêncio sepulcral". Zerbino se lembra: "eu tinha me transformado num ser primitivo". A vida veio a ser "primitiva, sem leis", embora o instinto tenha estabelecido ao menos uma ordem. Não havia líderes, mas pessoas que faziam coisas. Outros, feridos, desfalecentes, eram figuras inanimadas ou que se iam diluindo em sua desventura, literalmente no nada.

O documentário inclui os materiais de arquivo mais importantes, como a única foto tirada no interior do avião antes do voo, e as filmagens dos momentos do resgate, bem como a primeira coletiva de imprensa, no colégio Stella Maris.

E a surpresa dos médicos ao auscultar os primeiros resgatados:

Os médicos, admirados com a vitalidade dos sobreviventes, não encontraram uma explicação lógica para o incrível acontecimento que comoveu a América Latina. Estes dezesseis ressuscitados surpreenderam o mundo por terem vivido mais de dois meses com poucos alimentos e sem medicamentos. As explicações de por que e como conseguiram sobreviver devem ser buscadas num campo diferente da medicina e do científico, disse o dr. Eduardo Arriagada, que foi o médico que prestou os primeiros socorros ao grupo. "Não temos explicação lógica, e a resposta escapa a qualquer critério existente. Se eu não fosse médico, teria de estar obrigado a crer num milagre", enfatizou o médico.[19]

O arrieiro (ii), o lápis e o papel

Não foi a antropofagia o que salvou os dezesseis sobreviventes uruguaios em 1972. Não foi, tampouco, seu bom estado físico de atletas de classes média e alta. Não os salvou a disciplina, porque estavam vivendo o caos e a desesperança. Não os salvou a religião, porque justamente se sentiram abandonados por Deus. Não os salvou a "sorte", como se fosse uma compensação pela "desgraça". Não os salvou nada disso.

Salvou-os um arrieiro. Um arrieiro, uma folha de papel e um lápis. Salvou-os a escrita.

[19] Ibidem. Ver também: Pablo Vieri, *La Sociedad de la Nieve*, Buenos Aires: Sudamericana, 2008. Ver ainda Rodolfo Martinez Ugarte, *Para Que Otros Puedan Vivir*, Santiago de Chile: Nascimento, 1973.

Como se tivessem assistido atentamente a uma aula de Roman Jakobson, os dois sobreviventes (Fernando e Roberto) que encontraram o arrieiro Sergio Catalán tinham com ele o mesmo código, uma linguagem. Havia a tentativa de emitir uma mensagem e, no outro extremo, de recebê-la. Mas a comunicação falhava. Eles não podiam comunicar-se por causa do barulho da água, mas se entenderam através de uma pedra, de um papel e de um lápis. Tentaram duas vezes. Primeiro, Nando usou o batom de sua mãe, escreveu "S.O.S." num papel e o lançou para Catalán. A mensagem era por demais enigmática. O arrieiro lhes devolveu a folha e juntou um lápis.[20] Então, por fim, Nando se espraiou no texto que se tornou tão famoso.

Até a função "poética" foi notável. Quando Carlos Páez Vilaró viu a mensagem, duvidou de sua autenticidade porque estava "muito bem escrita".[21] *Venho de um avião que caiu nas montanhas* é um dodecassílabo perfeito. Com uma acentuação e uma rítmica impecáveis. *Toda* a mensagem escrita naquele papel era um exemplo de síntese expressiva: não está ali apenas toda a informação necessária, mas, entranhadas em suas 56 palavras, a angústia vivida e a urgência de serem resgatados.

Um dos sobreviventes refletiu – pois o trauma o obcecou por três décadas e meia e continuará a obcecá-lo – sobre o fato de que, nos momentos mais terríveis de sua experiência, eles tinham feito o que nem sequer os animais de uma mesma espécie fazem: eles se tinham devorado entre si.

No entanto, *a escrita é humana*, tão somente humana. Os sobreviventes dos Andes provaram que nós, os seres humanos, somos deuses e demônios ao mesmo tempo.

Enquanto isso, três décadas depois do desastre, Sergio Catalán vive a mesma vida modesta, humilde de sempre, e provavelmente dorme tranquilo à noite. "O arrieiro e seu filho, com os quais os sobreviventes mantiveram uma amizade duradoura, ainda cuida de suas ovelhas no mesmo vale dos Andes..."*

[20] Carlos Páez Vilaró, p. 229.
[21] Ibidem, p. 230.
* Tradução de Carlos Nougué.

Entre o Antropofágico e o Aórgico:
Meditação em Torno de Oswald de Andrade e Vicente Ferreira da Silva

Rodrigo Petronio
Escritor e ensaísta

Eu menti

Dentre as tantas estórias, assim mesmo, sem *h*, envolvendo Oswald e Mário de Andrade, há uma especialmente divertida. Certa vez, Oswald começou a espalhar em boca pequena para muitos intelectuais o seguinte: Mário de Andrade lhe havia dito que Villa-Lobos era um péssimo compositor. Com o clima de animosidade que silenciosamente começou a cercá-lo, Mário resolveu investigar o motivo. Foi quando, estarrecido, para a sua surpresa, um amigo revelou o que Oswald andava dizendo. Obviamente, Mário nunca tinha afirmado nada sequer semelhante sobre Villa-Lobos, na sua opinião um dos maiores gênios brasileiros. Ao tirar satisfação com Oswald, este lhe retrucou: "Eu menti".

Ora, essa é a frase que Macunaíma usa quando se vê metido em alguma encrenca e não tem mais como fugir. Ao realizar a ficção, Oswald devolveu a Mário uma realidade potencializada: não é mais Macunaíma falando nas páginas da rapsódia, tampouco a verificação antropológica ou sociológica de um tipo-brasileiro macunaímico ou de uma tipologia universal do *trickster*. Estamos aqui no cerne daquilo que eu considero a grandeza de Oswald de Andrade. Tal como no jogo de espelhos do falso *Quixote* de Avellaneda, que reaparece sendo criticado pelos personagens do *Quixote* verdadeiro de Cervantes, que por seu turno já leram tanto a obra falsa quanto a primeira parte da obra verdadeira, ou seja, são, a um só tempo, leitores e habitantes da ficção, Oswald ampliou Macunaíma ao se transformar em Macunaíma. Ou seja, ao falsificá-lo. Ao degluti-lo. Tal como fez com Galli Mathias, no *Manifesto Antropófago*.[1] Pois não se trata aqui de uma citação inócua, de diálogo sutil, de mímesis civilizada, de imitação inexpressiva, das flatulências frias de qualquer intertextualidade, mas de apropriação canibalesca.

[1] Para este texto, valho-me sobretudo da obra que reúne os ensaios, manifestos e textos teóricos de Oswald: Oswald de Andrade, *A Utopia Antropofágica*. Prefácio de Benedito Nunes. São Paulo, Globo, 1990. Também menciono incidentalmente outras obras de Oswald, de ficção, poesia, teatro ou outras. Porém, como escolhi uma forma bastante livre para este ensaio, para fazer jus ao espírito dos dois autores tratados, eximo-me de remeter às fontes com notas. Apenas grafo em itálico a forma aproximativa dos conceitos, quando citados. Também destaco em itálico alguns conceitos importantes para cada contexto tratado. Para evitar o excesso de notas, também me abstive de citar as fontes dos demais autores e obras referidos ao longo do texto.

No duplo processo de ficcionalizar a ficção, esta é, por intermédio da falsificação, transformada em realidade virtual, em instância inaparente de um real que se escamoteia nas páginas dos livros, mas que por isso mesmo torna-se mais verídico do que a vida. A partir da obra ficcional de Mário, Oswald realizara uma metaficção, transformando-se no personagem do amigo e, por sua vez, no autor real do personagem que recriara. Era daquele momento em diante outro Macunaíma, de carne e osso. Sim: sabemos que o *Quixote* é uma *épica da negatividade*. Um monumento erguido ao equívoco e por isso um dos umbrais da modernidade. O próprio Oswald, em *A Marcha das Utopias*, define-o como um *épico do equívoco*. Porém, sejamos precisos. Aliás, sejamos imprecisos para sermos claros, como a pérola disforme que se chamava *barroco*, a *uerruca* de Plínio, o Velho. Se o equívoco nasce de uma desordem da linguagem em relação ao mundo, de uma disjunção entre palavras e coisas, isso se dá porque a própria máquina simbólica de representação do real, entendido como *res extensa*, externa ao eixo de representação do sujeito, mal se delineou no horizonte moderno e já começou a entrar em colapso. O equívoco nasce do jogo de espelhos, dependendo de quem o vê e a partir de que ponto o vê. Essa dinâmica da linguagem e do mundo, onde os signos e as coisas se equivocam, é um sintoma. A equivocidade anuncia uma tentativa de retorno a uma linguagem-mundo não desarticulada e a uma palavra-coisa que repousa, não em *estado de dicionário*, mas de *corpo adâmico*. Não é outra a busca de todos os primitivismos da arte moderna. É a procura de uma *nova perspectiva*, de uma *nova escala*. Da *língua natural e neológica*. Contra Paolo Uccello, que é uma *ilusão de ótica*. Contra todo *trompe-l'oeil*. Por uma perspectiva *sentimental, intelectual, irônica, ingênua*, dirá Oswald. Eis-nos devolvidos à univocidade perdida. A falsificação intencional não mutila a linguagem. Ao contrário, devolve-a à sua natureza intrínseca, aos fenômenos e à sua polissemia fundadora. É quando ela recupera seu estado de paraíso. E se a poesia é o paraíso da linguagem, como queria Paul Valéry, é para esse espaço que toda linguagem tende, ao ser poética. Eis as *origens concretas e metafísicas da arte*, segundo Oswald. Eis a *volta ao material, o sentido puro* e *a inocência construtiva* descritas em *Memórias de João Miramar*.[2] Eis que ele pode formular a bela frase: *o estado de inocência substituindo o estado de graça pode ser uma atitude do espírito*.

Assim, essa ficção ao quadrado encarna uma realidade mais profunda, dando a Mário o reverso verídico de sua própria

[2] Benedito Nunes, "Antropofagia ao Alcance de Todos". In: Oswald de Andrade, *A Utopia Antropofágica*. Prefácio de Benedito Nunes. São Paulo, Globo, 1990.

ficção concretizada: a face negativa da obra é a sombra positiva do mito latente que ela oculta. Em outras palavras, o que Mário realizara em literatura, Oswald mitificara na vida. A passagem do *real* à *ficção* e desta ao *mito* só se dá mediante a força estranha de um personagem real que incorpora o personagem literário e lhe confere vida, elevando-o ao estatuto de mito, fazendo-o transbordar das páginas do livro. Mas essa transformação também ocorre por meio de uma desativação dos contornos representacionais do campo simbólico, que por sua vez perde a sua exterioridade referencial e é reintegrado à esfera coletiva do mito. É a passagem do mito ao *epos* de que falam, cada um a sua maneira, Dumézil, Frye, Ruthven e Mielietinski. Pois, se a literatura é uma *mitologia privada* do mundo burguês, tal como sugestivamente definiu-a Mircea Eliade, o mito é, como diz Durkheim, uma *representação coletiva*. Nesse lugar de passagem entre o Real e o Imaginário, entre a esfera privada e a representação coletiva, a noção autotélica e autônoma de indivíduo se liquida. Tal como o *aórgico* de Vicente Ferreira da Silva,[3] conceito colhido em Hölderlin e que significa *aquilo que não foi feito pelo homem*, o mito é a voz do Real que emerge da mais radical *heteronomia do sujeito*, tal como formulada por René Girard. O mito nasce da *outra voz*, segundo Octavio Paz. Aquilo que nos ultrapassa e que só se revela em nós quando abandonamos qualquer pretensão de autonomia do desejo, ou seja, quando nos livramos dos pseudovalores de quaisquer humanismos canhestros. Se o homem foi, é e sempre será uma corda atada entre o nada e o infinito, se foi, é e sempre será tudo perante o nada e um nada perante o infinito, como queria Pascal, a defesa de qualquer substancialidade do sujeito se reduz a mero proselitismo. Assim, o próprio e o alheio se equivalem. A palavra nova e autêntica é sempre a mais antiga, a mais remota, de preferência sem data ou autoria: Logos Divino. O mito é o espaço no qual a Palavra se inaugura, e só o faz quando criação e citação se igualam. Quando, qual Uroboros, a hermenêutica morde o próprio rabo. Por isso, a antropofagia é a *razão mítica* por excelência, por antonomásia. *Só me interessa o que não é meu. Lei do homem. Lei do antropófago.* Ser é imitar. Criar é deglutir. Lembrando Eliot, o mau poeta imita. O bom poeta rouba.

A polis e a selva

O leitor apressado pode se perguntar aonde quero chegar com essas divagações iniciais. Respondo: creio que, justamente por serem divagações, círculos em espiral

[3] Para as citações da obra de Vicente Ferreira da Silva, utilizo a edição de suas *Obras Completas* organizada por mim e publicada por esta mesma casa editorial: Vicente Ferreira da Silva, *Obras Completas*. Rodrigo Petronio (org.). São Paulo, Editora É, 2009-2010. Três Volumes: *Lógica Simbólica*. Prefácio de Milton Vargas. Posfácio de Newton da Costa. São Paulo, Editora É, 2009. *Dialética das Consciências*. Prefácio de Miguel Reale. Posfácios de Vilém Flusser e Luigi Bagolini. São Paulo, Editora É, 2009. *Transcendência do Mundo*. Introdução geral de Rodrigo Petronio. Posfácios de Julián Marías, Per Johns, Agostinho da Silva, Dora Ferreira da Silva. São Paulo, Editora É, 2010. Tal como fiz com Oswald, optei por uma forma livre de ensaio, então evito identificar todas as menções à obra de Vicente por meio de notas de rodapé. Apenas friso em itálico a noção-chave com a qual ele trabalha.

que mais se afastam do que se aproximam do centro, elas possam nos conduzir ao cerne do pensamento de ambos os autores, bem como criar algumas pontes entre eles. E essa aproximação não se dá sem atrito, mas também não recua diante das convergências. Mesmo tendo abandonado a sua crença socialista inicial, Oswald não deixa de se fundamentar no marxismo dialético em suas formulações, embora essas se transformem bastante a partir de *A Crise da Filosofia Messiânica*, que é a obra de um Oswald já crítico do Partido Comunista e de boa parte do projeto soviético, sobretudo do jdanovismo. Para ele, a *doutrina política da URSS* era uma *deformação do marxismo*, justamente porque preservava, *nas aristocracias bolchevistas*, a essência do sistema de classes que não era capitalista, mas patriarcal.

É importante notarmos aqui o teor crítico de Oswald em pleno desenvolvimento, fazendo jus a seu temperamento político e artístico baseado, antes de tudo, em um *fundamental anarquismo*. Assim, nessa fase, mesmo continuando marxista, Oswald é capaz de operar interessantes críticas a Marx. Elas não são contundentes e globais como as que Vicente delineia em ensaios mais abertos sobre o assunto, como *Marxismo e Imanência*. Mas realçam pontos muito importantes. Segundo Oswald, muitos são os problemas do marxismo: o teor *messiânico* que subjaz mesmo às suas propostas científicas, o *corte minúsculo na história* que ele produz, identificando a *origem do capitalismo na Revolução Industrial e desligando-o das formas de acumulação anteriores*, a defesa de *um Estado hegeliano* que, no fundo, nada mais seria do que uma *decorrência da Prússia militarista*. Porém, não deixa de destacar a sua grande virtude: *a ligação entre história e economia*. Em outras palavras, a sua leitura curiosamente reflete o que hoje em dia todos os bons leitores de Marx sabem.

Na mesma tônica política, é interessante a proximidade que as interpretações de Sartre feitas por Oswald guardam com relação às de Vicente. Enquanto este colocou Sartre nas nuvens em um primeiro ensaio analisando *O Ser e o Nada*, anos depois saiu para a briga com o famoso texto *Sartre: Equívoco Filosófico*. A grande decepção de Vicente foi a politização cada vez mais rudimentar que Sartre produzia na filosofia. Oswald, em *Posição de Sartre*, começa fazendo uma curiosa inversão comparativa com Camus: na sua opinião, a defesa da União Soviética feita por Sartre, àquele momento, ao contrário do que se esperava, o colocava politicamente à direita, ao passo que a defesa da liberdade, empreendida por Camus, punha este à esquerda, por mais que se quisesse vincular necessariamente a defesa da liberdade a valores burgueses e a ideias abstratas de uma razão de classe. Além disso, analisando a biografia que Sartre escrevera de Genet, o poeta paulista delata um duplo equívoco: ao mesmo tempo que Sartre se vinculava abertamente ao regime opressor soviético, posando ao lado de Aragon, que, segundo Oswald, depois de ter sido *palhaço do surrealismo* tornara-se *clown do comunismo*, Sartre defendia Genet como vítima do sistema capitalista. Por seu turno, a atitude de Genet, o seu infinito *pugilismo social*, para Oswald, também seria um equívoco político, pois, ao se vitimizar como escritor-ladrão fruto das latrinas pedagógicas francesas, produziu um culto da marginalidade e do herói bandido que o tornava refém dos mesmos mecanismos burgueses que ele pretendia criticar. Genet não percebeu ou hipocritamente fingia não perceber que não é uma eterna afronta à ordem sob a forma espúria de exceção que desativará a ordem. Mas sim uma efetiva transformação de sua estrutura por meios dialéticos. E aqui vem a análise preciosa de Oswald: Genet é vítima, sim. Mas vítima de seus próprios *complexos patriarcais*.

Ora, entramos aqui em um terreno mais interessante. Porque a partir de análises como essas podemos entender que a equação de Oswald nunca se baseia nos binômios capitalismo-socialismo, natureza-técnica, progresso-regresso, nacional-internacional, mas sim entre patriarcado e matriarcado, ou seja, dois regimes mítico-históricos bem mais amplos, que deitam suas origens na própria origem do homem e que produziram dois enquadramentos do real: o messianismo e a antropofagia. A dialética entre ambos é complexa, simultânea, algumas vezes não excludente, embora tenhamos recortes definidos das vigências históricas de cada um desses regimes por meio de ciclos. Por isso, mesmo continuando marxista, a abertura mítica que Oswald confere a suas teses o aproxima de Vicente, mesmo sendo este um crítico feroz do processo de reificação intelectual que o materialismo dialético produzia justamente ao sustentar uma pretensa neutralidade teórica ao se postular como verdadeira hermenêutica da história. E em seus ensaios, embora Oswald preserve muitas vezes a leitura do materialismo dialético, a sua nova concepção mítica dos ciclos culturais regidos pelo messianismo e pela antropofagia leva-o cada vez mais a identificar o *marxismo militante* a uma *economia do haver* e não a uma *economia do ser*, e, portanto, como um projeto mais patriarcal do que matriarcal. Da mesma forma, o Estado soviético, à medida que sobrepõe a hierarquia burocrática aos interesses da coletividade, deixa de ser uma etapa intermediária do processo revolucionário que conduziria ao comunismo, por meio da *ditadura do proletariado*, como queria Marx, e passa a ser a materialização de um estatuto patriarcal. É por isso que devemos entender a análise de Oswald sempre para além das dicotomias esquemáticas entre socialismo e capitalismo, e buscar sua essência em uma concepção mítico-religiosa, no sentido forte do termo.

Além disso, por mais que sua análise sempre acabe sendo materialista, por mais que sempre parta do princípio marxista segundo o qual a forma material histórica é que produz a inteligibilidade prospectiva e retrospectiva das ideias, ou seja, apenas com a emergência do *proletariado* enquanto realidade histórica, pôde-se descortinar a inteligibilidade do *proletariado* enquanto conceito transistórico e, assim, combater em seu favor, Oswald não minimiza em nada a operação inversa: a importância das ideias como motores do processo histórico. Ao contrário, a partir de *A Crise da Filosofia Messiânica*, é essa dimensão mítica que tomará o centro de suas preocupações. A religião e o mito entendidos não como ilusão – potencializada justamente por ser uma das mais reais simulações da realidade, como queria Marx – mas concebidos como motores do real: esse é o tema que passa a assumir o centro de seus escritos. E não se trata apenas de uma inversão entre superestrutura ideológica e infraestrutura material. Tal como os *idealtypen* de Max Weber, a religião é tomada como matriz enformadora do real. Não é por outro motivo, portanto, que Oswald enfatiza tanto o papel desempenhado pelo protestantismo, principalmente o calvinista, na formação da cultura patriarcal. E que Lutero, Calvino, Agostinho e os temas da eleição e da predestinação sejam obsessões em seus ensaios.

O TUPI E O ETRUSCO

Mas qual o papel do selvagem em sua teoria dos ciclos históricos? Tentando radicalizar o fundamento antropológico de sua teoria, Oswald pensa no selvagem não como uma essência cultural ou nacional, mas acima de tudo como metáfora daquele que pode observar o processo civilizacional a partir de *fora*. Como uma espécie de radical estrangeiro no banquete da cultura. Afinal, se o acaso tivesse sido favorável, e houvesse sol ao invés de chuva, não seria o português que teria vestido o índio. Mas o índio é que teria despido o português. Sua concepção de uma cultura selvagem representa mais o desdobramento de nossa perspectiva em outra, que lhe é avessa, do que a afirmação essencialista de uma cultura. Vicente, por sua vez, embebido até a última gota no pensamento filosófico rigorosamente europeu, postulava por outro lado uma superação da filosofia, que se daria por meio de uma metafilosofia, de um pensamento do ser que desvendasse os mecanismos arbitrários dos conceitos, dinamitando a filosofia a partir de dentro. Proximidade ek-stática ao ser que fornece o sentido da ek-sistência, do estar-fora do domínio permanente de qualquer substância (*ek sistere*), é a eclosão do ser que ilumina o pensamento e, com isso, torna a filosofia possível, não a filosofia que descreve a luz que fundamenta a sua própria legibilidade. Caso contrário, a filosofia corre sempre o risco de se reduzir a uma mera engenharia de conceitos, de não chegar nunca a ser um *projetar fascinante* que ilumina as regiões da consciência e produz os limites do pensável.

Foi assim que Vicente buscou a fonte da filosofia no mito, na abertura instauradora de um sentido meta-humano anterior à linguagem, e o encontrou em muitos mitos das religiões arcaicas, sobretudo nos gregos e etruscos, que o fascinavam. Também o encontrou nos poetas modernos, que imergiam até os domínios arquetípicos da experiência-primeira, como Rilke, Saint-John Perse, Lawrence, Hölderlin. Neles de novo o pensamento retornava a sua origem, à nascente e à jusante, sempre, portanto, além e aquém das artimanhas da linguagem filosófica em seu imperialismo. Sempre na contracorrente da entificação do mundo pelo conceito. Pelos atalhos do mito e da poesia, Vicente retorna às culturas matriarcais e, àquele *ventre que é tudo*, segundo Rilke. Por meio do desvelar-ocludente de Heidegger, entende que a filosofia nasce como emancipação da razão, mas, também e simultaneamente, como eclipse do mito, movimento que projeta ganhos e perdas no horizonte. Há que se reconstruir a história da razão filosófica como meta-história da razão mítica, fazer do logos um enclave subsidiário do *mythos*, periferia de uma potência inteligível-fascinante mais ampla que, embora adormecida, continua atuante, nos interstícios da ação humana e na fonte além-humana de todas as atuações e potências adormecidas nas camadas profundas da espécie.

Por seu turno, sobre a subordinação do *mythos* ao logos, da metafilosofia à filosofia, Oswald diria de maneira bonachona: *era uma ilusão de ótica*. No que concerne à filosofia, a análise de Oswald peca por superficialidade. E colide com as crenças de Vicente, pois se este acreditava que era necessário dinamitar os alicerces comprometidos da metafísica, nós só o faríamos a contento a partir de uma crítica interna e de uma revisão interior à tradição filosófica do Ocidente, nunca de fora. Não por acaso Vicente elege Heidegger, um dos mais sistemáticos críticos da metafísica, como seu mentor intelectual. Ao contrário, Oswald considera que toda teoria que parta da análise do *ser enquanto ser* é uma monarquia filosófica e, portanto, diz mais respeito a uma razão de classes e a uma tomada de postura política do que a uma investigação propriamente metafísica e ontológica. Em outras palavras: toda a ontologia é uma antropofagia disfarçada. Por isso, o *ser enquanto tal é sempre uma forma de consciência de classe e de representação do poder*. E mesmo uma noção como a de *consciência transcendental*, de Husserl, é também ela um *retorno ao ser enquanto ser*. Tal *ilusão de ótica* é que teria criado a filosofia ocidental em oposição ao pensamento mítico. Trata-se de uma invenção de Sócrates, aquele que, para Oswald, introduziu a senilidade no pensamento. Sócrates matou o sentido lúdico da vida. Para Oswald, contra Sócrates, temos de lutar pela *conquista social do ócio*. Por isso, diz o poeta paulista, sobre o *Homo faber*, o *Homo viator* e o *Homo sapiens* deve prevalecer o *Homo ludens*, numa surpreendente proximidade com o conceito de *moral lúdica*, central na filosofia de Vicente, e colhido sobretudo na obra-prima *Homo Ludens* de Johan Huizinga, autor com o qual estabelece um diálogo dos mais fecundos.

São conhecidas as diversas facetas de Oswald, como poeta, polemista, romancista, dramaturgo, vanguardista, náufrago político, ponta de lança das vanguardas e dos movimentos artísticos. Também se destaca muito a sua própria personalidade: difícil, fascinante, contraditória. Ou seja: a obra-vida que Oswald também nos legou, e que não é pequena. Mas, a partir dos temas que pincelei até aqui, eu arriscaria lhe agregar outra faceta, descobrir, miticamente, outro Oswald em Oswald, tal como ele descobrira outro Macunaíma em Macunaíma: o mitólogo. Mais do que isso, a meu ver, esse é o aspecto mais rico de seu legado, o grande Oswald, que amarra toda sua obra, justamente porque transcende o esquadro da literatura. A mitologia que Oswald criou nos manifestos, nas conferências e nos ensaios é aquilo que confere os contornos a seu testamento intelectual. Ela é a chave para compreendermos toda a sua obra, pois, sendo esta inseparável da vida, está mergulhada do começo ao fim nas fontes indivisas onde se originam ficção e realidade. Ou seja: é toda ela uma projeção mitopoética, fonte de todas as representações, nas quais o próprio Real se inclui. Como dizia Vicente, o Mito é a *instância projetiva* do Real, aquilo que lhe confere inteligibilidade, ilumina-o e faz com que ele seja o que ele é.

Voltando um pouco à brincadeira do Oswald-Macunaíma, ao contrário do que se pensa, há uma relação profunda entre *mito* e *mentira*, para além da concepção intelectualmente *naïf* de que o mito seria uma *mentira sensível* porque inventa coisas que não são empírica e racionalmente demonstráveis, mentira intelectual que vem desde Xenófanes de Cólofon e que no nosso tempo se cristalizou no mundo acadêmico sob o menosprezo do poder e da abrangência do mito, sempre tomado como *resíduo noético* a ser extirpado pelo esclarecimento dialético da razão. Porém, no que diz respeito à essencialidade da mentira, e, portanto, à sua fundamentação mítica, o antropólogo e psicanalista Ernest Becker formulou os produtivos conceitos de *mentira caracteriológica* e de *negação da morte* como sendo os pilares originários da cultura. Ao tomar ciência da morte, ao descobrir sua finitude, o homem adentra o domínio do humano. Sai da teia infinita dos processos naturais, ou seja, deixa de ser *relativamente imortal* enquanto natureza e sob a ótica ilusionista do *continuum* de sua percepção, e adquire a consciência, que se materializa como finitude. Para Becker, a mentira caracteriológica é nada mais nada menos do que toda a civilização: a arte, as instituições, a cultura, as técnicas, a política, os saberes, enfim, toda a operosidade humana no mundo tende a nascer dessa dupla articulação na qual sobrevivência e transcendência se irmanam: negarmos a finitude é materializamos uma mentira para transcendermos o nosso estado de coisa mortal. Para sairmos do regime finito, criamos a ficção-mundo, que passa a ser nosso hábitat, ou seja, a nossa transcendência, posto que o sobrenatural seja apenas aquilo que desativa a nossa percepção da morte, conquistada com a consciência. Como diria Nietzsche, cuja hermenêutica da suspeita vai tentar implodir justamente esse mecanismo ilusionista, durante milênios o homem arrogantemente chamou de *verdade*, *sobrenatural* e *conhecimento* a algo que não passava de ressentimento transfigurado de sua própria incapacidade de lidar com a mortalidade. Para ele, durante milhares de anos, o homem julgou que a manobra titânica de sua revolta contra a morte pudesse ser chamada de *cultura, arte, civilização, religião*, quando no fundo ela nunca passou de um dos sintomas mais cristalinos do *ressentimento* contra um imperativo que não é categórico, mas sim cósmico, vital. Além de Nietzsche, em um enquadramento mais de crítica da cultura do que em um sentido antropológico mais amplo, Benjamin também percebeu algo semelhante ao delatar o resíduo de barbárie que sustenta toda obra civilizada.

Oswald flagrou bem essa raiz. Pois se não chega a formular uma teoria no sentido de Becker, não é outra a função que a *razão lúdica*, o fingimento, a anedota, a farsa, a bufonaria, a falta de caráter, no sentido macunaímico do termo, e a mescla de vida e arte operam em sua obra, para assim confirmar a *essencialidade da mentira*. Vicente, profundamente nietzschiano, defensor da *razão vital* de Ortega e do *vitalismo* de Max Scheler, vai entender que apenas o mergulho na dimensão ctônica e pré-formal da existência nos salva da ação nociva que a cultura e a civilização podem desempenhar quando tomadas como entidades externas à força telúrica que as anima, quando a arte for entendida como arte emancipada, como estética autônoma, no sentido kantiano, ou seja, quando ambas, arte e cultura, forem desvinculadas da matriz religiosa que as alimenta. Caso contrário, pouco ou nada as afastará da mentira. A arte, para Vicente, é uma evisceração do mito, e será tanto mais forte não quanto mais a ele retroagir, não quanto mais dele se distanciar. A evolução é para trás, o horizonte a ser conquistado é a Origem, transistórica e meta-histórica, não o futuro.

O LÚDICO E O MESSIÂNICO

Portanto, nada de idealismo. Entre o *mito* e a *mentira* vai o espaço de um trocadilho. Se *mentira* vem de *mens, mentis,* que é *espírito, alma, razão*, a falta da *mens* que acarreta a *mentira* é a maior das virtudes, pois nos liberta da alma. Abdicar da alma, viver sem substância, ser sem haver e sem ter: essa talvez seja a utopia matriarcal de Oswald-Macunaíma, monarca de Pindorama, desalmado, sem caráter, e por isso mesmo aberto ao mundo e à invenção do futuro. Porque se o Mito é o Nada que é Tudo, como dissera o maior poeta da língua portuguesa, é nesse registro que entra o mentiroso Oswald, glutão de meias-verdades, devorador de mentiras alheias e caçador de verdades-inteiras. Sem caráter, porém heroico, Oswald diz que compromisso e verdade são termos que gramaticalmente não concordam. Felizmente. Pois na terra dos bacharéis de anel de ouro e dedo mindinho em riste, espécie de El Dorado dos diplomados e dos diplomatas, a piada é mais profunda que a poesia, justamente porque ainda não se criou o mito da poesia nova, a *visão de olhos livres* que vai reinventar a poesia e inverter, por meio de uma saborosa lógica tupinambá, esse *trompe-l'oeil* entre o profundo e o superficial. Para tanto, há que se devorar a alta e a baixa culturas, a poesia e a piada, a santidade e a pornografia, a floresta e a escola, a igreja e a senzala, o totem e o tabu, o índio e a tecnologia, pois desde a deglutição do bispo Sardinha tudo isso interessa à vida-linguagem do matriarcado de Pindorama. Essa é a cartilha da *revolução caraíba*. Contra o gabinetismo, a prática culta da vida. A ficção não existe fora do mito. A poesia é a vida ficcionalizada. O resto é literatura.

Isso explica, por exemplo, tanto as virtudes como os defeitos da obra de Oswald. Difícil precisar até que ponto a notável superficialidade que atravessa algumas de suas páginas é fruto de sua *metafísica bárbara*, da *nova perspectiva* e da *nova escala* pregada no *Manifesto da Poesia Pau-Brasil* ou até que ponto é uma saída estratégica para não enfrentar o demônio do meio-dia que a lucidez exige. Tampouco é fácil saber em que medida essa mistura de vida e arte do Oswald-Macunaíma, heterônimo de Oswald-Pinto Calçudo, ensejou as suas guinadas políticas constantes e às vezes inconsequentes. Porém, em linhas gerais, acredito que essas oscilações criem, também elas, outra esfera de compreensão de sua obra, e sejam elas mesmas materializações de um jogo que ele estabeleceu entre o lúdico e o messiânico. E podemos colher esse ensinamento também em um mito. No hinduísmo, Māyā não é apenas o mundo como ilusão e destino, como *fatum* e inexorabilidade. Ela tem também a face Līlā, deusa que *joga* e *brinca* o mundo para que ele exista: das estrelas às formigas, dos homens às constelações, somos suas peças, seus brinquedos, a forma lúdica, passageira e livre do destino. A fatalidade também ri. E é justamente por essa dupla face que ela se torna ainda mais trágica do que se fosse meramente agônica, como muito bem intuiu Nietzsche. Sem o jogo não haveria existência: tudo se aniquilaria. Por isso a sua seriedade. Por isso, só somos livres no jogo, na via lúdica que suspende o juízo, a moral, os costumes. Para que voltemos a ser *bárbaros e crédulos, meigos e pitorescos*. O jogo nos retira do imperativo categórico para que escatologicamente saiamos do mundo e do tempo. Mais uma vez, para falar com Vicente, apenas com uma *moral lúdica* nos livramos da instrumentalização e recuperamos a vida em seu primeiro nascimento. Desativar o *fatum* pelo jogo: paradoxal e lúdica escatologia. Eis, para Oswald, a única Redenção.

O MITO

O mito da antropofagia, criado por Oswald, tem diversas camadas. A mais imediata é uma divisão entre duas matrizes, a do matriarcado e a do patriarcado, identificadas pelo poeta, respectivamente, a duas razões míticas que regem os ciclos da história e uma espécie de morfologia cultural: a antropofágica e a messiânica. Ambas se alternam no curso do tempo, produzem distintas molduras de percepção do real, dois *Weltanschauungen* opositivos que tencionam a dialética histórica. Essas duas modalidades de mundo se distribuem em concepções filosóficas e soteriológicas, que visam a um além e a um plano de consumação futura dos tempos, seja ele terreno ou sobrenatural, e que fundamentam as crenças do que Oswald chama de *filosofia messiânica*, nascida no âmbito do patriarcado. Todo movimento contrário a essa tábua de valores, ou seja, que pense a radicação transitória do homem na Terra, a despeito de seus projetos de progresso e redenção, recairia sobre o modo de vida matriarcal, sustentado pelo mito matriarcal e pela linhagem matrilinear, que se caracteriza pela inexistência da propriedade, pela organização coletiva e sobretudo pelo rito de deglutição do pai totêmico.

Esses padrões históricos se articulam e se alternam, seja nos padrões coletivistas de Israel e da Idade Média, seja no caráter individualista que emerge com Grécia e Roma e que toma forma novamente no Renascimento, vindo desaguar no romantismo e no projeto da modernidade formador do mundo atual. Como afirma em *Meu Testamento*, essa dualidade entre patriarcalismo messiânico e matriarcalismo antropofágico teriam se dividido, respectivamente, em termos geopolíticos nas potências políticas do hemisfério Norte (EUA, Europa, Japão), acima do Trópico de Câncer, e nos países do hemisfério Sul (China, América Latina, Índia, países da África), abaixo do Trópico de Capricórnio. A tese defendida em *A Crise da Filosofia Messiânica*, talvez o escrito mais importante de Oswald sobre a antropofagia, é a de que o século XX produz um retorno às matrizes coletivas do imaginário mítico e, portanto, exige de nós novas formas morais, comportamentais, culturais, artísticas, econômicas e políticas. O arco temporal do individualismo burguês se esgotou, e é com essa fé que ele opera a sua utopia da devoração universal como princípio dinâmico e *metafísica bárbara* que lançará o mundo em um novo éon. É a palavra de guerra do *antropófago transcendental*, para quem o único sentido na Terra é a devoração. Porém, ao contrário de todo sonho idílico de recuperação de uma natureza perdida ou de um retorno a uma pureza selvagem adamita, essa metafísica se realizará também mediante uma devoração criativa da tecnologia, gerando uma das figuras de proa do ideal antropofágico: o *bárbaro tecnizado*.

Em seu ensaísmo, Oswald está sempre devorando diversos conceitos e autores. É patente o tributo que ele tem com Montaigne, especialmente o capítulo "Dos Canibais", dos *Ensaios*. Afinal, é uma das obras *primas* da narrativa antropológica, uma guinada entre a antropologia dos antigos, tais como Heródoto, e dos viajantes, e a antropologia moderna. Além do pragmatismo de William James e da obra Voronoff, Oswald também estava sintonizado com o espírito de época lançado por Spengler. Tanto que sua obra *Ponta de Lança* é de nítida inspiração spengleriana. Tampouco passou incólume à influência do clássico *A Decadência do Ocidente*, embora a sua tônica recaia sobre a altitude das realizações ocidentais, em detrimento da crítica que Oswald e outros autores lhe farão justamente nesse ponto. Embora não o cite, o tema dos ciclos mítico-históricos e das *idades do mundo*, como diz Schelling, retroage modernamente à *Ciência Nova*, obra-prima de Vico que Oswald infelizmente parece não ter conhecido. Também a análise da civilização realizada a partir da metáfora do organismo que nasce, cresce, se desenvolve e fenece, dando lugar a um novo ciclo, é uma tônica da historiografia novecentista. Mesmo o mito positivista dos *três estágios* está permeado dessas crenças em contínuos crescentes, embora Comte proponha a superação dos estágios anteriores pela razão positiva, tal como Hegel o faz por meio da assimilação completa do para-si ao em-si da consciência pura e da plena realização do Espírito no Absoluto. Por seu turno, tanto a ideia dos *corsi* e *ricorsi* quanto a inversão do *tópos* evolução-progresso e involução-regresso que se manteve sobretudo na historiografia de extração romântica, na qual a meta não seria o Fim, mas a Origem, são afinadas às concepções protoescatológicas de Vicente e também ao mito de um matriarcado futuro, segundo Oswald. Todas essas concepções não eram exatamente novas na época de Oswald e Vicente, e tampouco Spengler reinventou a roda. Apenas aplicou essa hermenêutica da história de modo mais sistemático e numa escala finalmente global, tal como Toynbee também o fará em sua obra monumental. Além de outro clássico de Spengler, *O Homem e a Técnica*, a ideia de *bárbaro tecnizado* veio a Oswald sobretudo por meio de *O Mundo que Nasce*, de Keyserling. Tal noção desempenha um papel importante para legitimar o que Oswald entende por *matriz cultural antropofágica*, em oposição a *identidade cultural*, tal como era proposta no Brasil por diversos movimentos nacionalistas e sociológicos. Há outros autores importantes, tais como Ludwig Klages, cuja psicologia profunda das pulsões e dos componentes corporais do inconsciente exerceu profundo impacto também sobre Vicente Ferreira da Silva. Porém, os autores que mais se destacam para a concepção da arquitetônica do pensamento de Oswald são Dacqué,

Freud, Marx e, em especial, Bachofen, tanto que o poeta chega a falar em uma *dimensão* Bachofen do pensamento, ou seja, como se a obra deste autor fosse a pedra angular responsável por toda a dinâmica das matrizes mítico-históricas implicadas em sua análise.

Isso é compreensivo. Acima de tudo se lembrarmos da importância que a obra de Bachofen ainda desempenhava nos estudos de mitologia e de história das religiões das primeiras décadas do século XX. O próprio conceito de *matriarcado* foi retirado diretamente de Bachofen, cuja obra postula a existência mítica e jurídica de uma era presidida pela figura da mulher, uma ginecocracia no Mundo Antigo, autor e ideia nucleares também para a meditação dos princípios míticos germinativos que estão na raiz de todas as culturas, segundo a concepção de Vicente. A Grande Mãe e a Grande Deusa terríveis seriam os resíduos mais antigos que se perpetuaram ocultos nas divindades femininas posteriores. Oswald, inspirado em Bachofen, tanto em *A Crise da Filosofia Messiânica* quanto em *Variações sobre o Matriarcado*, identifica o início do patriarcado na translação do direito materno para o paterno, expresso na *Oresteia* de Ésquilo por meio da submissão das Erínias, fúrias femininas vingadoras dos crimes hediondos, às leis do Estado e pela consequente absolvição de Orestes. É a Grécia clássica, da filosofia e da política ateniense, que vai produzir, segundo o poeta paulista, as bases teológicas, conceituais e metafísicas do patriarcado ocidental, a partir da figura de Sócrates, muito criticada por Oswald, que o via como um mentor de uma ética da senilidade antecipada, contra o instinto lúdico dos jogos que sempre presidiram outras instâncias da vida grega e arcaica. Crítica, por sinal, um pouco semelhante à que Vicente faz às consequências da *razão negativa* socrática sobre a liberdade mítica dos tempos arcaicos. É a origem da metafísica, ou seja, a busca do *ser enquanto ser* que delata o espírito messiânico da empresa ocidental, ao projetar para as esferas suprassensíveis as hierarquias do poder político temporal e assim sustentar teologicamente a soberania patriarcal de uns sobre os outros. Com a assimilação recíproca entre Atenas e Jerusalém, entre a tradição judaico-cristã e a teologia grega, síntese operada à perfeição pelo apóstolo Paulo, o longo arco temporal do patriarcado se consuma em toda a sua amplitude. Não é por acaso que o grande inimigo de Nietzsche não é tanto Jesus, mas Paulo. Para ele, o primeiro moderno. O primeiro democrata. Ou seja, o primeiro teórico do rebanho. O pugilato de Nietzsche seria portanto também contra o patriarcado dócil, nos quais senhores e escravos se complementam, em vez de criarem de fato uma *moral de senhores*. Mas o recuo temporal dessas estruturas patriarcais pode ir bem mais longe.

Como se sabe, em *Totem e Tabu*, Freud constrói a sua fascinante hipótese da origem da civilização. Em uma horda tribal pré-histórica, havia a vigência de um pai arcaico, macho alfa, não castrado simbolicamente, que tiranizava pela força os membros do bando além de possuir as fêmeas de maneira indistinta. Era o reino da *indistinção simbólica*, ou seja, da *distinção arbitrária* realizada não mediante regras, mas pela violência. Tal pai arcaico ainda é notado até nos limiares da história, por exemplo, na figura de Gilgamesh. Pois antes de sua viagem em busca da imortalidade, este era um rei tirano, violador voraz das mulheres de nobres e plebeus. Lei e governante emanavam de uma mesma fonte, ainda não tinham sido separados. Para Freud, o nascimento da cultura humana se deu com uma primeira transgressão dessa ordem patriarcal primitiva, mediante o gesto literal de assassinato e devoração do pai totêmico pelos filhos-membros da comunidade. Porém, esse gesto, libertador a princípio, acarretou uma dupla incisão: a criação do tabu do incesto e do assassinato ritual. Além disso, segundo Freud, o pai morto teria se inscrito no inconsciente como Lei. A devoração não é uma aniquilação. Mas uma conversão do real em virtual, do literal em simbólico. Assimila-se o poder do objeto comido. Assimila-se também a cisão simbólica do ato de comê-lo. Agora não era mais preciso matar o pai: todos obedeceriam ao seu fantasma, animicamente inscrito na alma, marcada pela recordação traumática do gesto fundador da cultura. O parricídio canibalesco levou à interiorização da figura paterna e à criação de um superego coletivo. Nasce aqui, para Freud, a pedra angular da ordem civilizada: a culpa. Mas nasce aqui também a religião, tal como Freud a explora em *Futuro de uma Ilusão* e em *Moisés e o Monoteísmo*.

Ora, para além dos elementos abstratos da dialética por meio da qual o espírito se realiza, que está no cerne do pensamento de Hegel, citado por Oswald, temos já nesse ato bárbaro dos primórdios a emergência do homem entendido como *negatividade*. Porque se o homem e o animal se unem na pulsão e no apetite, eles se separam mediante o trabalho que o *negativo* opera diferentemente em ambos. Diferente do animal, o negativo atua no ser humano não *dizendo o que ele não é*, mas sim dando-lhe a *contrafigura daquilo que ele pode ser*. Ou seja, diferente da determinação da essência animal, feita por meio da *privação de uma potência*, de uma ação privativa que *define aquilo que ele é*, em nós a dialética da negação age inscrevendo negativamente em nós o *limite do que ainda não somos*, como contrafação, e o que *potencialmente podemos e atualmente poderíamos ser*. Em outras palavras, enquanto os animais se unem e se distinguem entre si por meio de comportamentos constantes que *seguem as leis da natureza*, ou seja, obedecem ao tabu de não comerem membros da mesma espécie, apenas o homem, ao cometer a primeira transgressão, ou seja, ao transgredir o tabu do assassinato do líder do bando, entra na ordem da cultura. Contraditoriamente, a violação da lei da natureza o humanizou. Paradoxalmente, por mais absurdo que isso possa parecer, apenas mediante a devoração do pai totêmico o homem sai do estado de natureza e ingressa na cultura. Mais do que isso: essa passagem da natureza à cultura, para usar aqui os cortes binários de Lévi-Strauss, é também simultaneamente o seu ingresso no domínio do *sobrenatural*.

Essa função ritual civilizadora estabelecida pela transgressão, explorada também por outros autores, como Bataille, por exemplo, no que toca à sexualidade, é a pedra de toque do lema de Oswald: *a operação metafísica que se liga ao rito antropofágico é a transformação do tabu em totem*. Quando a interdição vira norma, o assassinato do pai totêmico deixa de ser expiado como culpa e eterna vigilância e passa a ser vivido como celebração. A partir dessa equação Oswald vai ampliando o núcleo de suas indagações para uma dimensão antropológica acerca das origens da antropofagia e sobre o seu real sentido para a cultura brasileira. Tanto que ele traça uma interessante aproximação entre a antropofagia e o homem cordial de Sérgio Buarque de Holanda. A extroversão e o sentimentalismo do homem cordial seriam um lado antropofágico da cultura brasileira, cuja ênfase recai sobre um *viver no outro* mais do que *viver em si* e *para si*. Como bem observou Benedito Nunes, o movimento de Oswald é o de fazer a história ser reconvertida e reassimilada à pré-história a partir de um corte transistórico. Esse seria o modo de acesso à história universal, partindo-se da realidade brasileira: a transição do histórico ao transistórico, em um movimento transversal, semelhante ao postulado por Vicente Ferreira da Silva rumo àquilo que ele definia como meta-histórico e transistórico, pertencente à longa narrativa do ser, no interior da qual a história humana não passaria de uma breve eventualidade. O homem é uma antropofania, uma figura arrojada do fundo ctônico da meta-história e inserida no drama cósmico que o ultrapassa. Para o homem participar dessas potências teogônicas é preciso que ele deixe manifestar em si as forças aórgicas, ou seja, tudo aquilo que *não* foi feito por ele mesmo, dando voz à heteronomia radical que o constitui. Apenas ao tomar contato com aquilo que o transcende o homem adquire sua humanidade. Portanto, em um gesto essencialmente paradoxal, semelhante à transformação do tabu em totem de Oswald, para Vicente a humanidade do homem lhe é outorgada pelas instâncias projetivas transcendentes, meta-humanas, não devém de fatores culturais, biológicos, sociais, físicos nem mesmo religiosos, embora a religião, para Vicente, seja a primeira forma temporal do *Fascinator*, ou seja, a primeira fascinação e a primeira inscrição teofânica que esculpe as primícias e os leves traços humanos na fronte da argila animal.

Animal estelar

Essa antropodiceia de ambos os pensadores guarda aspectos dos mais fascinantes. No que concerne às fontes antropológicas, Oswald dialoga muito com a curiosa e poética tese do antropólogo Edgar Dacqué. Para este, a origem do homem seria pré-estelar. Semelhante à *matéria imortal* da biologia de Mendel, Morgan e Lissenko, em maior ou menor grau seguidores da teoria de Weismann, ou mesmo das instigantes visões da *matéria sutil* e do *plasma pneumático* legadas pelos gnósticos e pela alquimia, sobretudo por Paracelso, a *teoria dos colaterais* desenvolvida por Dacqué postula uma passagem contínua dos moluscos, peixes, sáurios, aves e mamíferos até o homem. Este, todavia, teria fixado as características das espécies precedentes, chamadas *colaterais*, e apenas muito tardiamente estes se teriam separado e gerado o seguimento da espécie humana. Essa teoria inclusive dialoga com o chamado *homúnculo* de Bolk, se pensarmos que, no processo de separação dos colaterais, o *Homo sapiens* teria sua origem arcana na *fetalização dos macacos*.

Embora Oswald use e abuse de imagens poéticas e afirme teorias que não são totalmente averiguadas, essas teses têm aceitação no meio científico inclusive hoje em dia, a ponto de Peter Sloterdijk, um dos principais filósofos da atualidade, desenvolver uma teoria sobre a paleopolítica, a política do período dos hominídeos, baseando-se no conceito de *neotenia*, ou seja, do nascimento prematuro de uma espécie que teria cindido a aglomeração cumulativa de características da espécie e produzido um novo entroncamento, cujo desdobramento teria sido o homem. Em outras palavras, o homem seria um animal que não deu certo. Contra a *evolução*, haveria a *involução*, à medida que é o erro de sequência de uma espécie inferior que teria gerado a separação das constelações genéticas e, desse sequenciamento, provavelmente tenha surgido o antropopiteco. Essa noção de involução também é muito cara a Vicente. Para ele, ao contrário do que propõem a herança do *Aufklärung*, o pensamento escatológico, a dialética do esclarecimento, o pensamento positivista e todas as filosofias teleológicas, o homem não surgiu de uma evolução, mas de uma involução, cujo sintoma é um afastamento da Origem por meio da qual o *Fascinator*, em um gesto de excentricidade, lançou-nos na cena mundana.

Semelhante ao *acheiropoietos*, *aquilo que não foi feito pelas mãos*, princípio transcendente de composição do ícone do cristianismo ortodoxo, o *aórgico* é o *não feito por mãos humanas*. Para Vicente, o aórgico é a libertação do homem do dogma do humanismo e da metafísica da subjetividade. A *orgia*, no sentido grego, é a celebração dionisíaca que consiste na dissolução mítica do indivíduo por meio de uma imersão na substância indestrutível que se encontra para além da vida determinada de cada ser singular, ou seja, em uma passagem mítica da vida finita e determinada (*bíos*) para a vida indeterminada e eterna (*zoé*), de acordo com o monumental *Dioniso* de Carl Kerényi.

Mais do que a proximidade etimológica aparente entre *aórgico* e *orgia*, na acepção de Hölderlin, como o próprio artigo negativo expressa, o aórgico seria uma *dimensão não orgânica* da experiência vital, e, por isso, algo que ultrapassa não só aquilo que é posto pelo homem, mas até mesmo o sentido orgânico totalizador de uma *physis*, de uma *natureza*. Ora, aqui temos um aparente ruído. Se o banquete antropofágico de Oswald nos convoca a viver a organicidade até a sua última célula, a concepção aórgica de Vicente, dialogando com Hölderlin, mesmo imbuída de um forte vitalismo, parece seguir em um sentido oposto. Talvez estejamos às voltas como uma concepção semelhante à de *espírito*, para Max Scheler, que é a um só tempo profundamente vital e sutil. Porém, aqui entra uma diferença decisiva que Oswald estabelece em sua gramática mítica e que é uma ponte indispensável para reaproximá-los: a *oposição entre antropofagia e canibalismo*.

Para Oswald, a antropofagia é sempre mítica e desempenha uma função metonímica: a parte devorada sempre é índice do objeto devorado e este, uma extensão material de suas virtualidades. Em outras palavras, os selvagens nunca devoram *o inimigo*, pois assim assimilariam apenas o cerne ruim de sua carne. Em última instância, comeriam apenas o seu corpo, como se comessem qualquer animal, e nada se passaria. Em termos rituais, seria um evento vazio. Além disso, sabe-se que há distinção entre o alimento antropofágico ritual e o alimento feito de outros animais, que não o homem. Por isso, eles devoram o que o inimigo *representa*: poder, força, virtude. Essa tese, corrente nos estudos antropológicos sobre antropofagia, foi flagrada com sagacidade por Oswald. E do ponto de vista filosófico ela quer dizer: o antropófago, apesar de comer *literalmente* o seu inimigo, *não come sua carne*. Para simplificar, talvez possamos dizer que ele come o seu *espírito*, em outras palavras, come-o enquanto *modelo*. E este espírito exemplar *não* lhe pertence. Vem de outra esfera, em um processo de atribuições que, por serem sempre feitas em torno de seres que necessariamente são carentes de substância, se realiza ao infinito. Não há termo final nesse percurso semiológico da imitação antropofágica, já que o primeiro referente, o Modelo dos modelos, a Vítima das vítimas, embora o corpo o sinalize, não está no corpo, está para sempre perdido e nunca será alcançado. Tal como o homem é pastor do ser e não senhor do ente, como Vicente diz, citando Heidegger, o inimigo do antropófago é *índice* do espírito, não seu *detentor*. Como eu havia dito, o mimetismo antropofágico se dá como extensão radical de uma concepção da não substancialidade do indivíduo. Ele devora modelos, não devora indivíduos. Não por acaso, Girard define o *desejo metafísico* como um desejo direcionado ao *modelo*, não ao *objeto*. Creio que, resumidamente, nesse ponto a teoria de Girard coincida com a proposta antropofágica: a apropriação do alheio não é um fim em si mesma, mas apenas a mediação da cadeia infinita de apropriações, cuja origem e o fim se desconhecem, da mesma forma que o desejo mimético, quando direcionado para um modelo, caso queira retroagir até um primeiro objeto-modelo desejado, chegaria ao Nada. Ou a Deus. Talvez por isso Oswald chegue a dizer: *é preciso passar por um profundo ateísmo para chegar a Deus*. Ou: *o sobrenatural não está longe do milagre físico que a técnica cria*.

Do ponto de vista desenvolvido na antropologia de René Girard, baseada no *desejo mimético* como pedra angular, a antropofagia poderia ser entendida como mito central da cultura humana, à medida que a humanidade do homem deita raízes na *heteronomia radical que constitui a sua essência*. E isso se dá *justamente porque ela o esvazia de substância metafísica intrínseca*. Por isso, noções como *inconsciente, subjetividade, expressão, originalidade*, ou seja, toda a gama de termos cunhados pela *mentira romântica* para poder falar sobre o homem, mentira esta que é, possivelmente, apenas mais uma das mentiras caracteriológicas de que fala Becker, pode ser vista, pelo prisma de Girard, como um grande processo ilusionista e artificial de produção de profundidade. Estamos de novo, embora em outro esquadro, às voltas com o *trompe-l'oeil*. Erudito, sofisticado, interessante, producente e de extremo valor em diversas teorias, mas inadequado aqui. Pois a antropofagia, ao negar o estatuto substancial de todos os seres, incluídos aqui os próprios homens, põe sob parênteses toda e qualquer hierarquia potencial ou atual existente entre eles. Mais do que isso: à medida que ela é a identificação radical entre comedor e comido, entre imitador e imitado, entre fora e dentro, entre público e privado, entre sujeito e objeto, ela também *produz performativamente a desativação completa de todos os mecanismos de representação*. Em uma inusitada concordância com Wittgenstein, a antropofagia demonstra o *fundamento tautológico* do Real, tal como o filósofo austríaco demonstrara o fundamento tautológico da linguagem. Ambos, mundo e linguagem, terminam reduzidos aos seus constituintes elementares, pois se o círculo mimético *ad infinitum* esvazia as coisas de sua substância, tampouco os signos remetem a coisas, mas, como dizia Wittgenstein, apenas descrevem *estados de coisas*, flutuações do mundo, recortes provisórios, não entidades autossuficientes. Em outras palavras, ao *realizar o mito*, a antropofagia *extingue a literatura*, entendida como modo representacional de lidar com a linguagem.

Civilização canibal

Mas então o que seria, para Oswald, o canibalismo? Seria a deglutição do objeto enquanto objeto. Em um sentido político, seria a exploração. Sempre que a devoração não visa a um além-objeto e não se manifesta como deglutição infinita, desdobrada no horizonte ritual exemplar das não coisas, sempre que ela visa à carne e não visa ao espírito, sempre que ela visa à coisa e não ao modelo, ela pode ser entendida como canibalismo. Ora, esse sentido de canibalismo se expande se levarmos em conta que ele é a expressão do próprio princípio messiânico patriarcal. Se a base do *Weltanschauung* patriarcal é o messianismo, ou seja, o projeto redentor milenarista que se enraíza na coisificação do movimento da vida cuja expressão máxima é a ideologia da imortalidade, esse processo de coisificação não é nada mais do que uma redução da abertura ritual antropofágica e seu consequente afunilamento no canibalismo. O *canibalismo estaria para a filosofia antropofágica* de Oswald como a *entificação* estaria para a *filosofia do ser*, no pensamento de Heidegger e, por conseguinte, de Vicente. Mas aqui os pensadores se aproximam e logo se separam. Porque a profunda crítica da modernidade empreendida por Vicente, ao partir de Nietzsche e Heidegger, estabelece como pedras de toque, respectivamente, o princípio de entificação do ser e a constituição do ressentimento como eixos metafísicos e axiológicos do Ocidente, cujo ápice seriam a platitude da moral de rebanho das massas e o império da técnica no século XX.

Um autor nuclear tanto para Oswald quanto para Vicente no que diz respeito ao declínio da civilização, além do mencionado Spengler, é um filósofo russo e um cristão agônico: Nicolai Berdiaev. Conde Berdiaev, para ser mais preciso. Esse aristocrata que se engajara na Revolução, tendo depois a abandonado, tornou-se um crítico feroz do regime e do marxismo e acabou por formular uma das obras mais singulares e densas do século XX. Escritor de primeira plana, pensador vertiginoso, espírito inquieto e sondador de abismos da alma, acima de tudo um gnóstico que pretendia ter acesso aos liames mais obscuros existentes entre o homem, o Nada e Deus. A partir do conceito de *aristocracia espiritual* Berdiaev produz uma filosofia que acaba pondo em consonância, por incrível que pareça, Nietzsche e Dostoiévski. O cristianismo e o anticristianismo. Oswald narra em uma passagem que, quando Camus esteve em São Paulo, ficou contente de ver os exemplares de Berdiaev e Chestov em sua biblioteca. Cita o primeiro com grande ênfase, mencionando a sua *filosofia dostoiévskiana cuja indagação se concentra sobre a possibilidade de Deus errar.* E transcreve-o textualmente: *O ateísmo de grande estilo pode tornar-se uma retificação dialética da ideia humana de Deus. Em nome de Deus nos revoltamos contra Deus, em nome de uma melhor compreensão de Deus nos insurgimos contra uma compreensão de Deus manchada por este mundo.* Como Berdiaev expõe em *Metafísica Escatológica*, quando temos dúvida sobre o comportamento de Deus, podemos recorrer a um princípio mais alto de justiça. Essa relativização de Deus não é ateia, de maneira nenhuma. É sim uma forma gnóstica e quase profética de entender a relação entre Deus e homem de modo *também* conflituoso, relação que se dá *também* nas recusas, dúvidas, nos conflitos e interrogações. Trata-se de algo semelhante à *dialética quebrada* que o grande teólogo Karl Barth desenvolverá mais tarde, tendo em vista conciliar a existência de Deus com a vigência do Mal.

Berdiaev é um autor recorrente nas páginas de Vicente, um dos filósofos com os quais mais dialoga. Porém, por mais que a crítica da modernidade empreendida por Vicente atinja o âmago do processo paradoxal que envolve a modernização, e recorra justamente a autores da dimensão de Berdiaev e Chestov para desmascarar a *platitude espiritual e política* das feiras livres de felicidade barata a que se reduziram as sociedades no século XX, nesse ponto específico o pensamento de Oswald é mais atual do que o de Vicente, pois, no que concerne à técnica, este se manteve muito próximo de Heidegger. E o problema da técnica é, a meu ver, a grande aporia da filosofia heideggeriana: se o ser não é um dado da dimensão apriorística e, por conseguinte, emerge da vivência fática e da experiência absolutamente concreta da temporalidade, como negar a essencialidade do ser e ao mesmo tempo opô-lo radicalmente à vida da técnica? Por que o ser não eclode também na técnica? Não haveria aí uma substancialização e, desse modo, uma forçosa "naturalização" do ser, à medida que se cria uma oposição entre ser e técnica? Estaríamos diante de uma *contradição performativa*, como diz a filosofia da linguagem da Escola de Viena, que nega efetivamente o que afirma proposicionalmente? Afirmar o ser enquanto não coisa e, simultaneamente, afirmar a técnica enquanto apenas-coisa não seria uma entificação da técnica e uma exclusão sumária de todo dado técnico da ordem do ser? Em virtude disso, não produziríamos, por meio de uma afirmativa como esta, uma distinção essencialista entre ser e técnica? E não seria ela mesma uma entificação do ser, entendido como um ser-algo que se opõe ao ser-técnica? Esse debate é muito complexo, e é lógico que Heidegger, sendo o filósofo monumental que é, trabalha muitas sutilezas dessas distinções, incluídas aqui as suas distinções entre *técnica*, *coisa*, *artefato*, *objeto*, *instrumento* e *instrumentalização*, além da própria fenomenologia da Coisa (*Das Ding*) que ele opera, dentre outros ensaios, em seu conhecido ensaio sobre o assunto, e que realiza a distinção entre *coisa* e *técnica*. Porém, de modo geral, nesse quesito, Oswald consegue enfrentar melhor do que Vicente esse aspecto nevrálgico do século XXI: a formação de uma sociedade técnica planetária. Essa teoria geral da técnica é uma das espinhas dorsais da antropofagia, e talvez possamos criticá-lo justamente pelo contrário: por enaltecer a técnica e acreditar que ela possa vir a ser um instrumento de realização da utopia matriarcal e de formação de uma aldeia global antropofágica. Entretanto, devido à sua importância nuclear, talvez valha aqui uma digressão. E cotejarmos a concepção de Oswald com a de um dos principais pensadores dos dias de hoje, para ressaltar atualidade da antropofagia: Peter Sloterdijk.

Globalização antropofágica

Ao lado de nomes como Clément Rosset, Giorgio Agamben, François Jullien e René Girard, Sloterdijk é um dos maiores pensadores da atualidade. E uma das raízes de seu pensamento é a escrita de uma genealogia das técnicas, entendidas como modos de *domesticação*. Egresso da Teoria Crítica, o pensamento de Sloterdijk iniciou com uma meticulosa reconstrução do que ele define como *razão cínica*, levada a cabo em *Crítica da Razão Cínica*, em 1983, obra recebida pelo ambiente acadêmico e pela imprensa como um dos acontecimentos mais importantes da filosofia alemã das últimas décadas. Trata-se de uma obra seminal para se compreender a modernidade como amplificação da razão cínica que, em suas próprias palavras, pode ser definida como uma *falsa consciência ilustrada*. É a partir dessa constatação que ele reage às noções de *sentido da história* e de *teologia*, ambas entendidas como motores do impulso modernizador. É a partir dessa postura crítica que o filósofo construirá a sua crítica.

Distanciando-se, entretanto, desse projeto de *genealogia do cinismo*, a investigação de Sloterdijk passou a se focar cada vez mais na busca de uma intersecção entre alguns domínios do conhecimento, mais especificamente a teologia, a psicologia, a antropologia e a estética. Adepto explícito das *grandes narrativas*, Sloterdijk começa então a examinar a relação existente entre humanismo, anti-humanismo e modernidade. Sua análise se faz à luz de algumas estruturas elementares da experiência humana, notadamente o papel desempenhado pela *percepção do espaço* na nossa constituição simbólica, psicológica e antropológica. Esse desdobramento de sua filosofia é de extrema importância. É a partir desse núcleo de interesses que ele concebe a trilogia *Esferas*, sua *opus magnum*. E com ela inaugura uma nova linha de estudos nas ciências humanas: a *esferologia*.

Assim, as esferas ocupam lugar proeminente em seu pensamento. Isso ocorre porque são muito mais do que simples metáforas. Ao contrário, são entendidas como princípios ontológicos de *domesticação do espaço* e de translação da experiência sensória e motriz mais elementar dos seres humanos aos domínios mais complexos das esferas política, teológica, estética, bélica, entre outras. Entretanto, a despeito desse aspecto, sua obra não vê a centralidade das esferas como uma fonte apaziguadora dos conflitos subjacentes à condição humana. Muito pelo contrário.

Um dos principais temas da reflexão de Sloterdijk é aquilo que poderíamos definir como o *caráter irreconciliável da ontogênese humana*.

O que seria isso? Em linhas gerais, trata-se de uma concepção segundo a qual a própria estrutura ontológica e antropológica humana se fundaria sobre um divórcio irreversível entre o homem e as forças da natureza. Mais que isso, o modo específico de o ser humano se relacionar com essa cisão priorizaria necessariamente a sua sobrevivência concreta. Assim, como antídoto à sua condição emancipada da natureza, o homem teria efetuado uma interiorização dessas mesmas forças antagônicas não reconciliáveis. O impulso esferológico, nesse sentido, seria *a posteriori*. Seria um dos tantos meios de efetuar a *domesticação*. Porém, a humanidade do homem estaria ligada mais ao fundo traumático de uma ruptura do que a um instinto que lhe fosse conatural. Apenas mediante uma cisão abrupta com a natureza o ser humano se humaniza, não em razão de quaisquer predisposições orgânicas positivas e naturais. Segundo esse postulado, em outras palavras, o ser humano seria, como mencionei anteriormente, um animal que não deu certo.

Seja a partir de concepções gnósticas, trágicas ou céticas, que são os eixos aos quais o filósofo se refere quando aponta as linhas-mestras de seu pensamento, em todas elas e cada uma a um modo temos a encenação dramática desse princípio de não reconciliação elevado à condição de estrutura ontológica do ser humano. É mediante essas premissas que Sloterdijk critica os dogmas e as superstições da modernidade, pois a seu ver, sob o mito da perfectibilidade humana, magistralmente estudado e vastamente historiado pela obra-prima de John Passmore,[4] eles se baseiam em uma negação da essência paradoxal, inconclusa e não conciliável que funda a condição humana.

Ora, o leitor pode se perguntar o que essa digressão sobre Sloterdijk tem a ver com Oswald de Andrade? Eu responderia: tudo. Pois o filósofo alemão, ao criticar a teleologia, o faz em um sentido similar às concepções críticas de Oswald ao messianismo patriarcal, embora em uma extensão histórica e filosófica muito mais profunda do que as intuições oswaldianas. Além disso, e este é o ponto que mais me interessa aqui, a sua esferologia também recua à passagem dos paleo-hominídeos ao *Homo sapiens*, em uma reconstrução cuja periodicidade trabalha com longos recortes temporais, em torno de 100 mil anos. Entretanto, e isto é fascinante, a obra que funciona como uma espécie de quarto volume da trilogia *Esferas* insere o processo da globalização nessa

[4] John Passmore, *A Perfectibilidade do Homem*. Rio de Janeiro, Topbooks, 2004.

perspectiva milenar da esferologia.⁵ No fundo, a atual globalização seria apenas a criação de mecanismos mais sofisticados de expansão esferológica e de criação de ambientes esféricos mais complexos, cujo resultado, literalmente, segundo Sloterdijk, é a construção de uma humanidade *devoradora* da Terra.

É impossível resumirmos a sua teoria aqui, e nem é esse o propósito. Mas em linhas gerais, para o pensador alemão, a humanidade teria vivido o seu éon das *microesferologia* (*bolhas*), regido pelas hordas sociais (*jangadas sociais*), que foram o alicerce da paleopolítica. Desta fase teria passado ao domínio da *macroesferologia* (*globos*), assentada em toda a arquitetônica ptolomaica das estruturas e cartografias celestes, com todas suas conotações simbólicas, metafísicas, escatológicas, onde se desvelou o horizonte da chamada *política imperial*. E, com as navegações, adentraríamos de fato o que viria a ser os rudimentos da modernidade, ou seja, o domínio das *espumas*, no qual é a própria Terra que se torna o objeto da metafísica telúrica e empírica que passará a moldar as ações humanas e o próprio pensamento. Entramos aqui na era da hiperpolítica, das *esferologias plurais*.⁶ A partir dela, começa a haver o que Sloterdijk denomina *transcendência horizontal*: é a própria virtualização da Terra que passa a ser assunto da metafísica moderna, ou seja, de sua busca pelo domínio de todas as partes possíveis do planeta. Além disso, a exploração estelar, atômica e cosmológica efetuada pela ciência não é nada mais do que a substituição da metafísica inatingível das esferas ptolomaicas e pitagóricas por realidades empíricas imanentes, por algoritmos e variantes verificáveis.

Para Sloterdijk apenas a *razão cínica* pretende negar o valor da técnica que descortinou tantos horizontes ao homem. Por outro lado, apenas uma razão ingênua tentaria acreditar em seu caráter redentor. O que interessa aqui é ver um aspecto: esse processo de *transcendência horizontal* é basicamente o mesmo que Oswald identifica tanto nos manifestos quanto em *A Crise da Filosofia Messiânica* e em *Marcha das Utopias*. Para Sloterdijk, da mesma forma que a teleologia esconde as artimanhas da razão cínica, que é a falsa consciência ilustrada, para Oswald a linha reta do projeto messiânico e escatológico patriarcal camufla o fundo trágico da história e do homem, como forma de domesticação das lutas de poder que se dão em seu âmago. O sentido da *transcendência horizontal* não é distinto da *devoração coletiva* e de uma *globalização antropofágica*, que podemos depreender dos escritos e das intuições de Oswald. Embora Sloterdijk seja um crítico feroz

⁵ Peter Sloterdijk. *Palácio de Cristal: para uma Teoria Filosófica da Globalização*. Trad. Manuel Resende. Lisboa, Relógio D'Água, 2005. (Coleção Antropos)
⁶ As distinções entre paleopolítica, política imperial e hiperpolítica são encontradas na excelente obra: Peter Sloterdijk, *No Mesmo Barco: Ensaio sobre a Hiperpolítica*. Trad. Hélder Lourenço. Revisão científica de José Bragança de Miranda. Lisboa, Século XX, 1996.

da psicanálise e a pretira em prol de uma abordagem que eu costumo definir como uma antropoteologia política e filosófica, não deixa de enfatizar o teor traumático da entrada do homem na esfera da cultura, ou seja, a ruptura com as constantes da natureza que essa entrada pressupõe. Tal como a primeira infração, o assassinato do pai arcaico freudiano, seguindo Oswald, a única forma de suspender essa marca primordial é a transformação do tabu em totem. Ou seja: voltar a ritualizar o canibalismo para transformá-lo em antropofagia. Essa aproximação demonstra um diálogo fecundo que a mitologia de Oswald pode estabelecer com algumas teorias de ponta da filosofia atual.

Mundus

Lévi-Strauss, ao estudar as *estruturas elementares de parentesco*, baseando-se no fenômeno da *retribuição*, considerado o mais antigo dessas estruturas, ressaltou a permuta das mulheres entre as tribos, como forma de *dádiva*. Embora essas práticas remontem a um momento muito recuado da cultura humana, Oswald chega a propor que elas sejam tardias, pois já denotam uma relação patriarcal estabelecida com as mulheres, que são usadas como objetos rituais. Seriam formas, portanto, tardias em relação à ginecocracia original formulada por Bachofen, ou seja, ao sistema mítico e jurídico baseado no predomínio das deusas-mãe e na função matrilinear. Como se sabe, a função patrilinear, segundo a qual antropologicamente o pai estabelece a linhagem familiar, foi balizada por Westermarck, no século XIX, não sem trazer consigo uma gama de preconceitos e de padrões morais vitorianos bastante criticados, inclusive pelo próprio Oswald. *Todo animal é um manequim indeformável de uma certa forma de honra.* A frase de Giraudoux, citada por Oswald, poderia ter sido escrita por Westermarck, tamanha a congruência e a homogeneidade do moralismo novecentista.

Além de Bachofen, os estudos do grande etnólogo alemão Leo Frobenius, um dos mestres do estudo da África negra e um dos autores centrais para a mitologia filosófica de Vicente, segundo Oswald *demonstram a ancestralidade do matriarcado em relação ao patriarcado*, existente naquele continente. Tais pesquisas descobrem um passado *onde o domínio materno não determina o filho como filho da família, mas da tribo.* Da mesma forma, no ensaio *Variações sobre o Matriarcado*, Oswald nos lembra os estudos de Malinowski nas Ilhas Trobiand. Nas tribos trobiandesas regidas pelo estatuto materno, a figura do pai desempenha um papel muito específico, à medida que esses povos não relacionam *ato amoroso* e *procriação*. Operam, nesse sentido, em uma nítida oposição à forma patriarcal, que estabelece elos entre relação amorosa e procriadora, bem como entre o filho e a linhagem paterna. Como também lembra Oswald, em muitas culturas predomina o *princípio do avunculato*, que é o domínio do *tio materno sobre o filho*, fenômeno que não se dá apenas em realidades etnológicas distintas, mas que foi observado inclusive durante a Idade Média, encarnado na figura do bom amigo da mãe e espécie de *pai sociológico*. Diga-se de passagem, fenômenos estes também presentes à exaustão na literatura brasileira. Como mais de um estudioso observou, esta sofre de uma verdadeira patologia da ausência de pai, fato que nos levaria a uma enorme digressão, que não cabe aqui.

Como diz Oswald: *o Ocidente elevou seus sentimentos até Deus como supremo bem e o primitivo até Deus como supremo mal*. Aqui, *supremo mal* deve ser entendido em um único e simples sentido: a antropofagia. A devoração do outro. A devoração do humano. A devoração de um ser da mesma espécie. Entretanto, mediante todas essas explorações acerca do matriarcado, talvez possamos afirmar com certa franqueza: da mesma forma que o *matriarcado* é a forma mais arcaica de *comunidade*, o primeiro *comunismo* político, a *antropofagia* provavelmente seja a mais arcaica forma de *comunhão* existente na face da Terra. E aqui, penso em *comunhão* etimologicamente, como *cum unyo, estar unido a, estar-com*, ou, com Heidegger e Vicente, *Mitsein, ser-com*. Porém, em um sentido mais avançado, a proposta antropofágica vai ainda mais além. Não se trata de justaposição, de parataxe, de contiguidade, de metonímia. Mas numa equação que seria resumida como o verso de Rimbaud: *je est un autre*. O erro gramatical, bem ao gosto de Oswald, demonstra a essência da premissa: o eu não é analógica, metafórica ou metonimicamente *semelhante* ao outro. O eu *é* outro. A relação não se dá por *semelhança*, mas sim por *identidade*. Como na análise dos fundamentos tautológicos da linguagem filosófica efetuados por Wittgenstein, o *princípio de identidade* desmonta quaisquer tentativas de dialética ou de metafísica, pois ambas conduziriam à crença em uma univocidade possível da linguagem, sendo que esta é absolutamente equívoca e circular. Por isso, em ambos os casos, tanto na antropofagia quanto na filosofia de Vicente, há uma dissolução da relação sujeito-objeto. Seja mediante a cosmovisão antropofágica, seja mediante a clareira do ser, Origem anterior às cisões representacionais da consciência, estado que flerta com a mística. A propósito, nesses contextos teóricos, poderíamos definir a mística como uma ilha antropofágica incrustada no oceano do patriarcado messiânico, pois, segundo Oswald, *Deus esvazia o paciente para depois encher o vazio com sua presença.*

O *bárbaro tecnizado* é a síntese da dialética histórica que ocorre em três tempos: *homem natural, homem civilizado, bárbaro tecnizado.* Ele é justamente o cidadão do matriarcado de Pindorama, o núncio de uma *raça cósmica.* Quando de posse desse estatuto diante do cosmos, o homem será guiado pelo *sentimento órfico, pois este é uma ligação do homem com o mundo.* Uma unidade sem partes separadas, que deglute tanto a natureza quanto o sobrenatural, tanto o estado bruto quanto a técnica: a isso Oswald chama de *sentimento órfico*, que é *uma dimensão do homem.* O matriarcado, por seu turno, não sendo uma identidade cultural, mas uma *matriz vazia de assimilações recíprocas e infinitas*, não pode propor conteúdos nacionais. Só pode ser global. E, diante do coletivismo dos *bens de consumo proporcionados pelo desenvolvimento da tecnologia* e do *tribalismo das sociedades de massa ávidas de mitos*, estamos de novo, em plena escalada das sociedades de massa planetária, em face da utopia política de uma sociedade mais equânime.

Se o aórgico que Vicente apreendeu em Hölderlin deita raízes na origem meta-humana da cultura, apenas ao se negar como sujeito autônomo, ao deixar falar em si a outra voz aórgica que por meio dele sopra, o homem se realiza plenamente em sua humanidade. Paradoxalmente, o homem é homem à medida que *habita a proximidade do deus*, como diz Heidegger, traduzindo a bela sentença de Heráclito, citada por Vicente. Porque, paradoxalmente, o mito é anterior ao homem, pois é impossível pensar o homem antes do mito sem incorrer no pecado de uma grosseira entificação biológica. Se a história do homem é apenas uma eventualidade em meio à grande odisseia que é a meta-história do ser, o aórgico é a narrativa dessa meta-história e se atualiza por meio dos homens. Por isso, a linguagem não é um instrumento do qual o homem se vale a seu bel-prazer. A linguagem é *anterior* e *interior* ao homem. No sentido heideggeriano, lembrado por Vicente, quando passamos pelo poço passamos por dentro da palavra *poço*. Quando passamos pela floresta passamos por dentro da palavra *floresta*. Tal como dizia Eudoro de Sousa, grande helenista e filósofo amigo de Vicente, se a *poesia é o mito humano*, a *mitologia é a poesia dos deuses*. Para o filósofo paulista, é nesse domínio híbrido entre o que nos é próprio e o que nos transcende, nessa transcendência radicalmente instaurada na origem metaconsciencológica da vida humana, que devemos buscar algum resíduo de verdade.

Se não há cisão positiva entre mundo e sentido, pois o sentido sempre preexiste nas coisas e, em última instância, preexiste às coisas, do ponto de vista da antropofagia tampouco há cisão entre comedor e comido, entre sujeito e objeto. Na acepção do cristianismo primitivo, *mundus* queria dizer: *abertura*. Era a abertura no interior da qual um grupo de pessoas *comungava* ao se reunir. Mesmo quando o sentido não era religioso, havia *mundus*. Fosse ele um espaço, uma clareira, uma praça, uma cidade, o cosmos. Desde que em consonância com o espírito que animava o espaço físico, embora pudesse ser a abertura do homem diante da *physis*, diante de todo cosmos. Por isso, o *mundus* nunca é uma dimensão física, cosmológica. Mas sempre espiritual. Não é outra a acepção estoica do homem como *cidadão do cosmos*, noção tão bem assimilada, como todo estoicismo, pelo cristianismo antigo. A celebração da deglutição do bispo Sardinha, oficiada pelo sacerdote Oswald, mais do que um arrivismo antirreligioso, deve ser vista como a perspectiva de um novo ecumenismo planetário. Ao fazer do índice do cristianismo o corpo do sacerdote, o selvagem profanou a sua carne, mas sacralizou o seu espírito. Pois não comeu Sardinha como Sardinha, mas o Modelo enquanto Modelo. A antropofagia é a *atitude devoradora por meio da qual o selvagem incorpora a alteridade inacessível de seus deuses*. Desse modo, produz uma *convivência familiar com esses deuses*. Na deglutição do bispo Sardinha, o Deus cristão, materializado no sacerdote, deixou de ser o *supremo interdito transcendente*. Os selvagens, ao *transformarem o tabu em totem*, por meio da deglutição, paradoxalmente cristianizaram o cristianismo. Nesse caso, ao literalizar a eucaristia, o desejo mimético se instaura como desejo metafísico, como lembra Girard. Desse modo, a profanação do selvagem potencializou a mensagem cristã, pois a tirou do domínio representacional da linguagem cênico-religiosa e a devolveu para a mais profunda experiência da vida concreta e orgânica.

Tal como Deus se fez carne para se tornar Cristo, Cristo se fez Deus ao se fazer carne. E só se fez Deus e carne para habitar entre nós. Para abrir-se como *mundus*. Tal como a Trindade é triunívoca, o mistério da Encarnação também o é. Não há prioridade ontológica entre os termos, pois trata-se da própria Unidade divina. A pura univocidade rege todos os termos implicados no mistério. Os sentidos ascendente e descendente, onomasiológico e semasiológico são equivalentes, pois, o tornar-se Cristo, *pressupõe* o tornar-se carne. Da mesma forma que o tornar-se carne pressupõe o habitar entre nós. Ou seja: o *mundus*. Depois da Queda, tivemos a percepção da fratura. Isso nos levou ao sagrado, como polo de restauração, precária, porém eficaz, da ordem anterior. Em nossa época, vivemos aquilo que Eliade definiu como *segunda* Queda: não percebemos mais o profano enquanto profano, a Queda enquanto Queda. A saída talvez seja inverter a orientação e os postulados: aprofundar ainda mais o não sentido como modo apto a produzir o sentido e, só assim, como diria Vicente, *colonizar o futuro*. Talvez seja esse o conteúdo cifrado nesta formulação de Oswald: *é preciso passar por um profundo ateísmo para chegar à ideia de Deus*. Ou: é preciso uma *transformação permanente do tabu em totem*.

No mundo globalizado e extremamente complexo das sociedades e das mídias *quentes*, para usar o conceito homônimo de Lévi-Strauss e de McLuhan, ou seja, sociedades e meios que estão em infinita *desterritorialização*, como diria Deleuze, em uma *mobilização infinita*, nas palavras de Sloterdijk, com inúmeras crenças, credos, ritos, povos, etnias, línguas, culturas, políticas, valores e um infinito, etc., será que a antropofagia pode ser erguida a um novo princípio religioso planetário? Será ela uma nova forma do universal? Será ela o modo mais efetivo de se reinaugurar a vigência radical da alteridade? Como diz Oswald, socialmente, economicamente e filosoficamente *só a antropofagia nos une*. E, como *única lei do mundo*, ela é a *expressão mascarada de todos os individualismos e de todos os coletivismos*. Desdobrada ao infinito, espelho após espelho, devoração após devoração, será que, ao fim dessa longa jornada rumo ao Nada e à completa não substancialidade de todas as coisas, acabaremos por fim nos defrontando face a face com Deus? *Ad saeculum saeculorum*. O fato é que na dinâmica secularizadora produzida entre patriarcado e matriarcado, entre messianismo e antropofagia, entre antropofagia e canibalismo, entre crença e agonia, entre o sagrado e o profano, a antropofagia talvez seja um caminho para suspendermos de vez toda a opressão do homem pelo homem, para desativarmos todo ciclo sacrifical de violência, para suspendermos o linchamento de todos os bodes expiatórios que povoam a Terra. Essa talvez seja a utopia do matriarcado. Quando a assimilação antropofágica de todos os infinitos *mundi* por fim configurar um reino, este, certamente, não será de outro mundo. Mas tampouco será deste. Porque não seremos mais iguais perante Deus. Mas sim idênticos perante o desejo.

A Vacina Antropofágica[1]

Veronica Stigger
Escritora, poeta e crítica de arte

Domingo, 7 de junho de 1931: a procissão de Corpus Christi atravessava, vagarosa e colorida, as ruas do centro de São Paulo. O jovem engenheiro Flávio de Carvalho, então com 31 anos e conhecido pela ousadia de seus projetos de arquitetura nunca premiados, observava, entre interessado e curioso, os fiéis passarem, quando teve a ideia de realizar uma experiência. Pretendia, como declarou posteriormente, "desvendar a alma dos crentes por meio de um reagente qualquer que permitisse estudar a reação nas fisionomias, nos gestos, no passo, no olhar, sentir enfim o pulso do ambiente, palpar psiquicamente a emoção tempestuosa da alma coletiva, registrar o escoamento dessa emoção, provocar a revolta para ver alguma coisa de inconsciente".[2] Tomou um bonde, foi até a casa de seus pais, na Praça Oswaldo Cruz, pegou uma boina verde e, meia hora depois, estava de volta ao centro da cidade. Na esquina da Rua Direita com a Praça do Patriarca, vestiu a boina verde e, resoluto, enfrentou a multidão de fiéis, caminhando no sentido contrário à procissão. Alto, com quase dois metros de altura, era difícil não perceber a presença de Flávio de Carvalho e mais difícil ainda era ficar indiferente a ela: além de avançar na direção oposta ao fluxo do cortejo, ele permanecera, desrespeitosamente, com a cabeça coberta pela boina. Num primeiro instante, como o próprio Flávio de Carvalho relataria três meses depois em *Experiência n. 2*, livro dedicado a expor e analisar essa sua ação,[3] os fiéis não reagiram: "Na procissão, um grande número de negros idosos me olhava pacatamente, resignados; as velhas de ambas as cores não se indignavam; olhar de submissão e súplica que dizia "tenha dó de mim", e a parte de ter dó diminuía em intensidade à medida que a juventude crescia".[4] Contudo, uma vez que Flávio de Carvalho não apenas insistia em cruzar o cortejo na

[1] Este texto é resultado parcial da minha pesquisa de pós-doutorado realizada entre 2006 e 2009 junto ao Museu de Arte Contemporânea da Universidade de São Paulo, com bolsa fornecida pela Fapesp.
[2] Flávio de Carvalho, *Experiência n. 2: Realizada sobre uma Procissão de Corpus Christi: Uma Possível Teoria e uma Experiência*. Rio de Janeiro, Nau, 2001, p. 16.
[3] Idem. 1. ed. São Paulo, Irmãos Ferraz, 1931. São conhecidas apenas três "experiências" de Flávio de Carvalho. A primeira delas foi a de número 2, realizada na procissão de Corpus Christi. A segunda, de número 3, consistiu na criação do traje para o "novo homem dos trópicos", o *New Look*, e no desfile da indumentária, tendo o próprio Flávio de Carvalho como modelo, pelas ruas do centro de São Paulo, em outubro de 1956. A terceira, a de número 4, ocorreu em 1958, quando o artista embarcou rumo à Amazônia para estudar os aspectos etnológicos, psicológicos e artísticos de tribos locais e produzir um filme de ficção. Quanto à experiência de número 1, não se sabe ao certo o que teria sido. Sangirardi ▶

contramão, mas também passou a flertar com algumas meninas – "duas louras bonitas, duas morenas bonitas e duas feias de cada tipo"[5] –, a massa de crentes foi paulatinamente deixando a passividade de lado e começando a se enfurecer: "Já me olhavam de um modo esquisito. Um ou outro indivíduo protestava timidamente, de longe, escondendo seu gesto; as filhas de Maria se entreolhavam tímidas e me fixavam submissas, encantadoramente, apertando na mão o breviário ou um acessório".[6] E Flávio seguia impassível no sentido contrário à procissão. De repente, um grito se sobrepôs à cantoria: "Tira o chapéu!".[7] Outros lhe fizeram eco. Flávio começou a medir o perigo da situação: "Viro-me e vejo uma porção de jovens em atitudes ameaçadoras. Alguém me empurra e uma porção de mãos me agarram: sacudo-me violentamente, desprendendo-me das garras".[8] Nesse instante, a boina lhe foi surrupiada. Em seguida, um rapaz a devolveu e o desafiou a recolocá-la na cabeça. Acuado, Flávio de Carvalho resolveu apelar para a lógica, justamente no momento em que a multidão parecia ultrapassar o limiar da racionalidade: "Eu sou um contra mil", argumentava ele, "Eu sou apenas um, vocês são centenas". Sem obter resposta da multidão, Flávio se tornou mais agressivo e chamou as pessoas à sua volta de "covardes".[9] Nisso, um homem loiro convocou-o à luta. Flávio declinou. A multidão se tornava cada vez mais agitada. Flávio ensaiou, então, moderar a irreverência: "Coagido pela força bruta, vencido pelo número, vejo-me forçado a continuar o meu caminho sem chapéu". A sua iminente desistência da provocação pareceu enfurecer ainda mais a turba. Foi aí que se passou a ouvir, primeiro timidamente, depois com mais vigor: "Mata!", "Pega!".[10] Embora já se afastasse de costas, de mansinho, Flávio ia argumentar mais uma vez quando foi interrompido pelo berro que detonou de uma vez por todas a ira dos fiéis: "Lincha!".[11] A multidão já não era mais controlável: aos gritos de "lincha", "mata", "pega", foi para cima do artista. Não havia outra saída que fugir. Flávio correu por entre a multidão e escapou pelas vielas do centro até deparar, na rua São Bento, com a porta da Leiteria Campo Belo. Entrou, atravessou o salão, a cozinha e se refugiou na clarabóia. Lá ficou até que foi rendido pela polícia, que o prendeu e o levou à delegacia, para prestar depoimento, enquanto a procissão retomava o seu rumo, com seus cânticos e seus lentos movimentos coloridos.

•

Três décadas e meia depois desse episódio, Raul Bopp, em *Vida e Morte da*

Jr. conta que perguntara a Flávio de Carvalho sobre essa experiência, ao que o artista haveria dito que se tratara de um episódio em que fingiu ter se afogado na fazenda de um parente, mas que a ação não surtira efeito (*Flávio de Carvalho, o Revolucionário Romântico*. Rio de Janeiro, Philobiblion, 1985, p. 33). J. Toledo contesta Sangirardi Jr. e assegura que Flávio de Carvalho lhe declarara "enfaticamente" – e afirmara também "a vários repórteres" – "não haver criado a 'Experiência n. 1'" e ter iniciado logo pela número 2 "por um mero capricho de momento" (*Flávio de Carvalho: o Comedor de Emoções*. São Paulo, Brasiliense; Campinas, Editora da Universidade Estadual de Campinas, 1994, p. 116). Para Luiz Carlos Daher, por sua vez, haverá sempre, sobre essa questão, "um resíduo de mistério, pois Quirino da Silva e o próprio Flávio deram outras versões: ora a n. 1 nunca existiu, ora Flávio 'não se lembrava' de qual teria sido, ora fora um estágio no Juqueri para estudar as expressões dos alienados, ora…" (*Flávio de Carvalho e a Volúpia da Forma*. São Paulo, M.W.M Motores Diesel, 1984, p. 192).
[4] Flávio de Carvalho, *Experiência n. 2*, op. cit., p. 17.

[5] Ibidem, p. 19.
[6] Ibidem.
[7] Ibidem, p. 22.
[8] Ibidem, p. 23.
[9] Ibidem, p. 26.
[10] Ibidem, p. 27.
[11] Ibidem, p. 28.

Antropofagia, texto em que faz um apanhado do que foi e do que pretendeu o movimento, comenta: "A vacina antropofágica imunizava algumas atitudes destemidas. Flávio de Carvalho, por exemplo, realizou a sua *Experiência Número 2*, em sondagem psicológica da multidão, numa procissão de Corpus Christi. Quase foi linchado".[12]

Com essa rápida observação, Bopp vincula a ação de Flávio de Carvalho a um contexto mais amplo de pensamento: faz-nos perceber como a experiência em questão mobiliza certos aspectos caros ao movimento antropofágico, criado por Oswald de Andrade e pelo próprio Bopp nos últimos anos da década de 1920. Naquele período, Flávio de Carvalho estava próximo ao grupo da antropofagia. Figurava entre os autores que teriam obras publicadas na "Bibliotequinha Antropofágica", coleção que nunca chegou a existir e cujo único testemunho é o relato fornecido por Bopp.[13] O volume de Flávio se chamaria *Brasil-Freud* e seria o quarto a ser editado, depois de *Sambaqui* (coleção de artigos veiculados na *Revista de Antropofagia*), *Macunaíma*, de Mário de Andrade, e *Cobra Norato*, de Bopp.[14] Para este último, Flávio produziu a ilustração de capa da primeira edição, em 1931, mesmo ano da *Experiência n. 2*. Porém, foi no ano anterior, em junho de 1930, que ele teve participação mais ativa junto à antropofagia, ao se apresentar, no IV Congresso Pan-Americano de Arquitetura, que se realizou no Rio de Janeiro, como "delegado antropófago". Oswald de Andrade o acompanhou na ocasião. Para este, Flávio de Carvalho representava uma terceira fase do movimento, que se iniciou "depois de 1930".[15] À época do congresso, Oswald declarou ao *Diário da Noite*: "Flávio de Carvalho é uma das grandes forças do movimento antropofágico brasileiro. Coloco-o ao lado de Pagu, como temperamento e como criador, pois é, de todos nós, quem mais tem trabalhado".[16]

No evento, Flávio de Carvalho proferiu a conferência "A Cidade do Homem Nu", um dos raros textos em que se refere explicitamente à antropofagia:[17]

> Em São Paulo, fundou-se há alguns anos a ideologia antropofágica, uma exaltação do homem biológico de Nietzsche, isto é, a ressurreição do homem primitivo, livre dos tabus ocidentais, apresentado sem a cultura feroz da nefasta filosofia escolástica. O homem como ele aparece na natureza, selvagem, com todos os seus desejos, toda a sua curiosidade intacta e não reprimida. O homem que totemiza o seu tabu, tirando dele o rendimento máximo. O homem que procura transformar o mundo não métrico

---

[12] Raul Bopp, *Vida e Morte da Antropofagia*. Rio de Janeiro, Civilização Brasileira, 1977, p. 42.

[13] Idem, "Da 'Bibliotequinha Antropofágica'". In: *Cobra Norato e Outros Poemas*. 6.ed. Rio de Janeiro, Livraria São José, 1956, p. 9.

[14] Idem, "Da 'Antropofagia'", op. cit., p. 9.

[15] Oswald de Andrade observou: "De fato, data de 1928 o movimento que lancei com o nome de antropofagia e que inicialmente não passava dum aprofundamento do sentimento nacional de 'Pau-Brasil'. Tendo dado a direção da *Revista de Antropofagia* a Antônio de Alcântara Machado, eu e o grupo que comigo fazia o movimento com ele nos desaviamos. Fundamos então uma segunda *Revista de Antropofagia* que se publicou no suplemento do *Diário de S. Paulo*. Houve ainda uma terceira fase com a participação de Flávio de Carvalho, mas isso depois de 1930" ("Informe sobre o Modernismo". In: *Estética e Política*. São Paulo, Globo, 1992, p. 100).

[16] Citado por J. Toledo, *Flávio de Carvalho: o Comedor de Emoções*, op. cit., p. 92.

[17] Flávio de Carvalho teria proferido, em Belo Horizonte, em 9 de julho de 1930, outra conferência com referência direta ao movimento antropofágico: "A Antropofagia no Século XX" (ver J. Toledo, *Flávio de Carvalho, o Comedor de Emoções*, op. cit., p. 95 e Luiz Carlos Daher, *Flávio de Carvalho: Arquitetura e Urbanismo*. São Paulo, Projeto, 1982, p. 37).

[18] Flávio de Carvalho, "Uma tese curiosa – A cidade do homem nu". Reproduzido por Denise Mattar (org.). In: *Flávio de Carvalho: 100 Anos de um Revolucionário Romântico*. Rio de Janeiro, CCBB, 1999, p. 80. Publicado originalmente no *Diário da Noite*, São Paulo, 19 jul. 1930.
[19] Oswald de Andrade, *Manifesto Antropófago*. In: *A Utopia Antropofágica*. São Paulo, Globo, 1990, p. 48.
[20] Oswald de Andrade, *A Crise da Filosofia Messiânica*. In: *A Utopia Antropofágica*, op. cit., p. 101.
[21] Ibidem, p. 101.
[22] Flávio de Carvalho, "Uma Tese Curiosa", op. cit., p. 80.
[23] Ibidem.
[24] Ibidem.
[25] Oswald de Andrade, *Manifesto Antropófago*, op. cit., p. 51. Poderíamos recordar também o texto de Oswaldo Costa publicado no primeiro número da *Revista de Antropofagia*: "Portugal vestiu o selvagem. Cumpre despi-lo. Para que ele tome um banho daquela 'inocência contente' que perdeu e que o movimento antropófago agora lhe restitui. O homem (falo o homem europeu, cruz credo!) andava buscando o homem fora do homem. E de lanterna na mão: filosofia. Nós queremos o homem sem a dúvida, sem sequer a presunção da existência da dúvida: nu, natural, antropófago" ("A 'Descida' Antropófaga". *Revista de Antropofagia*, n. 1, mai. 1928, p. 8).
[26] Oswald de Andrade, *Manifesto Antropófago*, op. cit., p. 51.
[27] Flávio de Carvalho, "Uma Tese Curiosa", op. cit., p. 79-80.
[28] Ibidem, p. 79.

no mundo métrico, criando novos tabus para novos rendimentos, incentivando o raciocínio em novas esferas.[18]

Flávio de Carvalho se mostra, então, em sintonia com as ideias que Oswald de Andrade expôs no *Manifesto Antropófago*, publicado em 1928. Encontramos na passagem citada, por exemplo, uma menção direta àquela que é a principal operação crítica que Oswald de Andrade atribui à antropofagia: "a transformação permanente do tabu em totem",[19] ou seja, como ele próprio explica décadas depois na tese *A Crise da Filosofia Messiânica*, a transformação do valor oposto – o tabu, isto é, o proibido, o "intocável"[20] – em valor favorável – o totem, isto é, o que é adorado: "Nesse devorar que ameaça a cada minuto a existência humana, cabe ao homem totemizar o tabu".[21]

É no âmbito da antropofagia que Flávio de Carvalho encerra suas propostas para a cidade do futuro. Seu texto parte da constatação de que o homem de sua época vive dentro de um quadro de saturação: "perseguido pelo ciclo cristão, embrutecido pela filosofia escolástica, exausto com 1.500 anos de monotonia recalcada", ele se apresenta "como uma máquina usada, repetindo tragicamente os mesmos movimentos ensinados por Aristóteles":[22] "Nos dias de hoje a fadiga é manifesta, o homem máquina do classicismo, moldado pela repetição contínua nos feitos seculares do cristianismo, não mais pode aturar a monotonia dessa rotina. Ele perecerá asfixiado na seleção lógica, pelo mais eficiente, pelo homem natural".[23] Dado que "a fadiga o ataca", esse homem exausto "precisa despir-se, apresentar-se nu, sem tabus escolásticos, livre para o raciocínio e o pensamento".[24] Como não lembrar a propósito as passagens do *Manifesto Antropófago* que dizem: "O que atropelava a verdade era a roupa, o impermeável entre o mundo interior e o mundo exterior. A reação contra o homem vestido"[25] e "Contra a Memória fonte do costume. A experiência pessoal renovada".[26] Está constituído o que Flávio de Carvalho passa a denominar o "homem nu", "homem do futuro", homem "sem deus, sem propriedade, sem patrimônio".[27] Na figura do "homem nu", Flávio projeta a imagem do homem por vir, um homem liberto das amarras morais, religiosas, políticas e econômicas das sociedades patriarcais. Sua briga, como também a de Oswald, era contra as "concepções cristãs da família e da propriedade privada".[28] Conta o próprio Flávio que Oswald, durante as discussões do congresso de arquitetos, propôs a demolição da estátua do Cristo Redentor, que ainda não se achava finalizada, provocando a retirada em massa da delegação da Universidade Católica do Chile.[29]

Dias depois do fim do congresso no Rio, Flávio foi para Belo Horizonte, onde apresentou novamente sua tese a respeito da cidade do homem nu. Em entrevista a O *Estado de Minas*, não deixou dúvidas sobre o papel da antropofagia nesta batalha: "Belo Horizonte me dá a impressão de uma cidade torturada pelo cretinismo clássico arquitetônico. Mas a antropofagia vai destruir esse cretinismo clássico. Devorará o ciclo cristão, porque esse é ineficiente".[30] A antropofagia surge, em certa medida, como uma forma de libertação do peso da tradição cristã. "Contra todas as catequeses", já proclamava Oswald de Andrade em seu manifesto.[31] No que diz respeito ao planejamento urbano, só "a cidade antropofágica" poderia satisfazer o "homem nu" por ser capaz de suprimir "os tabus do matrimônio e da propriedade".[32] Isso porque ela "pertence a toda coletividade": "ela é um imenso monolito funcionando homogeneamente, um gigantesco motor em movimento, transformando a energia das ideias em necessidades para o indivíduo, realizando o desejo coletivo, produzindo felicidade, isto é, a compreensão da vida ou movimento".[33] Para Flávio, apenas por meio dessa libertação, desse desrecalque dos desejos sublimados, o homem estaria apto a assumir novas experiências e a alcançar, por meio destas, um conhecimento renovado tanto de si próprio quanto do mundo à sua volta, um conhecimento "que não entrave o seu desejo de penetrar no desconhecido".[34] É para essa libertação, para este despir-se dos "tabus vencidos",[35] que Flávio de Carvalho convocou os participantes do IV Congresso Pan-Americano de Arquitetos:

> Convido os representantes da América a retirarem as suas máscaras de civilizados e pôr à mostra as suas tendências antropofágicas, que foram reprimidas pela conquista colonial, mas que hoje seriam o nosso orgulho de homens sinceros, de caminhar sem deus para uma solução lógica do problema da vida da cidade, do problema da eficiência da vida.[36]

•

A expressão "vacina antropofágica", com que Raul Bopp descreveu a disposição ética que está na origem da *Experiência n. 2*, não era invenção sua: tratava-se de uma citação. Oswald de Andrade, no *Manifesto Antropófago*, já decretava: "Necessidade da vacina antropofágica". Para quê? "Para o equilíbrio contra as religiões de meridiano. E as inquisições exteriores."[37] Vacina, portanto, contra as "religiões de salvação".[38] Afinal, afirmava

---

[29] Flávio de Carvalho, "O Antropófago Oswald de Andrade". *Manchete*, Rio de Janeiro, n. 808, 14 out. 1967, p. 99.
[30] Citado por J. Toledo, *Flávio de Carvalho, o Comedor de Emoções*, op. cit., p. 95. Publicado originalmente em *O Estado de Minas*, 9 jul. 1930.
[31] Oswald de Andrade, *Manifesto Antropófago*, op. cit., p. 47.
[32] Flávio de Carvalho, "Uma Tese Curiosa", op. cit., p. 81.
[33] Ibidem.
[34] Ibidem, p. 80.
[35] Ibidem.
[36] Ibidem, p. 82.
[37] Oswald de Andrade, *Manifesto Antropófago*, op. cit., p. 48.
[38] Expressão de Benedito Nunes, "A Antropofagia ao Alcance de Todos". In: *A Utopia Antropofágica*, op. cit., p. 20.

[39] Oswald de Andrade, *Manifesto Antropófago*, op. cit., p. 51.
[40] Ibidem, p. 50.
[41] Raul Bopp conta que Oswald de Andrade estivera empenhado em formular as bases teóricas de "Uma sub-religião no Brasil": "procurava ele fundamentos de unidade para uma seita religiosa, tipicamente brasileira, isto é, constituída com o *substratum* de crenças dos três grupos raciais que formam os alicerces étnicos do Brasil. Tinham parte marcante no plano os atributos ocultos de seres e coisas, dentro de um clima de surrealismo religioso. Também, as relações subjetivas com espíritos protetores, como o Tatá de Carunga, e o santoral afro-católico, venerado em terreiros de macumba. A invocação às forças totêmicas seria feita em ritmo de batuque, com interpolações de termos cabalísticos, para preservar uma parte do mistério" (Raul Bopp, *Vida e Morte da Antropofagia*, op. cit., p. 46).
[42] Para um estudo pormenorizado acerca do surgimento da festa de Corpus Christi, ver Barbara R. Walters, Vincent Corrigan e Peter T. Ricketts, *The Feast of Corpus Christi*. University Park: The Pennsylvania State University Press, 2006.
[43] James G. Frazer, *Les Origines de la Famille et du Clan*. Trad. Comtesse J. de Pange. Paris, Annales du Musée Guimet, 1922, p. 14. As principais fontes de Flávio de Carvalho eram as proposições de Sigmund Freud expressas em *Psicologia das Massas e Análise do Eu* e *Totem e Tabu*, e as observações de James G. Frazer para o seu *Totemism and Exogamy*, resumidas pela condessa Jean de Pange no volume em francês citado.

Oswald, há que se combater a "peste dos chamados povos cultos e cristianizados".[39] Um sentimento visceralmente anticristão, e antes dele ateu, associa-se aos pensamentos antropofágicos tanto de Oswald quanto de Flávio de Carvalho, os quais, no entanto, não estão destituídos de alguma forma de religiosidade. "É preciso partir de um profundo ateísmo para se chegar à ideia de Deus",[40] defendia dialeticamente Oswald, não nos permitindo esquecer que a antropofagia era descrita ainda, na abertura do mesmo manifesto, como a "expressão mascarada" de "todas as religiões".[41]

A provocação de Flávio de Carvalho não se dirigia contra uma multidão qualquer, mas contra uma procissão católica. (E o livro em que narra sua experiência foi dedicado ironicamente a "S. Santidade o Papa Pio XI" e a "S. Eminência D. Duarte Leopoldo", arcebispo de São Paulo à época.) E, dentre todas as procissões possíveis, escolheu justamente a de Corpus Christi. Nessa data, celebra-se o sacramento da eucaristia, rito que, segundo acreditam os católicos, rememora o momento em que Jesus, na Santa Ceia, depois de identificar o pão e o vinho a, respectivamente, seu corpo e seu sangue, convida os apóstolos a comê-lo e bebê-lo.[42] Há, portanto, nesse sacramento e, por extensão, na festa que lhe diz respeito, a simbolização de uma operação antropofágica – operação esta que não passou despercebida a Flávio de Carvalho.

Baseado nas proposições de James G. Frazer, segundo as quais a identificação do homem com o seu totem "parece ser a essência mesma do totemismo",[43] Flávio, na parte do livro *Experiência n. 2* dedicada à análise das reações das pessoas à sua ação, assevera que a massa de fiéis na procissão busca, no fundo, se igualar a Cristo: "O mecanismo religioso funciona do mesmo modo que o regime patriótico, produz um sentimento profundo de igualdade, mas não entre os elementos da massa; somente entre o indivíduo e o Cristo":

> O comportamento de uma procissão sobre o domínio de um chefe invisível é parecido com o comportamento de outras aglomerações chefiadas. O sentimento religioso influi apenas no aspecto da procissão e na magnitude das reações produzidas. No fundo, uma procissão em movimento é parecida com uma parada nacionalista. Ambas possuem um chefe invisível, o Cristo e a pátria. A pátria numa parada nacionalista funciona como o Cristo numa procissão. A pátria é aquele ideal que pertence a todos e que é o igual de todos, cada indivíduo com o sentimento da pátria se considera com um certo direito sobre ela, se considera mesmo o igual da pátria, a

pátria assume um caráter de emblema totêmico onde todos os elementos da nação são o igual do emblema. O mesmo acontece com o Cristo; ele é um chefe invisível representando uma ideia, dominando uma multidão unida por uma certa ordem de laços. (...) O grande desejo dos componentes da massa é de se igualar a Cristo, e inconscientemente o Cristo é tido como seu igual pelos elementos.[44]

Com Frazer, Flávio aprendeu que uma das raras formas de se identificar completamente com o totem é matando-o e comendo-o – em geral, nas sociedades totêmicas, ocorre o contrário, com sérias restrições a essas práticas: "Porque o selvagem pensa, não sem qualquer razão, que sua substância corporal faz parte da natureza da comida que ele come, e que efetivamente ele se transforma no animal do qual comeu a carne, ou na planta que mastigou ou na raiz ou na fruta que engoliu".[45] Frazer nota ainda que, entre os indígenas australianos, era costume ingerir o cadáver dos parentes mortos "em signo de respeito e de afeição".[46] Para Flávio de Carvalho, decorre dessa tentativa de se igualar a Cristo o hábito de devorá-lo simbolicamente na comunhão da missa: "Quando o católico engole o corpo de Cristo e às vezes bebe o seu sangue em forma de vinho, ele pretende por esse ato absorver as qualidades do Cristo. Ficar sendo igual ao Cristo".[47] Flávio, diluindo Freud,[48] muitas vezes de maneira um tanto simplificada, recorda que a prática de assassinar e consumir o chefe morto, para se nivelar a ele, é mais antiga que o cristianismo e que, em algumas comunidades primitivas, depois de morto, o chefe acabava sendo venerado por sua horda: "É provável que este processo de revolta e adoração seja tão antigo quanto o próprio homem; o velho chefe antes odiado e que depois de morto era adorado".[49] Uma vez que a finalidade dos crentes era, conforme Flávio, se igualar a Deus, a veneração a Ele poderia ser entendida como, no fim das contas, uma veneração a si mesmo. Assim, o cortejo não passaria de uma exaltação narcisista, que foi violentamente perturbada pela ação de Flávio de Carvalho.

Sua presença, caminhando em sentido contrário e permanecendo com a cabeça coberta, em atitude desrespeitosa e desafiadora, desestabilizava a relação comumente estabelecida entre a massa e seu objeto de adoração, o Cristo, desviando, por alguns momentos, a atenção deste. Assim, pelo menos, entendia Flávio: "Evidentemente que um cortejo em movimento, dominado pelo processo de integração totêmica com um chefe invisível (Cristo), recebe qualquer interferência

[44] Flávio de Carvalho, *Experiência n. 2*, op. cit., p. 51-52. Nesta passagem, Flávio de Carvalho está interpretando livremente Freud quando este afirma que a massa sente a necessidade de seguir a figura de um chefe, uma vez que "a multidão é um dócil rebanho incapaz de viver sem amo": "Tem tal sede de obedecer que se submete instintivamente àquele que se erige como seu chefe" ("Psicología de Las Masas y Análisis del 'Yo'". In: *Obras Completas*. Tomo III. Madri, Biblioteca Nueva, 1996, p. 2570). É sob essa lógica que Freud comenta que a Igreja e o Exército podem ser compreendidos como "massas artificiais", isto é, "massas sobre as quais atua uma coerção exterior que tem por finalidade preservá-las da dissolução" (Idem, p. 2578). Tanto na Igreja quanto no Exército, haverá a ilusão de um chefe: "Na Igreja – e haverá de ser muito vantajoso para nós tomarmos como exemplo a Igreja Católica – e no Exército, reina, quaisquer que sejam suas diferenças em outros aspectos, uma mesma ilusão: a ilusão da presença visível ou invisível de um chefe (Cristo, na Igreja Católica, e o general, no Exército), que ama com igual amor a todos os membros da coletividade" (Idem, p. 2578).
[45] James G. Frazer, *Les Origines de la Famille et du Clan*, op. cit., p. 14.
[46] Ibidem, p. 15.
[47] Flávio de Carvalho, *Experiência n. 2*, op. cit., p. 52.
[48] Ver Sigmund Freud, "Totem y Tabu". In: *Obras Completas*. Tomo II. Madri, Biblioteca Nueva, 1996, p. 1838 e ss.
[49] Flávio de Carvalho, *Experiência n. 2*, op. cit., p. 52.

como um obstáculo ao cumprimento do gozo narcísico e (...) o obstáculo é tratado como inimigo indesejável por uma parte da procissão, e como amigo aspirado por outra parte".[50] As "filhas de Maria", com as quais flertava, e os senhores e senhoras mais velhos não foram os que responderam de maneira mais violenta à sua provocação,[51] porque não viam prejudicada a sua relação com Deus. Os jovens, ao contrário, estavam entre os que reagiram ferozmente à atitude de Flávio. Para eles, conforme o próprio artista, sua presença era humilhante, porque os fazia se sentirem rebaixados diante de outra figura viril:[52] "só o meu assassinato poderia saciar o desejo de totemização dos espectadores, do mesmo modo que os jovens da horda primitiva reprimida nos seus instintos sexuais matavam o pai se nivelando a ele".[53] Se ele de fato atuava como um rival de Cristo[54] (Flávio não teve qualquer modéstia na descrição de sua atuação no cortejo), era porque, por sua atitude desafiadora, colocava em risco o equilíbrio daquela pequena comunidade que se formava na procissão em torno da imagem do Deus. O papel que desempenhou, portanto, foi aquele do "inimigo sacro", para nos valermos de outra expressão extraída do *Manifesto Antropófago*. Oswald de Andrade preconizava: "Antropofagia. Absorção do inimigo sacro. Para transformá-lo em totem".[55]

Flávio de Carvalho poderia ter ido mais longe em sua reflexão e ter percebido que executara aqui a operação máxima da antropofagia oswaldiana: a conversão de todos em antropófagos. "Única lei do mundo", a antropofagia é, segundo Oswald, o que nos une "socialmente", "economicamente", "filosoficamente".[56] Temos, na *Experiência n. 2*, um convite semelhante àquele do final da conferência no IV Congresso Pan-Americano de Arquitetos no ano anterior: que os fiéis depusessem "as suas máscaras de civilizados" e deixassem "à mostra as suas tendências antropofágicas". O objetivo de sua experiência era claro desde o início: "provocar a revolta para *ver alguma coisa de inconsciente*".[57] Flávio de Carvalho queria ver se formar, em meio à procissão, uma massa cujo comportamento se tornaria a cada instante mais irracional. Sabia, a partir de Gustave Le Bon (uma das fontes de *Psicologia das Massas e Análise do Eu*, de que Flávio era leitor atento), que o indivíduo, quando integrado à multidão, acaba reagindo como um "selvagem":

Como o selvagem, não admite obstáculo entre seu desejo e a realização desse desejo, ainda mais que o número lhe proporciona uma sensação de poder irresistível.

---

[50] Ibidem, p. 60.
[51] Ibidem, p. 60-63.
[52] Ibidem, p. 54 e 79-80.
[53] Flávio de Carvalho, *Experiência n. 2*, op. cit., p. 80.
[54] Ibidem, p. 64.
[55] Oswald de Andrade, *Manifesto Antropófago*, op. cit., p. 51.
[56] Ibidem, p. 47.
[57] Flávio de Carvalho, *Experiência n. 2*, op. cit., p. 16 (grifo meu).

(...) O homem isolado reconhece que sozinho não pode incendiar um palácio, pilhar uma loja; portanto, essa tentação não se lhe apresenta ao espírito. Ao fazer parte de uma multidão, toma consciência do poder que o número lhe confere e, diante da primeira sugestão de assassinato e pilhagem, cederá imediatamente.[58]

Segundo Freud, a pessoa integrada à massa "chega a ser incapaz de manter uma atitude crítica e se deixa invadir pela mesma emoção": "ao compartilhar a excitação daqueles cuja influência atuou sobre ele, aumenta, por sua vez, a excitação dos demais, e desse modo se intensifica por indução recíproca a carga afetiva dos indivíduos integrados na massa".[59] Não esqueçamos que uma das intenções de Flávio era "palpar psiquicamente a emoção tempestuosa da alma coletiva".[60] E sua provocação surtiu o efeito esperado: ao bradar pelo linchamento e pelo assassinato de Flávio, os crentes reagiram sem qualquer freio, trazendo à tona suas "tendências antropofágicas". Poderíamos talvez dizer que a multidão de fiéis fez aflorar uma violência semelhante àquela que está na fundação do mito do cristianismo e que festas como a de Corpus Christi costumam apaziguar. Como bem observa René Girard: "A festa é a feliz comemoração de uma crise sacrificial parcialmente transfigurada. Conforme verificamos com o tempo, o sacrifício terminal é eliminado, em seguida são os ritos do exorcismo que acompanham o sacrifício ou que o substituem, desaparecendo com eles o último traço da violência fundadora".[61] Máscaras depostas, e a multidão estava pronta a sacrificar Flávio de Carvalho, "inimigo sacro", para que a procissão pudesse voltar a seu curso normal.

•

Oswald de Andrade homenageia Flávio de Carvalho na peça *O Homem e o Cavalo*. Na terceira cena do oitavo quadro – são nove ao todo –, as vozes da multidão integram, em sua saudação à chegada de Cristo, referências à experiência vivida por Flávio de Carvalho na procissão de Corpus Christi:

> Vozes – Viva o Chanceler! Viva! Péu! Péu! Tira o chapéu! Tira, Flávio! Lincha! Mata!
>
> A voz de um engenheiro – Evidentemente, coagido pela força bruta, vencido pelo número, vejo-me forçado a continuar o meu caminho sem chapéu. Mas esse puto me paga!
>
> *Som de castanholas. Tumulto.*
>
> Vozes – *Viva la gracia! Otro toro! Mi cago en Dios!* Viva o senhor do sábado! Tira o chapéu, Flávio! Péu! Péu! Fora! Não

---

[58] Gustave Le Bon, *Psicologia das Multidões*. Trad. Mariana Sérvulo da Cunha. São Paulo, Martins Fontes, 2008, p. 41.
[59] Sigmund Freud, "Psicología de las Masas y Análisis del 'Yo'", op. cit., p. 2573.
[60] Flávio de Carvalho, *Experiência n. 2*, op. cit., p. 16.
[61] René Girard, *A Violência e o Sagrado*. Trad. Martha Conceição Gambini. São Paulo, Rio de Janeiro, Paz e Terra, 1998, p. 380.

tira! Deus da burguesia! Fora! Põe o chapéu! Desacata esse veado! Fora! Fora!⁶²

Essa peça de Oswald deveria ser encenada na inauguração do Teatro da Experiência, criado por Flávio de Carvalho dois anos depois de sua atuação no cortejo de Corpus Christi. Mas o texto não ficou pronto a tempo. Em substituição, Flávio escreveu *O Bailado do Deus Morto*. Como o título indica, nova provocação à turba cristã. Tratava, segundo o próprio autor, "da destruição do milenar patrimônio emotivo que é a ideia de Deus", dando a Deus "uma origem animal que tem uma base etnográfica, real e sólida, e dando para o seu destino o destino que se dá aos bois no matadouro, aproveitando todas as partes do animal abatido: pelos para fazer pincéis, ossos para botões, pentes, etc.".⁶³

Na peça de Flávio, curiosamente, as máscaras – não mais metafóricas, mas reais – não foram tiradas, mas, pelo contrário, vestidas. Os atores, em sua maioria negros, usavam máscaras de alumínio confeccionadas pelo próprio Flávio. No teatro, as máscaras funcionam, segundo Flávio, como uma espécie de "fortaleza": "Só atrás de uma máscara é que a energia integral do homem tem possibilidade de desabrochar: protegido, como é, por uma expressão *standard*, a ação do homem

demoníaco e técnico atrás da máscara não sofre nenhuma coação do mundo ao redor, e ele pode assim rir e chorar e cantar e fazer caretas ao mundo".⁶⁴ As máscaras funcionam, portanto, como vacinas: imunizam contra as forças coativas do mundo. É significativo que, num retrato literário de Oswald de Andrade por Flávio de Carvalho, aquele apareça com um espécie de máscara entranhada no rosto, vacina suprema: "apesar dos protestos do dentista, (Oswald) se fez confeccionar dentes especialmente grandes e largos na frente do sorriso para, conforme me dizia, melhor mostrar o seu desejo de devorar o mundo".⁶⁵

⁶² Oswald de Andrade, *O Homem e o Cavalo*. São Paulo, Globo, Secretaria de Estado da Cultura, 1990, p. 95-96.
⁶³ Flávio de Carvalho, "Flávio de Carvalho por Ele Mesmo". *Folha de S.Paulo*, 3 ago. 1975, p. 64.
⁶⁴ Flávio de Carvalho, "Atrás das Máscaras". Reprodução e organização de Denise Mattar. In: *Flávio de Carvalho: 100 Anos de um Revolucionário Romântico*, op. cit., p. 68. Publicado originalmente em *Vanitas*, São Paulo, n. 53, nov. 1935.
⁶⁵ Flávio de Carvalho, "Oswald de Andrade Antropófago", op. cit., p. 98.

A Antropofagia Patriarcal da Televisão

Eugênio Bucci
Jornalista e crítico de televisão

Antes, o banquete. Devoro num ritual antropofágico permanente os nacos do discurso alheio que torno meus. Não há outro modo de sobreviver na selva: se não podemos passar pelos conteúdos, os conteúdos hão de passar por nós. Mastigar é caminhar. Andamos sobre os dentes e pelos nossos dentes somos andados. Não pisamos o chão da cultura com os pés, mas os pés da cultura é que nos pisam as gengivas, o céu da boca, o esôfago, as entranhas; a fala alheia (ou alienada) atravessa-nos enquanto se recicla e se desconhece. E assim, deglutindo, descobrimo-nos deglutidos.

I

Em "Antropofagia ao Alcance de Todos", prefácio de Benedito Nunes para *A Utopia Antropofágica*, são exploradas as relações de parentesco entre os escritos-manifestos de Oswald de Andrade e as vanguardas artísticas que marcaram o início do século XX, como o surrealismo e o dadaísmo. A busca do primitivo, "fosse através da emoção intensa, do sentimento espontâneo, fosse através da provocação do inconsciente, que deriva para o automatismo psíquico e a catarse", tornada traço comum para dadaístas e surrealistas, pode sem muitos problemas ser estendida para a antropofagia modernista brasileira.[1]

Citando o *Manifesto Dada* de Tristan Tzara, de 1918, Nunes destaca a semelhança textual com que as palavras "*dada*" e "antropofagia" ingressam no imaginário vanguardista: "Como *dada*, antropofagia nasceu de uma necessidade de independência, de desconfiança para com a comunidade; como *dada* é uma palavra-guia que conduz o pensamento à caça das ideias". E quais eram os sentidos da palavra antropofagia? Nunes prossegue:

Precisamos considerar, então, na leitura do *Manifesto Antropófago*, a ocorrência

---

[1] Benedito Nunes, A "Antropofagia ao Alcance de Todos" (Anthropophagy within Reach of All). In: *A Utopia Antropofágica* (*The Anthropophagous Utopia*). 2.ed. São Paulo, Globo, 1995, p. 9.

simultânea de múltiplos significados, e ter em mente que o uso da palavra "antropófago", ora emocional, ora exortativo, ora referencial, faz-se nesses três modos da linguagem e em duas pautas semânticas, uma etnográfica, que nos remete às sociedades primitivas, particularmente aos tupis de antes da descoberta do Brasil; outra histórica, da sociedade brasileira, à qual se extrapola, como prática de rebeldia individual, dirigida contra os seus interditos e tabus, o rito antropofágico da primeira.[2]

Do cruzamento entre o etnográfico e o histórico, encontraremos a utopia oswaldiana como rebelião que faz aflorar o reprimido, o reprimido pela civilização. "Por baixo do parlamentarismo do império, ficou o poder real do tacape; sob o verniz das instituições importadas, a política e a economia primitivas, e sob os ouropéis da literatura e da arte, a imaginação alógica do indígena, surrealista *avant la lettre*".[3] O surrealismo *avant la lettre* que emana do primitivo, expressão interior contra o simbólico, contra a ordem, subverte o que seria o domínio do patriarcado em favor do que se imagina ter sido a plenitude do matriarcado. E tudo pelo critério da festa. "A alegria é a prova dos nove. No matriarcado de Pindorama."[4] E tudo pelo critério da liberdade e da revolução. "Contra a realidade social, vestida e opressora, cadastrada por Freud – a realidade sem complexos, sem loucura, sem prostituição e sem penitenciárias do matriarcado de Pindorama."[5]

II

Há um livro de Hal Foster sobre o surrealismo, *The Compulsive Beauty*, que se lê com gosto. Beleza convulsiva, amor louco, rebeliões. Ali não se faz, porém, nenhuma associação com a antropofagia tropical de Oswald. As que se farão aqui, portanto, ficam por nossa conta. Foster promove a incorporação do conceito freudiano de *uncanny* (no original alemão, *unheimliche*) que, no Brasil, foi traduzida simplesmente como "o estranho".[6] Para Foster, esse *uncanny*, *unheimlich* ou esse estranho freudiano é uma palavra-chave (palavra-guia?) para a leitura do surrealismo. O texto original de Freud trata do retorno do reprimido, mas de um retorno deslocado ou, poderíamos dizer, desfigurado, adjetivo capital para o entendimento do repertório surrealista. Assim, esse retorno específico produz o efeito do estranhamento, rompendo, no dizer de Foster, "normas estéticas e a ordem social". Bem ao gosto antropofágico, note-se. Mas não se trata de uma insurreição que tem na alegria sua prova dos nove, como queria Oswald, nem de um levante pelo restabelecimento da ausência de toda

---

[2] Ibidem, p. 16.
[3] Ibidem, p. 17. Os versos a que faz referência encontram-se no *Manifesto Antropófago*, que assim os apresenta: Já tínhamos o comunismo. Já tínhamos a língua surrealista. A idade de ouro. Catiti Catiti Imara Notiá Notiá Imara Ipejú (Lua Nova, ó Lua nova, assopra em Fulano lembranças de mim.)
[4] Oswald de Andrade, op. cit., p. 51.
[5] Ibidem, p. 52.
[6] Ver "O Estranho", texto de 1919 de Freud, parte do volume XVII das obras completas, publicadas no Brasil no CD-Rom *Edição Eletrônica Brasileira das Obras Completas de Sigmund Freud*. Rio de Janeiro, Imago, sem data.

ordem, nem de um retorno puro e simples do que estivesse represado; trata-se isto sim, para o surrealismo, de uma expressão artística que elege, com algum controle, suas finalidades estéticas e éticas. O autor completa: "Os surrealistas não apenas são movidos pelo retorno do reprimido, mas também pela ideia de redirecionar esse retorno para fins críticos".[7]

Desde já, é bom que se saiba: a relação dos surrealistas com o conceito do *unheimlich* era intuitiva, não vinha de leituras e de estudos – estes, aliás, não aconteceram, ao menos por aquela época, segundo sustenta o próprio Foster:

> Breton conhecia a psicanálise apenas por resumos. Somente a partir de 1922 ele pôde começar a ler Freud em traduções, e os trabalhos mais importantes do pai da psicanálise só chegariam até ele mais tarde (e.g., *Ensaios de Psicanálise*, que incluía "Além do Princípio de Prazer" e "O Ego e o Id", de 1927, e *Ensaios de Psicanálise Aplicada*, com o texto "The Uncanny").[8]

Mesmo assim, a vinculação entre surrealismo e o *estranho* freudiano, pretendida em *The Compulsive Beauty*, não poderia estar mais bem sustentada:

> Como é sabido, o *estranho* para Freud envolve o retorno de um fenômeno familiar (imagem ou objeto, pessoa ou evento) que se tornou estranho por ação de repressão. Esse retorno do reprimido deixa o sujeito ansioso e o fenômeno, ambíguo, e essa ambiguidade ansiosa produz os primeiros efeitos do *estranho*: (1) uma indistinção entre o real e o imaginado, o que é basicamente o objetivo do surrealismo, tal como o define Breton em dois manifestos; (2) uma confusão entre o animado e o inanimado, o que é exemplificado em figuras de cera, bonecas, manequins e autômatos, todas imagens cruciais no repertório surrealista; e (3) uma usurpação do referente pelo signo ou da realidade física pela realidade psíquica, e aqui de novo o surreal é frequentemente vivenciado, especialmente por Breton e Dalí, como um eclipse do referencial pelo que o simboliza, ou pela escravidão do sujeito em relação a um signo ou a um sintoma, e o efeito disso é com frequência aquele mesmo do *uncanny*: ansiedade. "As mais notáveis coincidências de desejo e realização, a mais misteriosa repetição de experiências similares em determinado lugar ou em determinada data, as mais ilusórias visões e os mais suspeitos ruídos." Isso soa como a própria beleza [o *sublime*, o *maravilhoso*] para os surrealistas; de fato, é a definição de *estranho* para Freud.[9]

Mais adiante, Foster desenha o nexo essencial entre o psíquico e o histórico.

---

[7] Hal Foster, *The Compulsive Beauty*. Edição brochura, 3. reimpr. Cambridge, Massachusetts, 1997, p. xvii.
[8] Ibidem, p. 2.
[9] Ibidem, p. 7. A citação de Freud tem a seguinte origem: "The Uncanny". In: *Studies in Parapsychology*. Organização de Philip Rieff. Nova York, 1963, p. 54.

Essa passagem, a propósito, lembra o nexo esboçado por Benedito Nunes entre o sentido etnográfico e o histórico de antropofagia, que seriam mediados pelos "três modos da linguagem", como Nunes mesmo os nomina: "ora emocional, ora exortativo, ora referencial". Eis o que diz Foster:

> Para mim, a concepção surrealista de maravilhoso e o *estranho* freudiano, com o retorno de imagens familiares tornadas estranhas pela repressão, estão relacionados ao conceito marxista de antiquado ("*outmoded*") [*e aqui o termo "antiquado" vem da tradução que Flávio Kothe deu a Walter Benjamin, que desenvolveu o "conceito marxista" ao qual se refere Foster*] e o anacrônico, com a persistência de formas culturais antigas no desenvolvimento desigual dos modos de produção e formações sociais; mais ainda, que os primeiros suprem o que os segundos não conseguem suprir: sua dimensão subjetiva.[10]

Como vimos, o conceito de *outmoded*, de antiquado, de *démodé*, Foster toma-o emprestado de Walter Benjamin. Ele tem a ver com memórias em mais de uma dimensão, mas, aqui, essas memórias nos interessam mais de perto, não como categorias propriamente objetivas ou históricas, e sim em seu retorno, por assim dizer subjetivo. Para os surrealistas, o *outmoded* estaria em objetos tão distintos quanto ruínas, fotos velhas, um vestido que saiu de moda cinco anos antes: o que tais objetos guardam como resíduo é a memória de um tempo (histórico) que se cruza com a memória pessoal (psíquica). Sua ressurreição dentro de uma obra, por uma via necessariamente subjetiva, produzirá o efeito do estranhamento aos olhos do espectador, fazendo o que estava perdido lá atrás no tempo retornar com renovada força, uma força que desestabiliza o presente. Estamos falando portanto de memórias traumáticas, memórias da infância, e que sempre são recuperadas ou viabilizadas por uma figura materna. "Para ambos, Benjamin e surrealismo, isso fala com uma voz materna".[11]

III

A voz materna aqui não é uma referência marginal. É básica, central. Se nos afastarmos um pouco da argumentação de Foster e formos até o texto original de Freud, encontraremos passagens mais que expressivas da centralidade da voz materna no conceito do *estranho*. Eis um trecho: "Acontece com frequência que os neuróticos do sexo masculino declaram que sentem haver algo estranho no órgão genital feminino. Esse lugar *unheimlich*, no

---

[10] Hal Foster, op. cit., p. 163. Ver também Walter Benjamin, *Sociologia*. São Paulo: Ática, 1985, p. 32: "À forma de um meio antigo de construção que, no começo, ainda é dominada pela do modo antigo (Marx), correspondem imagens na consciência coletiva em que o novo se interpenetra com o antigo. Essas imagens são imagens do desejo e, nelas, a coletividade procura tanto superar quanto transfigurar as carências do produto social, bem como as deficiências da ordem social da produção. Além disso, nessas imagens desiderativas aparece a enfática aspiração de se distinguir do antiquado – mas isto quer dizer: do passado recente".
[11] Hal Foster, op. cit., p. 163.

entanto, é a entrada para o antigo *Heim* [lar] de todos os seres humanos, para o lugar onde cada um de nós viveu certa vez, no princípio. Há um gracejo que diz 'O amor é a saudade de casa'; e sempre que um homem sonha com um lugar ou um país e diz para si mesmo, enquanto ainda está sonhando: *'este lugar é-me familiar, estive aqui antes', podemos interpretar o lugar como sendo os genitais da sua mãe ou o seu corpo"*. Nesse caso, também, o *unheimlich* é o que uma vez foi *heimisch*, familiar; o prefixo *'un'* ['in-'] é o sinal da *repressão"*.

O *estranho* freudiano é o antes familiar tornado assustador ou incômodo pela repressão.

Mas, pelo menos para os surrealistas, a voz materna não é a genitora de uma outra ordem, uma ordem antipatriarcal. É a via do retorno, mas não da emancipação. Para situar sucintamente a genealogia desse fracasso, permaneçamos um pouco mais com a discussão em torno do *outmoded* (o *antiquado* de Benjamin) e de sua via materna de retorno. O que o terá produzido tudo o que fosse *outmoded* – o envelhecido, o ressequido, o sepultado ou simplesmente o *démodé* – aos olhos dos surrealistas? Para Aragon, a modernização. Para Dalí, a humanização.¹² Em um contexto mais amplo, a civilização. Como vimos, é pelo feminino (materno) que os surrealistas encontram espaço para degluti-lo, reciclá-lo e revivê-lo. A voz materna é a voz que traz de volta o que morto estaria e que conspira contra a ordem (patriarcal). Mas, eis o ponto, não se trata de um feminino que negue (ou supere) o masculino. Trata-se, ao contrário, de um feminino instrumentalizado pelo masculino dominante do surrealismo, isto é, a plenitude maternal não se consuma em suas últimas consequências, mas resulta aparelhada: a estética (feminina) não se liberta inteiramente de um fim político (masculino). Bem a propósito, Foster opera bastante com a noção de que há no surrealismo, mesmo que inconscientemente, uma instrumentalização do feminino. Mais: haveria mesmo uma diabolização dele, além de um certo heterossexismo. Como ele mesmo diz: "Forças reprimidas no modernismo ressurgem, com frequência, no surrealismo, como o feminino diabolizado".¹³ Daí o fracasso, ao menos nessa via, da utopia libertadora pretendida pelos surrealistas. Assim, Foster começa a esboçar sua perturbadora conclusão:

> O surrealismo não apenas revolve o retorno do reprimido em geral, mas oscila entre duas fantasias em particular que têm a ver com o conceito de *estranho*: uma da plenitude materna, de tempo e espaço de intimidade corporal e unidade física anterior

¹² Ibidem, p. 189-90.
¹³ Ibidem, p. 190.

a qualquer separação ou perda, e uma outra de punição paterna, do trauma que tal perda ou separação podem acarretar.[14]

Assim, o desenvolvimento do surrealismo, já longe do controle de seus ideólogos, um surrealismo que sobrevive às suas aspirações de berço, teria contribuído menos para engendrar a libertação e mais para reafirmar, com os sinais invertidos, a repressão contra a qual teria se insurgido.

IV

Já é hora de voltarmos um pouco à antropofagia e, de modo especial, já é hora de tocarmos no tema deste artigo, a saber, o modo como certos traços da antropofagia que se verificam hoje na televisão brasileira.

Contra o humanismo europeu, Oswald de Andrade celebrava o carnaval, o grande festim brasileiro que encarnaria os ideais do matriarcado: "Nunca fomos catequizados. Fizemos foi carnaval".[15] É por aí que retorno ao tema. Todo ano, vemos a televisão tomada pelas fantasias e pelos batuques. Mulatas seminuas (maternas tornadas estranhas), ou mesmo completamente nuas (ainda mais maternas, ainda mais estranhas), rebolam na tela enquanto sorriem, convidando-nos para a festa que nos inclui compulsoriamente. Eu, o telespectador, começo a chacoalhar meus olhos e já sinto balançar as melhores partes de meu corpo, todas conectadas ao grande espetáculo eletrônico que se anuncia. Eu está *lá*, e não aqui sozinho comigo mesmo, lá dentro da televisão nacional, na formidável orgia pagã de Pindorama enriquecida com efeitos especiais de luzes e alegorias metálicas.

Oswald antevia a terra livre, sem prostituição, mas o que vemos agora é um mercado que nos engole, dentro de um turbilhão de prazer *prêt-à-porter*, um prazer que faz de cada um freguês e operário passivo, quase virtual. Simplesmente não nos restam escolhas. É isso ou nada; é isso ou nada somos. O facho incandescente em que (in)existimos, a linguagem eletronificada em que nos constituímos está materializada no aparelho de TV. Bum-bumbaticumdum.

O que agrava e aprofunda essa gigantesca cloaca insaciável do capital-espetáculo, que a tudo deglute sugerindo a existência de uma antropofagia industrializada – embora da antropofagia mesma seja não menos que a negação – e que prepara o megafrenesi do carnaval, é que a televisão não é apenas show, mas englobou também o campo da cidadania, quer dizer, engendrou e delimitou o que se entende por espaço público no Brasil. A TV é mais, muito mais que um meio; é uma instância,

[14] Ibidem, p. 193.
[15] Oswald de Andrade, op. cit., p. 49.

confundindo-se com o próprio processo de constituição da integridade nacional e com o processo pelo qual os brasileiros se reconhecem como brasileiros.

O francês Dominique Wolton também recorre ao exemplo da Rede Globo para demonstrar sua tese de que a televisão exerce o papel de integrar as sociedades nacionais. Um papel que, segundo Wolton, é positivo. Diz ele:

> A televisão brasileira ilustra quase à perfeição a minha tese sobre o papel essencial da televisão geralista.[16] Nela encontramos, com efeito, o sucesso e o papel nacional de uma grande televisão, assistida por todos os meios sociais, e que pela diversidade de seus programas constitui um poderoso fator de integração social. Ela contribui também para valorizar a identidade nacional, o que constitui uma da funções da televisão geralista.[17]

A folia carnavelesca, ao tomar conta da programação dos canais abertos brasileiros, está acontecendo não apenas dentro de uma tela destinada a divertir toda gente; está acontecendo no interior da própria delimitação do espaço público. Mas será que ela conduz a alguma subversão desse espaço? Ou, ao contrário, será que concorre para reforçá-lo à medida que promove o grande circo eletrônico enquanto se calcificam as relações sociais que perpetuam os mecanismos de reprimir o que deve estar reprimido?

V

Se voltarmos outra vez a Oswald (sempre o retorno), vamos encontrar: "Só me interessa o que não é meu. Lei do homem. Lei do antropófago".[18] Ora, mas essa é também a lei do telespectador, pois o que dele não é terá sido o dele reprimido. Por isso a festa de carnaval toma conta da tela: o telespectador quer ver o bacanal ao vivo, desde que não seja o dele, mas o dos outros. "Só me interessa o que não é meu." Sensualidade ensaiada na prateleira do video-supermercado. Acontece que também essa formulação é falsa e nos conduz ao engano de que existe para valer uma separação entre o que é e o que não é "meu", e à ilusão de que o telespectador, vendo TV, poderia apropriar-se de algo, quando o que ocorre é o exato oposto, como veremos.

Para começar, frisemos que todo o espetáculo do carnaval é um circo da ordem. As fantasias das escolas de samba reproduzem a exuberância tupi, ou a alegada exuberância tupi, mas elas, as escolas, desfilam como boiada numa passarela demarcada, para deleite das "elites vegetais" embriagadas, da casa-grande

---

[16] Ele chama de "geralista" a TV de canais abertos, feita para todo o público e não para um segmento específico.
[17] Dominique Wolton, *Elogio do Grande Público – Uma Teoria Crítica da Televisão*. São Paulo, Ática, 1996, p. 153. Note-se que o entusiasmo de Wolton com a sua TV "geralista" ocupa uma certa contramão nos debates contemporâneos, o que lhe confere até um certo charme, não necessariamente reacionário. Mais numerosos são aqueles entusiasmados com as centenas de opções ao alcance do controle remoto do telespectador. Muitos desses desprezam a TV geralista como se fosse lixo. George Gilder é um bom representante dessa tendência. Em *A Vida após a Televisão* (São Paulo, Ediouro, 1996 [1994]), afirma: "As pessoas têm pouco em comum, exceto seus interesses lascivos e seus medos e ansiedades mórbidas. Tendo necessariamente por alvo esse mínimo denominador comum, a televisão piora a cada ano" (p. 13).
[18] Oswald de Andrade, op. cit., p. 47.

pós-moderna que bebe uísque no camarote, do público que apodrece dentro de casa. "Mas o carnaval de Salvador não é assim", alegará alguém. "O carnaval de Salvador toma conta da praça, da rua, o povo ocupa todos os espaços da cidade." Sim, é verdade. E isso também terá sua vez no imenso show carnavalesco da TV. Mas vejamos como é que isso se dá. A multidão se espalha líquida e fervilhante, pulando ritmada sobre os logradouros públicos, mas tudo sob as bênçãos dos coronéis, que dizem a hora de começar e a hora de acabar a festa.

"Só me interessa o que não é meu", saliva o telespectador. Ele tem fome das intimidades que pensa alheias, do bizarro, do baixo, do lúbrico, do abjeto. É ele o antropófago imaginário, mas ele é um tipo muito deprimido de antropófago, um antropófago parasitário e paralisado, um antropófago que nada cria. Pois as imagens não lhe pertencem, nem lhe pertencerão, nem mesmo quando lhe atravessam o corpo. É ele quem pertence àquilo que se sucede como cachoeira multicolorida e faiscante diante dos seus olhos.

A própria televisão parte então para agir ela mesma como antropófaga em nome da sua plateia insaciável. Oferece festivais de pancadarias, mortes ao vivo, filmes baixos e apresentadores deseducados. Seu repertório parece uma explosão sem rumos. Mas, outra vez, é curioso: o ato de devorar os novos ingredientes do espetáculo – e aí o campo da televisão como espaço público ou espaço comum se espalha como chamas, expandindo-se sobre o que toca e, no mesmo instante, destrói – não produz reelaborações criativas ou libertárias, mas simples acomodações. Tudo choca para que tudo fique como está. A TV, antropófaga em nome do público, devora o próprio.

Há mais para ser dito: a cloaca, ou o arremedo de uma antropofagia transfigurada em indústria a que chegamos, não recicla o que nos seria estrangeiro e o que nos seria reprimido em nosso próprio passado, o que nos seria inédito, mas apropria-se de tudo indistintamente, indo da pilhagem para a pasteurização num único segundo. A volta do reprimido não se dá por libertação, mas por uma dessublimação repressiva (*à la* Marcuse). Antropófago no Brasil, infelizmente, lamentavelmente, é o poder.

VI

Antropófago no Brasil é o poder, mas um antropófago anti-oswaldiano, com a televisão que lhe serve de base e de forma – e esse mesmo poder continua sendo o oposto da utopia antropofágica. Isso nos afasta, obrigatoriamente, de uma maneira ingênua de olhar as coisas mas, por certo, não joga por terra o sonho de Pindorama. Apenas para que não pairem mal-entendidos, não se trata de desprezar as pretensões estéticas (e libertárias) da antropofagia. Não pode haver arte entre nós sem uma mínima atitude antropofágica. O compositor Caetano Veloso, expoente do movimento da tropicália que, nos anos 1960, foi corretamente interpretado como uma retomada em outras bases do *Manifesto Antropófago*, lançou um livro em que discute o assunto. A sua defesa da antropofagia é de uma sinceridade e de uma eloquência arrebatadoras:

> Oswald de Andrade, sendo um grande escritor construtivista, foi também um profeta da nova esquerda e da arte pop: ele não poderia deixar de interessar aos criadores que eram jovens nos anos 1960. Esse "antropófago indigesto", que a cultura brasileira rejeitou por décadas, e que criou a utopia brasileira de superação do messianismo patriarcal por um matriarcado primal e moderno, tornou-se para nós o grande pai.[19]

(Aqui, um breve comentário marginal tem pertinência: a menção da figura paterna, o grande pai, não aparece casualmente no texto de Caetano. Muitos criticaram a antropofagia exatamente porque, ao negar "o nome do pai", ela estaria apenas evitando a questão da falta de identidade da cultura brasileira, se é que se pode falar nesses termos. Transformando em totem o próprio Oswald, o negador por excelência do patriarcalismo, Caetano talvez pense em neutralizar esse tipo de crítica. Fim do comentário marginal.)

O fato, todavia, é que nós não estamos tratando do que acontece com a criatividade bem ou mal-sucedida de um artista, ou mesmo de um movimento artístico. Nós estamos falando de uma indústria gigantesca, uma indústria que banalizou procedimentos e mitos da antropofagia num retrocesso político e estético. De modo que a questão posta ao longo deste texto prossegue. Se formalmente podemos verificar exaustivamente que a televisão se faria passar por uma seguidora contumaz do manifesto de Oswald, ela continua sendo um fator de organização social que é o contrário da utopia antropofágica.

VII

Um artigo como este nunca pode se apresentar como um estudo conclusivo, e seria uma impostura inadmissível pretender iludir o leitor com aparências conclusivas. Isto aqui é uma desconclusão por princípio. E por ter a licença de

[19] Caetano Veloso, *Verdade Tropical*. São Paulo, Companhia das Letras, 1997, p. 257.

não ter que ser conclusivo, este artigo pode ainda ensaiar – é este o termo exato, ensaiar – mais um fôlego da mesma ideia. Sem esse novo fôlego, o cenário que se apresenta não se completaria. Ei-lo: é possível estender o que acontece com a televisão brasileira para os meios eletrônicos globalizados.

Pensando na TV do mundo todo, um monstruoso emaranhado de metais, antenas, satélites, cabos e aparelhos que envolvem o planeta como uma enorme teia eletrônica, pensando no enorme conglomerado das comunicações numa escala global, e na fusão de capitais que ela trouxe, é imperioso que nos distanciemos da noção clássica de veículo. A partir desse dado novo, da teia globalizada, é preciso considerar, nem que seja por mero exercício crítico, a hipótese dessa grande rede como lugar em que se dá a própria constituição do sujeito em relação ao outro. Isso é apenas uma extensão do que já se afirmou até aqui, mas essa extensão, se validada, vai nos levar a um problema de outra natureza. Seríamos obrigados a admitir haver nessa rede uma função imaginária que está engolindo a função simbólica.

A hipótese, então, é a seguinte: teríamos chegado à desestruturação da ordem simbólica tal como ela é entendida classicamente, instância institucional e reguladora, em favor de uma superexpansão do imaginário a ponto de torná-lo provedor de ordenamentos. Na mesma proporção, mas num outro nível, poderíamos dizer que há um recuo do Direito e uma expansão do mercado, a tal ponto que não é mais um passaporte que identifica um indivíduo numa portaria de hotel mas o seu cartão de crédito, o que vale dizer: não é mais um Estado quem carimba o nome de alguém sobre alguém; é uma companhia privada, existente antes de mais nada como marca de consumo, marca no imaginário, quem estipula o carimbo do nome (e seu correspondente valor de troca, ou seu crédito) sobre o sujeito. Está aí o nexo imaginário entre o sujeito e o seu outro, posto do outro lado do guichê do hotel.

Assim como o mercado nomeia e ordena, aquilo que antes pensávamos como veículo, e por onde flui essa nova função do imaginário sobre o simbólico, deixa de ser mero veículo para ser concebido como lugar – ou como espelho, que se dissolve no instante mesmo da comunicação –, lugar que nos contém.

Neste ponto, surge uma intrigante interrogação: teria a instância do poder migrado para o interior dos meios de comunicação? Se a resposta é sim, nem que seja apenas um "sim, em termos", não há como escapar à hipótese de que as aparências antropofágicas, assim como as aparências surrealistas dispersas pela indústria do entretenimento planetário, não mais subvertem o simbólico mas, ao contrário, o consolidam.

Faço minha a dúvida que foi lançada por Hal Foster, e trago-a, antropofagicamente, para a utopia oswaldiana. Eis o que diz Foster:

> Breton esperava que o surreal pudesse se tornar real, que o surrealismo pudesse superar essa oposição com efeitos libertários. Mas não será exatamente o oposto que aconteceu, será que no mundo pós-moderno de capitalismo avançado o real é que se torna surreal, que nossa floresta de símbolos traz menos rupturas do que traz um fator disciplinador em seu delírio?[20]

Na teia mediática planetária você pode ver uma propaganda de cigarro em que um sujeito aparece com a cara de camelo. Surrealismo revolucionário? Não, capitalismo. Na televisão brasileira, o carnaval nos empanturra, ali está "a idade do ouro", ali estão "todas as girls", os adereços nas mãos dos passistas são *ready-mades* de Duchamp, as letras dos sambas-enredos são *ready-mades* oswaldianos ou, melhor, *ready-mades* declamativos de si mesmos. E daí? O pop não parece ser mais um jeito despojado de ingressar no mundo da cultura e de fazer arte para o consumo. Será que o pop não é a nova etiqueta do poder? Será por isso que ele é autofágico? Então é este o circo da ordem, primal na sua aparência e patriarcal em suas relações? E por fim, será que os procedimentos e os mitos da própria antropofagia não estão servindo de última roupagem para o patriarcado do capital?

Desenho de Antonio Gomide, *Revista de Antropofagia*, Ano I – número 4

[20] Hal Foster, op. cit., p. 209-10.

O Dom e a Danação: Antropofagia e Doenças (Supostamente) Emergentes

Francisco Inácio Bastos
Fundação Oswaldo Cruz

O paradigma antropofágico: idas e vindas[1]

A presença ou não de práticas antropofágicas ao longo de momentos diversos da história humana merece uma crônica específica por parte dos sociólogos da ciência – não o sendo, permito-me apenas um breve exercício. Eficaz símbolo da barbárie aos olhos contemporâneos, a própria existência dessas práticas tem sido objeto de ácido debate por parte de arqueólogos, antropólogos e outros estudiosos. A questão tem oscilado desde a mais radical refutação até a certeza de comprovação definitiva, em diversas latitudes e momentos históricos. Quando o arqueólogo Christy Turner, da Universidade do Arizona, publicou seus achados acerca de práticas antropofágicas por parte de índios norte-americanos,[2] seus resultados foram recebidos com ceticismo, quando não desconfiança.[3] A ideia então vigente de uma vida comunitária harmônica e pacífica por parte dos americanos nativos não condizia com uma imagem tão crua de conflito e violência, tendo-se em mente que, segundo a nossa perspectiva, a antropofagia é assim compreendida.

Transcorridas quase três décadas, parecem se avolumar as evidências de que as práticas antropofágicas seriam mais frequentes, mais disseminadas no espaço geográfico e de maior permanência no tempo do que se supunha. Enquanto os estudos americanos acreditam que as práticas antropofágicas atravessariam quatro séculos de história em seu território,[4] estudos europeus recuam nada menos que 800 mil anos para situar os primeiros vestígios de canibalismo, afirmando mesmo que ele teria sido praticado pelo homem de Neandertal.[5] O *revival* dos estudos acerca do canibalismo tem procurado comprovar igualmente sua existência em

---

[1] Devo a Amir Geiger sugestões instigantes, via diálogos virtuais, devidamente "deglutidos" e repostos dentro dos estreitos limites dos meus conhecimentos e do meu campo de atuação.
[2] Christy Turner, "A Massacre at Hopi". In: *American Antiquity* 35(3), 1970, p. 320-31.
[3] Ann Gibbons, "Archaelogists Rediscover Cannibals". *Science* 277, 1997, p. 635-37.
[4] Idem.
[5] A. Defleur; O. Dutour; H. Valladas; B. Vandermeersch, "Cannibals among the Neanderthals?" *Nature* 362, 1993, p. 214; Y. Fernández-Jalvo,; J. C. Díez; J. M. B. Castro; E. Carbonell; J. L. Arsuaga, "Evidence of Early Cannibalism". *Science* 271, 1996, p. 277-78.

civilizações bem mais recentes, como os astecas ou os habitantes das ilhas Fiji.

Christy Turner atribui a preconceitos contemporâneos a não admissão de que a antropofagia seja parte inseparável da história humana. Para Turner, parte mesmo da "natureza humana".[6]

Razões da antropofagia: para além (ou aquém) do dom e da danação

A antropologia clássica, como afirma James Frazer, em *The Golden Bough* [O Ramo de Ouro],[7] ressalta na antropofagia seu caráter ricamente simbólico, enfatizando seu aspecto ritual. Portanto, a devoração de um guerreiro serviria a propósitos mágicos, de natureza homeopática – pela reduplicação das qualidades do devorado naqueles que o devoram – e contagiosa – a ideia de que a proximidade entre o devorado ou seus pertences e os convivas do banquete antropofágico permitiria a passagem, por contágio, dos seus dons. Segundo Doran,[8] esse teria sido o destino do grande navegador inglês James Cook. Seu corpo teria sido desmembrado e ingerido pelos nativos do Havaí em sinal de respeito e veneração.

Apesar de seu conteúdo metafórico, aos olhos dos especialistas em símbolos do mundo contemporâneo – antropólogos e demais cientistas sociais, além de críticos literários –, a antropofagia parece ter servido igualmente a fins mais prosaicos e materiais, tais como favorecer a sobrevivência biológica de uma comunidade, contribuir para a redução do contingente da comunidade rival ou demarcar territórios.[9] Assim, além de um sentido ritualístico de incorporação de dons do morto canibalizado, como a coragem e o gosto pelos empreendimentos bélicos, as práticas antropofágicas teriam objetivos práticos e mesmo vinculados ao puro prazer gustativo. No primeiro caso, a disputa por bens escassos em um mundo em que ainda não haviam sido estabelecidos critérios propriamente "históricos" para sua apropriação, como as linhagens reais ou a posse do capital. No segundo caso, a possibilidade de degustar um "bom petisco", como veremos mais adiante...

Kuru, um mal à procura de uma causa

Tem ganhado força nos últimos anos a conceituação de "doença infecciosa emergente", ou seja, em uma leitura literal, doença infecciosa que teria "emergido", "aparecido" em um dado período histórico, ambiente e contexto social. Se tomarmos, porém, o mundo contemporâneo

---

[6] Apud A. Gibbons, op. cit.
[7] James Frazer, *The Golden Bough: A Study in Magic and Religion*. Edição resumida. Londres, The Macmillan Press, 1983.
[8] F. S. A. Doran, "Is Cannibalism a Myth?". *British Medical Journal* 309, 1994, p. 59.
[9] A. Gibbons, op. cit.

como referência, constataremos que inúmeras doenças a princípio ditas "emergentes" são, na verdade, antigas doenças não reconhecidas como tais. Em outras palavras, doenças que passam a afetar novas espécies, populações ou ambientes; ou ainda males há muito conhecidos, mas cuja etiologia era supostamente outra e para os quais a ciência contemporânea descobriu uma etiologia infecciosa, "nova".[10] Entre essas doenças, ou mais propriamente males, em busca de uma explicação razoável do ponto de vista da racionalidade científica – já que há muito se dispõe de diversas explicações de natureza mágica – está o *kuru*.

O *kuru* é um mal que há muitos anos afeta alguns povos da Nova Guiné, como os *fore* e seus vizinhos, sendo aparentemente restrito a essa área geográfica específica. O nome *kuru* é a designação dada pelos povos locais à doença e significa, literalmente, "morte com tremores". Segundo relatos diversos, o *kuru*, que leva as pessoas à incoordenação motora, à loucura e à morte, era explicado como uma "danação" decorrente de feitiçaria. A partir de 1950, estudado sistematicamente pela medicina ocidental, passa a ser compreendido como uma doença e tem, sucessivamente, esclarecidas e explicitadas sua natureza (infecciosa) e, *grosso modo*, sua fisiopatologia, ou seja, a lógica orgânica que determina suas características sindrômicas – sinais, sintomas e evolução clínica.

A primeira hipótese aventada pela equipe de pesquisadores encarregada de estudar o fenômeno e que buscava dar conta das características especiais da incidência do *kuru* – afetando significativamente mulheres e jovens – foi a de algum fator de natureza genética, desencadeado por elementos ambientais. Essa hipótese foi abandonada a partir da demonstração da transmissibilidade da doença, quando Gajdusek, o coordenador da pesquisa, e seus colaboradores conseguiram infectar macacos em contato com tecido cerebral humano proveniente de vítimas do *kuru*. Voltaram-se, então, para a hipótese de um agente etiológico de características semelhantes a um vírus de ação lenta/latente, considerando-se ainda seriamente a possível influência de fatores extrabiológicos ainda desconhecidos sobre o padrão de transmissão.

Uma segunda hipótese, também derivada do fato de o *kuru* ser incomum entre homens adultos e afligir especialmente mulheres e jovens, foi a de um modelo de contágio que levava em consideração o fato de serem as mulheres as encarregadas de preparar os alimentos, aí incluídos os corpos dos inimigos e, sobretudo, parentes recém-falecidos, prática que

[10] "The Origins of Emerging Viruses". In: *Emerging Viruses*. Nova York/Oxford, Oxford University Press, 1993.

funcionava como alternativa aos ritos de sepultamento. Dos parentes, elas tiravam "lascas" mal cozidas. Discute-se hoje se para acompanhar o andamento do processo de cozimento ou por algum sabor especial do alimento semicru, especialmente de partes do sistema nervoso. Para Richard Rhodes,[11] que privou do convívio de Michael Alpers – membro da equipe de Gajdusek – e de Shirley Lindenbaum, antropóloga que realizou estudos etnográficos pioneiros junto aos *fore*, não caberia utilizar o termo ritual com relação às práticas antropofágicas dos *fore*, tendo mesmo a antropóloga denominado "canibalismo *gourmet*" a essas práticas. As mulheres *fore* teriam dito a Lindenbaum que se alimentavam dos parentes porque sua carne era "deliciosa".[12]

Ao contrário de outras doenças que "emergiram" recentemente – cujo caso paradigmático em termos de saúde pública é, sem dúvida, a Aids –, com relação ao *kuru*, a elucidação dos mecanismos fisiopatológicos e de sua natureza infecciosa *não* se traduziu imediatamente, ou de forma relativamente mediata, na descoberta de seu agente etiológico. Devido à natureza particular de seu agente etiológico – o príon, como veremos mais adiante –, foram necessários muitos anos de estudos laboratoriais para identificar com precisão um agente que "se subtrai" aos procedimentos laboratoriais habitualmente disponíveis e que "opera" segundo uma lógica biológica até então insuspeita e, portanto, aquém ou além dos modelos tradicionais de análise e caracterização de agentes infecciosos.

Outro dado curioso é que as práticas antropofágicas não seriam, segundo alguns estudiosos, consideradas algo de tradicional pelos próprios *fores*, que as atribuiriam ao contato com tribos do sul da Nova Guiné, afirmando eles ainda que os casos conhecidos de *kuru* datariam da época dos primeiros aeroplanos.[13] Ou seja, em se tratando de rotas regulares, da década de 1930 do século XX.[14] Reside aí um paradoxo que caberia aprofundar.

Do ponto de vista biológico, essa possibilidade seria relativamente implausível, visto ser a síndrome clínica do *kuru* a etapa final de uma cadeia de transmissão de um agente infeccioso de ação patogênica extremamente lenta, sendo, portanto, necessária uma precedência no tempo de décadas de práticas antropofágicas, relativamente frequentes para que se estabelecesse uma *cadeia* de transmissão. Caso contrário, não haveria transmissão por essa via, ou o fenômeno seria de tal modo autolimitado que talvez nem despertasse a atenção da própria tribo e dos estudiosos. Se atribuíssemos os casos

[11] Richard Rhodes, "Gourmet Cannibalism in a New Guinea Tribe". *Nature* 389, 1997, p. 11.
[12] Apud Richard Rhodes, Ibidem.
[13] Jaul Goodfield, "Cannibalism and Kuru". *Science* 387, 1997, p. 841.
[14] Esse caráter (supostamente) contemporâneo do *kuru* é endossado por William Arens (*The Man-Eating Myth: Anthropology and Anthropophagy*. Oxford/Nova York, Oxford University Press,1979), baseado no opúsculo de Robert Glasse. *The Spread of Kuru among the Fore*. Department of Public Health Territory of Papua-New Guinea.

de *kuru* exclusivamente a fatores hereditários, seria de todo improvável que a interrupção das práticas antropofágicas determinasse o *não* aparecimento de novos casos. Além disso, até onde vai o nosso conhecimento, não há relatos acerca de casos de *kuru* em tribos geograficamente mais afastadas da região sul da Nova Guiné – raciocínio que também teria de incluir a precedência no tempo –, sendo os relatos de casos da doença basicamente restritos aos *fore* e a seus vizinhos próximos. Como hipótese de trabalho, poderíamos pensar que, a partir do estabelecimento – "auto" ou "hetero", no último caso, resultante da interação entre os *fore* e os cientistas – da conexão entre práticas antropofágicas e o mal *kuru*, tenha entrado em cena o tradicional mecanismo de atribuição do mal ao estranho, ao estrangeiro; no caso, outra tribo ao sul. Tal mecanismo parece atravessar as mais diversas culturas, que identificam o mal ao não idêntico à própria cultura, ao outro, portanto.[15] É o caso exemplar da sífilis: *French pox* para os ingleses; *Morbus germanicus* para os franceses; *Mal di Napoli* para os florentinos.

O QUE SÃO PRÍONS?

O *kuru*, na verdade, faz parte de uma família razoavelmente extensa de doenças que hoje se sabe serem causadas por príons, como as doenças que afetam primariamente animais como o *scrapie* (encefalopatia espongiforme subaguda dos ovinos) e o recentemente famoso "Mal da Vaca Louca" (encefalopatia espongiforme subaguda dos bovinos), além de outras doenças primariamente humanas, como a Doença de Creutzfeld-Jakob (DCJ), a Síndrome de Gerstmann-Sträussler-Scheinker (DGSS) e a Síndrome da Insônia Familiar Fatal.[16]

A epidemia observada no rebanho bovino inglês "Mal da Vaca Louca" deveu-se ao fato de esse rebanho ser alimentado com ração preparada à base de carne de ovelhas. Portanto, nesse caso, ter-se-ia rompido, de forma não natural, a barreira tradicional que faz com que a disseminação de um agente infeccioso transmitido pela ingestão de carne de animais/pessoas mortas se restrinja ao âmbito do circuito "intraespécie", como no caso do *kuru* e outras patologias infecciosas ligadas ao canibalismo –, ou que atravesse a cadeia "interespécie" dos predadores habituais de cada espécie afetada pelo mal. Em suma, a passagem entre *scrapie* e "Mal da Vaca Louca" só pode se dar de forma não natural, em se tratando de espécies basicamente herbívoras e cuja ingestão eventual de tecidos ou fluidos corporais se restringe à sua própria espécie. Por outro lado,

[15] Susan Sontag, *Aids and its Metaphors*. Londres, Penguin, 1988.
[16] A. H. Chapman; D. Vieira e Silva. "Creutzfeld-Jakob Disease. A case report, with special attention to the eletroencephalogram in this disorder and to its possible relationships to Kuru, Scrapie and Mad Cow Disease". *Arquivos de Neuropsiquiatria* 51(2), 1993, p. 258-66; H. Schatzmayr, "Príons e sua Importância em Biossegurança". In: P. Teixeira; S. Valle (eds.), *Biossegurança: Uma Abordagem Multidisciplinar*. Rio de Janeiro, Fiocruz, 1996.

a possível disseminação do "Mal da Vaca Louca" a humanos se baseia em hábito alimentar tradicional, que, do ponto de vista da saúde pública, tem de ser alterado caso não surtam efeito as medidas tomadas no âmbito da medicina veterinária, visando à eliminação do rebanho infectado, uma vez que não existe terapêutica curativa.

Essas várias doenças eram longamente conhecidas, tanto dos criadores de animais (há relatos acerca do *scrapie* em rebanhos de ovinos que datam do século XVIII), como dos psiquiatras alemães que, a partir da década de 1920, passaram a emprestar seus nomes a duas dessas síndromes (DCJ & DGSS).

Todas as doenças desse grupo se iniciam com a incoordenação motora e alterações de comportamento, que se torna bizarro aos olhos de terceiros, evoluindo lentamente para a paralisia, a demência e a morte. Em comum, do ponto de vista da patologia tecidual, todas essas doenças determinam uma alteração do tecido do sistema nervoso central, ocorrendo uma vacuolização, ou seja, uma abertura de espaços "em branco" nas células, depósito de substâncias amiloides –semelhantes aos amido – formando um tecido que lembra uma esponja, por isso, espongiforme. Esse processo de vacuolização significa a substituição de tecido nervoso funcional por tecidos "recheados" de matéria inerte.

Daí advém toda a sintomatologia, além de uma lesão direta a determinadas áreas cerebrais e cerebelares, ocorrendo um bloqueio de circuitos neuronais essenciais ao adequado desempenho de funções tais como a memória e a coordenação motora. Como já foi fartamente demonstrado pela neurofisiologia contemporânea, ao contrário do que pensava a fisiologia dos "frenologistas" oitocentistas, *não* existe uma correlação linear entre "funções neurofisiológicas" e regiões delimitadas do sistema nervoso central.[17] Portanto, a destruição de tecidos sãos no sistema nervoso central e seu "preenchimento" com substância inerte determina um efeito situado além da destruição morfológica, estendendo-se ao conjunto de conexões funcionais em que se insere determinada região do sistema nervoso.

O paradoxo por longos anos colocado pelos príons aos cientistas é de que as doenças a eles atribuídas eram claramente transmissíveis no âmbito de um rebanho – soube-se, posteriormente, que também é transmissível através da ingestão de fragmentos de um animal doente por parte de outro animal –, embora não fosse possível evidenciar um agente infeccioso por meio de nenhuma das técnicas até então disponíveis.

Foi a partir dos estudos de Gajdusek e colaboradores, desenvolvidos na década

[17] A.R. Luria, *The Working Brain*. Middlesex, Penguin Books, 1973.

de 1950, que uma correlação mais clara entre mecanismos de transmissão e patologias desse grupo pôde ser estabelecida. Gajdusek e sua equipe demonstraram que a interrupção das práticas antropofágicas entre as tribos da Nova Guiné se correlacionava claramente à inexistência de novos casos de *kuru*. Além disso, provaram que era possível reproduzir o *kuru* em chimpanzés a partir do contágio mediado por tecidos infectados, como vimos anteriormente, ou seja, no primeiro modelo de transmissão da doença, em uma experiência controlada de doenças dessa natureza – datado de 1966.

O trabalho subsequente de outros pesquisadores permitiu caracterizar o agente etiológico do *kuru* e condições similares como sendo um príon, vale dizer, uma proteína infecciosa, agente dificilmente classificável como ser vivo pelos critérios habituais, e extremamente resistente aos métodos físico-químicos tradicionalmente empregados na eliminação de agentes infecciosos.

O paradoxo, porém, persiste sob outras formas. Devido à extrema plasticidade do agente etiológico – o príon –, que, por não possuir estruturas biológicas de "gerência" de informações, como o DNA e o RNA, não é capaz de se reproduzir no sentido estrito, mas apenas se expandir por acumulação, as doenças por ele causadas não se enquadram no modelo tradicional das doenças infecciosas ou transmissíveis. As doenças causadas por príons podem, na verdade, ser tanto transmitidas como herdadas ao longo de gerações. Diferentemente de outras doenças infecciosas de transmissão perinatal, como, por exemplo, a Aids, os príons não atravessam a placenta, infectando o feto, mas se incorporam ao patrimônio genético dos progenitores e atravessam as gerações como se fossem parte da sua estrutura genética. Existem ainda casos de origem inteiramente desconhecida.

Até hoje, os príons constituem seres "incômodos" do ponto de vista das classificações e da própria definição de ser vivo e reprodução biológica. O processo de acumulação, que não deixa de ser um processo reprodutivo em moldes não canônicos, parece se fazer mediante um processo de moldagem, em que as proteínas normais do organismo adquirem, por uma operação mimética direta, a forma do príon, sem a mediação das estruturas normais de codificação de informações – ácidos nucleicos, como o DNA e o RNA –, responsáveis pelos processos habituais de reprodução por transcrição das informações codificadas, A transformação da proteína normal em príon não implica mudanças na sequência da composição da proteína, o que seria teoricamente impossível, já que não há informações codificadas disponíveis que permitam alterá-la. No entanto, tal transformação implica apenas uma mudança de sua conformação espacial, alterando, com isso, também a resistência da nova proteína à ação das enzimas – as proteases – que lisam, destroem as proteínas.

Persistem inúmeras questões, tais como se daria a "entrada" na célula nervosa íntegra de uma proteína aparentemente inerte. Ou seja, ainda estamos longe de esgotar todos os possíveis desdobramentos de uma longa história, que começou pela transmissão dos dons, passou pela danação, loucura, morte e que, recontada pela medicina ocidental a partir da década de 1950, chega aos bovinos "loucos", nossos ilustres contemporâneos.

Ouso sugerir que os príons, mais do que os próprios vírus, constituem o mais perfeito exemplo de um parasitismo "para além do parasitismo". Assim como os vírus, lançam mão da maquinaria do organismo – substratos biológicos, como nutrientes ou elementos estruturais como receptores,[18] entre outros – para suas próprias finalidades; mas cabe observar que se trata, no caso dos príons, de uma finalidade *sem* finalidade, já que não há qualquer código mobilizável, que possa determinar a continuidade dessa curiosa espécie (!?) ou ser vivo (!?).

Até a descoberta dos príons, um dos enigmas mais interessantes da biologia era justamente constituído pelos retrovírus – categoria na qual se inclui o HIV, agente etiológico da Aids. Os retrovírus são assim denominados por serem agentes capazes de inverter o fluxo normal de codificação que vai do DNA ao RNA, e, portanto, de um código biológico mais complexo (DNA), para um código de nível hierárquico habitualmente inferior (RNA), através de uma transcrição reversa das informações mediada por uma enzima justamente denominada "transcriptase reversa". Nesse caso, temos uma utilização de material biológico da célula infectada com a finalidade de elaborar material que é mais complexo do que o original.

O príon está situado para além dessa *démarche*. Não tendo código, ainda assim expande-se, fazendo de um tecido funcional massa de "si mesmo" – massa informe, segundo a perspectiva do parasitado. Mais do que isso, o príon é capaz de se incorporar ao patrimônio genético do outro que parasita. Sobretudo, o príon não o faz para manter sua integridade – que, formalmente, não pode ser transmitida, já que não dispõe de código –, mas para, incorporando-se, perder-se nesse novo patrimônio genético e, assim, paradoxalmente, preservar-se.

---

[18] Como no caso de célebre receptor CD4 de linfócitos e outras células que interagem com o HIV e são por ele especificamente destruídas, e que, na linguagem não especializada, se tornou sinônimo de avaliação do estado imunitário do organismo afetado pelo HIV/Aids. Aliás, como sabemos hoje, com razoável imprecisão.

Entre natureza e cultura: mais do que supõe nossa vã filosofia...

A questão do *kuru* e das demais síndromes causadas por príons, além de colocarem para a biologia questões fundamentais, trazem também à baila problemas básicos relativos à interface natureza/cultura. A seguir, esses problemas, que merecem ser objeto da reflexão de equipes transdisciplinares, serão assinalados.

Não parece haver dúvida de que, a despeito de existirem outros mecanismos de transmissão – genéticos, por exemplo – e da singularidade do príon como agente biológico, a ingestão de segmentos de corpos, fluidos corporais e secreções é essencial na transmissão desse agentes, tanto em animais como em humanos. O *kuru*, portanto, conferiria materialidade adicional (além dos estudos arqueológicos) a ideia de práticas antropofágicas em algumas sociedades humanas, pondo em cheque algumas demarcações que nos são caras entre natureza e cultura: ali a barbárie, aqui a iniciação social definida a partir de regras de convivência. As formações sociais balizadas por essas regras, ao menos do modo como estas são explicitadas pelos cientistas sociais, teriam de enfrentar a questão da devoração do próximo inserida em um contexto mais amplo do que o usual, em que a antropofagia é vista como quase exclusivamente simbólica, a exemplo das formulações da antropologia clássica sobre a antropofagia enquanto via privilegiada de aquisição de dons dos guerreiros mortos.

Afinal, o que está aqui em jogo é uma dupla invasão. Em primeiro lugar, invasão da cultura pela natureza, como no suposto uso do canibalismo como um dos instrumentos da dizimação, da contenção populacional de grupos inimigos e demarcação de territórios, fenômenos estes que, embora possam ser vistos como propriamente culturais e exclusivos de sociedades humanas, são moeda corrente dos estudos psicobiológicos e frequentes nas mais diversas espécies, gregárias – ou seja, constituindo sociedades, como entre as formigas –, ou não, como na demarcação de território por parte dos ursos.[19] Em segundo lugar, a "invasão" da natureza por parte da cultura, como na introdução, na alimentação do rebanho bovino, de ração à base de carne de ovelhas, determinando uma nova síndrome – "Mal da Vaca Louca" –, de todo implausível do ponto de vista da dinâmica da interação biológica *stricto sensu*.

Mais ainda, esses são fenômenos em que o simbólico se apresenta no âmbito da antropofagia, não na sua formulação

[19] J. L. McGaugh; N. M. Weinberger; R. E. Whalen (eds.). *Psicobiologia: As Bases Biológicas do Comportamento. Textos da Scientific American*. São Paulo, Polígono/Edusp, 1970.

tradicional de magia, mas no assim denominado canibalismo *gourmet*, ou seja, no hábito de acompanhar o cozimento dos corpos, retirando "lascas" semicruas para simples deleite do paladar. Seria esse um caso algo desconcertante do que Freud denominou *Anlehnung* (apoio)? Em outras palavras, o acoplamento primitivo de uma pulsão sexual a uma pulsão de autoconservação?[20] Nesse caso, uma antropofagia inscrita no biológico – a contrapelo do modelo "civilizado" –, servindo à conservação da espécie via dizimação de inimigos ou aporte alimentar, tanto de inimigos como de familiares. Um canibalismo, sobretudo, no qual o prazer da degustação desempenha um papel determinante.

Haveria algo mais oswaldiano do que essa entredevoração para aquém ou além dos códigos?

[20] J. Laplanche; J-B. Pontalis, *Vocabulaire de la Psychanalyse*. Paris, PUF, 1976.

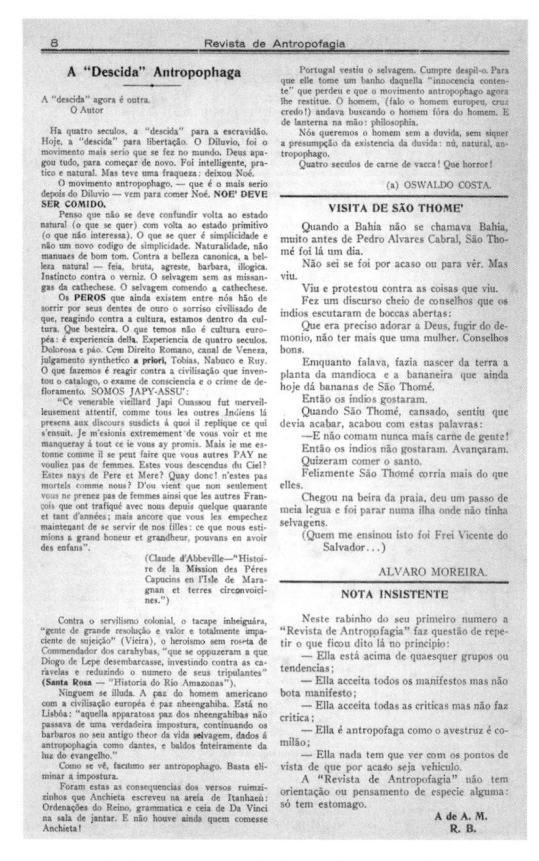

Revista de Antropofagia, Ano I – número 1

A Pedra Antropofágica: Albert Camus e Oswald de Andrade

Manuel da Costa Pinto
Jornalista, ensaísta, editor do "Entrelinhas" (TV Cultura)

Em viagem pelo Brasil entre julho e agosto de 1949, Albert Camus anotou em seu diário:

> Jantar com Oswald de Andrade, personagem notável. Seu ponto de vista é que o Brasil é povoado de primitivos e que é melhor assim. (...) Em seguida, Andrade me expõe sua teoria: a antropofagia como visão de mundo. Diante do fracasso de Descartes e da ciência, retorno à fecundação primitiva: o matriarcado e a antropofagia. O primeiro bispo que desembarca na Bahia tendo sido comido por lá, Andrade datava sua revista como do ano 317 da deglutição do Bispo Sardinha.

Descartada a pequena imprecisão bibliográfica (o *Manifesto Antropófago*, publicado em 1928 no primeiro número da *Revista de Antropofagia*, foi datado do "Ano 374 da deglutição do Bispo Sardinha"), o comentário de Camus mostra uma empatia instantânea não apenas com a cativante personagem Oswald de Andrade, mas também com seu pensamento.

Durante a visita, Camus conheceu alguns importantes intelectuais e artistas brasileiros, com os quais também teve afinidade imediata: Manuel Bandeira (tuberculoso como ele e que escreveu uma bela página por ocasião da morte do escritor francês), Murilo Mendes ("espírito fino e resistente"), Aníbal Machado ("espécie de tabelião magro, culto e espiritual") e Dorival Caymmi (por quem se declara "totalmente seduzido"). Em compensação, pinta um retrato impiedoso e grotesco de Augusto Frederico Schmidt.

A experiência brasileira de Camus está registrada no "Cahier VI" de seus *Carnets (1949-1959)* – reproduzidos no volume IV da nova edição de *Œuvres Complètes* pela Bibliothèque de La Pléiade. No Brasil, os trechos de seus cadernos referentes às duas viagens que fez à América (EUA e

Canadá, em 1947; Argentina, Chile e Uruguai, além de diversas cidades brasileiras, em 1949) foram reunidos em *Diário de Viagem*, da editora Record.

Um tanto entediado com a paisagem de cartão-postal do Rio de Janeiro (encimada por um "imenso e lamentável Cristo luminoso"...), ele prefere São Paulo, que define como "Orã desmedida" (em referência à cidade de sua Argélia natal em que ambientou o romance *A Peste*); passa por Porto Alegre e se encanta com Salvador, Olinda e Recife ("Florença dos Trópicos").

Mas, curiosamente, é Iguape – pequena cidade do litoral sul de São Paulo, que ele conhece com Oswald de Andrade – que deixará a marca mais profunda na obra de Camus, pois é nela que se passa "A Pedra que Cresce", última narrativa do volume de contos *O Exílio e o Reino* (lançado em 1957, ano em que recebe o prêmio Nobel de literatura).

Em companhia do filho Rudá, Oswald levou Camus a Iguape com a intenção de mostrar ao visitante francês uma festa popular que remonta ao século XVII e que ainda hoje preserva suas tradições: a romaria do Bom Jesus de Iguape, que se inscreve num circuito de festejos do interior paulista que inclui cidades como São Luís do Paraitinga, Santana do Parnaíba e Cachoeira Paulista.

Iguape se tornou um centro de peregrinação depois que, em 1647, dois índios encontraram na Praia de Una uma imagem do Senhor Bom Jesus. Na romaria, os devotos também visitam a Gruta do Senhor, que corresponde a outra tradição local. De acordo com os relatos, antes de chegar a Iguape, a procissão que levou o Senhor do Bom Jesus à vila parou para lavar a imagem numa fonte. A partir daí, difundiu-se a história de que a pedra sobre a qual a imagem teve suas cores restauradas cresce ininterruptamente. E é justamente à lenda da Fonte do Senhor que se deve o título do conto de Camus.

Em "A Pedra que Cresce", o engenheiro francês d'Arrast viaja a Iguape, onde será responsável pela construção de uma barragem. Ali, conhece um cozinheiro negro que vive num barraco e que pagará uma promessa carregando uma pedra durante a procissão do Bom Jesus. Na véspera, eles vão juntos a um terreiro, onde o cozinheiro se excede nas danças rituais; no dia seguinte, em meio à turba de romeiros, ele fraqueja e d'Arrast socorre o amigo – porém se desvia do caminho da igreja e deposita a pedra na terra batida de seu barraco, celebrando outra forma de comunhão.

Ao introduzir o tema da macumba, Camus recupera outros dois episódios de seu *Diário de Viagem*: o relato de um ritual de candomblé a que assistiu no Rio de Janeiro, em companhia do ator negro Abdias do Nascimento, e outra cerimônia, dessa vez em Salvador, em que ele contempla uma "Diana negra", de "graça infinita", que reaparecerá durante a macumba de "A Pedra que Cresce".

A narrativa funde, assim, diferentes momentos das andanças camusianas pelo país e encerra um percurso simbólico: explora a oposição entre a civilização europeia e sociedades que guardam um frescor atemporal, entre a religião oficial e os ritos da terra, entre história e natureza. Num trecho particularmente tocante, logo após d'Arrast deixar a atmosfera asfixiante do ritual de candomblé, ele escreve:

> Esta terra era grande demais, o sangue e as estações se confundiam, o tempo se liquefazia. Aqui a vida era rente ao chão e, para integrar-se nela, era preciso deitar-se e dormir, durante anos, no próprio chão lamacento ou ressecado. Lá na Europa, existia a vergonha e a cólera. Aqui, o exílio ou a solidão, em meio a esses loucos lânguidos e trepidantes, que dançavam para morrer.[1]

Essa passagem de "A Pedra que Cresce" de certo modo realiza literariamente a intuição oswaldiana do impacto que essa vivência concreta teria sobre a sensibilidade de Camus. Aliás, a intenção de expor o escritor francês à simbiose entre o arcaico e o moderno está registrada numa das crônicas que o poeta brasileiro escreveu para sua coluna "Telefonema", no jornal carioca *Correio da Manhã*, antes mesmo de conhecer Camus:

> A embaixada de França está retendo demasiadamente o grande autor do *Mythe de Sisyphe* em suas malhas diplomáticas e sociais. A natureza do Rio, espécie de cartão de visita do país, não pode satisfazer a solidão de Camus, ávida de geografia e de povo. Aqui em São Paulo, quando ele vier, poderíamos talvez apresentar-lhe uma das festas folclóricas do começo de agosto, onde ele conheceria este Brasil sem máscara, onde o assombro, a alucinação e o milagre fazem as coordenadas do maravilhoso.
>
> Camus precisa ver o que há por detrás das montanhas que emparedam a capital asfaltada. E o clima de absurdo, que é o clima de sua obra, encontraria o apoio de nossas florestas sensacionais, de nossos rios sem destino, de nossa gente pré-histórica.[2]

A crônica é impressionante por sua presciência, por antecipar exatamente os termos que Camus deitará por escrito, em seus diários e em seu conto, ao falar da "solidão, em meio a esses loucos

---

[1] Albert Camus, "A Pedra que Cresce". In: *O Exílio e o Reino*.
[2] Oswald de Andrade (org. por Vera Maria Chalmers). *Telefonema*. São Paulo, Globo, p. 463.

lânguidos e trepidantes, que dançavam para morrer" (conforme o trecho de "A Pedra que Cresce" acima citado).

As ressonâncias brasileiras serão duradouras. Em 1954, ano da morte de Oswald, Camus publica *O Verão*, em que dá continuidade aos retratos-ensaios das cidades argelinas que haviam aparecido em *Núpcias* (1939). Ao final do volume, no texto "O Mar Bem Perto (Diário de Bordo)", Camus abandona momentaneamente a paisagem mediterrânea e, numa sequência de fragmentos sobre uma viagem de circunavegação nos quais reconhecemos suas impressões dos Estados Unidos e da América do Sul, escreve:

> Enormes arranha-céus surgem, já rachados, sob a pujança da floresta virgem que começa no pátio de serviço; aqui e ali um ipê-amarelo ou uma árvore com galhos roxos arrebentam uma janela, o Rio desmorona, finalmente, por trás de nós e a vegetação recobrirá suas ruínas novas, onde os macacos da Tijuca estourarão de riso.[3]

A imagem da floresta violentando o asfalto carioca remete, mais uma vez, à crônica de Oswald na coluna "Telefonema" e reforça percepções comuns entre os dois escritores. E, assim como "A Pedra que Cresce" incorpora outros momentos da vilegiatura camusiana, duas passagens do *Diário* recuperadas no conto reiteram suas afinidades eletivas com o autor de *Pau-Brasil*. Ainda em Salvador (antes, portanto, da peregrinação a Iguape), Camus anota: "Sobre esta terra desmesurada, que tem a tristeza dos grandes espaços, a vida está no nível do chão e seriam necessários muitos anos para nela integrar-se".

E, no retorno de Iguape a São Paulo, em 7 de agosto, ele reflete:

> Uma vez mais, durante horas e horas, olho para esta natureza monótona e estes espaços imensos; não se pode dizer que sejam belos, mas colam-se à alma de uma forma insistente. País em que as estações se confundem umas com as outras; onde a vegetação inextricável torna-se disforme; onde os sangues misturam-se a tal ponto que a alma perdeu seus limites. Um marulhar pesado, a luz esverdeada das florestas, o verniz de poeira vermelha que cobre todas as coisas, o tempo que se derrete, a lentidão da vida rural, a excitação breve e insensata das grandes cidades – é o país da indiferença e da exaltação. Não adianta o arranha-céu, ele ainda não conseguiu vencer o espírito da floresta, a imensidão, a melancolia. São os sambas, os verdadeiros, que exprimem melhor o que quero dizer.

A natureza assombrosa e o espírito da floresta corroendo os alicerces da

---

[3] Albert Camus, "O Mar Bem Perto (Diário de Bordo)". In: *O Verão*.

civilização urbana, povoando suas ruínas com a alma ilimitada de uma população de sangue miscigenado – são imagens de Camus que poderíamos encontrar sem maiores dificuldades nos manifestos e na poesia de Oswald (ou mesmo na prosa de Mário de Andrade, cujo *Macunaíma*, afinal, é mais antropofágico do que a ficção do próprio Oswald) e que são reiteradas no trecho do *Diário de Viagem* que mais se aproxima da exaltação nativista:

> O Brasil, com sua fina armadura moderna colada sobre esse imenso continente fervilhante de forças naturais e primitivas, me faz pensar num edifício cada vez mais corroído por térmitas invisíveis. Um dia, o edifício desabará e todo um pequeno povo agitado, negro, vermelho e amarelo, vai se espalhar pela superfície do continente, mascarado e munido de lanças para a dança final da vitória.[4]

No geral, entretanto, há uma diferença bastante pronunciada entre a retórica inflamada, convulsiva, de Oswald de Andrade e o senso de *mesure*, o estilo cerimonioso de Camus.

A celebração do "bárbaro tecnizado", no *Manifesto Antropófago*, é inteiramente estrangeira ao apego de Camus à temperança do homem mediterrâneo, a sua indiferença à história. Em Oswald, a emergência de uma civilização pautada pela "transformação permanente do tabu em totem" permite uma nova vivência da história, o transtorno de suas regras pela "lei do antropófago". A visão da história de Oswald de Andrade é essencialmente utópica e eufórica – e equivale à libertação-deglutição dos determinismos materiais e culturais.

O pensamento de Camus, ao contrário, é essencialmente antiutópico, pois repousa numa visão disfórica da história: "O homem não é inteiramente culpado, não foi ele que começou a história; nem totalmente inocente, já que a continua", escreve Camus em *O Homem Revoltado*.

Oswald confia numa solução revolucionária – dentro, portanto, do tempo histórico. Daí seu engajamento político a partir dos anos 1930. Já Camus contrapõe a revolta (a fidelidade intemporal aos abismos metafísicos de cada homem em particular) à revolução (que "consiste em amar um homem que ainda não existe", confia em sua potência redentora, diviniza a história e acaba por transformá-la num abatedouro do homem concreto e de sua precariedade essencial). Daí a recusa progressiva do engajamento por Camus, a partir dos anos 1950, e a crítica às ideologias totalitárias que, com a publicação de *O Homem Revoltado*, levaram a sua ruptura com Sartre (então, um *compagnon de route* dos comunistas).

[4] Idem, *Diário de Viagem*.

O cotejo das concepções filosófico-políticas de Oswald de Andrade e Camus mereceria um capítulo à parte, pois poderia nuançar as acusações, que pesam sobre ambos, de terem formulado um idealismo cego às estruturas objetivas da história. Para um olhar materialista, a antropofagia oswaldiana e seus desdobramentos (sobretudo em *A Crise da Filosofia Messiânica*) parece um arrazoado de proposições vagas, cuja modernidade consiste em atualizar, para a era da técnica, oposições entre patriarcado e matriarcado perdidas no tempo antropológico – mas que não conseguem formular propostas objetivas de transformação do presente, reconciliando-nos com nossa identidade de devoradores da xepa colonialista.

Da mesma maneira, para leitores materialistas, a revolta camusiana, com sua interpretação da injustiça social como secularização da injustiça metafísica (nossa condição mortal), parecerá uma justificativa ideológica da desigualdade e da opressão; e sua exigência de um limite para a ação política, imposto pela reflexão ética, parecerá uma quimera moralizante diante das engrenagens impessoais da história.

Entretanto, é fundamental notar que tanto a antropofagia quanto a revolta, embora constituam um afresco de valores (mais estéticos no primeiro, mais éticos no segundo), estão enraizadas em determinado contexto cultural e, portanto, numa situação histórica.

A antropofagia de Oswald é uma forma de compreender a dinâmica entre moderno e pré-moderno, entre centro e periferia, a partir da perspectiva brasileira de fusão racial e convívio de referências ao mesmo tempo míticas e técnicas. E, se a revolta é formulada por Camus como cumplicidade coletiva diante do absurdo – com a "noção do absurdo" representando uma espécie de disposição fundamental diante da opacidade do mundo (tema do ensaio *O Mito de Sísifo*) –, vale lembrar que a "noção" deriva de um "sentimento do absurdo" que Camus começou a formular em textos inundados pela luz mediterrânea da Argélia e da Itália. Em *O Avesso e o Direito*, ele nos fala da "confrontação de meu desespero profundo e da indiferença secreta de uma das mais belas paisagens do mundo" e, em *Núpcias*, do "homem lançado sobre uma terra cujo esplendor e cuja luz lhe falam sem trégua de um Deus que não existe" – extraindo daí um contraveneno para os sortilégios da história que seria sintetizada no prefácio a *O Avesso e o Direito* escrito em 1958: "A miséria me impediu de acreditar que tudo vai bem sob o sol e na história; o sol me ensinou que a história não é tudo".

O idealismo de Oswald não está nas feições que identifica na cultura brasileira, mas na confiança que o "perfeito cozinheiro das almas deste mundo" deposita nas propriedades lenitivas de sua poção: basta que lembremos que "já tínhamos o comunismo" em nossa identidade antropofágica para injetar mistério na luta contra os determinismos, para reencontrarmos nossa "idade do ouro".

De maneira semelhante, Camus parte do diagnóstico de nossa condição absurda para extrair daí um código de ética que deverá avaliar, a cada contexto histórico específico, se uma atitude revolucionária não estará, em nome de uma noção absolutista de liberdade e igualdade, reeditando e aprofundando o absurdo:

> A solidariedade dos homens se fundamenta no movimento de revolta e esta, por sua vez, só encontra justificação nessa cumplicidade (*diante do absurdo*). (...) Para existir, o homem deve revoltar-se, mas sua revolta deve respeitar o limite que ela descobre em si própria e no qual os homens, ao se unirem, começam a existir. *O pensamento revoltado não pode, portanto, privar-se da memória: ele é uma tensão perpétua* [grifo meu].

Memória de nossa identidade antropofágica, memória de nossa condição absurda. Oswald e Camus comungam, de fato, essa crença um tanto triunfalista, essencialmente moderna, nos poderes da arte e do pensamento como repositório de valores a serem evocados segundo as circunstâncias.

Restaria saber, enfim, se a antropofagia oswaldiana e o par "absurdo-revolta" de Camus são intuições artísticas restritas ao imaginário dos dois escritores, à Pindorama utópica do primeiro e ao "pensamento do meio-dia" do segundo. Pode bem ser que sim – o que não cancelaria o alcance de duas obras que, fiéis às suas obsessões, desenvolvem-nas à exaustão.

O encontro fugaz entre Camus e Oswald no Brasil, todavia, mostra que existem entre eles veios subterrâneos que acabam confluindo para águas mais torrenciais. A ideia, por exemplo, de que os habitantes das "cidades sem passado" (expressão utilizada por Camus, em *O Verão*, num pequeno guia para as cidades argelinas) são novos bárbaros, reinaugurando modernamente uma nudez que desafia o polimento civilizatório, aparece em ambos de maneira quase anedótica.

No *Manifesto Antropófago*, Oswald proclama: "O que atropelava a verdade era a roupa, o impermeável entre o mundo interior e o mundo exterior. A reação contra o homem vestido". E, no *Primeiro Caderno do Aluno de poesia Oswald de*

Andrade, o tema surge em chave cômica no poema "Erro de Português":

> Quando o português chegou
> Debaixo duma bruta chuva
> Vestiu o índio
> Que pena!
> Fosse uma manhã de sol
> O índio tinha despido
> O português

Em "O Verão em Argel" (*Núpcias*), Camus aborda o assunto num tom característico de sua obra inicial, combinando ironia e efusões líricas na descrição da fauna praiana do Magreb:

> Pela primeira vez, desde há mil anos, o corpo apareceu nu, nas praias. Durante os últimos vinte séculos, os homens se obstinaram em procurar tornar decentes a insolência e a ingenuidade gregas, em subtrair importância à carne e em complicar a vestimenta. Atualmente, passando por cima de toda essa história, a corrida dos jovens pelas praias do Mediterrâneo reencontra os mesmos gestos magníficos dos atletas de Delos. (...) Trata-se de um povo sem passado, sem tradição e, no entanto, não destituído de poesia – mas de uma poesia de que eu conheço a qualidade dura, carnal, isenta de qualquer espécie de ternura, idêntica à de seu céu, a única, na verdade, que me comove e me reintegra em mim mesmo. O contrário de um povo civilizado é um povo criador. Tenho a esperança insensata de que esses bárbaros, que se estiram descuidadamente nas praias, talvez estejam, sem saberem, modelando o rosto de uma cultura em que a grandeza do homem encontrará por fim seu verdadeiro rosto.

Camus é solene; Oswald, satírico. Ambos, porém, percebem no *éthos* solar uma forma de sociabilidade cuja novidade consiste justamente em desvelar aquilo que foi encoberto por séculos de civilização. "Ver com olhos livres" é voltar ao "sentido puro", como proclama Oswald no *Manifesto da Poesia Pau-Brasil*, é reencontrar "nossa gente pré-histórica", conforme sua crônica sobre Camus. E, para este, os bárbaros criadores modelam um novo rosto civilizatório estirando-se sobre ruínas que, "tendo perdido o polimento imposto pelo homem, reintegram-se na natureza" (como ele escreve em "Núpcias em Tipasa", primeiro ensaio de *Núpcias*).

Foi pensando nessa tensão entre natureza e história, em que o brilho de permanências inanimadas acende no homem a "dupla consciência de seu desejo de duração e de seu destino de morte" ("O Deserto", em *Núpcias*), que Camus formulou, em *O Homem Revoltado*, um "pensamento do meio-dia" que recupera a noção grega de

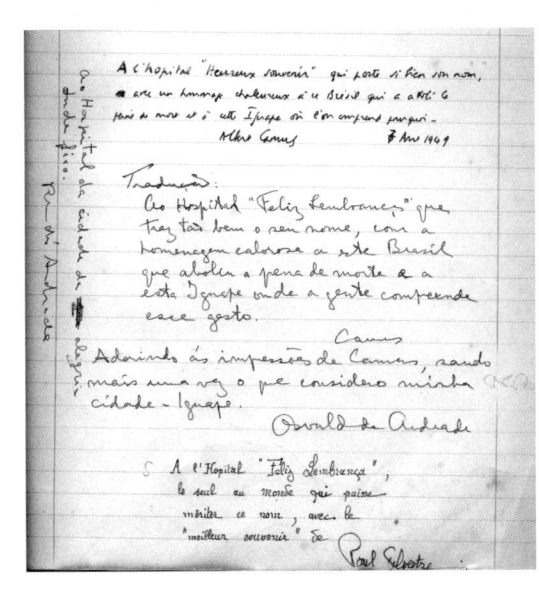

PARTE V - REPERCUSSÕES · 641

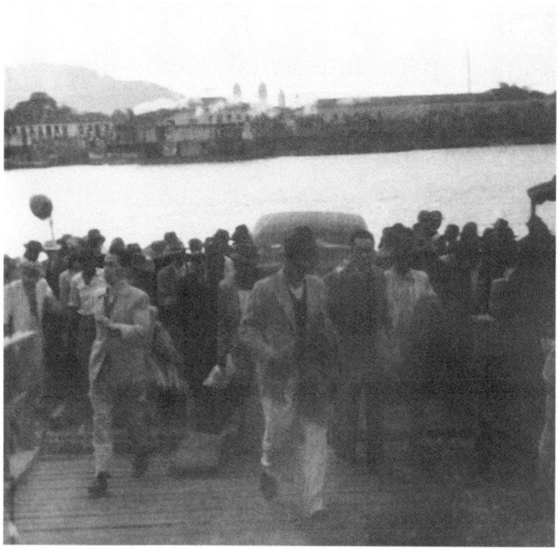

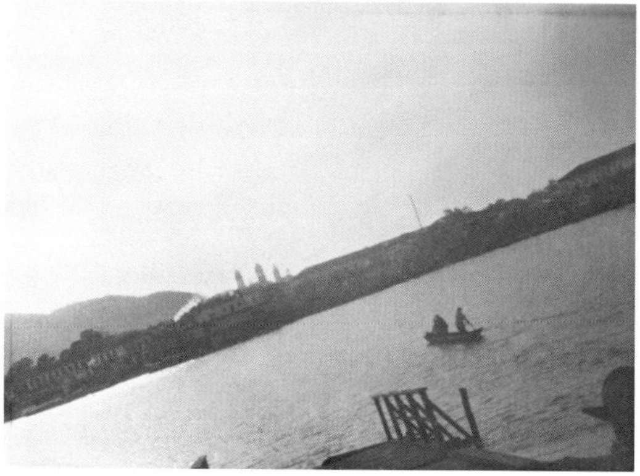

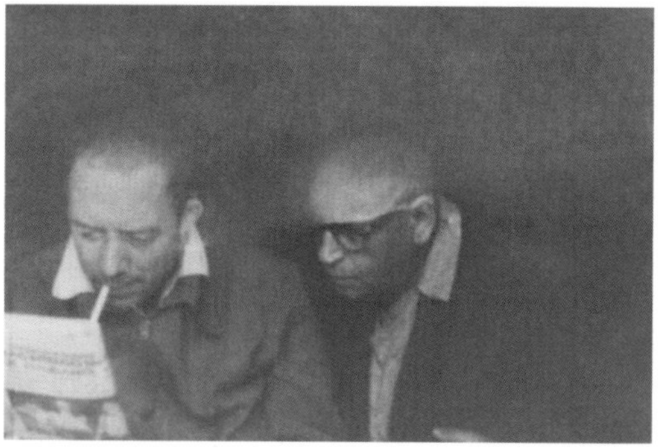

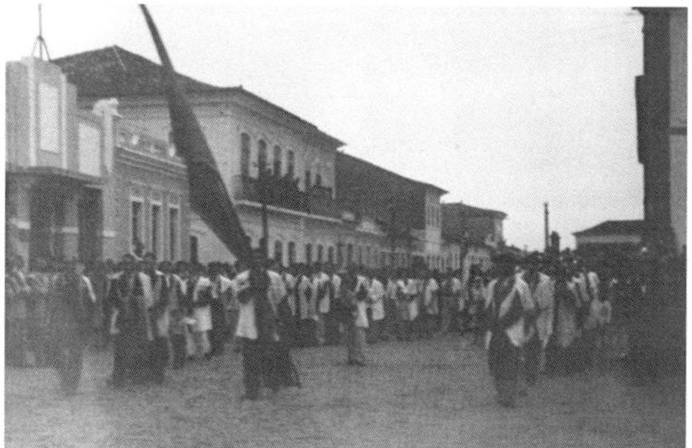

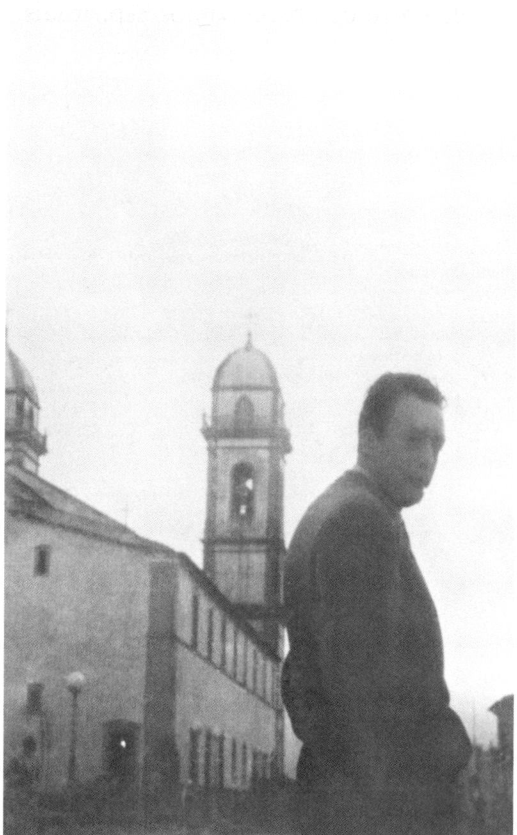

medida, desconfia da terra prometida pela história e se recusa a adiar o gozo do presente em nome de uma "estranha liberdade da espécie", cuja imortalidade não passa de "prodigiosa agonia coletiva".

Ao receber, do próprio Camus, a edição de seu ensaio sobre a revolta, Oswald identificou de pronto aquilo que estava em jogo: nem ética pessoal nem imperativos categóricos supostamente universais – mas um conflito de visões de mundo, a querela entre os absolutismos espirituais, os irracionalismos e o termo médio mediterrâneo. Na crônica "Recomeçar", de janeiro de 1952, Oswald escreve:

> Se o século XIX avançou até o ano 14, sabe-se que o que estamos assistindo é apenas a verificação dos resultados inflexíveis do jogo de dados que naquele ano começou entre o jovem imperialismo germânico e o medalhado tigrismo inglês. Hoje, os imperialismos mudam de paralelo e de consciência. Não são mais comunidades gulosas que se enfrentam, e sim concepções do mundo. (...) *L'Homme Revolté*, que Camus me mandou recentemente, mostra que surge uma terceira linha que balança sem compromissos entre niilismo e existencialismo.[5]

Mais uma vez, e já no final da vida de Oswald, a cumplicidade iniciada antes mesmo da viagem a Iguape se traduz numa empatia intelectual que ilumina reciprocamente as duas obras. Ao final de *O Homem Revoltado*, Camus afirma:

> O profundo conflito deste século se estabelece (...) entre os sonhos alemães e a tradição mediterrânea, as violências da eterna adolescência e a força viril, a nostalgia, exasperada pelo conhecimento e pelos livros, e a coragem fortalecida e iluminada no curso da vida; enfim, entre a história e a natureza. (...) Na desgraça comum, renasce a eterna exigência; a natureza volta a insurgir-se contra a história. Na verdade, não se trata de desprezar nada, nem de exaltar uma civilização em detrimento de outra, mas sim de dizer simplesmente que há um pensamento do qual o mundo de hoje não pode se privar por mais tempo. Há certamente no povo russo do que se dar uma força de sacrifício à Europa; na América, um necessário poder de construção. Mas a juventude do mundo encontra-se sempre em volta das mesmas praias. (...) No coração da noite europeia, o pensamento solar, a civilização de dupla fisionomia espera sua aurora.[6]

Não seria o caso de ver na antropofagia de Oswald de Andrade uma extensão desse "pensamento solar", de estender suas intuições para além das praias e

---

[5] Oswald de Andrade, *Telefonema*, op. cit., p. 499.
[6] Albert Camus, *O Homem Revoltado*.

florestas brasileiras – da mesma maneira que Camus estendeu as suas para além dos limites da Argélia natal? Com isso, talvez pudéssemos reler a antropofagia para além de dicotomias excludentes, que nos obrigam a identificar nela ora a expressão de uma identidade nacional, ora uma descrição da dinâmica canibal da sociedade moderna – confinando-a nos limites da cultura brasileira ou neutralizando seus achados por um efeito de generalização do tipo "a antropofagia explica tudo, portanto não explica nada".

Talvez se aplique à antropofagia aquilo que Oswald de Andrade falou sobre *O Homem Revoltado*: trata-se de uma dentre as tantas "concepções de mundo" que, como queria Camus, não despreza nem exalta nada de modo absoluto, mas reivindica uma "civilização de dupla fisionomia".

•

Para além dessas aproximações entre as obras de Oswald de Andrade e Albert Camus – incluindo os *Carnets* deste e as crônicas daquele –, existem dois outros importantes registros da viagem que ambos fizeram a Iguape em agosto de 1949. Trata-se de material ausente da vasta bibliografia e das fotobiografias dos dois escritores.

O primeiro deles é um conjunto de imagens do acervo de Oswald de Andrade, hoje depositado no Centro de Documentação Cultural Alexandre Eulalio (Cedae/Unicamp). Encontram-se ali fotografias, bastante desgastadas pelo tempo, que mostram a chegada de Camus e Oswald à cidade litorânea, imagens de Camus diante da igreja de Iguape e da procissão do Bom Jesus. Dentre elas, as que mais chamam a atenção são duas fotos de um negro de barba negra e dorso nu que carrega uma pedra – certamente o mesmo que inspirou o cozinheiro pagador de promessas de "A Pedra que Cresce" e que aparece na seguinte descrição do *Diário de Viagem* de Camus:

> A multidão cresce. Alguns dos romeiros estão na estrada há cinco dias, nos caminhos esburacados do interior. Um deles, que tem o ar de assírio, ornado de uma bela barba negra, conta-nos que foi salvo de um naufrágio pelo Bom Jesus, após uma noite e um dia passados nas ondas furiosas, e que fez a promessa de carregar na cabeça uma pedra de sessenta quilos durante a procissão. Mas a hora se aproxima. Da igreja saem os penitentes negros, depois brancos, com roupas clericais, depois as crianças vestidas de anjo; em seguida, os que poderiam ser os filhos de Maria e, ainda, a imagem do próprio

Bom Jesus, atrás da qual adianta-se o homem da barba, de dorso nu, carregando uma enorme laje na cabeça. Por fim, vem a orquestra, que toca "dobrados", e a multidão de peregrinos, afinal, a única interessante, já que o resto é bastante sórdido e comum. Mas a multidão que desfila ao longo de uma rua estreita, enchendo-a por completo, é efetivamente o agrupamento mais estranho que se possa encontrar. As idades, as raças, a cor das roupas, as classes, as doenças, tudo fica misturado numa massa oscilante e colorida, estrelada às vezes pelos círios, acima dos quais explodem incansavelmente os fogos, passando também, vez por outra, um avião, insólito neste mundo intemporal. Mobilizado para a ocasião, ele ronca a intervalos regulares, acima das autoridades elegantes e do Bom Jesus. Vamos esperar a procissão em outro ponto estratégico, e, quando ela torna a passar diante de nós, o homem da barba parece crispado de cansaço, as pernas bambas.[7]

Além dessas fotografias, que dão lastro documental incomum na obra de Camus, há uma imagem, já reproduzida em fotobiografias francesas, que o flagra escrevendo em seu quarto no edifício do Hospital Feliz Lembrança – o mesmo em que o engenheiro d'Arrast se hospeda em "A Pedra que Cresce".

Hoje abandonado, quase em ruínas em meio a um terreno transformado em pasto, é difícil saber por que os anfitriões alojaram Camus ali, e não num hotel ou mesmo numa casa particular – e uma hipótese plausível é que a cidade, como até hoje ocorre, fervilhava de romeiros que já haviam ocupado todas as hospedarias locais.

Seja como for, a estadia de Camus no hospital deixou uma marca de grande valor simbólico – cujo registro devemos ao fotógrafo e jornalista João Correia Filho, que recentemente esteve em Iguape durante a romaria do Bom Jesus, no encalço de rastros camusianos. No livro de visitas da instituição (reproduzido por Correia), está a seguinte mensagem, escrita à mão pelo romancista: "Ao Hospital Feliz Lembrança, que traz tão bem o seu nome, com a homenagem calorosa a este Brasil que aboliu a pena de morte e a esta Iguape onde a gente compreende esse gesto."

A referência à pena de morte sempre foi recorrente em Camus. Uma das poucas lembranças do pai (morto na Primeira Guerra) que lhe foram transmitidas pela mãe se refere ao dia em que ele se levantou de madrugada para assistir a uma execução e, de volta a casa, foi tomado de uma náusea incontrolável. A cena traumática inoculou no filho a aversão pelo calculismo da pena de morte – tanto que

[7] Idem, *Diário de Viagem*.

a cena paterna seria retomada, com recorrência obsessiva e poucas modulações, em *O Estrangeiro* e *A Peste*, no romance inacabado *O Primeiro Homem* e no ensaio "Reflexões sobre a Guilhotina" (publicado no livro *Reflexões sobre a Pena Capital*, que inclui também "Reflexões sobre a Forca", de Arthur Koestler).

Quando Camus veio ao Brasil, a pena capital ainda vigorava na França – daí sua admiração pelo país que, bem mais jovem que o seu, havia abolido as execuções. Detalhe importante: Camus, obviamente, escreveu a dedicatória em francês e a tradução anterior foi feita, na mesma página, por seu cicerone na viagem a Iguape: Oswald de Andrade, que também escreveu uma mensagem no livro de visitas, ao lado de uma frase (na vertical) de Rudá – seu filho com a escritora e militante Patrícia Galvão, a Pagu – e da mensagem de Paul Silvestre (adido cultural francês).

Uma Teoria de Exportação? Ou: "Antropofagia como Visão do Mundo"[1]

João Cezar de Castro Rocha

Releituras?

Ainda é possível propor uma releitura da teoria cultural de Oswald de Andrade? Vale a pena (mais uma vez!) reinterpretar a antropofagia? É possível convertê-la numa forma crítica de entendimento da realidade contemporânea? A tarefa não é fácil, pois aconteceu com a antropofagia o inevitável: tanto se falou nos manifestos oswaldianos, que o assunto parece completamente esgotado. Tudo se passa como se permanecesse atual o desafio enfrentado por Antonio Candido na década de 1940. Ora, por ocasião do lançamento de *Marco Zero*, o crítico dedicou uma série de artigos ao estudo dos romances do autor. Sem esconder a admiração pelo antropófago, Candido procurou inovar no estudo de sua obra. Para tanto, diferenciou a "mitologia andradina" de um estudo "sinceramente objetivo, livre do fermento combativo característico da sua personalidade".[2] Por isso, na análise do primeiro volume de *Marco Zero*, *A Revolução Melancólica*, não foi nada complacente: "De qualquer modo *e embora seja uma realização bastante deficiente*, *A Revolução Melancólica* é uma vitória do ponto de vista da diretriz literária".[3] Isso porque o jovem crítico esperava que, com os próximos volumes de *Marco Zero*, Oswald produziria uma obra "finalmente à altura do nome do seu autor".[4]

Todos conhecem a resposta de Oswald: a criação de um epíteto irresistível. Candido e seus companheiros de geração seriam os *chato-boys*! Ou seja, todos os que usam "a maquilagem da sisudez (e) o guarda-roupa da profundidade". E para não deixar margem a dúvidas, Oswald nomeou o alvo: "O sr. Antonio Candido e com ele muita gente simples confunde 'sério' com 'cacete'".[5] Um pouco adiante, veio o disparo: "Quero ver como se portam o sr. Antonio Candido e seus *chato-boys*".[6]

---

[1] Neste ensaio, aproveito ideias parcialmente formuladas em textos anteriores.
[2] Antonio Candido, "Estouro e Liberação". In: *Brigada Ligeira e Outros Escritos*. São Paulo, Editora Unesp, 1992, p. 18-19.
[3] Ibidem, p. 32, grifos meus. E há passagens muito mais duras, por exemplo sobre *A Trilogia do Exílio*: "O seu valor literário é reduzido. São tentativas falhas de romance, revelando, aliás, um Oswald de Andrade diferente da lenda, – profundo, sério, não raro comovido, roçando, por inabilidade, no ridículo de um patético verboso e falso". Ibidem, p. 24.
[4] Ibidem, p. 32.
[5] Oswald de Andrade, "Antes do *Marco Zero*". In: *Ponta de Lança*. São Paulo, Globo, 2000, p. 97. O artigo foi publicado no *Estado de S. Paulo* em 19 de agosto de 1943.
[6] Ibidem, p. 100. Em outro artigo, "Diante de Gil Vicente", igualmente publicado no *Estado de S. Paulo*, em 6 de novembro de 1943, Oswald voltou à carga: "Os chato-boys estão de parabéns. Eles acharam o seu refúgio brilhante, a sua paixão vocacional talvez. É o teatro. Funcionários tristes da sociologia (...)". Ibidem, ▶

p. 126. Para uma reconstituição incontornável do episódio, recomendo, de Heloísa Pontes, *Destinos Mistos. Os críticos do grupo Clima em São Paulo (1940-1968)*. São Paulo, Companhia das Letras, 1998, p. 74-89. Trata-se da seção "Oswald de Andrade e os 'chato-boys'", do segundo capítulo.

[7] Afinal, o antropófago, acima de tudo um homem cordial, era mesmo dominado por paixões extremas: "(...) se em *Ponta de Lança*, sentindo-se incompreendido por Antonio Candido, o trata com jovial acrimônia, ao crítico paulista – que acabou seu compadre e amigo íntimo – dedicaria em mais de uma oportunidade, elogiosas referências, desvanecedores juízos. Assim fez também com Monteiro Lobato, José Lins do Rego e outras figuras". Mário da Silva Brito, *Conversa Vai, Conversa Vem*. Rio de Janeiro, Civilização Brasileira, 1974, p. 118.

[8] No mais completo estudo sobre o canibalismo cultural latino-americano, Carlos Jáuregui apresenta uma lúcida análise crítica do uso da metáfora antropofágica. Em síntese, ele acredita que "a Bienal foi organizada como um pastiche pós-moderno da *antropofagia* modernista, canibalizada pelo *establishment* e pelas grandes empresas do setor financeiro". Carlos Jáuregui, *Canibalia. Canibalismo, calibanismo, antropofagia cultural y consumo en América Latina*. La Habana, Casa de las Américas, 2005, p. 810.

[9] Ver o Catálogo da XXIV Bienal de São Paulo relativo ao *Núcleo Histórico: Antropofagia e Histórias da Civilização*. São Paulo, Bienal de São Paulo, 1998.

[10] Lúcia Helena, por exemplo, vislumbra na antropofagia "o éthos da cultura brasileira, ▸

A realidade contemporânea, entretanto, oferece novos desafios que exigem o aprofundamento da atitude crítica de Antonio Candido, até mesmo porque a reconciliação entre os dois não demorou muito.[7] No mundo atual, caracterizado por um fluxo incessante de informação, aliado a uma vertiginosa pluralidade de meios de comunicação, talvez não haja tarefa mais importante que o desenvolvimento de uma imaginação teórica capaz de processar dados oriundos de múltiplas circunstâncias e contextos. Neste ensaio, pretendo compreender a antropofagia oswaldiana como a promessa de uma imaginação teórica da alteridade, mediante a apropriação criativa da contribuição do outro. Se for necessário, deve-se, por assim dizer, "sacrificar" a personalidade onipresente de Oswald, a fim de resgatar a potência reflexiva da antropofagia.

A obsessão antropofágica

Antes, contudo, vale a pena dar um passo atrás, recordando que as comemorações dos quinhentos anos da "descoberta" do Brasil suscitaram uma série de eventos nos quais a antropofagia ocupou o centro das discussões – a Bienal de São Paulo,[8] realizada em 1998, foi o mais importante deles.[9] Não é para menos: a noção de antropofagia é central na cultura brasileira e esteve presente em três momentos fundamentais de sua história intelectual – no romantismo, no modernismo e no tropicalismo. Portanto, pretendo retomar a leitura do *Manifesto Antropófago* a fim de buscar explicações para a recorrência dessa noção.[10]

Os primeiros relatos sobre o território que mais tarde se denominaria Brasil, veiculados na Europa do século XVI, já acentuavam a associação entre o Novo Mundo e os rituais antropofágicos. No livro rapidamente tornado célebre de Hans Staden – mais conhecido como *Duas Viagens ao Brasil* –, essa relação é explicitada no longo título original da obra; título este que literalmente devora a capa do livro: *Descrição Verdadeira de um País de Selvagens Nus, Ferozes e Canibais, Situado no Novo Mundo América, Desconhecido na Terra de Hessen Antes e Depois do Nascimento de Cristo, até que nos Últimos Dois Anos Passados, Hans Staden, de Homberg, no Hessen, por sua Experiência Própria, os Conheceu e, agora, os Traz ao Conhecimento do Público por Meio da Impressão deste Livro*.[11] Do mesmo modo, a referência à antropofagia aparece no sempre citado ensaio "Dos Canibais", no qual Montaigne relata o presumido encontro que teve, na corte da cidade de Rouen, com índios capturados no litoral brasileiro.[12]

Além dos textos, as imagens da época pretendiam confirmar o que as letras sugeriam, retratando o Brasil como uma grande extensão de terra, cujo litoral era habitado por índios que coletavam pau-brasil, para fazer comércio com os europeus, ou por índios que coletavam os próprios europeus a fim de devorá-los em complexos rituais antropofágicos.[13] De igual modo, as ilustrações da época desempenharam um papel preponderante na formação do imaginário europeu, como foi no caso do livro de Hans Staden. Portanto, na letra dos textos e na imagem dos mapas, ainda no século XVI, foi selada a associação entre a terra do pau-brasil e a antropofagia. Na eloquente descrição de Frank Lestringant: "Curiosamente, na França e, sem dúvida, como uma consequência do desenvolvimento do tráfico de pau-brasil (...), o termo canibal desliza, pouco a pouco, do arquipélago das Pequenas Antilhas para o continente sul-americano, detendo-se na costa nordeste – o atual Nordeste brasileiro".[14]

É por isso que, no Brasil, as "redescobertas" do tema, na literatura, no cinema, na música e nas artes plásticas, têm estrategicamente partido de uma dupla releitura: da noção de antropofagia e dos relatos dos cronistas coloniais. É o caso, por exemplo, de *Como Era Gostoso o meu Francês*, de Nelson Pereira dos Santos, em que tanto a leitura dos cronistas quanto a encenação do ritual antropofágico estão presentes.

Momentos antropofágicos

Em outro século, a corrente indianista do romantismo já tinha refletido acerca da antropofagia, já que os europeus, ao condenarem o ritual antropofágico como pura barbárie, buscavam justificar a colonização. No juízo de Zinka Ziebell, o mesmo estímulo teria assegurado o êxito comercial de *Duas Viagens ao Brasil*: "o voto de fé, no livro de Staden, foi mais importante na disseminação do livro que as informações etnográficas que continha. (...) O segredo da venda do livro de Staden está na atuação de um Deus protestante, branco e ativo numa terra longínqua".[15]

Reagir a esse lugar-comum, portanto, era condição indispensável para afirmar-se diante do passado colonial. Por exemplo, no poema "I-Juca-Pirama", Gonçalves Dias sugeriu outra perspectiva: o próprio título do poema demonstra que antropofagia não significa ausência de valores, mas, pelo contrário, caracteriza uma visão de mundo determinada. Em tupi, como o poeta esclareceu em nota sobre o título do poema, o nome Juca-Pirama "vale tanto como se em português disséssemos: 'o que há de ser morto, e que é digno de ser morto'".[16] Dignidade indissociável do desejo

que se manifesta desde a literatura do período colonial que se manifesta desde a (em especial com Gregório de Matos) aos nossos dias". Por isso mesmo, "a presença de um veio antropofágico e carnavalizante na cultura e na literatura brasileira não é uma propriedade exclusiva da obra de Oswald de Andrade". Lúcia Helena, *Uma Literatura Antropofágica*. 2. ed. Fortaleza, Universidade Federal do Ceará, 1983, p. 91-92. Num esforço mais recente, Maria Cândida Ferreira de Almeida realizou um mapeamento útil do tema: *Tornar-se Outro. O tópos canibal na literatura brasileira*. São Paulo: Annablume, 2002.

[11] No original: *Die Wahrhaftige Geschichte und Beschreibung einer Landschaft der Wilden, nackten, grimmingen Menschenfresser, in der Neuen Welt Amerika gelegen, vor und nach Christi Geburt in Lande Hessen unbekannt, bis auf die zwei letzvergangen Jahre, da sie Hans Standen von Homberg aus Hessen selbst kennegelernt hat und jetz durch den Druck bekannt macht*. O livro foi publicado em 1557 e publicado pela primeira vez no Brasil na *Revista Trimestral do Instituto Histórico e Geográfico Brasileiro*, em 1892.

[12] A interpretação mais corrente do ensaio de Montaigne consiste em considerá-lo um gesto propriamente antropológico de reconhecimento da "alteridade". Contudo, em alguma medida, Montaigne utiliza o *tópos* do canibal com o objetivo principal de propor uma nova noção de nacionalidade francesa, acima das disputas religiosas entre católicos e protestantes. Propus essa possibilidade em "Montaignes Kannibalen. Die Wilden Brasiliens und die europäischen Religionskriege". In: *Frankfurter Allgemeine Zeitung*, 6 de ▶

de apropriar-se do valor do inimigo, em lugar de simplesmente eliminá-lo.

José de Alencar desenvolveu a mesma ideia, numa das notas explicativas de *Ubirajara*. Além de denunciar a visão preconcebida dos cronistas, Alencar descreveu com perfeita vocação etnográfica o sentido do ritual antropofágico: através dele o índio busca apoderar-se da valentia e do valor do inimigo. Por isso, o inimigo precisa ser um "Juca-Pirama", um adversário digno de ser devorado. Nessa importante nota, Alencar antecipou diversos elementos do *Manifesto Antropófago* e, sobretudo, destacou a fecundidade implícita no gesto de apropriação cultural definidor da antropofagia oswaldiana. A citação é longa, mas indispensável:

> Outro ponto em que assopra-se a ridícula indignação dos cronistas é acerca da antropofagia dos selvagens americanos.
>
> Ninguém pode seguramente abster-se de um sentimento de horror ante essa ideia do homem devorado pelo homem. (...)
>
> Mas, antes de tudo, cumpre investigar a causa que produziu entre algumas, não entre todas as nações indígenas, o costume da antropofagia.
>
> Disso é que não curaram os cronistas. (...)
>
> A vingança pois esgotava-se com a morte. O sacrifício humano significava uma glória insigne reservada aos guerreiros ilustres ou varões egrégios quando caíam prisioneiros. Para honrá-los, os matavam no meio da festa guerreira; e comiam sua carne que devia transmitir-lhes a pujança e valor do herói inimigo. (...)
>
> Os restos do inimigo tornavam-se pois como uma hóstia sagrada que fortalecia os guerreiros; pois às mulheres e aos mancebos cabia apenas uma tênue porção. Não era vingança; mas uma espécie de comunhão da carne; pela qual se operava a transfusão do heroísmo.[17]

A intuição de José de Alencar é notável e opera em duas direções. De um lado, ele esboçou a escrita de uma história alternativa com base numa releitura antropofágica dos relatos dos cronistas coloniais; de outro, recuperou a antropofagia como ideia-força eminentemente positiva, subvertendo, assim, a interpretação usual. Os modernistas aprofundaram esse movimento de releitura da antropofagia. Em versos deliciosos, criaram histórias do Brasil, parodiando os cronistas.[18] Retomaram o ritual antropofágico, conferindo-lhe uma dimensão dialética em relação ao elemento estrangeiro. Dialética necessária até mesmo porque as vanguardas europeias forneceram o modelo inicial para a eclosão do modernismo brasileiro, uma vez que as técnicas artísticas empregadas pelos modernistas foram, numa primeira etapa, aprendidas com os vanguardistas europeus. Em alguma medida, os líderes do movimento, Mário e Oswald procuraram enfrentar esse dilema de origem. No reconhecimento lhano de Mário de Andrade: "o espírito modernista e as suas modas foram diretamente importados da Europa".[19] Contradição a que Oswald respondeu com o *Manifesto Antropófago*, transformando o dilema inegável em estímulo constante: "Só me interessa o que não é meu. Lei do homem. Lei do antropófago".[20]

Desse modo, a antropofagia auxiliava a resolver o paradoxo de um movimento de "redescoberta" do Brasil, cuja base se encontrava do outro lado do Atlântico: o paradoxo se dissolvia na deglutição antropofágica dos valores do outro, do "estrangeiro".

Em maio de 1928, no primeiro número da *Revista de Antropofagia*, Oswald de Andrade lançou o *Manifesto Antropófago*. Sua abertura evidenciava tanto a intenção de parodiar valores estabelecidos quanto o desejo de propor um bem-humorado e irreverente programa para a modernização da cultura:

> Só a antropofagia nos une. Socialmente. Economicamente. Filosoficamente.
>
> Única lei do mundo. Expressão mascarada de todos os individualismos, de todos os coletivismos. De todas as religiões. De todos os tratados de paz.
>
> Tupy or not tupy that is the question (...).[21]

A paródia se revela, como é óbvio, na devoração da célebre frase de Hamlet. Mas, ao contrário do príncipe dinamarquês que, atormentado na tentativa de conciliar gesto e intenção, indagava *"To be or not to be that is the question"*, o antropófago paulista encontrou prazer e humor no questionamento. Diante desse impulso paródico, a própria ideia de um *movimento* antropofágico deve ser vista ironicamente, embora não se possa descartá-la sem maiores cuidados. De um lado, não se trata de movimento organizado, mas de um grupo de artistas inspirado por propósitos comuns. Aliás, como se sabe, foi um quadro de Tarsila do Amaral que estimulou a sistematização da antropofagia por Oswald: tela justamente denominada *Abaporu*, que em tupi significa *Antropófago*.[22] O grupo de antropófagos, composto principalmente por Oswald, Tarsila e Raul Bopp, buscava a expressão artística do Brasil que, preservando traços primitivos de um "Brasil brasileiro", principiava um acelerado processo de modernização. Na lembrança do autor de *Cobra Norato*: "o mesmo grupo de

[19] Mário de Andrade, "O Movimento Modernista". In: *Aspectos da Literatura Brasileira*. São Paulo, Martins Fontes, 1975 [1942], p. 236.
[20] Oswald de Andrade, *Manifesto Antropófago. A Utopia Antropófágica*. São Paulo, Globo, 1990, p. 47.
[21] Ibidem.
[22] Ver, neste volume, os ensaios de Karl Erik Schøllhammer, "A Imagem Canibalizada. A Antropofagia na Pintura de Tarsila do Amaral", e Gonzalo Aguilar, "O Abaporu, de Tarsila do Amaral: Saberes do Pé".

restaurante reuniu-se (...) para o batismo de um quadro pintado por Tarsila: *Antropófago*. Nessa ocasião, depois de passar em revista a exígua safra literária, posterior à Semana, Oswald propôs desencadear um movimento de reação genuinamente brasileiro. Redigiu um Manifesto".[23]

De outro lado, para além do espírito de pilhéria, a própria existência da *Revista de Antropofagia* comprova que também se pensava sobre o movimento com alguma seriedade. Por exemplo, planejou-se o "Primeiro Congresso Brasileiro de Antropofagia". O encontro tinha data marcada – 11 de outubro de 1928, o "último dia da América livre" – e chegou a conquistar a adesão do secretário de Educação do Espírito Santo. Por isso, o evento seria realizado em Vitória, embora, muito naturalmente, tal Congresso nunca tenha saído do papel.[24] Outro projeto era a criação da "Bibliotequinha Antropofágica"; que, entre outras obras, incluiria *Macunaíma* (1928), de Mário de Andrade, e *Cobra Norato* (1931), de Raul Bopp. Tudo parecia caminhar a contento, quando um imprevisto literalmente implodiu o movimento: "Desprevenidamente, a libido entrou de mansinho no paraíso antropofágico. Ocorreu um *changé des dames* geral. Um tomou a mulher do outro. Osvaldo desapareceu".[25]

Em suma, o *Manifesto Antropófago* e o movimento antropofágico, representam, ao mesmo tempo, um gesto paródico e programático, anárquico e organizativo. Daí sua complexidade, e, por isso, o fascínio que exercem ainda hoje.

O tropicalismo, profundamente influenciado pelo modernismo e, sobretudo, pela dialética nacional/cosmopolita que constitui o eixo do *Manifesto Antropófago*, revitalizou a antropofagia. Relacionou-a não apenas com o elemento externo, mas também com os primórdios da cultura popular de massa, esboçada nos principais centros urbanos, nos anos 1950 e 1960. A poesia de Torquato Neto, a música de Caetano Veloso e Gilberto Gil, o teatro de José Celso Martinez Corrêa, as inovações plásticas de Hélio Oiticica, o cinema de Glauber Rocha e Joaquim Pedro de Andrade, entre tantas outras importantes manifestações artísticas, buscavam apropriar-se do ideal antropofágico, reinscrevendo-o na conturbada circunstância dos anos 1960 e 1970. Um exemplo importante, e que ilustra a penetração das ideias de Oswald de Andrade na cultura popular brasileira, são as claras referências ao *Manifesto Antropófago*, contidas na canção *Geleia Geral*, de Torquato Neto e Gilberto Gil:

(...) "a alegria é a prova dos nove"
e a tristeza é teu porto seguro
minha terra é onde o sol é mais limpo

---

[23] Raul Bopp, *Vida e Morte da Antropofagia*. Rio de Janeiro, Civilização Brasileira/MEC, 1977, p. 41.

[24] Algumas teses antropofágicas que seriam defendidas no Congresso podem ser consultadas na fundamental antologia organizada por Jorge Schwartz, *Vanguardas Latino-americanas. Polêmicas, Manifestos e Textos Críticos*. São Paulo, Iluminuras/Edusp/Fapesp, 1995, p. 504. Dois ou três exemplos: "I – Divórcio. II – Maternidade consciente. (...) VI – Organização tribal do Estado. Representação por classes. Divisão do país em populações técnicas. Substituição do Senado e da Câmara por um Conselho Técnico de Consulta do Poder Executivo. (...)".

[25] Raul Bopp, op. cit., p. 53.

e mangueira é onde o samba é mais puro tumbadora na selva-selvagem pindorama, país do futuro(...).²⁶

Em *Vereda Tropical*, Caetano Veloso explicitou essa relação dedicando um capítulo do livro à importância da antropofagia para a articulação das ideias do movimento tropicalista.²⁷ O contato com a obra de Oswald de Andrade ocorreu através da antológica encenação realizada por José Celso Martinez Corrêa, em 1967²⁸ – aliás, uma iniciação comum a diversos membros dessa geração.²⁹ Na circunstância dos anos 1960, ao menos para certos grupos de artistas e intelectuais, o estímulo apresentado pela antropofagia oswaldiana não poderia ter sido mais oportuno: "Nós, brasileiros, não deveríamos imitar e sim devorar a informação nova, viesse de onde viesse (...). A ideia do canibalismo cultural servia-nos, aos tropicalistas, como uma luva. Estávamos 'comendo' os Beatles e Jimi Hendrix".³⁰

Uma releitura

Como já disse, renovar a leitura do *Manifesto Antropófago* exige um tratamento complexo, pois a canonização da obra de Oswald de Andrade tem dificultado a tarefa. E canonização não apenas acadêmica. Recorde-se, entre tantos exemplos possíveis, a canção de Adriana Calcanhoto, "Vamos Comer Caetano",³¹ fechando o ciclo tratado anteriormente e demonstrando a vitalidade do motivo antropofágico na cultura brasileira contemporânea. Ora, muito diferente de seus últimos anos de vida, os quais passou em sofrido ostracismo, Oswald de Andrade alcançou o *status* reservado aos mitos:³² citado sem nenhuma parcimônia, mas, efetivamente, muito pouco lido. A lembrança de Marília de Andrade, filha de Oswald, é decisiva para mostrar a passagem do ostracismo ao *status* de autêntico mito popular: "Ouvi-o queixar-se muitas vezes, desencorajado, de que suas ideias não eram aceitas, sua obra não era lida e talvez seu valor nunca chegasse a ser reconhecido. Sentia-se abandonado e sem grandes esperanças".³³ O depoimento de outro filho, Rudá de Andrade, chega a relacionar o isolamento sofrido por Oswald com determinados impasses de sua obra: "Tenho a impressão de que frequentemente seu comportamento era movido por certa frustração, certa insatisfação e pela falta de estímulo. (...) O distanciamento intelectual a que foi submetido – reflexo do provincianismo de então – interferiu na sua obra e na sua vida".³⁴

Por isso mesmo, para a releitura que proponho, a seguinte hipótese parece

²⁶ Torquato Neto, "Geleia Geral". In: *Os Últimos Dias de Paupéria*. (Do lado de dentro). Org. Ana Maria Silva e Waly Salomão. São Paulo, Max Limonad, 1982, s/n. A letra de Torquato Neto foi musicalizada por Gilberto Gil.
²⁷ Caetano Veloso, "Antropofagia". In: *Verdade Tropical*. São Paulo, Companhia das Letras, 1997, p. 241-62.
²⁸ Para se avaliar a importância da encenação de José Celso, além de diversos testemunhos, incluindo a longa entrevista publicada neste livro com o próprio diretor, recomendo a consulta à edição de *O Rei da Vela*, publicada pela difusão Europeia do Livro em 1967. Nessa edição, o leitor encontra ensaios de Sábato Magaldi, Mário Chamie, Fernando Peixoto e, principalmente, o "Manifesto do Oficina", de autoria de José Celso, no qual se esclarece a afinidade eletiva entre Oswald de Andrade e o projeto do Teatro Oficina: "Minha geração, tenho impressão, apanhará a bola que Oswald lançou com sua consciência cruel e antifestiva da realidade nacional e dos difíceis caminhos de revolucioná-la. São os dados que procuramos tornar legíveis no nosso espetáculo". José Celso Martinez Corrêa, "*O Rei da Vela*: Manifesto do Oficina". In: Oswald de Andrade, *O Rei da Vela*. São Paulo, DIFEL, 1967, p. 52.
²⁹ "Meu encontro efetivo com (Oswald de Andrade) se deu através da montagem de uma peça sua, inédita desde os anos 1930, pelo grupo de teatro Oficina. (...) Assistir a [*O Rei da Vela*] representou para mim a revelação de que havia de fato um movimento acontecendo no Brasil. Um movimento que transcendia o âmbito da música popular". Caetano Veloso, op. cit., p. 241 e 244. ▶

necessária: em si mesmo, o *Manifesto Antropófago* é pouco original, representando menos uma "criação" oswaldiana do que um autêntico gesto antropofágico de apropriação da atmosfera cultural dos anos 1920. Logo, e sem intenção de alimentar falsas polêmicas, mas de estar à altura da potência do pensamento de Oswald de Andrade, acredito que, para atualizar a leitura do *Manifesto Antropófago*, é preciso *desnacionalizá-lo e desoswaldianizá-lo*. É preciso, sobretudo, realizar esses movimentos ao mesmo tempo, pois um implica o outro. É preciso reconhecer de uma vez por todas: a intuição de Oswald nada tem a ver com a afirmação de uma hipotética originalidade de pensamento ou com a identificação de um imaginário caráter nacional.

Ora, recorde-se que, segundo o próprio Oswald, a prosa antropofágica por excelência se encontra no *Macunaíma*, cujo subtítulo vale como se fosse um ensaio: *O herói sem nenhum caráter*. Isto é, o sujeito macunaímo-antropofágico inviabiliza qualquer pretensão ontológica, qualquer desejo de definição de uma identidade estável: pelo contrário, a do antropófago-macunaímico é sempre uma identidade à deriva.

Sem dúvida, é importante recordar que Mário de Andrade sempre recusou a filiação antropofágica de *Macunaíma*.[35] Para meu argumento, porém, basta salientar que a "ausência de caráter" sugere, acima de tudo, o fato de que o brasileiro, numa chave macunaímica, se define precisamente por não dispor de traços essenciais. Celebrado por alguns como o próprio símbolo do brasileiro, ou pelo menos de sua alegria,[36] o próprio autor recusou sempre a transformação da obra e do personagem em símbolo da nacionalidade. O argumento de Mário merece ser ouvido. Em carta a Manuel Bandeira, esclareceu o alcance do subtítulo da rapsódia:

> Aqui um detalhe importantíssimo que creio passou inteiramente virgem de você: a criança está caracterizada *justamente porque inda* não é homem brasileiro. Fiz questão de mostrar e acentuar que Macunaíma como brasileiro que é *não tem caráter*. Isso eu falava no prefácio da segunda versão (...). Ponha reparo: Macunaíma ora é corajoso, ora covarde. Nada sistematizado em psicologia individual ou étnica.[37]

Nesse mesmo sentido, compreende-se que o vigor, simbólico, da antropofagia se relacione com a capacidade de enriquecer-se através da assimilação do alheio. Esse é o gesto que define o *Manifesto Antropófago*, como se perceberá nos próximos parágrafos.

---

[30] Ibidem, p. 247.
[31] Na música "Vamos Comer Caetano", incluída no CD *Marítimo*, Adriana Calcanhoto reúne a antropofagia oswaldiana à encenação das *Bacantes*. Na encenação do diretor José Celso Martinez Corrêa, ocorrida no Rio de Janeiro, promoveu-se uma "devoração" do cantor: "Vamos comer Caetano / Vamos desfrutá-lo / Vamos comer Caetano / Vamos começá-lo / Vamos comer Caetano / Vamos devorá-lo / Degluti-lo, mastigá-lo / Vamos lamber a língua / Nós queremos bacalhau / A gente quer Sardinha / O homem pau-brasil / O homem da Paulinha / Pelado por Bacantes / Num espetáculo (...)". No conjunto do CD, as alusões ao universo tropicalista devem ser observadas; alusões que incluem tanto as invenções de Hélio Oiticica quanto a cultura de massa, na figura, por exemplo, do comunicador Chacrinha. Recentemene, em 2009, Daniela Mercury lançou o CD *Canibália*, associando diretamente seu trabalho à antropofagia oswaldiana. Pelo menos, segundo sua interpretação.
[32] "Oswald subiu de repente ao patamar dos mitos. (...) Mais que tudo, no entanto, surpreende-me o acento que inventaram para o próprio nome de Oswald, de origem francesa, que virou Ôswald de uma hora para outra. (...) Oswald foi rebatizado, quando iniciou sua carreira de herói popular." Marília de Andrade, "Oswald e Maria Antonieta – Fragmentos, Memórias e Fantasia". Maria Eugenia Boaventura (org.). *Remate de Males. Oswald de Andrade*. Campinas, Unicamp, 1986, p. 68.
[33] Ibidem, p. 75. Nesse mesmo número especial, ▶

O BANQUETE ANTROPOFÁGICO

Na composição do *Manifesto Antropófago*, Oswald associou uma série de figurações do canibalismo, típicas dos anos 1920, com o passado colonial brasileiro, sistematizando-as na antropofagia. Antes de prosseguir nessa via, cumpre recordar o ensaio pioneiro de Heitor Martins, "Canibais Europeus e Antropófagos Brasileiros (Introdução ao Estudo das Origens da Antropofagia)",[38] assim como as ponderações de Benedito Nunes à perspectiva ali adotada.[39] Heitor Martins identificou corretamente os "principais veios da *antropofagia*, que são o futurismo, o dadaísmo e o surrealismo".[40] No entanto, segundo Benedito Nunes, tal identificação não constitui um fim em si mesmo. Em outras palavras, o trabalho crítico consiste menos na atribuição de fontes e influências do que na compreensão do "caráter específico da 'antropofagia' oswaldiana, como ensaio de crítica virulenta".[41] De igual modo, na abordagem que proponho, importa, sem dúvida, apontar o caráter propriamente brasileiro das formulações oswaldianas, mas desde que tal caráter não se limite exclusivamente à história intelectual brasileira, ou seja, à história do modernismo, pois a antropofagia oswaldiana possui um potencial reflexivo muito mais amplo.

De fato, desde a Primeira Guerra, a imagem do canibalismo retornara com vigor no cenário europeu. Tratava-se de uma forma de assimilar as consequências do conflito, visto como autêntico fratricídio, criando uma descrição para a inversão ocorrida com o avanço da tecnologia. Em lugar de produzir riquezas e promover o bem-estar geral, a sociedade industrial multiplicou a produção de cadáveres, através da utilização bélica da tecnologia mais avançada. Um exemplo disso é a metamorfose do avião em arma de guerra. Se, num primeiro momento, o avião foi visto como perfeita metáfora de um pacífico mundo sem fronteiras, não muito depois, os mesmos aviões foram incorporados aos exércitos nacionais. O desabafo de Santos Dumont, nesse contexto, revela-se paradigmático:

> meu coração (...), há já quatro anos, sofre com as notícias da mortandade terrível causada, na Europa, pela aeronáutica. Nós, os fundadores da locomoção aérea no fim do século passado, tínhamos sonhado um futuroso caminho de glória pacífica para esta filha dos nossos devaneios. (...) prevíamos que os aeronautas poderiam, talvez, servir de esclarecedores para os Estados Maiores dos Exércitos, nunca, porém, nos veio à ideia que eles pudessem desempenhar funções destruidoras nos combates.[42]

Antonio Candido analisou essa mudança. Ver "Oswáld, Oswaldo, Ôswald", p. 11-13.
[34] Antonio Candido, "Carta de Rudá de Andrade". In: *Duas Cidades/ Ouro sobre Azul*, 2004, p. 63-64.
[35] Já Darcy Ribeiro reuniu os dois autores: "Esgotados e enjoados do esforço de simular ser quem não somos, aprendemos, afinal, a lavar os olhos e compor espelhos para nos ver. Neles, nossa figura surge debuxada no Guesa, em *Macunaíma* e, sobretudo, no Grito Antropofágico". Darcy Ribeiro, *Utopia Selvagem. Saudades da inocência perdida*. Rio de Janeiro, Nova Fronteira, 1982, p. 33.
[36] "Confesso que, para mim, a qualidade maior de Macunaíma é dar expressão à alegria brasileira. (...). Não seria esta alegria – além da mestiçagem alvoroçada, da espantosa uniformidade cultural, e do brutal desgarramento classista – uma das características mais distintivas dos brasileiros?" Darcy Ribeiro, "Liminar". In: Mário de Andrade, *Macunaíma, o Herói sem Nenhum Caráter*. Edição crítica de Telê Porto Ancona Lopez. Cidade do México: Fondo de Cultura, 1996, p. XX (Coleção Archivos).
[37] Marcos Antonio de Moraes (org.), *Correspondência de Mário de Andrade & Manuel Bandeira*. São Paulo, Edusp/ IEB, 2000, p. 359.
[38] Originalmente publicado no "Suplemento Literário", do jornal *Minas Gerais*, em dois números, nos dias 9 e 16 de novembro de 1968.
[39] Benedito Nunes, "Antropofagia e Vanguarda – Acerca do Canibalismo Literário". In: *Oswald Canibal*. São Paulo, Perspectiva, 1979, p. 7-37, especialmente p. 9-15. Perspectiva, 1979, p. 7-37, especialmente p. 9-15.

Impressionados pela temática, os intelectuais teriam reagido tanto aos horrores da guerra quanto às pressões da sociedade industrial, reciclando a metáfora do canibalismo. Por exemplo, Francis Picabia, em 1920, publicou o *Manifesto Canibal Dadá* e, no mesmo ano, circulou a revista *Cannibale*. Porém, Picabia utilizou o termo "canibal", sobretudo, pela conotação polêmica associada ao sacrifício, muito ao contrário do emprego sistemático inventado por Oswald de Andrade. Aliás, os casos de utilização da metáfora são inúmeros – e uma parte significativa deles já foi identificada por Heitor Martins.

Em 1926, buscando uma imagem-síntese da desumanização das relações de trabalho, o austríaco Fritz Lang, no filme *Metrópolis*, imaginou uma fábrica cujo centro de produção se transformava numa enorme boca alimentada pelos corpos dos operários. Entre 1924 e 1927, Paul Valéry produziu uma série de reflexões sobre o problema da influência artística. Para o poeta, um "caso de estômago". Numa passagem ainda mais expressiva, Valéry notou: "Nada mais original, nada mais próprio do que nutrir-se dos outros. Mas é preciso digeri-los. O leão é feito de carneiro assimilado".[43] Muitos são os exemplos, mas o importante é salientar a abstração alcançada por Oswald na perfeita fórmula, já citada neste ensaio:

"Só me interessa o que não é meu. Lei do homem. Lei do antropófago". Nessa direção, pode-se imaginar uma história literária antropofágica.[44] Numa tal história, a "angústia da influência" daria lugar à "produtividade da influência", pois o inventor se consideraria tanto mais forte quanto mais célebres suas "influências" se revelarem. Talvez seja essa dicção mais fecunda da seguinte passagem do *Manifesto Antropófago*: "Filiação. O contato com o Brasil Caraíba. *Où Villegaignon print terre*. Montaigne. O homem natural. Rousseau. Da Revolução Francesa ao Romantismo, à Revolução Bolchevista, à Revolução Surrealista e ao bárbaro tecnizado de Keyserling. Caminhamos".[45]

Filiação: a *felix culpa* do poeta antropofágico. Em outras palavras, o poeta forte não precisa se afirmar através da negação do que lhe antecedeu, mas, muito pelo contrário, mediante a apropriação do que deve ser considerado excelente. Na verdade, esse modelo de história literária teria como patrono não apenas Oswald de Andrade, mas também Machado de Assis, André Gide e Jorge Luis Borges. Antes do termo ser banido dos estudos literários pela introdução do conceito de intertextualidade, Gide desenvolveu uma sofisticada teoria da influência, tendo distinguido quatro tipos principais: influência por retroação, por semelhança, por autorização, por protesto.[46]

---

[40] Ibidem, p. 10.
[41] Ibidem, p. 36.
[42] Santos Dumont. *O que Eu Vi. O que Nós Veremos*. Rio de Janeiro, Tribunal de Contas do Estado da Guanabara, 1973, p. 16. Vale ressaltar, no entanto, que em certas passagens a reação do inventor é menos clara, parecendo mesmo celebrar os avanços técnicos derivados da situação de conflito. Por exemplo: "A aviação demonstrou-se a mais eficaz arma de guerra tanto na ofensiva quanto na defensiva. Desde o início da guerra, os aperfeiçoamentos do aeroporto têm sido maravilhosos". Ibidem, p. 54.
[43] Paul Valéry, "Tel Quel". *Apud* Sandra Nitrini, *Literatura Comparada*. São Paulo, Edusp, 1997, p. 134.
[44] Momento de passar da teoria à prática. Devo à escritora Ana Miranda essa ideia, surgida num debate, com Therezinha Barbieri, realizado no Museu da República, no Rio de Janeiro, em 1998.
[45] Oswald de Andrade, *Manifesto Antropófago*, op. cit., p. 48.
[46] Para aprofundar o assunto, consultar, de Hilary Hutchinson, *Théories et pratique de l'influence dans la vie et l'oeuvre immoraliste de Gide*. Libraire Minard, 1997.

Nesse contexto, pode-se perceber uma dicção nova na frase sempre citada de Rimbaud: "*Je est un autre*".[47] Entenda-se: um eu que assimila um outro e, ao mesmo tempo, transforma-se nesse processo de assimilação. Numa história literária rimbaudiana-antropofágica, o criador é sempre macunaímico, é um "eu" ampliado e dividido pelo verbo que, a contrapelo da norma, se descobre feliz exceção: "Eu *é* um outro". O caso de Borges – sobretudo, o autor de textos como "Pierre Menard, Autor *del Quijote*" e "Kafka y sus Precursores" – também se mostra relevante para a possibilidade de um história literária antropofágica, na qual a questão da influência deve ser revista, já que o autor se deseja menos um criador original do que um leitor atento da tradição.[48] Nesse sentido, a invenção supõe um vínculo orgânico com o passado da literatura. O processo criativo se relaciona menos com a pretensão de originalidade do que com a filiação a um horizonte comum. Aliás, vale recordar: filiação: a *felix culpa* do artista antropofágico.

Antes mesmo da Primeira Guerra, houve quem intuísse a força dessa ideia, ou seja, do processo de enriquecimento através da assimilação deliberada dos valores do outro. Em 1871, Carl Vogt apresentou, no Congresso Internacional de Antropologia, realizado em Bolonha, uma conferência intitulada "Antropofagia e Sacrifícios Humanos". Vogt provocou escândalo ao defender uma polêmica hipótese: as sociedades que se desenvolveram mais rapidamente foram as que praticaram a antropofagia ritual. Portanto, um fator de civilização e não de barbárie! Nas suas palavras: "Ao examinar mais de perto os casos adequadamente constatados, embora raros, de canibalismo nos tempos pré-históricos, me surpreendeu o fato de que todos esses casos, sem exceção, relacionam-se às épocas que testemunham de uma *civilização relativamente avançada*".[49]

Fenômeno semelhante de progressiva incorporação da metáfora antropofágica também pode ser identificado na literatura latino-americana. Mário de Andrade intuiu com agudeza o verdadeiro sentido do trauma criado pela Primeira Guerra. Leiam-se os versos de "Os Carnívoros": "Este é o trigo que nutre e revigora / (...) / Vinde buscá-lo... Vamos ver agora, / quem comerá a carne dos irmãos!".[50] A seu modo, Oswald seguiu o conselho, alimentando-se dessa atmosfera na escrita do *Manifesto Antropófago*. Sua colheita se beneficiou da abundância de material disponível nos anos 1920 no contexto latino-americano.

Mencionam-se exemplos de utilização de referência antropofágica, poucos, mas

---

[47] Rimbaud escreveu a frase em carta enviada ao professor de liceu Georges Izambard, em 13 de maio de 1871. Artur Rimbaud, *Oeuvres Complètes*. Organização de Antoine Adam. Paris, Gallimard, 1972, p. 248-49.
[48] "Para Borges, o autor é sobretudo um leitor extremamente perceptivo e engenhoso, cuja imaginação (...) é capaz de enxergar nos autores lidos aspectos que também poderiam ser explorados em outro sentido (...). A diferença em relação à perspectiva de Bloom é que tais possibilidades não são (nem poderiam ser) vistas como deficiências dos autores precedentes." Bluma Waddington Vilar, *Leitura e Escrita: A Citação em Idade do Serrote*. Rio de Janeiro, Universidade do Estado do Rio de Janeiro, 1997, p. 44-45. (Dissertação de mestrado)
[49] O texto de Carl Vogt, "Anthropophagie et Sacrifices Humaines" foi publicado em 1873 nos Anais do *Congrès International d'Anthropologie et d'Archèologie Préhistoriques. Compte rendu de la cinquième session à Bologne*, 1871. Bolonha, Fava et Garagnani, 1873, p. 5 (grifos do autor).
[50] Mário de Andrade, "Os Carnívoros". In: *Há uma Gota de Sangue em Cada Poema* (1917). *Obra Imatura*. São Paulo, Martins Martins Fontes/Editora Itatiaia, 1980, p. 39-41.

expressivos. Em 1924, Oliverio Girondo, a fim de apresentar os propósitos de uma importante revista argentina de vanguarda, assim se expressou: "*Martín Fierro* tem fé em nossa fonética, em nossa visão, em nossas maneiras, em nosso ouvido, em nossa capacidade digestiva e de assimilação".[51] Em artigo de jornal, publicado em 1926, Mário de Andrade demonstrou perfeita compreensão do gesto cultural de apropriação da diferença; gesto este definidor da antropofagia oswaldiana: "São Paulo ou pelo menos o movimento modernista paulista já está bem naquele momento de cultura em que a influência estrangeira não amedronta mais porque é apropriada, deformada, transformada de tal feito a ser útil pra gente".[52] Pura antropofagia!

E o que dizer da carta que Menotti del Picchia endereçou a Filippo Tommaso Marinetti, em 26 de maio de 1926, na qual elementos decisivos do *Manifesto Antropófago* já se encontram em circulação? Nesse ano, Marinetti fez uma viagem promocional à América do Sul. Na realidade, uma viagem de natureza predominantemente comercial, na qual Marinetti realizou uma série de conferências no Brasil, na Argentina e no Uruguai. Durante a viagem, mas, sobretudo, em São Paulo e em Buenos Aires, Marinetti enfrentou a resistência de grupos antifascistas. A primeira apresentação do italiano em São Paulo, realizada no dia 24 de maio de 1926, transformou-se numa autêntica batalha, e Marinetti mal conseguiu falar. A carta enviada por Menotti del Picchia (e descoberta pelo pesquisador norte-americano Jeffrey Schnapp), refere-se a esse acontecimento. Nessa carta, Menotti del Picchia lança mão de símbolos que, dois anos mais tarde, Oswald consagrou no *Manifesto Antropófago*: "Não são paulistas – mas tupinambás com beiços antropófagos escorrendo o sangue do bispo Sardinha – os que ontem tentaram devorá-lo no Cassino. Era uma conferência. Transformaram-na num número de magia: 'Como se come um orador'".

SOB O SIGNO DA DEVORAÇÃO[53]

Dos beiços antropófagos ao bispo Sardinha – na verdade, o banquete antropofágico vinha sendo preparado por vários cozinheiros. Em 1927, o poeta uruguaio Alfredo Mario Ferreiro descobriu uma inesperada metáfora para sugerir o choque provocado pelo cotidiano das grandes cidades; metáfora que deu título a um dos mais inventivos e importantes livros das vanguardas dos anos 1920: *El Hombre que se Comió un Autobús*.[54] Comer, digerir, nutrir-se: verbos onipresentes na

---

[51] Oliverio Girondo, *Manifesto Martín Fierro*, apud Jorge Schwartz, op. cit., p. 116.

[52] Trata-se do artigo "Música Brasileira", publicado em *A Manhã*, em 24 de março de 1926, apud Maria Augusto Fonseca, *Palhaço da Burguesia. Serafim Ponte Grande, de Oswald de Andrade, e suas Relações com o Universo do Circo*. São Paulo, Polis, 1979, p. 14-15.

[53] Aludo ao conhecido ensaio de Haroldo de Campos, "Da Razão Antropofágica: a Europa sob o Signo da Devoração". *Colóquio em Letras*, Lisboa, n. 62, 1981.

[54] Alfredo Mario Ferreiro, *El Hombre que se Comió un Autobús. (Poemas con Olor a Nafta)*. Pablo Rocca (org.). Montevidéu, Ediciones de la Banda Oriental, 1998. Essa edição é enriquecida pelo "Prólogo" de Pablo Rocca, p. 5-10.

sintaxe dos anos 1920, e que tentavam definir uma forma renovada de relacionamento com o diferente, com a alteridade.

Em 1928, portanto, com o *Manifesto Antropófago*, Oswald deu sentido teórico à irônica proposta de uma poesia de exportação: não mais matéria-prima a ser elaborada nos países "centrais", mas experiência poética renovada, imaginada por quem sabe *ver com olhos livres* – os olhos do *Manifesto da Poesia Pau-Brasil*.[55] E, como enfatizado no *Manifesto Antropófago*, esse olhar é dirigido "contra todos os importadores de consciência enlatada".[56]

Assim, enquanto boa parte dos artistas europeus somente intuía a dimensão do dilema causado pela Primeira Guerra e pelo advento das sociedades capitalistas modernas, Oswald assimilava a matéria-prima de suas impressões, respondendo com a sistematização contida no *Manifesto Antropófago*, posteriormente ampliada em textos da década de 1950.[57] É por isso que sua maior contribuição tem muito pouco a ver com o elogio de falsa originalidade ou com a identificação hipotética da índole nacional. Eis a "novidade" oswaldiana: a inversão do modelo das trocas culturais. É por isso que apenas *desnacionalizando* e *desoswaldianizando* o *Manifesto Antropófago* faremos justiça à sua complexidade. Entenda-se, contudo, o alcance da proposta. Não se trata de desqualificar a obra de Oswald de Andrade, mas de recuperar sua potência, pois, numa autêntica história literária antropofágica, a devoração do outro deve mesmo ser o princípio norteador. Tampouco se trata de exigir da precária estrutura do sistema de artes no Brasil dos anos 1920 uma autonomia que ainda hoje parece problemática – tal raciocínio, por muito fácil, deveria ser evitado.

Aliás, num ensaio provocador, Paulo Sérgio Duarte termina seguindo esse caminho. Ele compara os pintores do modernismo brasileiro com o trabalho de formação de Jackson Pollock, nos anos 1930 e inícios dos anos 1940, para concluir: "Enquanto aqui, com metáforas violentas, continuamos nosso lento trabalho de assimilação da forma moderna (...), lá o empenho de combate é do artista solitário enfrentando a tela como drama existencial".[58] Ou seja, antropofagia "verdadeira" tem um endereço diferente do que imaginávamos. Em lugar de residir no litoral brasileiro, como acreditaram os franceses seiscentistas, a "verdadeira" antropofagia habitou nos Estados Unidos, pelo menos durante algumas décadas do século XX.[59] Além do óbvio anacronismo da proposição, importa anotar a irônica contradição do argumento. "Como vocês veem, não estou entre os

[55] "Nenhuma fórmula para a contemporânea expressão do mundo. *Ver com olhos livres*". Oswald de Andrade, *Manifesto da Poesia Pau-Brasil*. In: *A Utopia Antropofágica*, op. cit., p. 44. O *Manifesto da Poesia Pau-Brasil* foi publicado pela primeira vez no jornal *Correio da Manhã*, em 18 de março de 1924.
[56] Oswald de Andrade, *Manifesto Antropófago*, op. cit., p. 48.
[57] Ver, especialmente, *A Crise da Filosofia Messiânica* (1950) e *A Marcha das Utopias* (1953); textos recolhidos em *A Utopia Antropofágica*, op. cit.. *A Marcha das Utopias* foi inicialmente uma série de artigos publicada no *Estado de S. Paulo* e reunida postumamente em livro em 1966.
[58] Paulo Sérgio Duarte, "Antropofagia no Museu da República". Organização de Luiz Guilherme Vergara, Marta da Rocha e Roseane de Carvalho. *Museus em Transformação*. Rio de Janeiro, Museu da República, 1998, p. 66.
[59] Leia-se, por exemplo, a seguinte passagem: "Observem-se as telas de formação, nos anos 1930 e início dos 1940, de Jackson Pollock: assistimos um a um sendo devorados e incorporados, simultaneamente, os grandes mitos: Miró, Picasso, a pintura totêmica dos indígenas". Ibidem.

que dão uma dimensão extraordinária a essa dimensão da nossa cultura".[60] Ora, mas a antropofagia não se cumpriu com mais vigor nos Estados Unidos? Então por que considerá-la "uma dimensão da nossa cultura"? Afinal de contas, o que significa o conceito de "nossa cultura"? Prisioneira do preconceito da nacionalidade, ainda que aparentemente o rejeite, tal formulação se situa em campo oposto ao de um entendimento mais fecundo da antropofagia oswaldiana. Nesse contexto, é claro que a determinação nacional importa muito pouco, pois o que se procura é a compreensão da antropofagia enquanto operação cultural específica. Logo, e sem nenhum escândalo, ela pode ser mais norte-americana num período e menos brasileira noutro: o ponto fundamental, no entanto, consiste precisamente em não identificá-la segundo critérios nacionais. Aliás, o próprio Oswald estaria de acordo com o crítico de arte, pois, na seção final de *A Crise da Filosofia Messiânica*, surpreendeu a muitos com sua afirmação: "Mas, sem dúvida, é na América que está criado o clima do mundo lúdico e o clima do mundo técnico aberto para o futuro. (...) Um filósofo como Karl Jaspers não compreende o que significam, para a massa democrática que sobe, o esporte, o recordismo, a glória de Tarzan e a *glamour girl*".[61]

Pelo contrário, a força da intuição poética e a atualidade do pensamento de Oswald residem na improvável arte de ter sabido transformar o verso de Rimbaud numa renovada forma de compreender tanto a dinâmica do pensamento quanto o ato de criação. Por isso, se ainda fosse necessário libertar a antropofagia da camisa de força da brasilidade, bastaria recordar a correta observação de Caetano Veloso: "Na verdade, são poucos os momentos na nossa história cultural que estão à altura da visão oswaldiana. Tal como eu vejo, ela é antes uma decisão de rigor do que uma panaceia para resolver o problema da identidade do Brasil".[62] Afinal, compreendida enquanto essência, a identidade do Brasil recorda os brasileiros dos versos de Drummond: ela não existe ou, na melhor das hipóteses, é uma ficção pouco criativa.[63]

Portanto, com o *Manifesto Antropófago*, Oswald deu sentido teórico à irônica proposta de uma poesia de exportação na forma de uma experiência teórica renovada e cada dia mais atual nas circunstâncias do mundo globalizado. Ora, se o grande dilema contemporâneo é inventar uma imaginação teórica capaz de processar a vertigem de dados recebidos ininterruptamente, então, a antropofagia oswaldiana pode mesmo tornar-se uma alternativa teórica relevante.

[60] Ibidem.
[61] Oswald de Andrade, *A Crise da Filosofia Messiânica*, op. cit., p. 145. No *Manifesto Antropófago*, aliás, o tema já se encontrava anunciado: "O que atrapalhava a verdade era a roupa, o impermeável entre o mundo interior e o mundo exterior. A reação contra o homem vestido. O cinema americano informará". Em outra passagem a afirmação é ainda mais clara: "A idade do ouro anunciada pela América. A idade de ouro. E todas as girls". Oswald de Andrade, *Manifesto Antropófago*, op. cit., p. 47 e 48.
[62] Caetano Veloso, op. cit., p. 249.
[63] Refiro-me aos conhecidos versos do poema "Hino Nacional": "Precisamos, precisamos esquecer o Brasil! / Tão majestoso, tão sem limites, tão desproposidato, / Ele quer repousar de nossos terríveis carinhos. / O Brasil não nos quer! Está farto de nós! / Nosso Brasil é no outro mundo. Este não é o Brasil. / Nenhum Brasil existe. E acaso existirão os brasileiros?". Carlos Drummond de Andrade. "Hino Nacional". *Brejo das Almas. Poesia e Prosa* (organizado pelo autor). Rio de Janeiro, Nova Aguilar, 1980 [1936], p. 108.

No fundo, desejo evidenciar que Oswald intuiu com agudeza a dimensão antropológica da antropofagia, tal como sintetizada por Peggy Sanday: "O canibalismo quase nunca corresponde ao comer, mas, em primeiro lugar, a um veículo de mensagens não palatáveis – mensagens que têm a ver com a preservação, a regeneração e a fundação da ordem cultural".[64] Oswald abriu *A Crise da Filosofia Messiânica* (1950) com uma definição semelhante,[65] pois vislumbrou na antropofagia um complexo sistema cultural. Inicialmente, derivado da experiência indígena, mas, posteriormente, ampliou ao máximo suas referências históricas.[66] No juízo do antropólogo Carlos Fausto, "A antropofagia como metáfora, no entanto, parece-me expressar uma compreensão profunda do canibalismo como operação prático-conceitual".[67] Nos anos 1950, portanto, Oswald retornou à antropofagia como a chave para o problema da alteridade, assim como para o desafio de compor uma história alternativa da humanidade.

Oswald encontra Camus

Em 1946 Albert Camus visitou a América do Sul. Durante a viagem, tomou notas que foram publicadas postumamente. O escritor fez irregulares (e algumas vezes duros) comentários sobre as cidades que visitou e as pessoas que conheceu. Em São Paulo, jantou com Oswald, já bastante conhecido por sua tese polêmica: a antropofagia como força motriz da civilização. Em seu animado diálogo com Camus, o brasileiro brincou com o lugar-comum: o ritual que tornou a tribo tupi-guarani um nome familiar na Europa, graças à vigorosa descrição de um "sobrevivente" dos índios brasileiros.

Nesse campo minado, qual a conexão possível entre o escritor francês e o poeta brasileiro? Vejamos o que Camus registrou no seu diário em 3 de agosto de 1949: "Jantar com Oswald de Andrade, personagem notável (a desenvolver). Seu ponto de vista é que o Brasil é povoado de primitivos e que é melhor assim".[68] Aparentemente, nada poderia ser mais adequado: durante um lauto jantar, Camus foi seduzido pelo criador da antropofagia, entendida como uma poderosa *Weltanschauung*. Na verdade, Camus poderia inclusive ter usado o conceito; leia-se o comentário que redigiu no dia seguinte:

Andrade me expõe sua teoria: *a antropofagia como visão do mundo*. Diante do fracasso de Descartes e da ciência, retorno à fecundação primitiva: matriarcado e a antropofagia. O primeiro bispo que desembarca na Bahia tendo sido comido por

---

[64] Peggy Reeves Sanday, *Divine Hunger. Cannibalism as a Cultural System*. Cambridge, Cambridge University Press, 1986, p. 3.

[65] "A antropofagia ritual é assinalada por Homero entre os gregos. Na expressão de Colombo, *comían los hombres*. Não faziam, porém, por gula ou fome. Tratava-se de um rito que, encontrado também nas outras partes do globo, dá a ideia de exprimir um modo de pensar, uma visão do mundo, que caracterizou certa fase primitiva de toda a humanidade". Oswald de Andrade, *A Crise da Filosofia Messiânica*, op. cit., p. 101.

[66] Numa avaliação correta: "De 'Civilização e Dinheiro', de 1949, até 'A Marcha das Utopias', de 1966, esse artista não parece buscar outro objetivo que o de vertebrar conceitualmente as intuições revolucionárias de seus primeiros manifestos e proporcionar-lhes uma estrutura teórica ao mesmo tempo mais consistente e mais universal". Eduardo Subirats, *A Penúltima Visão do Paraíso. Ensaios sobre Memória e Globalização*. São Paulo, Studio Nobel, 2001, p. 62-63. Ver o ensaio de Subirats publicado neste volume.

[67] Carlos Fausto, "Cinco Séculos de Carne de Vaca. Antropofagia Literal e Antropofagia Literária". Ver, neste volume, p. 161.

[68] Albert Camus, *Diário de Viagem*. Tradução de Valerie Rumjanek. 4. ed. Rio de Janeiro, Record, 1997, p. 97. Ver, neste volume, o ensaio de Manuel da Costa Pinto, "A Pedra Antropofágica: Albert Camus e Oswald de Andrade".

lá, Andrade datava sua revista como do ano 317 da deglutição do bispo Sardinha (pois o bispo chamava-se Sardinha).[69]

Camus não deixou escapar o trocadilho: um bispo chamado Sardinha foi um *ready-made* linguístico *avant la lettre*, especialmente se o malogrado religioso naufragou próximo a uma tribo de antropófagos. O escritor francês, porém, não foi mais longe na anotação sobre a teoria do entusiasmado paulista, mas compreendeu perfeitamente sua potência, pois o conciso enunciado – "antropofagia como visão do mundo" – implica o entendimento da *antropofagia como uma definição metafórica da apropriação da alteridade*. De qualquer modo, Rudá de Andrade mencionou uma possibilidade que teria sido de grande importância para seu pai: "E Camus admirava-o; ficava às vezes fascinado e reagia, discutia. Oswald apresentava-se ao mesmo tempo que apresentava suas ideias – no momento a tese antropofágica. (...) como foi para ele estimulante a compreensão de Camus e o interesse que demonstrou em divulgar pela Gallimard as suas ideias sobre 'a crise da filosofia messiânica'".[70]

No fundo, será outro francês que se beneficiará, direta ou indiretamente, da intuição do brasileiro. Isto é, desejo sugerir uma nova conexão – agora entre a antropofagia de Oswald e a antropologia de Claude Lévi-Strauss.

Lévi-Strauss encontrou Oswald?

Nas últimas páginas de *Tristes Trópicos*, Lévi-Strauss parece reescrever o já citado ensaio de Montaigne por meio dos conceitos de "antropofagia" e "antropoemia" – do grego *émein*, vomitar.[71] Enquanto as sociedades ocidentais modernas inventaram um modelo de comportamento que requer a simples eliminação da alteridade, as sociedades que praticaram o canibalismo ritual empenharam-se em assimilar o outro mediante sua ingestão física e simbólica. Ora, sociedades em que o canibalismo foi ritualizado considerariam as sociedades antropoêmicas como irremediavelmente bárbaras, pois a completa exclusão do outro não seria aceitável em sua cosmovisão.

Muito provavelmente, Lévi-Strauss conheceu o *Manifesto Antropófago*; pelo menos de oitiva. Nos anos 1930, quando o antropólogo francês veio ao Brasil como professor da recém-fundada Universidade de São Paulo, as ideias de Oswald eram muito divulgadas. Foi no Brasil que Lévi-Strauss empreendeu a decisiva mudança de carreira, deslocando seu interesse inicial pela filosofia para a antropologia.

---

[69] Ibidem, p. 117, grifo meu.
[70] "Carta de Rudá de Andrade", op. cit., p. 65.
[71] Claude Lévi-Strauss, *Tristes Trópicos*. Trad. Rosa Freire D'Aguiar. São Paulo, Companhia das Letras, p. 366-67.

Além disso, Mário de Andrade trabalhou em estreito contato com Dina Lévi-Strauss, então esposa do futuro antropólogo.⁷² Seria natural, portanto, que tivesse notícia tanto do *Manifesto Antropófago* quanto da rapsódia *Macunaíma*. Desta última, contamos com o seu depoimento direto: "Conheci bem Mário de Andrade: ele dirigia o departamento cultural da cidade de São Paulo. Éramos muito próximos. Seu romance *Macunaíma* é um livro excepcional".⁷³ Em relação ao *Manifesto Antropófago*, ao que parece, e muito ao contrário de Camus, Lévi-Strauss decidiu paradoxalmente ser antropoêmico no que diz respeito a um possível diálogo com a intuição de Oswald. O francês preferiu simplesmente "vomitar", em vez de "assimilar" a voz do outro.

Tal reconstrução hipotética de leituras e amnésias é importante para restabelecer a genealogia do conceito. Em livro de grande êxito, numa crítica à globalização, Zygmunt Bauman retomou a distinção conceitual de Lévi-Strauss. Bauman recorreu à estratégia proposta por Oswald, embora naturalmente sem ter ideia alguma da possível origem periférica da distinção que, não obstante, emprega com argúcia: "Uma era antropofágica: aniquilar os estranhos devorando-os e depois, metabolicamente, transformando-os num tecido indiscernível do que já havia".⁷⁴ Por isso mesmo, proponho que, para tornar a teoria cultural de Oswald mais uma vez fecunda, precisamos de um novo horizonte teórico.

Oswald sem exotismo

Tal abordagem metodológica deriva da necessidade de superar a interpretação dominante da obra de Oswald no Brasil e mesmo na crescente recepção no exterior, estimulada por traduções para o espanhol,⁷⁵ alemão,⁷⁶ inglês,⁷⁷ francês⁷⁸ e italiano.⁷⁹

Em 1998, como já disse, a noção de antropofagia serviu de arcabouço conceitual à 24ª edição da Bienal de São Paulo. O curador da Bienal, Paulo Herkenhoff, observou com agudeza:

> A antropofagia é um conceito suficientemente polêmico para não se sancionar como verdade. Nem para se fixar em imagens ou estilos. (...) A antropofagia, enquanto conceito de estratégia cultural, e suas relações com o canibalismo, ofereceu um modelo de diálogo – o banquete antropofágico – para a interpretação.⁸⁰

Nesse contexto, vale mencionar outras exposições que obtiveram merecido êxito, atestando a nova onda de recepção das ideias de Oswald no exterior. Jorge

---

⁷² Ver Ellen Spielman. *Das Verschwinden Dina Lévi-Strauss' und der Transvestismus Mário de Andrade: Genealogische Rätsel in der Geschichte der Sozia-l und Humanwissenschaften im modernen Brasilien / La desaparición de Dina Lévi-Strauss y el transvestismo de Mário de Andrade: enigmas genealógicos en la historia de las ciencias sociales y humanas del Brasil moderno*. Berlim, Wissenschaftlicher Verlag, 2003. Esta é uma edição bilíngue.

⁷³ Claude Lévi-Strauss, *Loin du Brésil*. Entrevista com Véronique Mortaigne. Paris, Chandeigne, 2005, p. 18. Trata-se de transcrição da entrevista concedida ao *Le Monde*, em 22 de fevereiro de 2005.

⁷⁴ Zygmunt Bauman, *O Mal-estar da Pós-modernidade*. Tradução de Mauro Gama e Cláudia Martinelli Gama. Rio de Janeiro, Jorge Zahar, 1998, p. 18.

⁷⁵ Oswald de Andrade, *Escritos Antropófagos*. Edição de Alejandra Laera e Gonzalo Moisés Aguilar. Buenos Aires, Corregidor, 2001. Ver, ainda, Jorge Schwartz (org.)., *Las Vanguardias Latinoamericanas*. (*Textos Programáticos y Críticos*). Madri, Cátedra, 1991. Há uma tradução anterior, de Héctor Olea, publicada em Oswald de Andrade, *Obra Escogida*. Caracas, Biblioteca Ayacucho, 1981, p. 65-72.

⁷⁶ Oswald de Andrade, "Anthropophagisches Manifest". Tradução de Berthold Zilly. *Lettre International*, inverno, n. 90, p. 40-41.

⁷⁷ Oswald de Andrade. "Cannibalist Manifesto". Trad. Leslie Bary. *Latin American Review* n. 19, vol. 38, 1991, p. 35-47. Esta tradução contém notas explicativas muito ▶

úteis, que contextualizam as alusões culturais e históricas do *Manifesto*. Há também uma tradução de Alfred Mac Adam, "Anthropophagist Manifesto". *Review: Latin American Literature and Arts* n. 51, outono, 1995, p. 65-68.

[78] Oswald de Andrade, "Le Manifeste Antropophage." Tradução de Benedito Nunes. In: *Surréalisme Péripherique*. Organização de Luis de Moura Sobral. Montréal, Université de Montréal, 1984. Há uma tradução anterior, de Jacques Thiériot: Oswald de Andrade, *Anthropophagies*. Paris, Flammarion, 1982, p. 267-75. Esse livro contém ainda traduções dos romances *Memórias Sentimentais de João Miramar*, *Serafim Ponte Grande*, do *Manifesto da Poesia Pau-Brasil* e de outros textos associados à antropofagia.

[79] Oswald de Andrade, *La Cultura Cannibale*. Organização de Ettore Finazzi-Agrò e Maria Caterina Pincherle. Roma, Meltemi, 1999.

[80] Paulo Herkenhoff, "Catálogo da XXIV Bienal de São Paulo". In: *Núcleo Histórico: Antropofagia e Histórias da Civilização*. São Paulo, Fundação Bienal de São Paulo, 1998, p. 23.

[81] Jorge Schwartz, *De la Antropofagia a Brasilia: 1920–1950*. Valencia, IVAM, 2000.

[82] Edward Sullivan, "Brazil: Body and Soul". In: *Brazil: Body and Soul*. Nova York, Guggenheim Museum, 2001, p. 2-3.

[83] John Bosch, Juliette van der Meijden, Maurice Nio, Wim Nijenhuis e Nathalie de Vries, *Eating Brazil*. Roterdã, 010 Publishers, 1999, n/p.

[84] Stephen Kern, *The Culture of Time and Space*. 1880-1918. Cambridge, Massachusetts, Harvard University Press, 1983, p. 7 (grifos do autor).

[85] Ibidem.

Schwartz organizou uma impressionante exposição, inicialmente apresentada na Espanha, e posteriormente em São Paulo, "De la Antropofagia a Brasília". Schwarz empregou a noção de antropofagia para a reconstrução da vida cultural brasileira da década de 1920 ao final dos anos 1950.[81] Edward Sullivan, o curador da exposição realizada no Museu Guggenheim, "Brazil: Body and Soul", tocou no cerne da questão:

> Cada paraíso possui suas contradições, e, no caso do Brasil, foi o canibalismo. Os primeiros escritos sobre o país enfatizavam muitas práticas peculiares dos povos indígenas, ainda que o costume mais discutido fosse o hábito de comer gente. Se o alcance dos verdadeiros exemplos do canibalismo é discutível, o potencial metafórico do ato prepara a fundação para as discussões filosóficas sobre o caráter brasileiro durante todo o século XX.[82]

Ainda em 1999, um guia turístico (!) foi publicado com o título sintomático, *Eating Brazil*. Claro, a antropofagia foi devidamente apontada como fonte de inspiração: "Só há um modo de agir. Coma o Brasil. Consuma suas paisagens. Devore suas cidades".[83] Minha abordagem, no entanto, é muito distinta, pois desejo distanciar-me do recente consumo internacional da antropofagia. Tal consumo não somente reitera a interpretação adotada no Brasil, como também agrava o problema, pois, em lugar de definir problematicamente a identidade nacional, oferece uma monótona receita de exotismo *à la carte*. A fim de mostrar a inconsistência desse modelo interpretativo, recorro à metodologia desenvolvida por Stephen Kern. Preocupado com a sincronia de determinado momento cultural europeu, Kern formulou "o princípio ativo de *distância conceitual*".[84] A definição do método é esclarecedora:

> Assim, há uma maior distância conceitual entre o pensamento de um arquiteto e o de um filósofo, com respeito a determinado assunto, do que entre o pensamento de dois filósofos. Assumo que uma generalização sobre o pensamento de uma época é muito mais convincente quanto maior a distância conceitual entre as fontes nas quais ela se baseia.[85]

Ora, se um número crescente de artistas, intelectuais e escritores de diferentes latitudes encontra inspiração na ideia da antropofagia como uma forma de apropriação da alteridade, nesse caso, não é possível reduzi-la à definição de uma única nacionalidade. O procedimento metodológico é tão claro que dispensa maiores comentários.

Penso, por exemplo, no romance de Slavenka Drakulic, *The Taste of a Man*, cujo enredo é livremente inspirado na teoria cultural antropofágica. Eis um despretensioso resumo: Tereza, uma jovem poetisa polonesa, estudante de literatura em Nova York, conhece José, um antropólogo paulista que prepara um novo livro. Eles se conhecem na Biblioteca Pública de Nova York. O livro que José estava consultando atrai a atenção de Tereza: *Divine Hunger*, de Peggy Sanday – como acabamos de ver, um estudo clássico sobre o canibalismo. Pouco depois, visitam a mesma exposição: "From Portugal to Brazil: The Age of Atlantic Discovery". Tereza se interessa especialmente por uma xilogravura de Johann Froschauer em que aborígines são mostrados desmembrando um corpo humano, que será prontamente saboreado. Claro, sob o signo da devoração, inicia-se um relacionamento amoroso; na verdade, um relacionamento, sobretudo, erótico. Subitamente, porém, José, que planejava escrever um livro sobre antropofagia, decide voltar ao Brasil para rever sua família, terminando assim o caso com a polonesa. Tereza, porém, recorre ao gesto de amor mais radical: mata José e, atualizando o canibalismo ritual, absorve-o totalmente no interior de seu corpo e espírito. Como diz no final do romance: "E ele está aqui, dentro de mim, encerrado para sempre em meu corpo, em todas as minhas células. Vive dentro de mim. Toca minhas mãos, respira com minha vida, olha através de meus olhos".[86] Pura antropofagia! Como no emblemático filme de Nelson Pereira dos Santos, *Como Era Gostoso o meu Francês*, a mulher revela-se o polo dominante, assumindo o papel ativo na devoração ritual. Não deixa de ser irônico que o brasileiro seja a matéria-prima do ritual e não seu agente; afinal, toda vez que um artista ou intelectual brasileiro se apresenta como um "genuíno antropófago", no fundo ele está correspondendo ao gosto do freguês, ou seja, à expectativa do exotismo estrangeiro.

De igual modo, no contexto ibero-americano mais amplo, é igualmente reveladora a apropriação do gesto antropofágico, compreendido, vale frisar mais uma vez, como a assimilação criativa da alteridade. Essa apropriação em diferentes contextos reforça a potência antropológica da teoria oswaldiana. Por isso, vale destacar o conceito de *transculturación*, proposto por Fernando Ortiz em seu clássico *Contrapunteo Cubano del Tabaco y el Azúcar* (1940). Trata-se de ideia potencialmente associável à antropofagia. Ressalte-se também o desenvolvimento desse conceito, efetuado por Ángel Rama em *Transculturación Narrativa en América Latina* (1982). A consequência lógica dessa

[86] Slavenka Drakulic, *The Taste of a Man*. Londres, Abacus, 1998, p. 212.

circunstância é inequívoca: a antropofagia não pode ser reduzida à determinação da identidade nacional. Pelo contrário, trata-se de discutir as condições de assimilação do outro no mundo contemporâneo. Nesse sentido, compreende-se que Zygmunt Bauman encontre inspiração na distinção de Claude Lévi-Strauss entre os conceitos de "antropofagia" e "antropoemia".

Uma teoria de exportação?

Creio ter demonstrado que a recepção habitual da antropofagia representa o eterno retorno de um paradoxo. Ou seja, a antropofagia é vista como a definição da identidade brasileira. É bem verdade que, em algumas passagens do *Manifesto Antropófago*, Oswald possibilitou essa interpretação. Entretanto, quando retomou a ideia de antropofagia nos anos 1950, procurou revê-la dentro de um arcabouço antropológico que necessariamente supera os limites da identidade nacional.[87] Tal recepção é incapaz de esclarecer o ponto mais importante: se a antropofagia é um procedimento cultural que implica uma contínua e produtiva assimilação da alteridade, trata-se, então, de um permanente processo de mudança e, portanto, de novas incorporações. É óbvio que tal forma cultural não oferece a estabilidade exigida pela noção de identidade nacional, que tende a representar-se como fixa, sempre idêntica a si própria. Pelo contrário, *a antropofagia deve ser entendida como uma estratégia empregada em contextos políticos, econômicos e culturais assimétricos*. Trata-se de estratégia empregada geralmente pelos que se encontram no polo menos favorecido. O gesto antropofágico, por esse motivo, é uma forma criativa de assimilação de conteúdos que, num primeiro momento, foram impostos. Sem mais nem menos: impostos. A antropofagia pretende transformar a natureza dessa relação através da assimilação volitiva de conteúdos selecionados: contra a imposição de dados, a volição no ato de devorá-los. É óbvia a importância de tal procedimento num mundo globalizado; circunstância que pode criar condições favoráveis para uma formulação teórica renovada da antropofagia.

A fim de concluir este breve ensaio, recordo o eloquente testemunho do cineasta Joaquim Pedro de Andrade acerca da difusão da ideia de canibalismo cultural:

> Antropofagia é coisa que os subdesenvolvidos entendem. E eu fiquei chocado quando soube que *Weekend*, de Godard, terminava com uma cena da mulher comendo os restos do marido e pedindo mais. Eu estava justamente acabando

---

[87] Benedito Nunes, "O Retorno à Antropofagia". In: *Oswald Canibal*. São Paulo, Perspectiva, 1979, p. 51-57. Ensaio publicado neste volume.

Macunaíma. Em Veneza havia outros filmes com canibalismo. Pasolini também já colocou isso num dos seus filmes recentes, *Porcile*. É curioso como nós e os artistas de sociedades avançadas tivemos, num certo momento, a mesma ideia. A antropofagia não é uma ideia nova no Brasil. Mas eu demorei muito a entender o alcance político das ideias de Oswald.[88]

Não há motivo para surpresa; afinal, como vimos, nos anos 1920 a metáfora do canibalismo retornou com toda a força na Europa do pós-guerra. Muito antes, contudo, o tropo já havia sido empregado com vigor. Não conheço exemplo mais convincente do que o proporcionado por Joachim du Bellay, membro destacado da *Pléiade*. Em 1549 publicou uma espécie de manifesto do grupo, *La Défense et Illustration de la Langue Française*, enfrentando a difícil tarefa de afirmar o valor do idioma francês comparado às literaturas e aos idiomas clássicos. Como um fino estrategista, Du Bellay recorreu à história de Roma, de modo a provar que o idioma francês poderia comunicar ideias tão bem como o latim ou o grego. E deu o golpe de misericórdia, recordando que os romanos aperfeiçoaram seu idioma "imitando os melhores Gregos, transformando-se neles, devorando-os e, depois de havê-los bem digerido, convertendo-os em sangue e alimento".[89] Pura antropofagia! Afinal de contas, no século XVI, o idioma francês estava numa posição assimétrica (e inferior) em relação ao grego e ao latim, que eram vistos como meios "naturais" para a expressão artística e filosófica.

Em palavras diretas: é uma facilidade condenável considerar a antropofagia tipicamente brasileira ou mesmo latino-americana. K. David Jackson chegou a uma conclusão semelhante ao definir um novo tipo de agente cultural. No caso, o "intelectual de periferia no período pós-colonial, a meio-termo entre o nacional e o global. Nem colonial nem indígena, o intelectual se torna um 'outro outro'".[90] David Jackson mencionou então os nomes de Oswald, Rushdie, Gandhi, Senghor, Bandaranaike e Paz, entre outros. Essa lista eclética esclarece que fronteiras geográficas não podem limitar uma estratégia antropofágica, uma vez que seu propósito é precisamente questionar definições autocentradas. Sob essa luz, a antropofagia pode transformar-se num paradigma teórico da alteridade.

Recorde-se, portanto, e à guisa de conclusão, a já citada frase-síntese da antropofagia: "Só me interessa o que não é meu. Lei do homem. Lei do antropófago". Eduardo Viveiros de Castro rematou a fórmula com perfeição: "Lei do

---

[88] Apud Heloisa Buarque de Hollanda, *Macunaíma: da Literatura ao Cinema*. Rio de Janeiro, José Olympio/Embrafilme, 1978, p. 112. Joaquim Pedro de Andrade havia acabado de filmar *Macunaíma*, em 1969.
[89] Cito a tradução de Maria Helena Rouanet, em seu ensaio "Quando os Bárbaros Somos Nós", publicado neste volume.
[90] K. David Jackson, "Novas Receitas da Cozinha Canibal. O *Manifesto Antropófago* Hoje". Ensaio publicado neste volume.

antropólogo"; afinal, "só é interessante o pensamento enquanto potência de alteridade".⁹¹ Portanto, a antropofagia oswaldiana oferece um caminho novo ainda a ser trilhado. A potência oswaldiana de apropriação do alheio para a transformação do próprio pensamento tem estimulado uma das mais originais formulações da antropologia contemporânea: o perspectivismo.⁹² Nas palavras do antropólogo:

> Enfim, vejo o perspectivismo como um conceito da mesma família política e poética que a antropofagia de Oswald de Andrade, isto é, como uma arma de combate contra a sujeição cultural da América Latina, índios e não índios confundidos, aos paradigmas europeus e cristãos. *O perspectivismo é a retomada da antropofagia oswaldiana em novos termos.*⁹³

Os estudos literários e a crítica cultural ainda não foram capazes de responder à potência da antropofagia oswaldiana com o vigor e a inteligência de Eduardo Viveiros de Castro. A proposta esboçada neste ensaio – desnacionalizar e desoswaldianizar o *Manifesto Antropófago* – é apenas um primeiro passo, e devo ser o primeiro a reconhecê-lo.

(De qualquer modo, por mais difícil que seja o percurso, o primeiro passo continua sendo necessário).

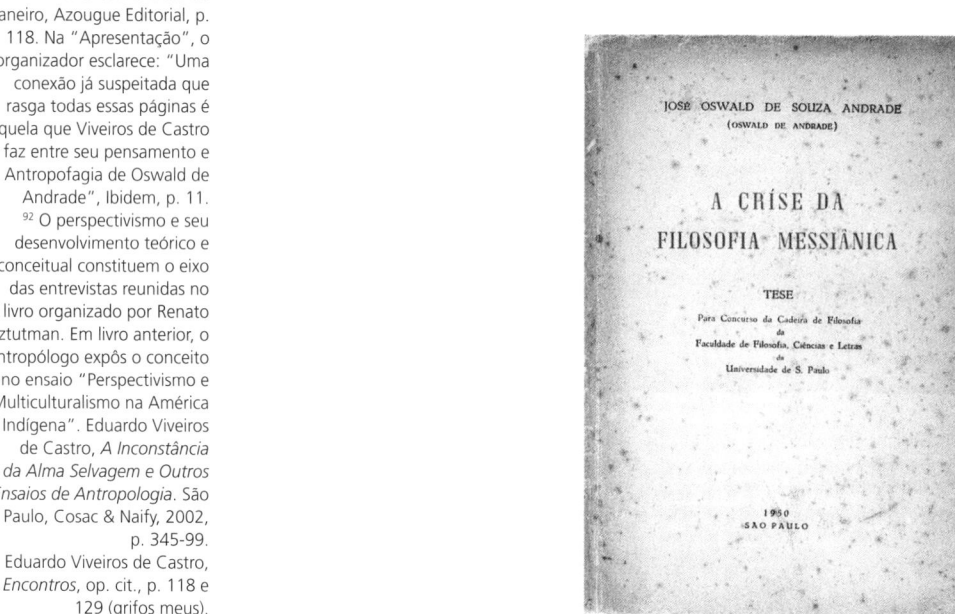

---

⁹¹ Eduardo Viveiros de Castro, *Encontros*. Organização de Renato Sztutman. Rio de Janeiro, Azougue Editorial, p. 118. Na "Apresentação", o organizador esclarece: "Uma conexão já suspeitada que rasga todas essas páginas é aquela que Viveiros de Castro faz entre seu pensamento e a Antropofagia de Oswald de Andrade", Ibidem, p. 11.

⁹² O perspectivismo e seu desenvolvimento teórico e conceitual constituem o eixo das entrevistas reunidas no livro organizado por Renato Sztutman. Em livro anterior, o antropólogo expôs o conceito no ensaio "Perspectivismo e Multiculturalismo na América Indígena". Eduardo Viveiros de Castro, *A Inconstância da Alma Selvagem e Outros Ensaios de Antropologia*. São Paulo, Cosac & Naify, 2002, p. 345-99.

⁹³ Eduardo Viveiros de Castro, *Encontros*, op. cit., p. 118 e 129 (grifos meus).

Índice Onomástico

A

Adorno, Theodor W., 151, 154-59, 258-59, 262, 360, 469, 473
Adour, Jayme, 477-83
Agamben, Giorgio, 442, 447, 466-67, 479, 593
Aguilar, Gonzalo, 479
Aita, Zina, 275
Alcântara Machado, Antônio de, 603
Alencar, José de, 29, 59, 99, 293, 339, 346, 354, 381, 389, 409, 468-470, 650
Alexandria, Clemente de, 442
Almeida, Guilherme de, 45, 213
Almeida Prado, Yan de, 275
Alpers, Michael, 626
Amaral, Aracy A., 275, 281, 284, 411
Amaral, Tarsila do, 36-37, 39, 80, 264-67, 269, 273-79, 281-83, 286-87, 323-24, 411, 415, 434, 549, 651-52
Américo, Pedro, 269
Amiano Marcelino, 100
Ammaniti, Niccolò, 489-90, 504
Anchieta, José de, 74, 162-63, 401
Anderson, Benedict, 184
Andrade, Joaquim Pedro de, 78, 652, 666-67
Andrade, Mário de, 34, 40, 43, 55, 58, 135, 209, 235, 238, 268, 270-71, 273, 276, 278, 323, 325, 328, 345-46, 366, 369, 390, 405, 407-08, 413, 418, 437-38, 444-45, 456-57, 505-06, 571-73, 603, 637, 648, 651-55, 657-58, 663
Andrade, Rudá de, 653, 662
Antelo, Raúl, 217, 285, 366, 446, 455, 457, 459, 482
Apollinaire, Guillaume, 548
Appadurai, Arjun, 205
Aragon, Louis, 548, 575, 615
Araripe Júnior, Tristão de Alencar, 367-68, 483
Araújo Porto-Alegre, Manuel de, 268-69
Arens, William, 218
Argento, Dario, 490
Aristóteles, 446, 448, 453, 604
Arlt, Roberto, 242
Armstrong, Tim, 284
Arp, Jean, 279, 548
Artaud, Antonin, 75, 83, 258, 260, 266
Artusi, Pellegrino, 513-14
Aspicuelta Navarro, João de, 163
Asturias, Miguel Ángel, 240
Attridge, Derek, 228
Augé, Marc, 233
Avelar, Idelber, 352
Aveyron, Victor de, 247
Azuela, Mariano, 306

B

Bachofen, Johann Jakob, 441, 584, 596
Bagolini, Luigi, 573
Baker, Josephine, 274
Bakhtin, Mikhail, 432, 555
Bakunin, Mikhail, 257
Baldini, Eraldo, 504
Balibar, Étienne, 184
Balla, Giacomo, 285
Bandaranaike, Sirimavo, 435, 667
Bandeira, Manuel, 633, 654
Barbieri, Ivo, 20, 373
Barbosa, Ana Mae, 430
Barbosa, Rui, 21, 53, 367, 410
Bardot, Brigitte, 565
Barthes, Roland, 286
Barth, Karl, 591
Bary, Leslie, 418-20

Bastide, Roger, 312, 324, 327
Bataille, Georges, 218, 258, 262, 285-86, 438, 549, 586
Baudelaire, Charles, 222, 228, 439-40
Baudrillard, Jean, 520, 547, 560
Bauman, Zygmunt, 227, 663, 666
Beattie, John, 556
Beaune, Colette, 194
Becker, Ernest, 579-80, 590
Beckett, Samuel, 358
Bellay, Joachim du, 196, 667
Belleforest, François, 195
Benjamin, Walter, 241, 257-58, 440-42, 449-52, 476, 556-59, 579, 614-15
Benzoni, Girolamo, 195
Bérard, Victor, 156
Berdiaev, Nicolai, 591-92
Bergson, Henri, 223
Bernard, Claude, 183, 222-26
Bernheim, Pierre-Antoine, 516
Bertelli, Lucio, 508
Bettelheim, Bruno, 333
Bèze, Théodore de, 185
Bhabha, Homi, 555, 557
Bichat, Marie François Xavier, 224
Bilac, Olavo, 233
Bloom, Harold, 657
Boaventura, Maria Eugenia, 153, 255, 273, 335, 415, 419, 445, 458, 460, 482, 654
Bocage, Manuel Maria Barbosa du, 94
Bodin, Jean, 199, 219
Bolk, Louis, 587
Bomfim, Manoel, 370
Bopp, Raul, 276-77, 281, 284, 324-25, 459, 461-62, 477, 602-03, 605-06, 651-52

Borges, Jorge Luis, 13, 220, 238, 243, 321, 329, 366, 382, 540, 543, 565, 656-57
Borghi, Renato, 77
Boucher, Philip P., 182, 546
Brancaccio, Luisa, 490
Brancusi, Constantin, 273
Brandão, Carmem, 41
Brandão, Junito de Souza, 153, 156
Braudel, Fernand, 536-38
Brecheret, Victor, 271, 273, 279
Brecht, Bertolt, 77
Breton, André, 56, 257-62, 402, 548-49, 613, 621
Brito, Mário da Silva, 34, 40, 648
Brolli, Daniele, 490, 504
Browder, Earl, 329
Bueno, Alexei, 103, 650
Burguess, Anthony, 498
Burnham, James, 329
Butler, Judith, 425
Byron, Lord, 94-95

C
Cairu, Visconde de, 29
Calvino, João, 185, 576
Caminha, Pero Vaz de, 212, 436, 477
Camões, Luís Vaz de, 376-77
Campanella, Tommaso, 375, 391
Camporesi, Piero, 509-18
Campos, Augusto de, 312, 324, 327, 334, 345, 406, 408-09, 417, 441, 477, 658
Campos, Haroldo de, 312, 324, 327, 334-35, 345, 377, 380, 394, 406, 408-09, 417-19, 441, 456, 658
Camus, Albert, 482, 574, 591, 633-40, 643-46, 661-63

Candido, Antonio, 34, 40, 80, 177, 179, 312, 323, 325, 327, 329-30, 334-35, 341-42, 386, 417, 438, 478, 544, 647-48, 655
Cardano, Girolamo, 219
Cardenal, Ernesto, 327
Cardim, Fernão, 219
Caredda, Paolo, 490
Carnoy, Martin, 153
Carpentier, Alejo, 392
Carvalho, Flávio de, 283, 452, 482, 601-10, 614
Carvalho, Ronald de, 478
Castro, Eduardo Viveiros de, 165, 299-300, 314, 466-67, 667-68
Castro-Klarén, Sara, 300, 314
Catulo da Paixão Cearense, 50
Cave, Terence, 210
Caymmi, Dorival, 633
Cèline, Louis-Ferdinand, 501
Cendrars, Blaise, 13, 22, 274, 405, 410-11, 413-15, 548
Cervantes, Miguel de, 540-71
Ceserani, Remo, 487, 504, 519
Cézanne, Paul, 22
Chacrinha, 78-79, 654
Chagas, João, 231-32
Chamard, Henri, 175
Chateaubriand, François-René de, 339, 345, 546
Chaunu, Pierre, 171-73
Chestov, León, 591-92
Chico Science, 73, 80
Chirico, Giorgio de, 277
Clark, Lygia, 62, 361
Clastres, Pierre, 75, 340
Cocteau, Jean, 274
Colombo, Cristóvão, 162, 172, 181, 204, 220, 255, 321, 343, 346, 477, 546, 661

Comte, Auguste, 583
Conrad, Joseph, 393
Cook, James, 624
Corrêa, José Celso Martinez, 44, 71-72, 79-80, 334, 345, 351-54
Correia Filho, João, 645
Cortázar, Julio, 219
Costa Lima, Ângelo Moreira da, 435, 441-42, 449
Costa, Newton da, 573
Coutinho, Afrânio, 103
Couto de Magalhães, José Vieira, 162, 226
Cunha, Euclides da, 370, 389-90
Cunha, Marcelo Carneiro da, 164
Cunhambebe, 162, 409
Curtius, Ernst Robert, 206, 243-44, 252

D

d'Abbeville, Claude, 167, 219
Dacqué, Edgar, 583, 587
Dalí, Salvador, 258, 260-64, 613, 615
DaMatta, Roberto, 233
d'Annunzio, Gabriele, 487-89
Dante Alighieri, 94-95, 376-77, 449, 499, 523, 532, 540
Darío, Rubén, 236, 321, 543
Darwin, Charles, 63, 393, 464
Dean, Warren, 205
Debord, Guy, 519
Debret, Jean-Baptiste, 268-69
De Bry, Theodore, 264
Debussy, Claude, 22
De Chirico, Giorgio, 39
Delaunay, Robert, 274
Deleuze, Gilles, 217, 223, 251, 282, 464, 600
Delmar, Serafín, 238

De Quincey, Thomas, 222
Derain, André, 275
Derrida, Jacques, 50, 220-22, 225, 228, 297, 339, 348-49, 352-60, 556
Descartes, René, 633, 661
d'Evréux, Yves, 219
Dias, Cícero, 279, 458
Di Cavalcanti, Emiliano, 39, 273, 275, 279
Dickens, Charles, 491
Diderot, Denis, 379
Diego, Gerardo, 365
Dilthey, Wilhelm, 544
Dostoiévski, Fiódor, 491, 591
Drakulic, Slavenka, 665
Drummond de Andrade, Carlos, 343, 437-38
Duarte, Paulo Sérgio, 659
Du Bellay, Joachim, 175-79, 352
Duchamp, Marcel, 221, 227, 285, 621
Dumézil, Georges, 573
Duncan, Isadora, 41-42
Dunlop, Charles J., 230-33
Durkheim, Émile, 573
Dussel, Enrique, 313-15, 394
Duve, Thierry de, 221

E

Edwards, Jorge, 370-71
Eichbauer, Hélio, 77-78
Einstein, Albert, 477
Eleutério, Maria de Lourdes, 381
Eliade, Mircea, 573
Eliot, Thomas Stearns, 573
Éluard, Paul, 548
Engels, Friedrich, 329, 339, 345, 399, 441, 451
Erasmo de Roterdã, 209

Ernst, Max, 262
Esposito, Roberto, 468
Eurípides, 71, 74

F

Fanon, Frantz, 546
Farinaccio, Pascoal, 478-79
Faulkner, William, 489, 491
Fausto, Carlos, 161, 164, 169, 300, 313-15, 661
Fernandes, Florestan, 392
Fernández Retamar, Roberto, 254, 312, 321-23
Ferraz, A. L. Pereira, 205
Ferraz, Geraldo, 387
Ferreira, Ascenso, 415
Ferreira da Silva, Vicente, 385, 571, 573-78, 580-81, 583-84, 586-89, 591-92, 596-98, 600
Ferreira de Almeida, Maria Cândida, 649
Ferreiro, Alfredo Mario, 658
Ferreri, Marco, 504, 522
Figari, Pedro, 274
Figueiredo, Luciano, 361
Figueiredo, Vera Follain de, 307-08, 311-12, 389
Finazzi-Agrò, Ettore, 206, 664
Fitzgerald, F. Scott, 500
Flusser, Vilém, 573
Fonseca, Maria Augusta, 325, 479
Forbes, Jacques, 558
Foster, Hal, 612-15, 621
Foucault, Michel, 227, 290-91, 382, 464, 544
Frazer, James G., 158, 559, 606-07, 624
Freud, Sigmund, 27, 30-31, 56, 63, 152, 154, 217, 254-55, 262, 271, 283, 296, 339, 342,

356, 359, 369, 401, 403, 419-20, 436, 456, 464-67, 469, 491, 500, 559-60, 584-85, 603, 606-07, 609, 612-14, 632
Freyre, Gilberto, 234, 390, 406-08
Frobenius, Leo, 596
Froschauer, Johann, 665
Frugoni, Emilio, 236
Frye, Northrop, 573
Furtado, Celso, 75

G

Gadamer, Hans-Georg, 297
Gajdusek, Daniel Charleton, 625-26, 628-29
Galiazzo, Matteo, 504-06
Galimberti, Umberto, 507-08, 520
Gall, Franz Joseph, 95
Galvão, Patrícia, 646
Gandavo, Pero de Magalhães, 162
Gandhi, Mahatma, 435, 667
García Canclini, Néstor, 536
García Lorca, Federico, 258, 266
García Márquez, Gabriel, 47, 373, 375, 543
Garcilaso de la Vega, (El) Inca, 480
Gauguin, Paul, 251, 266, 274, 339
Gellner, Ernest, 556
Genet, Jean, 575
Gentiluomo, Paolo, 521-27, 529
Gilder, George, 617
Gil, Gilberto, 79, 519, 647, 652-53
Ginzburg, Carlo, 479, 509
Giotto di Bondone, 489
Girard, René, 491, 512, 573, 589-90, 593, 599, 609
Giraudoux, Jean, 596
Girondo, Oliverio, 234, 239, 241, 658

Gleizes, Albert, 273, 275
Godard, Jean-Luc, 356, 666
Goethe, Johann Wolfgang von, 30, 214, 307, 370, 433, 440, 450
Gómara, Francisco López de, 181, 195
Gomes, Paulo Emílio Sales, 386
Gomez de la Serna, Ramón, 529
Gonçalves Dias, Antônio, 162, 171, 339, 346, 409, 649-50
Gorki, Máximo, 76
Goya, Francisco de, 543
Graça Aranha, José Pereira da, 238
Gracos, 27, 30, 214, 293, 307, 369-70, 393
Greenaway, Peter, 522, 529
Greenblatt, Stephen, 546, 558
Greene, Roland, 203, 205, 312
Grimm, irmãos, 333
Gris, Juan, 276
Groussac, Paul, 321
Guattari, Félix, 251, 464
Guerreiro Ramos, Alberto, 456
Guimarães Rosa, João, 74, 333, 341, 359, 361, 379, 455, 662
Gumbrecht, Hans Ulrich, 184, 289, 301-13, 315, 316, 560
Gusmão, Alexandre de, 463

H

Habermas, Jürgen, 450
Hardy, Georges, 549
Harris, Marvin, 218, 510
Hegel, Georg Wilhelm Friedrich, 52, 314, 338-40, 344, 395, 451, 465, 471, 544, 583, 585
Heidegger, Martin, 293, 500, 577-78, 589, 591-92, 597-98
Helena, Lúcia, 417, 419, 553, 648-49

Henrique II, 175
Heráclito, 598
Herkenhoff, Paulo, 663
Heródoto, 583
Hidalgo, Alberto, 239
Hitler, Adolf, 384
Hobbes, Thomas, 337, 340, 342, 352
Holanda, Sérgio Buarque de, 390, 406, 586
Holbein, Hans, 95
Hölderlin, Friedrich, 573, 577, 588, 598
Homero, 156, 661
Horkheimer, Max, 151, 154-59, 258, 360
Hugo, Victor, 237
Huidobro, Vicente, 237-38, 363, 365-66, 371
Huizinga, Johan, 578
Hulme, Peter, 204, 322, 546
Humboldt, Alexander von, 223, 226
Husserl, Edmund, 560, 578

I

Ihering, Rudolf von, 471-72
Império, Flávio, 77
Irigaray, Lucy, 419-20, 425-26
Itard, Jean, 247

J

Jackson, K. David, 667
Jakobson, Roman, 570
Jameson, Fredric, 214, 305
James, William, 29, 403, 559, 583
Japuaçu, 162
Jaspers, Karl, 660
Jáuregui, Carlos, 300, 346-48, 648
Jdanov, Andrei, 329

Jesus Cristo, 28, 95-96, 184-85, 191-92, 271, 332, 341, 436, 442-43, 510, 552, 564, 584, 599, 604, 606-07, 609, 634, 644-45, 648
João VI, Dom, 30-31, 214, 370
Jobim, Tom, 64
Johnson, Randal, 203, 417-18
Josefo, Flávio, 186-87
Joyce, James, 540
Juana, Sor, 543
Julien, Edmond, 229-30, 273
Júlio César, 29, 38, 62, 238, 243, 248, 250, 567-68
Jullien, François, 593
Jünger, Ernst, 228
Jusdanis, Gregory, 205

K

Kafka, Franz, 243-44, 251-53, 256, 312, 331-32, 361, 439, 450, 657
Kandinsky, Wassily, 293, 364-65
Kant, Immanuel, 219, 355, 395
Kennedy, John, 45
Kerényi, Carl, 588
Kern, Stephen, 664
Keyserling, Hermann, 28, 254, 338-9, 403, 583, 656
Kidd, Benjamim, 393
Kierkegaard, Søren, 395
Kilgour, Maggie, 184
Kipling, Rudyard, 393
Klages, Ludwig, 583
Klee, Paul, 251, 439, 452
Klossowski, Pierre, 262
Koch-Grünberg, Theodor, 226
Koestler, Arthur, 646
Kojève, Alexander, 340
Kristeva, Julia, 247

L

La Boétie, Étienne de, 546
Lacan, Jacques, 246, 260, 425-26
La Fontaine, Jean de, 357
Lang, Fritz, 656
Lanson, Gustave, 175
Lapham, Lewis H., 499
Las Casas, Bartolomé de, 195
Launay, Matthieu de, 185
Lautréamont, Conde de, 439
Lawrence, David Herbert, 577
Leal, Claudio Murilo, 103
Le Bon, Gustave, 608-09
Léger, Fernand, 273, 275, 277
Leiris, Michel, 217-18, 549
Leite, Marília, 421, 423
Leopardi, Giacomo, 498, 523
Léry, Jean de, 162, 172-74, 181-95, 197, 199-201, 219, 336, 341, 346, 409
Lestringant, Frank, 171, 173-74, 178, 184-85, 546, 649-50
Lévinas, Emmanuel, 358
Lévi-Strauss, Claude, 182, 227, 337, 346, 378, 510, 586, 596, 600, 662-63, 666
Lévy-Bruhl, Lucien, 27, 403, 409, 436, 550-51
Lezama Lima, José, 219, 393
Lhote, André, 273-76
Liberatore, Tanino, 503
Lienhardt, Godfrey, 556
Lima Barreto, Afonso Henriques de, 389-90, 412
Lima, Jorge de, 408
Lima, Luiz Costa, 151-52, 307, 363, 415, 435, 439, 440-41, 449
Lima, Tânia Stolze, 468
Lindenbaum, Shirley, 626
Lineu, Carlos, 529
Lissenko, Nicolau, 329, 587
Lopez, Telê Porto Ancona, 457, 655
Lugones, Leopoldo, 243-47, 312
Lutero, Martinho, 184, 442, 576
Lyotard, Jean-François, 555, 557

M

Machado, Aníbal, 633
Machado de Assis, Joaquim Maria, 62, 64, 103, 230, 250, 381-82, 656
Maciel, Luiz Carlos, 77
Macke, August, 550
Maiakovski, Vladimir, 78
Malan, Benoit, 233
Malerba, Luigi, 528
Malfatti, Anita, 270, 271, 273, 275
Malinowski, Bronislaw, 403, 596
Mallarmé, Stéphane, 22, 303
Mandela, Nelson, 338
Mandrou, Robert, 177
Manfredini, Jurandyr, 461
Manganelli, Giorgio, 530-32
Mannheim, Karl, 442
Man, Paul de, 303, 559
Maples Arce, Manuel, 238, 366-69
Marcuse, Herbert, 618
Mariátegui, José Carlos, 323, 367
Marighella, Carlos, 79
Marinetti, Filippo Tommaso, 236, 238, 366, 400, 402, 658
Marin, Louis, 214
Marlowe, Cristopher, 95
Martí, José, 321
Martins, Heitor, 655-56
Martyr, Peter, 181
Marucchi, Orazio, 206
Marx, Karl, 56, 217, 233, 329, 339-40, 345, 399, 451, 520, 574, 576, 584, 614

Masson, André, 548
Matos, Gregório de, 367, 649
Mattar, Denise, 452, 604, 610
Mauro, Frédéric, 205
Mauss, Marcel, 514
McLuhan, Marshall, 600
Médici, Lorenzo di Pierfrancesco de, 181-82
Meireles, Vitor, 269
Melet, Pierre, 190
Melo e Souza, Gilda de, 40, 457
Melo Neto, João Cabral de, 437
Melville, Herman, 332, 468
Mendel, Gregor, 554, 587
Mendes, Murilo, 437, 477, 633
Mendoza, Pedro de, 219
Menotti del Picchia, Paulo, 213, 271, 273, 418, 658
Mestre Vitalino, 72
Métraux, Alfred, 549
Michelet, Jules, 537
Mielietinski, Eleazar M., 573
Mignolo, Walter, 301, 311, 348, 391
Milton, John, 540
Mindlin, Betty, 74
Miranda, Ana, 14, 123, 656
Miranda, Carmen, 205
Miró, Joan, 39, 279, 659
Molina, Enrique, 241
Monegal, Emir Rodríguez, 254, 322
Montaigne, Michel de, 28, 53-54, 152, 162, 172-74, 181-84, 195-202, 219, 254, 264, 301, 321, 330, 336-38, 345-46, 395, 409, 434, 436, 467-68, 480-81, 546, 582, 648-49, 656, 662
Montale, Eugenio, 488, 523
Monteiro, Jácome, 164

Monteiro Lobato, José Bento Renato, 270, 648
Montoya, Antonio de Ruiz de, 281, 375-76
Moraes, Vinicius de, 565
Moréas, Jean, 399
More, Thomas, 214-15, 375, 391
Morgan, Thomas Hunt, 587
Morse, Richard M., 203, 392, 432
Müller, Max, 393
Münster, Sebastian, 195

N
Nabuco, Joaquim, 58, 389
Nájera, Manuel Gutiérrez, 240
Napoleão, 29
Nascimento, Abdias do, 635
Neruda, Pablo, 540, 543
Nerval, Gérard de, 547
Nervo, Amado, 236
Neto, Torquato, 652
Niemeyer, Oscar, 75
Nietzsche, Friedrich, 83, 152, 217, 228, 257, 340, 347, 359, 395, 500, 579, 581, 584, 591, 603
Nóbrega, Manuel da, 195, 219
Nodari, Alexandre, 476-77
Nove, Aldo, 504, 519-20
Nunes, Benedito, 152-53, 156, 171, 176, 203, 255, 312, 327, 335, 382-83, 410, 420, 438, 440-41, 571-72, 586, 605, 611, 614, 655, 664, 666
Núñez, Víctor Rodríguez, 322

O
Oiticica, Hélio, 62, 78, 361, 652, 654
Oliveira Martins, Joaquim Pedro de, 165

Ortega y Gasset, José, 239-40
Ortiz, Fernando, 307, 665
Oswald, Lee, 45
Ovídio, 487

P
Páez Vilaró, Carlos, 565-66, 570
Pagden, Anthony, 171-72, 195, 204
Paglia, Camille, 80
Pagu, 603, 646
Paracelso, 225, 587
Parrot, Louis, 411
Pasolini, Pier Paolo, 258, 262, 491, 503-04, 667
Passmore, John, 594
Pavlov, Ivan, 70
Pazienza, Andrea, 503
Paz, Octavio, 217, 435, 573, 667
Pedro II, Dom, 226
Pelé, 64
Perloff, Marjorie, 209
Perlongher, Néstor, 219
Perniola, Mario, 518
Perrault, Charles, 176, 332-33, 361
Perrone, Charles A., 205
Perse, Saint-John, 577
Petrarca, Francesco, 213, 523
Petronio, Rodrigo, 571, 573
Picabia, Francis, 19, 39, 217, 222, 263-64, 325, 339, 341, 394, 656
Picasso, Pablo, 39, 72, 126, 251, 275, 339, 565, 659
Pietz, William, 204
Píndaro, 237
Pineda, María Teresa Atrián, 48, 131
Pirro, 172
Platão, 285, 336-37, 481

Plínio, o Velho, 572
Poe, Edgar Allan, 490
Pontes de Miranda, Francisco Cavalcanti, 458-60, 471
Portinari, Cândido, 279
Prado, Paulo, 411, 477
Prestes, Luís Carlos, 306, 328
Prochiantz, Alain, 224

Q

Quiroga, Horacio, 242

R

Rabelais, François, 436, 508, 515-16
Raleigh, Walter, 223
Rama, Ángel, 536, 665
Ramalho, João, 30
Ramos, Graciliano, 51, 58
Raynal, Guillaume Thomas François, 510
Read, Herbert, 257
Reale, Miguel, 573
Rego, José Lins do, 648
Rego Monteiro, Vicente, 273, 275, 279, 286
Renan, Ernest, 393
Renard, Émile, 273
Rhodes, Richard, 626
Ribeiro, Darcy, 75-76, 299, 328, 330, 465, 655
Ribeiro, João, 406
Ribemont-Dessaignes, Georges, 217, 226
Ricoeur, Paul, 536
Rigorosi, Giampiero, 504
Rilke, Rainer Maria, 577
Rimbaud, Arthur, 13, 52, 75, 439, 597, 657, 660
Rincón, Carlos, 312, 315

Rivière, Georges-Henri, 549
Rocca, Pablo, 658
Rocha, Glauber, 78, 652
Rocha, João Cezar de Castro, 11, 48, 300, 346, 503, 647
Rocha Pombo, José Francisco da, 480
Rodin, Auguste, 22, 283-84
Rodó, José Enrique, 321
Rodrigues, Ana Maria, 412
Rokha, Winétt de, 239
Romains, Jules, 274
Romero, Sílvio, 408
Ronsard, Pierre de, 175, 182, 194
Rose-Ackerman, Susan, 473
Rose, Carol, 473
Rosenberg, Alfred, 549
Rosset, Clément, 593
Rouanet, Sergio Paulo, 49, 452
Roudinesco, Elisabeth, 360
Rouget de l'Isle, Claude Joseph, 95
Rousseau, Jean-Jacques, 28, 53, 254, 277, 336-38, 345, 409, 480, 546, 656
Ruffinelli, Jorge, 14, 300
Rushdie, Salman, 435, 667
Ruthven, Malise, 573

S

Sade, Marquês de, 176, 219, 258
Saer, Juan José, 468
Sáez, Oscar Calavia, 466
Sahlins, Marshall, 218
Said, Edward, 247, 299, 392, 395
Saint-Denis, Ferdinand, 101
Sanday, Peggy, 661, 665
Santiago, Silviano, 345, 472, 474, 480
Santo Agostinho, 202, 576

Santos, Nelson Pereira dos, 649, 665
São Jerônimo, 99
São Paulo, 394, 401, 408, 411, 418, 422, 438, 442, 477, 584
Sarmiento, Domingo Faustino, 394
Sartre, Jean-Paul, 217, 482, 574-75, 637
Savigny, Friedrich Carl von, 471
Scarpi, Paolo, 508, 515
Scheler, Max, 580, 588
Schelling, Friedrich, 583
Schendel, Mira, 62
Schiavoni, Giulio, 450
Schmidt, Augusto Frederico, 633
Schmitt, Carl, 463
Schnapp, Jeffrey, 658
Schopenhauer, Arthur, 109, 446
Schwartz, Jorge, 59, 234, 312, 325, 363, 371, 652, 658, 663-64
Schwarz, Roberto, 234, 419-21, 438-40
Schweitzer, Albert, 565
Scott, James, 430-32
Scózzari, Filippo, 503
Seed, Patrícia, 463
Segall, Lasar, 270-71, 279, 286
Sêneca, 95
Senghor, Léopold Sédar, 435, 667
Sennett, Richard, 233
Shakespeare, William, 62, 78, 182, 321, 346, 432
Silva Ramos, Péricles Eugênio da, 40, 103
Silva, Vicente Ferreira da, 571, 573, 583, 586
Simmel, Georg, 380
Sinibaldi, Marino, 489, 519
Slataper, Scipio, 488

Sloterdijk, Peter, 587, 593-95, 600
Soares de Souza, Gabriel, 162, 481-82
Sócrates, 578, 584
Sousa, Bernardino José de, 205
Sousa, Eudoro de, 598
Sousândrade (Joaquim de Sousa Andrade), 409
Spengler, Oswald, 386, 583, 591
Spurzheim, Johann, 95
Staden, Hans, 53, 100, 128, 162, 165, 167, 219, 276, 341, 434, 465, 546, 648-50
Stalin, Josef, 329
Stanislavsky, Constantin, 76
Starobinski, Jean, 507
Stavridès, Guy, 516
Sterpin, Adriana, 166, 169
Stierle, Karlheinz, 303
Stravinsky, Igor, 22
Street, Jan van der, 264
Subirats, Eduardo, 257, 312, 661
Sullivan, Edward, 664
Svoboda, Josef, 77-78
Swift, Jonathan, 529-31
Sztutman, Renato, 668

T

Taine, Hippolyte, 544
Tamburini, Stefano, 503
Tanguy, Yves, 279
Tarantino, Quentin, 489, 504
Teixeira, Jerônimo, 429
Temple, Charles, 393
Teroni, Maurizio, 529-31, 534
Thevet, André, 163, 172-74, 182, 185, 191, 195, 201, 219, 341
Thomas, Norbert, 554
Todorov, Tzevetan, 247, 547, 556
Toller, Ernst, 304

Toynbee, Arnald, 583
Turner, Christy, 623-24
Tzara, Tristan, 402, 611

U

Uccello, Paolo, 24, 572
Ungaretti, Giuseppe, 438
Henríquez Ureña, Pedro, 321, 326

V

Valentino, Rudolph, 476
Valéry, Paul, 223, 507, 572, 656
Vallejo, César, 238, 243-44, 248, 250-51, 256, 312, 329, 367
Vargas, Milton, 573
Vasconcelos, Simão de, 99, 321
Vattel, Emerich de, 393
Vattimo, Gianni, 518
Veloso, Caetano, 45, 78-80, 205, 313, 335, 345-46, 619, 652-54, 660
Ventura, Zuenir, 79
Verga, Giovanni, 492
Verne, Júlio, 173, 184, 219, 378
Vespúcio, Américo, 171, 181-82, 375, 477
Vico, Giambattista, 583
Vidal-Naquet, Pierre, 218
Vieira, Antônio, 28, 400, 627
Vilar, Bluma Waddington, 151, 657
Villa-Lobos, Heitor, 40, 571
Villalta, Francisco de, 219
Villegagnon, Nicolas Durand de, 28, 182, 185, 190-91, 195, 254, 338, 656
Viret, Pierre, 185
Virgílio, 50
Vitrúvio, 286
Vives, Juan Luis, 209

Vogt, Carl, 657
Volhard, Ewald, 511, 516
Voltaire, 219, 550
Voronoff, Serge, 29, 559, 583
Vulpian, Edmé, 224

W

Wagner, Richard, 21, 83, 410, 412, 445
Wallerstein, Immanuel, 184
Wasserman, Renata M., 179
Weber, Max, 576
Weismann, August, 587
Whatley, Janet, 182, 185
White, Hayden, 536, 545
White, Iain, 218
Williams, Raymond, 305
Wittgenstein, Ludwig, 590, 597
Wolton, Dominique, 617

X

Xenófanes de Cólofon, 579

Z

Zea, Leopoldo, 345-46
Ziebell, Zinka, 649
Zílio, Carlos, 268-69
Zola, Émile, 237, 491
Zweig, Stefan, 397

Índice Analítico

A
Abjeção, 218, 220, 338
Absurdo, 638
Academismo, 268-269
Acefalia, 226
Aculturação, 214
Ágape, 332
Alegoria, 71-72, 178, 183, 250
Alegria, 21, 30, 63, 254, 333, 444, 446, 448, 452, 488, 612-13, 653
    e poesia, 445
    e utopia, 444-45
Alienação, 220, 242
    colonial, 183
    pela máquina, 242
Alta Literatura, 491, 540
Alteridade, 228, 391, 403, 420, 600
    aceitação da, 345
    exclusão da, 357
    funcionalidade da, 178
    imaginação teórica da, 650, 661, 665, 667
    princípio de, 449
    resistência à, 246-47, 331, 352, 356, 627, 662
    teorização da, 434

Alteridade e pensamento, 668
Alteridade linguística, 192
Alto modernismo, 289, 309, 431
    e globalização, 431
América (como lugar de alteridade), 391-93
Amizade, 30, 56, 449, 516
Anacronismo, 660
Anarquismo, 81, 283, 374-76, 387, 421, 423, 427, 574
Anarquista, 76
Aneignung, 545
Angústia da influência, 80, 654
    (*ver* Influência)
Anticolonialismo, 392-95
Antropofagia, 27-30, 48, 51, 57, 71, 74, 80, 83, 96, 99, 152, 161, 174, 203, 212, 215, 228, 295, 369-70, 383, 405, 558, 590
    advento da, 47
    ambivalência da, 159, 344
    aporia da, 343, 359
    caeté, 49
    causas da, 99
    como processo, 370-71
    como projeto, 370
    como superação do surrealismo, 266

    como texto, 351
    desmetaforização da, 507
    e alteridade, 172, 434, 648, 662, 665
    e antropologia, 504
    e apropriação, 545
    e arquitetura, 605
    e artes plásticas, 281
    e barbárie, 481, 623
    e Calíbã, 327
    e cinema, 503
    e civilização europeia, 415
    e colonização, 335
    e comunismo, 460, 476
    e cópia, 476
    e corpo, 506
    e culinária, 512-14
    e cultura de devoração, 406
    (*ver* Cultura de devoração)
    e cultura do espetáculo, 266
    e desconstrução, 420
    e Direito, 456, 460
    e Direito antropofágico, 462
    (*ver* Direito antropofágico)
    e distopia, 428
    e ecologia, 265
    e entre-lugar, 435
    e erotismo, 527

e escravidão, 409
e eucaristia, 102, 516, 564, 606, 650
e exterioridade, 468
e falocentrismo, 420
e filosofia, 440
e filosofia latino-americana, 432
e globalização, 12-13, 430, 666
e herança, 359
e homem cordial, 586
e identidade, 466, 562 (*ver* Identidade)
e identidade nacional, 71, 660, 666
e identificação, 467
e *imitatio*, 195
e indianismo, 415
e individualismo, 324
e marxismo, 396
e matriarcado, 479
e medicina, 511
e modernidade, 304
e modernismo brasileiro, 348
e Novo Mundo, 646
e obnubilação brasílica, 483
e ontologia, 449
e origem do teatro, 74
e paradoxo, 295, 456
e patriarcado, 342, 420, 428
e pau-brasil, 649
e periferia, 266
e Primeira Guerra Mundial, 505
e questão de gênero, 420
e revolta, 638
e subdesenvolvimento, 667
e televisão brasileira, 616
e temática racial, 407
e tradição cristã, 605
e transladação, 176
e tropicalismo, 653
e Ulisses, 154
e vanguarda, 325-326
e vingança, 101, 173, 192, 200, 457
e violência, 352
e violência fundadora, 342, 465
e *Weltanschauung*, 633, 644, 649, 661-662
ecumênica, 49
estética da, 58
evidências antropológicas de, 623
funcionalidade da, 172
ideologia da, 215
ideologia da metáfora (antropófaga), 55, 60
lei da, 455, 637
mito da, 581
não essencialização da, 478
noção europeia da, 100
periférica, 49
retorno à, 385-387
ritual, 128, 152, 178, 194, 201, 219, 226, 255, 328, 338, 377, 394, 432, 464, 468, 611, 624, 657
semântica da, 215
tupi-guarani, 49, 165, 167, 466
Antropofagia brasileira, 264, 322
e vanguarda europeia, 265
Antropofagia *versus* canibalismo, 446
Antropofagia *versus* messianismo, 447
Antropomorfismo, 28, 550
Aórgico, 573, 588, 598
Apropriação, 545
Apropriação canibalesca, 572
Arquivo, 353, 430
Arte, concepção nominalista de, 221
Arte abstrata, 364
Arte antimimética, 237
Arte asteca, 549
Arte de exportação, 414
Arte negra, 273, 411, 548-49
Ascetismo, 220
Assassinato fundador, 585
Aufhebung, 52, 314, 339, 344, 352, 354
Autocolonização, 348
Autoconquista, 535
Autoexotização, 551
Automatismo psíquico, 264
Autoritarismo, 261

B

Barbárie, 247, 249-50, 266, 256, 328, 335-36, 391-94, 403, 631, 657
Barbárie técnica, 384
Barbarismo, 513
Bárbaro, 247, 254, 269, 358, 481
Bárbaro tecnizado, 28, 59, 73, 83, 254, 338-41, 345, 354, 583, 598, 637, 656
Barroco, 261, 528, 572
Binarismo (superação do), 456
Bode expiatório, 217, 600
Bolchevismo, 28, 254, 338, 654
Bom selvagem, 59, 254, 297, 324, 336-37, 342, 409
Bossa-nova, 62

Brasil, 11-13
  como invenção europeia, 350
  utopia do, 408
Bricolagem, 431

C

Calibã revolucionário, 255
Canibal
  alegoria do, 185
  origem do termo, 181, 346
Canibalismo, 121, 181, 430
  ambivalência do, 168-69
  americano, 99-100
  cínico, 220, 228
  como desafio à razão, 218
  como sistema político e econômico, 219
  e alteridade, 466
  e carnavalização, 293, 551
  e cinema, 567, 667
  e colonialismo, 545
  e comunhão, 202
  e dadaísmo, 339
  e gastronomia, 516
  e Igreja Católica, 185
  e sacrifício, 656
  e Salvador Dalí, 262-64
  e subcultura, 504
  e vingança, 102
  endogâmico, 547 (ver Endocanibalismo)
  erótico, 525, 529
  exogâmico, 547 (ver Exocanibalismo)
  fetichização do, 182-83
  gourmet, 626, 631
  "por necessidade", 548
  relacional, 161, 163
  ritual, 300, 510
  simbólico, 151
  tabu do, 188
Canibalismo brasileiro e antropofagia francesa, 189
Canibalização, 489, 559-60
Canibalização literária, 376
Caribe transplatino, 219
Carnavalização, 71, 83, 293, 375-77, 552, 649
Catequese, 29-30, 50, 74, 76, 162, 152, 369, 400, 433, 605
Catolicismo, 183, 191
Centro, 60, 80, 307, 331, 370, 392-93, 435, 543, 638, 659
Cidade antropofágica, 605
Cidade do homem nu, 452, 482
Cientificismo, 389
Cinema americano, 27, 63, 77, 456, 476, 518-19, 660
Citação literária, 523
Citação pop, 523
Civilização, 215, 249-50, 256, 335, 391-94, 657
  conceito canibal de, 217-18
  resistência à, 248, 255
Civilização europeia (excepcionalismo da), 301
Classicismo, 604
Colagem, 262, 376
Colecionismo, 528
Coletivismo, 27, 63, 295
Colonialidade, 348
Colonialismo, 218, 244, 352, 433, 552
  crítica do, 266, 334, 390
Colonização, 255, 338
  resistência à, 254
  violência da, 352
Complexo de Édipo, 340-41, 420
  releitura do, 422

Comunismo, 78, 399, 445, 456, 460, 575, 597
Concretismo, 62
Condição pós-moderna, 266
Construtivismo, 24, 276
Consumismo pós-moderno, 262, 264
Conto de devoração, 332
Copia, 209-11
Cópia, 209, 476
  colonial, 429
  reação à, 24
Cor local, 62
Coragem, 174
Cordialidade, 63
Corpo, 551, 640
  apropriação do, 457
  centralidade do, 507
  imagem virtual do, 490
  mercado do, 500
  representação do, 507
  virtual, 520
Corpo e comida, 522, 524-25
  e culinária, 511
  e cultura digital, 520
  e fenomenologia, 527
  e literatura, 521
  e percepção, 560
  e poesia, 527
  e pós-modernismo, 517
Cosmopolitismo, 49, 57, 58, 61, 220, 240, 265, 389, 409, 414, 478
  eurocêntrico, 57
Creacionismo, 237, 363
Crime de guerra, 356-57
Crise sacrificial, 609
Cristianismo, 206, 340, 512, 591, 604, 607
  e violência fundadora, 609

e vítima sacrificial, 512
Criticidade, 179
Crônica, 492, 501, 640
Cronistas coloniais, 163-64, 167, 219, 264, 381, 431, 478, 649-650
  crítica dos, 99
Cubismo, 56, 78, 126, 269, 273-76, 279, 339, 549
Cubofuturismo, 171
Culinária canibalesca, 516
Culinária e ritual, 514
  e sacrifício, 513-14
Cultura
  antropoêmica, 228, 660, 547, 666
  antropofágica, 446, 662, 666
  da racionalização, 262
  de devoração, 74, 80, 154, 176, 331, 312, 394, 418, 435, 446, 449, 483, 573, 611, 653
  descolonização da, 394
  do massacre, 547
  do sacrifício, 547
  híbrida, 556
  local, 430
  mal-estar da, 272
  messiânica, 446
  patriarcal, 400, 419
  planetária, 360
  popular, 265, 544, 650
Cultura afro-brasileira urbana, 412
Cultura brasileira (origem tupi da), 73
Cultura contemporânea (descanibalização da), 507
Culturalismo, 330
Curare, 222-226

D

Dadaísmo, 19, 171, 217, 221, 227, 309, 326, 339, 341, 383, 432, 439, 445, 550, 611, 655
Darwinismo, 244, 250-51
Dependência cultural, 343-44, 553
Descolonização, 392-93
Desconstrução, 350-51, 355, 422, 467
  godardiana, 358
Desejo
  heteronômico, 169
  mimético, 589, 599
Desvairismo, 268, 366
Devoração, 330-31, 338, 345, 368-69, 475, 483, 610
  cultura de, 74, 80, 154, 176, 312, 331, 394, 418, 435, 446, 449, 483, 573, 611, 653
  desejo de, 351
  dialética da, 437
  estratégias de, 353
  léxico da, 354
  lógica da, 357
  lugar da, 355
  ontológica, 167
Devoração e identificação, 342
Dialética
  antropofágica, 156, 340, 343, 375, 606, 650
  da imaginação literária, 538
  do Esclarecimento, 588
  do senhor e do escravo, 169, 252, 255
  hegeliana, 315, 338, 344-45, 465
  nacional/cosmopolita, 652
Dialogismo, 220
Diasparagmos, 516

Différance, 355-56
Direito
  ausência de, 482
  invenção metafísica do, 473
  recuo do, 620
  teoria antropofágica do, 461
Direito e violência fundadora, 474
Direito antropofágico
  ambivalência do, 479
  definição do, 457
  estatuto do, 455, 457, 470
Direito antropofágico
  e grilagem, 461
  e posse, 460
  e *Revista de Antropofagia*, 458
Dissecação, 527-28
Dissociação e poesia barroca, 527
Distância conceitual, 664
Ditadura do proletariado, 375, 576
Ditadura militar, 71, 75, 77, 129
Doença infecciosa emergente, 624
Dom, 221-22, 225-26
Double bind, 349
Dualismo cartesiano, 507-08

E

Economia
  do haver, 449, 575
  do ser, 449, 575
Economicismo, 82
Egoidade, 365
Emancipação, 313, 390, 441, 615
  surrealista, 259
Emulação, 176, 195, 439, 667
Encontro das culturas, 177-79, 374, 556
Endocanibalismo, 189-91, 193-94, 197, 202, 346-47

Entre-lugar, 665
Enumeração, 524
Epifania apocalíptica, 258
Erkenntnistheorie, 292
Erotismo, 258, 333
    e alimentação, 525, 528
    e antropofagia 663
    e gastronomia, 524
Errática, 479
    e assinatura, 479
    e paradigma indiciário, 479
Escolástica, 603-04
Escrita automática, 259-60
Escrita automática e sonho, 259
Esferologia, 593, 595
Esnobismo, 19
Espetáculo
    pós-moderno, 261
    teoria do, 262
Essencialismo (crítica do), 394
Estado-Nação, 183, 194, 349, 353
Estética da Recepção, 302
Estoicismo, 341
Estrangeiro (resistência ao), 246
Estranhamento, 272, 612-14
Ética, 446
Etnocentrismo, 53, 182, 337, 378, 389, 391-95
Eu-canibal, 348
Eucaristia, 128, 184, 262, 332, 403, 564, 606
    e antropofagia, 183, 185, 192
Eurocentrismo, 58, 61-2, 308, 313, 337, 382
    crítica do, 60
Evolucionismo, 440
Exílio, 53
Existencialismo, 329, 385-86, 643

Existencialismo francês, 482
Exocanibalismo, 189, 194, 196, 202, 466
Exogamia, 464-65, 477-78
Exotismo, 51, 250, 407, 414, 664-65
    africano, 273
    sede de, 411
    romântico, 547
Exotismo e samba, 412
Experiência mística, 257
Experimentalismo, 242
Expressionismo, 266, 269-72, 274, 488, 501, 550
Exterioridade, 53, 238, 295, 314, 468

F

Falocentrismo, 418-20, 422-23, 426, 428
    e antropofagia, 427
Fascismo, 258, 262-64, 305, 356-57
    e guerra, 356
    e utopia, 442
Fascismo brasileiro, 367
Fauvismo, 269
Felicidade, 445, 449
    questão da, 450
Fenomenologia, 272, 329, 356, 544, 560, 578, 592
Fetichismo, 204, 424-26, 548
Ficção (poder da), 228
Figurativismo, 284
Filologia, 295, 359
Filosofia
    antropofágica, 330, 582
    impura, 438
    messiânica, 330, 582, 594
Fordismo, 211

Formação, 335
Fraternidade, 438, 464, 469
Funcionalismo, 257
Futurismo, 22, 25, 75, 78, 171, 209, 236-37, 262, 265, 268-69, 285, 323, 366, 394, 399-400, 431-33, 655

G

Globalização, 54, 58, 60, 297, 343, 349, 357, 360, 397, 429, 548, 593, 595, 600, 620, 661
    antropofágica, 596
    cultural, 553
    crítica da, 315, 432, 663
Grandes relatos
    o fim dos, 61
Grilagem
    legitimidade da, 462
    origem da, 475
Grilagem e história do Brasil, 470
Grotesco, 261
Guerra de Canudos, 390
Guerra tupi-guarani, 163

H

Hegemonia epistêmica, 301
Herança afro-brasileira, 411, 413
Heresia, 443
Hermenêutica, 290
    canibal, 185
    da suspeita, 579
Heterogeneidade, 396
Heteroglossia, 432-34
Hibridação, 547, 553-554, 558
Hibridismo, 56, 61, 63, 158, 226, 278, 345, 376, 389, 429
História da literatura, 536
    e antropofagia, 654-55, 657
    e longa duração, 538

História total, 537
Histórico *versus* messiânico, 450
Homem
    cordial, 586
    máquina, 604
    mediterrâneo, 637, 643
Homem natural, 379, 387, 480, 482-83, 603-04
    tecnizado, 255
    rebeldia do, 383
Homem nu, 313, 452, 482-83, 604
    cidade do, 603, 605
Homo excentricus, 53
Honra, 163, 174
Hospitalidade, 345, 360
Humanidade
    atributos da, 161
    liberada, 375-76, 453
Humanismo, 177, 203, 205, 209, 212, 214-15, 282, 335, 588, 593
    europeu, 616
    imperialista, 204
    transmissão do, 214

I
Idealismo, 580, 638, 639
Idealismo alemão, 309
Identidade, 52, 59, 155, 157, 200, 343
    anulação da, 158
    brasileira, 11-12, 267-68
    coletiva, 181
    construção da, 283
    em transformação, 182
    invenção da, 234
    macunaímica-antropofágica, 652
    mestiça, 475
    metafísica da, 352
    nacional, 55, 62, 71, 183, 203, 269, 331, 657-58
    princípio de, 597
    protestante, 183
    resistência à, 282
    sexual e suas estruturas, 501
    transformação da, 253
    tupinambá, 200
Identidade cultural, 395, 418, 583
    e autorretrato, 282
    e devoração, 331
    e exogamia, 478
    e viagem, 477
    e violência, 347
Identificação, 154-55, 169, 342, 465, 607
    antropofágica, 156
    crítica da, 467
    impossibilidade de, 282
    simbólica, 155
Ideologia, 442
Iluminação profana, 257-58, 264
Iluminismo, 257, 342, 374, 431, 435, 509-10, 588
Imagem
    dialética, 440
    dialética oswaldiana, 440
    estatuto cognitivo da, 547
    ocidental da Justiça, 456
Imaginário
    pós-moderno, 499
    transmissão do, 491
I-materialidade, 350
I-materialidade e texto, 350
Imigrante ilegal, 357
Imitação, 77, 251-52, 300, 410, 571, 667
    ataque à, 363-65, 367
    reação à, 24
    resistência à, 651
Imitação mimética e Ulisses, 158
Imitar, 176
Imitatio, 195
Imitatio Christi, 606-07
Império americano, 75, 80, 82, 204
Impressionismo, 24, 272
Impureza, 222, 467
Independência cultural, 205
Indianismo, 59, 62, 102, 162, 339, 390, 409, 649
    e mito de origem, 409
Individualismo, 27, 63, 295
    enfraquecimento do, 500
    modernista, 306
Indulgência, 197
    como canibalismo econômico, 183, 193
Influência, 176, 344, 366, 373
    angústia da, 80, 656
    artística, 654
    europeia, 345
    norte-americana, 345
    produtividade, 656
    teoria da, 657
    transformação da, 658
Informação (síndrome do excesso de), 12-13, 70
Ingenium, 209
Integralismo, 78
Intelectual entre culturas, 435, 667
Intenção autoral, 289, 296
    falácia da, 290
Interdisciplinaridade, 536
    e literatura comparada, 536
Interpretação figural, 206
Intertextualidade, 380, 488, 572, 657

Intolerância, 357
Invenção, 22, 24, 203, 205-10, 215, 350, 447, 476-77, 491, 656-57
   brasileira, 207
   moderna, 205
Invenção
   e Direito, 476
   e origem do romance, 208
Inventio, 206, 210
Irracionalismo, 50, 262, 396, 446, 643

J
Juventude canibal, 489, 501, 504, 518-19

K
Kenosis, 518
Kitsch, 429
Kuru, 625, 627, 631
   e antropofagia, 627, 629
   e príon, 629

L
Liberdade, 251, 447, 480
Libertin (Sade), 258
Libertino, 262
Literatura
   e artes plásticas, 267, 271
   e consumo, 491
Literatura comparada
   e dependência cultural, 344
   e interdisciplinaridade, 536
Literatura latino-americana, 541
Localismo, 57, 58, 240, 429
Lógica, 28, 50, 322, 369-70, 400, 433
   recusa da, 432
Logocentrismo, 192, 265

Luta armada, 78
Luto, 217, 333, 354
   antropofágico, 333

M
Magia imitativa, 158
Maio de 1968, 455
Manifesto, 338, 363
   como gênero literário, 59, 171, 175, 204, 59, 301, 326, 328, 338, 351, 366, 399, 431
Manifesto Antropófago, 27-31
   desnacionalização do, 654, 659, 668
   desoswaldianização do, 654, 659, 668
Maquinismo, 237, 242, 262, 265, 366
Maravilhoso, 261, 635
   moderno, 230
   surrealista, 259, 614
Marxismo, 51, 56, 58, 80, 383-86, 439, 549, 574, 591
Matavirgismo, 275
Materialismo baixo, 285
Matriarcado, 30-31, 53, 56, 283, 325, 329, 339, 433, 446, 582, 633
   e antropofagia, 662
   e carnaval, 616
   e falocentrismo, 420
   e primitivismo, 340
   plenitude do, 612
   teoria oswaldiana do, 443
Matriarcado de Pindorama, 56, 254, 265, 339, 341, 419, 483, 581, 598
   e falocentrismo, 428
Mau selvagem, 255, 337, 347, 394, 409

Medicina e matriz vitimária, 511
Meios de comunicação
   pluralidade de, 648
Meios de comunicação e poder, 621
Melancolia, 438
Mentalidade pré-lógica, 27, 550
Messianismo, 339, 341, 443, 450
   crítica do, 446
Messias, 74, 341, 443, 450
Mestiçagem, 76, 466, 553, 555, 558
   cultural, 394, 406
   linguística, 376
Mestiçagem e cultura brasileira, 394
Metafísica, 331, 343, 387
   crítica da, 578
Metalinguagem, 226
Metonímia cubista, 380
Midiosfera, 78, 82
Miscigenação estilística, 374, 410, 437, 526
Misoginia, 500
Missão europeia, 392-93
Misticismo
   católico, 261
   espanhol, 261
Mito, 573
   e mentira, 579
Modernidade, 172, 204-05, 227-28, 230, 233-34, 241, 277, 348, 351, 366, 390, 394-96, 439, 492, 593
   baudelairiana, 439
   dilemática, 219
   periférica, 230, 300
Modernidade e revolução, 305
Modernismo, 61, 78, 221, 238,

269, 351, 383-86, 410, 648, 652, 655
  americano, 452
  europeu, 296, 303, 411, 452
  francês, 276
  nordestino, 408
Modernismo e paradoxo, 407
Modernismo brasileiro, 55, 58, 79, 80, 153, 203, 215, 267, 384-86, 405, 437, 650, 659
  crítica do, 438
Modernismo brasileiro e artes plásticas, 268
Modernização, 57, 219, 225, 230, 233-234, 236, 307, 429, 651
  consciência da, 235
  conservadora, 438
  periférica, 234
Modernolatria, 237
Monoteísmo, 340, 401
Moral
  lúdica, 581
  totalitária, 357
Movimento antropofágico, 603, 651, 652
Multiculturalismo, 60-61, 557, 668
Multiprovincianismo, 60
Multitemporalidade, 396
  americana, 394
Música negra brasileira, 412-13
Música popular brasileira, 76, 79, 412

N

Nação, 342, 344, 350
Nacionalidade, 344
  territorial, 349
Nacionalismo, 177, 202, 389, 429, 432
  de periferia, 433
  incipiente, 177
Não lugar (antropologia do), 233
Narcisismo, 607
Naturalismo, 22, 24, 80, 209, 268, 487, 364
Nazismo, 356
Neobarroco, 219
Neoclassicismo, 268-69
Neocolonialismo, 352
Neocolonização, 343
Neoliberalismo, 370-71
Neotenia, 588
New Criticism, 544
Niilismo, 339, 381, 422, 451, 643
Nomadismo, 50
Nominalismo, 227, 347, 474
Novidade, 366

O

Objetificação, 203-04
  definição de, 205
Objeto
  irracional, 260, 263
  não existente, 365
  surrealista, 259
Obnubilação
  antropofágica, 368-69
  brasílica, 367, 483
Ócio, 374-75
  negação do, 375
Oralidade, 22, 235, 265, 377, 432, 525, 540
  e devoração, 354

P

País do futuro, 397
Palavra híbrida, 555

Paleopolítica, 587
Paradigma indiciário, 479, 509
Paradoxo, 294, 394, 407, 433, 651, 666
Paranoia crítica (Salvador Dalí), 260-61
Parnasianismo, 22, 57, 233, 236, 270
Paródia, 429, 431, 446, 475, 551, 482, 650-52
  involuntária, 530
  oswaldiana, 375-76
Parúsia, 442-43
Particularismo, 60
Passeata dos Cem Mil, 79
Pastiche, 457, 550, 648
Pátria, 606
  conceito de, 390
Patriarcado, 30, 51, 53, 254, 329, 413, 417-18, 425, 433-34, 446-47, 575, 582, 590, 612
  crítica do, 265
  desconstrução do, 78
  origem do, 584
Patriarcado e messianismo, 340
Patrofagia, 513
Pensamento selvagem, 387, 430
Pensamento solar, 641, 642
Performance, 261, 350, 601
Periferia, 58-59, 80, 226, 230, 234, 300, 307, 313, 348, 392-96, 435, 551, 638, 663-64, 667
Periferia e antropofagia, 266
Perspectivismo, 161, 169, 466-67, 668
Phármakon, 226
Pintura *naïf*, 277
Plágio, 457
Pluralismo, 227, 239

Pluralismo contemporâneo e positivismo, 227
Poesia barroca, 529
Poesia concreta, 203, 205
Poesia de exportação, 13, 22, 208, 211, 327, 433, 659-60
Poesia de importação, 22, 327
Poesia Pau-Brasil, 22, 24-25
Pós-canibalismo, 518-19
  e cultura digital, 520
Pós-colonialismo, 555
Pós-estruturalismo, 555
Pós-história, 440
Positivismo, 337, 342, 583, 588
Pós-modernismo, 82, 217, 219, 227, 261, 390, 492, 506, 541, 555
Posse *versus* propriedade, 460-62, 464, 470-71
Práxis, 80
Preguiça, 76
Pré-modernismo, 389
Presença afro-brasileira, 405, 408, 410
Presença
  pura, 439-41
  produção de, 315, 560
Primeira Guerra Mundial, 296-97, 309, 391, 505, 548, 550, 643, 655-59
  e canibalismo, 655
Primitivismo, 56, 25, 72, 215, 250, 268-69, 273-75, 279, 339, 345, 394, 431, 432, 547-48, 550, 611
  africano, 414
  antropofágico, 433
  brasileiro, 277
  potencial do, 447
  retorno ao, 250

Primitivismo
  e anticolonialismo, 549
  e exotismo, 341
Príon, 626-27, 629-31
Progresso, 229, 241, 269, 337, 394, 401, 419-20, 430, 438-39, 551
Progresso industrial, 234
Propriedade
  abolição da, 254
  direito de, 469
  origem de, 469
Propriedade e apropriação, 469
Propriedade autoral
  crítica da, 377
Proteofilia, 227-28
Proteofobia, 227-28
Protestantismo, 183, 185, 191
Provincianismo, 49, 59, 60, 162, 313, 653
Psicanálise, 369
  crítica da, 596
Pulsão
  de morte, 228, 356
  de vida, 228
  utópica, 442

R
Racionalismo, 269, 551
Racismo, 247
Radicalismo, 417
Razão
  cínica, 593, 595
  lúdica, 580
  pós-colonial, 391
  vital, 580
Realismo, 63, 76, 80
  superação do, 268
Realismo mágico, 541
Realismo maravilhoso, 394

Reciclagem, 547, 553-54, 558
Redução sociológica, 51, 456
Reforma Protestante, 184
Regionalismo, 265, 408
Regurgitofagia, 69-70
Reino do simulacro, 260, 266
Relativismo, 60, 219, 336, 395
  superação do, 53
Relativismo cultural, 347
Relato de viagem, 171-72, 213, 264, 336, 374, 381, 583
Renascimento, 80, 177, 215, 374
Representação, 227, 239, 271, 291-92, 394, 492
  ataque à, 365
  realista, 284
Reprimido (retorno do), 612-13
Ressentimento, 153
Retórica, 172, 192, 244, 400, 527
  caricatura da, 378
Revolta e absurdo, 639
Revolta *versus* revolução, 637
Revolução, 417, 422
Revolução caraíba, 56-57, 28, 254, 369-70, 433, 581
  dialética da, 255
Revolução cubista, 339
Revolução Francesa, 28, 53, 254, 338, 369-70, 480, 656
Revolução imperialista, 338
Revolução proletária, 328, 418
Revolução surrealista, 257, 260, 656
Ritual dionisíaco, 74
Ritual tupi, 99-100 (*ver* Antropofagia ritual *e* Canibalismo ritual)
Romance regionalista, 58, 80
Romantismo, 24, 28, 51, 254,

259, 268, 324, 336, 338, 364-65, 374, 389, 476, 646
e nação, 335

S

Sacrifício, 609, 650
   humano, 99, 101-02, 181
   ritual, 164
Sacrifício e culinária, 512
Sadismo, 528
Sagrado (ambivalência do), 467
Sátira, 375, 382, 400, 418, 432, 640
   modernista, 430
Saudade, 27, 63
Saudosismo, 399
   ausência de, 438
Secularismo, 517
Segunda Guerra Mundial, 478, 548
Semana de Arte Moderna, 58, 73, 174, 203, 267, 272, 274, 333, 353, 408, 652
Ser-entre, 483
Serialidade, 521-22, 529, 554
Silogismo, 51
Simbolismo, 237, 268
Simulacro, 244, 251
   e surrealismo, 264
Simultaneidade, 25, 268, 305, 394, 406, 429, 433, 441, 456, 489, 612
Sincretismo, 50, 558
Sinestesia, 268
Situacionismo, 261, 339
Soberania, 331, 353, 357
   mal de, 353
   mal-estar de, 358
Stimmung, 258, 296, 302-04, 309
Subdesenvolvimento, 64, 307

Subjetividade, 491
   dogma da, 588
Sublimação, 29-30, 202, 226, 339, 342, 369-70, 516
   crítica da, 605
   necessidade da, 63
   resistência à, 56
Sublime, 260-61, 614
Subsunção
   estatuto da, 470
   estrutura da, 456-57, 461
   lógica da, 474
Sujeito
heteronomia do, 573
Surrealismo, 28-29, 56, 254, 257-59, 262, 265, 271, 278-79, 310, 323, 326, 383, 400, 418, 432, 434, 439, 452, 456, 480, 546, 550, 575, 611-13, 655
   comestível, 263
   crítica situacionista do, 261
   dissidente, 285
   e consumo de massa, 263
   e instrumentalização do feminino, 615
   e pós-modernismo, 262
   e realidade absoluta, 259
   e Salvador Dalí, 260
   e *Unheimlich*, 613
   estético, 263
   periférico, 664
   religioso, 606
   três fases do, 263
   tropical, 278

T

Tabu, 28-30, 53, 63, 152, 174, 255, 284, 340, 369, 400, 409, 446, 453, 464-65, 468, 482, 518-19, 599, 603, 612, 637
   ocidental, 603
   oral, 552
Teledependência, 82, 136, 498-99
Teleologia, 341, 588, 593
   crítica da, 594
   da razão ocidental, 342
   superação da, 342, 552
Televisão
   e espaço público, 617
   e integração nacional, 617
Televisão geralista, 617
   e identidade nacional, 617 (*ver* Identidade)
Temática negra (rejeição da), 405-06, 408, 415
Teocracia, 451
Teofagia, 185, 191-92, 510
Teoria crítica, 593
Terceiro Mundo, 307
   intelectual do, 435
Textualidade, 351
Tipologia, 206
Totalidade, 407, 451, 467
   resistência à, 467, 535
Totalitarismo, 263, 305, 356, 637
Totem, 28-30, 53, 63, 152, 174, 255, 262, 340, 369-70, 427, 433, 446, 464-65, 599, 603, 606, 637
Totemização (desejo de), 608
Tradição, 268, 335, 396, 470
   redenção da, 269
   colonial, 477
   patrística, 202
Tradição e Direito, 470
Tradução, 350
Tradução cultural, 547, 553, 556, 558
Tradutor (tarefa do), 556, 558

Tragédia (teoria da), 442
Tragédia grega, 442
Transculturação, 307, 553, 665
Transculturação narrativa, 666
Transculturalismo, 61, 543
Translação, 176
Transubstanciação, 185, 190, 261, 332, 552
    controvérsia sobre a, 191
    doutrina da, 184
Tropicalismo, 45, 62, 75, 78-79, 80, 83, 203, 205, 429, 619, 648, 652

U

Übermensch, 258
Ufanismo, 63
Ufanismo crítico, 438
Unheimlich, 612, 615
Universalidade, 62, 345
Universalismo, 62
Universalismo modernizador, 389
Universalização, 50, 54, 56
Urbanismo, 78
Utopia(s), 339, 374, 383, 387, 395, 409, 415, 427, 431, 441, 455, 457, 480, 483, 619
    antropofágica, 370-71
    ciclo das, 391
    comunista, 340
    definição de, 442
    e alteridade, 419
    e comédia, 453
    e Direito antropofágico, 461
    e euforia, 637
    e heresia, 443
    oswaldiana, 612
    renascentista, 375
    tropicalista, 266

V

Vanguarda, 56, 59, 70, 75, 171-172, 177, 205, 237, 241, 281, 283, 285, 338, 345, 351, 365, 370-374, 401, 548, 611
    brasileira, 505
    conservadora, 417
    europeia, 308, 323, 353, 380, 429, 432, 650
    manifestos da, 326
    latino-americana, 265, 323, 363, 657
    retórica modernizadora da, 439
Velocidade (fascínio pela), 234
Ventre, 507-509
    cultura do, 509, 516-17
    história do, 509-511
Viagem e utopia, 478
Vingança, 101, 111, 152, 157, 163-64, 178-79, 242, 433, 650
    temporalidade da, 468
Violência, 491, 555
    "natural", 357
    fundadora, 468, 585, 609
    imaginário da, 491
    naturalizada, 358
    ritualização da, 505
    sexual (e sua representação), 492-493
    superação da, 517
Vitalismo, 406, 435, 490, 580

X

Xamanismo, 169
Xenofobia, 52, 60, 360

Dados Internacionais de Catalogação na Publicação (CIP)
(Câmara Brasileira do Livro, SP, Brasil)

Antropofagia hoje? : Oswald de Andrade em cena / [organização de João Cezar de Castro Rocha & Jorge Ruffinelli]. – São Paulo : É Realizações, 2011.

ISBN 978-85-8033-030-4

1. Literatura brasileira - História e crítica I. Rocha, João Cezar de Castro. II. Ruffinelli, Jorge. III. Título.

11-05665   CDD-869.909

Índices para catálogo sistemático:
1. Antropofagia : Movimento literário : Literatura brasileira : História e crítica   869.909

Este livro foi impresso pela Prol Editora Gráfica para É Realizações, em junho de 2011. Os tipos usados são da família Frutiger Light e Sabon Light Std. O papel do miolo é couche fosco 115g, e o da capa, cartão supremo 300g.